시편 강해

AN EXPOSITION ON THE BOOK OF PSALMS

〔3판〕

김효성
Hyosung Kim
Th.M., Ph.D.

옛신앙
oldfaith
2022

머리말

주 예수 그리스도(마 5:18; 요 10:35)와 사도 바울(갈 3:6; 딤후 3:16)의 증거대로, 성경은 하나님의 말씀이다. 성경이 하나님의 말씀이며 우리의 신앙과 행위에 있어서 정확무오한 유일의 법칙이라는 고백은 우리의 신앙생활에 있어서 매우 기본적이고 중요하다.

웨스트민스터 신앙고백에 진술된 대로(1:8), 우리는 성경의 원본이 하나님의 감동으로 오류가 없이 기록되었고 그 본문이 "그의 독특한 배려와 섭리로 모든 시대에 순수하게 보존되었다"고 믿는다. 이것은 교회의 전통적 견해이다. 그러므로 구약성경에서 전통적 히브리어 마소라 본문을 가장 중요하게 여기며 야곱 벤 카임에 의해 편집한 제 2 랍비 성경(봄버그판)을 표준적 본문으로 간주해야 한다고 본다.

성경은 성도 개인의 신앙생활뿐 아니라, 교회의 모든 활동들에도 유일한 규범이다. 오늘날처럼 다양한 풍조와 운동이 많은 영적 혼란의 시대에, 우리는 성경으로 돌아가 성경이 무엇을 말하는지 묵상하기를 원하며 성경에 계시된 하나님의 모든 뜻을 알기를 원한다.

성경을 가지고 설교할지라도 그것을 바르게 해석하고 적용하지 않으면, 하나님의 말씀의 기근이 올 것이다(암 8:11). 오늘날 하나님의 말씀의 기근이 오고 있다. 많은 설교와 성경강해가 있지만, 순수한 기독교 신앙 지식과 입장은 더 흐려지고 있기 때문이다.

그러므로 오늘날 요구되는 성경 해석과 강해는 복잡하고 화려한 말잔치보다 성경 본문의 바른 뜻을 간단 명료하게 해석하고 잘 적용하는 것일 것이다. 사실상, 우리는 성경책 한 권으로 충분하다. 성경 주석이나 강해는 성경 본문의 바른 이해를 위한 작은 참고서에 불과하다. 성도는 각자 성령의 도우심을 구하며 성경을 읽어야 하고, 성경 주석과 강해는 오직 참고서로만 사용해야 할 것이다.

내용 목차

서론

시편의 히브리어 **명칭**은 테힐림 תְּהִלִּים(찬송들)이다. 시편은 성도들의 찬송과 기도의 책이다. 시편은 하나님의 진리의 보고(寶庫)이다. 이 책 속에는 하나님의 진리의 여러 주제가 풍성히 계시되어 있다. 시편은 모든 시대의 성도들에게 많은 교훈과 큰 위로가 된다.

시편의 **저자**는 여럿이다. 표제어에 의하면, 73개는 다윗의 것이며 (대부분 1권과 3권에 있음), 12개는 아삽의 것(시 50, 73-83편), 10개는 고라의 후손의 것(42, 44-49, 84, 97-88편), 한두 개는 솔로몬의 것(72, 127편), 한 개는 모세의 것(시 90편), 한 개는 에스라인 헤만의 것(88편), 한 개는 에스라인 에단의 것(89편) 등이다.

시편의 **저작 연대**에 관해, 시편 중 가장 오래된 것은 모세의 것으로 주전 1405년경이며, 다윗의 것들은 주전 1020부터 975년 사이에 쓰였을 것이며, 아삽의 시들도 동시대의 것일 것이다. 고라의 후손들의 것과 두 에스라인의 것의 연대는 추정하기 어려우나 포로 이전의 것 같다. 포로 시대의 것으로 추정되는 것들도 있다(126, 137편).

19세기의 비평학자들은 시편의 대부분이 바벨론 포로 후기의 것이며 많은 것들이 마카비 시대의 작품이라고 주장했고, 또 욥기, 잠언, 전도서, 아가서 등도 명백히 포로 후기의 것이라고 주장했다. 그러나 20세기에 와서 악카드와 애굽의 시들이 주전 2천년대에 비슷한 형식을 사용하고 있음이 밝혀졌고 또 최근에는 히브리어에 아주 가까운 가나안어로 된 우가릿어의 시가 주전 15세기의 것으로 드러남으로써 성경의 진실성을 더욱 지지하게 되었다.[1] 마카비 1서 7:17은 시편 79:3을 성경으로 인용하고 있다. 마카비 시대에 이미 히브리어 성경

---

1) 글리이슨 아처, 구약총론, 김정우 역 (기독교문서선교회, 1985), 496쪽.

에 시편이 있었다.[2)]

히브리 시의 **대표적 특징**은 평행법이다.[3)] 예컨대, (1) 동의적(同意的) 평행법(시 24:1; 19:2), (2) 반의적(反意的) 평행법(시 1:6), (3) 종합적 평행법(잠 15:17). 또 고대 히브리 시에는 운율이 없다. 델리취는, "고대 히브리 시는 라임(끝 글자를 맞추는 것)과 운율(meter)을 가지고 있지 않다. 주후 7세기가 지나기까지 유대의 시는 그 둘 중 어느 것도 채택하지 않았다"고 말하였다.[4)]

시편의 **표제어**는 성경 본문은 아니나 믿을 만한 내용이라고 알려져 있다. 그 중에, 시의 **유형들**을 말하는 용어들은 다음과 같다.

미즈모르 מִזְמוֹר--현악 반주로 부르는 시(3, 15, 23편 등 57개).
쉬르 שִׁיר--성악을 위한 시(48, 65-68, 75-76, 83편 등 27개)
마스길 מַשְׂכִּיל--명상시 혹은 교훈시(32, 42, 44, 45편 등 13개)
믹담 מִכְתָּם--명심할 내용이라는 뜻 같음(16, 56-60편 등 6개).
테필라 תְּפִלָּה--기도의 시(5개).
테힐라 תְּהִלָּה--찬양의 시(5개).
식가욘 שִׁגָּיוֹן--정확한 뜻은 모르나 변칙적인 리듬의 시라는 뜻 같음(시편 7편만).

음악적 용어들은 다음과 같다.

라메낫체아크 לַמְנַצֵּחַ('영장[伶長]을 위해')--찬양대장 혹은 지휘자나 파트장을 위해 선정된 시들(4-6, 8-9, 11-14, 18-22, 31, 36, 39-42, 44-47, 49, 51-62, 64-70, 75-77, 80-81, 84-85, 109, 140편 등 55개).
네기놋 נְגִינוֹת--현악기에 맞춘 노래(4, 6, 54, 55, 61, 67, 76편).
네킬롯 נְחִילוֹת--관악기에 맞춘 노래(5편).

---

2) 위의 책, 509쪽.

3) 위의 책, 497-498쪽.

4) Delitzsch, *Commentary on Psalms*, trans. Francis Bolton (Eerdmans, 1949), p. 28; 아처, 구약총론, 501쪽에서 재인용함.

쉐미닛 שְׁמִינִית--여덟 줄의 현악기나 혹은 한 옥타브 낮추는 것을 의미한 듯함(6, 12편).
알라못 עֲלָמוֹת--높은 음을 가리키는 것 같음.
마칼랏 מַחֲלַת--슬프게 부르는 것을 가리키는 듯함(53, 88편).

곡을 나타내는 용어들은 다음과 같다.
알 무스 압벤 עַל־מוּת לַבֵּן--'아들의 죽음이라는 곡으로'라는 뜻(9편)
알 아옐렛 하솨카르 עַל־אַיֶּלֶת הַשַּׁחַר--'아침의 암사슴이라는 곡으로'라는 뜻(22편)
알 쇼솬님, 슈솬 שׁוּשַׁן, עַל־שׁוֹשַׁנִּים--'백합 혹은 백합들에 맞추어'라는 뜻(69편)
알 타쉬케스 אַל־תַּשְׁחֵת--'멸하지 말라는 곡으로'라는 뜻(57, 58, 59, 75편)
알 요낫 엘렘 레코킴 עַל־יוֹנַת אֵלֶם רְחֹקִים--'침묵의 비둘기라는 곡으로'라는 뜻(56편)
알 학깃티스 עַל־הַגִּתִּית--'깃팃 사람의 악기로 혹은 멜로디로(탈굼),' 혹은 '포도주 즙틀에서'(LXX, Vg) 즉 초막절을 위해라는 뜻이라고 보임(8, 81, 84편)

39개 시편들에 71번 나오는 **셀라** סֶלָה라는 말은--(1) '쉬라'는 뜻으로 시 낭송자가 이 지점에서 쉬고 악기가 연주되도록 하라는 표시이든지, 아니면 (2) '목소리를 높이라'는 뜻인 것 같다.

시편은 **5권**으로 나뉘어 있다. 대략적으로 보면, 제1권(1-41편)은 사람의 행복, 타락, 및 회복에 대한 내용이고, 제2권(42-72편)은 이스라엘의 파멸과 구속(救贖)에 대한 내용이고, 제3권(73-89편)은 성전 중심의 생활에 대한 내용이고, 제4권(90-106편)은 광야 생활에 대한 내용이고, 제5권(107-150편)은 말씀 중심의 생활에 대한 내용이다. 제1권은 다윗이나 그의 지도 아래 편집된 것 같고, 제2권과 제3권은 히스기야나 요시야 때에 편집된 것 같고, 제4권과 제5권은 에스라나 느헤미야 때에 편집된 것 같다(아쳐, 511-512쪽). 옛부터 성경연구가들은 시편의 5권을 모세의 오경에 각각 맞추어 보려 하였다.

시편의 **특징적 주제**는 성도들의 찬송과 기도이다. 시편을 내용적으로 분류해 보면 다음과 같다.

1. 찬송과 감사와 간증--1, 8, 33, 50, 57, 95, 147-150편 등.
2. 죄의 고백과 용서를 구함--32, 51편 등.
3. 구원을 간구함: (1) 원수의 핍박으로부터--3, 6, 10, 12편 등.
 (2) 질병으로부터--38, 39편 등.
 (3) 국가적 재난으로부터--74, 80편 등.
 * 저주시(Imprecatory Psalms)--하나님께서 세상에서 공의를 세우시기를 간청함.
4. 메시아 예언들: (1) 고난의 메시아--22, 40편.
 (2) 승리의 메시아--2, 47, 67, 96-100, 110, 117편 등.
 (3) 기타--8, 16, 41, 45, 68, 69, 72, 102, 109, 118편 등.

본문 혹은 각주에 자주 사용된 약어

KJV	영어 King James Version
NASB	영어 New American Standard Version
NIV	영어 New International Version
LXX	고대 헬라어 70인역
Syr	고대 수리아어역
It	고대 라틴어역
Vg	고대 라틴어 Vulgate역
BDB	Brown-Driver-Briggs, *Hebrew Lexicon of the O. T.*
KB	Koehler-Baumgartner, *Lexicon in Veteris Testamenti Libros.*
Langenscheidt	*Langenscheidt Pocket Hebrew Dictionary.*
NBD	*The New Bible Dictionary.* IVP.
Poole	Matthew Poole, *A Commentary on the Holy Bible.*

1편: 복 있는 사람

[1-2절] 복 있는 사람은 악인의 꾀[조언]를 좇지 아니하며 죄인의 길에 서지 아니하며 오만한 자의 자리에 앉지 아니하고 오직 여호와의 율법을 즐거워하여 그 율법을 주야로 묵상하는 자로다.

복 있는 사람은 어떤 사람인가? 첫째로, 복 있는 사람은, 불경건하고 악한 자들을 멀리하는 사람이다. 그는 '악인의 꾀를 좇지 아니하며 죄인의 길에 서지 아니하며 오만한 자의 자리에 앉지 아니하는 자'로 묘사된다. 악인과 죄인과 오만한 자는 거의 동의어이다. 죄인은 악하고 오만하다. 꾀는 생각을 가리키고, 길은 행위를 가리키고, 자리는 교제를 가리킨다. 사람은 누구나 죄성을 가지고 있기 때문에, 악인과 어울리면 악의 영향과 본을 받기 쉽다. 그러므로 성도는 악한 자들을 멀리해야 한다. 잠언 13:20은 "지혜로운 자와 동행하면 지혜를 얻고 미련한 자와 사귀면 해를 받느니라"고 말했다.

둘째로, 복 있는 사람은 여호와의 율법을 가까이 하는 사람이다. '여호와의 율법'은 모세오경을 가리키며 또 넓게는 구약성경 전체를 가리킨다. 모세오경도, 구약성경 전체도 세 가지를 가르쳐준다. 첫째는 우리가 죄인이라는 사실이며, 둘째는 구주에 관한 것이며, 셋째는 의롭고 선한 생활에 관한 것이다. 그러므로 성경말씀을 즐거워하고 그 말씀을 주야로 묵상하는 자는 주 예수 그리스도를 믿고 구원 얻고 의롭고 선한 생활을 하게 된다. 그 율법을 주야로 묵상한다는 것은 성경말씀을 규칙적이게 읽고 그 뜻을 항상 음미하는 것을 말한다.

[3절] 저는 시냇가에 심은 나무가 시절을 좇아 **과실을 맺으며 그 잎사귀가 마르지 아니함 같으니 그 행사가 다 형통하리로다.**

본문은 복된 자, 즉 악인을 멀리하고 성경말씀을 가까이 하는 자를 시냇가에 심은 나무에 비유한다. 시냇가에 심은 나무는 나무들 중에 가장 복된 나무이다. 나무에게 필수적인 물이 풍부하기 때문에 나무로서 걱정거리가 없다. 이 물은 하나님의 말씀과 그 말씀과 함께 또 그 말씀 속에서 활동하시는 성령의 감동과 활동을 상징한다고 본다.

이 나무는 시절을 좇아 과실을 맺는다. 나무가 열매를 맺지 못한다면 나무로서 제 구실을 못하는 것이다. 사과나무는 사과를 많이 열어야 하고 포도나무는 포도를 많이 맺어야 한다. 예수께서도 포도나무의 비유에서 우리가 많은 좋은 열매를 맺어야 할 것을 교훈하셨다(요 15장). 열매는 성도의 좋은 인격과 선한 행실을 가리킨다.

시냇가에 심긴 나무는 그 잎사귀가 마르지 않는다. 땅에는 때때로 가뭄이 있다. 땅이 가물면 나무 잎사귀가 마르게 되며 심하면 나무가 죽을 수도 있다. 그러나 시냇가에 뿌리를 박은 나무는 물 부족이 없고 시드는 일도 없을 것이다. 그 시냇가는 하나님의 말씀과 성령의 감동의 시냇가이며 그것은 결코 마르지 않는다. 그러므로 하나님의 말씀을 주야로 묵상하는 자는 결코 영적 침체가 없다.

또 이렇게 경건한 사람이 계획하고 행하는 일은 다 형통할 것이다. 이것은 이미 레위기 26장과 신명기 28장에 교훈된 바이다. 하나님의 말씀을 지키는 자는 영육으로 복을 누릴 것이다. 하나님께서는 경건하고 죄짓는 일을 두려워한 요셉과 함께하셨고 범사에 그를 형통케 하셨다(창 39:2-3, 23). 또 그는 하나님과 연합하여 그의 계명을 지킨 히스기야와 함께하셨고 그를 형통케 하셨다(왕하 18:6-7).

〔4-5절〕 악인은 그렇지 않음이여, 오직 바람에 나는 겨와 같도다. 그러므로 악인이 심판을 견디지 못하며 죄인이 의인의 회중에 들지 못하리로다.

본문은 악인 즉 불경건하고 하나님의 말씀을 불순종하는 자가 복된 자와 전혀 다르다고 말한다. 즉 악인은 선한 열매를 맺지도 못하고 가뭄을 타고 범사에 형통하지도 못하다는 뜻이다.

이 뿐만 아니라, 본문은 악인이 바람에 나는 겨와 같다고 말한다. 이 바람은 세상의 풍조나 환난의 바람 등을 가리킬 것이다. 악인은 세상의 풍조를 따라 이리저리 방황하고 또 환난의 때에 매우 당황할 것이다. 그러나, 의인들은 하나님의 은혜로 세상 풍조와 환난 앞에서 든든히 설 수 있다. 잠언 10:25, "회리바람이 지나가면 악인은 없어져도 의인은 영원한 기초 같으니라." 시편 125:1, "여호와를 의뢰하는 자는 시온산이 요동치 아니하고 영원히 있음 같도다."

본문은 또 악인이 하나님의 심판을 견디지 못한다고 말한다. 평안한 때에는 악인과 의인이 별차이가 없어보일지도 모른다. 평시에는 악인도 번창하고 형통한 것처럼 보일 수 있다. 그러나 일단 하나님의 심판이 시작되면, 악인은 그 앞에 서지 못하고 그 심판을 감당치 못할 것이다. 잠언 24:16의 말씀대로, 의인들은 일곱 번 넘어질지라도 다시 일어나지만, 악인들은 재앙으로 인하여 엎드러진다.

본문은 또 악인 곧 죄인이 의인의 회중에 들지 못한다고 말한다. 악인은 죽음과 저주 아래 있기 때문에, 하나님의 복과 영생을 가진 의인들의 회중인 참 교회에 들지 못한다. 악인은 참 교회의 회원이 될 수 없고 장차 영광의 천국에도 들어갈 수 없다. 주께서 말씀하신 대로, 사람은 오직 물과 성령으로 거듭나야만 천국에 들어갈 수 있다.

〔6절〕 **대저 의인의 길은 여호와께서 인정하시나**(요데아 יוֹדֵעַ, 현재분사) [알고 계시나] **악인의 길은 망하리로다.**

여호와 하나님께서는 의인의 길을 알고 계신다. 길은 행위와 삶을 가리킨다. 의인의 생활은 불경건과 악을 버리고 그것들을 미워하고 불경건하고 부도덕한 자를 멀리하고 그 대신 하나님의 말씀을 즐거워하고 항상 묵상하고 그 말씀을 믿고 그 말씀대로 사는 것이다.

하나님께서는 의인의 길을 알고 계신다. 그는 의인의 행위와 삶을 처음부터 아시고 또 그의 마음도 다 아신다(시 139:1-4; 히 4:12-13). 그는 단지 그것을 지식적으로 아시는 것이 아니고 그것을 인정하시고 의인을 사랑하시고 그에게 영생의 복을 주신다.

그러나 악인의 길은 망할 것이다. 악인의 생활은 하나님을 모르고 그를 두려워하지 않고 그의 뜻을 거슬러 불의와 악을 행하는 것이다. 그것은 하나님 없이 사는 사람들의 생활이다. 그것은 이 세상의 유행과 여론과 풍습과 가치관을 따라 사는 생활이다.

그러나 그들이 쌓은 부와 재물은 허무하여 독수리처럼 날아가기도 하고(잠 23:5) 그렇지 않으면 결국 남에게로 돌아갈 것이다(눅 12:20). 또 악한 일을 행하고 죽은 자들은 마지막 날 심판의 부활로 나올 것이다(요 5:29). 그 영혼들은 지옥에 던지울 것이며 마지막 날 부활하여 영원한 지옥 불못에 던지울 것이다.

이와 같이, 의인과 악인의 길은 확실히 다르다. 그 둘의 생활방식이 다르고 가치관이 다르고 생활목표가 다르고 그 결말이 다르다.

시편 1편은 시편의 서론과 같고 또 결론과도 같다. 첫째로, 복 있는 자는 악한 자를 멀리하고 성경을 주야로 묵상하는 자이다. 우리는 악을 멀리하고 불경건하고 악한 자들과 친근히 하지 말고 멀리하고 성경을 주야로 묵상하며 그 의로운 교훈대로 살기를 힘써야 한다. 고린도전서 15:33, "속지 말라. 악한 동무들은 선한 행실을 더럽히나니."

둘째로, 복 있는 자는 시냇가에 심은 나무와 같이 계절을 따라 좋은 열매들을 맺고 그 잎이 마르지 않고 그 하는 일들이 다 형통할 것이다. 예레미야 17:5-8, "무릇 사람을 믿으며 . . . 여호와에게서 떠난 그 사람은 저주를 받을 것이라. . . . 무릇 여호와를 의지하며 여호와를 의뢰하는 그 사람은 복을 받을 것이라." 시편 119:165, "주의 법을 사랑하는 자에게는 큰 평안이 있으니 저희에게 장애물이 없으리이다." 하나님의 복은 심령의 평안, 몸의 건강, 경제의 안정 등 영육의 복을 포함한다.

셋째로, 의인의 길은 여호와께서 인정하시나 악인의 길은 망할 것이다. 하나님께서는 모든 죄악된 일을 멀리하고 예수 그리스도와 그의 의만 의지하고 성경말씀의 교훈대로 순종하며 의롭고 선하고 진실하게 사는 의인들을 아시고 복 주신다. 그러나 악인들의 길은 망할 것이다.

2편: 아들에게 입맞추라

본 시편은 메시아에 대한 예언의 시라고 이해된다.

〔1-3절〕 어찌하여 열방이 분노하며(라가쉬 רָגַשׁ)[소란하며, 격분하며] **민족들이 허사를 경영하는고. 세상의 군왕들이 나서며 관원들이 서로 꾀하여 여호와와 그 기름 받은 자를** 대적**하며 우리가 그 맨 것을 끊고 그 결박을 벗어버리자 하도다.**

이 세상의 왕들과 관원들은 서로 꾀하여 여호와 하나님과 그의 기름 부음을 받은 왕을 대적하며 하나님의 통치를 속박으로 여기며 그에게서 벗어나기를 원했다. 악인들은 당을 지어 악을 행하며(롬 2:8) 하나님을 대적하는 일을 하지만, 그들의 모든 계획은 헛될 것이다.

이 시는 예수 그리스도께 그대로 이루어졌다. 유대의 종교지도자들과 헤롯 왕과 로마 총독 빌라도는 함께 연합하여 하나님의 보내신 메시아를 십자가에 죽게 하였다. 사도 베드로는 "과연 헤롯과 본디오 빌라도는 이방인과 이스라엘 백성과 합동하여 하나님의 기름 부으신 거룩한 종 예수를 거슬러 하나님의 권능과 뜻대로 이루려고 예정하신 그것을 행하려고 이 성에 모였나이다"라고 말하였다(행 4:27-28). 악한 자들은 하나님의 통치를 부정하고 그의 보내신 메시아를 대항하였지만, 그러나 그들의 계획은 실패할 수밖에 없었다.

〔4-6절〕 하늘에 계신 자가 웃으심이여, 주께서 저희를 비웃으시리로다. 그때에 분을 발하며 진노하사 저희를 놀래어 이르시기를 내가 나의 왕을 내 거룩한 산 시온에 세웠다 하시리로다.

하늘에 계신 하나님, 온 땅과 거기 있는 왕들을 통치하시며 심판하시는 하나님께서는 그를 대적하는 자들을 보고 웃으신다. 주님(아도나이 אֲדֹנָי)이신 그는 그들을 비웃으실 것이다. 하나님께서는 그때에 분을 발하며 진노하셔서 그들을 놀라게 하실 것이다. 하나님께서는 긍휼과 사랑이 풍성하신 자이지만, 또한 그를 대적하고 악을 행하는 자들에게 분노하시는 자이시다. 그는 엄위하신 하나님이시다. 그가 노하시면 모든 사람은 다 놀라며 두려워할 것이다.

하나님께서는 그들을 놀라게 하시며, "내가 나의 왕을 내 거룩한 산 시온에 세웠다"고 말씀하실 것이다. 원문에는 '내가'라는 말(아니 אֲנִי)이 강조되어 있다. 그것은 메시아를 거절하고 대적하는 세상의 왕들과 하나님을 대조시킨다. 또 '나의 왕'이라는 말은 사람들에 의해서나 사람들의 혈통에 따라서가 아니고, 하나님의 특별한 작정과 뜻에 따라 세움을 받은 왕이라는 뜻이다. 메시아께서는 하나님의 권위를 가지고 하나님의 영광을 위해 하나님의 일을 행하실 왕이시다.

'내 거룩한 산 시온'은 하나님께서 구별하신 예루살렘을 가리킨다. 하나님께서는 거기에 거하신다. 하나님께서 그의 왕 메시아를 그곳에 세우신다는 것은 메시아께서 그곳에 오실 것을 가리킨다. 예수께서는 육체로 그곳에 오셨고 부활하심으로 자신을 주와 그리스도로 확증하셨고(행 2:36), 그의 복음이 예루살렘으로부터 온 땅에 전파될 것이며 장차 재림하심으로 온 세상을 심판하실 것이다(딤후 4:1).

〔7-9절〕 내가 영(令)(코크 חֹק)[칙령, 작정(decree)]을 전하노라. 여호와께서 내게 이르시되 너는 내 아들이라. 오늘날 내가 너를 낳았도다. 내게 구하라. 내가 열방을 유업으로 주리니 네 소유가 땅끝까지 이르리로다. 네가 철장으로 저희를 깨뜨림이여, 질그릇같이 부수리라 하시도다.

시편 저자는 하나님의 작정을 전한다. 그는 메시아의 예표가 되어서 하나님의 말씀을 받아 전한다. 본문의 내용은 확실히 메시아에 대한 예언이다. 본문은 메시아에 대해 세 가지를 예언한다.

첫째로, 메시아께서는 하나님의 아들이실 것이다. "너는 내 아들이라. 오늘날 내가 너를 낳았도다." '오늘날'은 언제인가? 하나님께도 우리에게와 같이 과거와 현재와 미래가 있는가? 하나님께서는 시간과 공간을 초월하신 자가 아니신가? 그러므로 하나님께 '오늘날'은 영원한 현재라고 표현할 수 있다. 하나님과 그의 아들의 관계는 영원적이다. 그것은 그의 아들의 신성(神性)에서 증거된다. 시간 세계 속에서의 관계라면 아들은 참된 하나님이 아닐 것이다. 그러므로 예수께서는 창세 전에 그가 아버지와 함께 누렸던 영광에 대해 말씀하셨다(요 17:5). 성경의 풍성한 증거대로, 예수 그리스도의 참된 신성은 그가 행하신 기적들과 부활로 확증되었다(요 20:30-31; 롬 1:4).

둘째로, 메시아 왕국은 온 세상 땅끝까지 미칠 것이다. 다윗 왕국의 확장은 메시아 왕국을 예표하였다. 예수 그리스도의 복음은 온 세상의 모든 족속에게 전파될 것이며(마 28:19; 행 1:8) 각 나라와 족속과 백성과 방언에서 셀 수 없이 큰 무리가 구원을 얻을 것이다(계 7:9). 세계복음화의 이 예언은 오늘날 거의 이루어졌다.

셋째로, 메시아께서는 철장으로 세상을 다스리고 심판하실 것이다. '저희를 깨뜨린다'는 원어(테로엠 תְּרֹעֵם)는 고대 번역들(LXX, Syr, Vg)에서 '저희를 다스린다'(티르엠 תִּרְעֵם)는 말로 읽었다. 그리스도께서는 다니엘 2:34에서 '열방을 부서뜨리는 돌'로 예언되셨고 요한계시록에서는 '철장으로 다스리는 자'로 묘사되셨다(계 2:27; 12:5; 19:15). 그의 통치권은 그의 구원 사역에서 이미 이루어지고 있으나, 장차 세상을 심판하실 때에 완성될 것이다(행 17:31; 딤후 4:1).

〔10-12절〕 그런즉 군왕들아, 너희는 지혜를 얻으며 세상의 관원들아, 교훈을 받을지어다. 여호와를 경외함으로 섬기고 떨며 즐거워할지어다. 그 아들에게 입맞추라. 그렇지 아니하면 **진노하심으로 너희가 길에서 망하리니 그 진노가 급하심이라. 여호와를 의지하는 자는 다 복이 있도다.**

하나님께서 대적자들을 패하게 하시고 메시아를 통해 자신의 뜻을 이루실 것이기 때문에, 이 세상의 왕들과 관원들과 온 세상 사람들은 지혜와 교훈을 받아야 한다. 본문은 세 가지의 교훈을 말한다.

첫째로, 하나님을 경외하고 섬기라. 하나님을 경외하는 것은 사람이 하나님을 향해 가져야 할 가장 기본적 태도이다(잠 1:7). 우리는 하나님을 인정하고 두려워하고 그 앞에서 떨어야 한다. 그러나 기쁨과 즐거움을 가지고 그렇게 해야 한다. 그러므로 히브리서 13:28도, "우리가 진동치 못할 나라를 받았은즉 은혜를 받자. 이로 말미암아 경건함과 두려움으로 하나님을 기쁘시게 섬길지니"라고 교훈하였다. 경건함과 두려움과 기쁨은 성도의 정상적 신앙생활의 덕이다.

둘째로, 그 아들에게 입맞추라. 하나님의 아들은 하나님께서 보내신 구주와 중보자이시며 세상의 모든 왕들 중의 왕이시다. 모든 사람은 그를 구주와 주로 고백하고(롬 10:9; 고전 12:3) 그에게 복종하고 그를 사랑해야 한다. 그렇지 않으면 하나님의 진노하심이 그들의 길에 속히 임할 것이다. 고린도전서 16:22, "만일 누구든지 주를 사랑하지 아니하거든 저주를 받을지어다. 주께서 임하시느니라."

셋째로, 하나님만 의지하라. 세상이나 세상 권세를 의지하지 말고 사람이나 그의 지혜도 의지하지 말고 돈이나 재물도 의지하지 말아야 한다. 사람이 참으로 의지할 자는 만복의 근원이신 하나님뿐이다.

시편 2편의 교훈을 정리해보자. 첫째로, 이 세상은 소란하고 하나님과 그의 뜻을 속박으로 여기며 거역한다. 교회도 때때로 부패하여 그러하였다. 그러나 우리는 세상의 헛된 부귀 영화 권세를 의지하지 말고 오직 영원하신 창조자와 섭리자 하나님을 알고 경외하고 범사에 인정하고 의지하며 섬기고 그의 뜻을 속박으로 여기지 말고 그의 모든 명령을 거역하지 말고 자원함으로, 자발적으로 순종해야 한다.

둘째로, 하나님께서는 아들을 보내시고 그에게 입맞추라고 교훈하신다. 하나님의 아들 예수 그리스도께서 오셨다. 그는 온 세상을 다스리는 주이시며 인류의 유일한 구주이시다. 그를 믿고 영접하며 그를 사랑하고 그에게 입맞추는 자는 구원을 얻을 것이다. 그의 나라인 신약교회는 온 세상 땅끝까지 확장될 것이며 그가 영광 가운데 심판자로 다시 오셔서 온 세상 사람들, 즉 의인들과 악인들을 공의로 심판하실 것이다.

3편: 곤경 중에 부르짖음

다윗이 그 아들 압살롬을 피할 때 지은 시.

〔1-2절〕 여호와여, 나의 대적이 어찌 그리 많은지요? 일어나 나를 치는 자가 많소이다. 많은 사람이 있어 나를 가리켜 말하기를 저는 하나님께 도움을 얻지 못한다 하나이다(셀라).[5]

아들 압살롬이 다윗에게 반역을 일으켰을 때 많은 사람들은 압살롬 편에 섰었다(삼하 15:12). 주 예수께서 십자가에 달리실 때도 많은 사람들이 '그를 십자가에 못박으라'고 외치며 그를 향해 등을 돌렸다(마 27:22-23). 사도 바울의 전도사역의 말기에 많은 사람들은 그를 버리고 그와 뜻과 입장을 같이하지 않았다. 디모데후서 1:15, "아시아에 있는 모든 사람이 나를 버린 이 일을 네가 아나니 그 중에 부겔로와 허모게네가 있느니라." 디모데후서 4:16, "내가 처음 변명할 때에 나와 함께한 자가 하나도 없고 다 나를 버렸으나 저희에게 허물을 돌리지 않기를 원하노라." 주의 종들에게는 때때로 이런 일이 있었다.

다윗의 대적자들은 그에 대해 '저는 하나님께 도움을 얻지 못한다'고 말했다. 그들의 말은 다윗을 낙망시킬 만했다. 사람들이 그를 대적하는 것도 두려운 일이지만, 하나님께서 그를 지지하시고 도우신다면 걱정할 일이 아니나, 만일 하나님께서 그를 지지하지 않으시고 돕지 않으신다면 낙망할 만한 일이다. 그러나 다윗은 그런 어려운 때 하나님을 믿는 굳건한 믿음을 가지고 하나님께 기도하였다.

〔3-4절〕 [그러나] **여호와여, 주는 나의 방패시요 나의 영광이시요 나의 머리를 드시는 자니이다. 내가 나의 목소리로 여호와께 부르짖으니 그 성산에서 응답하시는도다(셀라).**

다윗의 대적자들의 말은 완전히 잘못된 비난이었다. 다윗은 고난

---

5) '셀라'라는 원어(סֶלָה)는 '소리를 높이라' 혹은 '쉬라'는 뜻이라고 봄.

중에도 하나님만 믿고 의지하고 바라보았다. 그는 하나님께서 그의 원수들의 비난과 공격을 막아주시는 그의 방패이시며, 그에게 왕의 영광을 주셨고 그것을 끝까지 지켜주실 그의 영광이시며, 그의 머리를 드시는 자, 즉 그로 낙심하거나 수치를 당치 않게 하시고 그에게 힘과 명예 회복을 주시는 자이심을 고백하였다.

다윗은 그의 목소리로 하나님께 부르짖어 기도했다. 우리는 기도할 때 보통 마음 속으로나 조용한 소리로 기도하지만(느 2:4), 때때로 어려운 일을 당했을 때 하나님께 부르짖어 기도한다. 잡념에 떨어질 수 있는 묵상 기도나, 비성경적 신비주의에 떨어질 수 있는 명상 기도보다는 소리내어 기도하는 것이 더 나은 것 같다. 우리는 시시때때로 부르짖는 기도를 올려야 한다. 부르짖음은 간절한 심령을 나타낸다. 성경은 부르짖는 기도에 대해 많이 말한다. 예레미야 29:12-13, "너희는 내게 부르짖으며 와서 내게 기도하면 내가 너희를 들을 것이요 너희가 전심으로 나를 찾고 찾으면 나를 만나리라."

기도의 대상은 살아계신 여호와 하나님이시다. 그는 사람의 기도에 응답할 수 없는 우상이나 그를 도울 수 없는 거짓 신이 아니고 참 하나님이시요 살아계신 하나님이시며(렘 10:10) 영원 전부터 영원 후까지 살아계셔서 자기 백성의 기도를 들어주시는 자이시다. 영원하신 그 하나님을 알고 그에게 나아가 그에게 기도하는 자는 복되다.

이스라엘 왕 아합 시대에 하나님의 참 선지자 엘리야와 대결했던 바알 선지자들은 아침부터 낮까지 바알의 이름을 불러 '바알이여, 우리에게 응답하소서' 하나 아무 소리도, 아무 응답하는 자도 없었다(왕상 18:26). 그러나 여호와 하나님께서는 엘리야의 기도를 들어주셨고 불로 응답하셨다(왕상 18:37-39). 그는 엘리야의 부르짖는 기도에 불로 응답하심으로써 자신이 살아계신 참 하나님이심을 증거해주셨다.

본문은 그가 그 성산에서 응답하신다고 말한다. 그 성산은 하나님께서 계신 천국과, 그가 계신 표를 두신 예루살렘과, 오늘날 예수 그리스도와 그의 몸된 교회를 가리킨다고 본다. 오늘날 예수 그리스도 안에 기도의 응답이 있다. 그의 이름으로 기도하는 기도가 응답받는다(요 14:13-14). 기도는 아름다운 말이나 경건한 모양에 가치가 있지 않고, 믿음과 진실함과 하나님의 응답하심에 가치가 있다.

〔5절〕 내가 누워 자고 깨었으니 여호와께서 나를 붙드심이로다. 천만인이 나를 둘러치려 하여도 나는 두려워 아니하리이다.

아들 압살롬의 반란으로 피난 중에 있었던 다윗 왕은 많은 대적자들과 그들의 악한 비난 중에 있었지만, 그는 밤에 누워 평안한 잠을 잤다. 그에게 상심함과 두려움이 있었다면 그는 단잠을 잘 수 없었겠지만, 하나님을 의지하고 하나님께 간구했던 그는 평안하게 단잠을 잘 수 있었다. 하나님의 법을 순종치 않는 자의 받는 벌들 중의 하나가 경심증(驚心症) 즉 마음의 놀람과 불안이지만(신 28:28), 하나님께서는 그의 사랑하시는 자들에게 평안과 단잠을 주신다(시 127:2).

다윗이 단잠을 잘 수 있었던 것은 하나님께서 그를 붙들어 주셨기 때문이다. '나를 붙드신다'는 원어(이스메케니 יִסְמְכֵנִי)(미완료시제)는 '나를 계속 붙드신다'는 뜻이다. 하나님께서는 다윗을 한번만 도우시고 붙드신 것이 아니고 계속 도우시고 붙드셨다. 다윗이 환난 중에서도 평안한 잠을 잘 수 있었던 비결은 바로 여기에 있었다.

다윗은 또 그를 대적하여 둘러선 수만명의 사람들을 두려워하지 않겠다고 고백한다. 다윗에게는 대적자들을 두려워하지 않을 용기와 담력이 있었다. 하나님께서는 그에게 용기와 담력을 주셨다. 사무엘상 30:6, "백성이 각기 자녀들을 위하여 마음이 슬퍼서 다윗을 돌로 치자 하니 다윗이 크게 고통스러웠으나 그 하나님 여호와를 힘입어 용기를 얻었더라." 하나님께서는 구약시대에 선지자 엘리야나 미가야에게, 또 초대교회에 아다나시우스에게와 또 종교개혁 때에 루터에게 용기와 담력을 주셨다. 잠언 28:1은, "악인은 쫓아오는 자가 없어도 도망하나 의인은 사자같이 담대하니라"고 말했다.

〔7-8절〕 **여호와여, 일어나소서. 나의 하나님이여, 나를 구원하소서.** [이는] **주께서 나의 모든 원수의 빰을 치시며 악인의 이를 꺾으셨나이다**[꺾으셨음이니이다]. **구원은 여호와께 있사오니 주의 복을 주의 백성에게** 내리**소서 (셀라).**

다윗은 하나님께서 잠잠히 계시지 말고 일어나 행동하시며 아들 압살롬의 반란으로부터, 그 대적자들의 위협으로부터 그를 건져주시기를 기도한다. 그는 큰 곤란 중에 낙심하거나 당황한 채로 있지 않았고 또 단지 인간적 대책을 궁리하거나 의논하지 않았고 먼저 하나님께 기도하고 그의 도우심과 구원을 요청한 것이다. 이것은 성도의 놀라운 특권이다. 우리에게는 기도를 들어주시는 하나님께서 계시다.

원문의 7절 중간에 있는 '이는[왜냐하면]'이라는 말(키 כִּי)은 그가 하나님의 구원과 도움을 요청하는 근거를 보인다. 그의 기도의 근거는 하나님께서 과거에 그의 모든 원수들의 빰을 치셨다는 사실이었다. '빰'이라는 원어(레키 לְחִי)는 '턱, 빰'이라는 뜻이다. 이러한 그의 과거의 경험은 고난 중에 그의 현재의 기도의 근거가 된다.

8절 상반절도 그의 기도의 근거를 계속 말한다. 그의 기도의 근거는 구원이 하나님께 있다는 사실이었다. 그것은 다윗의 지식과 확신이었고 성경에 확실히 증거된 하나님의 진리이다(시 37:39; 62:6; 렘 3:23; 욘 2:9; 계 7:10; 19:1). 다윗은 블레셋 장수 골리앗과 싸울 때도 "여호와의 구원하심이 칼과 창에 있지 아니함을 이 무리로 알게 하리라. 전쟁은 여호와께 속한 것인즉 그가 너희를 우리 손에 붙이시리라"고 말했었다(삼상 17:47). 구원은 사람들에게나 군대의 힘에나 그 어떤 인간적 수단과 방법에 있지 않고 오직 하나님께 있다.

다윗은 끝으로 "주의 복이 주의 백성에게 있게 하소서[혹은 '있나이다']"라고 말한다. 하나님의 복은 하나님의 백성이 하나님께 구할 내용이며 그들이 이 땅 위에서 또 영원토록 받아 누릴 내용이다.

시편 3편의 교훈을 정리해보자. 첫째로, 우리는 어려운 문제를 만났을 때 부르짖어 기도해야 한다. 기도는 성도의 복된 특권이다. 마태복음 7:7-11, "구하라, 그러면 너희에게 주실 것이요; 찾으라, 그러면 찾을 것이요; 문을 두드리라, 그러면 너희에게 열릴 것이니; 구하는 이마다 얻을 것이요 찾는 이가 찾을 것이요 두드리는 이에게 열릴 것이니라. 너희 중에 누가 아들이 떡을 달라 하면 돌을 주며 생선을 달라 하면 뱀을 줄 사람이 있겠느냐? 너희가 악한 자라도 좋은 것으로 자식에게 줄 줄 알거든 하물며 하늘에 계신 너희 아버지께서 구하는 자에게 좋은 것으로 주시지 않겠느냐?" 요한복음 14:13, "너희가 내 이름으로 무엇을 구하든지 내가 시행하리니 이는 아버지로 하여금 아들을 인하여 영광을 얻으시게 하려 함이라." 하나님을 믿는 자마다 환난 날은 기도할 기회이다. 우리는 기도하되 때때로 소리내어 부르짖어 간절히 기도해야 한다. 우리는 혼자 있을 때 잡념들에 떨어지기 쉬운 묵상이나 명상보다 또박또박 소리를 내어 기도하고 때때로 부르짖어 기도하는 것이 좋다.

둘째로, 우리는 우리를 해치려는 대적자들을 두려워하지 말고 하나님을 방패로 삼아야 한다. 하나님께서는 그를 의지하고 그에게 피하는 자들에게 방패가 되신다(3절). 다윗은 시편 18:1-2에서, "나의 힘이 되신 여호와여, 내가 주를 사랑하나이다. 여호와는 나의 반석이시요 나의 요새시요 나를 건지시는 자시요 나의 하나님이시요 나의 피할 바위시요 나의 방패시요 나의 구원의 뿔이시요 나의 산성이시로다"라고 말했다. 우리는 구원이 오직 하나님께 있음을 알고 하나님의 구원을 확신하고 시시때때로 그 구원을 체험해야 한다. 구원은 단순히 인간적인, 세상적인 방법들에 있지 않고, 오직 주권적 섭리자이시며 전능하신 하나님께 달려 있다. 하나님께서는 우리의 대적자들을 능히 물리치실 수 있다. 우리가 하나님 앞에 바로 서며 죄 짓지 않고 오직 믿음과 순종으로 산다면 하나님께서는 언제나 우리편이시다. 그러므로 우리는 대적자들을 두려워하지 말고 오직 전능하신 하나님을 우리의 방패로 삼아야 한다.

4편: 하나님께서 주신 기쁨과 평안

다윗의 시. 영장(伶長)(메낫체아크 מְנַצֵּחַ)[아마, 찬양대장, 지휘자, 혹은 파트장]을 위함. 현악기(네기노스 נְגִינוֹת)에 맞춘 노래.

〔1절〕 내 의(義)의 하나님이여, 내가 부를 때에 응답하소서. 곤란 중에 나를 너그럽게 하셨사오니(히르카브타 הִרְחַבְתָּ)[나에게 안정을 주셨사오니] **나를 긍휼히 여기사 나의 기도를 들으소서.**

다윗은 하나님을 '나의 의(義)의 하나님'이라고 말한다. 성도의 의는 그의 행위에 있지 않고 하나님께서 은혜로 주신 의에 있다. 모든 사람은 죄인이지만, 구약시대에는 그리스도를 예표한 짐승 제사로, 신약시대에는 그리스도의 십자가 속죄로 구원하시는 하나님을 믿음으로 의롭다 하심을 얻는다. "나의 의는 이것뿐 예수님의 피밖에 없다." 성도는 그 의를 힘입어 하나님께 항상 담대히 나아가 기도한다.

또 다윗은 하나님께서 곤란 중에 그에게 안정을 주셨다고 말한다. 과거에 그가 어려운 일을 당하여 마음에 근심과 걱정, 불안과 초조함이 있었을 때, 하나님께서는 그에게 마음의 여유와 안정을 주셨고 그를 건져주셨다. 다윗은 과거에 주셨던 하나님의 은혜를 기억하면서 현재의 고난 중에서 하나님께 기도하는 것이다.

다윗은 "내가 부를 때에 응답하소서," "나를 긍휼히 여기사 나의 기도를 들으소서"라고 말한다. 실상, 다윗이 가진 의(義)도 하나님의 긍휼에 근거한 것뿐이다. 그러므로 다윗은 하나님의 긍휼을 구하며 하나님께서 그가 지금 당한 환난에서도 그에게 마음의 여유와 안정을 주시고 그를 건져주시기를 간구하는 것이다.

〔2-3절〕 인생들아, 어느 때까지 나의 영광을 변하여 욕되게 하며 허사를 좋아하고 궤휼을 구하겠는고? (셀라.) 여호와께서 자기를 위하여 경건한 자를 택하신 줄 너희가 **알지어다. 내가 부를 때에 여호와께서 들으시리로다.**

다윗은 사람들이 여러 날 동안 그의 영광을 변하여 욕되게 한다고 말한다. 그의 영광은 하나님께서 그에게 주신 왕권의 영광을 가리킬 것이다. 하나님께서는 다윗을 택하시고 기름을 부으셨고 이스라엘의 왕으로 세우셨다. 백성들은 그의 왕권의 영광을 인정하고 높이고 그를 존경했어야 했다. 그를 왕으로 세우신 자는 하나님이시기 때문이다. 그러나 어떤 이들은 그의 영광을 변하여 욕되게 하고 있었다. 그들은 그를 비난하고 모욕하고 해치려 하고 있었다.

다윗은 또 그들이 허사를 좋아하고 거짓을 구하고 있다고 말한다. 악인들은 거짓을 구하고 그들의 계획은 다 허사(虛事)이다. 하나님께서 그것을 허락지 않으시며 그것을 무(無)로 돌려버리시기 때문이다. 옛날에 동생 요셉을 종으로 팔아버렸던 형들의 계획이나, 메대 사람 다리오 왕 때에 왕을 속이고 다니엘을 모함했던 그의 동료 총리들의 계획은 다 허사가 되었다. 악한 자들의 악한 계획은 다 허사이다.

하나님께서는 악인들의 계획을 폐하시고 경건한 자들을 택하신다. '경건한'이라는 원어(카시드 חָסִיד)는 '인자(仁慈)함'(케세드 חֶסֶד)을 가진 자라는 뜻을 가진 단어이다. 경건한 자는 하나님의 성품을 본받아 인자(仁慈)할 것이다. 하나님을 경외하는 자는 그의 인자한 성품을 본받는다. 하나님께서는 자신을 위해 그런 경건한 자를 택하신다.

또 하나님께서는 이런 자의 기도를 들어주신다. 또 그는 이런 자를 인정하시고 도와 주시고 그의 대적들을 파하신다. 경건한 자에게도 어려운 일들이 있으나 그는 결국 그 모든 일들에서 승리할 것이다.

〔4-5절〕 너희는 떨며 범죄치 말지어다. 자리에 누워 심중에 말하고 잠잠할지어다(셀라). 의의 제사를 드리고 여호와를 의뢰할지어다.

다윗은 대적자들에게 말한다. '떨라'는 원어(리게주 רִגְזוּ)를 헬라어 70인역은 '분노하라'고 번역했다. 본문은 다윗의 대적자들이 하나님을 두려워하라는 뜻이거나, 에베소서 4:26의 인용처럼 그들이 다윗을 향해 분노함을 지적하는 뜻일 것이다. 다윗의 대적자들은 하나님을 두려워해야 하며 노한 감정을 버리고 범죄치 말아야 한다.

다윗은 또 그들이 자리에 누워 심중에 말하고 잠잠하라고 말한다. 사람은 밤에 침상에 누울 때 자신을 반성케 된다. 다윗의 대적자들은 밤에 침상에 누워서 자신들을 반성하면서 잘못되고 지나친 말이나 감정이나 행위를 버리고 잠잠해야 할 것이다.

또 다윗은 그들에게 의의 제사를 드리라고 말한다. 구약시대 제사는 예수 그리스도의 대속(代贖)의 의를 예표했다. 그것은 하나님께서 죄인을 의롭다 하시는 은혜의 수단이었다. 참된 제사는 사람의 죄를 씻고 그에게 의를 준다. 물론, 성도는 형식적인 종교 의식을 버리고 참된 믿음과 진심으로 의로운 제사를 하나님께 드려야 한다.

또 다윗은 대적자들에게 하나님을 의뢰하라고 말한다. 아마 그들은 다윗을 대적하기 위해 인간적 생각과 계산, 사람들의 수와 힘을 의지했을 것이다. 그러나 하나님께서 그런 것들을 다 헛되게 하실 것이므로 다윗은 그들에게 그런 것을 다 버리고 오직 하나님을 의지하라고 권하는 것이다. 우리가 의지할 대상은 하나님뿐이시다.

〔6-8절〕 여러 사람의 말이 우리에게 선을 보일 자 누구뇨 하오니 여호와여, 주의 얼굴을 들어 우리에게 비취소서. 주께서 내 마음에 두신 기쁨은 저희의 곡식과 새 포도주의 풍성할 때보다 더하니이다. 내가 평안히 눕고 자기도 하리니 나를 안전히 거하게 하시는 이는 오직 여호와시니이다.

많은 사람들은 다윗에게 좋은 일이 있으리라고 기대하지 않았고 오히려 절망적 전망을 가졌다. 그러나 이런 상황에서도 다윗은 낙심하지 않고 하나님을 앙망하였다. 그는 하나님의 얼굴을 구하였다. 그것은 그의 진노의 얼굴이 아니고 그의 은혜의 얼굴이다.

하나님께서는 그의 마음에 기쁨을 주셨다. 하나님께서는 기쁨이 충만하신 하나님이시며 그는 우리에게 기쁨을 주신다. 성령의 열매는 기쁨이다(갈 5:22). 하나님의 나라는 기쁨이 충만한 나라이다(롬 14:17). 다윗은 하나님께서 주신 기쁨이 '곡식과 새 포도주의 풍성할 때' 즉 추수 때의 기쁨보다 더 큰 기쁨이라고 고백하였다.

또 그는 많은 대적자들의 비난과 핍박 속에서도 평안한 잠을 잤고 안전한 삶을 누렸다고 고백한다. 이것은 하나님을 의(義)로 삼고 그를 의지하며 사는 성도가 누리는 복이다. 주께서는 우리에게 평안을 약속하셨고 허락하셨다. 주 예수께서는 "평안을 너희에게 끼치노니 곧 나의 평안을 너희에게 주노라. 내가 너희에게 주는 것은 세상이 주는 것 같지 아니하니라. 너희는 마음에 근심도 말고 두려워하지도 말라"(요 14:27)고 말씀하셨다.

시편 4편의 교훈을 정리해보자. 첫째로, 우리가 이 세상을 사는 동안 하나님께서는 우리의 의(義)가 되시고 예수 그리스도께서도 우리의 의(義)가 되신다. 로마서 10:4, "그리스도는 모든 믿는 자에게 의를 이루기 위하여 율법의 마침이 되시니라." 고린도전서 1:30, "너희는 하나님께로부터 나서 그리스도 예수 안에 있고 예수는 하나님께로서 나와서 우리에게 지혜와 의로움과 거룩함과 구속함이 되셨으니." 우리 주 예수께서는 우리의 의가 되신다. "나의 의는 이것뿐 예수님의 피밖에 없다."

둘째로, 이 세상에는 곤란한 일들이 많지만, 하나님께서는 과거에도 곤란 중에 안정을 주셨고 지금도 또 미래에도 그러하실 것이다. 과거에 주신 하나님의 기도 응답과 도우심은 현재의 기도에 근거가 된다. 그러므로 우리는 하나님만 의지하고 그에게 간구해야 한다. 하나님께서는 우리의 기도를 들어주시고 곤란 중에 마음의 안정을 주실 것이다.

셋째로, 악한 자들과 시험이 많은 세상에서 우리가 항상 주의 은혜의 얼굴 빛을 구할 때, 하나님께서는 우리에게 큰 기쁨과 평안을 주신다. 하나님의 아들 우리 주 예수 그리스도께서는 이 세상이 주는 것과 다른 참 평안을 우리에게 주신다. 또 우리에게 오셔서 우리 가운데 영원히 거하시는 성령께서는 우리에게 위로와 기쁨과 평안을 주시는 영이시다. 성도는 주 예수 그리스도 안에서와 성령 안에서 항상 기뻐할 수 있다.

5편: 하나님께서는 죄악을 기뻐하지 않으심

다윗의 시. 영장[아마, 찬양대장]을 위함. 관악기에 맞춘 노래.

〔1-3절〕 **여호와여, 나의 말에 귀를 기울이사 나의 심사(心思)**(하기그 הֲגִיג)[탄식]**를 통촉하소서. 나의 왕, 나의 하나님이여, 나의 부르짖는 소리를 들으소서. 내가 주께 기도하나이다. 여호와여, 아침에 주께서 나의 소리를 들으시리니 아침에 내가 주께** 기도**하고 바라리이다.**

본문은 다윗의 기도에 대해 말한다. 첫째로, 그의 기도는 마음 중심에서 나오는 기도이었다. 탄식은 무의미한 말의 반복인 형식적 기도가 아니고 마음 중심에서 나오는 기도, 간절한 소원의 기도를 가리킨다고 본다. 그러므로 다윗은 하나님께 부르짖어 기도한다고 말한다. 그의 기도는 마음 중심에서 나오는 간절한 기도이었다.

둘째로, 그의 기도는 하나님의 왕권을 인정하며 하는 기도이었다. 그는 하나님을 "나의 왕, 나의 하나님이여"라고 부른다. 즉 그는 하나님을 그의 왕으로 인정하며 그 앞에 복종하는 마음으로 기도한 것이다. 참된 기도는 우리가 하나님께 대한 바른 지식과 믿음을 가질 때 올릴 수 있다. 하나님께서는 전능하신 주권자이시다. 우리의 주인은 우리 자신이 아니고 바로 하나님이시다. 이것이 올바른 고백이다. 참된 기도는 바로 이런 지식과 믿음으로 드리는 기도이다.

셋째로, 그의 기도는 정성스런 기도이었다. 그는 아침에 하나님께 기도하였다. 아침은 하루를 시작하는 첫 시간이며 하루 중 가장 귀한 시간이다. 하루를 시작하는 첫 시간에, 먼저 하나님을 찬송하며 감사하고 그에게 우리의 소원을 아뢰는 것은 가장 합당하다.

〔4-6절〕 [이는] **주는 죄악을 기뻐하는 신이 아니시니 악이 주와 함께 유(留)하지 못하며 오만한 자**(홀렐림 הוֹלְלִים)[자랑하는 자들](BDB, NASB)**가 주의 목전에 서지 못하리이다**[못할 것임이니이다]. **주는 모든 행악자를 미워하시며 거짓말하는 자를 멸하시리이다. 여호와께서는 피 흘리기를 즐기**

고 속이는 자를 싫어하시나이다.

하나님께서 그의 기도를 들으시고 그의 원수들을 물리치셔야 할 이유는 하나님께서 죄악을 기뻐하시지 않으며 악이 그와 함께 거하지 못하기 때문이다. 하나님께서는 지극히 거룩하시고 의로우시고 선하시고 진실하시기 때문에 그의 속성에 맞지 않는 것을 기뻐하시지 않고 그와 함께 있게 하시지도 않는다. 그러므로 다윗은 지금 그를 대적하는 악한 자들의 위협 속에서 탄식하는 중에 기도하고 있지만 하나님께서 곧 그들을 물리치실 것을 확신하는 것이다.

하나님께서는 모든 행악자들을 미워하시며, 오만하고 자랑하는 자들은 하나님의 눈앞에 서지 못할 것이다. 또 하나님께서는 거짓말하는 자들을 멸하시며 피 흘리기를 즐기고 속이는 자들을 미워하신다. 사람이 존귀하게 지음을 받았지만 죄로 인하여 더러워지고 악하게 변했을 때 하나님께서는 그를 버리실 수밖에 없다. 사람도 자기에게 있는 아무리 좋은 것이라도 너무 더러워지면 버릴 수밖에 없다.

〔7절〕 오직 나는 주의 풍성한 인자를 힘입어 주의 집에 들어가 주를 경외함으로 성전을 향하여 경배하리이다.

다윗은 하나님의 풍성한 인자하심을 믿는다. 우리의 구원은 하나님의 풍성한 인자에서 비롯된다. 행위로 하나님 앞에 의롭다 하심을 얻을 자는 아무도 없다. 성도는 하나님의 풍성한 사랑으로 택하심과 죄씻음과 의롭다 하심을 얻었다. 구원 얻은 자와 구원 얻지 못한 자의 차이는 하나님의 사랑을 받았느냐, 못 받았느냐의 차이이다. 그러면 하나님의 풍성한 인자가 얼마나 귀하고 감사한 것인가!

다윗은 하나님의 풍성한 인자를 힘입어 하나님의 집에 들어가고 그를 경외함으로 성전을 향하여 경배할 것이라고 고백한다. '주의 집'(베세카 בֵּיתֶךָ)과 '성전'(헤칼 코드쉐카 הֵיכַל קָדְשְׁךָ '주의 거룩한 전')은 동의어로 쓰이기도 하지만(시 65:4), 본문에서 성전은 예루살렘에 있는 성막을 가리킬 수도 있고(시 68:29) 하늘 성소를 가리킬 수도 있다(시 11:4; 18:6). 여하튼 하나님의 집에 들어가 주를 경외함으로 성전을 향해 경배하는 것은 성도의 모습이다. 여기에 경건한 성도와 불경건한 악인과의 차이점이 있다.

〔**8절**〕 **여호와여, 나의 원수들**(쇼레라이 שׁוֹרְרָי)[나를 해하려고 엎드려 주목하는 자들](BDB)**을 인하여 주의 의(義)로 나를 인도하시고 주의 길을 내 목전에 곧게 하소서.**

다윗은 하나님을 자신의 의(義)로 삼고 살았을 뿐만 아니라 이제 원수들 앞에서 그의 공의로운 처분을 바란다. 성도는 스스로 원수에게 보복할 필요가 없다. 원수 갚는 것은 하나님께 있다(신 32:35; 롬 12:19). 하나님께서는 곧 공의로운 판단과 처분을 보이실 것이다.

〔**9절**〕 [이는] **저희 입에 신실함이 없고 저희 심중**[마음]**이 심히 악하며 저희 목구멍은 열린 무덤 같고 저희 혀로는 아첨하나이다**[아첨함이니이다].

그가 하나님께 공의로운 판단과 처분을 호소한 이유는 그의 원수들이 악하기 때문이었다. 그들의 입에는 신실함이 없었다. 악한 자들은 자기의 이익과 불이익을 따라 이 말도 하고 저 말도 한다. 신실함이 없는 말은 일종의 거짓말이다. 진실한 자는 그가 처한 상황이 그에게 이익이 되든지 해가 되든지 관계치 않고 바른 말을 하고 한결같은 말을 한다. 그러나 악인들에게는 신실함이 없다.

또 그들의 마음은 심히 악하였다. 악인들은 겉보기는 선량할지라도 마음 속은 심히 악하다. 원죄를 가지고 태어난 모든 사람의 마음이 심히 악하다. 선지자 예레미야는 "만물보다 거짓되고 심히 부패한 것은 마음이라"고 증거하였다(렘 17:9). 예수께서는 사람의 마음에서 나오는 것이 악한 생각과 살인과 간음과 음란과 도적질과 거짓 증거와 훼방이라고 말씀하셨다(마 15:19).

또 그들의 목구멍은 열린 무덤 같다. 무덤이 열리면 나쁜 악취가 날 것이다. 악인들의 악한 마음에서 악한 말이 나온다. 주께서는 악한 사람은 그 쌓은 악에서 악한 것을 낸다고 말씀하셨다(마 12:35). 중생한 자에게도 악한 본성이 남아 있다. 그러므로 사도 바울은 성도들에게 "너희는 모든 악독과 노함과 분냄과 떠드는 것과 훼방하는 것을 모든 악의와 함께 버리라"고 교훈하였다(엡 4:31).

또 그들은 혀로 아첨의 말을 했다. 아첨의 말은 남의 비위를 맞추는 말이며 일종의 거짓말이다. 시편 12:2, "저희가 이웃에게 각기 거짓을 말함이여, 아첨하는 입술과 두 마음으로 말하는도다." 아첨의 말은 상대에게 유익을 주지 못한다. 잠언 29:5, "이웃에게 아첨하는 것은 그의 발 앞에 그물을 치는 것이니라."

〔10절〕 하나님이여, 저희를 정죄하사 자기 꾀에 빠지게 하시고 그 많은 허물로 인하여 저희를 쫓아내소서. 저희가 주를 배역함이니이다.

다윗은 그의 원수들에 대해 하나님께 말씀드린다. 첫째로, 그는 하나님께서 그들을 정죄하시기를 구한다. '정죄하소서'라는 원어(하아쉼 הַאֲשִׁים)는 '유죄(有罪)라고 선언하소서'(BDB), '유죄(有罪)라고 여기소서'(NASB), '벌하소서,' '멸망시키소서'(KJV, Langenscheidt)라는 뜻이 있다. 다윗은 원수를 보복하려 하지 않고 하나님께 맡겼다. 하나님께서는 공의로 판단하셔서 그들을 벌하실 것이다. 하나님의 벌은 공의롭고 철저하며 사람의 보복보다 훨씬 더 무섭다.

둘째로, 그는 하나님께서 그들을 자기 꾀로 인해 넘어지게 하시기를 호소한다. 하나님께서는 공의로우셔서 악인들을 자기 꾀로 인해 넘어지게 하신다. 에스더서에 보면, 하만은 높이가 50규빗이나 되는 나무를 집 뜰에 세우고 의로운 모르드개를 거기 달아 죽이려고 계획하였으나 그 나무에 자기 자신이 달려 죽임을 당했다(에 5:14; 7:10). 다니엘서에 보면, 악한 자들은 선한 다니엘을 사자굴에 던져 죽이려고 한 법령을 제정케 하였으나 그들과 그 처자들이 거기에 던지웠다(단 6:7, 24). 하나님께서는 사람의 행한 대로, 공의로 보응하신다.

셋째로, 다윗은 하나님께서 그의 원수들을 쫓아내시기를 구한다.

그 이유는 그들이 허물이 많았기 때문이며 또 주 하나님을 배역하였기 때문이다(10절). 하나님의 종 다윗을 대적하는 것은 그를 이스라엘의 왕으로 세우신 하나님을 대적하는 일이었다. 다윗은 하나님께서 그들을 내쫓으시고 징벌하시기를 호소하였다. 그는 원수 갚는 것이 하나님께 있음을 아는 자이었다.

〔11-12절〕 오직 주에게 피하는 자는 다 기뻐하며 주의 보호로 인하여 영영히 기뻐 외치며 주의 이름을 사랑하는 자들은 주를 즐거워하리이다. [이는] **여호와여, 주는 의인에게 복을 주시고 방패로 함같이 은혜로 저를 호위하시리이다**[호위하실 것임이니이다].

본문은 성도에 대해 몇 가지로 묘사한다. 첫째로, 성도는 하나님께 피하는 자이다. 피하는 것은 환난 중에 하나님을 의지하고 맡기는 것이다. 둘째로, 성도는 하나님의 이름을 사랑하는 자이다. 하나님께서 우리의 창조자요 섭리자시며 우리를 사랑하셔서 우리를 죄와 죽음과 지옥 형벌로부터 구원해주신 자임을 아는 자는 하나님을 사랑할 것이다. 그는 하나님을 세상에서 가장 사랑할 것이다. 셋째로, 성도는 의인이다. 의인은 하나님의 명령을 행하는 자이다.

본문은 또한 성도의 기쁨에 대해 증거한다. 다윗은 원수들의 핍박 속에서도 하나님으로 인해 기뻐한다. 그는 자신뿐 아니라, 하나님께 피하는 자가 다 기뻐하며 영영히 기뻐 외치며 주의 이름을 사랑하는 자들은 주를 즐거워할 것이라고 말한다. 신약 성도도 똑같다. 그러므로 사도 바울은 데살로니가전서 5:16에서 "항상 기뻐하라"고 말했고, 빌립보서 4:4에서도 "주 안에서 항상 기뻐하라. 내가 다시 말하노니 기뻐하라"고 하였다.

본문은 성도의 기쁨의 이유로 11절에 "주의 보호로 인하여"라고 말하고, 12절은 원문에 '이는'이라는 말로 시작하여 하나님께서 의인에게 복을 주실 것이기 때문에 또 하나님께서 방패로 함같이 은혜로 저를 호위하실 것이기 때문에 기뻐한다고 말한다. 성도들은 원수들의 비난과 핍박 속에서도 하나님께서 의인을 복 주시며 보호하시기 때문에 기뻐한다. 성도는 환난 중에도 기뻐한다.

시편 5편의 교훈을 정리해보자. 첫째로, 다윗은 그를 대적하는 자들의 공격을 받았다. 그들은 악한 자들이며 오만하고 자랑하는 자들이며 거짓말하는 자들이다(4-6절). 그들은 입에 신실함이 없고 심중이 심히 악하며 그 목구멍을 열린 무덤 같고 그 혀로는 아첨하는 자들이다(9절). 그들은 주를 배역하는 자들이다(10절). 하나님께서는 악을 행하는 자, 교만한 자, 거짓말하는 자, 불신실한 자, 더러운 말을 하는 자, 아첨하는 자를 미워하신다. 그러므로 구원 얻은 성도는 대적자들의 공격을 두려워하지 말고 오직 악을 멀리하고 악한 자들도 멀리해야 한다.

둘째로, 다윗은 고난 중에 하나님만 의지하며 기도하였다. 그는 하나님을 '나의 왕, 나의 하나님'이라고 부르며 하나님께 부르짖어 기도하였고 아침에 하나님께 기도하고 하나님을 바라며 기다렸다(1-3절). 또 그는 하나님의 풍성한 인자를 힘입어 성막 뜰에 나아가 하나님을 경외함으로 경배하였다. 그는 하나님께 "주의 의로 나를 인도하시고 주의 길을 내 목전에 곧게 하소서"라고 기도했다(8절). 우리는 고난 중에 하나님의 인자하심만 의지하며 그에게 참된 예배를 드리고 하나님의 의, 곧 예수 그리스도의 의만 의지하고 하나님의 계명대로 의를 행하고 그를 사랑하고 하나님께서 온 세상의 왕이심을 인정하고 아침마다 그에게 나아가 기도하며 그의 공의의 판단과 처분만 구해야 한다.

셋째로, 다윗은, 하나님을 사랑하고 그에게 피하는 자가 그의 보호하심을 얻고 기쁨과 즐거움을 얻을 것을 믿었다. 하나님께서는 우리에게 내세의 복된 천국과 이 세상에서의 보호를 약속하셨다. 우리의 소망은 천국이며 그것은 우리의 기쁨의 근본적 이유이지만 주께서는 또 세상 끝날까지 우리와 함께하신다. 우리가 이 세상 사는 동안, 그는 우리를 도우시고 보호하신다. 우리 속에 거하시는 성령께서도 우리에게 기쁨을 주신다. 또 하나님의 기도 응답은 시시때때로 우리에게 기쁨이 된다.

6편: 눈물의 탄식을 들으심

다윗의 시. 영장(伶長)(메낫체아크 מְנַצֵּחַ)[아마, 찬양대장]을 위함. 현악 스미닛(여덟 줄 현악기 혹은 한 옥타브 낮춤)에 맞춘 노래.

〔1-2절〕 여호와여, 주의 분으로 나를 견책하지 마옵시며 주의 진노로 나를 징계하지 마옵소서. 여호와여, 내가 수척하였사오니 긍휼히 여기소서. 여호와여, 나의 뼈가 떨리오니 나를 고치소서.

다윗은 하나님의 진노가 얼마나 무서운지 잘 알고 있었을 것이다. 그는 하나님께서 사울 왕을 버리시고 악령으로 고통 당하게 하신 것을 잘 알고 있었다. 하나님의 진노는 참으로 무섭다. 그러므로 그는 하나님께서 진노하심으로 그를 징계하시지 않기를 구한다.

그는 지금 자신의 몸이 수척하며 쇠약하고 뼈가 떨린다고 말한다. 그러나 그는 자신의 형편을 하나님께 아뢰며 하나님의 긍휼과 치료를 간구한다. 그는 하나님께서 긍휼로 그의 몸의 연약을 치료해주시고 그의 건강을 회복시켜 주실 것을 간구한 것이다. 사람은 부족해서 하나님의 긍휼이 아니고서는 그에게 무엇을 구할 수 없다.

〔3-5절〕 나의 영혼도 심히 떨리나이다. 여호와여, 어느 때까지니이까? 여호와여, 돌아와 나의 영혼을 건지시며 주의 인자하심을 인하여 나를 구원하소서. [이는] **사망 중에서는 주를 기억함이 없사오니**[없음이오니] **음부**[무덤]**에서 주께 감사할 자 누구리이까?**

다윗은 자신의 영혼까지도 심히 떨린다고 말한다. 심령의 두려움은 몸의 연약 못지 않게 문제이다. 또 그의 고통은 오랫동안 계속되었다. 그래서 그는 "여호와여, 어느 때까지니이까?"라고 말한다.

마치 파선 당한 배의 선원들이 구조 신호를 보내면서 구조 요청을 하듯이, 다윗은 그의 연약 중에서 하나님께 구원을 호소한다. 하나님께서는 본래 다윗과 함께 계셨고 그를 지키시고 도우셨으나 다윗은 지금 하나님께서 자기 곁에 계시지 않다고 느끼고 있다. 그것은 아마 그의 범죄 때문에 하나님께서 잠시 그를 떠나가셨음을 암시하는 것 같다. 그러므로 그는 "여호와여, 돌아오소서"라고 간구한다.

하나님의 구원은 특히 하나님의 인자하심과 긍휼하심에 근거한다. 하나님의 긍휼 외에는, 그가 우리를 구원하셔야 할 이유가 도무지 없다. 그의 공의뿐이라면 우리의 죄에 대한 하나님의 진노와 심판만 있었을 것이다. 그러나 그의 긍휼과 자비 때문에 하나님의 진노의 중단과 마침이 있고 우리의 구원과 회복이 가능했다. 하나님께서는 공의의 하나님인 동시에 긍휼의 하나님이시기 때문이다.

그가 하나님께 구원을 간구한 이유는 그가 죽으면 하나님을 기억할 수 없으며 무덤에서 주께 감사할 수 없기 때문이었다. 이것은 그의 육신을 두고 한 말이다. 사람이 죽어 몸이 무덤에 묻히면 그 몸은 의식이 없는 시체에 불과하므로 하나님을 기억할 수도, 감사할 수도 없다. 그가 좀더 살기를 원한 것은 하나님을 기억하고 그에게 감사하기 위해서이었다. 성도의 삶의 목적은 단지 자신의 행복을 위해서가 아니고 하나님을 기쁘시게 하고 감사와 영광을 돌리는 데 있다.

〔6-7절〕 내가 탄식함으로 곤핍하여 밤마다 눈물로 내 침상을 띄우며 내 요를 적시나이다. 내 눈이 근심을 인하여 쇠하며 내 모든 대적을 인하여 어두웠나이다.

다윗은 지금 심한 고통의 상태에 처해 있다. 그는 탄식함으로 곤핍했다. 그의 심령은 답답하고 괴로워 신음하며 한숨지었고 몸도 마음도 피곤하며 지쳤다. 또 그는 밤마다,[6] 즉 여러 날들을 많은 눈물을 흘리며 하나님께 호소하였다. 그의 침상과 요는 밤마다 많은 눈물로 적셔졌다. 그의 고통은 매우 컸다. 또 그의 눈은 근심으로 인해 쇠해

6) BDB사전은 '밤마다'라는 원어(베콜 라엘라 בְּכָל־לַיְלָה)가 '온 밤을' (KJV, NIV)보다 '밤마다'(NASB)일 것이라고 설명한다. 구약성경에 '온 밤을' 이라고 번역된 여러 구절들의 원문은 콜 할라엘라(כָּל־הַלַּיְלָה)이다.

졌다. 특히 그의 근심은 그의 많은 대적자들을 인한 것이었다.

다윗의 고통은 성도의 고통의 예이다. 그것은 우리의 부족과 무관하지 않다. 그러나 예수 그리스도께서는 죄가 없으셨음에도 불구하고 많은 고통을 겪으셨다. 그가 안식일에 38년된 병자를 고쳐주셨을 때 유대인들은 그를 죽이려 하였고(요 5:16, 18), 그가 안식일에 오른손 마른 사람을 고쳐주셨을 때도 서기관들과 바리새인들은 분기(憤氣)가 가득하여 저를 죽이고자 했다(마 12:14; 눅 6:11). 또 요한복음에 보면, 그가 성전에서 설교하셨을 때에 사람들은 돌을 들어 그를 치려 한 적도 있었고(요 8:59; 10:31), 누가복음에 보면, 그가 서기관들과 바리새인들의 위선을 책망하는 설교를 하셨을 때에 그들은 그에게 맹렬히 달라붙어 그를 비난했다(눅 11:53-54). 마침내, 대제사장과 장로들은 그를 죽일 의논을 했고 그 일을 이루었다(마 27:1). 그는 이사야의 예언대로 '사람들에게 멸시와 미움을 당하셨고 질고를 아시는 자'이셨다(사 53:3). 사람이신 예수님의 고통은 참으로 크셨다.

〔8-10절〕 행악하는 너희는 다 나를 떠나라. [이는] **여호와께서 내 곡성을 들으셨도다**[들으셨음이로다]. **여호와께서 내 간구를 들으셨음이여, 여호와께서 내 기도를 받으시리로다. 내 모든 원수가 부끄러움을 당하고 심히 떪이여, 홀연히 부끄러워 물러가리로다.**

본문은 다윗의 기도를 세 가지의 단어로 말한다. 첫째는 '곡성'이다. 다윗은 하나님께 눈물의 기도를 올렸다. 그는 밤마다 눈물로 그의 침상과 요를 적셨다. 둘째는 '간구'이다. 그는 자신의 소원을 간절히 하나님께 아뢰었다. 1-4절에는 '여호와여'라는 말이 다섯 번 나온다(1, 2, 2, 3, 4절). 다윗은 하나님의 이름을 반복하여 간절히 불렀다. 셋째는 '기도'라는 일반적 용어이다.

눈물의 간구를 올린 다윗은 하나님께서 자신의 기도를 들어주실 것을 확신했다. 그는 "행악하는 너희는 다 나를 떠나라. 이는 여호와께서 내 곡성을 들으셨음이로다"(8절)라고 말하고, 또 "여호와께서 내 간구를 들으셨음이여"(9절)라고 말한다. '들으셨다'는 원어(완료형)는 하나님께서 그의 기도를 들으실 것이라는 그의 확신을 나타낸다. 기도 응답이 아직 나타난 것은 아니겠지만, 그는 하나님께서 주신 마음의 평안을 통해 하나님의 응답을 확신했을 것이다. 그래서 그는 또 "여호와께서 내 기도를 받으시리로다"라고 말한다.

다윗에게 주신 기도 응답의 내용은 그에게 악을 행하던 원수들이 홀연히 부끄러움을 당하고 심히 떨며 그를 떠나가는 것이다. 전에는 교만하고 의기양양했던 그들이 이제는 몸둘 바를 모르게 부끄러워하며 심히 떨고 당황할 것이다. 의인에게는 고난이 많지만 구원과 승리도 있고(시 34:19) 천적(天的)인 평안도 있다(요 14:27).

시편 6편의 교훈을 정리해보자. 첫째로, 다윗은 심신의 연약 중에 있었다. 그는 몸이 수척하였고 뼈도 떨렸다(2절). 그는 탄식함으로 곤핍하여 밤마다 눈물로 침상과 요를 적셨고 눈은 근심을 인해 쇠하였고 그의 많은 대적들을 인해 어두워졌다(6-7절). 성도는 때때로 심신의 연약함에 떨어진다. 많은 경우 그것은 자신의 죄와 부족 때문에 온다.

둘째로, 다윗은 고난 중에 하나님의 긍휼의 회복을 간구하였다. 그는 하나님께서 그의 분노로 그를 징계치 마시고 긍휼히 여기사 그를 고쳐주시기를 구했다(1-2절). 그는 하나님께서 속히 돌아오셔서 그의 인자하심으로 그를 구원해주시기를 간구하였다(3-4절). 우리도 고난 중에 하나님의 인자와 긍휼을 의지하며 구원을 간구해야 한다. 신약성도들은 주 예수 그리스도의 의를 의지하며 하나님께 나아가야 한다.

셋째로, 하나님께서는 다윗의 간구를 들어주셨다. 8-9절, "행악하는 너희는 다 나를 떠나라. 여호와께서 내 곡성을 들으셨도다. 여호와께서 내 간구를 들으셨음이여 여호와께서 내 기도를 받으시리로다." 하나님께서는 고난 중에 부르짖는 성도의 간절한 눈물의 간구를 반드시, 속히 들어주실 것이다. 하나님께서는 환난 날에 우리의 구원이 되신다.

7편: 하나님께서는 의로운 재판장이심

다윗의 식가욘(שִׁגָּיוֹן)(변칙적인 리듬의 시라는 뜻 같음). 베냐민 사람 구시의 말에 대하여 여호와께 한 노래.

〔1-2절〕 여호와 내 하나님이여, 주께 피하오니 나를 쫓는 모든 자에게서 나를 구하여 건지소서. 건져낼 자 없으면 저희가 사자같이 나를 찢고 뜯을까 하나이다.

다윗에게는 그를 쫓고 핍박하는 자들이 있었다. 그들은 사자같이 그를 찢고 뜯으려고 하고 있었다. 그가 사울에게 쫓기던 때의 상황이 그러하였다. 그러나 이런 고난의 상황 속에서 그는 하나님을 '내 하나님'이라고 부르며 하나님께 피하고 그를 의지하며 그의 구원을 간구한다. 하나님을 알고 그를 경외하고 믿고 의지하는 자는 환난 중에 그에게 피하고 그의 구원을 간구할 수 있다.

〔3-5절〕 여호와 내 하나님이여, 내가 이것을 행하였거나 내 손에 죄악이 있거나 화친한 자를 악으로 갚았거나 내 대적에게 무고히 빼앗았거든 원수로 나의 영혼을 쫓아 잡아 내 생명을 땅에 짓밟고 내 영광을 진토에 떨어뜨리게 하소서(셀라).

"이것을 행했다"는 말은 다음에 나오는 말을 가리킨 것 같다. 그는 그의 손에 죄악이 있거나 그가 자기와 화친한 자를 악으로 갚았다면, 원수들이 그를 쫓아 잡아 그의 생명을 땅에 밟고 그의 영광을 진토에 떨어뜨리게 하시라고 하나님의 공의에 호소하며 담대히 구원을 간구한다. "내 대적에게 무고히 빼앗았거든"이라는 말씀은 삽입구절로 "나는 무고히 나의 원수된 자를 건져내었나이다"라고 번역하는 것이 더 나은 것 같다(KJV). 이 말은 그가 자기를 잡아죽이려고 쫓던 사울을 죽일 수 있는 기회가 있었지만 죽이지 않고 살려준 일에 맞다(삼상 24:7; 26:11). 사도 요한의 말대로, 성도는 자기가 자기를 책망할 것이 없을 때, 즉 자기 행위가 양심적으로 결백할 때 하나님 앞에서 담대함을 얻고 하나님께 간구한 바를 얻을 것이다(요일 3:21).

〔6-8절〕 여호와여, 진노로 일어나사 내 대적들의 노를 막으시며 나를 위하여 깨소서. 주께서 심판을 명하셨나이다. 민족들의 집회로 주를 두르게 하시고 그 위 높은 자리에 돌아오소서. 여호와께서 만민에게 심판을 행하시오니 여호와여, 나의 의와 내게 있는 성실함(톰 תֹּם)[온전함]**을 따라 나를 판단하소서.**

다윗은 하나님의 진노의 심판을 간구한다. 하나님께서는 악인들에게 진노하시는 하나님이시다. 하나님의 진노는 악인들의 분노보다 수십 갑절 더 크고 무섭다. 하나님께서 악인들에게 공의로 심판하신다는 것은 하나님의 율법에 경고된 바이다. 다윗을 대적하고 핍박하는 자들이 분노할 때 그것을 막을 자는 주권적 섭리자이신 살아계신 하나님밖에 없다. 하나님께서 노하시면 대적들의 노함은 저지될 것이다. 세상에서 성도에게 대적자들이 많으나 심판자이신 하나님께서 일어나시면 그들을 물리쳐 주실 것이다. 원수 갚는 일은 하나님께 있다. 성도의 모든 문제의 해결은 하나님께 있다. 그러므로 성도는 문제를 가지고 씨름하지 말고 그 문제를 하나님께 가지고 나가야 한다.

다윗은 하나님께서 민족들의 집회에서 심판을 행하시기를 구한다. '민족들'이라는 말(움밈 אֻמִּים)은 영어성경들처럼 '백성들'(peoples)이라고 번역할 수 있다. 민족들 혹은 백성들이 주를 둘러 모이고 주께서 그 높은 자리에 앉으심은 위엄 있는 재판관의 모습이다. 하나님께서는 온 세상의 나라들과 백성들을 심판하시는 재판관이시다.

하나님께서는 심판하시되 공의로 심판하시는 분이시다. 그러므로 다윗은 자신의 의와 온전함을 따라 하나님께서 심판하시기를 담대히 구한다. 온전함은 대략적 의미라고 본다. 엄격한 의미에서 완전한 자는 세상에 아무도 없지만, 하나님을 경외하고 믿고 하나님의 명령과 교훈에 순종하며 사는 자는 의로운 자요 온전한 자로 간주된다. 그는 그를 대적하는 악한 원수들과 현저히 구별된다.

〔9절〕 악인의 악을 끊고 의인을 세우소서. 의로우신 하나님이 사람의 **심장**[마음과 내부(內部)]**을 감찰하시나이다.**

다윗은 하나님께서 악인과 의인을 구별하여 악인들의 악을 끝나게 하시고 의인들을 세우시기를 간구한다. 세상에는 악인이 끊임없이 득세하고 활개치고 있다. 하나님의 공의의 심판이 아니고서는 세상에 완전한 도덕적 질서는 세워질 수 없다. 그러나 감사하게도 하나님께서는 온 세상을 공의로 심판하실 날을 정하셨고 심판하실 것이다.

하나님께서는 사람의 행위를 정확히 구별하신다. 본문에 사람의 '심장'이라는 원어는 '마음과 내부(內部)'라는 말인데, '내부'라는 원어(켈라요스 כְּלָיוֹת)는 '신장(腎臟), 생각, 감정, 품은 뜻'을 가리킨다. 또 '감찰한다'는 원어(바칸 בָּחַן)는 '시험한다, 검사한다, 판별한다'는 뜻이다. 의로우신 하나님께서는 사람의 마음과 생각과 감정과 품은 뜻을 다 시험하시고 악인들을 끊고 의인들을 세우실 것이다.

〔10절〕 나의 방패는 마음이 정직한 자를 구원하시는 하나님께 있도다.

'마음이 정직한 자'는 '의인'과 동의어이다. 그는 하나님을 경외하고 그의 명령을 순종하며 행하는 자이다. 성도의 특징은 마음의 정직함에 있다. 성도는 거짓과 간사함을 미워한다. 세상은 의인을 알지 못하여도 하나님께서는 그를 아시고 그를 악한 자들로부터 지키실 것이다. 그러므로 다윗은 "나의 방패는 하나님께 있다"고 고백한다. 성도는 악한 대적들의 핍박을 받을 때 육신의 힘이나 칼이나 세상을 의지하지 않고 오직 살아계신 하나님을 의지한다. 육신의 힘이나 칼이나 세상을 의지하는 자는 그것들로 인해 수치를 당할 것이지만, 성도는 살아계신 하나님으로 인해 승리할 것이다. 하나님께서는 악한 자들의 공격으로부터 성도를 보호하시는 방패가 되신다.

〔11-13절〕 하나님은 의로우신 재판장이심이여, 매일 분노하시는 하나님이시로다. 사람이 회개치 아니하면 저가 그 칼을 갈으심이여, 그 활을 이

미 당기어 예비하셨도다. 죽일 기계를 또한 예비하심이여, 그 만든 살은 화전(火箭)[불화살]**이로다.**

온 세상을 창조하신 하나님께서는 도덕적인 하나님이시다. 그는 의로운 재판장이시다. 그는 악인들의 악을 조금이라도 용납하지 않으신다. 만일 그가 악을 눈감아 주신다면, 그는 불의한 재판관이실 것이다. 그는 악인들에게 평안과 복을 주지 않으신다(사 48:22; 57:21). 그는 악인들의 악에 대하여 매일 분노하신다. 악인들은 매일 하나님의 진노와 징벌의 위험 속에서 살고 있다.

다윗은 또, "사람이 회개치 아니하면 저가 그 칼을 갈으심이여, 그 활을 이미 당기어 예비하셨도다. 죽일 기계를 또한 예비하심이여, 그 만든 살은 불화살이로다"라고 말했다. 하나님께서는 사람들에게 죄를 회개하라고 명하셨다(마 4:17; 눅 13:3). 사도 바울은, "알지 못하던 시대에는 하나님이 허물치 아니하셨거니와 이제는 어디든지 사람을 다 명하사 회개하라 하셨다"고 말하였다(행 17:30). 회개는 모든 사람의 의무이다. 그러나 악인은 회개하라는 하나님의 명령을 무시하며 거절하고 그의 고집으로 하나님의 진노를 쌓고 있다(롬 2:5).

하나님께서는 회개치 않는 자들을 위해 벌을 준비하셨다. 그것은 매우 치명적인 벌이다. 사람이 회개치 않으면 하나님께서는 그 칼을 갈으시고 그 활을 당기시고 그 화살을 쏘시며 또 '죽일 기계'를 예비하신다. 하나님께서는 특등 궁수(弓手)이시다. 그의 불화살은 악인들의 심장에 명중할 것이며 그들에게 치명적일 것이다.

〔14-17절〕 악인이 죄악을 해산함이여, 잔해를 잉태하여 궤휼을 낳았도다. 저가 웅덩이를 파 만듦이여, 제가 만든 함정에 빠졌도다. 그 잔해는 자기 머리로 돌아오고 그 포학은 자기 정수리에 내리리로다. 내가 여호와의 의를 따라 감사함이여, 지극히 높으신 여호와의 이름을 찬양하리로다.

악인들은 악한 일들을 위하여 애쓰며 남을 해치는 일들을 은밀히 계획하고 거짓된 일들을 행한다. '해산한다'는 원어(예캅벨 יְחַבֶּל)는

'(해산을 위해) 진통한다'는 말이다. 악인은 악행을 수고로이 계획하고, 은밀하게 또 거짓되게 수행하며 정정당당하지 못하게 행한다.

그러나 사람의 심장을 감찰하시는(9절) 하나님께서는 악인들에게 공의로 보응하신다. 악인들은 의인을 해하려고 웅덩이를 파 만들지만 자신이 거기 빠지며 그를 해하려고 계획한 그것이 자기에게 돌아오고 그의 포학함이 자기 머리에 떨어진다. 그것은 하나님의 공의의 보응이다. 시편 다른 곳들에도 비슷한 말씀이 있다. 시편 9:15, "열방은 자기가 판 웅덩이에 빠짐이여, 그 숨긴 그물에 자기 발이 걸렸도다." 시편 57:6, "저희가 내 걸음을 장애하려고 그물을 예비하였으니 내 영혼이 억울하도다. 저희가 내 앞에 웅덩이를 팠으나 스스로 그 중에 빠졌도다."

시편 7편의 교훈을 정리해보자. 첫째로, 다윗은 하나님께서 그의 의와 그의 온전함을 따라 판단하시고 구원하시기를 호소하였다. 8-9절, "여호와께서 만민에게 심판을 행하시오니 여호와여, 나의 의와 내게 있는 성실함[온전함]을 따라 나를 판단하소서. 악인의 악을 끊고 의인을 세우소서. 의로우신 하나님이 사람의 심장을 감찰하시나이다." 성도는 평소에 경건하고 의롭게 살아야 담대히 기도할 수 있다.

둘째로, 다윗은 하나님께서 공의로운 재판장이심을 믿었다. 11-12절, "하나님은 의로우신 재판장이심이여 매일 분노하시는 하나님이시로다. 사람이 회개치 아니하면 저가 그 칼을 갈으심이여 그 활을 이미 당기어 예비하셨도다." 우리는 이 세상이 주인 없는 무법천지의 세상이 아니고 공의로운 심판자 하나님께서 다스리시고 심판하시는 세상임을 믿는다.

셋째로, 다윗은 악인들이 자기들이 판 함정에 그들 자신이 빠질 것을 보았다. 15-16절, "저가 웅덩이를 파 만듦이여 제가 만든 함정에 빠졌도다. 그 잔해는 자기 머리로 돌아오고 그 포학은 자기 정수리에 내리리로다." 하나님께서는 악인들의 악행들에 대해 공의로 보응하실 것이다.

8편: 사람을 존귀케 하심

다윗의 시. 영장(伶長)(메낫체아크 מְנַצֵּחַ)[아마, 찬양대장, 지휘자, 혹은 파트장]을 위함. 깃딧[깃딧 사람의 악기나 멜로디]에 맞춘 노래.

〔1절〕 여호와 우리 주여, 주의 이름이 온 땅에 어찌 그리 아름다운지요 (앗디르 אַדִּיר)[엄위하신지요](BDB, NASB, NIV). **주의 영광을 하늘 위에 두셨나이다.**

'여호와'라는 명칭은 '스스로 계신 자'라는 뜻이고, '주'라는 명칭은 소유권과 통치권을 나타낸다. 하나님께서는 영원자존자, 즉 영원 전부터 스스로 계신 자이시며 온 세상의 주인이시며 왕이시다. 주 여호와 하나님의 엄위하심과 영광이 온 천지만물에 가득하다.

〔2절〕 주의 대적을 인하여 어린아이와 젖먹이의 입으로 말미암아 권능을 세우심이여, 이는 원수와 보수자(報讐者)로 잠잠케 하려 하심이니이다.

이 세상에는 하나님의 대적자들이 많다. 마귀와 악령들, 악한 자들, 악한 정치가들, 무신론적 지식인들, 이단자들, 양심을 저버린 부도덕한 자들이 다 하나님의 대적자들이다.

하나님께서는 어린아이들의 입술의 고백을 통해 대적자들을 잠잠케 하실 것이다. 소년 다윗은 블레셋 장수 골리앗에게 "나는 만군의 여호와의 이름 곧 네가 모욕하는 이스라엘 군대의 하나님의 이름으로 네게 가노라," "그가 너희를 우리 손에 붙이시리라"고 말했고(삼상 17:45, 47) 그와 싸워 이겼다. 선지자 예레미야는 새 시대가 오면 작은 자로부터 큰 자까지 다 하나님을 알게 될 것이라고 예언했다(렘 31:34). 예수께서는 하나님의 진리가 지혜로운 자들에게는 숨겨졌고 어린아이들에게는 계시되었다고 말씀하셨다(마 11:25). 주 예수께서 마지막으로 예루살렘에 올라가셨을 때에 거기 "호산나 다윗의 자손이여"라고 외치는 아이들이 있었다(마 21:15). 하나님께서는 순진한 어린아이들이 하나님을 믿고 고백케 하셨다. 사도 바울은 하나님께서 세상의 약한 것을 택하셔서 강한 것을 부끄럽게 하신다고 말했다(고전 1:27-29). 이런 일들은 다 하나님의 능력을 증거한다.

〔3절〕 주의 손가락으로 만드신 주의 하늘과 주의 베풀어 두신 달과 별들을 내가 보오니.

'주의 손가락'은 신인동형적(神人同形的) 표현이다. 그것은 하나님께서 영이시지만 물질적 몸을 가진 존재처럼 묘사한 것이다. 사람의 손가락이 물건을 만들 수도 있고 집을 지을 수도 있는 기계와 같듯이, 하나님의 손가락은 전능의 손가락이시다. 하나님께서는 뛰어난 발명가이시며 장인(匠人)이시며 과학자이시며 미술가이시다. 온 세상과 만물들은 그의 창조의 작품들이다. 하늘과 해와 달과 별들은 다 하나님께서 만드신 것들이다. 그것들은 우연히 된 것이거나 영원히 스스로 존재하는 것이 아니고 하나님께서 창조하심으로 시작된 것들이다. 하늘은 광대하고 신비하며 해와 달과 별들은 오묘막측하다. 사람들은 약 6천년의 역사에 겨우 달이나 화성 등에 로켓을 보내어 탐험을 시작한 정도이다. 하나님의 창조 세계는 심히 크고 웅장하다.

〔4절〕 사람이 무엇이관대 주께서 저를 생각하시며 인자(人子)가 무엇이관대 주께서 저를 권고(眷顧)하시나이까(파카드 פָּקַד)[돌아보시나이까]**?**

"사람이 무엇이관대"라는 표현은 사람이 광대한 우주와 비교할 때 너무 미미한 존재임을 나타낸다. 광대한 우주에 비해 지구는 한 작은 공이며 사람은 그 공 위에 보이지 않는 작은 점에 불과하다. 광대한 우주에 비교하면 사람들은 무(無)와 같다. 그러나 하나님께서는 이런 무가치해 보이는 사람들에게 특별한 관심을 가지셨다. 그는 사람들을 생각하시며 돌보신다. 피조 세계를 향한 하나님의 일차적 관심은 단순히 우주나 지구가 아니고 지구 위에 사는 사람들이다. 그러므로 그는 첫 사람 아담과 하와를 자기 형상대로 창조하셨고 그들의 자손인 인류를 다스리시고 복과 벌을 내리시고 주 예수 그리스도를 통하여 구원하신다. 사람이 도대체 무엇이기에 이렇게 놀랍게도 창조주 하나님의 사랑과 관심의 대상이 되었는가?

〔5-9절〕 저를 천사보다 조금 못하게 하시고 영화와 존귀로 관을 씌우셨나이다. 주의 손으로 만드신 것을 다스리게 하시고 만물을 그 발 아래 두셨으니 곧 모든 우양(牛羊)과 들짐승이며 공중의 새와 바다의 어족과 해로(海路)에 다니는 것이니이다. 여호와 우리 주여, 주의 이름이 온 땅에 어찌 그리 아름다운지요.

하나님께서는 사람을 잠시 천사보다 못하게 하셨다. '천사보다'라는 원어(메엘로힘 מֵאֱלֹהִים)는 '하나님보다'라고 번역할 수도 있지만(NASB), 고대의 번역들(LXX, Syr, Targ)처럼 '천사보다'라고 번역하는 것이 타당해 보인다(KJV). 왜냐하면 사람은 하나님보다 조금 못한 존재가 아니라 무한히 못한 존재이기 때문이다. 또 만일 다윗이 '하나님보다'라고 말하려 했다면 2인칭으로 '당신보다'라고 표현했을 것 같다. 또 시편에서 '하나님'이라는 원어(엘로힘)가 '재판장'을 가리키는 말로 쓰이기도 했고(시 82:1, 6), 또 '천사들'로 번역된 다른 구절도 있다. 시편 97:7, "너희 신들아, 여호와께 경배할지어다"(LXX, Vg, Syr). 또 신약성경 히브리서 2장은 시편 8편의 본문(아마 LXX)을 인용하면서 천사로 읽었다. 또 '조금'이라는 원어(메아트 מְעַט)는 '조금' 혹은 '잠시'라는 뜻이다. 사람은 본래 천사보다 못한 존재가 아니었지만, 범죄함으로 인해 잠시 천사보다 못한 상태가 되었다.

그러나 하나님께서는 사람을 영광과 존귀로 관을 씌우셨다. 사람은 본래 하나님의 형상대로 지음을 받아 존귀하고 영광스런 존재이었으나 범죄함으로 그 영광과 존귀를 잃어버렸다(롬 3:23; 시 49:12). 그러나 예수 그리스도께서 우리의 죄를 위한 대속제물로 십자가에 죽으셨을 때 잠시 천사보다 낮아지셨으나 삼일 만에 부활하심으로 영광과 존귀를 얻으셨고 또 그를 통해 구원 얻은 성도들은 장차 영광과 존귀를 얻을 것이다. 로마서 8:30, "또 미리 정하신 그들을 또한 부르시고 부르신 그들을 또한 의롭다 하시고 의롭다 하신 그들을 또한 영화롭게 하셨느니라." 빌립보서 3:21, "그가 만물을 자기에게 복종케 하실 수 있는 자의 역사로 우리의 낮은 몸을 자기 영광의 몸의 형체와 같이 변케 하시리라." 구원의 결과는 영광이다.

또한 사람은 본래 하나님의 형상으로 창조되어 모든 생물을 다스리는 임무를 받았지만(창 1:26, 28) 범죄함으로 어리석은 우상숭배에 떨어졌다. 그러나 이제 마지막 아담이신 예수 그리스도로 말미암아(고전 15:45, 47) 구원 얻은 성도들은 바른 지식을 가지고 사람의 임무를 완수하여 피조물들의 종이 되지 말고 그것들을 다스려야 한다.

시편 8편의 교훈을 정리해보자. 첫째로, 하나님께서는 창조하신 온 세상에 그의 엄위하심과 영광을 나타내셨다(1, 9절). 시편 19:1, "하늘이 하나님의 영광을 선포하고 궁창이 그 손으로 하신 일을 나타내는도다." 세상은 하나님의 영광을 드러낸다. 사실, 사람은 본래 영광스럽고 존귀한 존재로 창조되었었다. 우리는 하나님의 영광을 늘 찬송해야 한다.

둘째로, 하나님께서는 어린아이들을 통해 그의 능력을 증거하셨다. 마태복음 11:25-26, "그때에 예수께서 대답하여 가라사대 천지의 주재이신 아버지여, 이것을 지혜롭고 슬기 있는 자들에게는 숨기시고 어린아이들에게는 나타내심을 감사하나이다. 옳소이다, 이렇게 된 것이 아버지의 뜻이니이다." 우리는 교만한 마음을 버리고 어린아이같이 겸손한 자가 되어야 하고 하나님의 은혜로 하나님을 알고 섬겨야 한다.

셋째로, 하나님께서는 사람들에게 특별한 은혜와 사랑을 베푸셨다. 하나님께서는 우리를 하나님의 형상으로 지음 받은 사람으로 나게 하셨고 영광과 존귀를 주셨고 만물을 다스리게 하셨다. 우리는 하나님께서 사람에게 주신 은혜를 감사하며 사람으로 태어난 것을 감사하며 이 세상에서 돈이나 육신의 쾌락에 종노릇하지 말고 하나님을 찬송하고 그의 명령을 지키고 만물을 다스리는 사람의 의무를 다해야 한다.

9편: 공의로 심판하심

다윗의 시. 영장(伶長)(메낫체아크 מְנַצֵּחַ)(아마, 찬양대장, 지휘자, 혹은 파트장)을 위함. 뭇랍벤('아들의 죽음'이라는 곡)에 맞춘 노래.

〔1-3절〕 내가 전심으로 여호와께 감사하오며 주의 모든 기사(奇事)를 전하리이다. 내가 주를 기뻐하고 즐거워하며 지극히 높으신 주의 이름을 찬송하리니 내 원수들이 물러갈 때에 주의 앞에서 넘어져 망함이니이다.

'감사한다'는 원어(야다 יָדָה)는 '찬송한다'는 뜻도 가진다. 감사와 찬송은 성경에서 거의 동의어이다(대상 25:3; 시 92:1-3; 95:2; 100:4 등). 다윗이 전심으로 하나님께 감사하고 하나님의 모든 기사를 전하며 기쁨과 즐거움으로 지극히 높으신 하나님의 이름을 찬송하겠다고 말하는 이유는 하나님께서 그를 보호하시고 도우시며 그의 대적자들을 징벌하실 것이기 때문이다. 다윗의 원수들은 지금 다윗을 공격하고 비난하지만 하나님께서 그들을 징벌하실 때 그들은 물러갈 것이다. 그들은 하나님 앞에서 넘어져 망할 것이다.

〔4-6절〕 [이는] **주께서 나의 의와 송사를 변호하셨으며 보좌에 앉으사 의롭게 심판하셨나이다**[심판하셨음이니이다]. **열방을 책하시고 악인을 멸하시며 저희 이름을 영영히 도말하셨나이다. 원수가 끊어져 영영히 멸망하였사오니 주께서 무너뜨린 성읍들을 기억할 수 없나이다.**

다윗의 원수들이 넘어져 망하는 것은 하나님의 공의로운 심판이다. 하나님께서는 다윗의 판단과 의, 또한 그의 송사를 지지하시고 변호하신다. 그는 보좌에 앉으셔서 세상의 모든 나라들과 거기 사는 모든 사람들을 의롭게 심판하신다. 이런 사실은 참으로 감사하다. 사람의 양심은 선과 진실이 인정을 받는 도덕적 세계를 원하며 세상 사람들도 입으로는 그런 세계를 인정할 것이나 자신의 이익을 위해 불의와 악을 행하며 또 그런 것과 타협한다. 의롭고 선하고 진실하게 살려는 자는 세상에서 오히려 고난을 당한다. 그러나 하나님께서 이 세상을 공의로 심판하실 것이다. 하나님과 그의 율법을 무시하는 악인들과 이방 나라들은 영원히 멸망하여 사람들의 기억에서 사라질 것이다.

〔7-8절〕 여호와께서 영영히 앉으심이여, 심판을 위하여 보좌를 예비하셨도다. 공의로 세계를 심판하심이여, 정직으로 만민에게 판단을 행하시리로다.

하나님께서는 세상의 주인이시요 심판자이시다. 그는 인류 역사 속에서 자주 심판을 행하셨다. 마지막 날에도 그는 모든 사람들에게 심판을 행하실 것이다(벧후 3:7; 계 20:11-15). 그는 공의와 정직으로 심판하실 것이다. 그는 의로우신 재판장이시다(시 7:11). 로마서 2:6, "하나님께서 각 사람에게 그 행한 대로 보응하시되."

〔9-10절〕 여호와는 또 압제를 당하는 자의 산성이시요 환난 때의 산성이시로다. 여호와여, 주의 이름을 아는 자는 주를 의지하오리니 이는 주를 찾는 자들을 버리지 아니하심이니이다.

인생의 여정에는 사람들의 압제도 있고 여러 어려운 일들도 있다. 어떤 때는 그것이 하나님의 징벌로 오지만, 어떤 때는 세상의 헛됨을 깨닫고 하나님만 소망케 하는 훈련 과정으로 온다(시 39:6-7). 그런데 하나님께서는 압제당하는 자에게 산성이시요 환난 때의 산성이 되신다. 산성은 요새와 피난처를 가리킨다. 하나님께서는 성도들이 원수들의 교묘하고 집요한 공격과 핍박으로부터 안전하게 피신할 곳이 되신다. 하나님께서는 긍휼로 의인들을 보호하시고 변호하시며 악인들을 징벌하신다. 인생의 어려운 문제들을 해결하는 길은 살아계신 하나님께 피하는 데 있다.

하나님의 이름을 안다는 것은 그를 체험한다는 뜻이다. 하나님께서는 그를 찾는 자들을 버리지 않으시기 때문에, 그의 이름을 아는 자들은 그를 의지할 것이다. 그를 의지하고 찾는 자들은 그의 말씀을 붙들고 그에게 기도하며 그의 돌보심과 도우심을 체험할 것이다. 그러면 그들은 하나님을 더욱 더 의지하게 될 것이다.

〔11-12절〕 너희는 시온에 거하신 여호와를 찬송하며 그 행사를 백성 중에 선포할지어다. [이는] **피** 흘림**을 심문하시는**[갚으시는] **이가 저희를 기억하심이여, 가난한 자의 부르짖음을 잊지 아니하시도다**[아니하심이로다].

'시온'은 예루살렘을 가리킨다. 하나님께서 하늘 위에 계시며(왕상 8:30) 세상을 초월해 계시며(왕상 8:27) 온 우주에 충만하시지만(렘 23:24), 그는 특히 시온에 자신의 영광을 나타내셨다. 그는 오늘날에는 성도들의 모임인 교회에 계신다(고전 3:16). 시온에 거하신 하나님께서는 살아계셔서 이스라엘 백성의 억울한 일들을 다 갚아주셨다. 다윗은 하나님을 찬송하고 그의 행하신 일들, 곧 그의 공의의 심판을 백성 중에 선포하라고 말한다. 하나님의 행하신 의롭고 선한 일들을 체험하는 자마다 그를 찬송하며 그의 일들을 증거할 수 있을 것이다. 성도가 하나님을 찬송하고 증거해야 할 이유는 하나님께서 공의의 심판을 행하셔서 의인들의 피흘림 당함을 갚으셨고 그들을 기억하시고 핍박당하는 자들의 부르짖음을 잊지 않으셨기 때문이다.

〔13-14절〕 여호와여, 나를 긍휼히 여기소서. 나를 사망의 문에서 일으키시는 주여, 미워하는 자에게 받는 **나의 곤고를 보소서. 그리하시면 내가 주의 찬송을 다 전할 것이요 딸 같은 시온의 문에서 주의 구원을 기뻐하리이다.**

다윗에게는 그를 미워하는 자들이 많았고 그들에게서 받는 고난과 곤고함은 컸다. '사망의 문'은 사람이 그 문을 열고 들어가면 죽는다는 뜻이다. 다윗은 지금 원수들로 인해 곤고함이 심하여 죽을 지경에 있다. 그러나 그는 그런 어려운 상황 속에서 하나님을 믿고 의지했다. 그는 하나님께서 그를 사망의 문에서 일으키시는 자, 즉 그를 들어올려 건져내시고 피하게 하시는 자임을 믿었다. 그는 하나님의 구원의 능력을 믿었고 하나님께서 그를 긍휼히 여기시고 돌아보시고 도우시기를 기도하며, 또 그가 하나님의 도우심을 체험하면 시온의 문에서 하나님의 구원을 찬송하고 증거하며 기뻐하겠다고 말한다.

〔15-16절〕 열방은 자기가 판 웅덩이에 빠짐이여. 그 숨긴 그물에 자기 발이 걸렸도다. 여호와께서 자기를 알게 하사 심판을 행하셨음이여, 악인은 그 손으로 행한 일에 스스로 **얽혔도다. (힉가욘,**[7] **셀라.)**

하나님을 두려워함이 없는 이방 나라 사람들은 경건한 사람들을 빠뜨리려고 웅덩이를 파고 그들의 발로 걸리게 하려고 몰래 그물을 쳤다. 악인들은 경건한 자들이 그들과 동류가 되지 않고 오히려 그들의 악을 지적하고 책망하기 때문에 그들을 미워한다(요 7:7). 그러나 하나님께서는 살아계셔서 공의로 심판하심으로 자신을 알리실 것이다(시 7:11; 9:4).

하나님의 공의로운 심판의 결과 경건하고 선한 자들을 해치려던 이방 나라들은 자기가 판 웅덩이에 빠졌고 자기가 숨긴 그물에 자기의 발이 걸렸다. 이것이 하나님의 공의로운 처분이며 악인들로 하여금 자신의 무지하고 악함을 깨닫게 하시는 일이다. 불경건한 악인들의 악한 계획은 자신들만 해롭게 할 것이다(에 6-7장; 단 6장).

〔17-18절〕 악인이 음부(陰府)(쉐올 שְׁאוֹל)[지옥]**로 돌아감이여, 하나님을 잊어버린 모든 열방이 그리하리로다.** [이는] **궁핍한 자가 항상 잊어버림을 보지 아니함이여, 가난한 자가 영영히 실망치 아니하리로다**[아니할 것임이로다].

궁핍한 자와 가난한 자는 성도를 가리킨다. 불경건하고 부도덕한 악인들과 하나님을 잊어버린 모든 열방은 지옥의 판결을 피할 수 없을 것이다. 성도는 세상에서 악인들에게 미움과 핍박을 당하며 때때로 잊혀진 것 같으나 실상 잊혀진 것이 아니며 그의 소망도 없어진 것이 아니다. 하나님께서는 그의 고통을 기억하시며 그의 부르짖음에 응답하시며 악인들을 공의로 보응하실 것이기 때문이다.

〔19-20절〕 여호와여, 일어나사 인생으로 승리를 얻지 못하게 하시며 열방으로 주의 목전에 심판을 받게 하소서. 여호와여, 저희로 두렵게 하시며

---

7) 힉가욘(הִגָּיוֹן)은 '울리게 부르라'는 음악 용어라고 보임.

열방으로 자기는 인생뿐인 줄 알게 하소서(셀라).

하나님께서 일어나신다는 것은 그가 일어나 행동하신다는 뜻이다. 다윗의 기도는 악인이 대적하는 하나님의 영광을 위하고 하나님께서 악인을 미워하시고 벌하심을 증거하시기 위해서 또 그로 인해 성도가 보호와 위로를 얻기 위해서이다. 하나님께서는 일어나 공의로운 심판을 시행하실 것이다. 하나님께서 심판을 시행하시면, 사람들은 두려움을 가지고 자신들이 무력하고 보잘것없는 인생뿐임을 깨닫게 될 것이다. '인생'이라는 원어(에노쉬 אֱנוֹשׁ)는 '병약한'(아누쉬 אָנוּשׁ) 존재라는 맛을 가지는 말이다. 지금 악인들은 하나님을 두려워하지 않고 하나님을 경외하는 성도들을 핍박하고 해치려 하지만 하나님의 심판 앞에서 무력하게 엎드러질 것이다.

시편 9편의 교훈을 정리해보자. 첫째로, 하나님께서는 심판을 위해 보좌를 예비하셨다(7-8절). 하나님께서는 온 세상의 심판자이시다. 그는 심판을 위해 보좌를 예비하셨고 공의로 세상을 심판하실 것이다.

둘째로, 하나님께서는 악한 원수들을 영영히 멸하실 것이다. 악한 자들은 일시적으로 세력을 가지고 악을 행할 뿐이다. 그들은 자기가 판 웅덩이에 자기 자신이 빠질 것이다(15절). 악인들은 다 지옥에 들어갈 것이다(17절). 하나님께서는 원수들을 반드시 멸망시키실 것이다.

셋째로, 하나님께서는 성도들의 의를 변호하실 것이다. 4절, "주께서 나의 의와 송사를 변호하셨으며 보좌에 앉으사 의롭게 심판하셨나이다." 12절, "[그는] 가난한 자의 부르짖음을 잊지 아니하시도다." 성도들은 비록 때때로 고난을 당하지만, 그 중에서도 구원을 얻을 것이다.

넷째로, 성도들은 하나님을 기뻐하며 찬송하고 감사하며 그의 하신 일들 특히 악인들의 심판과 성도들의 구원을 전파할 것이다. 1-2절, "내가 전심으로 여호와께 감사하오며 주의 모든 기사를 전하리이다. 내가 주를 기뻐하고 즐거워하며 지극히 높으신 주의 이름을 찬송하리니."

10편: 악인에 대한 심판을 호소함

〔1-2절〕 여호와여, 어찌하여 멀리 서시며 어찌하여 환난 때에 숨으시나이까? 악한 자가 교만하여 가련한 자를 심히 군박(窘迫)하오니[괴롭히오니] **저희로 자기의 베푼 꾀에 빠지게 하소서.**

시편 저자는 지금 큰 환난 가운데 있다. 그는 자신을 '가련한 자'라고 표현하며 악한 자가 교만하여 가련한 자를 심히 괴롭힌다고 말한다. '가난한' 혹은 '가련한'이라는 원어들(아니 עָנִי 혹은 아나우 עָנָו)은 '가난한, 겸손한, 고난당하는' 등의 뜻을 가진 말로 성도를 묘사한다. 하나님을 모르는 사람은 악하고 교만하지만, 성도는 심령이 가난하고 겸손하며 때때로 고난과 핍박을 당한다.

시편 저자는 환난 중에 하나님께서 그를 도와주지 않으시고 멀리 서 계시다고 느끼고 있다. 하나님께서는 때때로 그의 깊으시고 높으신 뜻 가운데 성도를 환난에 버려두신다(시 13:1; 35:22; 38:21). 그가 환난 때에 우리의 산성이시요 피난처시며 큰 도움이시지만(시 9:9; 46:1), 성도는 때때로 그의 즉각적 도우심을 경험하지 못한다.

그러므로 시편 저자는 악인이 자기가 베푼 꾀에 빠지게 해달라고 하나님께 호소한다. 이것은 하나님의 공의의 심판을 호소한 것이다. 그 어렵고 답답한 시간은 그의 믿음을 더 순수하고 강하게 만들 것이다. 그 시간은 그에게 결코 손해가 아니고 영적인 큰 유익이 될 것이다. 하나님께서는 그의 간구를 들어주실 것이다.

〔3-4절〕 악인은 그 마음의 소욕을 자랑하며 탐리하는 자는 여호와를 배반하여 멸시하나이다. 악인은 그 교만한 얼굴로 말하기를 **여호와께서** 이를 **감찰치 아니하신다 하며 그 모든 사상에 하나님이 없다 하나이다**[이는 악인이 마음의 소욕을 자랑하며 여호와께서 미워하시는 탐욕자들을 축복함이니이다. 악인은 그 얼굴의 교만으로 하나님을 찾지 않으며 그 모든 사상에 하나님이 없나이다](KJV).

이 본문은 악인들로 그들이 베푼 꾀에 빠지게 해달라고 하나님께 호소한 이유를 나타낸다. 악인들은 세상적 욕심을 자랑한다. 그러나 성경은 "세상에 있는 모든 것이 육신의 정욕과 안목의 정욕과 이생의 자랑이니 다 아버지께로 좇아 온 것이 아니라"고 말한다(요일 2:16). 또한 악인은 여호와께서 미워하시는 탐욕자들, 즉 불의의 이익을 취하는 자들을 축복한다. 악인은 이 세상과 세상에 속한 자들을 사랑한다. 세상의 부귀와 영광이 그의 생활의 목표요 가치 기준이다.

그러나 하나님을 경외하는 성도에게 탐심은 우상숭배이다. 우리는 하나님과 재물을 함께 섬길 수 없다(마 6:24). 우리는 하나님을 유일한 주인으로 선택하였다. 성도는 그 정과 욕심을 십자가에 못박았다(갈 5:24). 아직도 돈을 사랑하는 자는 헛된 신앙의 집을 짓는 자이다.

악인은 또한 교만하며 무신론적이다. 그는 하나님을 찾지 않는다. 그의 사상에 하나님이 없다. 그가 하나님을 두려워했다면 모든 악을 회개했을 것이다. 사람은 하나님을 두려워해야 악을 떠날 수 있다(잠 16:6). 교만하고 하나님을 찾지 않는 자는 악을 버리지 못하며 돈을 사랑함과 육신의 쾌락을 사랑함을 버리지 못할 것이다.

〔5-7절〕 저의 길은 언제든지 견고하고 주의 심판은 높아서 저의 안력(眼力)이 미치지 못하오며 저는 그 모든 대적을 멸시하며 그 마음에 이르기를 나는 요동치 아니하며 대대로 환난을 당치 아니하리라 하나이다. 그 입에는 저주와 궤휼과 포학이 충만하며 혀 밑에는 잔해와 죄악이 있나이다.

악인의 길은 때때로 견고해 보인다. 악인은 장수하고 세력이 강하고 건강하고 형통하기도 한다(욥 21:7-13; 시 73:3-12; 렘 12:1). 더욱이, 하나님의 심판은 높아서 악인의 눈에 미치지 못한다. 악인은 그것을 느끼지 못하고 두려워하지도 않는다. 그는 또 모든 대적자를 멸시하고 자신의 평안과 형통을 확신하며 자신의 실패나 고난에 대해서는 생각지 않는다. 이것은 패기와 용기같이 보이지만, 실상 헛된 자만심에 불과하다. 하나님의 공의의 심판을 알지 못하고 자신의 미래를 자신하는 것은 어리석은 태도일 뿐이다.

또 악인의 입에는 저주와 궤휼과 포학이 충만하며 혀 밑에는 잔해와 죄악이 있다. '죄악'이라는 원어(아웬 אָוֶן)는 '허탄함'(KJV)이나 '사악함'(NASB)이라는 뜻이다. 말은 인격을 나타낸다. 선한 사람은 선한 말을 하지만, 악한 사람은 악한 말을 한다(마 12:34-35). 악인은 남을 저주하고 속이고 포학하고 해치고 헛되고 사악한 말을 한다.

〔8-11절〕 저가 향촌 유벽한 곳에 앉으며 그 은밀한 곳에서 무죄한 자를 죽이며 그 눈은 외로운 자를 엿보나이다. 사자가 그 굴혈에 엎드림같이 저가 은밀한 곳에 엎드려 가련한 자를 잡으려고 기다리며 자기 그물을 끌어 가련한 자를 잡나이다. 저가 구푸려 엎드리니 그 강포(아추마우 עֲצוּמָיו)[그의 강한 것들]**로 인하여 외로운 자가 넘어지나이다. 저의 마음에 이르기를 하나님이 잊으셨고 그 얼굴을 가리우셨으니 영원히 보지 아니하시리라 하나이다.**

시편에서 성도는 '무죄한 자' '외로운 자' '가련한 자' '가난한 자' 등으로 묘사된다. 악인은 이런 성도를 해치려 한다. 악인은 한적한 곳에 앉으며 은밀한 곳에서 성도를 엿본다. 그는 사자가 그 굴에 엎드림같이 은밀한 곳에 엎드린다. 악인이 공공연히 악을 행하지 못하고 은밀히 하는 것은 양심 때문일 것이다. 악인은 또 의인을 향해 강포하다. '그 강포'하는 말은 '그의 강한 것들'이라는 뜻으로 '그의 강한 수족(手足)'을 가리킨 것 같다. 악인은 폭력적이다. 세상에서 의인들은 핍박과 고난을 당한다. 사도 바울은 "무릇 그리스도 예수 안에서 경건하게 살고자 하는 자는 핍박을 받으리라"고 말했다(딤후 3:12).

악인은 또 무신론적이다. 그는 하나님을 부정하는 무신론적 사고 때문에 악을 담대히 행한다. 시편 14:1은, "어리석은 자는 그 마음에 이르기를 하나님이 없다 하도다. 저희는 부패하고 소행이 가증하여 선을 행하는 자가 없도다"라고 말하였다.

〔12-15절〕 여호와여, 일어나옵소서. 하나님이여, 손을 드옵소서. 가난

한 자를 잊지 마옵소서. 어찌하여 악인이 하나님을 멸시하여 그 마음에 이르기를 주는 감찰치 아니하리라 하나이까? 주께서는 보셨나이다. 잔해[해]**와 원한을 감찰하시고 주의 손으로 갚으려 하시오니 외로운 자가 주를 의지하나이다. 주는 벌써부터 고아를 도우시는 자니이다. 악인의 팔을 꺾으소서. 악한 자의 악을 없기까지 찾으소서.**

악인은 하나님을 멸시하며 하나께서 감찰치 않으신다고 생각한다. 실상 그는 무신론자이다. 그러나 하나님께서는 악인의 해와 원한을 다 보셨고 다 감찰하셨다. '원한'이라는 원어(카아스 כַּעַס)는 '괴롭힘, 분노' 등의 뜻이다. 하나님께서는 악인이 무시한다고 무시를 당하는 분이 아니시다. 그는 오히려 모든 일을 다 감찰하시고 판단하시며 그 손으로 악인의 악행에 대해 갚으신다. 하나님의 공의의 보응은 성경이 밝히 증거하는 근본 진리이다.

또 하나님께서는 악인을 징벌하심으로 성도를 도우시고 돌보신다. 성경은 하나님께서 '고아와 과부를 위하여 신원하시는' 자(신 10:18)이시며 '고아의 아버지시며 과부의 재판장'(시 68:5)이시라고 말한다. 하나님께서는 긍휼이 많으시다.

그러므로 하나님을 경외하며 의롭고 선하게 살지만 이 세상에서 악한 자 때문에 핍박을 당하여 외롭고 가련하기까지 한 성도는 오직 하나님만 의지하고 기도해야 한다. 시편 저자는 그러므로 "외로운 자가 주를 의지하나이다"라고 말한다. 기도는 믿음의 자연스런 표현이다. 그는 하나님께서 일어나시고 손을 드시고 가난한 자를 잊지 마시고 악인에게 합당한 징벌을 내리시기를 구하였다.

〔16-18절〕 여호와께서는 영원무궁토록 왕이시니 열방이 주의 땅에서 멸망하였나이다. 여호와여, 주는 겸손한 자의 소원을 들으셨으니 저희 마음을 예비하시며 귀를 기울여 들으시고 고아와 압박 당하는 자를 위하여 **심판하사 세상에 속한 자로 다시는 위협지 못하게 하시리이다.**

하나님께서는 영원한 왕, 곧 세상의 영원한 통치자이시며 심판자이시다. 그는 성도의 호소를 들으신다. 17절의 '겸손한 자'라는 원어(아나임 עֲנָוִים)는 '가난한 자, 핍박당하는 자'라는 뜻으로 성도 자신을 가리킨다. 하나님께서는 핍박당하는 성도의 간구를 들으신다. 또 그는 성도의 마음을 준비시키신다. 그는 성도가 악을 버리고 의와 선에 굳게 서도록 준비시키신다. 그는 특히 억울하게 고통 당하는 자의 간구에 귀를 기울이신다. 하나님을 모르고 부도덕한 이방인들은 그의 땅 곧 이 세상으로부터 멸망을 당할 것이다(16절). 악인은 새 예루살렘 성안으로 들어오지 못하고 성밖에 있을 것이다(계 21:27; 22:15).

시편 10편의 교훈을 정리해보자. 첫째로, 세상은 악하며 성도들은 이 세상에서 고통을 당한다. 세상 사람들은 교만하여 순진한 자들을 핍박한다. 그들은 이익을 탐하고 하나님을 멸시하며 부정한다. 그들의 입에는 저주와 거짓과 포학이 가득하다. 성도는 악한 세상에서 고난을 당한다. 그들은 가련한 자(2, 9절), 외로운 자(9, 10, 14절), 가난한 자(12절), 겸손한 자(17절)라고 표현된다. 악한 세상의 사람들은 성도들을 미워할 것이다. 그러므로 사도 바울은 "무릇 그리스도 예수 안에서 경건하게 살고자 하는 자는 핍박을 받으리라"고 말하였다(딤후 3:12).

둘째로, 그러나 하나님께서는 온 세상의 왕이시며 통치자시요 심판자이시다. 16절, "여호와께서는 영원무궁토록 왕이시니." 천지와 만물을 창조하신 하나님께서는 그 온 세상을 홀로 통치하신다. 온 세상의 통치자이신 하나님께서는 공의로우신 하나님이시다. 그는 세상의 모든 일들을 다 보시고 감찰하시고 판단하시고 선악간에 공의로 보응하신다.

셋째로, 성도는 하나님만 의지하고 하나님께 모든 문제를 아뢰어야 한다. 12절, "여호와여, 일어나옵소서. 하나님이여, 손을 드옵소서." 14절, "외로운 자가 주를 의지하나이다." 시편에는 성도가 고난 중에 하나님께 부르짖는 내용, 특히 악인의 악행에 대해 하나님의 공의로운 판단과 보응을 호소하는 내용이 많다. 성도는 하나님만 믿고 기도해야 한다.

11편: 하나님께서 인생을 감찰하심

다윗의 시. 영장(伶長)[아마, 찬양대장]을 위한 노래.

〔1-2절〕 내가 여호와께 피하였거늘 너희가 내 영혼더러 새같이 **네 산으로 도망하라 함은 어찜인고?** [이는] **악인이 활을 당기고 살을 시위에 먹임이여, 마음이 바른 자를 어두운 데서 쏘려 하는도다**[함이로다].

다윗의 주위에 있는 사람들은 그에게 도망하라고 권면하였다. '새같이 네 산으로 도망하라'는 표현은 새가 사냥꾼을 피하여 산 속으로 날아 숨듯이 도망하라는 말이다. '네 산'은 '네가 피신할 곳'이라는 말로서 그가 피신할 인간적, 세상적 방책을 의미할 것이다.

믿음 없는 친구들이 그에게 도망하라고 권면하는 이유는 악인이 활을 당기고 살을 시위에 먹이며 그를 쏘려 하기 때문이었다. 여기에서 성도는 '마음이 바른 자'로 표현된다. 성도는 하나님의 말씀을 따라 또 이성과 양심을 따라 바르게 생각하고 행동하는 자이다. 그러나 이와 대조되게, 악인은 그런 성도를 어두운 데서 쏘려 하는 자이다. '어두운 데서 쏜다'는 말은 은밀히 해치려 한다는 뜻이다. 악인들은 솔직하거나 정정당당하지 못하고 거짓되며 이중적이다.

다윗은 환난 중에 "내가 여호와께 피하였다"고 고백한다. 하나님께서는 다윗의 피난처이셨다. 하나님을 피난처로 삼는 것이 믿음이다. 어려운 일이 있을 때 당황하거나 두려워 떨거나 낙심하는 것은 믿음 없음을 드러낼 뿐이다. 참 믿음은 하나님을 의지하며 그에게 피하며 그의 품에 안기는 것이다. 시편 46편 저자도, "하나님은 우리의 피난처시요 힘이시니 환난 중에 만날 큰 도움이시라"고 말했다(시 46:1).

〔3절〕 터가 무너지면 의인이 무엇을 할꼬?

'터'(foundations)는 하나님의 진리들을 가리켰다고 본다. 그것은 성경에 계시된 교리들과 생활 교훈들 곧 신앙생활의 기본 원리들을 가리킨다. 그것은 기독교의 기초이다. 실상, 하나님과 예수 그리스도께서 우리의 터이시다(고전 3:11). 우리는 기독교의 기본 교리들의 터를 다시 닦지 말고 온전한 데로 나아가야 한다(히 6:1-2).

건물은 기초가 튼튼해야 한다. 기초가 튼튼하지 않으면 그 건물은 언젠가 무너지고 말 것이다. 우리의 신앙생활도 마찬가지이다. 기독교의 기본 교리들이 부정되거나 무시된다면, 거기에 어떤 바른 신앙생활이 가능하겠는가. 기독교의 기본 교리들이 부정된다면, 거기에 참된 기독교는 없을 것이며 기독교인의 믿음과 소망은 헛될 것이다. 거기에는 신앙의 정조와 절개를 지키는 보수신앙과 바르고 선하게 사는 도덕적인 생활이 무의미하며 무가치하게 될 것이다.

때때로 세상이 악화되어 사상적, 윤리적 기본이 흔들리는 시대가 있고 심지어 오늘날처럼 교회조차도 배교적이고 부도덕하게 되는 때가 있다. 자유주의 교회들은 성경에 계시된 기독교의 기본 교리들을 부정하고 왜곡시키며 낙태와 동성애 등의 윤리적 악들을 포용하고 있고 세상은 심히 불경건하고 음란하고 쾌락적이다.

그러나 하나님의 터는 견고하다. 디모데후서 2:19, "하나님의 견고한 터는 섰으니." 시편 102:27, "주는 여상(如常)하시고." 말라기 3:6, "나 여호와는 변역지 아니하나니." 히브리서 13:8-9, "예수 그리스도는 어제나 오늘이나 영원토록 동일하시니라. 여러 가지 다른 교훈에 끌리지 말라." 우리는 성경대로 믿고 신앙의 절개를 지키며 정직하고 선하게 살아야 한다. 디모데후서 1:13, "너는 그리스도 예수 안에 있는 믿음과 사랑으로써 내게 들은 바 바른 말을 본받아 지키라."

〔4절〕 여호와께서 그 성전에 계시니 여호와의 보좌는 하늘에 있음이여, 그 눈이 인생을 통촉하시고 그 안목이 저희를 감찰하시도다.

하나님께서 살아계시므로, 성도의 경건하고 정직한 생활의 기초는 결코 무너지지 않는다. 하나님께서는 그 성전에 계신다. 그는 무한하시고 온 우주에 충만하시지만 옛시대에 그의 영광 곧 그가 사람들과 함께하심의 영광을 성막과 성전에서 구름으로 나타내셨다. 오늘날에는 성도들의 모임인 교회 가운데 성령으로 함께 계신다(고전 3:16). 그는 지금도 살아계셔서 자신의 영광을 나타내시는 하나님이시다.

그는 특히 그 영광의 보좌를 하늘 즉 천국에 두셨다. 그의 보좌는 통치하시는 왕의 보좌이며 심판하시는 재판장의 보좌이다. 하늘에 있는 하나님의 보좌는 심히 거룩하고 위엄이 있으시다. 하나님께서는 하늘 보좌에서 온 세상을 통치하시고 의인들과 악인들을 감찰하시고 그들을 공의로 판단하시고 그들의 행한 대로 보응하신다.

하늘에 계신 하나님께서는 모든 사람을 살피신다. 하나님의 눈은 매우 밝으시다. 하나님의 시력은 완전하시다. 그의 시력은 약해지거나 쇠하여지지 않으신다. 그는 우리의 생활을 감찰하신다. ‘안목’이라는 원어(아프아프 עַפְעַף)는 ‘눈꺼풀’ 즉 ‘눈’이라는 뜻이며 ‘감찰한다’는 원어(바칸 בָּחַן)는 ‘시험한다, 증명한다’는 뜻이다.

그는 사람의 행위뿐 아니라 생각과 감정과 뜻까지도 다 아시고 그의 선함과 진실함을 시험하시고 판단하신다. 시편 139:1-4, 23, “여호와여, 주께서 나를 감찰하시고 아셨나이다. 주께서 나의 앉고 일어섬을 아시며 멀리서도 나의 생각을 통촉하시오며 나의 길과 눕는 것을 감찰하시며 나의 모든 행위를 익히 아시오니 여호와여, 내 혀의 말을 알지 못하시는 것이 하나도 없으시니이다,” “하나님이여, 나를 살피사 내 마음을 아시며 나를 시험하사 내 뜻을 아옵소서.”

〔5절〕 여호와는 의인을 감찰하시고 악인과 강포함을 좋아하는 자를 마음에 미워하시도다.

하나님께서는 의인들을 감찰하시고 시험하시며 그들이 과연 진실한 신앙고백자인지, 참으로 하나님을 두려워하며 의지하는지, 혹시 형식적이거나 위선적인 자가 아닌지 시험하신다. 하나님께서는 또 악인과 강포함을 좋아하는 자를 마음에 미워하신다. 그는 겸손하고 선한 의인을 사랑하시지만, 교만하고 강포한 악인을 미워하시는 것이다. 이것이 그의 도덕적 판단이다. 하나님의 판단은 분명하시고 정확하시다. 세상 사람들은 악인들을 칭찬하고 그들을 친근히 할지 몰라도 악인들에 대한 하나님의 태도는 항상 명확하시다. 하나님께서는 언제나 악인들을 미워하신다.

〔6절〕 **악인에게 그물을 내려치시리니 불과 유황과 태우는 바람이 저희 잔의 소득이 되리로다.**

하나님께서는 악인들에게 그물을 내려치신다. 그것은 그들이 받을 징벌이다. 아무리 약삭빠른 사람들이라도 하나님께서 내려치시는 그 그물을 피할 수 없을 것이다. 또 그 징벌은 불과 유황과 태우는 바람으로 묘사된다. 그것들이 악인들의 소득이다. 불과 유황은 불의 형벌을 가리킨다. 유황은 성냥이나 화약의 원료로 불이 잘 타는 물질이다. 하나님께서는 심히 음란하였던 소돔과 고모라 성에 유황과 불을 비같이 내리셨고(창 19:24) 또 사탄과 악령들과 악인들을 위한 지옥도 '불과 유황으로 타는 못'으로 증거되어 있다(마 25:41; 계 21:8). 태우는 바람은 환난과 재앙의 바람을 가리킬 것이다. 하나님께서 악인들에게 내리실 형벌을 통해 하나님의 공의가 증거되고 의인들의 억울한 고난이 보상되며 마침내 세상에 도덕 질서가 확립될 것이다.

〔7절〕 [이는] **여호와는 의로우사 의로운 일을 좋아하시나니**[좋아하심이니] **정직한 자는 그 얼굴을 뵈오리로다**[그의 얼굴은 정직한 자를 보시는도다](MT, KJV).[8]

본문은 하나님의 공의로운 처분의 이유, 즉 의인을 시험하여 인정하시고 악인의 악을 판단하시고 징벌하시는 이유를 제시한다. 그것

---

8) 본절 후반부에 대하여, 근래의 영어성경들도 우리말 번역과 같으나(NASB, NIV), 옛날 영어번역(KJV)은 "그의 얼굴은 정직을 보시는도다"라고 번역하였다. 원문에 '본다'는 동사(에케주 יֶחֱזוּ)는 3인칭 복수이며 '정직한 자'(야솨르 יָשָׁר)(단수형용사)보다 '그의 얼굴'(파네모 פָּנֵימוֹ)(복수명사)을 주어로 보는 것이 더 자연스럽다.

은 하나님께서 의로우시기 때문이다. 의(義)는 도덕적 표준에 일치함을 가리킨다. 하나님께서는 도덕적으로 완전하시다. 실상, 그 자신이 도덕적 표준이시다. 또 의로우신 하나님께서는 의로운 일을 좋아하신다. 하나님께서 의로운 일을 좋아하시고 악한 일을 미워하시는 것은 의로우신 하나님께 지극히 자연스럽고 당연한 사실이다. 또 그의 얼굴은 정직한 자들을 보실 것이다. 하나님께서는 악인들의 악행을 미워하시지만, 의인들의 선한 행위들을 좋아하시고 그들에게 더 풍성한 은혜와 평안과 능력을 내리실 것이다.

시편 11편의 교훈을 정리해보자. 첫째로, 환난 많은 세상에서 성도들은 환난 중에 하나님께 피해야 한다. 그것은 믿음의 당연한 행위이다. 살아계신 하나님을 의지하는 자마다 환난 중에, 어려운 일을 당할 때 기도하며 하나님께 피할 것이다. 시편 46:1, "하나님은 우리의 피난처시요 힘이시니 환난 중에 만날 큰 도움이시라." 오늘날 성경의 바른 교리와 도덕성의 기본이 흔들리는 교회와 심히 어둡고 혼란한 세상의 현실에서 우리는 주 예수님과 사도들을 통해 전수되었고 성경에 밝히 계시된 역사적 기독교 진리들을 믿고 보수하고 하나님만 의지해야 한다.

둘째로, 하늘에 계신 하나님께서는 온 세상을 감찰하고 계신다. 그의 눈은 밝고 완전하시다. 그의 시력은 세월이 많이 흐른다고 쇠해지지 않으신다. 그는 의인들과 악인들을 아시고 감찰하시고 판단하신다. 그는 공의로운 재판장이시다. 그는 의인들과 악인들에게 그들의 행한 대로 공의로 보응하실 것이다. 우리는 하나님의 감찰하심을 알아야 한다.

셋째로, 하나님께서는 악인들을 미워하시고 그들의 악한 행위들에 대해 불과 유황과 태우는 바람으로 징벌하실 것이나, 의인들의 생활을 인정하시고 기뻐하시고 그들에게 좋은 것으로 복주실 것이다. 그러므로 구원 얻은 우리는 우리 속에 남은 모든 죄악된 성질을 죽이고 악한 언행들을 다 버리고 오직 경건하고 정직하고 선한 생활을 해야 한다.

12편: 거짓된 세상에서 지키심

다윗의 시. 영장[아마, 찬양대장]을 위함. 스미닛에 맞춘 노래.

〔1-2절〕 **여호와여, 도우소서.** [이는] **경건한 자가 끊어지며**[끊어짐이며] [이는] **충실한 자가 인생 중에 없어지도소이다**[없어짐이니이다]. **저희가 이웃에게 각기 거짓을 말함이여, 아첨하는 입술과 두 마음으로 말하는도다.**

다윗은 하나님께 도움을 간구한다. 성도가 도움을 요청할 수 있는 하나님을 모시고 산다는 것은 행복이다. 하나님께서는 성도를 도우시고 구원하시는 살아계신 하나님이시며, 성도는 어려울 때마다 하나님께 도움을 간구할 수 있고 그의 응답함을 체험할 것이다.

다윗이 하나님께 도움을 구한 까닭은 경건한 자가 끊어지고 충성되고 믿을 만한 자가 인생 중에 없어지기 때문이었다. 경건하고 충성된 자가 하나씩, 둘씩 없어져 가는 현실은 슬프고 안타깝고 또 이런 구약교회의 영적, 도덕적 현실은 매우 절망적이게 보였을 것이다.

사람들은 서로 거짓말을 하며 아첨의 말을 하고 두 마음으로 말했다. 그들은 자기에게 유리하거나 불리하면 거짓말을 하고 남의 비위를 맞추며 속과 겉이 다른 말을 한다. 그러나 하나님께서는 거짓말하는 자를 매우 미워하신다(잠 6:19). 또 아첨의 말은 다른 사람을 멸망하게 만든다(잠 26:28). 그러므로 사도 바울은 "거짓을 버리고 각각 그 이웃으로 더불어 참된 것을 말하라"고 교훈하였다(엡 4:25).

이런 현실에서 성도가 어떻게 신앙과 경건, 정직과 충성을 논할 수 있겠으며, 이런 현실에서 그가 어떻게 고난과 외로움을 각오함 없이 신앙과 정직을 지키며 진리를 말하며 전할 수 있겠는가. 그러므로 이때 성도에게 하나님의 도우심이 절실히 필요하다고 하겠다.

〔3-4절〕 **여호와께서 모든 아첨하는 입술과 자랑하는 혀를 끊으시리니 저희가 말하기를 우리의 혀로 이길지라. 우리 입술은 우리 것이니 우리를**

주관할 자 누구리요 함이로다.

사람의 거짓과 교만은 그의 말에서 드러난다. 사람들은 아첨하는 입술과 자랑하는 혀를 가지고 있다. 사람은 자기보다 지위가 높거나 돈이 많은 사람에게는 아첨하고 그렇지 못한 자에게는 자기를 자랑하는 경향이 있다. 그러나 하나님께서는 모든 아첨하는 입술과 자랑하는 혀를 끊으실 것이다. 그는 사람이 아첨의 말이나 자랑의 말을 하지 못하게 하실 것이다. 그는 철저한 공의로 세상을 다스리실 것이다. 사람의 한마디의 무익한 말도 심판을 받을 것이다(마 12:36).

〔5절〕 여호와의 말씀에 가련한 자의 눌림과 궁핍한 자의 탄식을 인하여 내가 이제 일어나 저를 그 원하는 안전지대에 두리라 하시도다.

성도는 세상에서 악인들에게 눌림을 당하고 탄식하므로 가난하고 궁핍한 자, 가련하고 고통을 당하는 자로 표현되지만, 하나님께서는 정한 때에 일어나셔서 악인을 심판하시고 성도를 구원하실 것이다. "저를 그 원하는 안전지대에 두리라"는 구절에서 '그 원하는'이라는 원문(야피아크 로 יָפִיחַ לוֹ)은 '그가 원하는'이라는 뜻이든지, 혹은 '그를 비방하는 자로부터 건져'(NIV)라는 의미라고 본다(NASB). 안전지대는 더 이상 원수의 비방과 핍박이 없고 싸움과 위협도 없고 오직 평안함만 있는 곳을 가리킨다.

〔6절〕 여호와의 말씀은 순결함이여, 흙 도가니에 일곱 번 단련한 은 같도다.

악인들의 말은 악하고 거짓되지만 하나님의 말씀은 흙 도가니에 일곱 번 단련한 순결한 은같이 오류나 거짓이 없다. 사람의 말은 불완전하고 불확실하고 거짓되지만, 하나님의 말씀은 완전하고 확실하며 정직하고 순결하여 전적으로 믿고 신뢰할 만하다(시 19:7-8).

〔7절〕 여호와여, 저희를 지키사 이 세대로부터 영영토록 보존하시리이다.

하나님께서는 이 악한 세대에서 성도를 지키시고 보존하실 것이다.

5절에 "내가 이제 일어나 저를 그 원하는 안전지대에 두리라"고 하신 하나님의 말씀은 그대로 지켜질 것이다. 하나님께서는 예전에 경건한 롯을 심히 음란한 소돔 성으로부터 구원하셨다(창 19:16-17, 29; 벧후 2:7-8). 그는 우리를 지키시고 의의 길로 인도하신다. 시편 23:4, "내가 사망의 음침한 골짜기로 다닐지라도 해를 두려워하지 않을 것은 주께서 나와 함께하심이라. 주의 지팡이와 막대기가 나를 안위하시나이다." 하나님께서는 우리의 보호자와 인도자이시다.

〔8절〕 비루함이 인생 중에 높아지는 때에 악인이 처처에 횡행하는도다.

부패한 교회나 세상에서, 악인들은 곳곳에서 활보하고 있고 비루함 즉 대단히 나쁘고 야비하고 부도덕한 일, 저질스럽고 무가치한 일이 사람들 중에 많아지고 있다. 그러나 성도는 바르게 살아야 한다.

시편 12편의 교훈을 정리해보자. 첫째로, 교회가 부패할 때 경건하고 충성된 자를 찾아보기 어렵고 거짓과 아첨이 유행하고 참된 성도들은 눌림과 궁핍 때문에 탄식한다. 구약교회인 이스라엘 사회는 그러하였고 신약교회의 역사도 그런 점들이 보인다. 세상은 의례 그렇고 그러므로 회개해야 구원을 받지만, 교회도 때때로 그러한 것이다(딤후 3:1-5).

둘째로, 하나님께서는 거짓말로 비방을 받는 참된 성도들을 돌아보시고 도우실 것이며 그들을 지키시고 건지셔서 다시는 고난이 없는 그 원하는 안전지대에 두실 것이다. 하나님께서는 자기 백성을 고난 가운데 그대로 버려두지 않으시고 지키시고 건져주실 것이다. 그러므로 우리는 어떤 상황에서도 낙망치 말고 믿음과 순종으로 살아야 한다.

셋째로, 하나님의 말씀은 순결하고 믿을 만하다. 6절, "여호와의 말씀은 순결함이여 흙 도가니에 일곱 번 단련한 은 같도다." 성경에 기록된 하나님의 말씀들은 완전하고 확실하고 정직하고 순결하다(시 19:7-8). 우리는 성경이 하나님의 말씀이며 성경에는 거짓과 오류가 없으며 또 성경에 있는 하나님의 약속은 반드시 다 이루어질 것을 믿어야 한다.

13편: 하나님의 구원을 기다림

다윗의 시. 영장(아마, 찬양대장)을 위한 노래.

〔1-2절〕 여호와여, 어느 때까지니이까? 나를 영영히 잊으시나이까? 주의 얼굴을 나에게서 언제까지 숨기시겠나이까? 내가 나의 영혼에 경영하고 종일토록(요맘 יוֹמָם)['날마다'(KJV, NIV), '계속'(BDB)] **마음에 근심하기를 어느 때까지 하오며 내 원수가 나를 쳐서 자긍하기를 어느 때까지 하리이까?**

다윗은 원수로 인해 고통을 받고 있었다. 그는 여러 날 동안 마음에 근심하고 그의 원수는 그를 대항하여 자긍하며 의기양양해 했다. 그의 마음의 근심과 고통은 여러 날 동안 계속되었고 점점 커져갔다고 보인다. 하나님께서는 다윗을 잊으신 것 같고 그 얼굴을 숨기신 것 같았다. 그는 다윗을 돕지도 않으셨고 그를 핍박하는 악인을 징벌하시지도 않았고 다윗에게 위로의 말 한마디도 주시지 않았다. 그러므로 다윗은 1, 2절에서 원문에 아드 아나(עַד־אָנָה)라고 네 번 말한다(3번 '어느 때까지'로, 1번 '언제까지'로 번역됨). 하나님의 침묵하심이 여러 날 동안 계속되었고 그의 마음의 고통도 여러 날 동안 계속되었다. 하나님께서는 그의 높으신 뜻, 깊으신 뜻, 지혜로우시고 선하신 뜻, 완전하신 뜻 가운데 얼마 동안 다윗을 그렇게 버려두셨다. 그러나 다윗은 하나님을 향해 '여호와여'라고 부르짖었다. 우리에게는 부르짖으며 기도할 하나님께서 계시다. 우리는 고아가 아니다. 하늘에 계신 하나님께서는 우리의 아버지이시다. 기도는 성도의 특권이다. 하나님께서는 그의 정하신 때 우리의 기도를 들어주실 것이다.

〔3-4절〕 여호와 내 하나님이여, 나를 생각하사 응답하시고 나의 눈을 밝히소서. 두렵건대 내가 사망의 잠을 **잘까 하오며 두렵건대 나의 원수가 이르기를 내가 저를 이기었다 할까 하오며 내가 요동될 때에 나의 대적들이 기뻐할까 하나이다.**

고난 중에 다윗은 하나님께 두 가지를 기도하였다. 첫째로, 그는

“여호와 내 하나님이여, 나를 생각하사 응답하소서”라고 기도하였다. ‘생각한다’는 원어(나바트 נָבַט)는 ‘본다, 주목한다, 중시한다(regard)’라는 뜻이다. 하나님께서 우리를 주목하시고 중시하신다면 그것은 우리에게 큰 행복이다. 하나님께서는 아브라함을 생각하셔서 롯을 소돔에서 건지셨다(창 19:29). 또 하나님께서는 라헬을 생각하셔서 요셉을 잉태케 하셨고(창 30:22), 한나를 생각하셔서 사무엘을 잉태케 하셨다(삼상 1:19). 이 세상에서 직면하는 우리의 모든 문제들의 해결은 전능하신 하나님의 관심과 배려 안에 있다.

둘째로, 다윗은 “나의 눈을 밝히소서”라고 기도하였다. ‘눈을 밝힌다’는 것은 낙망하기 쉬운 고난의 현실 속에서 하나님을 바라볼 수 있게 해달라는 것이며 또 자신이 처신할 바를 바르게 깨닫고 바르게 판단하게 해달라는 것이다. 물론 자신의 부족이 있으면 철저히 반성하는 것도 포함될 것이다. 고난의 현실 속에서 사람이 눈이 어두우면 바른 길을 알지 못하고 방황하며 믿음 없이 행하고 말과 행위에 실수하기 쉽기 때문이다. 그러므로 우리는 눈이 밝아야 한다.

또 다윗은 자신이 이렇게 하나님께 간구하는 목적을 표현하였다. 그는 사망의 잠을 자지 않기 위해 기도한다고 말했다. 낙심은 사람을 불신앙에 떨어지게 하고 불신앙의 결과는 영적 죽음이다. 불신앙은 영적으로 잠자는 것과 같다. 그것은 죽음에 이르는 잠이다. 또 그는 그의 원수가 그를 이기었다고 승리의 개가를 부르고 기뻐하지 않게 하기 위해 기도한다고 말했다. 성도가 의와 선을 행하다가 낙심하거나 손이 피곤해지면 대적자들이 기뻐할 것밖에 없을 것이다.

〔5-6절〕 나는 오직 주의 인자하심을 의뢰하였사오니 내 마음은 주의 구원을 기뻐하리이다. 내가 여호와를 찬송하리니 이는 나를 후대하심이로다.

다윗은 고난의 현실 중에서 하나님의 인자하심을 의지했다. 성도가 하나님을 의지하는 것은 하나님의 인자하심과 긍휼하심을 의지하는 것이다. 하나님께서 지극히 거룩하시므로 죄인인 사람은 행위로는 하나님 앞에 설 수 없다. 특히 고난 중에서 우리는 하나님의 인자하심밖에 의지할 것이 없다. 전능하신 하나님께서 우리를 긍휼히 여기시면 우리의 모든 어려운 문제가 해결될 것이다. 그러므로 우리는 고난 중에서 하나님을 멀리하지 말고 그에게 더 가까이 나아가 그의 긍휼과 인자의 품에 안겨야 할 것이다.

다윗은 고난 중에서 하나님의 구원과 그를 후대하심을 확신하고 있다. 지금은 원수들이 그를 핍박하고 대적하지만, 그는 하나님께서 그를 도우시고 그에게 좋은 것을 주실 것을 확신한다. 시편 34:8에서 그는, "너희는 여호와의 선하심을 맛보아 알지어다. 그에게 피하는 자는 복이 있도다"라고 말했다. 로마서 8:32에서 사도 바울은, "자기 아들을 아끼지 아니하시고 우리 모든 사람을 위하여 내어주신 이가 어찌 그 아들과 함께 모든 것을 우리에게 은사로 주지 아니하시겠느뇨?"라고 말한다. 우리가 우리의 영혼을 영원한 지옥 형벌에서 건져내신 하나님의 사랑을 확신한다면, 우리는 하나님께서 우리의 고난의 현실 중에서 우리를 건져주실 것을 확신할 수 있다.

다윗은 또 이런 확신 가운데서 하나님을 기뻐하고 찬송하겠다고 말한다. "내 마음은 주의 구원을 기뻐하리이다," "내가 여호와를 찬송하리이다." 하나님의 구원과 후대하심은 그의 기쁨의 이유이며 찬송의 이유이었다. 이것은 또한 우리의 기쁨과 찬송의 이유이기도 하다. 그러므로 사도 바울은 빌립보서 4:4에서 성도들에게 "주 안에서 항상 기뻐하라"는 교훈하였다. 또 그는 히브리서 13:15에서, "이러므로 우리가 예수로 말미암아 항상 찬미의 제사를 하나님께 드리자. 이는 그 이름을 증거하는 입술의 열매니라"고 교훈하였다.

시편 13편의 교훈을 정리해보자. 첫째로, 하나님께서는 때때로 성도들을 고난 가운데 얼마 동안 버려두신다. 우리는 하나님을 경외하고 주 예수 그리스도를 믿고 구원 얻은 성도들에게도 때때로 고난의 시간이 있음을 알아야 한다. 성도들에게 주시는 고난은 하나님의 섭리 가운데 주시는 것이다. 그러나 어떤 고난이든지 고난은 우리에게 유익하다. 그것은 우리로 하나님만 의지하게 하고(고후 1:8-9), 교만하지 않고 겸손케 하고(고후 12:7), 또 하나님의 모든 계명을 지키게 한다. 시편 119:71, "고난 당한 것이 내게 유익이라. 이로 인하여 내가 주의 율례를 배우게 되었나이다." 성도는 고난을 통해 거룩하고 온전한 자로 자라간다.

둘째로, 다윗은 세상에서 어려운 문제를 직면했을 때 하나님께 "나의 눈을 밝히소서"라고 기도했다. 우리는 우리의 마음의 눈이 밝아져 우리에게 고난을 주신 하나님의 뜻을 이해하기를 원해야 한다. 우리는 고난의 현실 속에서 우리 자신의 부족을 깨닫기를 원한다. 또 우리는 어떤 상황에서도 우리의 마음이 하나님을 향한 믿음을 포기하거나 낙망하거나 하나님을 향해 불평하지 않기를 원한다. 우리에게 닥친 모든 일은 하나님의 섭리 가운데 일어난다. 참새 한 마리가 땅에 떨어지는 것도 하나님의 뜻과 상관없이 일어나지 않는다. 또 그 모든 일들은 우리에게 어떤 교훈을 준다. 우리는 하나님의 교훈을 알기를 원한다.

셋째로, 다윗은 고난의 현실 중에서 하나님의 인자하심을 의지했다. 우리가 구원 얻어 하나님의 자녀가 된 것은 오직 하나님과 구주 예수 그리스도의 은혜이다. 하나님 앞에서 행위로 온전한 자는 이 세상에 아무도 없다. 그러므로 우리는 하나님께서 구주 예수 그리스도 안에서 우리에게 주신 은혜를 의지하며 고난 중에 하나님께 기도할 수 있다. 주 예수께서는 "너희가 내 이름으로 무엇을 구하든지 내가 시행하리니 이는 아버지로 하여금 아들을 인하여 영광을 얻으시게 하려 함이라. 내 이름으로 무엇이든지 내게 구하면 내가 시행하리라"고 말씀하셨다(요 14:13-14). 또 히브리서 4:16은 "그러므로 우리가 긍휼하심을 받고 때를 따라 돕는 은혜를 얻기 위하여 은혜의 보좌 앞에 담대히 나아갈 것이니라"고 말했다. 우리는 고난 중에 하나님의 인자하심만 의지해야 한다.

14편: 어리석고 부패된 인생

다윗의 시. 영장(伶長)(아마, 찬양대장)을 위한 노래.

〔1절〕 어리석은 자는 그 마음에 이르기를 하나님이 없다 하도다. 저희는 부패하고 소행이 가증하여 선을 행하는 자가 없도다.

하나님께서 안 계시다고 말하는 것보다 더 무지하고 어리석은 일은 없다. 왜냐하면 온 세상을 창조하셨고 그 세상을 다스리고 계신 영원자존하신 하나님께서 계시기 때문이다. 그는 개인의 생사화복(生死禍福)을 주장하시고 국가의 흥망성쇠(興亡盛衰)를 주장하시는 자이시다. 하나님을 부정하는 것은 자식이 부모를 부정하는 것과 같다. 자신을 낳으시고 기르신 부모를 부정하는 것이 큰 무지요 어리석음이듯이, 하나님을 부정하는 것은 큰 무지요 어리석음이다.

또 하나님을 부정하는 자는 그 행위가 부패하게 되어 있다. 인류의 역사가 그것을 증거한다. 세상에도 비교적 선한 사람들이 있으나 그들의 선행은 결함이 있는 선행이다. 그것은 상황에 따라 변하며 흔히 자기 자랑을 동반하고 위선적이다. 사람들은 다 죄인이며 죄성을 가지고 있기 때문에 하나님의 은혜로 하나님을 두려워함이 없이는 악을 떠나지 못한다. 잠언 16:6, "인자와 진리로 인하여 죄악이 속(贖)하게 되고 여호와를 경외함으로 인하여 악에서 떠나게 되느니라." 그러므로 하나님을 부정하고 하나님 없이 사는 자는 범죄하기 쉽고 범죄할 수밖에 없다. 그런 사람들에게서 참된 도덕성을 기대하기 어렵다.

〔2-3절〕 여호와께서 하늘에서 인생을 굽어 살피사 지각이 있어 하나님을 찾는 자가 있는가 보려 하신즉 다 치우쳤으며 함께 더러운 자가 되고 선을 행하는 자가 없으니 하나도 없도다.

하나님께서 하늘에서 사람들을 보시니 하나님을 찾는 자가 없고 다 더러운 자가 되고 선을 행하는 자가 하나도 없다. 이것은 하나님께서 보신 것이니 확실한 사실이다. 세상의 종교들은 우상숭배적이고 고행과 금욕을 가르치나 사람들로 하여금 참된 의와 선을 행하게 하기에는 무능하다. 사람은 하나님의 긍휼과 예수 그리스도의 대속(代贖)으로 말미암아 죄사함과 의롭다 하심을 얻고 새 생명의 구원을 얻지 않고서는 하나님을 바로 알고 바로 섬길 수 없고 우상숭배와 죄를 떠날 수 없고 의롭고 선한 생활을 할 수 없다.

〔4절〕 죄악을 행하는 자는 다 무지하뇨? 저희가 떡 먹듯이 내 백성을 먹으면서 여호와를 부르지 아니하는도다[죄악을 행하는 자, 곧 내 백성을 떡 먹듯이 먹으며 여호와를 부르지 않는 자는 다 무지하뇨?](KJV, NASB, NIV).

악인들은 하나님의 백성을 핍박하고 하나님의 이름을 부르지 않는다. 그들에게는 참된 경건과 도덕성의 지식이 없다.

〔5절〕 저희가 거기서 두려워하고 두려워하였으니 하나님이 의인의 세대에 계심이로다.

'거기서'라는 말은 악인들이 악을 행하는 장소를 가리키는 것 같다. 악인이 하나님에 대해 전혀 알지 못하는 것 같지는 않다. 그는 악을 행하는 곳에서 양심의 가책을 받고 크게 두려워하는 마음을 가진다. 그것은 하나님께서 의인들과 함께 계심을 느끼기 때문이다. 성경은 다윗을 죽이려 하였던 사울이 하나님께서 다윗과 함께하심을 보고 다윗을 더욱 두려워했다고 증거한다(삼상 18:12, 28-29). 하나님께서는 그를 경외하고 순종하는 의인들과 함께 계시고 그들을 도우신다. 그것은 하나님의 백성의 특권이다. 하나님을 알지 못하는 세상 사람들도 때때로 그 사실을 보고 느끼고 두려워하는 것이다.

〔6절〕 너희가 가난한 자의 경영을 부끄럽게 하나 오직 여호와는 그 피난처가 되시도다.

악인은 가난한 자 즉 고난 당하는 성도의 계획을 부끄럽게 한다. 즉 그는 그 계획을 방해하고 좌절시키려 한다. 그것은 이웃에게 악을 행하는 일이다. 그러나 하나님께서는 고난 당하는 성도들의 피난처가 되신다. 그것은 세상에서 성도들이 누리는 복이다.

[7절] 이스라엘의 구원이 시온에서 나오기를 원하도다. 여호와께서 그 백성의 포로된 것을 돌이키실 때에 야곱이 즐거워하고 이스라엘이 기뻐하리로다.

다윗은 이스라엘의 구원이 시온 즉 예루살렘에서 나오기를 소원했다. 이것은 경건한 자들의 소원인 동시에 예언적 간구이었다. 하나님께서는 과연 택한 백성 이스라엘을 구원하실 구주 예수 그리스도를 시온에 보내주셨다. 다윗의 예언적 간구는 성취되었다. 동일한 예언이 이사야 2:2 이하에도 나온다. 이사야 2:2, "말일에 여호와의 전의 산이 모든 산꼭대기에 굳게 설 것이요 모든 작은 산 위에 뛰어나리니 만방이 그리로 모여 들 것이라." '여호와의 전의 산'은 시온산 즉 예루살렘 성이다. 주께서는 "그의 이름으로 죄사함을 얻게 하는 회개가 [회개와 죄사함이] 예루살렘으로부터 시작하여 모든 족속에게 전파될 것이 기록되었다"고 말씀하셨고(눅 24:47), 또 "오직 성령이 너희에게 임하시면 너희가 권능을 받고 예루살렘과 온 유대와 사마리아와 땅끝까지 이르러 내 증인이 되리라"고 말씀하셨다(행 1:8).

하나님께서는 자기 백성의 포로된 것도 돌이키실 것이다. 이 말씀은 성도들이 원수들의 핍박 아래에서 건져냄을 받는 것을 뜻하며 또 이스라엘 백성이 장차 바벨론 포로 생활에서 돌아올 것을 예언하는 뜻도 있다. 또 영적으로 죄와 사탄과 사망에 포로된 인생들이 구원 얻을 것을 의미하는 뜻도 있다고 본다. 주 예수 그리스도께서는 자기 백성을 저희 죄에서 구원하실 자로 이 세상에 오셨다(마 1:21). 우리는 죄와 사망과 지옥 형벌과 마귀 권세로부터 구원을 얻은 자들이다.

이제 하나님의 백성은 하나님의 구원을 기뻐하고 즐거워해야 한다. 구원은 하나님의 백성의 기쁨과 즐거움의 이유이다. 실상, 죄와 사탄과 사망으로부터의 구원보다 더 큰 복이 무엇이며 더 기쁘고 즐거운 일이 무엇이겠는가. 그러므로 예수께서는 제자들에게 "귀신들이 너희에게 항복하는 것으로 기뻐하지 말고 너희 이름이 하늘에 기록된 것으로 기뻐하라"고 말씀하셨고(눅 10:20), 사도 바울은 "항상 기뻐하라. . . . 이는 그리스도 예수 안에서 너희를 향하신 하나님의 뜻이니라"고 교훈하였다(살전 5:16-18).

시편 14편의 교훈을 정리해보자. 첫째로, 무신론은 어리석은 사상이다. 왜냐하면 세상을 창조하시고 다스리시는 영원자존하신 하나님께서 계시기 때문이다. 우리가 사는 세상은 그 하나님께서 창조하신 세상이며 그 하나님께서 친히 다스리고 계신 세상이다. 하나님께서는 살아계시다. 세계사는 하나님께서 그의 작정하신 바를 이루시는 역사이다. 그는 개인의 생사화복을 주장하시고 국가의 흥망성쇠를 주장하신다. 그러므로 우리는 무신론자가 되지 말고 범사에 하나님을 인정해야 한다.

둘째로, 무신론자는 부도덕하다. 어리석은 무신론자들은 그 행위가 부패하고 가증하며 선을 행하는 자가 하나도 없다. 하나님께서는 도덕의 근거가 되신다. 사람은 하나님을 경외함으로 죄를 멀리하고 의와 선을 행하게 된다. 무신론에서는 도덕의 근거가 없다. 하나님께서 계시지 않는다면 사람이 도덕적이어야 할 이유가 없다. 그러므로 무신론자들은 많은 악을 행하였고 또 행하고 있으며 특히 하나님의 백성을 핍박해 왔다. 하나님을 경외하고 구주 예수님을 믿는 자가 의와 선을 행한다.

셋째로, 하나님께서는 의인들 곧 성도들과 함께 계신다. 세상 사람들은 불경건하고 부도덕하며 때때로 성도들을 핍박하지만, 하나님께서는 그들의 피난처가 되시며 그들을 도우시고 건지신다. 악한 자들도 하나님께서 그들과 함께하심을 보고 느끼며 심히 두려워하기도 한다. 또한 하나님께서는 세상에서 자기 백성을 구원하신다. 이 구원은 예루살렘에서 시작되어 온 유대와 사마리아와 땅끝까지 확장되었고(눅 24:47; 행 1:8) 장차 영광의 부활과 천국과 영생으로 이루어질 것이다. 그러므로 우리는 오직 하나님만 섬기고 그의 뜻대로 의롭게만 살아야 한다.

15편: 하나님의 장막에 거할 자

〔1-2절〕 여호와여, 주의 장막에 유할 자 누구오며 주의 성산에 거할 자 누구오니이까? 정직하게(타밈 תָּמִים)[온전하게] **행하며 공의를 일삼으며 그 마음에 진실을 말하며.**

다윗의 시. '주의 장막'과 '주의 성산'은 천국을 가리킨다. 천국에 들어가 살기에 합당한 자들에 대해 본문은 열한 가지의 자격을 말한다.

첫째로, 온전하게 행하는 자이다. 창세기 6:9는, "노아는 의인이요 당세에 완전한 자라"고 말했고, 욥기 1:1은, "[욥은] 순전하고[온전하고] 정직하여 하나님을 경외하며 악에서 떠난 자더라"고 말하였다. 온전함이란 하나님의 뜻에 일치하게 행하며 흠이 없고 책망할 것이 없는 것을 말한다. 성도의 성화(聖化)의 목표는 도덕적 완전이다.

둘째로, 의를 행하는 자이다. 의는 기준에 맞는 것을 말한다. 도덕적 기준은 바로 하나님의 계명이다. 그것은 하나님의 도덕적 속성과 뜻을 반영한다. 양심도 하나님의 도덕성을 반영한다. 그러므로 의로운 행위는 양심을 따라 하나님의 말씀인 성경의 교훈대로 행하는 것이다. 사람은 자신의 주관과 편견과 이익을 따라 행하지 말고 하나님께서 주신 객관적 원칙 즉 그의 계명과 성경 교훈대로 행해야 한다.

셋째로, 그 마음으로 진실을 말하는 자이다. 진실은 사실 그대로를 가리킨다. 진실은 하나님의 속성이며 하나님 나라의 행동 원리이다. 마귀는 거짓말쟁이이며 거짓말쟁이들의 아비이다. 그러나 거짓말을 좋아하며 지어내는 자마다 천국에 들어갈 수 없다(계 22:15). 성도는 자신에게 유익이 되든지 해가 되든지 진실만을 말해야 한다.

〔3절〕 그 혀로 참소치 아니하고 그 벗에게 행악지 아니하며 그 이웃을 훼방치[비방치] **아니하며.**

넷째는, 그 혀로 참소하지 않는 자이다. '참소한다'(라갈 רָגַל)는 원어는 '돌아다니며 거짓말로 남을 비방한다, 중상(中傷)한다'는 뜻이다. 그것은 이웃의 명예를 훼손시키는 행위이다. 출애굽기 23:1은, "너는 허망한 풍설을 전파하지 말며 악인과 연합하여 무함[모함]하는 증인이 되지 말라"고 말했다. 느헤미야의 원수들은 그가 유다 사람들과 함께 모반하려 한다는 거짓말로 그를 비방하였었다(느 6:6).

다섯째는, 그 벗에게 악을 행치 않는 자이다. 악이란 남에게 해를 끼치는 행위를 가리킨다. 가인이 동생 아벨을 들에서 쳐죽인 일이나(창 4:8) 형들이 요셉을 미디안 상인들에게 종으로 판 것이나(창 37장) 가룟 유다가 은 30개를 받고 예수님을 배신한 것은 다 악한 일이었다. 살인, 폭력, 간음, 강간, 도적질, 인신 매매, 사기, 거짓된 비방, 명예 훼손 등은 다 천국에 합당치 않은 악한 일들이다.

여섯째는, 그 이웃을 훼방치 않는 자이다. 훼방은 남의 흠을 들어 그를 비난하는 것을 말한다. 이웃에 대한 말은 정당한 것이라도 꼭 필요한 경우 외에는 하지 않는 것이 좋다. 꼭 필요한 경우란, 교회의 유익을 위하여 공적으로 증언하는 것이나 재판 석상에서 증언하는 것이나 남의 거짓된 비난에 대해 해명하는 것 등이다. 사도 바울은 교회의 유익을 위해 후메내오와 빌레도, 부겔로와 허모게네, 구리장색 알렉산더 등을 언급하였고(딤전 1:20; 딤후 1:15; 2:17; 4:14), 사도 요한은 디오드레베를 언급했다(요삼 9). 그러나 우리는 "비판을 받지 아니하려거든 비판하지 말라"(마 7:1)는 주의 교훈을 기억해야 한다.

〔4절〕 그 눈은 망령된(니브제 נִבְזֶה)[비열한, 야비한] **자를 멸시하며 여호와를 두려워하는 자를 존대하며 그 마음에 서원한 것은 해로울지라도 변치 아니하며.**

일곱째는, 그의 눈에 망령된 자를 멸시하는 자이다. 그는 비열한 자를 칭찬하거나 높이지 않고 멸시한다. 잠언 17:15는, "악인을 의롭다 하며 의인을 악하다 하는 이 두 자는 다 여호와의 미워하심을 입느니라"고 말했고, 잠언 28:4는, "율법을 버린 자는 악인을 칭찬하나 율법을 지키는 자는 악인을 대적하느니라"고 했다.

여덟째는, 하나님을 두려워하는 사람을 존경하는 자이다. 하나님을 두려워하는 것은 도덕성의 근본이다. 하나님을 경외하는 것은 악을 미워하는 것이요(잠 8:13), 사람은 하나님을 경외함으로 악에서 떠나게 된다(잠 16:6). 그러므로 하나님을 두려워하는 것은 사람의 가치를 평가하는 데 있어 첫 번째 요소이다. 하나님 앞에서는 세상의 부귀와 영광을 누렸던 악한 아합 왕보다, 비록 가난하지만 하나님을 경외한 선지자 엘리야가 확실히 더 존귀하고 가치 있는 자이다.

아홉째는, 자기가 한 맹세가 비록 자신에게 해가 되어도 지키는 자이다. 맹세는 하나님 앞에서 말하는 행위이다. 하나님을 두려워하는 자는 맹세를 지킬 것이지만, 하나님을 두려워하지 않는 자는 그것을 지키지 않을 것이다. 그러나 맹세를 지키지 않는 것은 하나님 앞에 죄가 된다. 신명기 23:21은, "네 하나님 여호와께 서원하거든 갚기를 더디하지 말라. 네 하나님 여호와께서 반드시 그것을 네게 요구하시리니 더디면 네게 죄라"고 말한다. 사사 입다의 귀한 점은 그가 자기에게 해로운 서원을 이행한 것이었다. 그는 서원한 대로 그의 사랑하는 무남독녀(無男獨女)인 딸을 하나님께 번제물로 드렸다(삿 11장).

〔5절〕 **변리**(네쉐크 נֶשֶׁךְ)[이자 혹은 고리대금(usury)](BDB)[9]**로 대금치 아니하며 뇌물을 받고 무죄한 자를 해치 아니하는 자니 이런 일을 행하는 자는 영영히 요동치 아니하리이다.**

열째는, 이자를 위해 돈을 빌려주지 않는 자이다. 성경은 사회에서 인정된 대금업 혹은 은행업을 정당한 것으로 여기지만(마 25:27; 눅 19:23), 성도간에 이자를 받고 돈을 빌려주는 것이나 특히 고리대금(高利貸金)을 금한다(출 22:25; 레 25:35-37).

---

9) 출 22:25; 레 25장; 신 23장; 느 5:7; 시 15:5; 잠 28:8; 겔 18장; 22:12에서, KJV는 모두, 그러나 NASB는 잠 28:8에서만 고리대금으로 번역했다.

열한째는, 뇌물을 받고 무죄한 자를 해롭게 하지 않는 자이다. 성도는 불의의 이익을 구해서는 안 된다. 성경은 장로나 집사의 자격으로 '더러운 이를 탐하지 않는 것'을 꼽았다(딤전 3:3, 8; 딛 1:7). 우리는 돈을 정당하게 벌어야 한다. 잠언 16:8은, "적은 소득이 의를 겸하면 많은 소득이 불의를 겸한 것보다 나으니라"고 말한다. 더욱이, 뇌물을 받고 무죄한 자를 해롭게 하는 것은 참으로 악한 일이다.

시편 15편의 교훈을 정리해보자. 천국에 들어가 살기에 합당한 자들의 자격은 도덕적 완전이다. 우리는 예수 그리스도를 믿음으로 구원을 받았고 법적으로 의롭다 하심을 얻었지만, 하나님의 뜻은 우리가 실제로도 도덕적으로 의롭고 선하게 사는 것이다(마 5:20, 48; 7:21; 살전 4:3; 딤후 3:17). 빌립보서 4:8, "무엇에든지 참되며 . . . 무엇에든지 옳으며 무엇에든지 정결하며 무엇에든지 사랑할 만하며 무엇에든지 칭찬할 만하며." 도덕적 완전은 우리의 행위의 문제, 곧 윤리의 문제이다.

도덕적 완전은 의와 진실과 선을 가리킨다. 그러므로 천국에 합당한 자들은 하나님의 계명대로 의롭게 살고 진실을 말하며 이웃에게 선을 베풀어야 한다. 그들은 이웃을 거짓말로 비방하지 않고 이웃에게 악을 행치 않고 남의 흠을 들어 비난하지 않고, 또 비열한 말을 하는 자들을 멸시한다. 또 천국에 합당한 자들은 하나님을 경외하며 또 하나님을 두려워하는 자들을 존경하고 하나님 앞에서 한 서원은 자기에게 해가 될지라도 갚는다. 또 천국에 합당한 자들은 불의의 이익을 구하지 않는다. 그들은 이자를 위해 돈을 빌려주지 않고 또 뇌물을 받지 않는다.

우리는 예수 그리스도를 믿음으로 법적으로 의롭다 하심을 얻었지만, 실제로도 도덕적 완전을 위해 힘써야 한다. 선한 행위가 없는 믿음은 그 자체가 죽은 것이다(약 2:17, 26). 또 선한 행위가 없는 믿음은 큰 환난과 시험이 올 때 넘어지고 말 것이지만, 선한 행위가 있는 믿음은 크게 요동치 않고 견고히 설 수 있을 것이다(마 7:24-27; 벧후 1:10-11).

16편: 하나님께서는 나의 복과 기업

다윗의 믹담(명실할 내용이라는 뜻이라고 봄).

[1-2절] 하나님이여, 나를 보호하소서. 내가 주께 피하나이다. 내가 여호와께 아뢰되 주는 나의 주시오니 주밖에는 나의 복이 없다 하였나이다.

다윗은 하나님께 피하며 그의 보호하심을 구한다. 세상에는 성도를 범죄케 하는 마귀의 시험과 여러 가지 어려운 일들이 많다. 그러나 하나님께서는 성도의 보호자요 피난처이시다. 이것은 성도에게 큰 복이다. 다윗은 "주는 나의 주시오니 주밖에는 나의 복이 없다"고 말한다. '주'라는 말은 주인, 소유자, 왕이라는 개념이다. 하나님께서는 우리의 주님, 즉 우리의 주인과 소유자와 왕이시다. 또 하나님께서는 우리의 유일한 복이시다. 하나님께서는 땅의 그 무엇과도 비교할 수 없는 보배이시다. 이 세상의 모든 것, 해 아래 있는 모든 것은 다 한시적이고 헛되다(전도서). 그러나 하나님께서는 영원한 복이시다.

[3-4절] 땅에 있는 성도는 존귀한 자니 나의 모든 즐거움이 저희에게 있도다. 다른 신에게 예물을 드리는 자는 괴로움이 더할 것이라. 나는 저희가 드리는 피의 전제(奠祭)[붓는 제사]**를 드리지 아니하며 내 입술로 그 이름도 부르지 아니하리로다.**

다윗은 땅에 있는 성도들을 존귀한 자라고 말한다. 그들은 하나님의 택하신 거룩한 친 백성이기 때문이다(출 19:5-6). 다윗은 그들에게 그의 모든 즐거움이 있다고 말한다. 사도 바울도 빌립보 교인들을 "나의 사랑하고 사모하는 형제들, 나의 기쁨이요 면류관인 사랑하는 자들아"라고 불렀고(빌 4:1), 데살로니가 교인들에게는 "너희는 우리의 영광이요 기쁨이니라"고 말하였다(살전 2:20).

그러나 다른 신에게 예물을 드리는 자들은 괴로움이 더할 것이다. 세상에는 창조자와 통치자이신 한 분 하나님께서 계시며 그 하나님 외에 다른 신은 헛것이다(시 96:5). 하나님께서는 우상숭배를 미워하시기 때문에, 다른 신에게 예물을 드리는 자는 헛수고하는 것일 뿐 아니라 하나님의 진노의 재앙을 피할 수 없다. 그들은 많은 괴로움을 얻을 것이다. 우리는 이방신의 이름도 미워해야 한다.

〔5-6절〕 여호와는 나의 산업과 나의 잔의 소득이시니 나의 분깃을 지키시나이다. 내게 줄로 재어 준 구역은 아름다운 곳에 있음이여, 나의 기업이 실로 아름답도다.

하나님께서는 성도의 산업 곧 기업이시다(시 73:26; 119:57). 땅에 있는 물질적인, 육신적인 것, 즉 땅이나 집이나 금은보석이나 현금 등은 지금 있다가 장차 없어질 것이지만, 하나님께서는 성도에게 영원한 기업이시다. 또 그는 성도의 잔의 소득이시다. '잔'은 기쁨과 즐거움의 상징이다. 하나님께서는 성도의 기쁨과 즐거움이 되신다.

또 하나님께서는 성도의 분깃을 지켜주신다. '분깃'은 하나님께서 그에게 주신 복을 가리킨다. 그것은 영적, 육체적 복, 현세적, 내세적 복, 개인적, 가정적 복을 포함할 것이다. 아무리 좋은 복이라도 그것을 잘 지키지 못하면 계속 복이 되지 못한다. 그러나 하나님께서 그 복을 지켜주시면, 그것은 영원히 복이 될 것이다.

다윗은 또 하나님께서 그에게 배정하시고 주신 구역, 즉 현재 그가 하나님 안에서 누리는 복이 실로 아름답다고 말한다. 하나님께서 주시는 정신적, 육신적 복은 참으로 아름답다. 거기에 더하여, 성도가 장차 들어갈 새 하늘과 새 땅과 거기서 누릴 영광스러운 몸의 부활과 영생은 참으로 아름다운 복이다.

〔7절〕 나를 훈계하신 여호와를 송축할지라. 밤마다(아프 렐로스 לֵילוֹת אַף־)[심지어 밤에도] **내 심장**(킬야 כִּלְיָה)[내장, 마음]**이 나를 교훈하도다.**

하나님께서는 교훈하시는 하나님이시다. 시편 73:24도, "주의 교훈으로 나를 인도하시고 후에는 영광으로 나를 영접하신다"고 말했다. 사람은 무지하고 어리석어서 잘못 행할 때도 많고 알면서도 연약해 넘어질 때도 많다. 그때 하나님의 교훈은 크게 유익하다. 그 교훈은 오늘날 성경에 기록되어 있다. 성경은 하나님의 감동으로 기록된 책이다. 디모데후서 3:16, "모든 성경은 하나님의 감동으로 된 것으로 교훈과 책망과 바르게 함과 의로 교육하기에 유익하니."

다윗은 교훈하시는 하나님을 찬송한다. 세상에는 교훈을 싫어하는 사람들이 많다. 미련한 자는 지혜와 훈계를 멸시한다(잠 1:7). 그러나 다윗은 하나님의 교훈을 감사히 받았고 교훈하신 하나님을 찬송하는 것이다. 다윗은 밧세바를 범하고 그 남편 우리아를 죽게 한 큰 죄를 지은 후 선지자 나단이 그의 죄를 지적하고 그를 책망했을 때 즉시 회개하였다. 하나님을 경외하는 자는 하나님의 교훈을 겸손히 받는다. 하나님의 교훈은 생명과 평안의 길이기 때문이다.

다윗은 그의 심장이 밤에도 그를 교훈한다고 말한다. '교훈한다'는 원어(야사르 יָסַר)는 '교훈한다, 책망한다'는 뜻이다. "그의 심장이 밤에도 그를 교훈한다"는 말은 낮에 진지하게 받은 하나님의 말씀이 그의 속에 간직되어 밤에도 그를 교훈하고 책망한다는 뜻일 것이다.

〔8절〕 내가 여호와를 항상 내 앞에 모심이여, 그가 내 우편에 계시므로 내가 요동치 아니하리로다.

다윗은 하나님을 항상 자기 앞에 모시고 살았다. 그것이 경건한 삶이다. 그것은 하나님을 인정하며 높이며 경배하며 그의 말씀 듣기를 사모하며 그에게 기도하는 삶이다. 사람은 어려운 일을 당할 때 하나님을 찾고 그의 도움을 구하지만, 평안하고 건강할 때 하나님을 잊어버리고 하나님 없이 불경건하게 살기 쉽다. 그러나 경건한 자는 항상 하나님을 모시고 산다. 다윗은 어린 목동 시절에도, 왕이 된 후에도 경건하게 살았다. 아브라함은 이사 가는 곳마다 하나님께 단을 쌓았고, 요셉은 종살이하면서도 하나님을 경외하였고, 다니엘과 세 친구들은 포로 생활 중에도, 죽음의 위협 속에서도 하나님을 섬겼다.

하나님께서는 다윗의 오른편에 계셨다. 오른편은 힘있는 편이다.

하나님께서 그의 오른편에 계시다는 말은 하나님께서 그에게 힘이 되신다는 뜻이다. 다윗은 하나님을 항상 모시고 살았고 하나님께서는 그의 힘이 되셨다. 성도가 여호와를 앙망하면 새 힘을 얻는데(사 40:31), 그를 항상 모시고 산다면 더욱 힘을 얻을 것이다.

그래서 다윗은 하나님께서 그의 오른편에 계시므로 요동치 않는다고 고백한다. '요동치 않는다'는 것은 믿음이 없어 불안하거나 근심 걱정하지 않는다는 뜻이다. 하나님을 경외하고 계명을 지키는 자는 하나님께 힘을 얻어 환난 중에서도 평안함을 얻고 담대하며 낙심치 않는다. 풍랑 중에 당황했던 제자들은 믿음 없다는 책망을 들었으나, 다니엘과 세 친구들은 죽음의 위협 앞에서도 흔들리지 않았다.

〔9절〕 이러므로 내 마음이 기쁘고 내 영광[영혼]**도 즐거워하며 내 육체도 안전히 거하리니.**

'이러므로'라는 말은 하나님을 항상 모시고 삶으로 심령에 요동함이 없기 때문에라는 뜻이다. 다윗은 이러므로 그의 마음이 기쁘다고 말한다. 성령의 열매는 기쁨이다(갈 5:22). 하나님의 나라는 먹는 것과 마시는 것이 아니요 오직 성령 안에서 의와 평안과 희락이다(롬 14:17). 그러므로 바울은 "항상 기뻐하라. . . . 이는 그리스도 예수 안에서 너희를 향하신 하나님의 뜻이니라"고 말하였다(살전 5:16-18). 하나님 안에 기쁨이 있고 그와 교제하는 자마다 그 기쁨을 맛볼 것이다. 다윗은 또 "내 영광도 즐거워한다"고 말한다. '내 영광'은 '내 영혼'을 가리킨다. 그것은 '내 마음이 기뻐한다'는 구절과 뜻이 같다.

다윗은 또 그의 육체도 안전히 거할 것이라고 말한다. 사람은 영혼의 기쁨뿐 아니라 육체의 평안도 필요하다. 하나님께서는 자기 백성에게 영육의 복을 주신다. 그는 광야에서 이스라엘 백성에게 율법과 성막 제도뿐 아니라 먹을 것과 마실 것을 주셨고 발이 부르트지 않고 신발이 해어지지 않게 하셨다(신 8:3-4). 시편 23:2, 4, "그가 나를 푸른 초장에 누이시며 쉴 만한 물가으로 인도하시는도다," "내가 사망의 음침한 골짜기로 다닐지라도 해를 두려워하지 않을 것은 주께서 나와 함께하심이라. 주의 지팡이와 막대기가 나를 안위하시나이다."

〔10절〕 이는 내 영혼을 음부에 버리지 아니하시며 주의 거룩한 자로 썩지 않게 하실 것임이니이다.

본절은 앞에서 말한 영육의 기쁨과 평안의 이유를 다시 보충한다. 다윗의 기쁨의 이유는 하나님께서 그의 영혼을 음부에 버리지 않으실 것이기 때문이라고 말한다. '음부'라는 원어(쉐올 שְׁאוֹל)는 '무덤' 혹은 '지옥'을 가리킨다. 여기서 그것은 영혼이 들어가는 곳이므로 '지옥'을 가리킬 것이다. 사람이 죽은 후 그 영혼이 지옥에 던지우면, 살아 있을 때 그의 기쁨과 즐거움이 무슨 의미가 있겠는가. 오히려 그는 슬피 울며 통곡해야 하지 않겠는가. 그러나 다윗은 하나님께서 자신의 영혼을 지옥에 버리지 않으실 것을 확신하고 기뻐한다.

다윗은 또 하나님께서 '그의 거룩한 자'로 썩지 않게 하실 것이므로 기뻐한다고 말한다. '그의 거룩한 자'는 누구를 가리키는가? 다윗은 죽었고 그의 몸은 썩었다. 이 말씀은 성령의 감동으로 메시아의 부활을 예언한 것이라고 본다. 이 예언은 주 예수 그리스도의 부활로 그대로 이루어졌다. 예수께서는 죽은 지 3일 만에 몸이 썩지 않고 영화로운 몸으로 부활하셨다. 사도행전 2:29-32에 보면, 사도 베드로는 이 구절을, 다윗이 그리스도의 부활하심을 내다보면서 그가 음부(무덤과 지옥)에 버림이 되지 않고 육신이 썩지 않을 것을 예언한 것이라고 증거하였다. 예수 그리스도의 부활은 죽은 자의 부활의 첫열매로서 성도의 소망이며 기쁨의 이유가 된다.

〔11절〕 주께서 생명의 길로 내게 보이시리니 주의 앞에는 기쁨이 충만하고 주의 우편에는 영원한 즐거움이 있나이다.

다윗은 하나님께서 생명의 길로 그에게 보이실 것이라고 말한다. 성도는 세상에서 죽음의 위협을 당하지만, 하나님께서 우리의 보호자이시므로 우리는 죽지 않고 살 것이다. 하나님께서는 생명의 원천이시다. 그는 "모든 육체의 생명[영]의 하나님"이시다(민 16:22; 27:16). 생명의 근원은 그에게 있다(시 36:9). 사람은 범죄함으로 죽게 되었었으나 하나님의 죄사함을 통해 영원한 생명을 다시 얻는다.

하나님께서 보이신 생명의 길은 그의 아들 예수 그리스도이시다. 하나님께서는 독생자를 세상에 보내셔서 그를 믿는 자가 멸망치 않고 영생을 얻게 하셨다(요 3:16). 예수께서는 그의 말을 듣고 그를 보내신 이를 믿는 자는 영생을 얻었고 사망에서 생명으로 옮겨졌다고 말씀하셨다(요 5:24). 그는 하늘로부터 내려오신 생명의 떡이시다(요 6:48). 그가 오신 것은 양들로 생명을 얻고 더 풍성히 얻게 하려 하심이었다(요 10:10). 그는 부활이요 생명이시다(요 11:25).

또 하나님 앞에는 기쁨이 충만하고 그의 오른편에는 영원한 즐거움이 있다. 하나님께서는 기쁨의 하나님이시며 성도에게 기쁨을 주시는 하나님이시다. 천국은 기쁨과 즐거움의 세계이다. 거기에는 눈물과 죽음과 아픈 것이 더 이상 없을 것이다(계 21:4). 하나님께서 주시는 기쁨은 잠시 있다가 사라지는 기쁨이 아니고, 영원한 기쁨이다.

시편 16편의 교훈을 정리해보자. 첫째로, 우리는 하나님을 '나의 주' '나의 유일한 복' '나의 기업'으로 바로 알아야 한다. 온 세상의 창조주와 섭리자이신 하나님께서는 이 세상의 그 무엇과도 감히 비교할 수 없고 결코 바꿀 수 없는 우리의 유일하시고 영원하신 복이시며 기업이시다.

둘째로, 우리는 항상 하나님의 교훈을 받아야 한다. 구약성경의 모든 책들은 다 하나님의 감동으로 기록된 것으로 우리에게 교훈과 책망과 바르게 함과 의로 교육하기에 유익한 말씀이다(딤후 3:16). 신약성경도 동일하다. 우리는 성경을 주야로 읽고 들음으로써 교훈을 받아야 한다.

셋째로, 우리는 영생과 기쁨을 누려야 한다. 우리의 영혼은 지옥에서 구원을 얻었고 우리의 몸도 무덤에서 구원을 얻을 것이다. 우리는 몸의 부활과 영생을 믿는다. 또 구원의 결과는 영원한 기쁨과 즐거움이다.

17편: 정직한 자의 부르짖음

〔1절〕 여호와여, 정직함(체데크 צֶדֶק)[의로움]**을 들으소서. 나의 부르짖음에 주의하소서. 거짓되지 않은 입술에서 나오는 내 기도에 귀를 기울이소서.**

다윗의 기도. 다윗은 하나님께서 자신의 의로운 기도를 들어주시기를 소원했다. 우리가 평소에 의롭고 정직하게 행한다면, 하나님께서는 우리의 기도를 잘 들어주실 것이다. 사도 요한은 "사랑하는 자들아, 만일 우리 마음이 우리를 책망할 것이 없으면 하나님 앞에서 담대함을 얻고 무엇이든지 구하는 바를 그에게 받나니 이는 우리가 그의 계명들을 지키고 그 앞에서 기뻐하시는 것을 행함이라"고 말했다(요일 3:21-22). 다윗은 또 하나님께 부르짖어 기도하였다. 고난 중에서 성도는 때때로 부르짖어 기도한다. 다윗은 또 "거짓되지 않은 입술에서 나오는 내 기도에 귀를 기울이소서"라고 말하였다. 하나님께서는 우리의 진실한 기도를 잘 들어주실 것이다.

〔2-3절〕 나의 판단을 주 앞에서 내시며 주의 눈은 공평함을 살피소서. 주께서 내 마음을 시험하시고 밤에 나를 권고(眷顧)하시며[살피시며] **나를 감찰하셨으나** 흠을 **찾지 못하셨으니 내가 결심하고 입으로 범죄치 아니하리이다.**

'나의 판단'이라는 말은 '나에 대한 판단'을 가리키는 것 같다. 다윗은 평소에 하나님 앞에서 올바르게 살려고 애썼다. 그는 하나님 앞에서 양심적으로 잘못 행함이 없었고 말로라도 범죄치 않겠다고 결심한다. 그러나 그럼에도 불구하고 그의 현실은 어두웠다. 그는 원수들로 인하여 고통을 받고 있었다(7-9절). 그는 이제 이런 고통의 현실 속에서 하나님께 올바르고 공정한 판단을 호소하는 것이다. 살아계신 섭리자 하나님 앞에서 올바르게 살고자 애쓰는 자가 아니고서는 감히 이런 담대한 호소를 할 수 없을 것이다.

〔4-5절〕 사람의 행사(<u>페울로스</u> **פְּעֻלּוֹת**)[행위들]**로 논하면 나는 주의 입술의 말씀을 좇아 스스로 삼가서 강포한 자의 길에 행치 아니하였사오며 나의 걸음이 주의 길을 굳게 지키고 실족지 아니하였나이다.**

하나님을 믿고 섬기는 성도들에게 믿음과 사상만 중요한 것이 아니고 또한 행위와 생활도 중요하다. 성도의 행위의 표준은 성경말씀 곧 하나님의 입에서 나온 말씀이다. 성경의 주요 내용은 강포한 자의 길을 버리고 선한 마음을 가지고 사랑하며 살라는 것이다. 다윗은 하나님의 말씀을 순종하여 살았고 강포한 자의 길에 행하지 않았으며 또 하나님의 은혜로 그의 걸음은 하나님의 길, 곧 하나님께서 교훈하시고 성경에 기록하신 생활 방식을 굳게 지키고 실족치 않았다.

〔6절〕 하나님이여, 내게 응답하시겠는 고로 내가 불렀사오니 귀를 기울여 내 말을 들으소서.

다윗은 하나님께서 기도를 들으시는 자이심을 믿었다. 시편 65:2, "기도를 들으시는 주여, 모든 육체가 주께 나아오리이다." 예수께서는 "구하라 그러면 너희에게 주실 것이요 찾으라 그러면 찾을 것이요 문을 두드리라 그러면 너희에게 열릴 것이니 구하는 이마다 얻을 것이요 찾는 이가 찾을 것이요 두드리는 이에게 열릴 것이니라"고 교훈하셨다(마 7:7-8). 하나님께서는 살아계신 인격적 신이시므로 기도에 응답하시며, 긍휼이 많으시므로 고통 중의 부르짖음을 돌아보시며, 전능하시므로 무엇이든지 또 언제든지 원하시면 도우실 수 있다.

다윗은 하나님께 기도하였고 그의 응답을 기다리고 있다. 기도의 응답은 때때로 더딘 것같이 보이나 우리는 낙심치 말고 믿음을 가지고 기도하며 기다려야 한다. 다윗은 시편 40:1에서, "내가 여호와를 기다리고 기다렸더니 귀를 기울이사 나의 부르짖음을 들으셨도다"라고 말했다. 믿음의 선진들은 기도의 사람들이었다. 아브라함은 시시때때로 하나님의 이름을 불렀고, 모세는 어려울 때마다 하나님 앞에 엎드렸고, 사무엘도, 다윗도 그러하였다. 히스기야, 다니엘, 에스라,

느헤미야는 다 기도의 사람이었다. 예수께서는 새벽에 기도하셨고, 밤을 새우며 기도하셨고, 땀을 흘리며 기도하셨다.

〔7-9절〕 주께 피하는 자를 그 일어나 치는 자에게서 오른손으로 구원하시는 주여, 주의 기이한 인자(仁慈)를 나타내소서. 나를 눈동자같이 지키시고 주의 날개 그늘 아래 감추사 나를 압제하는 악인과 나를 에워싼 극한 원수에게서 벗어나게 **하소서.**

하나님을 믿는 자는 환난 중에 그에게 피하며 그를 의지할 것이다. 시편에는 하나님께 피한다는 표현이 자주 나온다. 5:11, "주에게 피하는 자는 다 기뻐하며." 7:1, "여호와 내 하나님이여, 주께 피하오니 나를 쫓는 모든 자에게서 나를 구하여 건지소서." 11:1, "내가 여호와께 피하였거늘 너희가 내 영혼더러 새같이 네 산으로 도망하라 함은 어찜인고." 16:1, "하나님이여, 나를 보호하소서. 내가 주께 피하나이다."

하나님께서는 그에게 피하는 자들을 그 일어나 치는 자들에게서 오른손으로 구원하시는 자이시다. 오른손은 능력의 손이다. 세상에는 성도들을 대적하는 자들이 많다. 사람들은 자신의 악함이 드러날 때 성도들을 미워할 것이다. 마귀는 하나님의 자녀들을 미워하고 시험한다. 그러나 하나님께서는 그에게 피하는 자들을 그들의 대적들과 원수들로부터 그의 능력의 손으로 구원하신다.

'주의 기이한 인자'는 사람들의 생각과 기대를 초월하는 하나님의 놀라운 인자로 도우심을 가리킨다. 구원은 하나님의 인자의 손길이다. 우리는 부족하고 연약한 자들이지만, 하나님께서는 은혜로 우리를 구원하셨고 또 시시때때로 그의 긍휼과 인자로 우리를 도우신다.

다윗에게는 그를 압제하는 악인들, 그를 에워싼 극한 원수들이 있었다. 성도들에게 가장 악한 원수는 사탄이며 그밖에도 많은 원수들이 있다. 다윗은 이런 상황 속에서 하나님께서 그를 눈동자같이 지켜주시기를 구한다. 눈동자는 사람의 몸의 지체 중에서 매우 민감하게 보호되는 부분이다. 눈꺼풀은 자동셔터문, 눈썹은 보초병, 눈물샘은 자동세척장치와 같다. 사람이 자기 눈동자를 보호하듯이, 하나님께서는 자기 백성을 보호하신다.

또 다윗은 하나님께서 날개 그늘 아래 그를 감추시기를 간구하였다. 시편에는 이런 표현이 자주 나온다(36:7; 57:1; 91:1, 4). 어미새의 '날개 그늘'은 새끼들에게는 가장 평안하고 안전한 장소이다. 하나님의 날개는 그 어떤 어미새의 날개보다 더 평안하고 안전하다.

〔10-12절〕 저희가 자기 기름에 잠겼으며 그 입으로 교만히 말하나이다. 이제 우리의 걸어가는 것을 저희가 에워싸며 주목하고 땅에 넘어뜨리려 하나이다. 저는 그 움킨 것을 찢으려 하는 사자 같으며 은밀한 곳에 엎드린 젊은 사자 같으니이다.

성도를 핍박하는 악인은 어떤 자인가? 첫째로, 악인은 자기 기름에 잠긴 자, 즉 물질적 부요 속에서 자기 만족에 빠져 있는 자이다. 둘째로, 악인은 그 입으로 교만하게 말하는 자이다. 악인은 자신을 크게 생각하며 자랑하는 말을 잘한다. 사람의 교만은 그의 눈과 얼굴 표정과 특히 그의 말에서 나타난다. 셋째로, 악인은 성도를 해치려 하는 자이다. 그는 성도의 걸음을 에워싸며 눈을 땅을 향하게 한다. 11절 후반은 옛날 영어성경(KJV)처럼 "그들의 눈을 땅을 향하게 하나이다"라고 번역하는 것이 옳은 것 같다. 그것은 성도를 해하려는 악인들의 음흉한 표정을 묘사한 것 같다. 그들은 먹이를 잡아 먹으려고 은밀한 곳에 엎드린 젊은 사자와 같다.

〔13-14절〕 여호와여, 일어나 저를 대항하여 넘어뜨리시고[저를 대면하여 굴복시키시고] **주의 칼로 악인에게서 나의 영혼을 구원하소서. 여호와여, 금생에서 저희 분깃을 받은 세상 사람에게서 나를 주의 손으로 구하소서. 그는 주의 재물로 배를 채우심을 입고 자녀로 만족하고 그 남은 산업을 그 어린아이들에게 유전하는 자니이다.**

악인들은 이 세상에서 자기의 분깃을 받은 자들이다. 그들은 하나님께서 주인이신 이 세상에서 물질적 부요를 누리며 자녀들도 많고 그 남은 산업을 그 어린아이들에게 물려주기까지 한다. 그러나 그것은 합당치 않다. 그러므로 다윗은 하나님의 구원을 호소한다. "여호와여, 일어나 저를 대면하여 굴복시키시고 주의 칼로 악인에게서 나의 영혼을 구원하소서." 하나님께서 잠잠하신 동안 악인들은 자기의 세상인 양 활개를 치지만, 그가 일어나시면 상황은 즉시 바뀔 것이다.

〔15절〕 나는 의로운 중에 주의 얼굴을 보리니 깰 때에 주의 형상으로 만족하리이다.

다윗은 의로운 삶을 끝까지 힘쓰다가 주님을 뵈올 것이다. 우리는 예수 그리스도를 믿음으로 의롭다 하심을 얻은 후 죽을 때까지 의롭게 살아야 한다. '깰 때에'라는 말은 죽은 후 천국에서 깨는 것을 가리킬 것이다. 그때 우리는 주의 형상을 뵈올 것이다. 그는 영광스런 몸을 가지고 계신다. 그를 뵙는 것은 매우 큰 행복이 될 것이다.

시편 17편의 교훈을 정리해보자. 첫째로, 다윗은 고난 중에 자신의 의와 순전을 고백하였다. 우리는 악인처럼 남을 해치고 강포하고 교만하고 땅의 것만 구하는 자가 되지 말아야 한다. 우리는 주 예수 그리스도를 믿음으로 의롭다 하심을 얻었고 이제 하나님의 계명에 순종하고 죄를 멀리함으로 의롭고 정직한 생활을 날마다 힘써야 한다.

둘째로, 다윗은 고난 중에 하나님께 피하며 그의 인자하심을 의지하며 구원을 간구했다. 하나님께서는 우리가 고난 중에 피할 바위이시며 우리는 하나님의 인자하심으로 구원 얻었고 그 인자하심으로 고난 중에 피할 길을 얻는다. 그는 우리를 눈동자같이 지키시고 그 날개 아래 감추실 것이며 우리의 원수들을 파하시고 우리를 건져주실 것이다.

셋째로, 다윗은 이 세상의 헛된 것들에 집착치 않고 하나님과 내세 천국을 사모하였다. 정직하게 사는 성도들은 죽은 후 천국에서 영광의 주님을 뵈올 것이다. 이 세상의 부귀영화는 잠시 있다가 없어질 것이다. 우리는 그것들에 집착치 말고 하나님과 내세 천국만 사모해야 한다.

18편: 나의 힘과 구원이신 하나님

여호와의 종 다윗의 시. 찬양대장을 위한 노래. 여호와께서 다윗을 그 모든 원수와 사울의 손에서 구원하신 날에 한 노래.

1-27절, 나의 힘이 되신 여호와여

〔1-3절〕 나의 힘이 되신 여호와여, 내가 주를 사랑하나이다. 여호와는 나의 반석이시요 나의 요새시요 나를 건지시는 자시요 나의 하나님이시요 나의 피할 바위시요 나의 방패시요 나의 구원의 뿔이시요 나의 산성이시로다. 내가 찬송 받으실 여호와께 아뢰리니 내 원수들에게서 구원을 얻으리로다.

'반석'이라는 원어(셀라 סֶלַע)는 적들의 공격을 피할 수 있는 '울퉁불퉁한 바위나 절벽'(BDB)을 가리키며, '바위'라는 원어도 보호하고 방어하는 것을 말한다. '구원의 뿔'은 구원의 능력을 말하며, '산성'이라는 원어(미스가브 מִשְׂגָּב)도 '안전하게 높은 곳'을 가리킨다(BDB).

사람들은 사랑하는 남편이나 부모나 자녀들을 자신의 힘으로 삼고 살거나 세상의 재력가나 권세자를 힘으로 삼고 살지만, 죽음의 위기에서 그들은 도움이 되지 못한다. 그러나 세상의 창조자와 섭리자이신 전지전능하신 하나님, 우리의 구주, 반석, 요새, 피할 바위, 방패와 산성이신 하나님께서는 언제나 우리의 도움이 되신다.

다윗은 고난 중에서 하나님께서 그의 힘과 도움이 되셨고 그 일로 인해 그는 하나님을 사랑한다고 고백한다. 그는 또 "내가 찬송 받으실 여호와께 아뢰리니 내 원수들에게서 구원을 얻으리로다"라고 말한다. 그는 지금 고난 중에 있지만 하나님께 기도하며 그의 원수들의 공격으로부터 구원을 얻을 것을 확신한다. 오늘날도 고난 많은 세상의 현실 속에서 하나님께서는 변함 없이 우리의 힘이 되시고 그것을 체험한 자들마다 다윗처럼 하나님을 사랑하게 될 것이다.

〔4-6절〕 **사망의 줄**(케벨 חֶבֶל)[혹은 '고통'](LXX, KJV)**이 나를 얽고**[에워싸고] **불의(不義)**(벨리야알 בְלִיַּעַל)[혹은 '악한 자들']**의 창수가 나를 두렵게 하였으며 음부의 줄이 나를 두르고 사망의 올무가 내게 이르렀도다. 내가 환난에서 여호와께 아뢰며 나의 하나님께 부르짖었더니 저가 그 전(殿)에서 내 소리를 들으심이여, 그 앞에서 나의 부르짖음이 그 귀에 들렸도다.**

다윗을 죽이려는 음모와 시도들이 그를 에워쌌고 악한 원수들이 홍수같이 그를 두렵게 했고 지옥에 떨어뜨릴 듯한 고통이 그를 둘렀고 그를 죽이려는 올무들이 여기 저기 그 앞에 놓여 있었다. 그러나 환난 중에 다윗의 대책은 주위 환경여건만 쳐다보지 않고 위에 계신 하나님을 바라보는 것이었다. 그는 하나님께 자신이 처한 상황을 그대로 아뢰었고 하나님께 간구하며 부르짖었다. 기도, 특히 부르짖는 기도는 원수들 앞에서 성도의 가장 강한 무기이며 환난을 당한 성도가 가질 가장 좋은 대책이다. 환난 중에 성도의 할 일은 기도이다.

하나님께서는 그의 성전에서 다윗의 기도를 들으셨다. '그의 전'은 천국과 땅의 성전을 다 의미할 수 있다고 본다. 하나님께서는 살아계시며 자기 백성의 기도에 응답하신다(시 50:15; 마 7:7).

〔7-8절〕 **이에 땅이 진동하고 산의 터도 요동하였으니 그의 진노를 인함이로다. 그 코에서 연기가 오르고 입에서 불이 나와 사름이여, 그 불에 숯이 피었도다.**

하나님께서는 다윗의 원수들에게 진노하시고 징벌하셨다. 그가 노하시면 그의 음성은 천둥소리같이 땅과 산의 터를 진동시키시고, 그의 코에 연기가 오르고 그의 입에 불이 나와 원수들을 징벌하신다.

〔9-11절〕 **저가 또 하늘을 드리우시고**[휘시고] **강림하시니 그 발 아래는 어둑캄캄하도다. 그룹을 타고 날으심이여, 바람 날개로 높이 뜨셨도다. 저가 흑암으로 그 숨는 곳을 삼으사 장막**같이 **자기를 두르게 하심이여, 곧 물의 흑암과 공중의 빽빽한 구름으로 그리하시도다.**

하나님께서는 지극히 높은 하늘 위에 계시지만 고난 당하는 성도를 돕기 위해 땅에 내려오신다. 그는 그룹을 타고 나시며 바람 날개로 높이 뜨신다. 그룹은 하나님을 호위하는 천사들이다. '바람 날개'라는 말은 '영의 날개'라는 뜻으로 천사들에 대한 비유적 표현이다. 천사들은 하나님의 사역을 수종든다. 그들은 빛처럼 빠르게 이동하며 일한다고 생각된다. 하나님의 발 아래는 어둑캄캄하다. 그는 물의 흑암과 빽빽한 구름으로 그 숨는 곳을 삼으신다고 표현된다.

〔12-15절〕 그 앞에 광채로 인하여 빽빽한 구름이 지나며[지나가며] **우박과 숯불이 내리도다. 여호와께서 하늘에서 뇌성을 발하시고 지존하신 자가 음성을 내시며 우박과 숯불이 내리도다. 그 살을 날려 저희를 흩으심이여, 많은 번개로 파하셨도다. 이럴 때에 여호와의 꾸지람과 콧김을 인하여 물밑이 드러나고 세상의 터가 나타났도다.**

하나님께서 진노하시면 그 영광의 광채로 인하여 빽빽한 구름이 우박과 천둥 번개로 변할 것이다. 천둥은 하나님의 음성과 같다. 하나님께서는 우박과 불을 내리신다. 그는 자연 현상들을 주관하시고 그것들을 사용하신다. 그는 천둥과 번개, 우박과 불로 원수들을 흩으시고 파하신다. 그는 자연 현상들을 자유로이 사용하셔서 그 원수들을 징벌하시고 자기 백성을 그들에게서 구원하신다.

〔16-19절〕 저가 위에서 보내사 나를 취하심이여, 많은 물에서 나를 건져내셨도다. 나를 강한 원수와 미워하는 자에게서 건지셨음이여, 저희는 나보다 힘센 연고로다. 저희가 나의 재앙의 날에 내게 이르렀으나 여호와께서 나의 의지가 되셨도다. 나를 또 넓은 곳으로 인도하시고 나를 기뻐하심으로 구원하셨도다.

'많은 물'은 많은 환난을 가리킨다. 다윗의 원수들은 세력이 강하고 다윗보다 힘센 자들이었다. 다윗이 당한 환난은 재앙과 같았다. 그러나 다윗은 환난 중에 하나님을 의지하였고, 하나님께서는 그를 환난에서 건져주셨다. 하나님께서는 자기를 의지하는 자, 그의 뜻에 순종하며 바르게 살고자 하는 자를 버리지 않으시고 구원하신다.

〔20-24절〕 여호와께서 내 의를 따라 상 주시며 내 손의 깨끗함을 좇아 갚으셨으니 이는 내가 여호와의 도를 지키고 악하게 내 하나님을 떠나지 아

니하였으며 그 모든 규례가 내 앞에 있고 내게서 그 율례를 버리지 아니하였음이로다. 내가 또한 그 앞에 완전하여(타밈 תָּמִים)[온전하여, 흠 없이] **나의 죄악에서 스스로 지켰나니 그러므로 여호와께서 내 의를 따라 갚으시되 그 목전에 내 손의 깨끗한 대로 내게 갚으셨도다.**

다윗은 하나님 앞에 바르고 깨끗하게 행했다. 의(義)는 하나님의 말씀대로 행하는 것이다. 다윗은 하나님의 도(道)를 지키고 악하게 하나님을 떠나지 않았고 하나님의 모든 규례를 그 앞에 두고 버리지 않았다. 성경 교훈대로 사는 것이 의요 그것을 거슬러 행하는 것이 죄이다. 다윗은 하나님 앞에 온전하게 흠 없이 행했다. 하나님께서는 다윗의 의를 따라, 그의 손의 깨끗함을 좇아 갚으셨다. 그는 성도들의 바르고 깨끗한 행위에 대해 상 주시고 갚아주신다. 의롭게 사는 자들은 평안이 강과 같을 것이며(사 48:18), 유다 왕 히스기야처럼 어디로 가든지 형통할 것이며(왕하 18:6-7), 환난에서 구원을 얻을 것이다.

〔25-26절〕 자비한 자에게는 주의 자비하심을 나타내시며 완전한[온전한, 흠 없는] **자에게는 주의 완전하심을 보이시며 깨끗한 자에게는 주의 깨끗하심을 보이시며 사특한**(익케쉬 עִקֵּשׁ)[비뚤어진] **자에게는 주의 거스리심**(팃팟탈 תִּתְפַּתָּל)[비뚤어짐(BDB), 날카로움(NASB), 거스르심]**을 보이시리니.**

공의의 하나님께서는 사람의 선악의 행위에 따라 그에게 공의로 보응하신다. 자비한 자에게는 주의 자비하심을 나타내신다. 주께서는 "긍휼히 여기는 자는 복이 있나니 저희가 긍휼히 여김을 받을 것임이요"라고 말씀하셨다(마 5:7). 야고보서 2:13도 "긍휼을 행하지 아니하는 자에게는 긍휼 없는 심판이 있으리라"고 말했다.

흠 없고 온전한 자에게는 주의 온전하심을 보이신다. 성도는 하나님을 전심으로 믿고 따르며 흠 없고 책망할 것 없는 온전한 인격이 되어야 한다. 하나님께서는 이런 성도에게 응답하시며 복을 주시며 능력을 베푸실 것이다.

깨끗한 자에게는 주의 깨끗하심을 보이신다. 죄는 우리를 더럽고 불결하게 만들지만 죄를 떠난 자는 깨끗하다. 성도는 하나님을 두려워하는 중에 거룩함을 온전히 이루어 육과 영의 온갖 더러운 것에서 자신을 깨끗케 해야 한다(고후 7:1). 하나님께서는 이런 성도에게 그의 깨끗하심, 즉 그의 의롭고 선하신 처분을 항상 내리실 것이다.

그러나 비뚤어진 자에게는 주의 거스르심을 보이신다. 하나님께서는 자기의 교훈을 거스르고 비뚤어지고 패역하게 행하는 자에게 노와 분으로 갚으신다(롬 2:8-9). 악인에게는 평안이 없다(사 48:22). 그것은 하나님께서 주시는 보응이다.

〔27절〕 주께서 곤고한 백성은 구원하시고 교만한 눈은 낮추시리이다.

하나님께서는 공의로 통치하신다. 하나님의 공의의 처분은 곤고한 백성은 구원하시고 교만한 눈은 낮추시는 것이다.

본문의 교훈을 정리해보자. 첫째로, 하나님께서는 우리의 힘과 구원, 우리의 반석과 요새, 우리의 피할 바위와 방패와 산성이시다. 그는 영원히 스스로 계신 하나님으로서 천지만물을 창조하셨고 섭리하시는 전지전능하신 하나님이시다. 그는 지금도 살아계셔서 그를 경외하는 자들을 지키시고 환난에서 구원하신다. 우리는 하나님을 바로 알아야 한다.

둘째로, 하나님께서는 환난 때에 다윗의 부르짖는 기도를 들어주셨다. 그는 오늘날에도 그를 의지하며 그의 계명에 순종하는 자들의 부르짖는 기도를 잘 들어주신다. 부르짖는 기도는 환난 당한 성도들의 최선의 대책이다. 시편 50:15, "환난 날에 나를 부르라. 내가 너를 건지리라." 우리는 환난 때에 하나님만 의지하고 그에게 부르짖어 기도해야 한다.

셋째로, 하나님께서는 다윗의 의와 그 손의 깨끗함을 따라 상 주시며 응답하셨다. 그는 오늘날도 예수님 믿는 우리의 행위의 의와 온전함에 상 주실 것이다. 우리는 하나님 앞에서 의롭게, 깨끗하게, 온전하게만 살아야 한다. 우리가 그 앞에서 바르고 선하게만 산다면, 우리에게 닥친 환난은 염려거리가 아니고 믿음과 기도로 해결할 수 있는 일이다.

28-50절, 이길 힘과 구원을 주심

[28-29절] 주께서 나의 등불을 켜심이여, 여호와 내 하나님이 내 흑암을 밝히시리이다. 내가 주를 의뢰하고 적군에 달리며 내 하나님을 의지하고 담을 뛰어 넘나이다.

하나님께서는 다윗의 등불을 켜시며 흑암을 밝히실 것이다. 본문의 흑암은 슬픔과 불행을 상징하고, 등불은 기쁨과 행복을 상징할 것이다. 하나님께서는 그에게서 슬픔과 불행을 제거하시고 그를 건져내셔서 기쁨과 행복을 주실 것이다. 또 그러면 다윗은 사람을 의지하거나 칼과 창을 의지하지 않고 오직 하나님을 의지하며 적군에 달리고 하나님을 의지하며 담을 뛰어넘을 것이다. 하나님께서는 하나님만 의지하며 행하는 성도들에게 힘과 용기를 주실 것이다.

[30-31절] 하나님의 도(道)는 완전하고 여호와의 말씀은 정미(精美)하니(체루파 צְרוּפָה)[제련되었으니, 깨끗하니] **저는 자기에게 피하는 모든 자의 방패시로다. 여호와 외에 누가 하나님이며 우리 하나님 외에 누가 반석이뇨?**

하나님의 도는 완전하다. '도'는 생활 교훈을 말한다. 하나님께서 주신 완전한 교훈은 우리의 생활 지침이다. 또 하나님의 말씀은 깨끗하다. 용광로에서 깨끗하게 제련된 광석처럼, 하나님의 말씀은 오류가 없고 참되고 유익하다. 성경은 오류가 없고 완전하다. 시편 12:6, "여호와의 말씀은 순결함이여, 흙 도가니에 일곱 번 단련한 은 같도다." 시편 19:7, "여호와의 율법은 완전하여 영혼을 소성케 하고."

또 하나님께서는 그에게 피하는 자, 즉 그를 의지하는 모든 사람들의 방패이시다. 그는 환난 날에 원수들의 불화살을 막아주는 방패가 되신다. 여호와께서는 세상에 유일하신 하나님이시다. 그 외에 다른 신이 없다. 그는 자기 백성이 의지할 반석이시며 피난처와 요새시다. 세상에는 여호와 외에 다른 하나님이 안 계시다. 그는 우리를 죄와 죽음과 영원한 멸망으로부터 또 마귀와 악령들로부터 건져주신 우리의 유일한 구주이시며 우리의 영원한 기쁨과 소망이시다.

〔32-34절〕 이 하나님이 힘으로 내게 띠 띠우시며 내 길을 완전케 하시며 나의 발로 암사슴 발 같게 하시며 나를 나의 높은 곳에 세우시며 내 손을 가르쳐 싸우게 하시니 내 팔이 놋활을 당기도다.

하나님께서는 우리에게 힘을 주신다. 육신의 힘도 주시지만, 특히 영혼의 힘, 즉 믿음과 소망으로 살고, 선을 행하고 낙심치 않고, 사랑하고, 진리를 위하여 싸우고, 고난을 참을 힘을 주신다. 우리는 때때로 연약하고 피곤해지지만 하나님께서는 우리의 힘이 되신다.

또 그는 우리의 길을 완전하게 하신다. 그는 우리의 행위와 삶이 흠이 없게 되도록 도우신다. 우리의 거룩한 행위와 온전함은 하나님께서 도우시고 이끄시는 은혜이다. 우리는 성령의 힘과 도우심으로 거룩하고 선한 인격, 곧 성화를 점점 더 이룬다.

하나님께서는 또 우리 발로 암사슴 발 같게 하시고 우리를 높은 곳에 세우신다. 암사슴 발은 튼튼하고 지치지 않고 잘 달리는 발이다. 그것은 힘있는 신앙생활을 뜻한다고 본다. 골짜기는 고난을, 높은 곳은 평안과 승리를 가리킬 것이다. 성도들은 하나님의 은혜가 아니면 빈번히 실패할 것이지만, 그의 은혜로 평안과 승리의 생활을 한다.

하나님께서는 또 우리의 손을 가르쳐 원수와 싸우게 하시며 우리의 팔을 굽혀 놋활을 당기게 하신다. 성도는 사탄과 악령들과 세상의 악한 자들과 싸운다(엡 6:10-13). 신앙생활은 영적 싸움의 과정이다. 하나님께서는 우리를 위한 가장 뛰어난 훈련 대장이시다.

〔35-36절〕 주께서 또 주의 구원하는 방패를 내게 주시며 주의 오른손이 나를 붙들고 주의 온유함이 나를 크게 하셨나이다. 내 걸음을 넓게 하셨고 나로 실족지 않게 하셨나이다

하나님께서는 그의 구원의 방패를 다윗에게 주셨다. 그런 방패가 없었다면, 다윗은 원수의 화살들에 부상당했거나 심지어 죽었을 것이다. 그러나 그는 하나님의 구원의 방패로 보호하심을 얻었다.

또 하나님의 능력의 오른손은 다윗을 굳게 붙드셨다. 다윗은 마음이 연약해지고 두려움이 생기고 생각이 착잡해질 때가 없지 않았을 것이지만 크게 낙심하거나 요동치 않았다. 하나님께서는 능력의 손으로 그를 붙드셔서 그 모든 어려움을 잘 참고 이기게 하셨다.

또 하나님의 온유함은 그를 크게 하셨다. 이새의 막내아들, 양 치던 목동 다윗을 들어 유대 나라의 왕을 삼으신 자는 온유하신 하나님이셨다. 그는 다윗이 실수하고 범죄했을 때도 그를 버리거나 떠나지 않으시고 그가 회개할 때 그의 죄를 용서하셨고 그를 들어 사용하셨다.

또 하나님께서는 다윗의 걸음을 넓게 하셨다. '내 걸음을 넓게 하셨다'는 원어는 '내 아래에 있는 나의 발판들을 넓게 하셨다'는 뜻이라고 본다(KJV, NASB, NIV). 징검돌을 딛고 개울을 건널 때, 그 디딤돌이 작으면 발이 미끄러질 위험이 크겠으나, 그 디딤돌이 크고 넓으면 발이 미끄러지지 않고 잘 건널 수 있다. 이처럼 하나님께서는 다윗의 걸음들에 디딤돌들을 넓게 하셔서 그로 미끄러져 넘어지지 않게 해 주셨다. 참으로 감사한 일이다. 하나님께서는 오늘날 우리를 위해서도 우리의 발 아래 겨우 디딜 만한 작은 돌들을 놓아두지 않으시고, 크고 넓은 돌들을 두셔서 걷기에 안전하고 실족치 않게 하실 것이다.

〔37-39절〕 내가 내 원수를 따라 미치리니 저희가 망하기 전에는 돌이키지 아니하리이다. 내가 저희를 쳐서 능히 일어나지 못하게 하리니 저희가 내 발 아래 엎드러지리이다. 대저 주께서 나로 전쟁케 하려고 능력으로 내게 띠 띠우사 일어나 나를 치는 자로 내게 굴복케 하셨나이다.

다윗은 원수들과 싸울 때 반드시 이길 것이다. 성도는 영적 전쟁에서 원수 마귀와 악령들이 우리 발 아래 완전히 굴복할 때까지 싸워야 한다. 원수들은 참으로 강하지만, 우리의 대장이신 예수께서는 전쟁에 능한 큰 용사이시며 그를 믿고 따르는 자마다 이길 것이다. 전쟁에서의 다윗의 승리는 전적으로 하나님의 능력 때문이었다. 하나님께서는 다윗으로 전쟁케 하려고 능력으로 그에게 띠 띠우셨고 그를 대적하여 일어난 자들로 그 앞에 굴복케 하셨다.

[40-42절] 주께서 또 내 원수들로 등을 내게로 향하게 하시고 나로 나를 미워하는 자를 끊어버리게 하셨나이다. 저희가 부르짖으나 구원할 자가 없었고 여호와께 부르짖어도 **대답지 아니하셨나이다. 내가 저희를 바람 앞에 티끌같이 부숴뜨리고**[부서뜨리고] **거리의 진흙같이 쏟아버렸나이다.**

"내 원수들로 등을 내게로 향하게 하시고"라는 본문은 옛날 영어 성경은 "내 원수들의 목을 내게 주사"라고 번역하였다. 다윗이 원수를 멸한 것은 오직 하나님의 도우심이었다. 하나님께서는 오늘날에도 우리에게 힘을 주셔서 믿음의 선한 싸움에서 이기게 하신다. 다윗의 원수들은 부르짖었으나 구원할 신(神)이 없었고 심지어 여호와께 부르짖었으나 하나님께서는 악한 자의 기도를 듣지 않으셨다. 다윗은 그들을 바람 앞에 티끌같이 부서뜨렸고 거리의 진흙같이 쏟아버렸다. 하나님께서는 다윗의 원수들을 완전히 패배케 하셨다.

[43-45절] 주께서 나를 백성의 다툼에서 건지시고 열방의 으뜸을 삼으셨으니 내가 알지 못하는 백성이 나를 섬기리이다. 저희가 내 풍성(風聲)을 **들은 즉시로 내게 순복함이여, 이방인들이 내게 복종하리로다. 이방인들이 쇠미하여 그 견고한 곳에서 떨며 나오리로다.**

다윗은 왕위에 오르기 전부터 그의 전임자 사울에게 많은 핍박을 받았다. 사울은 그를 시기하여 여러 번 죽이려 하였다. 다윗이 왕위에 오른 후에도, 백성의 여론이 항상 좋은 것은 아니었다. 그를 대적하는 악한 자들이 항상 있었다. 그는 백성의 다툼 속에서 피곤하거나 낙망하기도 했을 것이나 하나님을 의지했고 하나님께서는 그를 백성의 싸움에서 건져주셨다. 그는 그의 어려운 문제들을 해결해주셨다.

하나님께서는 또 다윗에게 열국을 제압하는 권세도 주셨다. 다윗은 열방의 으뜸이 되었다. 그래서 이전에 다윗을 알지도 못했던 백성들이 이제 그를 섬기게 될 것이다. 하나님께서는 이스라엘의 하나님이실 뿐 아니라, 온 세계의 하나님이시며 만국을 다스리는 하나님이시다. 세계 역사는 하나님의 작정과 섭리 안에 있다. 이방인들은 다윗의 소문을 들은 즉시 그에게 복종할 것이며 그들은 쇠약해져서 그 견고한 곳에서 떨며 나와 완전히 항복할 것이다.

[46-50절] 여호와는 생존하시니 나의 반석을 찬송하며 내 구원의 하나님을 높일지로다. 이 하나님이 나를 위하여 보수(報酬)하시고 민족들로 내게 복종케 하시도다. 주께서 나를 내 원수들에게서 구조하시니 주께서 실로 나를 대적하는 자의 위에 나를 드시고 나를 강포한 자에게서 건지시나이다. 여호와여, 이러므로 내가 열방 중에서 주께 감사하며 주의 이름을 찬송하리이다. 여호와께서 그 왕에게 큰 구원을 주시며 기름 부음 받은 자에게 인자를 베푸심이여, 영영토록 다윗과 그 후손에게로다.

세상의 다른 모든 신들은 사람의 고안물이며 생명이 없는 헛것이지만, 하나님께서는 천지만물을 창조하셨고 지금도 살아계셔서 세상을 통치하신다. 그는 다윗을 위해 이방 나라들을 그의 발 아래 복종케 하셨고 그를 원수들과 대적자들로부터 구원하셨다. 이제 다윗은 열방 중에서(롬 15:9) 하나님의 은혜와 구원을 감사하며 찬송한다.

본문은 교훈을 정리해보자. 첫째로, 하나님께서는 다윗에게 기쁨과 힘을 주셨다(28, 32절). 그는 그의 등불을 켜셨고 힘으로 띠를 띠우셨고 손을 가르쳐 싸우게 하시고 전쟁할 수 있는 능력을 주셨다. 그는 오늘날 주 예수님을 믿고 따르는 우리에게도 기쁨과 힘을 주실 것이다.

둘째로, 하나님께서는 다윗에게 큰 구원을 주셨다(39, 43절) 그는 그의 원수들에게 보복하시고 그를 건져주셨고 또 그를 백성의 다툼에서 건져주셨고 민족들로 그에게 복종케 하셨다. 그는 오늘날 예수님 믿고 섬기며 그의 계명에 순종하는 자들에게도 큰 구원을 주실 것이다.

셋째로, 하나님께서는 살아계신다. 46절, "여호와는 생존(生存)하시니." 예레미야 10:10, "오직 여호와는 참 하나님이시요 사시는[살아계신] 하나님이시요 영원한 왕이시라." 우리는 살아계신 하나님을 믿는다.

19편: 하나님의 말씀

다윗의 시. 영장(伶長)(아마, 찬양대장, 찬양지휘자)을 위한 노래.

〔1-6절〕 하늘이 하나님의 영광을 선포하고 궁창이 그 손으로 하신 일을 나타내는도다. 날[낮]**은 날**[낮]**에게 말하고 밤은 밤에게 지식을 전하니 언어가 없고 들리는 소리도 없으나 그 소리**(카왐 קַוָּם)[‘그것들의 줄’(KJV, NASB), ‘소리’(LXX, Vg, NIV)]**가 온 땅에 통하고 그 말씀이 세계 끝까지 이르도다.** 하나님이 **해를 위하여** 하늘에 **장막을 베푸셨도다.** 해는 **그 방에서 나오는 신랑과 같고 그 길을 달리기 기뻐하는 장사 같아서 하늘 이끝에서 나와서 하늘 저끝까지 운행함이여, 그 온기(溫氣)에서 피하여 숨은 자 없도다.**

본문은 하나님께서 자연만물을 통해 자신을 계시하심을 증거한다. 자연만물은 하나님을 증거한다. 이것을 자연계시라고 한다. 하늘은 하나님의 지혜와 능력을 선포하고 그의 창조 사역을 나타낸다. 모든 사람은 이 자연계시를 통해 하나님의 존재하심과 그의 지혜와 능력을 알 수 있고 그것을 몰랐다고 핑계할 수 없다(롬 1:20).

자연계시는 무언(無言)의 계시이다. 그것은 무언의 선포요 무언의 지식이다. 낮은 낮에게 해를 통해 하나님의 영광을 전하고 밤은 밤에게 달과 별들을 통하여 전하지만, 아무 말도, 아무 소리도 없다. 자연계시의 소리는 세상에 사람이 사는 곳은 어디에나 미친다. 해는 멋있는 새 신랑과 같고 지칠 줄 모르는 달리기 선수와 같으며, 온 세상은 그것의 따뜻한 온기(溫氣)를 받고 있다. 모든 사람은 하나님의 자연은총 속에서 살고 있다(행 14:17; 17:25-28).

〔7-8절〕 여호와의 율법은 완전하여 영혼을 소성케 하고 여호와의 증거는 확실하여 우둔한 자로 지혜롭게 하며 여호와의 교훈은 정직하여 마음을 기쁘게 하고 여호와의 계명은 순결하여 눈을 밝게 하도다.

본문은 성경의 복된 성격과 유익에 대해 말한다. 율법, 증거, 교훈, 계명은 다 성경을 가리킨다. 첫째로, 성경의 규범은 완전하다. 성경은 오류가 없다. 성경은 우리의 신앙과 생활에 정확무오한 규칙이다. 그것은 완전한 규범이기 때문에 우리의 죄악됨을 깨우치며 예수 그리스도의 십자가 아래로 나오게 한다. 하나님의 말씀은 죄로 죽은 영혼들을 살리고 병든 영혼들을 고치며 침체된 영혼들을 회복시킨다.

둘째로, 성경의 증거는 확실하다. 성경의 증거가 확실하므로 성경은 우리의 믿음의 확실한 근거와 내용이 된다. 그것은 우둔한 자에게 지혜와 지식을 준다. 누가복음 1:4는 누가복음을 기록한 목적이 우리가 배운 내용의 확실함을 알게 하려 함이라고 말하였다.

셋째로, 성경의 교훈은 정직하다. 성경은 의로운 지침이 된다. 사도 바울은 디모데후서 3:16에서 모든 성경이 하나님의 말씀이며 교훈과 책망과 바르게 함과 의로 교육하기에 유익하다고 말했다. 하나님의 올바른 말씀은 사람의 마음에 참 평안과 기쁨을 준다.

넷째로, 성경의 계명은 순결하다. 성경의 계명들은 오직 하나님의 영광을 위하며 우리의 구원과 행복을 위하는 거룩한 계명이다. 순결한 말씀은 사람의 눈을 밝게 한다. 죄는 영적으로 사람의 눈을 어둡게 만들지만, 의와 거룩은 사람의 눈을 밝게 만든다.

[9-10절] 여호와를 경외하는 도(道)는 **정결하여 영원까지 이르고 여호와의 규례는 확실하여 다 의로우니 금 곧 많은 정금보다 더 사모할 것이며 꿀과 송이꿀보다 더 달도다.**

여호와 하나님께서는 악을 미워하시는 거룩한 하나님이시다. 따라서 하나님을 경외하는 자는 악에서 떠나야 한다. 잠언 8:13, "여호와를 경외하는 것은 악을 미워하는 것이라." 또 그의 진리는 영원하다. 우리는 천국에서도 하나님을 경외하며 의를 행할 것이다. 또 여호와의 규례는 확실하고 다 의롭다. 하나님의 말씀은 의에 대해 확실하게 가르친다. 그것은 우리의 이성과 양심에 비추어 보아도 분명하다.

그러므로 성경은 "많은 정금보다 더 사모할" 말씀이다. 세상에서 금은 가치 있는 물건이다. 그러나 세상 물건은 결국 썩어질 것이며 마지막 심판 날 다 불타 없어질 것이다. 그러나 성경은 영원한 것들, 즉 믿음과 의, 천국과 영생을 얻게 한다. 또 성경은 "송이꿀보다 더 단" 말씀이다. 꿀은 우리의 입에만 달고 좋지만, 성경은 우리의 영혼에 송이꿀보다 더 달아 참된 기쁨과 위로와 힘과 용기를 준다.

〔11절〕 또 주의 종이 이로 경계를 받고 이를 지킴으로 상이 크니이다.

성경말씀은 우리가 지켜야 할 규칙이다. 하나님의 뜻은 계명 순종이다. 하나님께서는 우리가 그를 경외하고 사랑하며 그의 모든 계명을 지키는 것을 요구하신다(신 10:12-13). 성경은 우리가 그것을 지키지 않으면 어떤 벌을 받을 것인지에 대해서도 말하지만, 우리가 그것을 지키면 복을 누리며 큰 상을 받을 것에 대해서도 말한다. 신명기 28:2-6은 하나님의 말씀을 순종하는 자들에게 임할 건강의 복, 자녀의 복, 물질의 복, 사회적 복에 대해 증거하였다.

〔12-13절〕 자기 허물을 능히 깨달을 자 누구리요? 나를 숨은 허물에서 **벗어나게 하소서. 또 주의 종으로 고범죄(故犯罪)**(제딤 זֵדִים)[뻔뻔스런 죄들]**를 짓지 말게 하사 그 죄가 나를 주장치 못하게 하소서. 그리하시면 내가 정직하여**(에삼 אֵיתָם)[온전하여] **큰 죄과에서 벗어나겠나이다.**

허물(쉐기아 שְׁגִיאָה)은 '실수로 범하는 죄, 부지(不知) 중에 범하는 죄'를 말한다. 레위기 4:2의 '그릇(비쉐가가 בִּשְׁגָגָה) 범하는 죄'와 같다. 우리는 양심에 자책할 것이 없는 최선의 생활을 해야 한다(고전 4:4). 그러나 영적으로 어린 자들에게는 실수로 범하는 죄들이 적지 않으며 사람은 무지하여 자기 실수를 잘 깨닫지도 못한다.

사람은 하나님의 말씀을 통해, 또 기도 중에 성령의 깨닫게 하심으로, 그리고 친구의 충고를 통해 자신의 부족과 실수를 깨달을 수 있다. 어린아이는 부모의 책망과 징계를 통해 온전케 된다(잠 22:15).

우리는 숨은 허물에서 벗어나야 한다. '벗어난다'는 말은 '깨끗케 된다'는 뜻이다. 숨은 죄도 죄이다. 그러므로 숨은 죄도 깨닫고 버림으로 깨끗함을 얻어야 한다. 우리는 숨겨진 죄가 하나도 없도록 하나님께 고백하며 깨끗한 삶을 살아야 한다.

고범죄(故犯罪) 즉 뻔뻔스런 죄는 죄인 줄 알면서 범하는 죄이며, 그것은 실수로 짓는 죄보다 더 큰 죄이다. 예를 들어, 배교(背教)는 진리를 알면서도 그것을 고의로 저버리는 고범죄이다. 고의적 살인자는 반드시 사형을 당해야 했다. 우리는 고범죄를 짓지 말아야 한다.

우리의 목표는 '정직함' 곧 '온전함'이다. 그것은 크고 작은 죄들을 떠나는 것이다. 고범죄는 물론이고 실수의 죄까지도 깨닫고 버리는 것이다. 흠과 점이 없고 책망할 것이 없는 신자가 되는 것이다.

〔14절〕 나의 반석이시요 나의 구속자이신 여호와여, 내 입의 말과 마음의 묵상이 주의 앞에 열납되기를 원하나이다.

시편은 성도들의 마음의 묵상이요 입술의 고백이다. 그러나 하나님께서는 그것을 기쁘게 받으셨고 후시대 성도들을 위해 교훈이 되게 하셨다. 그것들은 성령의 특별한 감동으로 기록되어 하나님의 뜻을 계시하고 전달하는 성경말씀이 되었다.

본문의 교훈을 정리해보자. 첫째로, 하나님께서는 자연만물을 통해 자신을 계시하셨다. 우리는 자연계시를 통해 하나님께서 계심과 그의 속성이 어떠함을 안다. 자연만물은 이 세상에 창조자 하나님께서 계시고 그가 지혜와 능력의 하나님이시라는 핑계할 수 없는 증거이다.

둘째로, 성경은 하나님의 완전하고 확실하고 정직하고 순결한 말씀이다. 그것은 우리의 영혼을 소성케 하고 우둔한 자로 지혜롭게 하며 마음을 기쁘게 하고 눈을 밝게 한다. 그것은 정금보다 더 사모할 만하며 꿀보다 더 단 말씀이다. 그 말씀을 지키는 자는 큰 상을 얻을 것이다. 그러므로 우리는 성경말씀을 읽고 듣고 믿고 행하기를 힘써야 한다.

셋째로, 성경은 특히 우리의 죄를 깨닫게 하고 그 죄를 멀리하게 함으로 우리로 정직하고 온전한 자가 되게 한다. 디모데후서 3:17, "하나님의 사람으로 온전케 하며." 하나님의 뜻은 우리의 온전함이다.

20편: 환난 날에 도우시기를 기원함

다윗의 시. 영장(伶長)[아마, 찬양대장, 찬양지휘자]을 위한 노래.

〔1-3절〕 환난 날에 여호와께서 네게 응답하시고 야곱의 하나님의 이름이 너를 높이 드시며 성소에서 너를 도와주시고 시온에서 너를 붙드시며 네 모든 소제를 기억하시며 네 번제를 받으시기를 원하노라**(셀라)**.

인생의 여정에는 어려운 일들이 많다. 야곱은 애굽 왕 바로 앞에서 자신의 지난 130년 세월을 '험악한 세월'이었다고 표현했고(창 47:9), 모세는 시편 90편에서 "우리의 연수가 70이요 강건하면 80이라도 그 연수의 자랑은 수고와 슬픔뿐이요 신속히 가니 우리가 날아가나이다"라고 말했다. 시편 34:19는 의인에게 고난이 많다고 말하였다.

그러나 정신적, 육신적, 경제적 어려움이 있는 환난 날에, 하나님께서는 성도를 도우시며 그의 기도를 들으신다. 그를 높이 드신다는 말은 안전한 곳에 두신다는 뜻이다. 야곱은 하나님을 "나의 모든 환난에서 건지신 자"라고 표현하였다(창 48:16). 하나님께서는 "환난 중에 만날 큰 도움"이시다(시 46:1). 환난 때에 도우시는 하나님께서 계시다는 사실은 성도에게 큰복이다. 다윗에게 응답하셨듯이, 하나님께서는 우리에게도 응답하셨고 또 장래에도 응답하실 것이다.

하나님께서는 그의 계신 곳 성소에서 우리의 기도를 들으실 것이다. 성소는 일차적으로 천국을 가리키지만(왕상 8:30), 또한 땅 위에 있는 성막과 성전도 가리킨다(출 25:8). 하나님께서는 시온의 성소에 거하시고 거기에서 말씀하셨다. 그러므로 솔로몬은 하나님의 성전을 건축한 후 "종이 이곳을 향하여 비는 기도를 들으시옵소서"라고 말하였고(왕상 8:29), 다니엘은 포로 생활 중에서 그 방의 예루살렘으로 향해 열린 창에서 전에 행하던 대로 하루 세 번씩 무릎을 꿇고 기도하며 그 하나님께 감사하였다(단 6:10).

구약의 성전은 예수 그리스도를 예표하였다. 예수 그리스도께서는 참 성전이시다(요 2:19, 21). 또 오늘날 예수 그리스도를 믿는 성도들의 모임인 교회는 하나님의 성전이다(고전 3:16). 하나님께서는 성소에서 우리를 도우시고 시온에서 우리를 붙드신다. 그러므로 구약시대의 성도들은 예루살렘 성전을 향해 기도했고 오늘 우리는 교회에서 합심하여 예수 그리스도의 이름으로 기도한다. 마태복음 18:19, "진실로 다시 너희에게 이르노니 너희 중에 두 사람이 땅에서 합심하여 무엇이든지 구하면 하늘에 계신 내 아버지께서 저희를 위하여 이루게 하시리라." 요한복음 14:14, "내 이름으로 무엇이든지 내게 구하면 내가 시행하리라."

본문의 '너'는 참된 성도를 가리킨다. 다윗은 자신의 체험에 비추어 다른 성도에게도 같은 체험이 있기를 기원한 것이다. 하나님의 약속은 우리뿐 아니라 하나님의 모든 백성에게 주신 것이다.

다윗은 소제와 번제에 대해 말한다. 소제는 곡물 제사로서 그리스도의 속죄사역과 온전한 순종을 상징하는 예물이고, 번제는 그리스도의 속죄사역과 온전한 헌신을 상징하는 예물이라고 본다. 또 구약의 제사들은 하나님을 섬기는 성도의 마음가짐을 교훈하는 뜻도 있다고 본다. 우리는 하나님께 온전히 순종하고 헌신해야 한다. 원문에 '소제들'과 '번제들'이라는 복수명사는 성도가 하나님께 드린 모든 예배, 모든 신앙고백, 모든 봉사, 모든 순종, 모든 헌금을 가리킬 것이다.

우리는 많은 예배와 많은 찬송과 많은 기도와 많은 헌금을 하나님께 드린다. 우리의 모든 예물, 모든 감사와 신앙고백과 헌신과 순종과 봉사와 헌금을 하나님께서 과연 기쁘게 받으시겠는가? 하나님께서는 옛날 아벨과 그 제물은 받으셨으나 가인과 그 제물은 받지 않으셨다(창 4:4). 하나님께서는 그를 참으로 경외하고 중보자의 속죄의 은혜를 의지하며 그를 위해 자신을 온전히 드리고 그의 명령에 순종하는 자의 예배들, 찬송들, 기도들, 봉사들, 헌금들을 기쁘게 받으실 것이다. 또 하나님께서 사람의 모든 예물들을 기쁘게 받으시면 그는 예물 드린 자에게 더 많은 은혜와 복을 주실 것이다.

〔4-5절〕 **네 마음의 소원대로 허락하시고 네 모든 도모**[계획]**를 이루시기를** 원하노라. **우리가 너의 승리로 인하여 개가를 부르며**[기뻐 외치며] **우리 하나님의 이름으로 우리 기(旗)를 세우리니 여호와께서 네 모든 기도**[청원, 간구]**를 이루시기를** 원하노라.

성도에게는 마음의 여러 소원들과 계획들, 기도의 제목들이 있다. 특히 환난 중에 있는 자에게는 그 환난으로부터 구원 얻는 것이 중요한 소원일 것이다. 성도는 성경에 계시된 하나님의 뜻에 맞는 선한 소원과 기도 제목은 무엇이든지 가질 수 있다.

다윗은 하나님께서 성도의 마음의 소원과 계획과 청원을 들어주시기를 기원한다. 예수께서는 "너희가 내 이름으로 무엇을 구하든지 내가 시행하리니 이는 아버지로 하여금 아들을 인하여 영광을 얻으시게 하려 함이라"고 말씀하셨다(요 14:13). 사도 바울은 "너희 안에서 행하시는 이는 하나님이시니 자기의 기쁘신 뜻을 위하여 너희로 소원을 두고 행하게 하신다"고 말했다(빌 2:13). 성경에 계시된 하나님의 뜻에 맞지 않는 소원은 육신의 욕심에서 나온 것이며 하나님께서 들어주지 않으실 것이지만, 그의 뜻에 맞는 선한 소원들은 다 이루어질 것이다. 하나님께서는 "기도를 들으시는 주님"이시다(시 65:2).

다윗은 하나님께서 성도의 기도를 들으시고 그를 환난에서 구원하실 것을 확신하면서 기뻐 외치며 승리의 깃발을 세우겠다고 말한다. '승리'라는 원어(예슈아 יְשׁוּעָה)는 '구원, 승리'라는 뜻이다. 하나님의 기도 응답이 확실하므로 성도의 구원과 승리도 확실하다. 또 동료들과 교회의 온 회중은 고난 당하던 형제의 구원과 승리를 인하여 하나님께 영광을 돌리며 함께 기뻐할 것이다.

〔6절〕 **여호와께서 자기에게** 속한 바 **기름부음 받은 자를 구원하시는 줄**

이제 내가 아노니 그 오른손에 구원하는 힘으로 그 거룩한 하늘에서 저에게 응락하시리로다.

기름은 성령을 상징한다고 본다. 구약시대에 선지자와 제사장과 왕은 다 기름부음을 받았다. 그것은 성령께서 그들과 함께하시는 표이었다. 신약시대에 예수 그리스도께서는 '기름부음을 받은 자'로 오셨다. 그것이 '그리스도'라는 말의 의미이다. 사도행전 10:38, "하나님께서 나사렛 예수에게 성령과 능력을 기름 붓듯 하셨으매 저가 두루 다니시며 착한 일을 행하시고 마귀에게 눌린 모든 자를 고치셨으니 이는 하나님이 함께하셨음이라."

오늘날 예수님을 믿는 성도들은 성령의 기름부음을 받은 자들이다. 요한일서 2:20, "너희는 거룩하신 자에게서 기름부음을 받고 모든 것을 아느니라." 디도서 3:6, "성령을 우리 구주 예수 그리스도로 말미암아 우리에게 풍성히 부어주사." 하나님께서는 그의 기름부음 받은 자들을 구원하시고 그의 오른손의 구원하는 힘으로 그 거룩한 하늘에서 그들에게 응답하실 것이다. 성령의 인치심 혹은 기름부음을 받은 성도가 환난 중에 빠졌을 때, 하나님께서는 그를 외면치 않으시고 그의 기도를 들으시고 오른손으로 그를 구원하실 것이다.

〔7-9절〕 **혹은 병거, 혹은 말을** 의지**하나 우리는 여호와 우리 하나님의 이름을 자랑하리로다**(나즈키르 נַזְכִּיר)[혹은 '부르리로다'](BDB). **저희는 굽어 엎드러지고 우리는 일어나 바로 서도다**[저희는 굴복하였고 엎드러졌으나 우리는 일어났고 바로 섰도다](NASB). **여호와여, 구원하소서. 우리가 부를 때에 왕은 응락하소서.**

사람들은 병거와 말, 즉 세상적, 인간적 도움물을 의지한다. 그들은 자신의 건강이나 재물을 의지한다. 그러나 성도들은 다르다. 성도는 세상 것을 무시하지는 않으나 그것을 의지하지 않는다. 성도는 오직 온 세상을 주관하시는 하나님만 의지하며 그의 이름만 부르며 의지하며 자랑한다. 그것이 참 믿음이다. 세상 것을 의지하는 자는 하나님께서 그것을 헛되이 만드실 때 확실히 실패하고 멸망할 것이다. 하나님께서 징벌하시면 사람이 가졌던 건강도 잃어버리고 그가 누렸던 물질적 유여도 없어질 것이다. 그러나 하나님께서는 그를 믿는 성도들을 건지시고 일어나게 하시고 바로 서게 하실 것이다. 잠언 24:16, "대저 의인은 일곱 번 넘어질지라도 다시 일어나려니와 악인은 재앙으로 인하여 엎드러지느니라."

그러므로 성도는 환난 때에 하나님을 의지하고 그의 구원을 요청해야 하며 두려워하거나 낙심하여 기도하는 일을 포기하지 말아야 한다. 하나님께서는 그를 의지하는 자들을 도우시는 왕이시다. 그는 우리가 부르짖어 기도할 때 응답하시고 우리를 구원하신다.

시편 20편의 교훈을 정리해보자. 첫째로, 이 세상 사는 동안 성도에게도 고난과 환난이 있다. 그것은 하나님께서 우리의 특정한 죄에 대한 징벌로 주시는 것이든지, 또는 죄의 징벌이 아닌 경우에도 그의 깊으신 뜻 가운데 우리의 인격의 단련을 위해 주시는 것이다. 우리는 어떠한 고난과 환난일지라도 낙심치 말고 겸손히 참으며 잘 대처해야 한다.

둘째로, 하나님께서는 이미 죄를 회개하고 예수 그리스도를 믿은 자들, 즉 성령의 기름부음을 받은 자들을 결코 버리지 않으시고 구원하실 것이다. 그는 하늘에 계신 살아계신 하나님이시다. 그는 온 세상의 통치자 곧 왕이시다. 그는 자기 백성을 보호하시고 환난 중에 구원하시는 자이시다. 그는 구주 예수 그리스도의 이름으로 올리는 우리의 기도와 간구를 들으시고 우리에게 구원과 승리를 주시는 하나님이시다.

셋째로, 하나님께서는 성도들이 하나님 안에서 가지는 선한 소원과 계획, 그들의 청원과 간구를 외면치 않으실 것이다. 성도들이 현실에서 하나님의 뜻에 맞게 가지는 소원들은 다 이루어질 것이다. 그러므로 우리는 환난 중에라도 돈이나 사람이나 세상의 그 무엇을 의지하지 말고 오직 하나님만 의지하고 기도하며 그의 모든 계명을 힘써 지켜야 한다.

21편: 하나님의 능력의 도우심을 기뻐함

다윗의 시. 영장(伶長)[아마, 찬양대장, 찬양지휘자]을 위한 노래.

〔1-2절〕 여호와여, 왕이 주의 힘을 인하여 기뻐하며 주의 구원을 인하여 크게 즐거워하리이다. 그 마음의 소원을 주셨으며 그 입술의 구함을 거절치 아니하셨나이다(셀라).

다윗 왕은 하나님의 힘과 구원을 체험하였고 그 때문에 크게 기뻐하며 즐거워하겠다고 말한다. 하나님의 구원을 체험한 자마다 하나님을 자랑하며 그의 구원을 기뻐할 것이다. 오늘 우리가 죄와 죽음과 사탄의 권세로부터 구원을 얻은 것은 하나님의 크신 능력의 구원이며 그것은 모든 믿는 이들에게 참된 기쁨과 즐거움의 이유이다.

다윗이 구원을 얻은 것은 그의 기도의 응답이었다. 다윗은 고난 중에 하나님께서 구원해주시기를 소원하였고 하나님께서는 그의 마음의 소원을 들어주셨고 그의 입술의 구함을 거절치 않으셨다. 하나님께서는 그의 친 백성의 진심의 기도와 소원을 잘 들어주신다.

〔3-4절〕 [이는] **주의 아름다운 복으로 저를 영접하시고 정금 면류관을 그 머리에 씌우셨나이다**[씌우셨음이니이다]. **저가 생명을 구하매 주께서 주셨으니 곧 영영한 장수로소이다.**

다윗이 하나님께서 그의 마음의 소원을 주셨다고 고백한 이유는, 하나님께서 그의 기도를 응답하시고 선한 복으로 그를 맞으셨고 그의 머리에 금면류관을 씌우셨기 때문이다. 다윗은 사울 왕에게 많은 고난을 당했지만 하나님의 약속대로 이스라엘 나라의 왕위에 올라 금면류관을 썼고, 또 이방 나라들과의 여러 전쟁들에서도 다 승리하여 적국들의 왕의 면류관들을 머리에 쓰곤 하였다.

하나님께서 주시는 복은 다 선하고 아름답다. 하나님께서는 우리에게 슬픔 대신 기쁨을, 질병 대신 건강을, 가난 대신 일용할 양식과 풍성한 양식을, 싸움 대신 평안을 주신다. 또 그는 우리에게 수치와 고통 대신에 존귀와 영광을 주신다.

특히, 다윗은 사울의 칼날을 피하여 도피하던 때나 주위 나라들과 전쟁을 치르던 때들이나 압살롬의 반역의 때 등 자신의 생명의 위협이 있을 경우들에 하나님께 생명의 보존을 구하였을 것이다. 그런데 하나님께서는 다윗의 생명을 지켜 주셨을 뿐 아니라, 그에게 영영한 장수 곧 영생의 구원을 주셨다. 모든 생명은 하나님께 있다. 하나님만 사람에게 생명의 연장과 영원한 생명을 주실 수 있다.

하나님의 가장 큰 선물은 우리 주 예수 그리스도 안에 있는 영생이다. 요한복음 3:16, "하나님이 세상을 이처럼 사랑하사 독생자를 주셨으니 이는 저를 믿는 자마다 멸망치 않고 영생을 얻게 하려 하심이니라." 요한일서 5:13, "내가 하나님의 아들의 이름을 믿는 너희에게 이것을 쓴 것은 너희로 하여금 너희에게 영생이 있음을 알게 하려 함이라." 하나님께서는 자신이 죄인임을 깨닫고 모든 죄를 고백하고 버리기를 결심하고 구주 예수 그리스도만 믿고 그에게 복종하기를 결심하는 모든 사람들에게 죄사함과 의롭다 하심과 영생을 주셨다. 이것이 성경이 말하는 구원이다. 이 구원은 사람들에게 가장 큰복이다.

[5-7절] 주의 구원으로 그 영광을 크게 하시고 존귀와 위엄으로 저에게 입히시나이다. [이는] **저로 영영토록 지극한 복을 받게 하시며 주의 앞에서 기쁘고 즐겁게 하시나이다**[하심이니이다]. [이는] **왕이 여호와를 의지하오니 지극히 높으신 자의 인자함으로 요동치 아니하리이다**[아니할 것임이니이다].

성도는 세상에서 때때로 고난과 모욕을 당하지만 하나님께서는 그를 구원하시고 영광을 주시고 존귀와 위엄을 입혀주신다. 요셉은 하나님의 기이한 섭리로 인하여 여러 해의 종살이와 감옥살이 후 애굽의 총리가 되었고, 다윗은 하나님의 작정과 뜻 가운데 외롭고 힘든 긴 도피 생활 후 왕이 되었다. 예수께서는 십자가에 못박혀 죽으신 후 삼일 만에 영광스런 몸으로 부활하셨다. 성도의 영광은 장차 부활의 몸으로 천국에서 영생할 때 완전히 드러날 것이다.

하나님께서 주신 구원이 다윗에게 영광과 존귀가 되는 것은, 그것이 크고 영원한 복이며 거기에 기쁨과 즐거움이 있기 때문이다. 몸의 건강과 재물과 세상 권세 같은 복은 일시적이지만, 하나님께서 주시는 구원의 복, 즉 영생과 부활과 천국은 영원하다. 또 하나님께서 주시는 그 구원은 현세와 내세에 지극히 큰 기쁨과 즐거움이 된다.

또 하나님께서 주시는 구원이 성도들에게 영원한 복이 되는 것은, 하나님께서 그를 의지하는 자를 긍휼로 붙드셔서 요동치 않게 하실 것이기 때문이다. 하나님을 참으로 아는 자는 하나님만 의지할 것이며 하나님께서는 은혜로 그를 붙들어 요동치 않게 하실 것이다. 연약한 인생이 요동치 않는 믿음을 가지고 살 수 있는 것은 오직 하나님의 은혜뿐이다. 그러므로 사도 베드로도 베드로전서 5:10에서, "모든 은혜의 하나님 곧 그리스도 안에서 너희를 부르사 자기의 영원한 영광에 들어가게 하신 이가 잠깐 고난을 받은 너희를 친히 온전케 하시며 굳게 하시며 강하게 하시며 터를 견고케 하시리라"고 말했다.

〔8-9절〕 네[주의] **손이 네**[주의] **모든 원수를 발견함**[발견하심]**이여, 네**[주의] **오른손이 너를**[주를] **미워하는 자를 발견하리로다**[발견하시리로다]**. 네가**[주께서] **노할**[노하실] **때에 저희로 풀무 같게 할**[하실] **것이라. 여호와께서 진노로 저희를 삼키시리니 불이 저희를 소멸하리로다.**

8-12절에서 한글성경에 '네, 너를, 네가'라고 번역된 말들은 '주의, 주를, 주께서'(2인칭 존칭)라고 번역하는 것(KJV, NIV, Poole)이 문맥적으로 바를 것 같다. 주의 손이 원수를 발견하신다는 말은 하나님께서 그를 찾아 심판하신다는 뜻일 것이다.

하나님의 원수들, 곧 하나님을 미워하는 자들이 있다. 그들은 또한 하나님의 참된 종들과 성도들의 원수이며 그들을 미워하는 자이기도 하다. 이스라엘을 학대했던 애굽 왕 바로, 광야에서 이스라엘을 대적하여 싸웠던 아말렉 사람들, 이스라엘을 자주 침공했던 블레셋, 암몬,

에돔 등의 이웃 나라들은 다 원수들이었다. 또 사울 왕이나 압살롬 등은 다윗 개인의 원수이었다. 역사상 많은 그리스도인들을 죽였던 로마 황제들, 천주교회, 일본 제국, 공산당은 참 교회의 원수들이었다.

하나님께서는 진노하셔서 그들을 불로 삼키시며 소멸하실 것이다. 그는 심히 음란했던 소돔과 고모라 성을 유황불비를 내려 멸망시키셨다(창 19장). 이스라엘 백성이 애굽에서 나와 광야에서 생활할 때, 하나님께서는 그가 명하시지 않은 다른 불을 담아 분향했던 나답과 아비후를 불에 삼키어 죽게 하셨다(레 10장). 모세는 신명기 32:22에서 하나님의 진노의 불이 일어나서 지옥 깊은 곳까지 사른다고 말했다. 히브리서 12:29는 하나님을 '소멸하는 불'이라고 표현했다. 마가복음 9:43-48에 보면, 예수께서는 꺼지지 않는 불의 지옥에 대해 말씀하셨다. 요한계시록 21:8은 불과 유황으로 타는 영원한 지옥 불못을 증거하였다. 하나님의 진노는 무섭다. 그것은 소멸하는 불이다.

〔10절〕 네가[주께서] **저희 후손을 땅에서 멸함**[멸하심]**이여, 저희 자손을 인생 중에서** 끊으리**로다**[끊으시리로다].

사람은 보통 자기 자녀들을 사랑하며 그들의 행복을 위해 무엇이든 하기 원하지만, 참으로 그들의 행복을 위하는 길이 무엇인지 잘 모르고 있다. 의인의 자녀들은 복되다. 하나님께서는 그를 사랑하고 그의 계명을 지키는 자들에게는 천대까지 은혜를 베푸신다고 말씀하셨고(출 20:6), 또 그의 계명을 순종하는 자들에게 그들의 자녀들의 복을 약속하셨다(신 28:4). 다윗은 다른 시편에서 증거하기를, "내가 어려서부터 늙기까지 . . . 그[의인의] 자손이 걸식함을 보지 못하였도다. 저는 종일토록 은혜를 베풀고 꾸어주니 그 자손이 복을 받는도다"라고 하였다(시 37:25-26).

그러나 하나님께서는 악인들의 자녀들을 땅에서 멸하실 것이다. 하나님께서는 그를 미워하시는 자들의 죄를 아비로부터 아들에게로 3, 4대까지 갚겠다고 말씀하셨고(출 20:5), 신명기 28:18에서는 그의 계명을 거역하는 자들의 자녀들에게 저주가 있을 것이라고 경고하셨다. 성경은 악인들의 자녀들이 망한 예들을 증거한다. 이스라엘 백성의 광야 시대에, 하나님께서는 모세를 대적했던 고라와 그 동료들과 그들의 가족들, 즉 아내들과 자녀들까지 땅이 갈라져 산 채로 매장되게 하셨다(민 16장). 또 이스라엘 백성이 가나안 땅에 들어갈 때 아간의 범죄로 아이 성 전쟁에서 패했기 때문에 하나님께서는 아간뿐 아니라, 그 자녀들도 백성들의 돌에 맞아 죽게 하셨다(수 7장). 또 그는 이스라엘의 악한 왕 아합의 아들들과 손자들 70명이 하루아침에 그들의 선생들에 의해 다 목 베임을 당하게 하셨다(왕하 10장).

〔11-13절〕 대저 저희는 너를[주를] **해하려 하여 계교를 품었으나 이루지 못하도다. 네가**[주께서] **저희로 돌아서게 함**[하심]**이여, 그 얼굴을 향하여 활시위를 당기리로다**[당기시리로다]**. 여호와여, 주의 능력으로 높임을 받으소서. 우리가 주의 권능을 노래하고 칭송하겠나이다.**

본문은 하나님께서 악인들을 벌하실 이유를 설명한다. 그 이유는 그들이 하나님을 대적하여 악을 계획하고 해로운 방책을 상상했기 때문이다. 그러나 그들의 방책은 이루어지지 못할 것이었다. 그들은 다니엘을 모함해 죽게 하려 했던 그의 동료들이나, 모르드개 죽이기를 왕에게 요청하려 했던 악한 하만처럼(단 6장; 에 7장), 악한 계획을 이루지 못하고 도리어 자신들이 비참하게 죽임을 당할 것이다.

하나님께서는 악한 자들을 향해 활시위를 당기실 것이며 그들은 하나님을 피하려고 돌아설 것이다. 악한 자들이 아무리 강한 것 같아도 그들은 결국 하나님 앞에서 굴복될 것이다. 하나님께서는 이스라엘 백성을 쫓던 애굽 왕 바로와 그의 병거들과 기병들을 홍해 바다에 빠져 죽게 하셨듯이, 또 유다를 침공했던 앗수르 군사 18만 5천명을 하룻밤에 다 죽은 시체가 되게 하셨듯이, 악한 자들을 징벌하시고 주의 백성들을 구원하실 수 있고 그렇게 하실 것이다.

그러므로 이제 다윗은 하나님의 그 능력을 높이고 노래하고 칭송하기를 원한다. 하나님의 능력을 체험한 자들은 다 그러할 것이다. 우리는 하나님의 능력의 구원을 얻은 자들이다. 하나님께서는 죄로 인해 죽었던 우리들을 예수 그리스도의 죽음과 부활로 살리셨고 죄와 사탄과 죽음과 지옥의 권세에서 우리를 구원해주셨다.

시편 21편의 교훈을 정리해보자. 첫째로, 하나님께서는 그의 힘으로 성도를 도우시고 원수들로부터 구원하신다. 성도는 원수들과의 전쟁에서 하나님께 소원을 아뢰며, 하나님께서는 성도의 소원을 들어주시고 아름다운 복을 주신다. 본문은 하나님께서 성도에게 주시는 복을 '영영한 장수' 곧 영생의 복, 큰 영광의 복, 존귀와 위엄의 복, '영영토록 지극한 복'이라고 표현한다. 또 하나님께서는 그의 원수들을 완전히 멸하실 것이다. 다윗 왕은 예수 그리스도의 예표이다. 다윗 왕에게 주신 하나님의 은혜는 만왕의 왕이신 주 예수 그리스도와 그의 피로 구속받은 모든 성도들에게 적용된다. 우리의 원수는 마귀와 악령들이며 또 악한 세상 권세자들과 핍박자들이다. 하나님께서는 우리를 원수들로부터 구원하셨고 지금도 구원하시며 앞으로 세상 끝날까지 우리와 함께 계셔서 우리를 구원하실 것이며 우리의 원수들은 마침내 다 멸망할 것이다.

둘째로, 그러므로 우리는 하나님의 능력의 도우심을 인해 기뻐하고 즐거워하며 또 하나님의 능력을 찬송하며 하나님의 뜻대로만 살아가야 한다. 하나님께서는 전적으로 부패되고 무능력해졌던 죄인들을 오직 그의 긍휼과 은혜로, 구주 예수 그리스도의 대속 사역으로 구원하셨다. 우리는 하나님의 긍휼과 은혜로 그리고 주 예수 그리스도를 믿음으로 구원을 얻은 자들이다. 하나님께서는 만세 전에 택하신 남은 죄인들을 오늘날에도 그의 은혜와 능력으로 구원하실 것이다. 그러므로 우리는 하나님의 은혜와 긍휼과 자비와, 주 예수 그리스도로 말미암은 하나님의 능력의 구원을 기뻐하고 즐거워하며 또 하나님의 그 은혜와 능력의 구원을 항상 찬송해야 하고 또 오직 하나님의 뜻대로만 살아가야 한다.

22편: 메시아의 고난

다윗의 시. 영장(伶長)[아마, 찬양대장, 찬양지휘자]을 위하여 아앨렛샤할['아침의 암사슴'이라는 곡]에 맞춘 노래.

1-21절, 메시아의 고난

[1-2절] 내 하나님이여, 내 하나님이여, 어찌 나를 버리셨나이까? 어찌 나를 멀리하여 돕지 아니하옵시며 내 신음하는 소리**를 듣지 아니하시나이까? 내 하나님이여, 내가 낮에도 부르짖고 밤에도 잠잠치 아니하오나 응답지 아니하시나이다.**

다윗은 하나님을 '내 하나님이여'라고 반복해 부르며 낮에도, 밤에도 부르짖었으나, 하나님께서 그를 고난 중에 버려두셨다고 말한다. 하나님께서는 그를 멀리하여 돕지 않으셨고 그의 신음하는 소리를 듣지 않으셨고 그가 밤낮 부르짖어도 응답지 않으셨다.

다윗의 고난은 예수 그리스도의 고난의 예표이었다. 예수께서는 십자가 위에서 "나의 하나님, 나의 하나님, 어찌 나를 버리셨나이까?" 라고 비슷하게 부르짖으셨다. 그의 십자가 고난은 택한 백성의 죄의 형벌을 담당하신 대속의 고난이었다. 하나님께서는 그의 깊은 뜻 가운데 아들 예수님을 십자가에 죽게 버려두셨고 구원하지 않으셨다.

[3절] [그러나] **이스라엘의 찬송 중에 거하시는 주여, 주는 거룩하시니이다.**

다윗은 고난 중에도 하나님을 바라보았고 그가 이스라엘의 찬송 중에 거하시며 그들의 찬송을 받으시기에 합당한 거룩한 자이심을 고백하였다. 모든 사람은 하나님을 찬송해야 한다. 시편 33:1, "너희 의인들아, 여호와를 즐거워하라. 찬송은 정직한 자의 마땅히 할 바로다." 시편 150:6, "호흡이 있는 자마다 여호와를 찬양할지어다."

〔4-5절〕 우리 열조가 주께 의뢰하였고 의뢰하였으므로 저희를 건지셨나이다. 저희가 주께 부르짖어 구원을 얻고 주께 의뢰하여 수치를 당치 아니하였나이다.

신앙의 열조들은 하나님을 전심으로 의뢰하였다. 믿음은 창조자, 섭리자이신 영원하신 하나님, 사시고 참되신 하나님과 그의 지혜와 능력과 선한 목자 되심을 전심으로 의지하는 것이다. 이러한 믿음은 하나님께 부르짖는 기도로 나타난다. 신앙의 열조들은 심히 어려운 일을 당했을 때 하나님께 부르짖어 기도하였다. 기도는 믿음의 자연스런 표현이다. 또 하나님을 의뢰하고 간구한 그들은 그의 응답을 받았다. 하나님께서는 그들을 환난에서 건져주셨고 그들로 수치를 당치 않게 해주셨다. 하나님을 믿는 자들은 하나님의 돌보심과 도우심과 구원하심을 체험하였고 또 앞으로도 체험할 것이다.

성경은 믿음의 열조들의 많은 체험들을 기록한다. 유다 왕 아사는 구스 군사 백만의 침략을 받았을 때 하나님께 부르짖으며 도우심을 간구하였고 그의 도우심으로 구스 군대를 패배시켰다(대하 14:11). 유다 왕 히스기야는 앗수르의 침략으로 인해 하늘을 향하여 부르짖어 기도하였고 하나님께서는 한 천사를 보내어 앗수르 군대 진영에서 모든 큰 용사들과 대장들과 장관들을 멸하셨다(대하 32:20-21).

〔6-8절〕 [그러나] **나는 벌레요 사람이 아니라 사람의 훼방거리요 백성의 조롱거리니이다. 나를 보는 자는 다 비웃으며 입술을 비쭉이고 머리를 흔들며 말하되 저가 여호와께 의탁하니 구원하실 걸, 저를 기뻐하시니 건지실 걸 하나이다.**

믿음의 열조들과 달리, 다윗은 지금 큰 고난 중에 있고 그 고난이 얼마나 컸던지 그는 자신을 '벌레'라고 표현한다. 욥도 사람을 "벌레인 사람, 구더기인 인생"이라고 표현했고(욥 25:6), 또 이사야서에도 "지렁이[벌레] 같은 너 야곱아"라는 표현이 나온다(사 41:14). 고난이 많은 인생의 삶을 생각하면 사람은 벌레같이 천해 보인다. 죽은 몸에 벌레가 생기는 것을 보면, 사람과 벌레의 차이가 적어 보인다.

다윗은 자신이 사람들에게 비난을 당하고 멸시를 받는다고 고백한다. 그가 당한 고난은 메시아께서 십자가 위에서 당하실 고난을 예표한다. 원수들은 다윗을 보며 비웃으며 입술을 비쭉이고 머리를 흔들며 조롱했다. 그들은 그가 하나님을 의지하니 하나님께서 그를 구원하실 거라고 놀린다. 하나님께서는 때때로 자기의 백성을 사람들의 조롱과 멸시 가운데 버려두신다. 예수께서 십자가에 못박히셨을 때, 지나가는 사람들은 머리를 흔들며 그를 모욕하였다(마 27:39-43).

〔9-11절〕 오직[그러나] **주께서 나를 모태에서 나오게 하시고 내 모친의 젖을 먹을** 때에 **의지하게 하셨나이다. 내가 날 때부터**[모태로부터] **주께 맡긴 바 되었고 모태**[어머니의 배]**에서 나올 때부터 주는 내 하나님이 되셨사오니 나를 멀리하지 마옵소서. 환난이 가깝고 도울 자 없나이다.**

다윗은 벌레같이 천해진 상황에서도 자신이 어릴 때부터 하나님을 의지하였음을 고백한다. 하나님께서는 그를 출생케 하셨고 모친의 젖을 먹을 때 하나님을 의지하게 하셨다. 우리 하나님께서는 어른들의 하나님이실 뿐만 아니라 또한 어린아이들의 하나님도 되신다. 그는 자기의 택한 영혼들을 갓난 아이 때부터 돌보신다.

하나님의 택한 백성이 하나님의 소유가 되는 것은 커서 그가 신앙고백을 할 때부터가 아니고, 어머니의 태에 있을 때부터이다. 이것은, 어린아이가 자신의 신앙고백을 할 수 있기 전에는 교회의 회원이 될 수 없다고 말하는 침례교회의 생각과 다르다. 장로교회는 믿는 가정에서 태어난 어린 생명들이 그 출생 때부터 하나님의 언약 백성임을 믿는다. 그들은 집안에 있는 이방인들이 아니다. 이것이 구약시대에 남자아이들에게 난 지 팔일 만에 할례를 베푸는 이유이며, 신약시대에 믿는 가정에서 출생한 유아들에게 세례를 베푸는 근거이다.

믿음의 열조들을 도우셨던 하나님께서는 지금도 살아계셔서 우리를 도우시며, 어릴 때 우리를 도우셨던 하나님께서는 지금도 그리고 늙어 쇠약할 때에도 도우실 것이다. 그러므로 다윗은 하나님께 '나를 멀리하지 마옵소서'라고 말한다. 다윗은 지금 환난 중에 아무의 도움도 받지 못하고 있는 어렵고 절박한 상황에 있지만, 하나님께서 그를 도우실 자이심을 굳게 믿고 있는 것이다.

〔12-18절〕 많은 황소가 나를 에워싸며 바산의 힘센 소들이 나를 둘렀으며 내게 그 입을 벌림이 찢고 부르짖는 사자 같으니이다. 나는 물같이 쏟아졌으며 내 모든 뼈는 어그러졌으며 내 마음은 촛밀 같아서 내 속에서 녹았으며 내 힘이 말라 질그릇 조각 같고 내 혀가 잇틀[이틀]에 붙었나이다. 주께서 또 나를 사망의 진토[흙]에 두셨나이다. 개들이 나를 에워쌌으며 악한 무리가 나를 둘러 내 수족을 찔렀나이다. 내가 내 모든 뼈를 셀 수 있나이다. 저희가 나를 주목하여 보고 내 겉옷을 나누며 속옷을 제비 뽑나이다.

다윗의 대적자들은 거칠고 힘센 황소같이 또 잔인하고 위협적인 사자같이 그를 둘러쌌다. 다윗은 이런 상황에서 심신으로 약해져 그의 생각, 감정, 힘, 그리고 용기가 다 쏟아져 버린 것 같고 그의 모든 뼈가 어그러진 것 같았다. 또 다윗의 마음은 초같이 녹았고 그의 힘은 질그릇 조각같이 말랐으며 그의 혀는 이틀에 붙었다. 그는 거의 죽음 앞에 있는 자, 혹은 거의 죽은 자와 같았다.

또 다윗의 대적자들은 물고 뜯는 개들과 같이 인정(人情)이나 도덕성이 없이 다윗을 둘러싸 그의 손과 발을 찔렀다. 몸의 고통이 심하며 모든 뼈가 다 이탈되어 그 수를 셀 수 있게 된 것 같았다. 다윗의 대적자들은 그를 주목하며 심지어 그의 겉옷을 나누어 가졌고 그의 속옷까지도 제비뽑아 취하였다. 겉옷과 속옷까지 취하는 것은 사람에게 아마 가장 큰 모욕과 수치일 것이다.

실제로 다윗이 언제 이런 고난을 당했는지 우리가 알지 못하지만, 이것은 확실히 메시아의 고난의 예표이었다. 예수 그리스도께서는 작은 인정도 자비도 없는 무리들에게 둘러싸여 십자가 위에서 손과 발에 찔림을 받으셨고 로마 군병들은 그의 옷을 취하여 네 깃에 나눠

각각 한 깃씩 가졌고 그의 속옷도 제비뽑아 가졌다(요 19:23-24).

〔19-21절〕 여호와여, 멀리하지 마옵소서. 나의 힘이시여, 속히 나를 도우소서. 내 영혼을 칼에서 건지시며 내 유일한 것을 개의 세력에서 구하소서. 나를 사자 입에서 구하소서. 주께서 내게 응락하시고 들소 뿔에서 구원하셨나이다.

다윗은 극심한 고통의 현실에서도 낙망하지 않고 하나님을 바라보았다. 그는 하나님을 "나의 힘"이라고 부른다. 하나님께서는 성도들의 힘이 되신다. 그는 하나님께 구원을 간구하였다. 그는 하나님께서 고통의 현실에서 자신을 건져주시기를 요청한다. 성도는 환난 중에 하나님께 간구해야 한다. 다윗은 마침내 하나님의 구원을 확신했다. 주께서 내게 응답하시고 들소 뿔에서 구원하셨다는 말은 기도 응답의 확신을 나타낸다. 하나님께서는 그의 간구를 응답하실 것이다.

예수께서도 택자들의 죄를 담당하시려고 십자가의 극심한 고난을 받으셨으나, 삼일 만에 부활하심으로 악인들의 개가를 그치게 하셨고 자신의 의로우심을 증거하셨고 우리의 의(義)와 구원이 되셨다.

본문의 교훈을 정리해보자. 첫째로, 다윗은 극심한 고난 중에 간절히 기도하였고 하나님의 응답과 구원을 체험했다. 그는 열조들의 체험을 기억했고 하나님을 그의 힘으로 고백했다. 오늘날 우리도 큰 고난 중에 낙심치 말고 오직 하나님을 바라보며 그의 도우심을 간구해야 한다.

둘째로, 다윗은 고난 중에도 하나님께서 이스라엘 백성의 찬송 중에 거하시는 거룩한 자이심을 고백하였다. 찬송은 하나님의 백성된 모든 성도들이 마땅히 올려야 할 일이다. 하나님께서는 우리로 그를 찬송하게 하시려고 창조하셨고(사 43:21) 또 우리를 구원하셨다(엡 1:6, 12, 14).

셋째로, 다윗의 극심한 고난은 의인이신 예수 그리스도께서 택자들을 위해 당하신 대속의 고난의 예표이었다. 우리는 우리를 위해 십자가에서 고통과 수치를 당하신 예수 그리스도를 기억하고 감사하며 우리도 그를 위해 또 진리와 의를 위해 즐거이 고난을 받아야 할 것이다.

22-31절, 하나님을 찬송하고 전함

〔22-24절〕 내가 주의 이름을 형제[형제들]**에게 선포하고 회중에서 주를 찬송하리이다. 여호와를 두려워하는 너희여, 그를 찬송할지어다. 야곱의 모든 자손이여, 그에게 영광을 돌릴지어다. 너희 이스라엘 모든 자손이여, 그를 경외할지어다.** [이는] **그는 곤고한 자의 곤고를 멸시하거나 싫어하지 아니하시며 그 얼굴을 저에게서 숨기지 아니하시고 부르짖을 때에 들으셨도다**[들으셨음이로다].

다윗은 회중에서 하나님의 이름을 찬송한다. '회중'(카할 קָהָל)은 성도들의 모임인 교회를 가리킨다. 하나님을 믿지 않는 자들은 하나님을 인정치 않고 감사치 않고 찬송치 않겠지만, 성도들의 회에서는 하나님께 올리는 찬송 소리가 그치지 않을 것이다.

다윗은 또 하나님을 경외하는 자들에게 하나님을 찬송하라고 권한다. 찬송은 모든 사람이 해야 할 의무이다. 시편 150:6은 "호흡이 있는 자마다 여호와를 찬송할지어다"라고 말하였다. 요한계시록에 보면, 24장로들과 천만 천사들은 창조주 하나님과 어린양 예수께서 찬송과 영광을 받기에 합당하시다고 찬송했다(4:10-11; 5:12). 하나님을 참으로 알고 믿고 섬기는 자들은 하나님을 찬송해야 한다.

다윗은 성도들이 하나님께 찬송을 올려야 할 이유가 하나님께서 고난 당하는 자들의 고난을 멸시치 않으시고 그 얼굴을 숨기지 않으시고 그들의 부르짖음을 들으셨기 때문이라고 말한다. 하나님께서는 고난 받는 성도들을 돌아보시고 그들의 부르짖음을 들으신다. 다윗의 체험과 찬송의 이유는 모든 성도들의 체험이며 찬송의 이유이다.

〔25절〕 대회(카할 라브 קָהָל רָב)[많은 회중] **중에 나의 찬송은 주께로서 온 것이니 주를 경외하는 자 앞에서 나의 서원을 갚으리이다.**

다윗은 많은 회중 가운데서 하나님을 찬송하였다. 그는 그가 성도들과 함께 부르는 찬송이 하나님께로부터 왔다고 고백한다. 하나님께 대한 찬송은 하나님께서 그에게 주신 은혜에 대한 깨달음과 지식과 능력을 가져야 할 수 있는 것이다. 사도 바울은 "나의 나된 것은 하나님의 은혜로 된 것"이라고 말하였다(고전 15:10). 우리의 찬송과 감사는 하나님의 은혜에 대한 합당한 응답의 행위이다.

다윗은 또한 그의 서원을 경건한 자들 앞에서 갚겠다고 고백한다. 서원은 하나님 앞에서 맹세하며 결심하고 약속하는 것이다. 다윗은 큰 환난 중에 하나님 앞에서 무엇을 간구하며 서원하였던 것 같다. 이제 하나님께서 그의 기도를 들으셨으므로, 그는 그 서원한 바를 그대로 갚겠다고 고백하는 것이다. 서원은 꼭 갚아야 한다. 옛날에 입다는 하나님께서 암몬 족속을 그에게 붙여주셔서 승리케 하시면 돌아올 때 집 문에서 제일 먼저 그를 영접하는 자를 하나님께 번제로 드리겠다고 서원하였고 그것을 이행하였다(삿 11:30-31). 한나는 하나님께서 그에게 아들을 주시면 그를 하나님의 전에 하나님의 종으로 바치겠다고 서원하였고 그것을 이행하였다(삼상 1:10-11).

〔26절〕 겸손한 자는 먹고 배부를 것이며 여호와를 찾는 자는 그를 찬송할 것이라. 너희 마음은 영원히 살지어다.

본절은 고난에서 건짐 받은 성도를 '겸손한 자,' '여호와를 찾는 자'라고 표현하며 그가 받는 복을 말한다. '겸손한 자'(아나윔 עֲנָוִים)라는 원어는 '고난 당한 자'라는 뜻을 가진 말이다. 성도는 고난을 통해 겸손한 인격이 되며 또 이제 하나님을 찾는 자가 된다.

겸손한 자는 먹고 배부를 것이다. 하나님께서는 고난에서 건짐 받은 성도가 영적으로나 육적으로 먹고 배부르게 하신다. 다윗은 "여호와는 나의 목자시니 내가 부족함이 없으리로다. 그가 나를 푸른 초장에 누이시며 쉴 만한 물가으로 인도하시는도다"라고 말했다(시 23:1-2). 이사야 55:1-2, "너희는 와서 사 먹되 돈 없이, 값없이 와서 포도주와 젖을 사라," "나를 청종하라. 그리하면 너희가 좋은 것을 먹을 것이며 너희 마음이 기름진 것으로 즐거움을 얻으리라."

또 여호와를 찾는 자는 그를 찬송할 것이다. 성도는 평소에 하나님을 인정하고 경외하지만, 특히 환난 날에 하나님을 찾고 구원을 체험하며, 그 후로는 더 하나님을 찾는 자가 되며 하나님을 찬송하는 자가 된다. 구원 얻은 체험을 한 자마다 새 노래로 하나님을 찬송하게 될 것이다. 그는 기쁨과 감사의 찬송을 부를 것이다.

또 하나님을 찾는 자의 마음은 영원히 살 것이다. 마음은 영혼의 활동이다. 마음이 죽는다는 말은 마음이 슬픔과 절망 가운데 낙심되고 침체되는 것을 말하고, 마음이 산다는 것은 마음이 기쁨과 소망 가운데 힘을 얻고 활기를 찾는 것을 말한다. 극심한 고난 가운데서 구원 얻은 성도는 마음에 힘과 기쁨과 활기를 얻을 것이다. 세상에는 언제나 슬픔과 근심, 환난과 고난이 많지만, 하나님을 찾는 자의 마음은 영원히 기쁨과 힘을 잃지 않을 것이다.

[27-28절] 땅의 모든 끝이 여호와를 기억하고 돌아오며 열방의 모든 족속이 주의 앞에 경배하리니 [이는] **나라는 여호와의 것이요 여호와는 열방의 주재**[통치자]**심이로다.**

땅의 모든 끝 곧 만국이 하나님께로 돌아올 것이라는 말씀은 예언이다. 예수께서는 승천하시기 전에 제자들에게 "오직 성령이 너희에게 임하시면 너희가 권능을 받고 예루살렘과 온 유대와 사마리아와 땅끝까지 이르러 내 증인이 되리라"고 말씀하셨다(행 1:8). 우리나라는 그 '땅끝'에 속한다. 우리나라에 예수 그리스도의 구원의 복음이 들어온 것은 기독교 2천년 역사에서 단지 100년 전의 일이었다.

열방의 모든 족속, 즉 세상의 모든 족속은 하나님의 이름을 부를 것이다. 그것이 세계복음화이다. 세계복음화는 하나님께서 아브라함에게 주신 약속, 즉 '너로 말미암아 천하만민이 복을 얻을 것이다'는 약속에서 이미 암시되었다(창 12:3; 18:18). 이것은 이사야 45:22에서도 암시되었다: "땅끝의 모든 백성아, 나를 앙망하라. 그리하면 구원을 얻으리라. 나는 하나님이라. 다른 이가 없음이니라." 주께서는 "너희는 가서 모든 족속으로 제자를 삼으라"고 명령하셨고(마 28:19),

"죄사함을 얻게 하는 회개가 예루살렘으로부터 시작하여 모든 족속에게 전파될 것이 기록되었다"고 말씀하셨다(눅 24:47).

세계복음화의 이유는 나라가 하나님의 것이기 때문이다. 온 세계 열방은 하나님의 창조물이다. 하나님께서는 온 세상의 유일한 통치자이시다. 인류 역사는 하나님의 작정과 섭리 속에 되어진다. 창조도, 타락도, 구속(救贖)도 하나님의 작정과 섭리 속에 있다. 의인의 고난도, 악인의 핍박도 그렇고, 그리스도의 십자가 대속도 만세 전 하나님의 작정하신 바이었다. 모든 것이 주께로부터 나온다(롬 11:36).

〔29절〕 세상의 모든 풍비한(다쉔 דָּשֵׁן)[살찐, 부유한] **자가 먹고 경배할 것이요 진토**(아파르 עָפָר)[흙]**에 내려가는 자 곧 자기 영혼을 살리지 못할 자도 다 그 앞에 절하리로다.**

살찐 자는 육신적으로, 경제적으로, 사회적으로 존귀하고 힘있는 자를 가리키는 것 같다. 그는 평소에 하나님을 무시하고 세상과 돈을 의지하며 살았을지도 모르나 이제 하나님의 은혜를 받아 그에게로 돌아오며 영의 양식을 먹고 하나님께 경배할 것이다. 부자가 천국에 들어가기가 심히 어렵지만, 부자도 하나님의 은혜로 구원을 얻는다.

흙에 내려가는 자는 살찐 자와 대조되며 가난하고 가련하고 힘이 없어 죽어가는 자를 가리킨다. 그는 '자기 영혼을 살리지 못할 자' 즉 거의 죽을 지경에 떨어졌지만 스스로 자신을 건지거나 회복시킬 힘이 없는 자이다. 그러나 그런 자들이 하나님의 은혜로 구원 얻고 복된 새 생명을 얻는다. 옛날부터 이런 자들이 많이 예수님을 믿었고 구원을 얻었다(고전 1:26).

이와 같이, 본문은 각양의 사람들이 주께로 돌아올 것을 암시한다. 부자도 가난한 자도, 권세자도 평범한 시민도, 용사도 가련한 자도 다 회개하고 구원을 얻을 것이다. 모든 사람이 하나님 앞에 굴복할 것이며(빌 2:10-11) 택함 받은 모든 사람이 구주 예수님을 믿고 구원 얻을 것이다. 하나님의 영광이 온 세상에 가득할 것이다.

〔30-31절〕 후손이 그를 봉사할 것이요 대대에 주를 전할 것이며 와서 그 공의를 장차 날 백성에게 전함이여, 주께서 이를 행하셨다 할 것이로다.

구원 얻은 자들의 자손들이 하나님을 섬길 것이다. 구원의 복음과 바른 신앙생활은 경건한 모든 사람에게와 그들의 자녀들에게 전해져야 한다(신 6:6-7; 엡 6:4). 또 구원 얻은 성도는 특히 하나님의 의를 전파해야 한다. 예수께서는 구약성경을 이루기 위해 오셨고(마 5:17), '다 이루셨다'고 십자가 위에서 말씀하셨고(요 19:30), 우리의 의(義)를 위해 율법의 완성이 되셨다(롬 10:4). 우리는 예수 그리스도 안에 있는 구속(救贖)으로 말미암아 의롭다 하심을 얻었다(롬 3:24). 이것이 기독교 복음의 핵심이다. 하나님께서는 바른 신앙의 계대(繼代)가 주님 오실 때까지 이루어지기를 원하신다. 고린도전서 11:26, "너희가 이 떡을 먹으며 이 잔을 마실 때마다 주의 죽으심을 오실 때까지 전하는 것이니라." 디모데후서 2:1-2, "네가 그리스도 예수 안에 있는 은혜 속에서 강하고 네가 많은 증인 앞에서 내게 들은 바를 충성된 사람들에게 부탁하라. 저희가 또 다른 사람들을 가르칠 수 있으리라."

본문의 교훈을 정리해보자. 첫째로, 우리는 구주 하나님을 늘 찬송해야 한다. 우리는 죽어야 마땅했던 죄인이었으나 하나님께서는 우리를 죄와 죽음과 지옥 형벌로부터 구원해주셨다. 그는 은혜로 우리의 생명을 구해주셨다. 그러므로 우리는 구주 하나님을 늘 찬송해야 한다.

둘째로, 우리는 고난 중에 낙심치 말고 하나님께 부르짖어 기도해야 한다. 세상에는 여러 가지 고난이 많고 성도들에게도 그러하지만, 하나님께서는 우리의 기도와 간구, 특히 부르짖는 기도를 잘 들어주신다.

셋째로, 우리는 하나님의 구원의 복음을 온 세계에 전해야 하고 우리 자녀들에게도 전해야 한다. 27-28절, "땅의 모든 끝이 여호와를 기억하고 돌아오며 열방의 모든 족속이 주의 앞에 경배하리니." 30-31절, "대대에 주를 전할 것이며 와서 그 공의를 장차 날 백성에게 전함이여."

23편: 하나님께서는 나의 목자

〔1-2절〕 여호와는 나의 목자시니 내가 부족함이 없으리로다. 그가 나를 푸른 초장에 누이시며 쉴 만한(메 메누코스 מֵי מְנֻחוֹת)[잔잔한] **물가으로 인도하시는도다.**

다윗의 시. 하나님과 그 백성의 관계는 목자와 양의 관계이다. 하나님께서는 우리의 목자시며 우리는 그의 양이다. 목자는 양을 먹이고 지키며 양은 목자의 음성을 따른다. 에스겔 34:15, "내가 친히 내 양의 목자가 되어 그것들로 누워 있게 할지라." 요한복음 10:27, "내 양은 내 음성을 들으며 나는 저희를 알며 저희는 나를 따르느니라."

하나님의 양인 우리는 부족함이 없을 것이다. 왜냐하면 하나님께서 천지만물의 소유자로서 부유하시고 모든 것을 하실 수 있는 전능하신 자이시고 자기 백성과 함께하시고 그들을 보호하시고 인도하시고 공급하시기 때문이다. 신명기 8:4는 애굽에서 나온 이스라엘 백성은 40년간 광야 생활을 하였으나 그 의복이 해어지지 아니했고 그 발이 부릍지 아니하였다고 증거하였다. 마태복음 6:33에 기록된 대로, 주 예수께서는 우리가 먼저 하나님의 나라와 그 의를 구하면 하나님께서 먹을 것과 입을 것을 풍족히 주신다는 약속의 말씀을 주셨다.

하나님께서는 우리를 푸른 풀밭에 누이시며 잔잔한 물가로 인도하신다. 양이 푸른 풀을 뜯어먹고 잔잔한 시냇가에서 물을 마시면 무엇이 더 필요하겠는가. 하나님의 말씀은 우리의 영의 양식이며(마 4:4) 성령께서는 우리 속에서 흘러 넘치는 생수의 강이시다(요 7:37-39). 선한 목자 하나님께서는 영육의 좋은 것을 우리에게 주실 것이다.

〔3절〕 내 영혼을 소생시키시고(예슈베브 יְשׁוֹבֵב)[회개시키시고, 회복시키시고, 새 힘을 주시고] **자기 이름을 위하여 의의 길로 인도하시는도다.**

하나님께서는 우리의 영혼을 회복시키신다. 그는 죽은 영혼들을 살리셨고 또 시시때때로 죄와 실수로 인해 우리의 영혼이 연약해지고 피곤해질 때 우리의 영혼을 회개시키시고 회복시키시며 새 힘을 주신다. 하나님께서는 우리에게 힘을 주시는 자이시다(사 40:27-31).

하나님께서 우리를 인도하시는 방향은 의(義)이다. 의는 하나님의 뜻이며 하나님의 구원의 내용이다. 예수께서는 우리의 의를 이루시기 위해 십자가에 죽으셨다(롬 10:4). 우리는 예수 그리스도를 믿음으로 죄사함과 의롭다 하심을 얻었다. 로마서 3:22-24, "이제는 율법 외에 하나님의 한 의가 나타났으니 율법과 선지자들에게 증거를 받은 것이라. 곧 예수 그리스도를 믿음으로 말미암아 모든 믿는 자에게 미치는 하나님의 의니 차별이 없느니라. 모든 사람이 죄를 범하였으매 하나님의 영광에 이르지 못하더니 그리스도 예수 안에 있는 구속(救贖)으로 말미암아 하나님의 은혜로 값없이 의롭다 하심을 얻은 자 되었느니라." 이것이 구원이다. 또 예수 그리스도를 믿음으로 의롭다 하심을 얻은 성도는 날마다 하나님의 은혜로 실제로 의로운 인격이 되고 의로운 삶을 살아가려고 애쓴다. 이것이 성화(聖化)이다. 하나님의 뜻은 우리가 법적으로 의롭다 하심을 얻을 뿐 아니라, 실제로 의로운 인격이 되고 의롭게, 정직하게, 바르게 사는 것이다(살전 4:3).

하나님께서 우리를 의의 길로 인도하시는 이유는 그의 이름 때문이다. 성도에게는 '하나님의 백성, 하나님의 자녀, 그리스도인'이라는 하나님의 이름, 그리스도의 이름이 붙어 있다. 하나님께서는 우리를 그의 특별한 소유로 삼으셨고 우리에게 존귀한 이름을 주셨고 또 그 이름 때문에 우리를 의의 길, 거룩한 길로 더욱 인도하시는 것이다.

〔4절〕 내가 사망의 음침한 골짜기로 다닐지라도 해를 두려워하지 않을 것은 주께서 나와 함께 하심이라. 주의 지팡이와 막대기가 나를 안위하시나이다.

이 세상은 사망의 음침한 골짜기같이 환난이 많고 곳곳에 죽음의 위협과 공포가 있다. 세상에는 각가지 질병과 사고가 있고 홍수, 지진 같은 천재지변이 있다. 또 세상에는 영적인 무지와 부도덕의 어두움도 가득하다. 세상에 참된 교회들과 성도들이 있지만, 심지어 교회들 안에도 거짓된 목사들과 형식적이고 위선적인 교인들이 적지 않다. 또 마귀는 세상 곳곳에서 성도들을 범죄케 하고 낙심케 하려고 두루 다니며 사자같이 삼킬 자를 찾고 있다(벧전 5:8).

그러나 성도는 해(害)를 두려워하지 않는다. 여기에서 '해'는 영적인 혹은 육적인 해(害)를 다 가리킨다. 성경은 성도에게 두려워 말고 담대하라고 교훈한다. 로마서 8:35, 38-39, "누가 우리를 그리스도의 사랑에서 끊으리요. 환난이나 곤고나 핍박이나 기근이나 적신이나 위험이나 칼이랴," "[아무것도] 우리를 우리 주 그리스도 예수 안에 있는 하나님의 사랑에서 끊을 수 없으리라." 여호수아 1:6, 7, 9, "마음을 강하게 하라. 담대히 하라." 요한복음 16:33, "세상에서는 너희가 환난을 당하나 담대하라." 성도는 사망의 음침한 골짜기 같은 세상에서도 승리의 확신과 평안과 담대함을 가지고 살 수 있고 그렇게 산다.

성도가 세상에서 해를 두려워하지 않는 것은 하나님께서 우리와 함께하시며 그의 지팡이와 막대기로 우리를 지키시고 우리를 위로하시기 때문이다. '지팡이'(쉐베트 שֵׁבֶט)는 사나운 짐승들을 물리치는 무기이며, '막대기'(미쉬안 מִשְׁעָן)는 양들을 인도하는 도구이다. 하나님께서는 우리를 좋은 길로 인도하시고 우리의 원수들을 물리쳐 주신다. 그는 이스라엘 백성을 물과 불 가운데서도 지키시겠다고 말씀하셨다(사 43:2). 또 그는 그의 품안에 거하는 자들을 무서운 질병과 재앙에서 건지시겠다고 말씀하셨다(시 91:1-10).

〔5절〕 주께서 내 원수의 목전에서 내게 상을 베푸시고 기름으로 내 머리에 바르셨으니 내 잔이 넘치나이다.

여기에 '상'은 밥상을 가리킨다. 그것은 기쁨과 즐거움의 일을 가리킨다. 하나님께서는 다윗에게 먹는 즐거움도 주실 것이다. 그것도, 그의 원수 앞에서 그렇게 하실 것이다. 다윗의 원수들은 그가 실패하고 망하기를 바랐겠지만, 그들은 오히려 하나님께서 그와 함께하시고 그에게 기쁜 일을 주시는 것을 보게 될 것이다. 하나님께서는 다윗을 사랑하신다는 것을 그의 원수들 앞에서 친히 증거하실 것이다.

또 다윗은 하나님께서 자기의 머리에 기름을 바르셨다고 말한다. '기름을 바른다'는 원어(디쉔 דִּשֵּׁן)는 '기름을 바르다, 기쁘게 받다'는 뜻이 있다. 옛 시대에 잔치 자리에서 주인은 귀한 손님의 머리에 기름을 발라주었다고 한다. 죽었다가 나흘 만에 다시 살아났던 나사로의 집에서 예수님을 위해 잔치할 때 나사로의 여형제 마리아는 지극히 비싼 향유 곧 순전한 나드 한 근을 예수님의 발에 부었었다(요 12:3). 잔치에 초청 받아 참여한 손님들은 기름의 좋은 향기로 기분이 좋아질 것이다. 이와 같이, 하나님께서는 다윗을 귀한 손님처럼 대우하셨다. 얼마나 큰 은혜이었는지! 하나님께서는 주 예수 그리스도를 믿는 우리에게도 동일한 은혜를 주실 것이다.

또 다윗은 자신의 잔이 넘친다고 고백한다. 하나님께서 차려주신 상은 풍성한 식탁이었다. 먹을 음식도, 포도즙도 풍성하였다. 부유한 주인이 손님들에게 기쁨의 포도즙을 잔에 넘치게 부어주듯이, 하나님께서는 다윗에게 풍성하고 넘치는 은혜를 주셨다. 오늘날 우리에게도 하나님께서는 영육의 풍성하고 넘치는 은혜를 주실 것이다.

〔6절〕 나의 평생에 선하심과 인자하심이 정녕 나를 따르리니 내가 여호와의 집에 영원히 거하리로다.

'선하심과 인자하심'은 하나님의 은혜와 사랑을 가리킨다. 하나님께서는 종 다윗을 은혜로 택하셨고 구원하셨고 인도하신다. 오늘날 우리의 구원도 하나님의 전적인 은혜이다. 사도 바울은 디모데후서 1:9에서 "하나님이 우리를 구원하사 거룩하신 부르심으로 부르심은 우리의 행위대로 하심이 아니요 오직 자기 뜻과 영원한 때 전부터 그리스도 예수 안에서 우리에게 주신 은혜대로 하심이라"고 말하였다.

다윗은 하나님의 선하심과 인자하심이 평생 그를 따를 것이라고 확신한다. 과거에 우리와 함께하셨던 하나님께서는 지금도, 또 남은 날들도 우리와 함께하실 것이다. 예수께서는 세상 끝날까지 우리와 항상 함께하시겠다고 약속하셨다(마 28:20). 성령께서는 영원히 우리와 함께하실 보혜사이시다(요 14:16).

다윗은 하나님의 집에 영원히 거하겠다고 고백하였다. 이것은 그가 성전 중심의 삶을 살겠다는 대답인 동시에 영원한 천국의 소망과 확신을 나타낸다. 하나님의 은혜를 받고 그것을 깨닫는 사람은 하나님 중심, 천국 중심, 교회 중심으로 살 것이다. 그는 영광의 천국에서 영원한 영광의 생활을 할 것이며(계 22:5), 주의 재림이 가까움을 볼수록 모이기를 더 힘쓸 것이다(행 2:42; 히 10:25).

시편 23편의 교훈을 정리해보자. 첫째로, 하나님을 목자로 삼은 자들은 영육의 부족함이 없을 것이다. 지혜와 능력이 많으시고 선하신 목자이신 하나님께서 자기 양들에게 영육의 모든 좋은 것들을 공급하실 것이기 때문에, 하나님을 목자로 삼은 양들에게는 부족함이 없을 것이다.

둘째로, 하나님께서는 우리의 영혼을 소생시키시고 우리로 의의 길을 인도하신다. 그는 죄와 허물로 죽었던 우리 영혼들을 그의 은혜로 다시 살리셨고 주 예수 그리스도를 믿음으로 죄사함과 의롭다 하심을 얻게 하셨고 또 실제적으로도 의롭게, 선하게 살게 하실 것이다.

셋째로, 이 세상은 사망의 음침한 골짜기 같지만 하나님께서 우리와 함께하시고 그의 지팡이와 막대기로 우리를 보호하시고 인도하실 것이기 때문에, 우리는 해를 받음을 두려워하지 않을 것이다. 우리는 어떤 상황과 여건에서도 하나님의 보호하심과 도우심을 믿고 확신해야 한다.

넷째로, 우리는 하나님의 선하심과 인자하심이 평생 함께하실 것을 믿고 또 하나님의 집에 영원히 거하기를 소원해야 한다. 하나님을 경외하고 성경말씀을 믿고 순종하는 자들은 하나님의 선하심이 평생 함께하실 것을 믿고 하나님 중심, 천국 중심, 교회 중심으로만 살아야 한다.

24편: 영광의 왕이신 하나님

〔1-2절〕 **땅과 거기 충만한 것과 세계와 그 중에 거하는 자가 다 여호와의 것이로다.** [이는] **여호와께서 그 터를 바다 위에 세우심이여, 강들 위에 건설하셨도다**[건설하셨음이로다].

다윗의 시. 땅과 거기 충만한 것과 세계와 그 중에 거하는 자가 다 여호와의 것이다. 이 광대한 지구와 거기에 가득한 것들과 세계와 그 가운데 거하는 자들이 다 하나님의 것이다. 산들과 골짜기들, 나무들과 풀들, 꽃들, 새들, 짐승들, 땅 속의 금은보석의 광물들, 바다들과 강들과 물고기들이 다 하나님의 것이며, 여러 피부색들과 여러 언어들과 다양한 풍습의 사람들이 다 하나님의 것이다. 창조주 하나님께서는 천지만물 곧 세상만물과 세상에 사는 모든 사람들의 참된 주인이시요 소유자이시며 온 우주의 참된 주인이시오 소유자이시다.

성경은 이런 진리, 즉 천지만물이 하나님의 소유라는 진리를 여러 곳에서 밝히 증거한다. 창세기 1:1, "태초에 하나님이 천지를 창조하시니라." 출애굽기 19:5, "세계가 다 내게 속하였나니 너희가 내 말을 잘 듣고 내 언약을 지키면 너희는 열국 중에서 내 소유가 되겠고." 신명기 10:14, "하늘과 모든 하늘의 하늘과 땅과 그 위의 만물은 본래 네 하나님 여호와께 속한 것이로되." 욥기 41:11, "온 천하에 있는 것이 다 내 것이니라." 역대상 29:11, "천지에 있는 것이 다 주의 것이로소이다." 시편 50:12, "세계와 거기 충만한 것이 내 것임이로다."

천지만물이 다 하나님의 소유인 이유는 하나님께서 그것의 터를 바다 위에 세우셨고 강들[혹은 물들] 위에 건설하셨기 때문이다. 즉 천지만물과 모든 생물과 사람을 만드신 이가 하나님이시기 때문에 하나님께서 그것들의 주인이신 것이다. 시편 89:11도, "하늘이 주의 것이요 땅도 주의 것이라. 세계와 그 중에 충만한 것을 주께서 건설하셨나이다"라고 말하였다. 하나님께서 천지만물, 즉 온 우주만물을 창조하셨기 때문에, 그는 당연히 우주만물의 소유자이신 것이다.

〔3-4절〕 여호와의 산에 오를 자 누구며 그 거룩한 곳에 설 자가 누군고. 곧 손이 깨끗하며 마음이 청결하며 뜻을 허탄한 데 두지 아니하며 거짓 맹세치 아니하는 자로다.

'여호와의 산'은 하나님께서 계신 곳, 성막이 있는 곳을 가리킨다. 어떤 사람이, 하나님 곧 온 세상의 창조주이시며 주인이신 하나님을 섬기며 그와 교제할 수 있는가? 다윗은 창조주 하나님께서 또한 인격적, 도덕적 하나님이시므로 경건하고 도덕적인 자만 하나님을 섬기며 그와 교제할 수 있다고 말한다. 그것은 이치에도 맞고 성경적이다.

첫째로, 여호와의 산에 오를 자는 손이 깨끗해야 한다. 손은 사람이 일을 하는 주된 도구이다. 손은 사람의 행동을 나타낸다. 사람의 손은 나쁜 일도 할 수 있고 좋은 일도 할 수 있다. 악한 자는 손으로 살인, 간음, 도적질 등을 행한다. 그러나 선한 자는 거룩한 손을 들고 하나님께 기도하며(딤전 2:8) 그 손으로 의와 선을 행한다. 사람은 손이 깨끗해야 거룩하신 하나님을 섬기며 그와 교제할 수 있다.

둘째로, 여호와의 산에 오를 자는 마음이 청결해야 한다. 첫 사람이 범죄한 이후, 모든 사람의 마음은 만물보다 거짓되고 심히 부패되어 있다(렘 17:9). 예수님의 말씀하신 대로, 사람의 마음에서 악한 생각, 살인, 간음, 도적질, 거짓 증거, 비방 등이 나온다(마 15:19). 그러나 사람이 회개하고 예수님을 믿을 때 그 마음이 깨끗케 된다(행 15:9). 이렇게 마음이 깨끗케 된 자만 하나님을 뵈올 수 있다(마 5:8). 사람은 마음이 깨끗해야 하나님을 섬기며 교제할 수 있다.

셋째로, 여호와의 산에 오를 자는 뜻을 허탄한 데 두지 않아야 한다. 허탄한 것은 물질적인 것, 세상적인 것, 죄악된 것을 가리킨다. 주께서는 물질적인 것을 썩는 양식이라고 말씀하셨다. 요한복음 6:27, "썩는 양식을 위하여 일하지 말고 영생하도록 있는 양식을 위하여 하

라. 이 양식은 인자가 너희에게 주리니 인자는 아버지 하나님의 인치신 자니라." 재물은 허무하게 없어질 수 있는 것이다. 잠언 23:5, "네가 어찌 허무한 것에 주목하겠느냐? 정녕히 재물은 날개를 내어 하늘에 나는 독수리처럼 날아가리라." 그러므로 사람은 이런 것에 마음을 두지 말고 믿음의 일(요 6:29), 주의 일(고전 15:58), 선한 일(딤전 6:17-18)에 두어야 하나님을 섬기며 교제할 수 있다.

넷째로, 여호와의 산에 오를 자는 거짓으로 맹세하지 않아야 한다. 사울 왕은 맹세하고(삼상 14:39; 19:6) 그가 한 맹세를 쉽게 저버렸다. 그러나 사사 입다(삿 11:30-39)와 사무엘의 모친 한나(삼상 1:10-11, 24-28)는 그들이 맹세한 바를 그대로 지켰다. 맹세를 지키는 자라는 말은 하나님을 참으로 경외하는 자 곧 경건한 자라는 뜻이다.

〔5-6절〕 저는 여호와께 복을 받고 구원의 하나님께 의를 얻으리니 이는 여호와를 찾는 족속이요 야곱의 하나님**의 얼굴을 구하는 자로다(셀라).**

본문의 '저'는 앞절에서 말한 손이 깨끗하고 마음이 청결하고 뜻을 허탄한 데 두지 않고 거짓 맹세치 않는 자를 가리킨다. 이런 사람은 참으로 회개하고 하나님만 의지하는 자이다. 그는 하나님께서 생명 얻는 회개를 주신 자이다. 하나님께서 주셔야 사람이 참으로 회개할 수 있다. 베드로의 증거대로, 이방인 고넬료가 예수님 믿고 구원 얻은 것은 하나님께서 생명 얻는 회개를 주셨기 때문이었다(행 11:18).

이런 사람은 하나님께 복을 받을 것이며 그의 구원의 하나님께 의(義)를 얻을 것이다. 하나님께서 주시는 가장 큰복은 구원의 복이며 구원의 내용은 의(義)이다. 사도 바울은 "모든 사람이 죄를 범하였으매 하나님의 영광에 이르지 못하더니 그리스도 예수 안에 있는 구속(救贖)으로 말미암아 하나님의 은혜로 값없이 의롭다 하심을 얻은 자 되었느니라"고 말했다(롬 3:23-24). 또 그는 "무엇이든지 내게 유익하던 것을 내가 그리스도를 위하여 다 해로 여길 뿐더러 또한 모든 것을 해로 여김은 내 주 그리스도 예수를 아는 지식이 가장 고상함을 인함이라. 내가 그를 위하여 모든 것을 잃어버리고 배설물로 여김은 그리스도를 얻고 그 안에서 발견되려 함이니 내가 가진 의(義)는 율법에서 난 것이 아니요 오직 그리스도를 믿음으로 말미암은 것이니 곧 믿음으로 하나님께로서 난 의(義)라"고 말했다(빌 3:7-9). 사람이 죄사함과 의롭다 하심을 얻는 것은 가장 귀한 복이다.

세상에는 하나님을 찾지 않는 자들이 많이 있다. 그들은 도덕적으로 부패될 수밖에 없다. 그러나 하나님의 긍휼과 만세 전 선택으로 하나님을 찾는 자들이 있다. 그들은 하나님의 구원을 얻는 자들이다. 그들은 참으로 회개하고 하나님과 그의 보내신 구주 예수님을 믿는다. 이들은 하나님의 구원과 의를 받는다. 우리가 바로 그들이다.

〔7-10절〕 문들아, 너희 머리를 들지어다. 영원한 문들아, 들릴지어다. 영광의 왕이 들어가시리로다. 영광의 왕이 뉘시뇨? 강하고 능한 여호와시요 전쟁에 능한 여호와시로다. 문들아, 너희 머리를 들지어다. 영원한 문들아, 들릴지어다[들지어다](원문, KJV, NASB). **영광의 왕이 들어가시리로다. 영광의 왕이 뉘시뇨? 만군의 여호와께서 곧 영광의 왕이시로다(셀라).**

본문에 5번이나 반복하여 언급된 '영광의 왕'은 하늘의 천군 천사들을 거느리신 만군의 여호와를 가리킨다. 그는 우리를 위해 마귀와 모든 악령들을 물리치시는 강하고 능하신 하나님이시며 전쟁에 능하신 하나님이시다. 본문의 '영광의 왕'은 하나님께서 보내실 메시아에게 합당하다. 그는 시편 22편에서 고난의 종으로, 시편 23편에서 선한 목자로, 본 시편에서 영광의 왕으로 증거되셨다고 보인다. 예수께서는 우리 죄를 대속하시려고 십자가에 죽으셨고 장사한 지 3일 만에 부활하심으로 주와 그리스도 되심을 증거하셨고(행 2:36) 영광 가운데 승천하셨다. 디모데전서 3:16, "크도다, 경건의 비밀이여, 그렇지 않다 하는 이 없도다. 그는 육신으로 나타난 바 되시고 영으로 의롭다 하심을 입으시고 천사들에게 보이시고 만국에서 전파되시고 세상에서 믿은 바 되시고 영광 가운데서 올리우셨음이니라."

이제 다윗은 "영원한 문들아, 네 머리를 들라"고 외친다. '영원한 문'은 '옛부터 있는 문'(NASB, NIV)이라고도 번역된다. 그것은 천국문을 가리킬 수 있다. 예수 그리스도께서 땅 위에 오셨다가 부활 승천하심으로 천국에 들어가실 때 천국문은 그를 위해 활짝 열렸을 것이다. '옛부터 있는 문'은 인류 초기부터 있었던 구원의 문 혹은 교회(계 13:8)의 문을 가리킬 수도 있다. 지상의 교회들, 곧 하나님의 백성들은 예수 그리스도, 곧 십자가에 못박혀 죽으셨으나 부활하시고 승천하신 주 예수 그리스도를 기쁨으로 영접해야 하며 또 그가 장차 만왕의 왕과 이 세상의 심판주로 세상에 재림하실 때에도 그러해야 한다.

"너희 머리를 들라"는 말씀은 영광의 왕을 즐거이 환영하라는 뜻이다. 천국에 있는 천사들은 승천하시는 메시아를 환영해야 했다. 또 지상에 있는 교회들과 하나님의 백성들도 마음문을 활짝 열고 영광의 왕이신 주 그리스도를 기쁨으로 영접해야 할 것이다.

시편 24편의 교훈을 정리해보자. 첫째로, 천지와 그 중에 있는 만물과 사람들은 다 하나님의 것이다. 하나님께서는 천지만물의 참 소유자이시다. 우리는 만물의 주인이신 하나님을 믿고 섬기며 순종해야 한다.

둘째로, 손이 깨끗하고 마음이 청결하고 뜻을 허탄한 데 두지 않고 거짓 맹세하지 않는 자, 즉 경건과 도덕성이 있는 자가 하나님과 교제할 수 있고 교회의 참 회원이 될 수 있고 장차 천국에 들어갈 수 있다.

셋째로, 하나님을 찾고 믿는 자들이 구원의 복, 곧 의를 얻게 된다. 이것은 신약성경이 증거하는 '믿음으로 의롭다 하심을 받는' 복과 같다.

넷째로, 이제 우리는 마음의 문을 활짝 열고 영광의 왕이신 하나님과 그의 아들 예수 그리스도를 영접해야 한다. 천국에 있는 천사들과 성도들은 주님의 천국 입성을 환영했을 것이다. 이제 땅에 있는 교회들도 그러해야 하며, 또 장차 재림하실 예수 그리스도를 사모하며 대망해야 한다. 우리는 "아멘, 주 예수여, 어서 오시옵소서"라고 고백해야 한다.

25편: 하나님을 경외하며 바람

〔1-3절〕 여호와여, 나의 영혼이 주를 우러러 보나이다. 나의 하나님이여, 내가 주께 의지하였사오니 나로 부끄럽지 않게 하시고 나의 원수로 나를 이기어 개가를 부르지 **못하게 하소서. 주를 바라는 자는 수치를 당하지 아니하려니와 무고히 속이는 자는 수치를 당하리이다.**

다윗의 시. 다윗의 원수들은 까닭 없이 그를 속이며 핍박하였으나, 다윗은 하나님을 우러러 보고 의지했다. 하나님을 우러러 보고 의지하며 바라고 그에게 기도하는 것은 원수들에 대한 최선의 대책이다. 하나님을 의지하며 바라는 자는 결코 수치를 당하지 않을 것이다.

〔4-5절〕 여호와여, 주의 도를 내게 보이시고 주의 길을 내게 가르치소서. 주의 진리로 나를 지도하시고 교훈하소서. [이는] **주는 내 구원의 하나님이시니**[하나님이심이오니] **내가 종일 주를 바라나이다.**

다윗은 원수들의 핍박 중에서 하나님의 길을 걷기를 원했다. 하나님의 길은 하나님께서 교훈하신 생활을 가리킨다. 성경은 곧 하나님의 생활 교훈이다. 다윗이 하나님의 진리의 교훈을 구하는 이유는 그가 하나님을 종일 바라고 있기 때문이었다. 하나님께서는 그를 구원하셨고 또 구원하실 것이다. 어려운 문제를 직면할 때 하나님의 교훈대로 사는 것은 환난을 이기는 최선의 길이다.

〔6절〕 여호와여, 주의 긍휼하심과 인자하심이 영원부터 있었사오니 주여, 이것을 기억하옵소서.

'이것'은 '주의 긍휼하심과 인자하심'을 가리킬 것이다. 하나님께서는 영원하시며 그의 긍휼하심과 인자하심도 영원하시다. 시편 136:1, "여호와께 감사하라. 그는 선하시며 그 인자하심이 영원함이로다." 시편 136편에는 '그 인자하심이 영원하다'는 말이 26번이나 나온다. 다윗은 하나님의 영원하신 긍휼과 인자를 알고 그 긍휼하심과 인자하심에 호소한다. 사람이 하나님께 도움을 얻는 길은 오직 하나님의 영원하신 긍휼과 자비 안에서뿐이다.

〔7절〕 여호와여, 내 소시(少時)의 죄와 허물을 기억지 마시고 주의 인자하심을 따라 나를 기억하시되 주의 선하심을 인하여 하옵소서.

다윗은 어렸을 때, 즉 그가 아직 믿음과 인격이 많이 부족했을 때의 실수들과 부족들을 부끄럽고 고통스럽게 기억하고 있었다. 그러나 하나님께서는 그것들을 이미 다 용서하셨고 기억하시지 않을 것이다. 사람은 그의 어릴 때의 부족들의 기억 때문에 더욱 겸손하게 된다. 다윗은 이제 어른이 되어 하나님의 인자하심과 선하심만 의지하며 원수의 공격으로부터 그를 건져주시기를 기도한다.

〔8-9절〕 여호와는 선하시고 정직하시니 그러므로 그 도(道)로 죄인을 교훈하시리로다. 온유한 자를 공의로 지도하심이여, 온유한 자에게 그 도를 가르치시리로다.

선하심과 정직하심이라는 이 대조적 두 속성은 하나님의 도덕적 완전성을 나타낸다. 하나님의 의는 선하심을 겸비한 의이며 그의 선하심은 의를 겸비한 선하심이다. 선하심과 정직하심 즉 사랑과 의는 하나님의 필수적 속성들이며 우리는 그 둘을 함께 본받아야 한다.

하나님께서는 선하고 올바른 길을 죄인들에게 교훈하신다. 그는 특히 온유한 자들에게 그 길을 가르치신다. '온유한 자'라는 원어(아나윔 עֲנָוִים)는 '고난 당하는 자들, 겸손한 자들'이라는 뜻이다. 고난은 사람을 온유하고 겸손하게 만든다. 하나님께서는 교만한 자들을 물리치시고 온유하고 겸손한 자들에게 은혜를 주신다. 하나님의 참된 양들은 겸손히 그의 음성을 듣고 따른다(요 10:27; 계 14:4).

〔10-11절〕 여호와의 모든 길은 그 언약과 증거를 지키는 자에게 인자와 진리로다. 여호와여, 나의 죄악이 중대하오니 주의 이름을 인하여 사하소서.

하나님의 모든 길들은 인자와 진리이다. 하나님께서는 인자하시고 진실하시며 그 자신의 행하시는 모든 일이 인자와 진실이시며 또한 그는 우리에게 인자와 진실의 삶을 교훈하신다. 특히 하나님의 길은 그의 언약과 증거를 지키는 자들에게 그러하다. 하나님께서는 사람들과 언약을 맺으셨고 계명들을 주셨다. 그의 언약과 계명들을 지키는 자들에게는 그의 인자와 진실이 있다. 다윗은 자신의 죄악이 크다고 말하면서 하나님의 이름을 인해 그의 큰 죄악을 용서해주시기를 간구한다. 성도는 하나님의 언약과 계명들을 지키려 할 때 자신의 죄가 크고 심각함을 더욱 알게 되며 하나님께 용서를 구하게 된다.

〔12-15절〕 여호와를 경외하는 자 누구뇨? 그 택할 길을 저에게 가르치시리로다. 저의 영혼은 평안히(베토브 בְּטוֹב)[형통하게, 행복하게] **거하고 그 자손은 땅을 상속하리로다. 여호와의 친밀함**(소드 סוֹד)[친밀한 대화]**이 경외하는 자에게 있음이여, 그 언약을 저희에게 보이시리로다. 내 눈이 항상 여호와를 앙망함은 내 발을 그물에서 벗어나게 하실 것임이로다.**

하나님을 경외하는 자는 복되다. 하나님께서는 그에게 택할 길을 가르쳐주실 것이다. 그는 또 그의 영혼에 평안과 행복을 주실 것이다. 하나님께서는 또 그의 자녀들에게 땅을 상속받는 복을 주실 것이다. 그것은 그들이 현세에서의 안정뿐 아니라 장차 영원한 천국을 기업으로 얻는 것을 가리킬 것이다. 하나님께서는 또 그에게 친밀한 교제의 복을 주실 것이다. 그는 또 그의 언약을 그에게 알게 하실 것이다. '그의 언약'은 신구약성경이다. 그것은 성경을 깨닫는 복이다. 하나님을 경외하는 자는 하나님의 뜻에 대한 바른 지식, 충만한 지식을 가지게 될 것이다. 하나님께서는 또 그의 발로 그물에서 벗어나게 하실 것이다. 그물은 원수들이 쳐놓은 시험거리이다. 마귀는 성도를 범죄하게 하려고 그의 발 앞에 그물을 쳐놓지만 하나님께서는 항상 그를 앙망하는 자의 발이 그 그물에 걸리지 않게 하실 것이다.

〔16-18절〕 주여, 나는 외롭고 괴롭사오니 내게 돌이키사 나를 긍휼히 여기소서. 내 마음의 근심이 많사오니 나를 곤난[곤란]**에서 끌어내소서. 나의 곤고와 환난을 보시고 내 모든 죄를 사하소서.**

다윗은 외롭고 괴로운 상태에서 하나님의 긍휼과 구원을 구한다.

인생의 난제(難題)의 해결책은 하나님께 있다. 다윗은 또 자신의 죄들을 기억하고 하나님께 용서를 구한다. 그는 자신이 당하는 고난이 자신의 죄에 대한 하나님의 징책이라고 느끼고 있다. 그렇다면 하나님께 용서를 받으면 고난으로부터 구원도 얻을 것이다.

〔19-22절〕 내 원수를 보소서. 저희가 많고 나를 심히 미워함이니이다. 내 영혼을 지켜 나를 구원하소서. 내가 주께 피하오니 수치를 당치 말게 하소서. 내가 주를 바라오니 성실(톰 תֹּם)[완전함]**과 정직으로 나를 보호하소서. 하나님이여, 이스라엘을 그 모든 환난에서 구속(救贖)하소서.**

다윗은 그를 심히 미워한 원수가 많았으나 그 현실을 믿음과 기도로 대처했다. 그는 하나님께 피하며 그를 의지했고 그에게 기도했다. 그는 평소에 완전함과 정직함으로 행하였고 그래서 담대하였다.

시편 25편의 교훈을 정리해보자. 첫째로, 다윗은 원수들의 핍박 중에서도 하나님만 바라고 의지하며 그의 교훈만 붙들었다. 하나님께서는 우리의 모든 문제들의 해결자이시다. 우리는 환난 중에 특히 원수들이 우리를 핍박할 때에 그들과 일일이 맞대응하려 하지 말고 오직 하나님만 의지하고 바라며 기도하고 하나님의 교훈대로만 행해야 한다.

둘째로, 다윗은 고난 중에 그의 과거와 현재의 모든 죄를 기억하고 회개하며 하나님의 긍휼만을 의지하였다. 우리의 구원은 오직 하나님의 긍휼에 근거한다. 그렇지 않다면 하나님께 나아갈 자는 아무도 없다. 그러므로 우리는 고난 중에 깨닫는 우리의 모든 죄를 버리고 하나님만 의지하고 인자하신 하나님께 우리의 모든 죄의 용서를 구해야 한다.

셋째로, 하나님께서는 그를 경외하는 겸손한 자들에게 그들의 길과 그들의 택할 길을 가르쳐주시고 친밀한 교제를 허락하시고 바른 성경지식을 주시고 그들의 발이 원수들이 친 그물에 걸리지 않게 하시고 그들로 수치를 당하지 않게 하시고 그들을 보호하시고 그들을 고난으로부터 구원해주실 것이다. 우리는 교만한 마음을 버리고 온유함과 겸손함으로 하나님을 경외하며 오직 온전함과 정직으로 행해야 한다.

26편: 완전함에 행하며 하나님께 아룀

〔1-2절〕 내가 나의 완전함에 행하였사오며 요동치 아니하고 여호와를 의지하였사오니 여호와여, 나를 판단하소서[내가 나의 완전함에 행하였사오니 나를 판단하소서. 또한 내가 여호와를 의지하였사오니 내가 요동치 아니하리이다](MT 액센트에 근거; KJV). **여호와여, 나를 살피시고 시험하사 내 뜻**(길요사이 כִלְיוֹתַי)[나의 신장(腎臟), 내부]**과 내 마음을 단련하소서**[검토하소서].

다윗의 시. 다윗은 자신이 완전함에 행하였다고 말한다. '완전함'이라는 원어(톰 תֹּם)는 하나님의 계명들을 지킴으로 흠이 없는 상태를 가리킨다. 노아가 완전하다는 말(타밈 תָּמִים, 창 6:9)이나 욥이 순전하다는 말(탐 תָּם, 욥 1:1)은 비슷한 말이다. 다윗은 노아와 욥과 같이 평소에 경건하고 도덕적인 삶, 흠이 없는 삶을 살았다.

다윗은 또 자신이 하나님을 의지하였고 요동치 않으리라고 말한다. 그는 물맷돌로 블레셋 장수 골리앗과 싸워 이긴 청소년 때부터 믿음의 사람이었다(삼상 17:45-47). 또 하나님을 의지하는 자는 요동치 않을 것이다. 시편 125:1은, "여호와를 의뢰하는 자는 시온산이 요동치 아니하고 영원히 있음 같도다"라고 말한다.

다윗은 담대히 하나님의 판단을 구한다. '내 뜻과 내 마음'은 '나의 깊은 생각과 마음과 뜻, 즉 나의 마음 중심'을 가리킨다. 그는 담대히 하나님의 판단과 시험을 구한다. 그에게는 믿음의 담대함이 있었다.

〔3-5절〕 [이는] **주의 인자하심이 내 목전에 있나이다**[있으며] **내가 주의 진리 중에 행하여**[행하였음이니이다. 나는] **허망한 사람과 같이 앉지 아니하였사오니 간사한 자**(נַעֲלָמִים 나알라밈)[자신을 감추는 자들, 속이는 자들]**와 동행치도 아니하리이다. 내가 행악자의 집회를 미워하오니 악한 자와 같이 앉지 아니하리이다.**

3절은 앞절에서 하나님의 판단을 구하였던 그의 담대함의 근거를 보인다. 그의 담대함의 근거는 첫째 하나님의 인자하심이었고 둘째 그의 평소의 순종생활이었다.

다윗은 근본적으로 하나님의 인자하심, 즉 하나님의 은혜와 긍휼과 사랑을 믿었다. 사람이 하나님 앞에 설 수 있는 것은 오직 그의 인자하심 때문이다. 그의 인자하심 때문에 우리는 우리의 죄 용서함을 받았고 감히 거룩하신 하나님을 섬길 수 있는 것이다.

다윗은 또 평소에 하나님의 진리 중에 행했다. 우리는 성경에 계시된 하나님의 교훈을 따라 행해야 한다. 사도 요한은 성도들이 하나님의 진리 안에서 행하는 것을 보며 심히 기뻐하였다(요이 2, 요삼 4).

또 다윗은 자신이 거짓되고 악한 자들과 함께 앉거나 동행하지 않았고 또 앞으로도 그렇겠다고 말한다. 그것은 시편 1:1이 말한 복 있는 자의 모습과 같다. 성도는 친구를 잘 사귀어야 한다. 그는 경건하고 선한 친구를 사귀어야 한다. 잠언 13:20, "지혜로운 자와 동행하면 지혜를 얻고 미련한 자와 사귀면 해를 받느니라." 고린도전서 15:33, "속지 말라. 악한 동무들은 선한 행실을 더럽히나니."

[6-7절] 여호와여, 내가 무죄하므로(베닉카욘 בְּנִקָּיוֹן)[깨끗함 중에서, 무죄함 중에서] **손을 씻고 주의 단에 두루 다니며 감사의 소리를 들리고 주의 기이한 모든 일을 이르리이다.**

다윗은 깨끗한 손으로 하나님을 섬기겠다고 고백한다. '손을 씻는다'는 말은 제사장들이 성소에 들어갈 때와 단에 가까이 가서 제물을 불사를 때에 먼저 그들의 손과 발을 물대야에서 씻는 것을 생각케 한다(출 30:19-20). 후에 솔로몬 성전에서는 물대야 열 개 외에 바다라는 것을 한 개 만들었는데, 번제물은 물대야들에서 씻고 제사장들은 바다에서 씻었다(대하 4:6). "주의 단에 두루 다니며"라는 말은, 다윗이 제사장은 아니지만 제사장들이 제단 주위에서 분주히 제사들을 수행하듯이 열심히 하나님을 섬기겠다는 뜻이다.

우리는 거룩한 손으로 하나님께 기도하며 깨끗한 제물을 그에게 드려야 한다. 디모데전서 2:8, "그러므로 각처에서 남자들이 분노와 다툼이 없이 거룩한 손을 들어 기도하기를 원하노라." 말라기 1:11, "각처에서 내 이름을 위하여 분향하며 깨끗한 제물을 드리리니 이는 내 이름이 이방 민족 중에서 크게 될 것임이니라." 하나님께서는 죄를 품고 하는 기도나 봉사를 받지 않으실 것이다(시 66:18).

다윗은 또 하나님께 감사하며 그를 증거하겠다고 말한다. "감사의 소리를 들리고"라는 말은 하나님을 섬기면서 "오 하나님 감사합니다!" 하고 하나님께 감사의 말씀을 소리내어 아뢴다는 뜻이다. 우리는 감사함으로 하나님을 섬겨야 한다(시 50:14; 100:4). 또 "주의 기이한 모든 일을 이르리이다"라는 말은 하나님께서 행하신 모든 기이한 일들을 증거하고 찬송하겠다는 뜻이다. 그것은 찬송의 내용이기도 하고 또 간증의 내용이기도 할 것이다.

〔8-12절〕 여호와여, 내가 주의 계신 집과 주의 영광이 거하는 곳을 사랑하오니 내 영혼을 죄인과 함께, 내 생명을 살인자와 함께 거두지 마소서. 저희 손에 악특함[악함]**이 있고 그 오른손에 뇌물이 가득하오나 나는 나의 완전함에 행하오리니 나를 구속(救贖)**[구원]**하시고 긍휼히 여기소서. 내 발이 평탄한 데 섰사오니 회중에서 여호와를 송축하리이다.**

다윗은 하나님의 계신 집과 그 영광이 거하는 곳, 곧 성막을 사랑하였다. 하나님을 알고 그를 경외하는 자는 하나님의 성막을 사랑할 것이다. 오늘날 말로 하면, 하나님을 알고 그를 경외하는 자는 교회를 사랑할 것이며, 주 예수께서 피흘려 사신 백성 곧 예수님 믿는 자들을 사랑할 것이다. 진실한 성도들은 교회를 사랑할 것이다.

또 다윗은 완전함에 행하겠다고 고백한다. 그는 1절에서 완전함에 행하였다고 말했고, 3절에서 진리 중에 행하였다고 했다. 이제 그는 "나는 나의 완전함에 행하오리니"(11절)라고 말한다. 그는 하나님의 뜻대로 살고자 하는 순전한 마음을 가지고 양심에 거리낌없는 순종생활을 힘썼고 흠 잡을 데 없는 삶을 살고 있었다. 12절에 "내 발이 평탄한 데 섰사오니"라는 말도 평지에 견고히 섰다는 뜻도 되지만,

또한 의와 정직 가운데 섰다는 뜻도 된다.

그러나 다윗의 대적자들의 모습은 달랐다. 그들은 9절에 '죄인'과 '살인자'라고 표현된다. 또 10절은 "저희 손에 악함이 있고 그 오른손에 뇌물이 가득하다"고 말한다. 악인은 온갖 방법들을 동원하여 남을 해치고 남을 죽이려 한다. 이런 상황에서, 다윗은 "내 영혼을 죄인과 함께, 내 생명을 살인자와 함께 거두지 마소서"(9절), "나를 구원하시고 긍휼히 여기소서"(11절)라고 기도한다. 그는 지금 죽을 위기에 처해 있지만, 담대히 하나님의 인자하심(3절)의 구원을 간구한다.

시편 26편의 교훈을 정리해보자. 첫째로, 다윗은 온전하게 행하였다. 1-2절, "내가 나의 완전함에 행하였사오니." 3-4절, "내가 주의 진리 중에 행하여 허망한 사람과 같이 앉지 아니하였사오니 간사한 자와 동행치도 아니하리이다." 5절, "내가 행악자의 집회를 미워하오니 악한 자와 같이 앉지 아니하리이다." 10-11절, "저희 손에 악특함이 있고 그 오른 손에 뇌물이 가득하오나 나는 나의 완전함에 행하오리니." 우리는 하나님을 알고 경외하며 그의 계명대로 진실하게, 깨끗하게, 흠과 점 없이 살기를 힘써야 하고 이럴 때 우리는 담대히 하나님께 기도할 수 있고 기도 응답을 얻는다. 우리는 하나님 앞에서 온전하게 행해야 한다.

둘째로, 다윗은 하나님과 그의 인자하심을 의지하였고 하나님의 집을 사랑하였다. 1절, "[내가] 여호와를 의지하였사오니." 3절, "주의 인자하심이 내 목전에 있나이다." 8절, "내가 주의 계신 집과 주의 영광이 거하는 곳을 사랑하오니." 11절, "[나를] 긍휼히 여기소서." 우리는 하나님과 그의 인자하심만 의지하고 그의 집을 사랑하며 기도해야 한다.

셋째로, 다윗은 하나님을 증거하기를 원하였다. 6-7절, "[내가] 주의 단에 두루 다니며 감사의 소리를 들리고 주의 기이한 모든 일을 이르리이다." 12절, "회중에서 여호와를 송축하리이다." 우리는 하나님의 은혜와 구원을 늘 감사하고 찬송하고 다른 사람들에게 그를 증거해야 한다.

27편: 하나님을 담대히 의지함

[1-3절] 여호와는 나의 빛이요 나의 구원이시니 내가 누구를 두려워하리요. 여호와는 내 생명의 능력이시니 내가 누구를 무서워하리요. 나의 대적, 나의 원수된 행악자가 내 살을 먹으려고 내게로 왔다가 실족하여 넘어졌도다. 군대가 나를 대적하여 진 칠지라도 내 마음이 두렵지 아니하며 전쟁이 일어나 나를 치려 할지라도 내가 오히려 안연(晏然)하리로다(보테아크 בּוֹטֵחַ)[안전하리로다].

다윗의 시. 하나님께서는 우리의 빛, 우리의 구원, 우리의 생명의 능력이시다. 빛은 지식과 의, 기쁨과 행복을 상징한다. 하나님께서는 우리의 지식과 의와 기쁨이 되신다. 또 그는 우리가 위험에 처해 있을 때 우리를 건져주시며, 우리가 병들고 낙심할 때 우리를 치료하시고 새 힘을 주시는 자이시다. 세상에는 우리를 위협하는 일이 많지만, 하나님을 믿는 자는 그것을 두려워하거나 무서워하지 않는다.

다윗의 대적자들과 그 원수된 행악자들은 그의 살을 먹으려고 그에게로 다가왔으나 실족하여 넘어졌다. 그를 핍박하던 사울은 엎드러졌고 그를 대적하던 아들 압살롬도 죽고 말았다. 그는 군대가 그를 대적하여 진을 칠지라도 마음이 두렵지 않으며 전쟁이 일어나 그를 치려 할지라도 안전할 것이라고 말한다. 그가 그런 마음을 가지는 것은 하나님의 도우심과 구원하심과 보호하심을 확신하였기 때문이다.

[4절] 내가 여호와께 청하였던 한가지 일 곧 그것을 구하리니 곧 나로 내 생전에 여호와의 집에 거하여 여호와의 아름다움(노암 נֹעַם)[사랑스러움] **을 앙망하며 그 전에서 사모하게**(바카르 בָּקַר)[묵상하게, 기쁨으로 생각하게] **하실 것이라.**

다윗은 하나님의 집에 거하여 하나님을 만나며 그와 교제하며 그를 섬기며 그를 묵상하고 기뻐하며 즐거워하고 사랑하며 사모하기를 원하고 있다. 그렇다. 하나님을 사모하는 것, 이것이 참된 경건이며 믿음이다. 그러나 이런 경건한 삶은 하나님께서 주셔야 된다.

〔5-6절〕 [이는] **여호와께서 환난 날에 나를 그 초막 속에 비밀히 지키시고 그 장막 은밀한 곳에 나를 숨기시며 바위 위에 높이 두시리로다**[두실 것임이라]. **이제 내 머리가 나를 두른 내 원수 위에 들리리니 내가 그 장막에서 즐거운 제사를 드리겠고 노래하여 여호와를 찬송하리로다.**

다윗이 환난 때 하나님과 교제하기를 원한 것은, 하나님께서 모든 문제의 해답이시며 그를 의지함이 환난에서 승리하는 길임을 알았기 때문이다. 환난 날에 하나님께서는 그를 그 초막 속에 비밀히 지키시고 그 장막 은밀한 곳에 숨기실 것이다. 또 하나님께서는 그를 바위 위에 높이 두실 것이며 그의 머리는 그를 두른 원수 위에 들릴 것이다. 바위 위에 높이 두는 것은 안전함을 가리키며 머리가 원수 위에 들린다는 표현은 확실한 승리를 의미한다. 이제 다윗은 그 장막에서 하나님께 즐거운 제사를 드리고 노래하며 그를 찬송하겠다고 말한다. 모든 일이 하나님의 은혜인 줄 아는 성도는 하나님께 영광을 돌린다.

〔7-8절〕 여호와여, 내가 소리로 부르짖을 때에 들으시고 또한 나를 긍휼히 여기사 응답하소서. 너희는 내 얼굴을 찾으라 하실 때에 **내 마음이 주께 말하되 여호와여, 내가 주의 얼굴을 찾으리이다 하였나이다.**

다윗은 소리로 부르짖을 때에 하나님께서 기도를 들으시기를 구한다. 성경은 부르짖는 기도에 대해 많이 말한다(시 18:6; 28:1; 57:2; 렘 29:12; 눅 18:7). 부르짖는 기도는 간절한 기도이다. 묵상기도는 때때로 잠이 오고 잡념이 들 수 있지만, 소리내서 하는 기도나 부르짖는 기도는, 남에게 방해가 되지 않게 한다면, 더 낫다.

다윗은 또한 "나를 긍휼히 여기사 응답하소서"라고 말한다. 감히 기도에 대한 하나님의 응답을 확신할 사람은 세상에 아무도 없을 것이다. 우리는 오직 하나님의 긍휼에 의지하여 그의 응답을 기대할 뿐이다. 우리가 예수 그리스도의 이름으로 기도하는 것은 하나님께서 예수 그리스도 안에서 주신 긍휼을 의지하며 기도하는 것이다.

다윗은 또 하나님의 얼굴을 찾겠다고 말한다. 성도는 "여호와를 찾는 족속이요 야곱의 하나님의 얼굴을 구하는 자"이다(시 24:6). 하나님의 얼굴을 찾는 것은 하나님과의 바른 교제를 구하는 것이다. 참 경건은 하나님을 구하는 것이며 거기에 모든 문제의 해답이 있다.

〔9-10절〕 주의 얼굴을 내게서 숨기지 마시고 주의 종을 노하여 버리지 마소서. 주는 나의 도움이 되셨나이다. **나의 구원의 하나님이시여, 나를 버리지 말고 떠나지 마옵소서.** [이는] **내 부모는 나를 버렸으나 여호와는 나를 영접하시리이다**[영접하실 것임이니이다].

다윗은 "주는 나의 도움이 되셨나이다"라고 말하며, 하나님을 "나의 구원의 하나님이시여"라고 부른다. 그는 과거에 하나님의 도우심을 많이 체험했다. 선지자 사무엘도 블레셋과의 전쟁에서 승리한 후 돌을 취하여 에벤에셀 즉 '도움의 돌'이라고 불렀는데, 그것은 하나님께서 그들을 여기까지 도우셨다는 뜻이었다(삼상 7:12). 하나님께서는 자기 백성을 도우시고 건지시는 구주이다.

다윗은 이제 "주의 얼굴을 내게서 숨기지 마시고 주의 종을 노하여 버리지 마소서," "나를 버리지 말고 떠나지 마옵소서"라고 기도한다. 주의 얼굴은 은혜와 위로의 얼굴이며 기쁨과 평안의 얼굴이다. 하나님의 버리심은 그의 진노의 행위이시다. 다윗은 지금 하나님께서 그를 노하여 버리지 마시기를 간구한다. 하나님께서는 그를 경외하며 사모하는 자들을 결코 버리지 않으실 것이다.

다윗은 또 자신의 간구의 근거를 말한다. 그것은 인간 부모가 자기 자식을 버리지 않으나 혹 버리는 경우가 있을지라도, 하나님께서는 결코 자기 백성을 버리지 않으시고 영접하실 것이기 때문이다.

〔11-12절〕 여호와여, 주의 길로 나를 가르치시고 내 원수를 인하여 평탄한 길로 인도하소서. 내 생명을 내 대적의 뜻에 맡기지 마소서. 위증자와 악(카마스 חָמָס)[강포]**을 토하는 자가 일어나 나를 치려 함이니이다.**

우리는 하나님의 지시하시는 길로 행해야 한다. 그 길은 정로(正

路)이며(사 30:11), 옛적 길 곧 선한 길이다(렘 6:16). 하나님의 길은 바른 길, 선한 길, 지혜의 길, 평안의 길이며, 우리의 행복을 위한 길이다(신 10:12-13). 그러므로 우리는 어떤 환경 여건 속에서도 오직 하나님의 길, 곧 성경에 명하시고 교훈하신 그 길을 걸어야 한다.

'평탄한'이라는 원어(미쇼르 מִישׁוֹר)는 '정직한'이라는 뜻도 있다(NIV). 하나님의 길은 올바르고 정직한 길이다. 하나님께서는 우리를 든든히 세우시며 평안을 주시며 올바르고 정직한 길로 행케 하신다. 다윗이 하나님의 길과 평탄한 길을 구한 이유는 원수들 때문이었다. 다윗의 원수들은 '위증자들'이었다. 그들은 다윗에게서 흠 잡을 것이 없으므로 거짓 증거를 사용했다. 또 그들은 강포를 토하는 자들이었다. 성도는 온유하나 악인은 강포하다. 원수들은 그를 없애고 죽이려는 뜻을 품고 있었다. 그러므로 다윗은 하나님께서 그의 생명을 대적의 뜻에 맡기지 마시고 평안의 길로 인도하시기를 구한 것이다.

〔13-14절〕 내가 산 자의 땅에 있음이여, 여호와의 은혜 볼 것을 믿었도다[만일 내가 산 자들의 땅에서 주의 선하심 볼 것을 믿지 않았더라면 (나는 낙심하였을 것이라)](KJV, NASB). **너는 여호와를 바랄지어다. 강하고 담대하며 여호와를 바랄지어다.**

다윗은 하나님의 선하심을 확신했다. '산 자들의 땅'은 이 세상을 가리킬 것이다. 하나님께서는 천국에서 우리에게 좋은 것을 주실 뿐만 아니라, 이 세상에서도 선하심과 은혜를 베푸신다. 시편 34:8, "너희는 여호와의 선하심을 맛보아 알지어다." 디모데전서 4:8, "육체의 연습은 약간의 유익이 있으나 경건은 범사에 유익하니 금생과 내생에 약속이 있느니라." 로마서 8:28, "하나님을 사랑하는 자 곧 그 뜻대로 부르심을 입은 자들에게는 모든 것이 합력하여 선을 이루느니라." 성도는 이런 진리를 믿고 환난 중에도 낙심치 말아야 한다.

다윗은 이제 하나님의 감동 가운데 다른 이에게 교훈을 준다. 그것은 하나님을 바라라, 강하고 담대하며 하나님을 바라라는 교훈이다.

하나님을 바라는 것은 하나님을 의지하고 소망하는 것을 말한다. 그것은 하나님의 기도 응답과 도우심과 구원을 믿고 소망하는 것이다. 우리의 소망은 하나님뿐이다. 시편 39:7, "주여, 내가 무엇을 바라리요. 나의 소망은 주께 있나이다." 디모데전서 4:10, "이를 위하여 우리가 수고하고 모욕을 당하는(전통본문) 것은 우리의 소망을 살아계신 하나님께 둠이니 곧 모든 사람 특히 믿는 자들의 구주시라."

우리는 강하고 담대한 마음을 가지고 하나님을 바라야 한다. 세상은 영적 싸움터와 같다. 히브리서 10:34-35, "너희가 갇힌 자를 동정하고 너희 산업을 빼앗기는 것도 기쁘게 당한 것은 더 낫고 영구한 산업이 있는 줄 앎이라. 그러므로 너희 담대함을 버리지 말라. 이것이 큰 상을 얻느니라." 그러나 이 담력은 순종 생활에서 나온다.

시편 27편의 교훈을 정리해보자. 첫째로, 다윗은 하나님께서 그의 빛, 그의 구원, 그의 생명의 능력이심을 알고 그를 의지하며 세상 사람들을 두려워하지 않았다. 우리를 대적하는 원수들은 실족하여 넘어질 것이다. 그러므로 우리는 하나님만 의지하고 바르게만 살아야 한다.

둘째로, 다윗은 하나님의 집에 거하여 하나님의 사랑스러움을 사모하며 하나님과 교제하기를 원하였다. 우리는 세상의 썩어지고 없어질 것을 구하지 말고 하나님과의 교제를 구하고 그의 보호하심과 승리케 하심을 깨닫고 오직 그를 의지하고 그의 뜻을 행하는 자가 되어야 한다.

셋째로, 다윗은 환난의 날에 하나님께 부르짖어 기도하였다. 우리는 하나님의 얼굴을 항상 구하며 환난 중에 과거에 우리를 도우신 하나님의 은혜를 기억하고 그의 도우심과 구원을 믿고 간구해야 한다.

넷째로, 다윗은 그를 해치려는 원수들을 겁내지 않았고 오직 하나님의 길을 걷기를 원했다. 우리는 항상 강하고 담대한 마음으로 하나님께 순종하며 오직 성경에 계시된 하나님의 길만 걷기를 소원하고 힘써야 한다. 하나님의 계명 순종의 길은 의의 길이며 또한 평안의 길이다.

28편: 부르짖어 기도함

〔1-2절〕 여호와여, 내가 주께 부르짖으오니 나의 반석이여, 내게 귀를 막지 마소서. 주께서 내게 잠잠하시면 내가 무덤(보르 בּוֹר)[구덩이, pit](KJV, NASB, NIV)**에 내려가는 자와 같을까 하나이다. 내가 주의 성소**(데비르 코드쉐카 דְּבִיר קָדְשֶׁךָ)['성소의 내실(內室)' 곧 지성소(至聖所)(NIV)]**를 향하여 나의 손을 들고 주께 부르짖을 때에 나의 간구하는 소리를 들으소서.**

다윗의 시. 다윗은 죽음의 구덩이에 내려갈 듯한 절망적인 상황을 만났다. 그것은 하나님께서 주시는 신앙 훈련의 기회이었다. 다윗은 그때 하나님께 부르짖었다. 1절, "여호와 나의 반석이시여(KJV, NIV; 원문의 액센트), 내가 주께 부르짖으오니." 2절, "내가 . . . 주께 부르짖을 때에." 부르짖음은 조용히 묵상하거나 속삭이듯이 하는 기도가 아니고 큰 소리로 하는 기도이며 때때로 울부짖는 기도이다.

다윗은 하나님께서 귀를 막지 마시기를 구한다. 하나님께서는 영으로 우리 속에 거하셔서 우리의 작은 소리도 잘 들으신다. 하물며 우리의 부르짖는 기도를 얼마나 더 잘 들으시겠는가. 우리의 죄가 우리와 하나님 사이를 가로막지 않는다면, 우리가 회개하고 순종하며 기도한다면, 하나님께서는 우리의 기도를 잘 들어주실 것이다.

다윗은 '주의 성소,' '주의 성소의 내실(內室)' 곧 지성소(至聖所)를 향해 손을 들고 기도하였다. 지성소는 하나님께서 계신 곳이다. 손을 드는 것은 하나님께 대한 복종과 간절함의 표시라고 본다.

〔3-5절〕 악인과 행악하는 자와 함께 나를 끌지 마옵소서. 저희는 그 이웃에게 화평을 말하나 그 마음에는 악독이 있나이다. 저희의 행사와 그 행위의 악한 대로 갚으시며 저희 손의 지은[행한] **대로 갚아 그 마땅히 받을 것으로 보응하소서. 저희는 여호와의 행하신 일과 손으로 지으신 것을 생각지 아니하므로 여호와께서 저희를 파괴하고 건설치 아니하시리로다.**

다윗은 하나님께서 자신을 악인과 함께 이끌지 마시기를 구한다.

'함께 끈다'는 말은 동등하게 행하게 버려두거나 동등하게 취급하여 처리하는 것을 뜻할 것이다. 다윗은 하나님께서 자신을 악인처럼 악하게 행동하게 버려두시지 말고 그를 지켜 바른 길로 행케 하시며, 또 그를 악인처럼 멸망의 길로 가지 않게 하시기를 구한 것이다. 즉 그는 자신과 악인의 결말이 다름을 증거해주시기를 구한 것이다.

본문은 악인들의 모습을 증거한다. 그들은 이웃에게 화평을 말하나 그 마음에는 악독이 있다. 즉 악인들은 이중적이고 위선적이다. 또 악인들은 악하며 악을 행한다. 악인들은 또한 하나님의 행하신 일들을 생각지 않는다. 즉 그들은 불경건하다. 악인들은 하나님을 알지 못하고 그를 두려워하지 않고 그를 사랑하지 않는 자들이다.

본문은 악인들의 결말도 증거한다. 4절, "저희의 행사와 그 행위의 악한 대로 갚으시며 저희 손의 행한 대로 갚아 그 마땅히 받을 것으로 보응하소서." 5절, "여호와께서 저희를 파괴하고 건설치 아니하시리로다." 의인들의 마지막과 악인들의 마지막은 명백히 다르다. 시편 1:6, "대저 의인의 길은 여호와께서 인정하시나 악인의 길은 망하리로다." 악인들은 하나님의 심판을 받고 멸망할 것이다.

〔6-7절〕 여호와를 찬송함이여, 내 간구하는 소리를 들으심이로다. 여호와는 나의 힘과 나의 방패시니 내 마음이 저를 의지하여 도움을 얻었도다. 그러므로 내 마음이 크게 기뻐하며 내 노래로 저를 찬송하리로다.

다윗은 고난 중에 하나님을 의지하고 간구하였다. 그는 하나님을 알았고 진심으로 그를 의지하였고, 그의 믿음은 환난 날에 하나님께 간구함으로 표현되었다. 믿음은 기도로 나타난다. 그러나 우리에게 믿음이 없으면 우리가 어떻게 기도할 수 있겠는가. 그러므로 주께서는 낙망치 말고 기도하라고 교훈하신 후에, "그러나 인자가 올 때에 세상에서 믿음을 보겠느냐?"고 덧붙여 말씀하셨다(눅 18:8).

하나님께서는 다윗의 간구하는 소리를 들어주셨고 그를 도우셨다. 7절, "여호와는 나의 힘과 나의 방패시니 내 마음이 저를 의지하여 도움을 얻었도다." '나의 힘'이라는 말은 낙심하거나 연약할 때 힘이 되셨다는 뜻이며 '나의 방패'라는 말은 원수들의 비난과 공격을 막아 주셨다는 뜻이다. 하나님께서는 그를 의지하는 자를 도우시고 힘 주시고 지켜주신다. 믿음의 기도는 응답을 받는다. 마가복음 11:24, "무엇이든지 기도하고 구하는 것은 받은[받는] 줄로 믿으라. 그리하면 너희에게 그대로 되리라." 이제 다윗은 기도의 응답으로 인해 하나님을 찬송한다. 찬송은 하나님을 인정하고 감사하며 높이는 노래이다. 기도의 응답으로 하나님의 도우심을 체험한 자마다 찬송할 것이다.

〔8-9절〕 여호와는 저희의 힘이시요 그 기름 부음 받은 자의 구원의 산성이시로다. 주의 백성을 구원하시며 주의 산업에 복을 주시고 또 저희의 목자가 되사 영원토록 드십소서.

'저희'는 하나님을 경외하는 이스라엘 백성을 가리키며 '그 기름 부음 받은 자'는 왕 다윗을 가리킨다. 다윗은 하나님께서 그의 백성의 힘이시요 기름 부음 받은 자신에게 구원의 산성이 되심을 확신한다.

다윗은 하나님께 몇 가지 소원을 아뢴다. 첫째, 그는 하나님께서 주의 백성을 구원하시기를 구한다. 구원은 원수의 핍박이나 질병이나 여러 재난에서 건져내심을 말한다. 하나님께서는 우리의 구주이시다. 특히 그는 우리를 죄와 사망과 지옥 형벌에서 건져내어 주셨다. 이 큰 구원에 비교해보면, 그 외의 것들은 아무것도 아니다. 하나님께서는 현실의 어떤 어려움에서라도 우리를 건져주실 것이다.

둘째, 다윗은 하나님께서 그의 산업에 복 주시기를 구한다. '그의 산업'은 이스라엘 백성을 가리킨다. 그들은 하나님의 특별한 소유물이다(시 7:6; 14:2; 26:18; 시 135:4). 하나님의 산업은 오늘날 신약교회도 포함한다. 하나님께서는 복의 근원이시며 복을 주시는 자이시다. 그의 복은 영육의 것을 포함하고 현세적인 것과 내세적인 것을 포함한다. 하나님께서는 자기 백성에게 영육의 좋은 것을 주실 것이다.

셋째, 다윗은 하나님께서 그들의 목자가 되시기를 구한다. '목자가 된다'는 원어(라아 רָעָה)는 '[양을] 먹인다, [양을] 인도한다'는 뜻이다. 선한 목자이신 하나님께서는 양된 우리에게 영육의 양식을 주시고 우리를 의의 길, 선한 길로 인도하실 것이다.

넷째, 다윗은 하나님께서 그들을 영원토록 붙들어주시기를 구한다. "영원토록 드십소서." '든다'는 원어(나사 נָשָׂא)는 '들어올린다, 붙든다, 돕는다'는 뜻이다. 하나님께서는 과거에도 자기 백성을 붙드시고 도우셨고 또 앞으로도 영원히 붙드시고 도우실 것이다.

시편 28편의 교훈을 정리해보자. 첫째로, 다윗은 죽음의 구덩이에 내려갈 상황에서도 하나님께서 계신 하늘 성소를 향해 손을 들고 부르짖어 간구하였다. 하나님께서는 전심으로 부르짖는 기도를 잘 들어주신다. 예레미야 29:12-13, "너희는 내게 부르짖으며 와서 내게 기도하면 내가 너희를 들을 것이요 너희가 전심으로 나를 찾고 찾으면 나를 만나리라." 우리는 예수님의 이름으로 하나님께 부르짖어 기도해야 한다.

둘째로, 다윗은 악인들에 대한 하나님의 공의의 보응을 믿었다. 시편 7:11-12, "하나님은 의로우신 재판장이심이여 매일 분노하시는 하나님이시로다. 사람이 회개치 아니하면 저가 그 칼을 갈으심이여 그 활을 이미 당기어 예비하셨도다." 우리는 악인으로 살지 말고 의인으로 살고 모든 종류의 악을 버리고 오직 선을 취하고 선을 행해야 한다.

셋째로, 다윗은 하나님을 그의 힘과 그의 방패로 삼고 그를 의지하며 간구하여 도움을 얻었고 크게 기뻐하며 하나님을 찬송하였다. 우리도 어려운 일이 많은 세상에서 하나님을 우리의 힘과 우리의 방패로 삼고 의지하며 간구하고 도움을 얻어 크게 기뻐하며 찬송을 올려야 한다.

넷째로, 다윗은 하나님께 주의 백성을 구원하시고 그들에게 복을 주시고 그들을 영육으로 먹이시고 그들을 붙들어주시기를 기도하였다. 우리도 하나님께서 주의 백성을 구원하시고 그들에게 복을 주시고 그들을 영육으로 먹이시고 그들을 붙들어주시기를 기도해야 한다.

29편: 하나님의 영광과 능력을 찬송함

〔1-2절〕 너희 권능 있는 자들아, 영광과 능력을 여호와께 돌리고 돌릴지어다. 여호와의[그의] **이름에** 합당한 **영광을 돌리며 거룩한 옷을 입고**(베하드랏 코데쉬 בְּהַדְרַת קֹדֶשׁ)[거룩함의 영광으로] **여호와께 경배할지어다.**

다윗의 시. '너희 권능 있는 자들'은 이 세상 권세자들을 가리킬 것이다. 다윗은 이 세상의 권세자들에게 하나님께 영광을 돌리라고 말한다. 세상의 권세자들은 영광과 능력을 자신들에게 돌리기 쉽다. 그러나 모든 권세는 세상의 창조자요 섭리자이신 하나님께로부터 나온 것이며 하나님께서만 온 우주에 홀로 참 권세자시다. 사람의 권세는 일시적이며 얼마 동안 있다가 조만간 없어지고 말 것이다. 그러므로 다윗은 영광과 능력을 '여호와께 돌리라'는 말을 두 번이나 말한다. 이 세상의 권세자들은 모든 영광과 능력을 하나님께만 돌려야 한다. 우리는 모든 영광과 능력을 하나님께만 돌려야 한다.

다윗은 또 하나님의 이름에 합당한 영광을 돌리라고 말한다. 사람의 이름이 그 자신의 인품과 사회적 지위와 영광을 나타내듯이, 하나님의 이름은 하나님 자신의 어떠하심과 그의 지위와 영광을 나타낸다. '그의 이름에 합당한 영광'은 하나님께서 본래부터 가지고 계시는 영광을 말한다. 하나님께서는 어떤 피조물이 만든 자가 아니고 스스로 계신 자이시다. 그는 영원 전부터 스스로 계신 자 즉 영원자존자(自存者)이시다. 그는 태초에 천지만물을 창조하셨고 그것을 보존하시고 통치하시는 하나님이시며 지혜와 능력, 아름다움이 충만한 하나님이시다. 우리는 여호와 하나님께서 본래부터 가지고 계신 영광, 즉 그의 이름에 합당한 그 영광을 그에게 돌려야 한다.

다윗은 또 거룩함의 영광으로 하나님께 경배하라고 말한다. 하나님께서는 피조세계와 구별되고 특히 죄악된 것들과 구별되시는 거룩한 하나님이시다. 그러므로 우리는 하나님께 경배하되 세상의 죄악된 것들과 구별된 거룩한 생각과 방식으로 경배해야 한다. 우리 하나님께 대한 예배는 거룩한 방식으로 이루어져야 한다. 오늘날, 교회가 부패하되 예배까지 부패하여 예배가 사람을 즐겁게 하는 방식으로 이루어지는 것은 매우 잘못된 일이다. 예배는 오직 하나님을 기쁘시게 하도록 거룩하게 드려져야 한다.

〔3-6절〕 여호와의 소리가 물 위에 있도다. 영광의 하나님이 뇌성을 발하시니 여호와는 많은 물 위에 계시도다. 여호와의 소리가 힘 있음이여, 여호와의 소리가 위엄차도다. 여호와의 소리가 백향목을 꺾으심이여, 여호와께서 레바논 백향목을 꺾어 부수시도다. 그 나무를 송아지같이 뛰게 하심이여, 레바논과 시룐으로 들송아지같이 뛰게 **하시도다.**

3절부터 9절까지에 '여호와의 소리가'라는 말이 여섯 번 나온다. 그것은 하늘의 천둥소리를 가리킨다고 본다. 비올 때 때때로 하늘에서 나는 천둥소리는 창조자와 섭리자 하나님의 영광과 능력을 나타낸다. 하나님께서는 폭우를 쏟아내시기 전에 하늘이 캄캄한 비구름으로 뒤덮이게 하시고 천둥과 번개를 치게 하신다. 자연 세계의 큰 위엄은 창조주 하나님의 큰 위엄을 나타낸다.

천둥과 번개가 얼마나 요란하고 힘이 있든지 그 소리는 백향목을 꺾어 부순다. 백향목은 키가 36미터까지나 크고 튼튼한 나무이다. 그러나 번개와 벼락이 치면 그런 큰 나무도 꺾이며 그 토막들은 송아지같이 사방으로 뛸 것이다. 레바논과 시룐은 들송아지같이 뛸 것이다. 시룐은 헤르몬 산을 가리킨다. 헤르몬 산은 레바논 산 동편에 있는데, 시돈 사람들은 그 산을 시룐이라고 불렀다고 한다(신 3:9).

〔7-9절〕 여호와의 소리가 화염을 가르시도다. 여호와의 소리가 광야를 진동하심이여, 여호와께서 가데스 광야를 진동하시도다. 여호와의 소리가 암사슴으로 낙태케(쿨 חוּל)[출산케](KJV, NASB) **하시고 삼림을 말갛게 벗기시니 그 전에서 모든 것이 말하기를 영광이라 하도다.**

본문도 뇌성과 번개를 가리킨다. 광활한 광야는 하나님의 우렁찬 천둥소리로 진동한다. 본문은 새끼를 밴 암사슴이 천둥소리에 깜짝 놀라 새끼를 출산한다고 표현한다. 천둥, 번개, 폭우로 수풀에 감추인 것이 다 드러난다. 9절의 '모든 것'(쿨로 כֻּלּוֹ)은 '그의 모든'이라는 뜻으로 '그의 모든 백성'을 가리킬 것이다. 자연만물도 그러하지만, 특히 그의 모든 백성은 성전에서 하나님께 영광을 돌린다.

〔10절〕 여호와께서 홍수 때에 좌정(坐定)하셨음이여, 여호와께서 영영토록 왕으로 좌정하시도다.

'홍수 때에'라는 원어(람맙불 לַמַּבּוּל)는 '그 홍수 때에'라는 말로서 노아 시대의 홍수를 가리키는 것 같다. 하나님께서는 노아 홍수 때에 그 홍수 가운데 계셨다. 하나님께서는 그 홍수를 내리셨고 그 홍수를 주관하셨다. 창세기 6:17, "내가 홍수를 땅에 일으켜 무릇 생명의 기식 있는 육체를 천하에서 멸절하리니 땅에 있는 자가 다 죽으리라." 노아 홍수 때에 증거되었듯이, 여호와 하나님께서는 온 세상에 유일하고 영원하신 왕이시다. 세상에는 하나님께서 한 분뿐이시다.

〔11절〕 여호와께서 자기 백성에게 힘을 주심이여, 여호와께서 자기 백성에게 평강[평안]의 복을 주시리로다.

하나님께서는 자기 백성에게 힘을 주신다. 그는 자기 백성에게 힘을 주실 수 있고 주실 것이다. 또 하나님께서 주시는 힘은 완전하여 사람이 세상에서 당하는 어떤 역경도 이길 수 있는 힘이다. 하나님께로부터 힘을 얻는 자는 세상에 두려울 것이 아무것도 없다. 이사야 40:28-31, "너는 알지 못하였느냐? 듣지 못하였느냐? 영원하신 하나님 여호와, 땅끝까지 창조하신 자는 피곤치 아니하시며 곤비치 아니하시며 명철이 한이 없으시며 피곤한 자에게는 능력을 주시며 무능한 자에게는 힘을 더하시나니 소년이라도 피곤하며 곤비하며 장정이라도 넘어지며 자빠지되 오직 여호와를 앙망하는 자는 새 힘을 얻으리니 독수리의 날개치며 올라감 같을 것이요 달음박질하여도 곤비치 아니하겠고 걸어가도 피곤치 아니하리로다." 빌립보서 4:13, "내게 능력 주시는 그리스도 안에서 내가 모든 것을 할 수 있느니라."

또 하나님께서는 자기 백성에게 평안을 주신다. 그는 천지만물을 주관하시는 왕이시며 천지를 진동시키실 수도 있고 그 반대로 천지에 평안과 안정을 주실 수도 있다. 이사야 45:7, "나는 평안도 짓고 환난도 창조하나니 나는 여호와라. 이 모든 일을 행하는 자니라." 그에게는 사람의 모든 시끄러운 문제들을 해결하실 능력이 있으시다. 참 평안은 하나님 안에 있고 하나님으로 말미암는다. 요한복음 14:27, "평안을 너희에게 끼치노니 곧 나의 평안을 너희에게 주노라. 내가 너희에게 주는 것은 세상이 주는 것 같지 아니하니라. 너희는 마음에 근심도 말고 두려워하지도 말라." 데살로니가후서 3:16, "평강[평안]의 주께서 친히 때마다 일마다 너희에게 평강을 주시기를 원하노라."

시편 29편의 교훈을 정리해보자. 첫째로, 우리는 영광과 능력을 우리 자신이나 어떤 피조물에게 돌리지 말고 하나님께만 돌려야 한다. 하나님께서는 본래부터 영광의 하나님이시다. 그러므로 우리는 하나님의 이름에 합당한 영광, 즉 그의 본래의 영광을 그에게 돌려야 한다.

둘째로, 우리는 거룩한 방식으로 그에게 경배해야 한다. 2절, "여호와의 이름에 합당한 영광을 돌리며 거룩함의 영광으로 여호와께 경배할지어다." 우리는 자연만물과 역사 속에 나타난 하나님의 능력과 영광을 깨닫고 거룩한 생각과 방식으로 하나님께 영광을 돌려야 한다.

셋째로, 우리는 하나님께서 이 세상에 영원한 왕이시며 주권적 섭리자이시며 자기 백성에게 힘과 평안을 주심을 깨닫고 하나님을 바라고 의지함으로 날마다 새 힘과 평안을 얻기를 원한다. 또 우리는 그에게 우리의 모든 일들, 개인적인 일, 가정적인 일, 교회적인 일, 국가적인 일, 세계적인 일을 다 맡기고 그의 인도하심과 도우심을 구하기를 원한다.

30편: 죽음의 위기에서 건지심을 찬송함

다윗의 시 곧 성전 낙성가[다윗의 집 봉헌 때의 시와 노래](KJV).

〔1-3절〕 **여호와여, 내가 주를 높일 것은 주께서 나를 끌어내사 내 대적으로 나를 인하여 기뻐하지 못하게 하심이니이다. 여호와 내 하나님이여, 내가 주께 부르짖으매 나를 고치셨나이다. 여호와여, 주께서 내 영혼을 음부**(쉐올 שְׁאוֹל)[무덤]**에서 끌어내어 나를 살리사 무덤**(보르 בּוֹר)[구덩이]**으로 내려가지 않게 하셨나이다.**

다윗은 어렵고 힘든 상황에 처해 있었고 그의 대적들이 그를 주목하고 있었으나, 하나님께서는 그를 끌어내어 주셨고 그의 대적으로 그를 인하여 기뻐하지 못하게 하셨다. 또 다윗은 심한 질병으로 거의 죽을 지경에 떨어져 있었던 것 같으나 하나님께서는 그를 고쳐주셨고 그의 영혼을 무덤에서 끌어내어 살리셨고 구덩이로 내려가지 않게 하셨던 것 같다. 원인이 무엇이든지 간에, 성도들에게는 다윗처럼 종종 심한 고난과 죽음의 위기가 있다.

다윗은 그 어려운 상황에서 하나님께 부르짖어 기도하였다. 어려운 때 하나님께 도움을 청할 수 있는 자는 행복하지만, 절망적 상황에서 하나님께 도움을 청할 줄 모르는 자는 불쌍하다. 고난은 유익하다. 하나님께서는 고난을 통해 우리의 믿음과 인격을 단련시키신다(롬 5:3-4). 다윗은 하나님의 기도 응답을 체험하며 하나님을 높인다. 하나님께서는 그를 곤란에서 건져내어주셨고 병을 고쳐주셨고 죽음의 구덩이에서 그를 끌어내셨다. 다윗은 이 체험을 통해 더욱 하나님을 섬기며 그를 위해 살게 되었다. 성도는 기도의 응답, 즉 구원 체험을 통해 하나님을 더 높이며 그를 섬기며 그를 위해 살게 된다.

〔4-5절〕 **주의**[그의] **성도들아, 여호와를 찬송하며 그 거룩한 이름에**(레제케르 코드쇼 לְזֵכֶר קָדְשׁוֹ)[그의 거룩함을 기억하며] **감사할지어다. 그 노염은 잠간이요 그 은총은 평생이로다**[이는 잠시간은 그의 진노 안에 있으나

생명은 그의 호의 안에 있음이로다]. **저녁에는 울음이 기숙할지라도**[머물지라도] **아침에는 기쁨이** 오리**로다.**

다윗은 성도들에게 하나님을 찬송하고 감사하라고 말한다. 하나님의 은총을 입은 자들은 그의 뛰어나신 위엄과 영광, 그의 크신 긍휼의 영광을 인하여 하나님을 찬송하고 감사할 것이다. 하나님께 대한 찬송은 특히 고난으로부터 구원 얻은 성도의 마땅한 의무이다.

다윗은 하나님의 진노하심이 잠시 동안 있었다고 말한다. 하나님께서는 사람들의 죄 때문에 매를 들어 그들을 때리시지만, 자기 백성을 영원히 노하지는 않으신다. 그는 즐거운 마음으로 인생을 징벌하시는 것이 아니다. 예레미야는 "주께서 인생으로 고생하며 근심하게 하심이 본심이 아니시로다"라고 말했다(애 3:33).

또 다윗은 "그러나 생명은 그의 호의 안에 있다"고 말한다(KJV). '생명'이라는 원어(카임 חַיִּים)는 '평생'이라는 뜻보다는 '복된 생명'이라는 뜻 같다. 그것은 구원과 기쁨과 복을 포함하는 개념일 것이다. 물론, 본문은 이러한 생명이 오랫동안 지속될 것을 암시한다. 그것은 전반부의 '잠시간'이라는 말(레가 רֶגַע)과 대조되고 있다.

하나님께서는 자기 백성을 징벌하시지만 또한 고치시고 회복시키신다. 하나님의 호의는 그의 진노와 비교할 수 없이 크다. "저녁에는 울음이 머물지라도 아침에는 기쁨이 올 것이다." 사사 시대의 역사를 보면, 하나님께서 주신 평안의 기간은 그가 내리신 징벌의 기간보다 보통 2배에서 심지어 5배 가량까지 길었다.

〔6-7절〕 내가 형통할 때에 말하기를 영영히 요동치 아니하리라 하였도다. 여호와께서 주의 은혜로 내 산을 굳게 세우셨더니 주의 얼굴을 가리우시매 내가 근심하였나이다.

다윗은 자신이 형통할 때 자신감과 안정감을 가졌었다고 고백한다. 그러나 모든 것이 하나님의 은혜임을 깨닫지 못하는 육신적 자신감과 안정감은 오래가지 못한다. 실상 그런 자신감과 안정감은 잘못된 것이다. 사람의 삶에는 평안과 고난이 번갈아 나타나며 고난이 닥치면 사람은 여지없이 자신의 연약과 무력을 드러낸다. 우리의 평안과 힘은 하나님 안에서만 있다. 우리는 그 안에서 힘과 용기를 가진다.

다윗은 또 하나님께서 그 은혜로 자신의 산을 세우셨다고 고백한다. '내 산' 곧 다윗의 산은 다윗의 왕국을 가리킬 것이다. 그 왕국은 시온 산에 세워져 있을 뿐 아니라, 구약성경은 왕국을 '산'으로 자주 표현한다(사 2:2; 단 2:35, 44). 자신의 왕국이 하나님의 은혜로 굳게 세워졌다는 다윗의 깨달음은 바른 것이었다. 그러므로 시편 127:1은, "여호와께서 집을 세우지 아니하시면 세우는 자의 수고가 헛되며 여호와께서 성을 지키지 아니하시면 파수꾼의 경성함이 허사로다"라고 말했다. 사도 바울도 "나의 나된 것은 하나님의 은혜로 된 것"이라고 고백하였다(고전 15:10). 우리의 가정이나 사업도, 교회도 그러하다.

그러나 다윗은 또 하나님께서 그 얼굴을 가리우시니 자신이 근심하였다고 말한다. 세상이 밝은 것은 태양 때문이며 그것이 가려지면 땅 위에 그늘과 어두움이 생기는 법이다. 하나님의 은총의 빛 아래서 인생은 평안과 형통을 누리지만, 그 빛이 가려지면 그에게 즉시 환난과 곤고함이 찾아올 것이다. 우리는 이 이치를 깨달아야 한다. 우리는 우리의 모든 좋은 것들이 다 하나님의 은혜라는 것을 알아야 한다.

〔8-10절〕 여호와여, 내가 주께 부르짖고 여호와께 간구하기를 내가 무덤에 내려갈 때에 나의 피가 무슨 유익이 있으리요. 어찌 진토가 주를 찬송하며 주의 진리를 선포하리이까? 여호와여, 들으시고 나를 긍휼히 여기소서. 여호와여, 나의 돕는 자가 되소서 하였나이다.

다윗은 죽지 않기를 하나님께 간구하였다. 9절 전반부를 직역하면, "나의 피에, 내가 무덤에 내려갈 때 무슨 유익이 있으리요"이다. '나의 피에'라는 말은 '내가 피 흘려 죽을 때에'라는 뜻 같다. 그것은 '내가 무덤에 내려갈 때'라는 구절과 같은 뜻이라고 보인다. 다윗은 자신이 죽고나면 아무 소용이 없다고 말하며 자신이 죽지 않기를 하나님께 간구한 것이다.

그가 죽지 않아야 할 이유는 무엇인가? 9절 후반부가 그것을 보인다. 그것은 그가 하나님을 찬송하고 하나님의 진리를 선포하기 위해서이었다. 그는 삶의 의미를 하나님을 찬송하고 그의 진리를 선포하는 데서 찾았다. 이러한 삶의 목표는 매우 성경적이다. 하나님께서는 이사야를 통해 "이 백성은 내가 나를 위하여 지었나니 나의 찬송을 부르게 하려 함이니라"고 말씀하셨다(사 43:21). 사도 바울은 "저가 모든 사람을 대신하여 죽으심은 산 자들로 하여금 다시는 저희 자신을 위하여 살지 않고 오직 저희를 대신하여 죽었다가 다시 사신 자를 위하여 살게 하려 함이니라"고 말했다(고후 5:15).

다윗은 자신의 생명의 회복과 연장이 하나님의 긍휼과 도우심으로 될 것을 믿었다. 그것은 올바른 생각이다. 우리의 생명의 연장과 강건함 그리고 의롭고 바른 삶은 오직 하나님의 긍휼에 달려 있다.

〔11-12절〕 주께서 나의 슬픔을 변하여 춤이 되게 하시며 나의 베옷을 벗기고 기쁨으로 띠 띠우셨나이다. 이는 잠잠치 아니하고 내 영광으로 주를 찬송케 하심이니 여호와 나의 하나님이여, 내가 주께 영영히 감사하리이다.

다윗은 전에 슬픔 가운데 있었고 베옷을 입은 자와 같았다. 그것은 그의 대적들 때문에, 그의 질병 때문에, 죽음의 위협 때문에이었다. 그는 큰 질병 중에, 죽음의 위기에 처해 있었다. 이 세상은 슬픈 일이 많은 세상이며 우리도 구원 얻기 전에는 슬픈 세상에 속해 있었다.

그러나 하나님께서는 다윗의 슬픔을 변하여 춤이 되게 하셨고 그의 베옷을 벗기고 기쁨으로 띠 띠우셨다. 죽음의 곤경에서 구원 얻은 자들은 이처럼 기쁨의 춤을 출 것이다. 옛날 이스라엘 백성은 홍해를 육지같이 건너고 그들을 추격하던 애굽 군대에게서 구원 얻었을 때 하나님께 찬송하며 기뻐했다(출 15장). 에스더 때 유다인들은 멸절될 위기에서 하나님의 기이한 섭리로 구원 얻었을 때 슬픔이 변해 기쁨이 되고 애통이 변해 즐거움이 되었던 12월 14일과 15일을 부림절로 지키기 시작하였다(에 9:21-22). 또 하나님께서는 이스라엘 백성이 바벨론 포로생활에서 돌아올 때 슬픔이 변하여 춤추며 즐거워함이 되리라고 선지자 예레미야를 통해 말씀하셨다(렘 31:13).

다윗은 그런 기쁨으로 춤추며 기뻐하였다. 죄와 영원한 지옥 형벌로부터 구원 얻은 우리에게는 항상 기뻐해야 할 이유가 있다. 그래서 성경은 주 안에서 항상 기뻐하라고 교훈했다(살전 5:16; 빌 4:4).

하나님의 큰 구원을 체험한 다윗은 이제 심령에서 나오는 찬송을 하나님께 돌리고 영원히 그에게 감사를 올리고자 한다. '내 영광으로'라는 말은 '내 영혼으로'라는 뜻으로 이해된다. 하나님께서 우리를 죄와 지옥 형벌에서 구원하신 목적은 그의 은혜를 찬송케 하시기 위함이다(엡 1장). 그러므로 예수 그리스도의 피로 구원 얻은 우리는 항상 찬미의 제사를 하나님께 올려야 한다(히 13:15).

시편 30편의 교훈을 정리해보자. 첫째로, 우리는 세상에서 고난이 있음을 알고 두려워 말고 고난받을 때 하나님께 부르짖어 간구해야 한다. 성도에게는 그를 대적하고 비난하고 해치려는 자들도 있고 그의 몸이 아플 때도 있고 주께서 그의 범죄와 실수 때문에 노하시고 얼굴을 가리우셔서 근심하며 슬퍼할 때도 있으나, 우리는 그때 우리 자신을 성찰하며 회개하고 하나님의 긍휼을 구하며 하나님의 도우심을 구해야 한다.

둘째로, 하나님께서는 우리의 간절한 기도에 응답하실 것이다. 우리는 잠깐 그의 진노 안에 있을지 모르나 우리의 생명은 그의 호의 안에서 보존될 것이다. 저녁에는 울음이 있을지라도 아침에는 곧 기쁨이 올 것이다. 하나님의 징계의 시간은 짧고 평안의 시간은 길 것이다.

셋째로, 우리는 우리의 기도를 들으신 하나님께 감사하며 찬송해야 한다. 하나님께서는 회개하며 믿고 순종하는 성도의 기도를 잘 들어주시는 살아계신 하나님이시다. 그때 우리는 우리의 기쁘고 즐거운 심령으로 하나님의 거룩하신 이름을 높이고 찬송하고 감사해야 한다.

31편: 고통 중에 담대히 기도하여 응답받음

다윗의 시. 영장(伶長)[아마, 찬양대장]을 위한 노래.

[1-4절] 여호와여, 내가 주께 피하오니 나로 영원히 부끄럽게 마시고 주의 의로 나를 건지소서. 내게 귀를 기울여 속히 건지시고 내게 견고한 바위와 구원하는 보장(保障)[요새]**이 되소서. 주는 나의 반석과 산성이시니 그러므로 주의 이름을 인하여 나를 인도하시고 지도하소서. 저희가 나를 위하여 비밀히 친 그물에서 빼어 내소서. 주는 나의 산성**[요새]**이시니이다.**

다윗은 고난 중에 하나님께 피하였다. 그것이 믿음이다. 하나님께 피하는 자는 하나님의 도우심을 얻을 것이다. 그는 결코 부끄러움을 당하지 않을 것이다. 다윗은 "주의 의로 나를 건지소서"라고 기도했는데, 그가 말한 '하나님의 의'는 하나님께서 은혜로 주신 의를 가리킬 것이다. 그는 시편 4:1에서 하나님을 "내 의의 하나님"이라고 불렀다. 신약 성도들은 하나님께서 주 예수 그리스도 안에서 은혜로 주신 하나님의 의로 의롭다 하심을 얻은 자들이다.

다윗은 지금 급박한 구조가 필요한 고난 가운데 있다. 그는 하나님께 "내게 귀를 기울여 속히 건지시고 내게 견고한 바위와 구원하는 요새가 되소서"라고 기도하였고 하나님을 "나의 반석과 산성"이라고 고백하였다. 또 그는 하나님께 "주의 이름을 인하여 나를 인도하시고 지도하소서"라고 기도하는데, 그것은 하나님께서 그의 백성에게 주신 그의 이름이 모욕을 당하지 않고 영광을 얻기 위해서라는 뜻이다. 하나님께서는 자기 이름의 영광을 위해 자기 백성을 지키시고 구원하시며 선한 길로 인도하신다. 또 다윗은 원수들이 비밀히 친 그물에서 자기를 빼어내 주시기를 기도한다.

[5-8절] 내가 나의 영을 주의 손에 부탁하나이다. 진리의 하나님 여호와여, 나를 구속(救贖)하셨나이다. 내가 허탄한 거짓을 숭상하는 자를 미워하고 여호와를 의지하나이다. 내가 주의 인자하심을 기뻐하며 즐거워할 것은

주께서 나의 곤란을 감찰하사 환난 중에 있는 내 영혼을 아셨고 나를 대적의 수중에 금고치 아니하셨고 내 발을 넓은 곳에 세우셨음이니이다.

다윗은 자신의 영을 하나님께 부탁한다. 우리의 영을 돌보아 줄 수 있는 분은 하나님밖에 없다. 다윗은 또 하나님을 '진리의 하나님'으로 부르며 그가 자신을 구속(救贖)하셨음을 고백한다. 진리의 하나님께서는 우리를 죄와 멸망으로부터 구속(救贖) 곧 구원하셨다.

다윗은 또 "내가 허탄한 거짓을 숭상하는 자를 미워하고 여호와를 의지하나이다"라고 고백한다. '허탄한 거짓'이라는 원어(하벨레 솨웨 הַבְלֵי שָׁוְא)는 '헛된 우상들'이라는 뜻이다. 이방인들의 신들과 우상들은 속이는 헛된 것들이다. 그것들은 사람에게 구원이나 복을 주는 것이 아니고 오히려 그를 멸망의 지옥으로 인도한다.

다윗은 하나님의 인자하심을 기뻐하고 즐거워하겠다고 고백한다. 그것은 그가 곤란 중에 하나님의 인자하심을 체험하였기 때문이다. 그는 하나님께서 그의 곤란을 감찰하사 환난 중에 있는 그의 영혼을 아셨고 그를 대적의 손 안에 감금되지 않게 하셨고 그의 발을 넓은 곳 곧 편안하고 안전한 곳에 세우셨다고 말한다.

역사상, 하나님께서는 자기의 종들과 백성들을 환난 가운데 버려두지 않으시고 여러 번 비상한 방법으로 구원하셨다. 성경은 성도들의 이런 체험을 많이 증거하고 있다. 이스라엘 백성의 출애굽 사건뿐 아니라, 아사 왕 때, 여호사밧 왕 때, 히스기야 왕 때, 다니엘과 친구들의 때 등의 역사는 그런 예들을 보여준다. 신약 성도들은 이 세상에서 큰 환난을 통과할지라도 장차 흰옷 입은 승리자로 나타날 것이며(계 7:9-10, 14) 또 천국의 영광을 누릴 것이다.

〔9-13절〕 여호와여, 내 고통을 인하여 나를 긍휼히 여기소서. 내가 근심으로 눈과 혼과 몸이 쇠하였나이다. 내 생명은 슬픔으로 보내며 나의 해는 탄식으로 보냄이여, 내 기력이 나의 죄악으로 약하며 나의 뼈가 쇠하도소이다. 내가 모든 대적으로 말미암아 욕을 당하고 내 이웃에게서는 심히 당하

니 내 친구가 놀라고 길에서 보는 자가 나를 피하였나이다. 내가 잊어버린 바 됨이 사망한 자를 마음에 두지 아니함 같고 파기[깨진 그릇]**와 같으니이다. 내가 무리의 비방을 들으오며 사방에 두려움이 있나이다. 저희가 나를 치려 의논할 때에 내 생명을 빼앗기로 꾀하였나이다.**

다윗은 고난 가운데 있다. 그의 심신은 쇠약해졌다. 그의 사는 날들은 슬픔과 탄식의 시간이었다. 그 고통의 시간들이 여러 날들과 아마 여러 해들 계속되었다. 그의 기력이 약하며 그의 뼈는 쇠하였다. 다윗은 그의 연약과 고통이 자신의 부족과 죄 때문이라고 고백한다. 하나님의 징벌은 엄격하고 혹독하였다. 그러나 그의 징계는 그가 죄인을 사랑하시는 표이며 그 영혼을 구원하고 그 인격을 거룩케 하는 유익이 있다. 그러므로 다윗은 하나님께 긍휼을 간구한다. 그는 하나님의 긍휼의 용서를 통해서만 자신이 고통의 현실에서 구원 얻을 수 있음을 믿었다. 구원은 오직 하나님의 긍휼에 근거한다.

다윗은 대적들과 이웃들에게 모욕과 비난을 당하였다. 친구들은 그를 놀라고 사람들은 그를 따돌렸다. 그는 죽은 자같이, 깨진 그릇같이 사람의 생각에서 잊어버린 바 되었다. 또 그는 죽음의 위협을 당했다. 원수들은 그의 생명을 빼앗기를 의논하였다. 다윗이 당한 고난은 그리스도께서 당하신 고난과 비슷하였다. 예수께서는 사람들의 모욕과 비난을 당하셨다. 유대 지도자들은 그의 전도사역 초기부터 그를 죽이기를 의논하였고 마침내 그 일을 이루었다(마 12:14; 요 5:18; 마 26:3-4, 59). 성경은 주 예수님을 믿는 우리도 세상에서 모욕과 핍박과 비방을 받을 것이라고 말한다(행 14:22; 딤후 3:12).

〔14-16절〕 여호와여, 그러하여도 나는 주께 의지하고 말하기를 주는 내 하나님이시라 하였나이다. 내 시대(잇토사이 עִתֹּתָי)[나의 시간들]**가 주의 손에 있사오니 내 원수와 핍박하는 자의 손에서 나를 건지소서. 주의 얼굴을 주의 종에게 비취시고 주의 인자하심으로 나를 구원하소서.**

다윗은 극심한 고난 중에서도 하나님을 의지하였다. 그는 하나님을 '나의 하나님'이라고 고백한다. 참 믿음이 세상을 이긴다. 다윗은 또 자신의 시간들이 하나님의 손에 있음을 고백한다. 이것이 하나님의 섭리를 믿는 믿음이다. 주 예수께서는 하나님의 허락 없이는 참새 한 마리도 땅에 떨어지지 않는다고 말씀하셨다(마 10:29).

다윗은 원수들의 손에서 자신을 건져주시기를 하나님께 간구한다. 원수들과 핍박하는 자들의 손이 힘있어 보이지만, 하나님의 손은 더 힘이 있으시다. 하나님께서 원하시면 그를 원수들의 손에서 건져주실 것이다. 그것은 조금도 어려운 일이 아니다. 다윗은 또 하나님의 은혜의 얼굴빛을 간구한다. 제사장들은 이스라엘 백성에게 "여호와는 그 얼굴로 네게 비추사 은혜 베푸시기를 원하노라"고 축복하였다(민 6:25). 하나님께서 긍휼과 인자하심을 다윗에게 베푸신다면, 그가 원수들과 핍박자들의 손에서 구원 얻는 것은 어려운 일이 아니다.

[17-20절] 여호와여, 내가 주를 불렀사오니 나로 부끄럽게 마시고 악인을 부끄럽게 하사 음부에서 잠잠케[잠잠히 무덤으로 가게] **하소서. 교만하고 완악한 말로 무례히 의인을 치는 거짓 입술로 벙어리 되게 하소서. 주를 두려워하는 자를 위하여 쌓아 두신 은혜 곧 인생 앞에서 주께 피하는 자를 위하여 베푸신 은혜가 어찌 그리 큰 지요. 주께서 저희를 주의 은밀한 곳에 숨기사 사람의 꾀**(로케스 רֹכֶס)[공모(共謀)]**에서 벗어나게 하시고 비밀히 장막에 감추사 구설의 다툼에서 면하게 하시리이다.**

다윗은 그가 하나님의 이름을 불렀으니 그로 부끄럽게 마시기를 구하였고, 악인을 부끄럽게 하셔서 그들로 잠잠히 무덤으로 내려가게 하시기를 구하였다. 또 그는 교만과 경멸로 거만하게 의인들을 비방하는 거짓 입술들로 벙어리 되게 하시기를 간구한다. 악한 비방의 말은 그쳐져야 할 것이다. 다윗은 성도를 '주를 두려워하는 자,' '인생 앞에서 주께 피하는 자'라고 묘사한다. 하나님의 살아계심을 알고 인정하고 그를 두려워하는 것이 경건이다. 다윗은 하나님께서 그런 성도를 위해 큰 은혜를 쌓아두시고 베푸신다고 증거한다. 하나님께서는 그를 경외하고 의지하는 자를 위해 그의 선하심을 나타내시고 그의 좋은 것들을 주신다. 하나님께서는 그들을 은밀한 곳에 숨기시고 비밀히 장막에 감추셔서 사람의 공모(共謀)에서 벗어나게 하시고 구설의 다툼에서 면하게 하실 것이다. 누가 사람들의 음모를 막고 그것에서 벗어날 수 있으랴. 그러나 하나님께서는 그를 경외하고 의지하는 자들을 보호하시고 막으시고 건지실 것이다.

〔21-22절〕 여호와를 찬송할지어다. 견고한 성에서 그 기이한 인자를 내게 보이셨음이로다. 내가 경겁한 중에 말하기를 주의 목전에서 끊어졌다 하였사오나 내가 주께 부르짖을 때에 주께서 나의 간구하는 소리를 들으셨나이다.

다윗은 하나님을 찬송한다. 그가 하나님을 찬송하는 이유는 견고한 성에서 그의 기이한 인자를 그에게 보이셨기 때문이었다. 견고한 성은 하나님의 품을 가리키는 것 같다. 하나님의 품보다 더 견고한 피난처는 없다. 하나님께서는 그의 은밀한 품에서 다윗에게 기이한 인자하심을 베푸셨다. 다윗은 어려운 일을 당했을 때 놀라고 당황해서 이제는 하나님께서 나를 버리셨나보다, 그의 눈길과 관심이 나를 떠나셨나보다라고 생각했었다. 이것은 마음의 눈이 어두워 현실만 보고 하나님을 바라보지 못한 연약 때문이었다. 그러나 그가 하나님께 부르짖었을 때 하나님께서는 그의 간구하는 소리를 들어주셨다.

〔23-24절〕 너희 모든 성도들[경건한 자들]**아, 여호와를 사랑하라. 여호와께서 성실**한 자(에무님 אֱמוּנִים)[신실한 자들]**를 보호하시고 교만히 행하는 자에게 엄중히 갚으시느니라. 강하고 담대하라. 여호와를 바라는 너희들아.**

다윗은 성도들에게 두 가지를 교훈한다. 첫째는 하나님을 사랑하라는 것이다. 그것은 율법의 핵심 내용이다. 신명기 6:5, "너는 마음을 다하고 성품을 다하고 힘을 다하여 네 하나님 여호와를 사랑하라." 우리가 하나님을 사랑해야 할 이유는 그가 천지만물의 창조자이시며 섭리자이시고 우리에게 천국과 영생을 주신 구주와 목자이신 하나님이시기 때문이다. 사람이 하나님을 사랑한다는 것은 그의 계명들을 지키는 것을 말한다(신 10:12-13; 요일 5:3).

둘째는 강하고 담대하라는 것이다. 그것은 믿음과 사랑에 필수적 요소이다. 우리가 강하고 담대하지 못하면 우리는 불신앙에 떨어지고 죄악과 타협하고 변절하고 실패할 것이다. 그러나 우리는 담대한 믿음으로 천국을 기업으로 얻는 자가 되어야 한다(히 10:34-35). 하나님께서는 그를 경외하는 성도를 보호하시고 구원하시고 교만히 행하는 자들에게 공의의 형벌로 엄중히 갚으실 것이다. 주께서는 성령으로 세상 끝날까지 우리와 함께 계시므로(마 28:20; 요 14:16) 우리가 받은 구원과 영생을 우리에게서 빼앗을 자는 아무도 없다(요 10:28).

시편 31편의 교훈을 정리해보자. 첫째로, 다윗은 고난 중에 하나님께 피하고 하나님의 의와 인자만 의지하며 기도하였다. 그는 심신의 심한 고통과 원수들의 위협 중에서 그것이 자기의 죄에 대한 하나님의 징벌이라고 느꼈으나 오직 하나님께 피하며 기도하였다. 그는 하나님을 그의 피난처, 그의 반석과 산성으로 삼았고 그의 의와 그의 인자만 의지하며 기도하였다. 우리는 고난 중에 하나님께 피하며 하나님께서 예수 그리스도 안에서 주신 의와 인자를 힘입어 하나님께 기도해야 한다.

둘째로, 다윗은 자신의 시간이 하나님의 손 안에 있고 그가 원수들의 은밀한 그물에서 자기를 건져주실 것을 믿었다. 우리의 시간은 하나님의 손 안에 있다. 하나님께서는 우리의 삶을 다스리시는 섭리자이시다. 그는 교만하고 완악한 말로 무례하게 우리를 비방하는 악인들을 공의로 징벌하실 것이며 우리를 고난에서 건져주실 것이다.

셋째로, 다윗은 성도들에게 하나님을 사랑하며 강하고 담대하라고 권면하며 교훈한다. 우리는 창조주이시며 섭리자이신 하나님, 우리를 죄와 지옥 형벌에서 구원해주신 구주 하나님을 사랑하고 그의 계명들을 힘써 지키고 강하고 담대한 마음으로 그를 믿고 사랑해야 한다.

32편: 회개와 죄사함의 복

다윗의 마스길(מַשְׂכִּיל)[명상시 혹은 교훈시].

〔1-2절〕 허물의 사함을 얻고 그 죄의 가리움을 받은 자는 복이 있도다. 마음에 간사가 없고 여호와께 정죄를 당치 않은 자는 복이 있도다.

다윗은 죄사함에 대해 증거한다. '허물'(페솨 פֶּשַׁע)이나 '죄'(카타아 חֲטָאָה)는 구약성경에서 죄를 가리키는 대표적 용어들이다. '정죄'라는 말(아본 עָוֹן)은 '죄, 죄책, 죄의 형벌'이라는 뜻이 있다. 허물이 사함을 얻고 죄가 가리움을 받고 정죄를 당하지 않는 것은 다 죄사함을 말한다. 죄사함은 죄 자체가 없어진다기보다 하나님께서 그 죄를 덮으시고 그 죄의 책임을 묻거나 그 형벌을 내리지 않으시고 죄 없는 것처럼 간주하시는 것을 말한다.

죄사함을 받은 자는 그 마음이 깨끗해지고 그의 영혼 속에 거짓이 없게 된다. 시편 51:10, "하나님이여, 내 속에 정한 마음을 창조하시고 내 안에 정직한 영을 새롭게 하소서." 사도행전 15:9, "믿음으로 저희 마음을 깨끗이 하사." 죄사함은 법적으로만 이루어지는 것이 아니고 실제로도 사람의 심령을 깨끗케 하고 진실하고 정직하게 만든다.

죄사함은 참으로 복되다. 다윗은 '복이 있도다'라는 말을 두 번이나 반복한다. 죄사함의 복은 사람에게 가장 큰 복이다. 죄의 결과는 모든 불행, 특히 죽음과 지옥 형벌이지만, 죄사함의 결과는 하나님의 모든 복, 특히 영광스러운 천국과 영생이다. 생명의 구속(救贖)은 너무 귀하다(시 49:8). 사람의 목숨은 주님의 말씀과 같이 온 세상과도 바꿀 수 없이 가치 있는 것이다(마 16:26). 주께서는 한 비유에서 죄사함의 구원이 사람이 1만 달란트 빚을 탕감받는 것과 같다고 말씀하셨다(마 18:23-27). 이 세상에서 죄사함의 복보다 더 큰 복은 없다.

〔3-5절〕 내가 토설치 아니할 때에[잠잠했을 때에] **종일 신음하므로 내 뼈**

가 쇠하였도다. 주의 손이 주야로 나를 누르시오니 내 진액[기력]**이 화하여 여름 가물에** 마름같이 **되었나이다(셀라). 내가 이르기를 내 허물을 여호와께 자복하리라 하고 주께 내 죄를 아뢰고 내 죄악을 숨기지 아니하였더니 곧 주께서 내 죄의 악을 사하셨나이다(셀라).**

다윗은 자신의 죄에 대해 잠잠했을 때, 즉 자신의 죄를 고백하지 않았을 때의 심적 고통을 증거한다. 그때 그는 병든 자와 같이 종일 신음하였고 뼈까지 쇠하는 고통을 당했다. 하나님의 손은 밤낮으로 그를 누르셨고 그의 기력은 변하여 여름 가물에 메마름같이 되었다. 성도는 죄를 짓고 회개치 않을 때 이런 고통을 당한다. 죄는 잊으려 해도 쉽게 잊을 수 없고 지우려 해도 쉽게 지울 수 없는 것이다. 그러나 죄로 인한 우리 마음의 고통은 우리로 하여금 진실한 회개를 하게 하는 하나님의 은혜의 손길이다.

그러므로 다윗은 자신의 죄를 하나님께 솔직히 고백하였다. 다윗은 자신의 죄를 인정하고 그 죄를 숨기지 않고 하나님께 자복하였다. 다윗이 죄를 고백하기 전까지 하나님께서 그것을 모르셨는가? 아니다. 하나님께서는 모든 일들을 다 아시지만, 그가 원하시는 것은 단지 우리가 우리의 죄를 그 앞에서 인정하고 그 죄로부터 돌이켜 떠나는 것이다. 잠언 28:13은, "자기의 죄를 숨기는 자는 형통치 못하나 죄를 자복하고 버리는 자는 불쌍히 여김을 받으리라"고 말하였다.

하나님께서는 회개하는 다윗의 죄를 용서해주셨다. 하나님께서는 우리가 우리의 죄를 인정하고 고백하고 그것을 떠나기로 결심할 때 우리의 죄를 다 용서하신다. 요한일서 1:9는, "만일 우리가 우리 죄를 자백하면 저는 미쁘시고 의로우사 우리 죄를 사하시며 모든 불의에서 우리를 깨끗케 하실 것이요"라고 말하였다.

〔6-7절〕 이로 인하여 무릇 경건한 자는 주를 **만날 기회를 타서 주께 기도할지라. 진실로 홍수가 범람할지라도 저에게 미치지 못하리이다. 주는 나의 은신처이오니 환난에서 나를 보호하시고 구원의 노래로 나를 에우시리이다**

(셀라).

“이로 인하여”라는 말은 하나님께 죄를 고백하면 용서받기 때문에라는 뜻이다. 하나님께서는 회개의 기회를 주실 때가 있다. 죄인은 그 기회를 붙들어야 한다. 이사야 55:6-7, “너희는 여호와를 만날 만한 때에 찾으라. 가까이 계실 때에 그를 부르라. 악인은 그 길을, 불의한 자는 그 생각을 버리고 여호와께로 돌아오라. 그리하면 그가 긍휼히 여기시리라. 우리 하나님께로 나아오라. 그가 널리 용서하시리라.” 지금은 은혜 받을 만한 때이다. 고린도후서 6:2, “가라사대 내가 은혜 베풀 때에 너를 듣고 구원의 날에 너를 도왔다 하셨으니 보라, 지금은 은혜 받을 만한 때요 보라, 지금은 구원의 날이로다.”

다윗은 “진실로 홍수가 범람할지라도 저에게 미치지 못하리이다”라고 말한다. 홍수는 큰 환난과 어려움을 가리킨다. 성도가 하나님께 회개하고 기도하면 큰 환난도 극복할 수 있다. 성도는 고난이 많으나 하나님께서 그 모든 고난에서 그를 건지신다(시 34:19). 성도도 때로는 실수하고 넘어지지만 하나님께서 손으로 그를 붙들어주심으로 아주 엎드러지지 않는다(시 37:24). 성도는 일곱 번 넘어져도 다시 일어난다(잠 24:16). 환난의 큰 바람은 의인을 결코 삼키지 못할 것이다.

다윗은 또한, “주는 나의 은신처이오니 환난에서 나를 보호하시고 구원의 노래로 나를 에우시리이다”라고 말한다. 하나님께서는 우리의 은신처이시다. 그는 우리의 요새이시며 피할 바위이시며 방패이시다(시 18:2). 또 하나님께서는 우리를 환난에서 보호하시고 구원의 노래로 우리를 둘러싸실 것이다.

[8-9절] 내가 너의 갈 길을 가르쳐 보이고 너를 주목하여 훈계하리로다. 너희는 무지한 말이나 노새같이 되지 말지어다. 그것들은 자갈[재갈]**과 굴레로 단속하지** 아니하면 **너희에게 가까이 오지 아니하리로다.**

다윗은 죄인의 길을 살피며 바른 길을 지시하고 교훈하기를 원한다. 하나님께서는 우리를 항상 주목하시고 우리에게 바른 길을 보이시고 교훈하신다. 성경은 바로 하나님께서 우리를 위해 교훈하시고 우리의 길을 인도하시는 내용이다. 그러므로 시편 119:105는 “주의 말씀은 내 발에 등이요 내 길에 빛이니이다”라고 말했고, 또 디모데후서 3:16-17은 “모든 성경은 하나님의 감동으로 된 것으로 교훈과 책망과 바르게 함과 의로 교육하기에 유익하니 이는 하나님의 사람으로 온전케 하며 모든 선한 일을 행하기에 온전케 하려 함이니라”고 말했다. 성경에 기록된 하나님의 교훈과 인도는 가장 선하다.

특히, 다윗은 성도들에게 무지한 말과 노새같이 되지 말라고 교훈한다. 노새와 말은 지혜와 이해력과 판단력이 없는 짐승이다. 그것들은 자기 편한 대로 가려는 성향이 있다. 그래서 주인들은 그 짐승들에게 재갈을 끼우고 굴레를 씌워서 그것들을 통제한다. ‘재갈’은 짐승의 입에 끼우는 쇳토막이며, ‘굴레’는 그것과 짐승의 목을 걸쳐 맨 끈이다. 짐승들은 재갈과 굴레로 통제된다. 즉 그것들은 주인의 지속적 간섭과 제재를 통하여 이끌리는 것이다. 그러므로 사람이 하나님의 징계를 통해 비로소 바른 길을 걷는다면 부끄러운 일이다.

〔10-11절〕 악인에게는 많은 슬픔이 있으나 여호와를 신뢰하는 자에게는 인자하심이 두르리로다. 너희 의인들아, 여호와를 기뻐하며 즐거워할지어다. 마음이 정직한 너희들아, 다 즐거이 외칠지어다.

악인은 하나님을 알지 못하고 섬기지 않고 그 명령대로 행치 않고 자신의 쾌락을 따라 사는 자인데, 그에게는 많은 슬픔이 있다. ‘슬픔’이라는 원어(마크오브 מַכְאֹב)는 ‘고통, 슬픔’이라는 뜻이다. 악인은 마음의 고통, 육신의 질병, 가정적, 환경적 고통 등 여러 가지 고통과 슬픔을 당한다. 잠언 13:21, “재앙은 죄인을 따르고 선한 보응은 의인에게 이르느니라.” 악인에게는 평안이 없다(사 48:22; 57:21). 의인에게도 고난이 많지만(시 34:19) 그러나 그 심령에는 하늘의 기쁨이 있다. 사도행전 5:40-41, “[저희가] 사도들을 불러들여 채찍질하며 예수의 이름으로 말하는 것을 금하고 놓으니 사도들은 그 이름을 위하여 능욕 받는 일에 합당한 자로 여기심을 기뻐하면서 공회 앞을 떠나니라." 베드로전서 4:13, "오직 너희가 그리스도의 고난에 참여하는 것으로 즐거워하라, 이는 그의 영광을 나타내실 때에 너희로 즐거워하고 기뻐하게 하려 함이라."

의(義)는 도덕적 표준에 맞는 것을 말한다. 의인은 하나님을 신뢰하는 자요 마음이 정직한 자이다. 의인은 하나님의 말씀대로 마음을 올바르게 가지고 올바르게 사는 자이다. 사람의 마음은 군대의 지휘통제소와 같아서 마음이 정직하면 말과 행동도 정직하게 된다. 의인은 하나님을 경외하는 경건함과 그의 계명을 지키는 도덕성을 가진다. 도덕성이란 의와 선과 진실을 말한다. 하나님의 인자하심 곧 하나님의 호의와 은혜와 사랑은 이런 의인들을 두루 감싼다.

다윗은 또 의인들에게 하나님을 기뻐하고 즐거워하라고 말한다. 하나님께서는 하나님의 뜻대로 바르게 살고자 하는 자들에게 평안과 형통의 복을 주시고 기쁨과 즐거움을 주신다. 하나님의 뜻은 우리가 주 예수 그리스도 안에서 항상 기뻐하는 것이다(살전 5:16, 18).

시편 32편의 교훈을 정리해보자. 첫째로, 죄사함은 참으로 복된 일이다. 죄는 감추어 둔다고 감추어지지 않는다. 그것은 우리에게 마음의 큰 고통이 될 뿐이다. 우리는 죄사함의 복을 깨닫고 우리의 죄를 하나님 앞에 솔직히 다 고백하고 용서를 받고 마음의 평안을 얻어야 한다.

둘째로, 성도는 죄사함을 통해 홍수 같은 환난과 어려움을 피할 수 있고 극복할 수 있다. 하나님께서는 환난 중에 우리의 은신처가 되신다. 그는 참으로 회개하고 그를 의지하는 자를 보호하시고 구원하신다.

셋째로, 하나님께서는 성경을 통해 우리의 갈 길을 보여주신다. 우리는 무지한 짐승같이 되지 말고 자발적으로 순종하는 자가 되어야 한다.

넷째로, 악인에게는 많은 슬픔이 있으나, 악을 버리고 하나님만 의지하고 그의 말씀대로 사는 자들에게는 기쁨과 즐거움이 넘칠 것이다.

33편: 도우시는 하나님을 찬송함

〔1-3절〕 **너희 의인들아, 여호와를**[여호와 안에서, 여호와로 인하여] **즐거워하라. 찬송은 정직한 자의 마땅히 할 바로다. 수금으로 여호와께 감사하고 열 줄 비파로 찬송할지어다. 새 노래로 그를 노래하며 즐거운 소리로 공교히 연주할지어다.**

오늘날 의인은 하나님의 긍휼과 예수 그리스도의 대속으로 의롭다 하심을 입고 하나님의 말씀을 믿고 그 말씀대로 사는 자들이다. 하나님께서는 그들의 기쁨의 이유이시다. 성도는 하나님을 기뻐하며 하나님 안에서 기뻐해야 하며 또 기쁨으로 그를 찬송해야 한다. 찬송은 정직한 자들의 마땅히 할 바이다. 하나님을 알고 그의 말씀대로 바르게 살고자 하는 자라면 당연히 하나님을 찬송할 것이다. 찬송은 경건한 성도의 신앙고백이며 생활의 특징이며 열매이다(히 13:15).

본문은 찬송의 방법에 대해 말한다. 첫째로, 우리는 목소리와 악기를 잘 연습하여 찬송해야 한다. 수금(키노르 כִּנּוֹר)은 리라(lyre)라는 작은 현악기이며, 비파(네벨 נֵבֶל)는 열 줄로 된 작은 하프 같은 악기이다. 3절, "공교히 연주할지어다." 우리는 목소리든지 악기든지 가장 아름답게, 잘 연습해서 하나님을 찬송해야 한다. 악기의 첫 번째 용도는 찬송이다. 둘째로, 우리는 새 노래로 찬송해야 한다. 그것은 하나님의 구원을 체험한 새로워진 마음으로 찬송하라는 뜻이다. 셋째로, 우리는 즐거운 소리로 찬송해야 한다. 찬송은 즐겁게 불러야 한다.

〔4-7절〕 [이는] **여호와의 말씀은 정직하며 그 행사는 다 진실하시도다**[진실하심이로다]. **저는 정의와 공의를 사랑하심이여, 세상에 여호와의 인자하심이 충만하도다. 여호와의 말씀으로 하늘이 지음이 되었으며 그 만상이 그 입 기운으로** 이루었도다. **저가 바닷물을 모아 무더기같이 쌓으시며 깊은** 물**을 곳간에 두시도다.**

우리가 하나님을 기뻐하며 찬송해야 할 이유는 하나님의 말씀이 정직하시며 그의 행사들이 다 진실하시기 때문이다. 하나님께서는 공의와 진실로 세상을 섭리하신다. 이 사실은 악인들에게는 큰 두려움이 되지만, 성도들에게는 기쁨의 찬송의 이유가 된다.

하나님을 찬송해야 할 또 하나의 이유는 하나님의 인자하심이 온 세상에 충만하기 때문이다. 창조 세계가 그의 사랑의 결과이며 그의 섭리의 모든 일이 다 그러하다. 그는 그의 선하심으로 만물을 돌보시고 먹이신다. 특히 그는 그의 긍휼과 인자로 죄인들을 구원하셨고 또 여전히 연약성을 가진 성도들을 오래 참으시고 돌아보시며 의의 길로 인도하시고 모든 좋은 것으로 만족케 하신다(시 103:3-5).

하늘은 하나님의 말씀으로 지음을 받았고 그 만상(萬象) 곧 하늘에 있는 모든 것들, 즉 해와 달과 별들은 그 입 기운으로 이루었다. '그 입 기운'은 성령을 가리킬 것이며, 입 기운은 말할 때 나오므로 말씀과도 거의 같은 뜻일 것이다. 삼위께서는 하나이시다. 또 하나님께서는 거대한 바닷물이 육지를 뒤덮지 못하게 다스리신다. 그는 지구에 중력을 주셔서 바닷물이 고이게 하시며 달의 인력을 인해 바닷가에 밀물과 썰물이 생기게 하신다. 일반적으로, 하나님께서는 자연법칙을 사용해 자연만물을 보존하신다. 그는 지구의 위대한 관리자이시다.

〔8-12절〕 온 땅은 여호와를 두려워하며 세계의 모든 거민은 그를 경외할지어다. [이는] **저가 말씀하시매 이루었으며 명하시매 견고히 섰도다**[섰음이로다]. **여호와께서 열방의 도모**(에차 עֵצָה)[의논, 계획]**를 폐하시며 민족들의 사상**(마카솨보스 מַחְשְׁבוֹת)[생각들, 계획들]**을 무효케 하시도다. 여호와의 도모는 영영히 서고 그 심사는 대대에 이르리로다. 여호와로 자기 하나님을 삼은 나라 곧 하나님의 기업으로 빼신 바 된 백성은 복이 있도다.**

모든 사람은 온 세상을 창조하시고 관리하시는 하나님을 두려워해야 한다. 광대한 우주 안에서 사람은 창조주 하나님을 경외해야 하고 그 우주를 섭리하시는 하나님을 두려워해야 한다. 그것은 피조물들로서 하나님 앞에서 지극히 당연히 가져야 할 마음가짐이다. 우리가 하나님을 경외해야 할 이유는 그가 말씀으로 천지만물을 창조하셨기 때문이다. 하나님께서는 말씀으로 천지만물을 창조하셨고 그것들은 하나님께서 말씀하신 '그대로 되었다'(창 1:7, 9, 11, 15, 24, 30).

하나님께서는 이방 나라들의 목적과 계획들을 다 폐하시고 무효케 하신다. 역사상 세계적 제국들, 즉 바벨론, 메대 파사, 헬라, 로마 등의 제국들의 계획들이 폐해졌다. 또 제1차, 2차 세계대전을 일으킨 독일, 이탈리아, 일본이나, 그 후 소련이나 중국이나 북한 공산주의자들의 목적과 계획들이 그러했다. 그들의 계획들은 다 폐해졌지만, 하나님의 목적과 계획은 영원히 다 이루어질 것이다. 하나님께서는 이사야를 통해, "내가 종말을 처음부터 고하며 아직 이루지 아니한 일을 옛적부터 보이고 이르기를 나의 모략이 설 것이니 내가 나의 모든 기뻐하는 것을 이루리라 하였노라"고 말씀하셨다(사 46:10).

여호와께서 그들의 하나님인 나라, 곧 그가 자기 기업으로 택하신 백성은 복되다. 왜냐하면 세상 나라들의 계획은 다 폐하여지고 세상 나라들은 다 망하지만, 하나님의 나라는 영원하고 그의 뜻은 반드시 다 이루어질 것이기 때문이다. 하나님의 백성은 행복자이다. 하나님을 섬기는 일은 세상에서 가장 행복한 일이다(신 33:29; 시 65:4).

〔13-15절〕 여호와께서 하늘에서 감찰하사 모든 인생을 보심이여, 곧 그 거하신 곳에서 세상의 모든 거민을 하감하시도다. 저는 일반의 마음을(야카드 립밤 יַחַד לִבָּם)[그들의 마음을 비슷하게(KJV), 그들의 마음을 다(NASB, NIV)] **지으시며 저희 모든 행사를 감찰하시는 자로다.**

성경은 창조주 하나님께서 하늘에 계신다고 말한다(시 2:4; 11:4; 115:16; 사 66:1; 마 5:34; 계 4:2). 주 예수께서는 제자들에게 "하늘에 계신 우리 아버지"께 기도하라고 가르치셨다(마 6:9). 시편 115:3은 하늘은 하나님께서 직접 주관하시는 영역이라고 말한다.

하나님께서는 비록 높은 하늘에 계실지라도 땅에 있는 모든 사람을 다 감찰하신다. 오늘날 인공위성들은 고성능 망원렌즈 카메라가

장착되어 있어서 땅에 있는 물체들과 그 움직임들을 자세히 관찰할 수 있다. 하나님의 눈은 사람이 만든 인공위성보다 더 성능이 좋으시다. 비록 사람들이 많고 광범위하게 흩어져 살고 있을지라도, 또 그들이 처한 상황이 다양할지라도, 그는 모든 사람을 다 감찰하실 수 있다. 그래서 시편 139편 저자는 하나님을 떠나 피할 수 있는 곳이 없다고 말하였고(7-9절), 또 히브리서 4:13은 "지으신 것이 하나라도 그 앞에 나타나지 않음이 없다"고 말하였다.

하나님께서는 사람들의 마음을 지으신 자이시므로 사람의 마음과 행동을 다 감찰하신다. 그는 사람의 생각과 심리와 감정을 통달하시는 가장 뛰어난 심리학자이시다. 그는 사람들의 마음의 생각과 뜻을 다 아시고(히 4:12; 계 2:23) 그들의 모든 말과 행위도 다 아신다(시 139:3-4). 그러므로 그는 마지막 날 모든 사람들의 모든 언행에 대해 공의롭고 철저하게 심판하실 것이다(마 12:36; 롬 2:6; 계 20:12).

〔16-19절〕 많은 군대로 구원 얻은 왕이 없으며 용사가 힘이 커도 스스로 구하지 못하는도다. 구원함에 말은 헛것임이여, 그 큰 힘으로 구하지 못하는도다. 여호와는 그 경외하는 자 곧 그 인자하심을 바라는 자를 살피사 저희 영혼을 사망에서 건지시며 저희를 기근시에 살게 하시는도다.

많은 군대와 용사와 말의 힘은 구원이 되지 못한다. 블레셋 장수 골리앗은 큰 용사요 칼과 창과 단창으로 무장하였지만, 소년 다윗의 물맷돌에 맞아 쓰러졌고 죽임을 당했다. 애굽이나 앗수르나 바벨론이나 헬라나 로마가 망한 것이나 소련이 붕괴된 것은 군사력의 부족 때문이 아니었다. 큰 군대와 많은 군사력이 승리를 보장하지 못한다.

구원은 하나님께 있다. 다윗은 "여호와의 구원하심이 칼과 창에 있지 아니함을 이 무리로 알게 하리라. 전쟁은 여호와께 속한 것인즉 그가 너희를 우리 손에 붙이시리라"고 말하였고(삼상 17:47), 또 시편 3:8에서도 구원은 여호와께 있다고 고백하였다.

하나님께서는 그를 경외하는 자들 곧 그의 인자하심을 바라는 자들을 보살피신다. 그는 그들의 영혼을 사망에서 건지시며 기근 시에 살게 하신다. 죄로 인해 죽은 영혼이 새 생명을 얻는 것이 사람들에게 가장 중요한 일이며, 영혼이 살면 하나님과 연합하여 하나님 안에 거하며 하나님의 도우심과 돌보심을 얻을 것이다. 하나님께서는 또 그들의 육신적 필요도 공급하시고 채우실 것이다.

〔20-22절〕 우리 영혼이 여호와를 바람이여, 저는 우리의 도움과 방패시로다. [이는] **우리 마음이 저를 즐거워함이여,** [이는] **우리가 그 성호를 의지한 연고로다. 여호와여, 우리가 주께 바라는 대로 주의 인자하심을 우리에게 베푸소서.**

우리가 하나님을 진심으로 믿고 의지한다면, 우리는 그를 기뻐하고 즐거워할 것이다. 하나님께서는 우리의 도움과 방패이시다. 우리가 하나님을 많이 의지하고 바란다면, 우리는 그의 인자하심을 체험할 것이며 그가 우리의 도움과 방패 되심을 풍성히 체험할 것이다.

시편 33편의 교훈을 정리해보자. 첫째로, 우리는 목소리와 악기로, 새 노래로, 즐거이 하나님을 찬송해야 한다. 찬송은 성도가 마땅히 할 일이다. 성도의 찬송의 이유는 하나님께서 공의와 긍휼로 온 세상을 통치하시고 그의 택하시고 구원하신 백성을 인도하시기 때문이다.

둘째로, 우리는 하나님을 경외해야 한다. 왜냐하면 그는 열방의 계획들을 다 폐하시고 오직 그의 뜻을 이루시기 때문이다. 그러므로 여호와 하나님을 섬기는 백성들은 복되다. 왜냐하면 세상에서 오직 하나님의 뜻이 영원히 서기 때문이다. 그는 세상의 모든 사람을 감찰하시며, 사람이나 말의 힘은 무익하나 그는 능력의 팔로 자기 백성을 건져주신다.

셋째로, 우리는 하나님만 바라고 의지해야 한다. 왜냐하면 하나님께서 우리의 도움과 방패이시기 때문이다. 우리가 하나님을 즐거워하고 그의 거룩한 이름을 의지하고 그의 인자하심을 늘 사모할 때, 우리는 이 험한 세상에서 하나님의 도우심과 방패 되심을 늘 체험할 것이다. 그러므로 우리는 세상 것들을 의지하지 말고 하나님만 바라야 한다.

34편: 구원의 하나님을 찬송함

다윗이 아비멜렉 앞에서 미친 체하다가 쫓겨나서 지은 시.

〔1-4절〕 내가 여호와를 항상 송축함이여, 그를 송축함이 내 입에 계속하리로다. 내 영혼이 여호와로 자랑하리니 곤고한 자(아나윔 עֲנָוִים)[비천한 자들(KJV, NASB), 고통 당하는 자들(NIV)]**가 이를 듣고 기뻐하리로다. 나와 함께 여호와를 광대하시다**[위대하시다] **하며 함께 그 이름을 높이세. 내가 여호와께 구하매 내게 응답하시고 내 모든 두려움에서 나를 건지셨도다.**

다윗이 입으로 하나님을 항상 송축하며 그의 영혼이 그를 자랑하리라고 말하며 곤고한 자가 이를 듣고 기뻐할 것이라고 말한 이유는, 그가 블레셋 땅에 피신하였을 때 두려운 상황에서 하나님께 기도하였고 살아계신 하나님께서 그에게 응답하셨고 그를 그 모든 두려운 상황에서 건져주셨기 때문이다(삼상 21:10-15).

〔5-7절〕 저희가 주를 앙망하고 광채를 입었으니 그 얼굴이 영영히 부끄럽지 아니하리로다. 이 곤고한 자(아니 עָנִי)[가난한 자](KJV, NASB, NIV)**가 부르짖으매 여호와께서 들으시고 그 모든 환난에서 구원하셨도다. 여호와의 사자가 주를 경외하는 자를 둘러 진 치고 저희를 건지시는도다.**

다윗은 고난 받는 성도들이 하나님을 앙망하고 광채를 입었다고 말한다. 그 광채는 하나님의 은혜의 얼굴빛이다. 그들은 실패치 않을 것이며 그들의 얼굴은 부끄러움을 당치 않을 것이다. 6절의 '이 곤고한 자'는 바로 자신을 가리킬 것이다. 하나님께서는 곤고함 중에 부르짖는 그의 기도를 들으셨고 그를 그 모든 환난에서 건져주셨다. 오늘날도 하나님께 부르짖는 자마다 같은 은혜를 체험할 것이다.

하나님의 천사는 하나님을 경외하는 자들을 둘러 보호하고 그들을 건지실 것이다. 아람 왕이 선지자 엘리사를 잡으려고 도단 성에 군사들을 보내었을 때, 하나님께서는 불말과 불병거를 가득히 보내어 그 성을 에워싸 막게 하셨고 아람 군대의 눈을 어둡게 하여 선지자를 그 위기에서 벗어나게 하셨다(왕하 6:14-23). 다니엘과 그의 친구들도 충성되이 믿다가 풀무불이나 사자굴에 던지우는 고난을 당하였으나 하나님께서 천사를 보내어 그들을 구원해주셨다(단 3장, 6장).

〔8-10절〕 너희는 여호와의 선하심을 맛보아 알지어다. 그에게 피하는 자는 복이 있도다. 너희 성도들아, 여호와를 경외하라. 저를 경외하는 자에게는 부족함이 없도다. 젊은 사자는 궁핍하여 주릴지라도 여호와를 찾는 자는 모든 좋은 것에 부족함이 없으리로다.

성도들은 거룩한 자, 곧 세상 사람들과 구별되어 하나님을 알고 그를 섬기며 그의 뜻에 순종하여 죄와 불결을 떠난 자들이다. 또 성도는 '하나님께 피하는 자'(8절), '하나님을 경외하는 자'(9절), '하나님을 찾는 자'(10절)이다. 그들은 하나님을 경외하며, 또 어려운 일을 당했을 때 하나님을 의지하고 하나님께 피하며 하나님을 찾는다.

8절은 "너희는 여호와의 선하심을 맛보아 알지어다"라고 말한다. '하나님의 선하심'은 그의 기도 응답, 그의 도우심과 구원하심, 그의 돌보심 등 그가 베푸시는 모든 은혜와 복을 가리킨다. 그것은 성도들에게 주시는 하나님의 은혜이다. 성도들은 장차 천국에서뿐 아니라, 이 세상에서도 하나님의 도우심과 돌보심과 복을 체험할 수 있다.

하나님을 경외하는 자에게는 부족함이 없을 것이다. 궁핍할 경우가 거의 없을 것 같은 젊은 사자도 환경적으로 먹이가 없거나 몸이 아프거나 몸의 일부분을 다쳤을 때 궁핍할 수 있을 것이지만, 하나님을 찾는 성도는 모든 좋은 것에 부족함이 없을 것이다. 믿음의 부요함은 물론이거니와 육신적으로도 부족함이 없을 것이다. 주께서는 먼저 하나님의 나라와 그의 의를 구하는 자들에게 하늘에 계신 하나님 아버지께서 의식주의 필요를 넉넉히 공급하실 것이라고 말씀하셨다(마 6:33), 사도 바울도 말씀과 기도로 사는 경건한 생활이 범사에 유익하며 이생과 내생에 약속이 있다고 증거하였다(딤전 4:8). 이생의 유익은 심령의 평안, 몸의 건강, 물질적으로 필요한 것들의 공급,

환경적 평안 등이며 내생의 유익은 복된 부활과 천국과 영생이다.

〔11-14절〕 너희 소자들아, 와서 내게 들으라. 내가 여호와를 경외함을 너희에게 가르치리로다. 생명을 사모하고 장수하여 복 받기[좋은 것 보기]**를 원하는 사람이 누구뇨? 네 혀를 악에서 금하며 네 입술을 궤사한 말에서** 금할지어다. **악을 버리고 선을 행하며 화평을 찾아 따를지어다.**

하나님을 경외함은 모든 사람이 가져야 할 마음가짐이며 사람이 영원한 생명과 행복을 얻는 길이다. 사람이 하나님을 경외해야 하는 까닭은 그가 천지만물의 창조자요 섭리자이시며 만복의 근원이시기 때문이다. 피조물들이 창조주 하나님을 섬기는 것은 당연한 일이다.

또 하나님을 경외하며 영원한 생명을 사모하고 하나님의 복 받기를 원하는 사람은 마땅히 악을 버리고 선을 구해야 한다. 그는 악하고 거짓된 말을 금해야 하며 선과 화평을 구해야 한다. 사람의 죽음과 모든 불행은 죄 때문에 왔고, 구원은 죄로부터 해방되고 거룩함의 열매를 맺는 것이다(롬 6:22). 거룩한 열매는 곧 선한 열매이다. 그러므로 선지자 아모스는 "너희는 살기 위하여 선을 구하고 악을 구하지 말지어다"라고 말하였다(암 5:14). 사도 바울은 로마서 2:7에서 "참고 선을 행하여 영광과 존귀와 썩지 아니함을 구하는 자에게는 영생으로 하시고"라고 말하였다. 성도는 악을 버리고 선을 구해야 한다.

〔15-18절〕 여호와의 눈은 의인을 향하시고 그 귀는 저희 부르짖음에 기울이**시는도다. 여호와의 얼굴은 행악하는 자를 대하사 저희의 자취**[기억]**를 땅에서 끊으려 하시는도다.** 의인이 **외치매 여호와께서 들으시고**[들으셨고] **저희의 모든 환난에서 건지셨도다. 여호와는 마음이 상한 자에게 가까이 하시고 중심에 통회하는 자를 구원하시는도다.**

하나님의 눈은 의인을 향하시며 그 귀는 그들의 부르짖음에 기울이신다. 마치 아기 엄마가 아기에게서 눈길을 떼지 않고 멀리서도 그 아기의 울음소리를 금방 알아차리 수 있듯이, 하나님께서는 자기의 백성에게 눈길을 떼지 않으시고 그들의 부르짖음에 귀를 기울이신다.

의인들은 자신의 부족을 깨닫고 하나님께 상한 마음으로 통회하며 부르짖는다. 악인들은 자신의 부족과 죄를 깨닫지 못하지만, 의인들은 고난 중에 자신을 살피며 하나님께 죄를 고백하고 회개하며 기도하게 된다. 하나님께서는 자기의 죄를 고백하며 하나님의 도우심과 구원을 간절히 구하는 의인들의 기도를 잘 들어주신다. 그들이 부르짖을 때 여호와께서는 들으셨고 그들을 모든 환난에서 건지셨다.

그러나 하나님께서는 악인들은 끊어버리신다. 그의 얼굴은 행악하는 자들을 대하시며 그들의 기억을 땅에서 끊으려 하신다. 그는 악인들이 악을 행하는 것을 보시고 노하신다. 천국은 의인만 들어갈 수 있고 악인들은 결코 들어갈 수 없다. 고린도전서 6:9-10, "음란하는 자나 우상숭배하는 자나 간음하는 자나 탐색하는 자나 남색하는 자나 도적이나 탐람하는 자나 술 취하는 자나 후욕하는 자나 토색하는 자들은 하나님의 나라를 유업으로 받지 못하리라." 요한계시록 22:15, "개들과 술객들과 행음자들과 살인자들과 우상숭배자들과 및 거짓말을 좋아하며 지어내는 자마다 성[새 예루살렘 성]밖에 있으리라."

〔19-22절〕 의인은 고난이 많으나 여호와께서 그 모든 고난에서 건지시는도다. 그 모든 뼈를 보호하심이여, 그 중에 하나도 꺾이지 아니하도다. 악이 악인을 죽일 것이라. 의인을 미워하는 자는 죄[정죄]**를 받으리로다. 여호와께서 그 종들의 영혼을 구속(救贖)하시나니 저에게 피하는 자는 다 죄**[정죄]**를 받지 아니하리로다.**

의인에게는 고난이 많다. 의인은 조금만 잘못해도 하나님의 징계를 받으며 잘못이 없어도 인격 단련을 위해 고난을 받는다. 아브라함은 100세까지 아내 사라가 낳은 자녀가 없었고, 기근 시 애굽에 우거(寓居)하러 갔다가 아내를 빼앗겼고, 조카 롯을 구하러 전쟁을 치렀고, 여종 하갈로 인해 가정적 갈등을 겪었고, 그랄에 우거하다가 또 아내를 빼앗기는 등 여러 가지 고난을 경험하였다.

의인에게는 고난이 많으나 하나님께서는 그 모든 고난에서 그를 구원하신다. 또 그는 그의 모든 뼈를 보호하셔서 그 중 하나도 꺾이지 않게 하신다. 이것은 영육의 온전한 구원을 암시한다. 하나님께서 주시는 구원은 장차 천국에서 영육의 완전한 몸으로 영생하는 구원이다. 하나님께서 그 종들의 영혼을 구속(救贖)하시며 그에게 피하는 자, 곧 그를 의지하는 자는 정죄를 받지 않는다.

그러나 악인들은 죽임을 당할 것이다. 악은 악인들을 죽일 것이다. 노아 시대에 홍수로 죽은 자들이나 소돔 고모라 성에서 유황불비로 멸망당한 자들은 다 그들의 악 때문에 죽임을 당했다. 그들이 회개하고 악을 버렸더라면 그들은 죽임을 당하지 않았을 것이다. 악인들은 의인들을 미워하며 의인들을 미워하는 자는 정죄를 받을 것이다.

시편 34편의 교훈을 정리해보자. 첫째로, 다윗은 큰 환난 중에 하나님의 기도 응답과 구원을 체험하였기 때문에 하나님을 항상 찬송하기를 원하였다(1-7절). 신약성도인 우리는 단지 질병이나 세상의 환난으로부터 구원을 얻은 것이 아니고, 사람의 모든 불행의 원인인 죄로부터 구원을 받았다. 우리는 죄사함을 받았고 죽음과 지옥 형벌로부터 구원을 얻었다. 그러므로 우리는 하나님의 은혜를 항상 찬송해야 한다.

둘째로, 우리는 세상에서 여러 가지 크고 작은 어려운 문제들을 당할 때 우리를 구원하신 하나님을 앙망하고 의지하며 기도하여 그의 선하심을 맛보며 그의 도우심을 체험하며 살아야 한다. 8-10절, "너희는 여호와의 선하심을 맛보아 알지어다. 그에게 피하는 자는 복이 있도다," "저를 경외하는 자에게는 부족함이 없도다," "젊은 사자는 궁핍하여 주릴지라도 여호와를 찾는 자는 모든 좋은 것에 부족함이 없으리로다."

셋째로, 우리가 영광스런 천국과 복된 영생의 삶을 원할진대, 우리는 하나님을 경외하고 악을 버리며 선을 구하고 행하는 자가 되어야 한다. 하나님께서는 환난 중에 의인의 부르짖음은 들으시지만 악인은 끊어버리신다. 우리는 하나님을 섬기며 의와 선을 행하는 자들이 되어야 한다.

35편: 나와 다투는 자와 다투소서

〔1-3절〕 여호와여, 나와 다투는 자와 다투시고 나와 싸우는 자와 싸우소서. 방패(마겐 מָגֵן)[작은 방패]**와 손 방패**(친나 צִנָּה)[온 몸을 막는 큰 방패](BDB)**를 잡으시고 일어나 나를 도우소서. 창을 빼사 나를 쫓는 자의 길을 막으시고 또 내 영혼에게 나는 네 구원이라 이르소서.**

다윗의 시. 다윗은 하나님께서 자기 편에 계심을 확신한다. 이 확신과 담대함은 하나님을 믿고 그의 계명을 순종하는 데서 나온다. 이것이 의인이 가지는 담대함이다(잠 28:1; 요일 3:21). 다윗은 하나님께서 방패와 큰 방패를 잡으시고 창을 빼어 그를 쫓는 자의 길을 막으시기를 구한다. 하나님께서는 원수의 공격으로부터 우리를 능숙히 방어해주시며 다윗을 쫓는 원수들의 길을 가로막고 그들이 그에게 가까이 못하게 하실 것이다. 다윗은 하나님의 구원을 체험하기를 원한다.

〔4-6절〕 내 생명을 찾는 자로 부끄러워 수치를 당케 하시며 나를 상해하려 하는 자로 물러가 낭패케 하소서. 저희로 바람 앞에 겨와 같게 하시고 여호와의 사자로 몰아내소서. 저희 길을 어둡고 미끄럽게 하시고 여호와의 사자로 저희를 따르게(라다프 רָדַף)[뒤쫓게] **하소서.**

다윗은 자기 생명을 찾는 자, 곧 그를 죽이려 하는 자로 부끄러움과 수치를 당케 하시고 그를 해치려 하는 자로 물러가 낭패를 당케 하시기를 구한다. 그는 하나님의 살아계심과 그의 공의로운 처분을 믿었다. 그는 자기를 대적하는 원수들과 직접 싸우지 않았고 자기의 두렵고 위태한 형편을 하나님께 아뢰며 그의 선한 처분을 구하였다고 보인다. 그는 그의 대적자들로 바람 앞에 겨 같게, 즉 평안과 안정이 없게 하시고 그들의 길이 어둡고 미끄럽게 하시기를 구한다.

다윗은 또 하나님의 사자가 그들을 몰아내고 뒤쫓게 하기를 구한다. 하나님께서는 때때로 그의 천사를 보내어 자기 백성을 지키시고 위험에서 건지신다. 하나님의 사자는 성도를 위한 경호원과 같다. 이

기도는 악인에 대한 하나님의 공의의 처분을 보인다. 다윗은 하나님의 교회를 대표해 하나님의 의로운 처분을 구한 것이라고 본다. 물론, 신약 아래서 우리는 이런 기도 대신 주님의 교훈대로 악인들이 회개하고 복을 받아 좋은 사람 되기를 기도해야 할 것이다(마 5:44).

〔7-8절〕 저희가 무고히 나를 잡으려고 그 그물을 웅덩이에 숨기며 무고히 내 생명을 해하려고 함정을 팠사오니 멸망으로 졸지에 저에게 임하게 하시며 그 숨긴 그물에 스스로 잡히게 하시며 멸망 중에 떨어지게 하소서.

악인들은 정당한 이유 없이 의인들을 핍박하고 해치려 한다. 그들은 의인들을 빠뜨리려고 은밀히 함정을 파고 그물을 구덩이에 숨겼다. 그들의 싸움은 비겁하고 정정당당치 못했다. 그러나 그들은 갑자기 하나님의 심판으로 멸망할 것이다. 하나님께서는 악인이 의인을 해하려고 은밀히 베푼 그물에 자신이 걸려 멸망케 하실 것이다.

〔9-10절〕 내 영혼이 여호와를 즐거워함이여, 그 구원을 기뻐하리로다. 내 모든 뼈가 이르기를 여호와와 같은 자 누구리요. 그는 가난한 자를 그보다 강한 자에게서 건지시고 가난하고 궁핍한 자를 노략하는 자에게서 건지시는 이라 하리로다.

성도의 원수는 성도보다 강한 자요 성도를 노략하는 자이며, 성도는 세상에서 가난하고 궁핍한 자이며 악한 자들에게 고난을 당하는 자이지만, 하나님께서는 성도를 고난에서 구원해주시고 성도는 그의 구원을 기뻐하며 그를 찬송할 것이다. 성도의 영혼은 하나님을 즐거워하며, 그의 모든 뼈는 하나님의 구원을 고백할 것이다. 이것은 뼈속 깊은 곳에서 나오는 기쁨의 찬송과 고백을 가리킬 것이다.

〔11-13절〕 불의한 증인이 일어나서 내가 알지 못하는 일로 내게 힐문하며 내게 선을 악으로 갚아 나의 영혼을 외롭게 하나 나는 저희가 병 들었을 때에 굵은 베옷을 입으며 금식하여 내 영혼을 괴롭게 하였더니 내 기도가 내 품으로 돌아왔도다[돌아오는도다].

악인들은 불의한 증인들을 동원해 다윗이 알지도 못하는 일로 그를 비난했다. 그는 평소에 남들에게 선을 베풀었지만, 그들은 그의 선에 대해 보답하기는커녕 악으로 선을 갚았다. 그것은 보통의 악보다 더 악한 일이다. 또 그들은 다윗의 영혼을 외롭게 했다. 그러나 다윗은 그들이 병들었을 때 굵은 베옷을 입고 금식하며 그의 영혼을 괴롭게 하였다. 주께서는 "너희 원수를 사랑하며 너희를 미워하는 자를 선대하라"고 말씀하셨다(눅 6:27). 다윗의 기도가 다윗의 품에 돌아왔다는 말씀은 그의 기도가 그에게 복이 되었다는 뜻일 것이다.

〔14-16절〕 내가 나의 친구와 형제에게 행함같이 저희에게 행하였으며 내가 굽히고 슬퍼하기를 모친을 곡함같이 하였도다. 오직[그러나] **내가 환난을 당하매 저희가 기뻐하여 서로 모임이여, 비류**[치는 자들](NASB, NIV)**가 나의 알지 못하는 중에 모여 나를 치며 찢기를 마지 아니하도다. 저희는 연회에서 망령되이 조롱하는 자같이 나를 향하여 그 이를 갈도다.**

다윗은 악한 이웃이라도 병들었을 때 그의 친구와 형제에게 행함같이 그에게 행하며 마치 모친을 곡함같이 몸을 굽히고 슬퍼하였다. 그러나 악인들은 다윗이 환난을 당할 때 기뻐하였고 서로 모여 악을 도모했다. 성도들은 모여 하나님께 예배드리고 믿음과 선행을 서로 격려하며 교제하지만, 악인들은 모여 악을 도모한다. 악인들은 당을 지어 불의를 좇는 자들이다(롬 2:8). 의인들은 하나님만 바라고 그와 동행하며 선을 행하는 것으로 만족하지만, 악인들은 하나님의 뜻을 상관치 않고 악을 행하며 악한 말로 의인들을 비난한다.

〔17-18절〕 주여, 어느 때까지 관망하시리이까? 내 영혼을 저 멸망자(쇼에헴 שֹׁאֵיהֶם)[그들의 파괴들](NASB, NIV)**에게서 구원하시며 내 유일한 것을 사자들에게서 건지소서. 내가 대회 중에서 주께 감사하며 많은 백성 중에서 주를 찬송하리이다.**

하나님께서는 성도를 얼마 동안 고난에 버려두신다. 성도는 고난 중에 자신의 부족을 깨닫고 회개하며 심령의 깨끗함을 얻고 육신적 쾌락에 빠지지 않게 되며 겸손해지며 하나님만 간절히 바라며 의지하게 된다. 고난의 기간은 성도에게 그의 인격 단련을 위해 유익하다.

다윗은 고난 중에 하나님의 구원을 요청했다. 원수들은 사자같이 그를 해치고 파괴시키려 했다. 그러나 하나님께서는 성도의 구원자이시다. 그는 얼마 동안 잠잠하시지만, 마침내 성도를 위해 일어나실 것이다. 다윗은 구원의 하나님을 많은 백성 중에서 감사하며 찬송하겠다고 말한다. 그것은 하나님께 영광이 되는 간증이다. 찬송은 하나님께서 우리를 창조하신 목적이며 우리를 구원하신 목적이다.

〔19-21절〕 무리하게 나의 원수된 자로 나를 인하여 기뻐하지 못하게 하시며 무고히 나를 미워하는 자로 눈짓하지 못하게 하소서. 대저 저희는 화평을 말하지 아니하고 평안히 땅에 거하는 자를 거짓말로 모해하며 또 저희가 나를 향하여 입을 크게 벌리고 하하 우리가 목도하였다 하나이다.

다윗의 원수들은 까닭 없이 그를 미워했다. 그러므로 다윗은 하나님께 그들이 환난 당한 자신으로 인해 기뻐하지 못하게 하시고 눈짓하지 못하게 해달라고 기도했다. '눈짓한다'는 표현은 경멸의 눈짓, 흘기는 눈짓을 가리키는 것 같다. 그들은 평안히 땅에 거하는 자들을 거짓말로 해치려 하였다. 또 그들은 다윗을 향해 조롱과 멸시의 입을 크게 벌리고 기뻐했다. 그러나 지금도 세상을 다스리시는 이는 하나님이시다. 그는 온 우주의 대주재자이시다. 그는 악인들을 얼마 동안 내버려두시지만, 마침내 그들을 꺾어 승리치 못하게 하실 것이다.

〔22-24절〕 여호와여, 주께서 이를 보셨사오니 잠잠하지 마옵소서. 주여, 나를 멀리하지 마옵소서. 나의 하나님, 나의 주여, 떨치고 깨셔서 나를 공판하시며 나의 송사를 다스리소서. 여호와 나의 하나님이여, 주의 공의대로 나를 판단하사 저희로 나를 인하여 기뻐하지 못하게 하소서.

다윗은 하나님께서 살아계셔서 모든 것을 감찰하시고 판단하시며 악인들의 악행을 다 보고 계시는 주 하나님 곧 주권적 섭리자이심을 믿었다. 그러므로 그는 하나님께서 악인들의 악행을 보시고 잠잠치 마시며 떨치고 깨시며 일어나 행동하시며 모든 일을 공의대로 판단하시고 처리하시기를 구한다. 하나님께서는 세상에 공의의 심판자이시다. 다윗은 하나님의 심판대에서 이길 것을 확신한다. 그것은 그가 평소에 양심에 거리끼는 일을 행치 않았고 의롭게 행했기 때문이다.

〔25-28절〕 저희로 그 마음에 이르기를 아하 소원 성취하였다 **하지 못하게 하시며 우리가 저를 삼켰다 하지 못하게 하소서. 나의 해를 기뻐하는 자들로 부끄러워 낭패하게 하시며 나를 향하여 자긍하는 자로 수치와 욕을 당케 하소서. 나의 의를 즐거워하는 자로 기꺼이 부르고 즐겁게 하시며 그 종의 형통을 기뻐하시는 여호와는 광대**[위대]**하시다 하는 말을 저희로 항상 하게 하소서. 나의 혀가 주의 의를 말하며 종일토록 주를 찬송하리이다.**

다윗은 원수들이 개가를 부르지 못하고 수치와 욕을 당케 하시기를 하나님께 구한다. 그것은 하나님의 공의의 영광을 위해 필요하며 또 악인들의 회개를 위해서도 필요하다. 또 다윗의 정당함을 이해하고 그의 경건과 의를 격려하는 자들도 있을 것이다. 다윗은 그 신앙동료들로 하나님을 항상 찬송케 하시기를 기도하며, 자신도 하나님의 의를 종일토록 찬송하겠다고 고백한다.

시편 35편의 교훈은 정리해보자. 첫째로, 성도는 이 세상에서 때때로 억울한 일을 당한다. 무고히 당하는 핍박도 있고 심지어 욥처럼 까닭없이 당하는 고난도 있다. 성도는 그런 어려운 일들을 각오해야 한다.

둘째로, 성도는 그때 하나님께 호소하며 도움을 얻을 수 있다. "나와 다투는 자와 다투소서." "잠잠하지 마시고 공의로 판단하소서." 성도는 평소에 바르게 살아 하나님 편에 있다는 확신을 가져야 한다. 하나님께서는 성도와 함께하시며 그를 도우시며 그를 위해 싸우실 것이다.

셋째로, 성도는 끝까지 의롭게 살고 선하게 살아야 한다. 하나님께서는 의로우시며 그의 공의의 심판은 살아 있다. 또 그는 우리가 끝까지 선하게 살기를 원하신다. 사도 바울은 "아무에게도 악으로 악을 갚지 말고 모든 사람 앞에서 선한 일을 도모하라," "선으로 악을 이기라"고 말했다(롬 12:17, 21). 우리는 끝까지 의롭고 선하게 살아야 한다.

36편: 의인들에게 인자하심을 베푸심

여호와의 종 다윗의 시. 영장(아마, 찬양대장)을 위한 노래.

〔1-4절〕 악인의 죄얼(페솨 פֶּשַׁע)[죄악]**이 내 마음에 이르기를 그 목전에는 하나님을 두려워함이 없다 하니 저가 스스로 자긍하기를 자기 죄악이 드러나지 아니하고 미워함을 받지도 아니하리라 함이로다**[이는 저가 그 죄악이 드러나서 미움을 받기까지 스스로 자긍함이라](KJV). **그 입의 말은 죄악과 궤휼이라. 지혜와 선행을 그쳤도다. 저는 그 침상에서 죄악을 꾀하며 스스로 불선(不善)한 길에 서고 악을 싫어하지 아니하는도다.**

악인은 그의 눈앞에 하나님을 두려워함이 없다. 사람이 하나님을 경외함이 지혜와 지식의 시작이며 하나님을 경외함으로 악에서 떠나게 되는데(잠 16:6) 하나님을 경외함이 없으니 악할 수밖에 없다. 또 악인은 스스로 자긍한다. 하나님을 경외함이 없는 자는 자신을 크게 여기고 이 세상의 것들을 자랑한다. 또 악인은 그 입의 말이 죄악과 거짓이다. 말은 사람의 인격을 드러낸다. 악한 자의 말은 악하고 거짓되다. 또 악인은 지혜와 선행을 그쳤다. 하나님을 경외하며 의와 선을 행하는 것이 지혜인데, 악인은 지혜를 버렸고 선을 버렸다. 또 악인은 그 침상에서 죄악을 꾀하며 선하지 않은 길에 스스로 서며 악을 싫어하지도 않는다. 그는 우연히 실수로 악을 행하는 자가 아니다. 그는 계획적으로 악을 행하는 자이며 악을 싫어하지 않는 자이다.

그러나 이런 악인과 대조하여, 성도는 하나님을 두려워하며 범죄치 않으려고 애쓴다. 또 그의 입의 말은 선함과 진실함이다. 또 그는 지혜를 구하며 악을 싫어하고 선을 좋아하고 선한 일을 실천한다.

〔5-6절〕 여호와여, 주의 인자하심이 하늘에 있고 주의 성실하심[신실하심]**이 공중에 사무쳤으며 주의 의는 하나님의 산들과 같고 주의 판단은 큰 바다와 일반이라. 여호와여, 주는 사람과 짐승을 보호하시나이다.**

하나님께서는 완전한 섭리자이시다. 다윗은 하나님의 인자하심이 하늘에 있다고 말한다. 햇볕과 단비는 세상에서 의인과 악인을 구별치 않고 모든 사람들에게 주어지는 하나님의 인자하심이다(마 5:45). 하나님께서는 특히 죄인을 향해 구원의 사랑을 나타내셨고 독생자를 보내어주셨다(요 3:16). 또 다윗은 하나님의 신실하심이 공중에 사무쳤다고 말한다. 하나님의 신실하심은 자연만물 속에, 특히 해와 달의 규칙적 운행 속에 잘 나타나 있다. 하나님께서는 항상 동일하셔서(시 102:27) 우리가 신뢰할 만한 하시며 특히 언약을 지키신다.

또 다윗은 하나님의 의가 하나님의 산들과 같으시며 그의 판단이 큰 바다와 같으시다고 말한다. 하나님의 의는 악인들의 세력 앞에서 결코 위축되시지 않는다. 그의 의는 크고 힘이 있으시고 흔들림 없이 확고하시다. 그는 공의로 세상을 통치하시며 의인과 악인을 심판하실 것이다(롬 2:5). 또 하나님의 판단은 큰 바다와 같아서 경솔하시거나 불완전하시지 않고 원만하시고 깊고 완전하시다.

하나님께서는 사람들과 짐승들을 보호하신다. 하나님께서는 완전한 섭리자로서 모든 사람들과 모든 짐승들까지도 보존하신다. 그는 공중의 새들을 먹이신다(마 6:26; 욥 38:41). 그는 특히 사람들을 구원하시고 새 인류를 만드시고 그들을 세상 끝날까지 지키신다.

〔7-8절〕 하나님이여, 주의 인자하심이 어찌 그리 보배로우신지요. 인생이 주의 날개 그늘 아래 피하나이다. 저희가 주의 집의 살찐 것으로 풍족할 것이라. 주께서 주의 복락의 강수로[즐거움의 시냇물로] **마시우시리이다.**

하나님의 인자하심은 참으로 보배롭다. 그 인자하심은 특히 그가 죄인들을 구원하심에서 잘 나타났다. 하나님께서는 죄와 연약성을 가진 인생들을 질병과 위험에서 건지시고 사망과 멸망에서 건지신다. 그는 무지한 우리에게 하나님과 하나님의 뜻을 아는 지혜와 지식을 주시고 하나님과 그의 약속을 믿게 하시고 하나님의 이름을 부르는 그의 자녀들이 되게 하신다. 또 그는 장차 의인들에게 영광스런 부활을 허락하셔서 천국에서 영생케 하실 것이다.

사람은 하나님의 날개 그늘 아래 피한다. 그것은 하나님의 인자하심과 구원하심 때문이다. 이 세상에서 사람이 피할 곳은 하나님밖에 없다. 그가 어떤 죽을병에 걸려보면 그것을 알 수 있다. 그를 사랑하는 부모도 남편도 자식도 그 누구도 우리를 참으로 도와줄 수 없다. 한마디로 속수무책이다. 심지어 환자를 방치하는 가족도 있고 그를 버리고 도망치는 사람도 있다. 오직 하나님만 우리의 도움이 되신다. 그는 우리의 죄를 용서하시고 우리의 슬픔과 질병, 두려움과 절망을 변화시켜 기쁨과 건강, 평안과 소망이 되게 하신다.

인자하신 하나님께 피한 자들은 하나님의 집의 살진 것으로 풍족할 것이다. 주께서는 주의 복락의 강수로 마시우실 것이다. 하나님께서 주시는 복은 살지고 기름지고 풍성한 음식을 배불리 먹는 것과 같고 시원하고 맑은 시냇물을 실컷 마시는 것과 같다. 하나님께서 주시는 복은 영육의 복이며 또 현세와 내세의 풍족함과 즐거움, 즉 넘치는 즐거움이다. 하나님께 피한 자들은 내세에서 뿐만 아니라, 현세에서도 하나님께서 주시는 그러한 복을 맛볼 것이다.

〔9절〕 대저 생명의 원천이 주께 있사오니 주의 광명 중에 우리가 광명을 보리이다.

하나님께 피하면 좋은 것을 풍성히 얻는 까닭은 생명의 원천이 그에게 있기 때문이다. 여기의 '생명'은 영육의 생명을 다 포함할 것이다. 하나님께서는 첫 사람 속에 생명의 기운을 불어넣으셔서 산 자가 되게 하셨다. 그 생명은 하나님과 연합된 생명이었다. 사람은 본래 죄 없는 상태로 하나님을 경외하며 의롭게 선하게 살았고 하나님께서 주신 기쁘고 복된 삶을 누렸다.

원천 혹은 샘이라는 말은 말 그대로 근원을 나타낸다. 하나님께서는 땅 위에 있는 모든 생명들의 근원이시다. 그는 모든 생물들에게 생명을 주셨다. 또 원천은 풍부함도 나타낸다. 하나님의 생명은 끝없이 솟아나는 생명이며 결코 마르지 않는 생명이다. 또 원천은 신선함과 시원함도 나타낸다. 하나님의 생명은 깨끗하고 시원한 샘물처럼 우리에게 참 기쁨과 활기와 만족을 주는 생명이다.

'주의 광명 중에'라는 말은 하나님께서 빛이 되심을 말한다. 하나님의 얼굴은 모든 피조세계를 비춘다. 하나님의 빛은 곧 생명이다. 사도 요한은 예수 그리스도 안에 생명이 있었으며 이 생명은 사람들의 빛이라고 말했다(요 1:4). 예수께서도 "나는 세상의 빛이니 나를 따르는 자는 어두움에 다니지 아니하고 생명의 빛을 얻으리라"고 말씀하셨다(요 8:12). 하나님께서는 스스로 세상에 생명과 기쁨이 되신다.

우리는 하나님의 빛 가운데서 빛을 본다. 빛은 어둠을 밝히는 생명을 상징할 뿐만 아니라 또한 지식과 기쁨과 위로와 행복도 상징한다. 성도는 하나님의 생명을 받고 하나님을 알고 그의 뜻을 알 뿐 아니라, 또한 그가 주시는 기쁨과 위로와 행복을 맛보며 소유하며 누린다.

〔10-12절〕 주를 아는 자에게 주의 인자하심을 계속하시며 마음이 정직한 자에게 주의 의를 베푸소서. 교만한 자의 발이 내게 미치지 못하게 하시며 악인의 손이 나를 쫓아내지 못하게 하소서. 죄악을 행하는 자가 거기 넘어졌으니 엎드러지고 다시 일어날 수 없으리이다.

하나님을 안다는 말은 세상에 천지만물을 창조하시고 섭리하시는 하나님께서 계시다는 것을 알고 그 하나님을 경외하며 섬기는 것을 가리킨다. 다윗은 하나님께서 하나님을 아는 자들에게 그의 인자하심을 계속 베푸시며 마음이 정직한 자들에게 그의 의를 베푸시기를 구한다. 하나님을 아는 자들은 정직한 마음을 가지며 하나님께서는 그들에게 하나님의 의, 즉 그의 의로운 처분을 베푸실 것이다. 하나님께서는 의인들의 억울한 사정을 듣고 공의롭게 처리하실 것이다.

다윗은 또 교만한 자의 발이 그에게 미치지 못하게 하시며 악인의 손이 그를 쫓아내지 못하게 하시기를 하나님께 기도한다. 공의롭고 인자하신 하나님께서는 성도들을 악한 자들로부터 보호하실 것이다. 악한 자는 교만하여 순진한 성도를 미워하고 시기하며 해치려 하고 때때로 하나님의 교회에 들어와 세력을 가지고 교회를 분란시키고 진실한 성도를 쫓아내려 한다. 그러나 하나님께서는 의로운 성도들을 교만한 자와 악한 자로부터 보호하실 것이다.

다윗은 또 "죄악을 행하는 자가 거기 넘어졌으니 엎드러지고 다시 일어날 수 없으리이다"라고 말한다. '거기'라는 말은 원수들이 다윗을 해치며 쫓아내려고 그에게 다가왔던 곳을 가리킬 것이다. 하나님께서는 악인들이 악을 행하며 의인들을 치려 했던 그곳에서 엎드러지게 하실 것이다. 또 그는 악인들이 엎드러지고 다시 일어나지 못하게 하실 것이다. 의인들은 일곱 번 넘어져도 다시 일어나지만(잠 24:16), 악인들은 그렇지 못할 것이다. 하나님께서 그들에게 재앙을 내리실 때 그들은 넘어져서 다시 일어나지 못할 것이다.

시편 36편의 교훈을 정리해보자. 첫째로, 죄인들은 모든 악을 버리고 하나님의 인자하심을 사모해야 한다. 사람들이 죄 가운데 살면 현세와 내세에서 하나님의 영원한 진노와 심판을 피할 수 없다. 그것은 불행한 일이다. 그러므로 죄인들은 모든 죄악을 버리고 하나님께로 나아오고 그의 인자하심의 품에 들어와 죄사함과 구원을 얻어야 한다.

둘째로, 하나님께서는 모든 생명의 근원이시다. 사람은 본래 죽는 자가 아니었지만, 범죄함으로 영적으로 죽었고 육신적으로 죽을 것이며 영원한 지옥 형벌을 받을 것이다. 그러나 이제 하나님께 돌아와 구주 예수 그리스도를 믿는 자들은 영생을 얻을 것이다. 영생은 오직 하나님과 예수 그리스도께 있다. 그 생명은 영육의 풍성하고 신선한 생명이다.

셋째로, 하나님께서는 의인들에게 즐거움의 시냇물을 주신다. 하나님께서는 모든 복의 근원이시다. 모든 좋은 것이 하나님께로부터 온다. 복의 근원이신 하나님께서는 의인들에게 땅 위에서도 즐거움의 시냇물 즉 풍성한 복을 주셔서 누리게 하실 뿐만 아니라, 장차 천국에서 영원한 생명과 완전한 의와 풍성한 기쁨과 평안을 누리게 하실 것이다.

37편: 악인과 의인의 보응

1-11절, 악인을 인해 불평하지 말라

〔1-3절〕 행악자를 인하여 불평하여 하지(티스카르 תִּתְחַר)[짜증내지] **말며 불의를 행하는 자를 투기하지 말지어다. 저희는 풀과 같이 속히 베임을 볼 것이며 푸른 채소같이 쇠잔할 것임이로다. 여호와를 의뢰하여 선을 행하라. 땅에 거하여** 그의 **성실**[진실]**로 식물을 삼을지어다.**

다윗의 시. 우리는 행악자 때문에 불평하거나 짜증내지 말고 불의를 행하는 자의 형통을 부러워하지 말아야 한다. 악을 행하거나 불의를 행하는 자들은 일시적으로 형통하고 번창할 수 있으나 조만간 풀같이 쇠잔하고 멸망할 것이기 때문이다. 우리는 오직 여호와를 의뢰하고 선을 행해야 한다. 우리는 이 세상의 돈이나 권력을 의지하지 말고 사람도 의지하지 말고 오직 하나님만 의지해야 한다. 왜냐하면 하나님께서 홀로 온 세상의 주권적 섭리자이시며 만복의 근원이시기 때문이다. 또 우리는 선을 행하고 남에게 유익을 주어야 한다. 하나님의 계명을 순종하는 것은 남에게 선을 행하고 유익을 주는 것이다.

또 우리는 하나님의 약속의 땅에 거하며 그의 진리 안에서, 그의 진실함을 품고 살아야 한다. '그의 진실로 식물을 삼는다'는 원어(레에 에무나 רְעֵה אֱמוּנָה)는 '그의 진리 안에서 혹은 그의 신실함으로 살라'는 뜻이거나 '그의 신실함을 품으라'는 뜻이라고 본다. 하나님의 약속하신 땅은 이스라엘 백성에게는 가나안 땅이지만, 오늘 우리에게는 하나님의 참 교회를 가리킨다고 본다. 우리는 하나님의 참 교회, 즉 하나님의 바른 말씀을 전하는 교회에 속하여 신앙생활을 잘하고 하나님의 진리의 지식을 가지고 그 교훈 안에 살고 그의 신실하심을 품고 바르고 정직하고 선하고 신실하고 충성되게 살아야 한다.

〔4-6절〕 또 여호와를 기뻐하라. 저가 네 마음의 소원을 이루어 주시리로

다. 너의 길을 여호와께 맡기라. 저를 의지하면 저가(후 הוּא)(강조함) **이루시고 네 의를 빛같이 나타내시며 네 공의를 정오의 빛같이 하시리로다.**

우리는 세상의 부귀 영광과 육신적 쾌락을 기뻐하지 말고 창조자요 섭리자이신 하나님과 그의 나라를 기뻐하고 그에게 찬송과 기도를 올리며 하나님의 특별계시의 말씀들을 기록한 성경을 묵상하는 것을 좋아해야 한다. 또 우리는 이 세상에서 어떤 방향으로 살아가고 어떤 일들을 행해야 할 것인지에 대해 하나님께 다 맡기며 그를 의지해야 하고 성경에 교훈하신 대로 그의 선한 인도하심을 구하며 따라 행해야 한다. 이것은 하나님을 주권적 섭리자로 믿고 인정하는 자가 가질 마땅한 마음가짐이다. 이것이 성도의 바른 마음가짐이다.

우리가 우리의 길을 하나님께 맡기고 하나님을 의지하면, 하나님께서는 우리의 마음의 소원을 들어주실 것이다. 물론 우리의 소원이 하나님의 영광을 위하고 하나님의 뜻에 합하는 것이어야 한다. 잠언 16:3도 "너의 행사를 여호와께 맡기라. 그리하면 너의 경영하는 것이 이루리라"고 말한다. 이것은 하나님의 약속이다.

또 우리가 우리의 길을 하나님께 맡기고 그를 의지하면 하나님께서는 우리의 의를 빛같이, 우리의 공의를 정오의 빛같이 나타내실 것이다. 비록 우리가 우리 자신을 변호하려고 애쓰지 않아도, 하나님께서 우리의 억울함을 풀어주시고 우리의 정당함을 주위에 밝히 증거해주시고 우리를 변호해주실 것이다.

〔7-8절〕 여호와 앞에 잠잠하고 참아 기다리라. 자기 길이 형통하며 악한 꾀를 이루는 자를 인하여 불평하여[찌증내지] **말지어다. 분을 그치고 노를 버리라. 불평하여**[짜증내지] **말라. 행악에** 치우칠 **뿐이라.**

우리는 하나님의 하나님 되심을 인정하고 그 앞에서 잠잠하며 그를 의지해야 한다. 애굽에서 나온 이스라엘 백성이 홍해 앞에 이르러 뒤에서 쫓아오는 애굽 군대 때문에 당황할 때 모세는 그들에게 말했다: "너희는 두려워 말고 가만히 서서 여호와께서 오늘날 너희를 위하여 행하시는 구원을 보라. 너희가 오늘 본 애굽 사람을 또 다시는 영원히 보지 못하리라. 여호와께서 너희를 위하여 싸우시리니 너희는 가만히 있을지니라"(출 14:13-14). 시편 62:1은, "나의 영혼이 잠잠히 하나님만 바람이여, 나의 구원이 그에게서 나는도다"라고 말했다.

또 우리는 하나님의 하시는 일을 참고 기다려야 한다. 하나님께서는 자기 백성된 우리를 결코 버리지 않으시며 우리 기도를 들으시고 큰 환난에서 우리를 건지실 것이다. 시편 40:1, "내가 여호와를 기다리고 기다렸더니 귀를 기울이사 나의 부르짖음을 들으셨도다." 주께서는 낙망하지 말고 기도하라고 교훈하시면서 "하나님께서 그 밤낮 부르짖는 택하신 자들의 원한을 풀어 주지 아니하시겠느냐? 저희에게 오래 참으시겠느냐?"고 말씀하셨다(눅 18:7).

우리는 악한 자들이 형통하며 악한 계획을 이룬다고 불평하거나 짜증내거나 분노하지 말아야 한다. 공의의 하나님께서 그의 작정하신 때에 악인들의 악을 공의롭게 벌하실 것이기 때문이다. 또 우리가 분노하고 짜증내면 행악에 치우칠 뿐이다. 하나님의 섭리에 불만하는 일이 되지 않게 해야 한다. 하나님의 섭리에 불만하고 불평하는 것은 교만과 불신앙이 될 것이기 때문이다. 그러므로 야고보는 사람의 성내는 것이 하나님의 의를 이루지 못한다고 말했다(약 1:20).

[9-11절] 대저 행악하는 자는 끊어질 것이나 여호와를 기대하는(카와 קָוָה)[소망하는, 의지하는] **자는 땅을 차지하리로다. 잠시 후에 악인이 없어지리니 네가 그곳을 자세히 살필지라도 없으리로다. 오직 온유한 자**(아나윔 עֲנָוִים)[가난한 자들, 고통 받는 자들, 온유한 자들, 겸손한 자들] **는 땅을 차지하며 풍부한 화평**[평안]**으로 즐기리로다.**

악인들은 결국 끊어질 것이다. '끊어진다'는 말은 죽음을 가리킨다. 그것은 사형집행을 통해서든지 혹은 하나님의 직접적 개입으로 이루어질 것이다. 그러므로 악인의 형통은 일시적이다. 얼마 후에 악인은 없어질 것이다. 우리가 그곳을 자세히 살필지라도 그가 없을 것이다.

이와 달리, 의인들은 하나님을 기대한다. 그들은 하나님을 경외하고 그를 소망하고 의지한다. 또 의인들은 땅에서 가난하고 고난을 받지만, 온유하고 겸손하다. 이런 의인들은 땅을 얻을 것이다. 땅은 이 세상에서의 물질적 안정뿐 아니라, 하나님의 영원한 나라 곧 천국을 가리킬 것이다. 구원 얻은 성도들의 가는 목적지는 천국이다. 또 의인들은 풍부한 평안을 누릴 것이다. '화평'이라는 원어(솰롬 שָׁלוֹם)는 '평안'이라는 뜻이다. 성경에서 평안은 마음의 평안, 몸의 건강, 물질적 안정, 환경적 평안을 다 포함하는 포괄적인 개념이다. 우리말에 '안녕'과 비슷하다. 이사야 48:18은, "만일 [네가 나의 명령을] 들었더면 네 평강이 강과 같았겠다"고 말한다. 의인은 이 세상에서도 풍성한 평안을 누리고 장차 천국에서 충만한 평안을 누릴 것이다.

본문의 교훈을 정리해보자. 첫째로, 우리는 행악자를 인해 짜증내거나 불평하지 말아야 한다. 왜냐하면 불평하며 짜증내는 것은 하나님의 섭리를 믿지 않는 교만과 불신앙의 죄를 범하는 일이 되기 때문이며 또 행악자들은 반드시 멸망할 것이기 때문이다. 우리는 모든 일을 하나님께 맡기고 하나님의 하시는 일을 보며 참고 기다려야 한다.

둘째로, 우리는 오직 섭리자 하나님을 의지하고 선을 행해야 한다. 우리는 하나님께서 주신 참 교회에 거하며 하나님을 의지하고 선을 행해야 한다. 하나님의 뜻은 우리가 선하게 사는 것이다. 우리는 세상의 것을 기뻐하지 말고 하나님을 기뻐하고 우리의 미래를 그에게 맡겨야 하고 어려운 문제가 있을 때 그를 의지하고 오직 선을 행해야 한다.

셋째로, 하나님께서는 그를 기뻐하고 온유한 마음으로 그를 의지하고 소망하는 자의 소원을 들어주시며 그에게 땅을 주시며 풍성한 평안을 누리게 하실 것이다. 하나님께서 온유한 마음으로 그를 의지하는 자에게 주시는 땅이 바로 천국이다. 또 그런 자는 이 세상 사는 동안에도 마음의 평안, 몸의 건강, 물질적, 환경적 평안을 풍성히 누릴 것이다.

12-26절, 의인의 삶이 복됨

〔12-15절〕 악인이 의인 치기를 꾀하고 향하여 그 이를 가는도다. 주께서 저를 웃으시리니 그 날의 이름을 보심이로다. 악인이 칼을 빼고 활을 당기어 가난하고 궁핍한 자를 엎드러뜨리며 행위가 정직한 자를 죽이고자 하나 그 칼은 자기의 마음(레브 לֵב)[심장]**을 찌르고 그 활은 부러지리로다.**

악인은 의인 치기를 꾀하며 그를 향해 이를 간다. 악인은 양심의 가책을 억누르며 의인을 해치는 일을 계획하고 그를 향해 이를 갈고 또 칼을 빼고 활을 당기어 그를 엎드러뜨리며 죽이고자 한다.

그러나 하나님께서는 악인에 대해 보응하실 것이다. 그는 악인을 보고 웃으실 것이다. 왜냐하면 그가 악인을 심판하는 날이 오는 것을 보시기 때문이다. 악인이 그 날을 모르고 날뛰고 있으니 우스운 일이다. 악인이 의인을 향해 빼어든 그 칼은 자신의 심장을 찌르고 그 활은 부러질 것이다. 사울이나 하만처럼, 악인이 의로운 자를 죽이려는 계획은 좌절되고 도리어 자신이 죽게 되고 망하게 될 것이다.

〔16-17절〕 의인의 적은 소유**가 많은 악인의 풍부함보다 승하도다.** [이는] **악인의 팔은 부러지나 의인은 여호와께서 붙드시는도다**[붙드심이로다].

의인이 가진 적은 소유는 많은 악인이 가진 풍부함보다 더 낫다. 왜냐하면 악인의 팔은 부러지지만 의인은 여호와께서 붙드시기 때문이다. 악인의 팔이 부러지는 것은 하나님께서 주시는 징벌이다. 하나님께서는 그에게 재난을 주실 것이며 악인들은 결국 멸망할 것이다.

그러나 의인은 하나님께서 붙드실 것이다. 그의 팔은 부러지지 않고 튼튼할 것이다. 의인은 물질적 궁핍함이 없을 것이다. 내세에서 뿐만 아니라, 현세에서도 그에게는 평안과 건강과 행복이 있을 것이다. 그러므로 잠언 16:8은 "적은 소득이 의를 겸하면 많은 소득이 불의를 겸한 것보다 나으니라"고 말하였다.

〔18-20절〕 여호와께서 완전한 자의 날을 아시니 저희 기업은 영원하리

로다. 저희는 환난 때에 부끄럽지 아니하며 기근의 날에도 풍족하려니와 악인은 멸망하고 여호와의 원수는 어린양의 기름같이 타서 연기 되어 없어지리로다.

'완전한 자'라는 원어(테미밈 תְּמִימִם)는 하나님을 경외하며 그의 계명대로 흠 없이 행하는 자들을 가리킨다. 하나님께서는 완전한 자의 날들을 아신다. 그는 그들이 세상에서 어떻게 살고 언제까지 살지를 아신다. 성도들의 삶은 섭리자 하나님의 눈앞에 있다.

또 성도들의 기업은 영원한 천국이다. 천국은 파산하거나 망하는 일이 없다. 또 하나님을 경외하며 그의 계명대로 사는 성도들은 환난 때에도 부끄럽지 않을 것이며 기근의 날에도 먹을 것이 풍족할 것이다. 그들에게 질병이 닥쳐오고 경제적 문제가 생겨도 하나님께서는 그들을 버리지 않으시고 붙드시고 그들을 치료하시고 그들의 필요를 공급하실 것이며, 그들은 그 어려움에서 곧 벗어날 것이다.

그러나 악인들은 멸망할 것이며 여호와의 원수들은 어린양의 기름같이 타서 연기되어 없어질 것이다. '어린양의 기름같이'라는 원어(키카르 카림 כִּיקַר כָּרִים)는 문맥적으로는 우리말 성경같이 번역할 수 있으나(KJV), 언어적으로는 '초장의 영광같이'라고 번역하는 것이 더 나을 것이다(BDB, NASB, NIV). 들판의 푸른 풀들과 아름다운 꽃들이 시들어 버리듯이, 악인들의 영광은 연기같이 사라질 것이다.

〔21-22절〕 악인은 꾸고 갚지 아니하나 의인은 은혜를 베풀고 주는도다. [이는] **주의 복을 받은 자는 땅을 차지하고 주의 저주를 받은 자는 끊어지리로다**[끊어질 것임이로다].

악인과 의인은 대조된다. 악인은 꾸고 갚지 않는다. 악인은 갚을 돈의 여유가 있어도 갚지 않는다. 정직한 인격은 그의 돈 계산의 정확함에서 드러난다. 돈 셈이 흐린 사람은 좋은 인격이 아니다.

그러나 의인은 은혜를 베풀고 준다. 의인 욥은 고백하기를, "내가 언제 가난한 자의 소원을 막았던가. 과부의 눈으로 실망케 하였던가.

나만 홀로 식물을 먹고 고아에게 먹이지 아니하였던가. 실상은 내가 젊었을 때부터 고아를 기르기를 그의 아비처럼 하였으며 내가 모태에서 나온 후로 과부를 인도하였었노라"고 했다(욥 31:16-18). 옛날부터 경건한 성도는 구제에 힘썼다. 사도행전에 보면, 욥바의 다비다는 선행과 구제하는 일이 심히 많았고 경건한 고넬료도 백성을 많이 구제하였다(행 9:36; 10:2). 예수께서는 "너희 소유를 팔아 구제하여 낡아지지 아니하는 주머니를 만들라"고 말씀하셨고(눅 12:33), 또 주는 것이 받는 것보다 복이 있다고 말씀하셨다(행 20:35).

의인이 구제에 힘쓰는 것은 하나님의 복을 받는 자가 땅, 곧 영원한 천국을 기업으로 얻기 때문이다. 영광스러운 천국을 바라보는 자는 이 땅의 영광에 마음을 빼앗기지 않을 것이다. 그는 즐거이 땅의 것, 곧 물질적인 것을 가난한 자들과 나눌 수 있다. 그러나 하나님의 저주를 받는 악인은 영원한 죽음과 멸망을 경험할 것이다.

〔23-24절〕 여호와께서 사람[선한 사람](KJV)**의 걸음을 정하시고**[사람의 걸음들은 여호와로 말미암아 견고케 되며 그는] **그 길을 기뻐하시나니 저는 넘어지나** 아주 **엎드러지지 아니함은 여호와께서 손으로 붙드심이로다.**

하나님께서는 악인의 걸음도 작정하셨지만, 특히 의롭고 선한 자들의 걸음을 견고케 하시며 그 길을 기뻐하신다. 잠언 19:21, "사람의 마음에는 많은 계획이 있어도 오직 여호와의 뜻이 완전히 서리라." 의인은 넘어지나 아주 엎드러지지 않는다. 의인도 연약한 마음과 죄악된 성질을 가지고 있으므로 실수하거나 낙망할 때가 있다. 그러나 하나님께서 그를 붙드심으로 그는 완전히 엎드러지지는 않는다. 그러므로 잠언 24:16은 "의인은 일곱 번 넘어질지라도 다시 일어난다"고 말하였다. 하나님께서는 우리를 넘어지지 않게 붙드시거나 혹은 넘어졌을 때 일으켜 세우실 능력을 가지고 계신다.

〔25-26절〕 내가 어려서부터 늙기까지 의인이 버림을 당하거나 그 자손이 걸식함을 보지 못하였도다. 저는 종일토록 은혜를 베풀고 꾸어주니 그

자손이 복을 받는도다.

다윗은 일평생 의인이 버림을 당하거나 그 자손이 구걸함을 보지 못했다고 증거한다. 의인은 자신뿐 아니라 그의 자손도 복되다. 그는 복을 그 자손에게 끼친다. 하나님께서는 의인과 그 자손들에게 물질적 부족이 없게 하실 것이다. 그것은 그가 그들을 붙드시는 증거이다.

본문은 21절에 이어 의인의 특징이 종일토록 은혜를 베풀고 구제하는 것이라고 말한다. 그는 선행과 구제를 기분적으로나 혹은 남에게 보이려고 한두 번 행하는 것이 아니다. 조건 없는 사랑과 선행이 참 사랑이며 참 선행이다. 의인은 종일토록 혹은 평생토록 남에게 그런 선과 그런 사랑을 베푼다. 그 결과, 그의 자손들은 복을 받는다.

본문의 교훈을 정리해보자. 첫째로, 악인은 하나님의 공의의 보응을 받을 것이다. 마지막 심판 때에는 물론이거니와, 이 세상에서도 하나님께서는 그들을 공의로 징벌하실 것이다. 악인들은 멸망할 것이다. 그들의 영광은 들판의 풀들과 꽃들처럼 그리고 연기같이 사라질 것이다.

둘째로, 하나님께서는 의인들을 끝까지 붙드실 것이다. 하나님께서는 의인들을 악인의 손에서 건져주실 것이다. 그는 의인들에게 이 세상에서도 평안과 행복을 주시고 영원한 천국의 기업을 상속받게 하실 것이다. 의인들은 환난 때에 부끄러움을 당하지 않고 기근의 날에도 굶주리지 않을 것이다. 그들은 때때로 넘어질 수 있으나 하나님께서 붙들어 주시므로 아주 엎드러지지 않는다. 그의 자손들도 복을 받을 것이다.

셋째로, 그러므로 우리는 의인으로 살아야 한다. 의인들은 비록 악인들에게 핍박을 받는 가난하고 궁핍한 자들이지만, 하나님의 계명대로 사는 정직한 자들이다. 또 의인들은 온전한 자들이다. 즉 그들은 하나님을 경외하고 계명대로 흠 없이 산다. 특히, 의인들은 어려운 자들에게 은혜를 베풀고 구제하는 착한 자들이다. 그들은 한두 번이 아니고 종일토록, 일평생 그렇게 선하게 산다. 우리는 그런 의인들로 살아야 한다.

27-40절, 악에서 떠나 선을 행하라

〔27-29절〕 악에서 떠나 선을 행하라. 그리하면 **영영히 거하리니 여호와께서 공의를 사랑하시고 그 성도를 버리지 아니하심이로다. 저희는 영영히 보호를 받으나 악인의 자손은 끊어지리로다. 의인이 땅을 차지함이여, 거기 영영히 거하리로다.**

우리는 악에서 떠나고 선을 행해야 한다. 죄가 사망과 모든 불행의 원인이므로 사람이 악을 떠나는 것은 영생과 행복의 필수 과정이다. 또 선을 행하는 것은 죄를 회개한 성도들의 당연한 열매이며 우리를 구원하신 하나님의 뜻이다. 디도서 2:14, "그가 우리를 대신하여 자신을 주심은 모든 불법에서 우리를 구속(救贖)하시고 우리를 깨끗하게 하사 선한 일에 열심하는 친 백성이 되게 하려 하심이니라."

왜 우리가 악에서 떠나고 선을 행해야 하는가? 그 이유는 여호와께서 의를 사랑하시고 그 성도들을 버리지 아니하시기 때문이다. 의는 하나님의 계명을 행하는 것인데, 그 계명의 핵심은 사랑, 즉 하나님을 사랑하고 이웃을 사랑하는 것이다. 그러므로 하나님께서는 성도가 의를 실천하고 이웃 사랑을 행할 때 그를 결코 버리지 않으실 것이다. 성도는 영영히 보호를 받을 것이다. 그러나 악인의 자손은 끊어질 것이다. 악인은 하나님의 영원한 생명을 얻지 못할 것이다.

의인은 땅을 차지하며 거기 영원히 거할 것이다. 본 시편은 땅에 대해 많이 말한다. 9절, "여호와를 기대하는 자는 땅을 차지하리로다." 11절, "온유한 자는 땅을 차지하며." 22절, "주의 복을 받은 자는 땅을 차지하고." 34절, "여호와를 바라고 그 도를 지키라. 그리하면 너를 들어 땅을 차지하게 하실 것이라." 땅에 대한 약속은 세상에서의 안정뿐 아니라, 장차 천국에서의 영생의 복을 가리킬 것이다.

〔30-31절〕 의인의 입은 지혜를 말하고 그 혀는 공의를 이르며 그 마음에는 하나님의 법이 있으니 그 걸음에 실족함이 없으리로다.

다윗은 또 의인의 특징을 말한다. 의인은 그 마음에 하나님의 법이 있고 그 입과 혀에 지혜와 의의 말씀이 있다. 사람은 하나님의 법을 고의적으로 혹은 부주의하여 잊어버리기 때문에 죄를 짓게 된다. 그러나 의인은 하나님의 말씀을 깨닫고 그것을 마음으로 믿고 마음에 간직한다. 우리는 하나님의 법을 마음에 새겨야 한다. 신명기 6:6은, "오늘날 내가 네게 명하는 이 말씀을 너는 마음에 새기라"고 말했다.

마음에 하나님의 법을 둔 자는 그 입과 혀로 지혜와 의의 말을 할 것이다. 사람은 마음에 있는 것을 입으로 말한다. 하나님을 경외하고 그의 법대로 의롭게, 선하게, 진실하게 사는 것이 의이며 지혜이다. 의인은 지혜와 의의 말씀을 마음에 품고 그것을 입과 혀로 말한다. 또 이런 자의 걸음은 하나님의 지키심으로 실족함이 없을 것이다.

[32-33절] 악인이 의인을 엿보아 살해할 기회를 **찾으나 여호와는 저를 그 손에 버려두지 아니하시고 재판 때에도 정죄치 아니하시리로다.**

세상에는 악인이 의인을 엿보아 그를 죽일 기회를 찾는 일이 있다. 이 세상은 의인에게 위험한 세상이다. 그러므로 주께서는 제자들에게 "내가 너희를 보냄이 양을 이리 가운데 보냄과 같도다"(마 10:16)라고 말씀하셨다. 악인은 때때로 교회 안에도 있어서 하나님의 참된 성도들과 종들을 핍박했다. 그러나 이런 상황에서도 하나님께서는 의인을 인정하시고 보호하신다. 사울이 매일 다윗을 죽이려고 찾았으나 하나님께서 그를 사울의 손에 붙이지 않으셨듯이(삼상 23:14), 하나님께서는 의인을 악인의 손에 버려두지 않으실 것이다. 순교는 특별하고 예외적인 경우이다. 또 하나님께서는 마지막 심판 때에도 의인들이 정죄를 받지 않게 하실 것이다.

[34절] 여호와를 바라고 그 도를 지키라. 그리하면 **너를 들어 땅을 차지하게 하실 것이라. 악인이 끊어질 때에 네가 목도하리로다.**

우리는 여호와 하나님을 바라고 그의 도를 지켜야 한다. 하나님을 바라는 것이 경건이요 그의 길을 지키는 것이 의와 선과 진실이다.

그것이 의인들의 삶이다. 하나님께서는 이런 의인들을 높이시고 땅을 차지하게 하실 것이다. 사무엘상 2:30, "나를 존중히 여기는 자를 내가 존중히 여기고 나를 멸시하는 자를 내가 경멸히 여기리라." 땅은 앞에서도 여러 번 나온 대로(9, 11, 22, 29절), 세상의 안정된 기업뿐 아니라, 의인들이 장차 들어갈 영원한 천국을 가리킬 것이다. 하나님께서는 의인들을 높이시고 그들에게 영생의 땅을 주실 것이다. 그러나 악인들은 끊어질 것이며 의인들은 그들의 끊어짐을 볼 것이다.

〔35-36절〕 내가 악인의 큰 세력을 본즉 그 본토에 선 푸른 나무의 무성함 같으나 사람이 지날 때에[그가 가버렸으며](KJV, NASB, NIV) **저가 없어졌으니 내가 찾아도 발견치 못하였도다.**

악인들의 세력은 때때로 외형적으로 거대하고 튼튼하고 번창하여 보인다. 그러나 그런 악인들의 세력과 외형적 번창함은 일시적이다. 악인들은 얼마 후에 보니 가버렸고 없어졌고 찾아도 발견치 못할 것이다. 악인들은 하나님의 창조 세계에서, 그가 주신 각양 은혜가 풍성한 이 세계에서 살 자격이 없고 복된 생명을 누릴 자격이 없다. 하나님께서는 그들을 죽이시고 그들에게 공의로운 심판을 내리실 것이다.

〔37-40절〕 완전한 사람을 살피고 정직한 자를 볼지어다. 화평한 자의 결국은 평안**이로다**[이는 그 사람의 결국은 평안임이니라](MT, KJV). **범죄자들은 함께 멸망하리니 악인의 결국은 끊어질 것이나 의인의 구원은 여호와께 있으니 그는 환난 때에 저희 산성이시로다. 여호와께서 저희를 도와 건지시되 악인에게서 건져 구원하심은 그를 의지한 연고로다.**

성도는 '완전한 사람,' '정직한 자,' '의인,' '하나님을 의지하는 자'라고 표현된다. '완전한 사람'이란 도덕적으로 비교적 흠과 점이 없는 자를 가리키고, '정직한 자'는 하나님 앞에서 올바른 자를 가리키고, '의인'은 하나님의 계명을 지키는 자를 가리킨다. 우리는 완전한 자, 정직한 자를 살피고 주목하며 그런 삶을 사모하고 실천해야 한다.

이런 성도는 땅 위에서 복을 누릴 것이다. 그는 평안을 누릴 것이다. 37절 후반절은 옛날 영어성경처럼(KJV) "이는 그 사람의 결국은 평안임이니라"고 읽는 것이 좋을 것이다. 그것은 문맥적으로나 원문의 액센트상으로나[10] 타당해 보인다. 우리는 평안을 얻으려면 도덕적으로 온전하고 정직한 자가 되어야 한다. 악인에게는 평안이 없지만, 의인에게는 강물과 같은 평안이 예비되어 있다(사 48:18, 22).

또 그는 환난 때에 하나님의 도우심과 구원을 얻을 것이다. "의인의 구원은 여호와께로서 나온다"(39절). 또 하나님께서는 환난 때에 성도의 산성과 요새와 안전한 은신처가 되신다. 그가 하나님을 의지하였기 때문에 하나님께서는 그를 악인에게서 건져 구원하신다. 그러나 악인들이나 범죄자들은 함께 멸망할 것이다. 그들은 하나님의 교회와 이 세상에서 끊어질 뿐만 아니라 주께서 가르치시고 성경에 밝히 증거된 영원한 지옥 형벌을 피할 수 없을 것이다.

본문의 교훈을 정리해보자. 첫째로, 우리는 하나님을 바라고 그의 법대로 그의 길을 지키고 행하며 모든 악에서 떠나고 모든 선을 행하며 정직한 자, 온전한 자가 되어야 한다. 이것이 성경이 가르치는 하나님의 뜻이다. 하나님께서는 우리가 헛된 세상과 세상의 것들을 바라지 말고 오직 하나님을 바라며 그의 계명대로 바르고 선하게 살라고 명하신다.

둘째로, 그러면 하나님께서 우리를 결코 버리지 않으시고 이 땅 위에서도 환난과 원수들과 죽음의 위험에서 지키시고 그의 평안과 도우심과 구원을 항상 체험하게 하실 것이며 또 복되고 영원한 천국에 넉넉히 들어가게 하실 것이다. 이 세상은 사망의 음침한 골짜기일지라도 하나님께서는 영생의 나라에 이르기까지 자기의 백성을 지키실 것이다.

셋째로, 세상의 악인들의 큰 세력은 일시적이며 결국 멸망할 것이다. 세상의 창조자요 주인이신 하나님께서는 악인들을 이 세상에서도 내쫓으시고 장차 사탄과 악령들을 위해 예비된 지옥에 던지실 것이다.

---

10) 원문에서 17, 19, 34, 38절의 액센트와 비교해 보면 그러함.

38편: 병중에서 주의 도움을 구함

다윗의 기념케 하는 시.

〔1-5절〕 여호와여, 주의 노로 나를 책하지 마시고 분노로 나를 징계치 마소서. [이는] **주의 살이 나를 찌르고 주의 손이 나를 심히 누르시나이다**[누르심이니이다]. **주의 진노로 인하여 내 살에 성한** 곳이 **없사오며 나의 죄로 인하여 내 뼈에 평안함이 없나이다. 내 죄악이 내 머리에 넘쳐서 무거운 짐 같으니 감당할 수 없나이다. 내 상처가 썩어 악취가 나오니 나의 우매한 연고로소이다.**

다윗은 지금 심히 고통스러운 병중에 있다. 그는 살에 성한 곳이 없고 뼈에 평안함이 없다고 말하고 그의 상처는 썩어 악취가 난다고 말한다. 그는 이런 그의 고통이 자신의 큰 죄에 대한 하나님의 진노와 징계라고 고백한다. 그는 하나님의 화살이 그를 찔렀고 그의 손이 그를 심히 누르셨다고 말한다. 그는 자신의 죄에 대한 하나님의 진노로 이런 고통이 왔고 자신의 죄악이 자기 머리에 넘쳐서 감당할 수 없는 무거운 짐이 되었다고 말한다. 그는 자신의 죄악을 자신의 우매함이라고 표현한다. 다윗은 이런 상황에서 "여호와여, 주의 노로 나를 책하지 마시고 분노로 나를 징계치 마소서"라고 기도한다.

〔6-8절〕 내가 아프고 심히 구부러졌으며 종일토록 슬픈 중에 다니나이다. 내 허리에 열기가 가득하고 내 살에 성한 곳**이 없나이다. 내가 피곤하고 심히 상하였으매 마음이 불안하여 신음하나이다.**

다윗은 몸이 아파 펴지 못하고 심히 구부러졌으며 종일토록 슬픈 중에 다녔고 그의 허리에 열기가 가득하고 그의 살에 성한 곳이 없었다. 그는 피곤하고 심히 상하고 연약해져서 마음이 불안하고 신음하였다. 그는 아마 피부에 난 심한 종기로 인해 온 몸이 매우 고통스런 상태에 있었고 마음도 몹시 피곤해져 있었던 것 같다. 그는 심신으로 연약한 상태에 있었다. 성도는 때때로 이런 연약에 떨어질 수 있다.

〔9-11절〕 주여, 나의 모든 소원이 주의 앞에 있사오며 나의 탄식이 주의 앞에 감추이지 아니하나이다. 내 심장이 뛰고 내 기력이 쇠하여 내 눈의 빛도 나를 떠났나이다. 나의 사랑하는 자와 나의 친구들이 나의 상처를 멀리하고 나의 친척들도 멀리 섰나이다.

다윗은 고난 중에서 하나님을 '주님'이라고 부르며 그의 모든 소원과 그의 탄식을 그에게 아뢴다. 그는 그의 가슴이 뛰고 기력이 쇠하며 눈빛도 떠났다고 말한다. 또 그는 사랑하는 자와 친구들이 그의 상처를 멀리하였고 그의 친척들도 그를 멀리했다고 말한다. 욥이 큰 고난 중에 처해 있었을 때 그의 아내가 그를 멀리했듯이(욥 2:9), 또 사도 바울이 고난 충만한 전도사역 중에 아시아에 있는 모든 사람이 그를 버렸듯이(딤후 1:15), 다윗도 질병과 고통 중에서 사랑하는 사람들에게서 멀리함을 당하였다. 그는 외롭게 고난을 견뎌야 했다.

〔12-14절〕 내 생명을 찾는 자가 올무를 놓고 나를 해하려는 자가 괴악한 일을 말하여 종일토록 궤계를 도모하오나 나는 귀먹은 자같이 듣지 아니하고 벙어리같이 입을 열지 아니하오니 나는 듣지 못하는 자 같아서 입에는 변박함이 없나이다.

다윗의 고난은 심신의 고통과 사랑하는 자들의 멀리함 정도만이 아니고, 그의 생명을 찾는 자들이 그를 죽이려고 올무를 놓았고 그를 해하려는 자들이 그에 대해 악한 소문을 퍼뜨린 일이 있었다. 그들은 악한 일을 위해 열심이 많아서 종일토록 악한 계획을 세웠다. 그러나 다윗은 악한 원수들에 대해 잠잠하였다. 그는 귀먹은 자같이 듣지 않았고 벙어리같이 입을 열지 않았으며 그의 입에는 변론함이 없었다. 그가 원수들에 대해 이렇게 대처한 까닭은 그가 자신의 형편을 하나님께 다 아뢰었고 그에게 맡겼고 그의 공의와 긍휼의 주권적 처분을 믿고 기대하였기 때문이다. 다윗은 고난 중에 그의 모든 소원을 사람에게 즉 가족이나 친구나 세상의 권세자들에게 말하지 않았고 오직 하나님께 아뢰었다. 우리의 모든 문제의 해결은 오직 하나님께 있다.

〔15-16절〕 [이는] **여호와여, 내가 주를 바랐사오니 내 주 하나님이 내게 응락하시리이다**[응락하실 것임이니이다]. [이는] **내가 말하기를 두렵건대 저희가 내게 대하여 기뻐하며 내가 실족할 때에 나를 향하여 망자존대(妄自尊大)할까 하였나이다**[자신들을 크게 여길까 하였음이니이다].

다윗이 원수들 앞에서 잠잠했던 이유는 그가 병중에서 모든 일을 하나님께 맡기고 잠잠히 하나님만 바랐고 하나님의 응답만 기대하였기 때문이다. 또 그가 비록 어리석은 죄 때문에 하나님의 징계를 받았다 할지라도 그의 원수들이 그의 고난을 기뻐하고 자신들을 크게 여기고 자긍할 정당성은 없었다. 그들은 다윗보다 더 악한 자들이다.

〔17-20절〕 [이는] **내가 넘어지게 되었고 나의 근심이 항상 내 앞에 있사오니**[있사옴이오며, 이는 내가] **내 죄악을 고하고 내 죄를 슬퍼함이니이다. 내 원수가 활발하며 강하고 무리하게 나를 미워하는 자가 무수하오며 또 악으로 선을 갚는 자들이 내가 선을 좇는 연고로 나를 대적하나이다.**

원문 17절과 18절은 다윗의 원수들이 자긍할지도 모르는 이유를 말한다. 그것은 다윗이 심신의 고통으로 낙망하고 실족할 지경에 있었고 근심이 계속 그를 떠나지 않았기 때문이며 또 그가 자신의 죄를 깨닫고 고백하며 그 죄를 슬퍼했기 때문이다. 물론 그런 근심은 하나님께서 기뻐하시는 제사요(시 51:17) 그가 원하시는 근심이었다(고후 7:10). 다윗의 원수들은 악한 일을 행하는 데 활발하며 강하였고 정당한 이유 없이 그를 미워하는 자들이 많았다. 세상에는 악인들이 의인보다 많다. 다윗은 하나님 앞에서 부족과 연약이 없지 않았으나 대인관계에서는 잘못한 일이 없었고 선하게 처신하였다고 보인다. 그러나 악으로 선을 갚는 자들은 다윗이 선을 따른다는 것 때문에 오히려 그를 대적하였다. 악인들의 마음가짐은 참으로 악하다.

〔21-22절〕 **여호와여, 나를 버리지 마소서. 나의 하나님이여, 나를 멀리하지 마소서. 속히 나를 도우소서. 주 나의 구원이시여.**

다윗은 심한 고난의 상황 속에서 하나님께서 그를 버리지 마시고 멀리하지 마시고 속히 그를 도우시고 구원하시기를 구하였다. 그는 하나님을 '주 나의 구원이시여'라고 부른다. 그는 본 시편에서 하나님을 세 번이나 '주님'(아도나이 אֲדֹנָי)이라고 불렀다(9, 15, 22절). 그것은 그가 하나님을 그의 주인이시며 주권적 섭리자로 여겼고 모든 일이 하나님의 뜻대로 이루어짐을 믿었음을 보인다. 고난 중에 회개하며 주 하나님의 이름을 부르는 자는 구원을 얻을 것이다. 누구든지 주 하나님을 의지하며 자신의 부족과 죄를 회개하고 하나님의 긍휼을 간구하면 하나님의 응답을 얻을 것이다.

시편 38편의 교훈을 정리해보자. 첫째로, 다윗은 고난 중에 하나님의 징계하심을 느꼈다. 그의 몸에 성한 곳이 없었고 그의 뼈에 평안함이 없었고 그의 상처가 썩어 악취가 났고 그의 허리에 열기가 가득했고 그는 심신으로 피곤하였다. 게다가 그의 사랑하는 자들이 그를 멀리하고 원수들까지 그를 해하려 하였다. 하나님께서는 사람의 죄에 대해 엄하게 징계하신다. 우리는 죄에 대한 하나님의 징계의 엄함을 알아야 한다.

둘째로, 다윗은 고난 중에 이 일이 자신의 죄 때문에 온 것을 느꼈다(3, 4, 18절). 하나님의 징계의 이유는 우리의 죄밖에 없다. 하나님께서 미워하시는 것은 우리의 죄이다. 그러므로 우리는 고난 중에 하나님의 징계가 주로 우리의 부족, 곧 우리의 죄 때문에 온다는 것을 알고 우리 자신을 반성하며 우리의 부족과 죄를 찾아보아야 하고 깨달아지는 모든 부족과 죄를 진실히, 겸손히 고백하고 회개하기를 힘써야 한다.

셋째로, 다윗은 하나님을 여호와 영원자존자, 주님 곧 주권적 섭리자, 또 심판자와 구주로 믿었고 오직 그에게 용서와 도우심과 구원을 간구했다. 우리에게 닥친 고난의 해결책은 오직 주 하나님께 있다. 하나님께서는 그의 사랑하시는 자녀들을 징계하시되 그들의 거룩함을 위해 그렇게 하신다(히 12:10). 그러므로 우리는 고난 중에 낙심치 말고 하나님의 긍휼만 의지하고 하나님께 우리의 구원과 회복을 간구해야 한다.

39편: 병중에서 인생의 헛됨을 깨달음

다윗의 시. 영장(伶長)(아마 찬양대장) 여두둔을 위한 노래.

〔1-2절〕 내가 말하기를 나의 행위를 조심하여 내 혀로 범죄치 아니하리니 악인이 내 앞에 있을 때에 내가 내 입에 자갈[재갈]**을 먹이리라 하였도다. 내가 잠잠하여 선한 말도 발하지 아니하니 나의 근심**[고통]**이 더 심하도다.**

다윗은 자신의 행위를 조심하며 혀로 범죄치 않기를 원했다. 성도는 그릇된 길이나 악한 길을 조심하고 바르고 선한 길 걷기를 구하고 힘써야 하며 혀로 범죄치 않도록 조심해야 한다. 말에 실수가 없는 자면 온전한 사람이다(약 3:2). 다윗은 특히 악인이 그 앞에 있을 때에 자기 입에 재갈을 먹이겠다고 말한다. 악인은 남의 말을 오해만 하고 비난거리로만 삼기 때문에, 성도는 악인 앞에서 변론이나 변명하려 하지 말고 잠잠한 것이 지혜일 것이다. 그러나 다윗은 잠잠하여 바르고 정당한 말도 하지 아니하므로 그의 근심(케에브 כְּאֵב)[고통]이 더 심하였다. 바른 말을 참는다는 것은 힘든 일이다.

〔3-4절〕 내 마음이 내 속에서 뜨거워서 묵상할 때에 화가 발하니 나의 혀로 말하기를 여호와여, 나의 종말과 연한(年限)의 어떠함을 알게 하사 나로 나의 연약함(카델 חָדֵל)[덧없음](NASB)**을 알게 하소서.**

다윗은 악인들 앞에서 잠잠하려 할 때 마음에 열이 나고 화가 나서 하나님께 아뢰며 호소한다. 그는 하나님께 자신의 종말과 연한의 어떠함을 알게 하시며 자신의 연약함을 알게 하시기를 구한다. 인생은 연약하여 마침내 늙고 병들고 죽는다. 사람의 일생은 참 덧없다. 우리의 일생은 제한적이고, 출생한 때가 있듯이 죽는 때가 있다. 우리는 죽음의 때를 생각해야 하고 인생의 덧없음을 인식하며 살아야 한다.

〔5-7절〕 주께서 나의 날을 손 넓이만큼 되게 하시매 나의 일생이 주의 앞에는 없는 것 같사오니 사람마다 그 든든히 선 때도 진실로 허사뿐이니이다(셀라). 진실로 각 사람은 그림자[허상]**같이 다니고 헛된 일에 분요하며**

재물을 **쌓으나 누가 취할는지 알지 못하나이다. 주여, 내가 무엇을 바라리요. 나의 소망은 주께 있나이다.**

다윗은 하나님께서 자신의 날을 손 넓이만큼 되게 하셨다고 말한다. 손 넓이는 약 10센티미터에 불과하다. 사람의 일생은 매우 짧다. 또 다윗은 그의 일생이 하나님 앞에서 없는 것 같다고 말한다. 우리의 짧은 일생은 하나님 앞에서 무(無)에 가깝다. 영원에 비하면 세상의 백년은 무에 가깝다. 다윗은 또 사람마다 든든히 선 때도 진실로 허사뿐이라고 말한다. '허사'라는 원어(헤벨 הֶבֶל)는 전도서에 38번이나 나오는 '헛되다'는 단어이다. 그것은 본래 '숨'이라는 뜻이다.

다윗은 또 각 사람이 그림자같이 다니고 헛된 일에 분요하며 재물을 쌓으나 누가 취할는지 알지 못한다고 말한다. '그림자'라는 원어(첼렘 צֶלֶם)는 '허상, 유령'이라는 뜻이다. 사람이 죽고마는 존재라면 그의 세상 생활은 영원한 실체가 아니고 허상(虛像)과 같다. 또 사람들의 모든 분주복잡한 일들도 죽음 앞에서 볼 때 무의미하고 헛되어 보인다. 그러나 사람들은 자기가 죽고나면 누가 취할지 알지 못하는 그 헛된 재물을 위해 목숨을 걸 듯이 분주하게 일하고 있는 것이다.

그러므로 다윗은 "주여, 내가 무엇을 바라리요? 나의 소망은 주께 있나이다"라고 말한다. 짧고 덧없는 한 평생의 삶에서 우리가 바라고 소망하며 살 만한 삶의 목표와 가치는 무엇인가? 그것은 다 지나가 버리는 헛된 세상의 어떤 것들에 있지 않고, 오직 영원 전부터 스스로 계신 하나님, 태초에 하늘과 땅과 만물을 창조하시고 지금도 온 세상을 섭리하시는 살아계신 하나님께만 있다. 우리의 소망은 오직 하나님뿐이며 우리의 삶의 목표와 가치도 오직 하나님뿐이다.

[8-11절] 나를 모든 죄과에서 건지시며 우매한 자에게 욕을 보지[비난거리가 되지] **않게 하소서. 내가 잠잠하고 입을 열지 아니하옴은 주께서 이를 행하신 연고니이다. 주의 징책을 나에게서 옮기소서. 주의 손이 치심으로 내가 쇠망하였나이다. 주께서 죄악을 견책하사 사람을 징계하실 때에 그 영화**

를 좀 먹음**같이 소멸하게 하시니 참으로 각 사람은 허사**뿐**이니이다(셀라).**

다윗은 죽음에 이를 큰 병에서 그 원인이 자신의 죄임을 인식했다. 그러므로 그는 그에게 닥친 고난이 그의 죄에 대한 하나님의 징책이라고 말하며 자신을 모든 죄에서 건져주시고 자신을 회복시켜 주시기를 구하였다. 실상, 죄는 다윗의 중한 질병의 원인이었을 뿐 아니라, 또한 이 세상의 모든 불행의 근본적 원인이다.

다윗은 자신의 질병이 자신의 죄에 대한 하나님의 징책임을 깨닫고 있었다. 그래서 그는 하나님 앞에서 불평하는 말을 하거나 사람들에게 변명하는 말을 하지 않았다. 그는 하나님의 손이 그를 치심으로 쇠망하였다고 말한다. 또 그는 하나님께서 사람의 죄를 견책하시고 징계하실 때 그 영화를 좀먹음같이 하시므로 각 사람은 참으로 헛되다고 말한다. 사람이 일시적으로 건강하고 부귀영광을 누린다 할지라도 하나님께서 치시면 하루아침에 헛되게 될 것이다.

다윗은 이런 깨달음 속에서 하나님께 자신을 모든 죄과에서 건져주시고 그의 징책을 옮겨주시기를 구한다. 하나님께서 병으로 그를 치셨으므로 그의 병에 대한 치료와 회복도 하나님께 있다. 하나님께서는 치료의 하나님이시다(출 15:26). 그러므로 우리는 병들었을 때 병 낫기를 기도해야 한다. 야고보서 5:14-15, "너희 중에 병든 자가 있느냐? 저는 교회의 장로들을 청할 것이요 그들은 주의 이름으로 기름을 바르며 위하여 기도할지니라. 믿음의 기도는 병든 자를 구원하리니 주께서 저를 일으키시리라. 혹시 죄를 범하였을지라도 사하심을 얻으리라." 다윗은 또 자신의 병이 우매한 자들에게 비난거리가 되지 않게 되기를 간청한다. 그것은 하나님의 자녀들이 가지고 있는 하나님의 이름이 세상에서 모욕을 당하지 않게 하기 위함이었다.

[12-13절] 여호와여, 나의 기도를 들으시며 나의 부르짖음에 귀를 기울이소서. 내가 눈물 흘릴 때**에 잠잠하지 마옵소서. 대저 나는 주께 객이 되고 거류자가 됨이 나의 모든 열조 같으니이다. 주는 나를 용서하사**(하솨 밈멘

니 הָשַׁע מִמֶּנִּי)[내게서 주의 얼굴을 돌리시사] **내가 떠나 없어지기 전에 나의 건강을 회복시키소서**(아블리가 אַבְלִיגָה)[나로 기쁘게 하소서].

다윗은 병중에서 자신의 죄를 깨닫고 뉘우치며 하나님의 용서를 빌며 그의 치료를 간구하는 눈물의 기도를 올린다. 그는 하나님께서 그의 기도와 부르짖음에 귀를 기울이시고 그가 눈물 흘릴 때 잠잠하지 마시기를 간구한다. 그가 이렇게 기도한 것은, 병상에 있는 그에게 죽음의 그늘이 졌고 그의 일생이 짧은 나그넷길같이 끝날 것을 느꼈기 때문이다. 그는 이제 하나님께 병의 치료와 건강의 회복을 간구한다. 그는 주의 노하신 얼굴을 그에게서 돌리시고 그로 기쁘게 하시기를 구한다. 병든 자들은 하나님께 기도해야 한다(약 5:13-18).

시편 39편의 교훈을 정리해보자. 첫째로, 다윗은 중한 병중에서 인생의 헛됨을 알았다. 사람들은 죽음 앞에서 인생은 짧고 이 세상의 부귀와 영화가 헛되며 아무런 의미와 가치가 없다는 것을 절실하게 실감한다. 우리는 사람의 일생이 참으로 짧고 또 하나님 없이 누리는 이 세상의 모든 좋은 것들이 실상 참으로 헛되다는 것을 깨달아야 한다.

둘째로, 다윗은 심각한 병 중에서 하나님의 징책의 손길을 보았다. 이 세상의 모든 불행은 근원적으로 죄의 결과이다. 우리는 늘 부족하기 때문에 고난 중에 우리의 부족을 깨닫는다. 그러므로 우리는 창조자와 심판자이신 하나님 앞에 겸손과 두려움으로 엎드리며 우리의 깨닫는 부족들을 고하며 그의 긍휼을 구하며 그의 구원과 회복을 원해야 한다.

셋째로, 다윗은 그의 소망이 하나님께만 있음을 고백했다. 7절, "주여, 내가 무엇을 바라리요? 나의 소망은 주께 있나이다." 우리는 영생의 소망뿐 아니라, 이 세상에서 질병의 치료와 건강의 회복도 하나님의 손안에 있음을 알고 하나님께 기도해야 한다. 야고보서 5:16, "너희 죄를 서로 고하며 병 낫기를 위하여 서로 기도하라." 우리의 소망은 영원하신 하나님뿐이다. 우리는 우리의 소망을 오직 하나님께만 두어야 한다.

40편: 하나님의 도움을 기다리고 기다림

다윗의 시. 영장(伶長)[아마, 찬양대장 혹은 지휘자]을 위한 노래.

〔1-2절〕 내가 여호와를 기다리고 기다렸더니 귀를 기울이사 나의 부르짖음을 들으셨도다. 나를 기가 막힐 웅덩이와 수렁에서 끌어올리시고 내 발을 반석 위에 두사 내 걸음을 견고케 하셨도다.

다윗은 그가 처한 상황을 '기가 막힐 웅덩이와 수렁'이라고 표현한다. 그것은 자기 힘으로는 빠져나올 수 없는 '멸망의 웅덩이'(NASB)를 가리킨다. 다윗은 이런 상황에서 하나님께 부르짖어 기도하였다. 부르짖는 것은 간절한 기도를 가리킨다. 우리는 비상한 때에는 부르짖어 기도해야 한다. 다윗은 또 하나님의 응답을 기다리고 기다렸다. 그의 부르짖으며 기다리는 기도는 마침내 하나님의 응답을 얻었다. 주께서는 그의 기도에 귀를 기울이셨고 그를 멸망의 구덩이와 수렁에서 끌어올리셨고 그의 발을 반석 위에 두어 견고케 하셨다.

〔3-4절〕 새 노래 곧 우리 하나님께 올릴 찬송을 내 입에 두셨으니 많은 사람이 보고 두려워하여 여호와를 의지하리로다. 여호와를 의지하고 교만한 자와 거짓에 치우치는 자를 돌아보지 아니하는 자는 복이 있도다.

하나님께서 그의 입에 두신 새 노래는 구원의 체험에서 나온 노래를 가리킨다. 그것은 멸망의 웅덩이에서 구원 얻은 체험이다. 다윗의 체험은 많은 사람들에게 유익을 줄 것이다. 그들은 다윗의 큰 구원에서 나타난 하나님의 능력의 손길을 보고 그의 살아계심을 깨달을 것이며 여호와 하나님을 의지하게 될 것이다. 교만한 자나 거짓에 치우치는 자를 크게 여기지 않고 하나님만 의지하는 자는 복이 있다.

〔5절〕 여호와 나의 하나님이여, 주의 행하신 기적이 많고 우리를 향하신 주의 생각도 많도소이다. 내가 들어 말하고자 하나 주의 앞에 베풀 수도 없고 그 수를 셀 수도 없나이다.

다윗은 하나님을 '나의 하나님'이라고 부른다. 그것은 하나님께 대한 그의 친밀함을 보인다. 그는 여호와 하나님을 자신의 하나님으로 섬기며 그를 경외하고 경배하고 사랑하고 순종한 자이었다.

다윗은 하나님께서 행하신 기적들이 많고 우리를 향하신 생각들도 많다고 말한다. 하나님께서 천지만물을 창조하심과 노아 시대에의 홍수 심판과 소돔과 고모라 성에 내리신 유황불 심판은 그의 기적이었다. 이스라엘의 역사가 많은 기적의 역사이다. 성경은 기적을 증거하는 책이다. 또 하나님께서 우리를 향해 가지신 생각들은 포괄적이고 주밀하고 완전하시다. 그것들은 개인과 교회와 온 세계의 일들을 다 포함한다. 하나님께서는 온 세계를 만세 전에 계획하셨고 그 뜻을 이루시며 그 뜻은 영원까지 이른다. 다윗은 하나님의 그 모든 기적들과 생각들을 다 열거할 수 없고 그 수를 셀 수도 없다고 말한다.

〔6-8절〕 주께서 나의 귀를 통하여 들리시기를[나의 귀를 뚫으셨으며] **제사와 예물을 기뻐 아니하시며 번제와 속죄제를 요구치 아니하신다 하신지라. 그때에 내가 말하기를 내가 왔나이다. 나를 가리켜 기록한 것이 두루마리 책에 있나이다. 나의 하나님이여, 내가 주의 뜻 행하기를 즐기오니 주의 법이 나의 심중에 있나이다 하였나이다.**

다윗은 하나님께서 단순히 제사들을 기뻐하시거나 요구하시는 것이 아니라고 말한다. '통하여 들린다'는 원어(카라 כָּרָה)는 '(우물이나 구덩이 등을) 판다'는 뜻이다. 나의 귀를 통하여 들리신다는 말은 (1) 나의 귀를 여셨다, 혹은 (2) 나의 귀를 뚫으셨다는 뜻이다. 율법에 의하면, 평생 주인과 살기를 원하는 종은 귀를 뚫었다(출 21:5-6). 헬라어 70인역은 "주께서 나를 위해 한 몸을 준비하셨나이다"라고 번역했고 그 구절은 신약성경 히브리서 10:5에 인용되었다. 그것은 아마도 귀를 뚫어 영원한 종을 삼음으로 종의 몸을 준비하셨다는 뜻 같다. 하나님께서 원하시는 것은 단지 형식적인 제사가 아니고 하나님의 말씀을 듣고 순종하는 것이다(삼상 15:22-23; 사 1:13-14, 16-17).

다윗은 성령의 감동으로 "내가 왔나이다. 나를 가리켜 기록한 것이 두루마리 책에 있나이다"라고 말하는데, 그것은 메시아 예언이라고 본다. 구약성경은 오실 메시아에 대해 증거하였다. 요한복음 5:39, "너희가 성경에서 영생을 얻는 줄 생각하고 성경을 상고하거니와 이 성경이 곧 내게 대하여 증거하는 것이로다." 메시아께서는 하나님의 법을 마음에 두고 하나님의 뜻을 즐거이 행하실 것이다. 예수 그리스도께서는 십자가에 죽기까지 아버지께 순종하셨다(빌 2:8; 히 4:8-9).

〔9-10절〕 내가 대회 중에서 의의 기쁜 소식을 전하였나이다. 여호와여, 내가 내 입술을 닫지 아니할 줄을 주께서 아시나이다. 내가 주의 의를 내 심중에 숨기지 아니하고 주의 성실과 구원을 선포하였으며 내가 주의 인자와 진리를 대회 중에서 은휘치[숨기지] **아니하였나이다.**

다윗은 대회 즉 큰 무리들 가운데 의의 기쁜 소식을 전했다. 그것은 하나님의 의의 기쁜 소식인데 죄 많은 세상에서 하나님께서 하신 구원의 일을 가리킨다. 다윗은 하나님의 의의 소식을 전하는 입술을 닫지 않을 것이라고 말한다. 그가 감추지 않고 말하는 그 하나님의 의는 메시아로 말미암은 구원이며 그 내용은 하나님의 인자와 진리이다. 하나님께서는 구원을 약속하셨고 그것을 성취하셨다. 그의 의와 그의 구원은 완전하다. 그것은 하나님의 크신 인자의 결과이다. 우리의 구원은 전적으로 하나님의 사랑과 은혜이다.

〔11-12절〕 여호와여, 주의 긍휼을 내게 그치지 마시고 주의 인자와 진리로 나를 항상 보호하소서. 무수한 재앙이 나를 둘러싸고 나의 죄악이 내게 미치므로 우러러 볼 수도 없으며 죄가 나의 머리털보다 많으므로 내 마음이 사라졌음이니이다.

다윗은 무수한 재앙이 그를 둘러쌌다고 말한다. 그를 둘러싼 재앙이 그의 죄를 깨닫게 하였다. 그는 자신의 죄악이 크고 머리털보다 많다고 고백한다. 우리는 고난 중에 우리 자신의 부족과 죄를 깨닫는다. 우리의 고난은 많은 경우 죄 때문에 온다. 다윗은 이제 고난 중에 하나님의 긍휼을 구한다. 주께서 우리에게 긍휼을 거두시면 우리는 죄 가운데 버려져 멸망할 것이지만, 주께서 긍휼을 베푸시면 우리가 죄사함을 받고 확실히 영생을 누릴 것이다. 우리의 구원은 하나님과 구주 예수 그리스도의 크신 긍휼과 은혜로 말미암는다(엡 2:4-5; 딛 3:5). 또 다윗은 하나님께서 인자와 진리로 자신을 항상 보호해주시기를 구하며 그때 우리는 이 세상에서도 항상 승리할 수 있다.

[13-15절] 여호와여, 은총을 베푸사 나를 구원하소서. 여호와여, 속히 나를 도우소서. 나의 영혼을 찾아 멸하려 하는 자로 다 수치와 낭패를 당케 하시며 나의 해를 기뻐하는 자로 다 물러가 욕을 당케 하소서. 나를 향하여 하하 하는 자로 자기 수치를 인하여 놀라게 하소서.

다윗에게는 그의 영혼을 찾아 멸하려는 원수들이 있었다. 그들은 그를 해치기를 기뻐하며 그를 조롱하고 멸시하였다. 성도에게는 그를 미워하고 핍박하고 해치려는 자들이 있다. 성도들의 가장 큰 원수는 사탄이다. 사탄은 성도를 속이며 범죄케 하는 영이다. 성도는 세상에서 사탄과 악령들과 싸우며 그 싸움의 과정에는 많은 고난과 핍박이 뒤따른다. 다윗은 그 싸움 속에서 하나님의 도우심과 구원을 간구한다. 하나님께서는 자기 백성을 도우시고 구원하실 것이다. 또 다윗은 하나님께 원수들로 수치와 낭패를 당케 하시기를 구한다. 하나님께서는 성도를 위하신다. 그는 성도와 싸우는 자들과 싸우시고 대적하는 자들을 대적하신다(시 35:1). 사탄과 악령들과 악한 핍박자들은 최종적으로 지옥 형벌을 받게 될 것이다(마 25:41; 계 20:10; 21:8).

[16-17절] 무릇 주를 찾는 자는 다 주로 즐거워하고 기뻐하게 하시며 주의 구원을 사랑하는 자는 항상 말하기를 여호와는 광대[위대]하시다 하게 하소서. 나는 가난하고 궁핍하오나 주께서는 나를 생각하시오니 주는 나의 도움이시요 건지시는 자시라. 나의 하나님이여, 지체하지 마소서.

다윗은 자신을 가난하고 궁핍하다고 말한다. 하나님께서는 세상에 대해 가난한 자를 택하사 믿음에 부요하게 하신다(약 2:5). 하나님을 경외하는 성도는 특히 영적으로 가난하다. 그는 자신의 부족을 깨닫고 자신을 낮춘다. 다윗은 하나님을, 그를 생각하시고 도우시고 건지시는 자라고 말한다. 세상에는 가난하고 궁핍한 자를 생각하는 자가 별로 없지만, 하나님께서는 가난한 성도를 생각하시고 돌아보시며 그를 도우시고 그를 위험한 상황에서 건지신다. 그러므로 다윗은 하나님의 도우심과 구원을 간절히 기도하는 것이다. 하나님께서는 자기를 찾는 자들에게 기쁨과 즐거움을 주시며 그의 구원을 사랑하는 자들에게 그의 위대하심을 체험케 하실 것이다. 다윗은 하나님의 신속한 도우심을 구한다. 그의 간절한 기도는 곧 응답될 것이다.

시편 40편의 교훈을 정리해보자. 첫째로, 다윗은 하나님을 아는 자이었다. 하나님께서는 이 세상을 창조하시고 섭리하시는 자이시다. 우리 개인과 가정과 인류 전체를 향하신 하나님의 뜻은 주밀하고 완전하시다. 그는 살아계셔서 자기 백성의 부르짖는 기도를 들어주시고 그들을 그의 능력으로 구원하시고 또 인자와 진실을 베푸신다. 그가 구주 예수 그리스도 안에서 우리에게 주신 구원은 그의 의이며 그의 인자와 긍휼의 표이다. 우리는 하나님을 알고 그의 의와 긍휼을 알아야 한다.

둘째로, 다윗은 기가 막힐 웅덩이와 수렁에서 자신의 죄가 많았음을 깨달았다. 오늘날 우리도 고난 중에 우리의 부족과 죄를 깨닫고 회개하고 모든 죄를 다 버려야 하고 오직 하나님의 긍휼만 의지하고 하나님의 계명을 즐거이 순종하여 의와 선을 행하는 자가 되어야 한다. 그러면 우리는 늘 승리하며 새 노래로 하나님을 찬송하게 될 것이다.

셋째로, 다윗은 극심한 고난 중에 하나님께 간절히 기도하며 하나님을 기다리고 기다렸고 마침내 기도의 응답을 받았다. 1절, "내가 여호와를 기다리고 기다렸더니 귀를 기울이사 나의 부르짖음을 들으셨도다." 우리는 고난 속에서 낙심하지 말고 원수들을 두려워하지 말고 가난도 두려워 말고 오직 하나님께 간절하고 끈질기게 기도하고 그의 긍휼과 도우심과 구원을 확신하며 기다리고 기다려 응답 받아야 한다.

41편: 빈약한 자를 돌아보는 자가 복됨

다윗의 시. 영장(伶長)[아마, 찬양대장 혹은 지휘자]을 위한 노래.

〔1-3절〕 **빈약한**(달 דַּל)[비천한, 연약한, 가난한] **자를 권고(眷顧)하는**(마스킬 מַשְׂכִּיל)[돌아보는, 배려하는] **자가 복이 있음이여, 재앙의 날에 여호와께서 저를 건지시리로다. 여호와께서 저를 보호하사 살게 하시리니 저가 세상에서 복을 받을 것이라. 주여, 저를 그 원수의 뜻에 맡기지 마소서**[주께서 저를 그 원수의 뜻에 맡기지 않으시리이다](KJV). **여호와께서 쇠약한 병상에서 저를 붙드시고 저의 병중 그 자리를 다 고쳐 펴시나이다.**

빈약한 자 곧 비천하고 연약하고 가난한 자를 돌아보는 자는 복이 있다. 그런 자를 돌아보는 자가 복이 있는 까닭은 그가 하나님의 선하신 마음을 본받았기 때문이다. 하나님께서는 고아를 도우시는 자시요 과부의 재판장이시다(시 10:14; 68:5). 그는 의로우신 하나님이실 뿐 아니라, 또한 선하신 하나님이시다.

다윗은 그런 자가 받을 복에 대해 말한다. 하나님께서는 그런 자를 환난과 재앙의 날에 건지실 것이다. 또 하나님께서는 그런 자를 보호하시고 살게 하실 것이다. 하나님과 같이 선한 마음을 품고 사는 자들은 이 세상에서 그런 복을 받을 것이다. 또 하나님께서는 그런 자를 그 원수의 뜻에 맡기지 않으실 것이다. 하나님께서는 그가 원수들에게 해를 당치 않도록 지키시고 보호하시고 구원하실 것이다.

또 하나님께서는 쇠약한 병상에서 그를 붙드시고 그의 병중 자리를 고쳐주실 것이다. 그는 그의 병중에, 그의 연약한 병상에서 그를 붙드시고 치료하시고 회복시키실 것이다. 그가 연약한 자를 돌아보았듯이, 하나님께서는 그가 연약할 때 그를 돌아보실 것이다. 하나님께서는 치료하시는 하나님이시다. 출애굽기 15:26, "나는 너희를 치료하는 여호와임이니라." 시편 103:2-4, "내 영혼아, 여호와를 송축하며 그 모든 은택을 잊지 말지어다. 저가 네 모든 죄악을 사하시며 네 모든 병을 고치시며 네 생명을 파멸에서 구속(救贖)하시고 인자와 긍휼로 관을 씌우시며.”

〔4절〕 내가 말하기를 여호와여, 나를 긍휼히 여기소서. 내가 주께 범죄하였사오니 내 영혼을 고치소서 하였나이다.

다윗은 병중에서 회개하며 하나님의 긍휼을 구하며 영혼의 치료를 간구한다. 사람에게 있어서, 육신의 병의 치료보다 영혼의 회복이 더 중요하고 영혼이 회복되면 육신의 치료도 뒤따를 것이다. 그러므로 야고보는 우리가 병들었을 때 “너희 죄를 서로 고하며 병 낫기를 위하여 서로 기도하라”고 말했다(약 5:16).

〔5-9절〕 나의 원수가 내게 대하여 악담하기를 저가 어느 때에나 죽고 그 이름이 언제나 멸망할꼬 하며 나를 보러 와서는 거짓을 말하고 그 중심에 간악을 쌓았다가 나가서는 이를 광포하오며 나를 미워하는 자가 다 내게 대하여 수군거리고 나를 해하려고 꾀하며 이르기를 **악한 병이 저에게 들었으니 이제 저가 눕고 다시 일지**[일어나지] **못하리라 하오며 나의 신뢰하는 바 내 떡을 먹던 나의 가까운 친구도 나를 대적하여 그 발꿈치를 들었나이다.**

다윗은 몸만 아픈 것이 아니고 원수들로 인한 심적 고통도 컸다. 그의 원수들은 그가 언제 죽어 망할 것인가 하며 악담하였다. 그들은 그를 보러 와서는 그를 위하는 것같이 거짓을 말하고 심중에 간악을 품었다가 나가서는 그를 비방하는 말들을 퍼뜨렸다. 그를 미워하는 모든 자들은 그에 대해 수군거리고 그를 해하려고 꾀하며 그가 악한 병이 걸렸으니 이제 눕고 다시 일어나지 못하리라고 말했다. 성도들은 비천하고 연약한 자를 배려하지만 악인들은 성도와 너무 다르다.

심지어 그가 믿고 신뢰했고 친근히 식탁 교제를 나누었던 가까운 친구도 그를 대적하여 뒷발질하듯이 해를 주었다. 다윗은 마음에 큰 상함과 슬픔을 가졌을 것이다. 이 구절은 요한복음 13:18에서 메시아 예언으로 인용되었다. 예수님의 열두 제자 중 가룟 유다는 3년간이나 주님을 따르며 많은 말씀과 기적들을 듣고 보았고 그의 사랑을 받아

재정관리까지 맡았으나 은 30개에 그를 배신하고 팔아 넘겼다.

〔10-13절〕 그러하오나 주 여호와여, 나를 긍휼히 여기시고 일으키사 나로 저희에게 보복하게 하소서. 나의 원수가 승리치 못하므로 주께서 나를 기뻐하시는 줄을 내가 아나이다. 주께서 나를 나의 완전한 중에 붙드시고 영영히 주의 앞에 세우시나이다. 여호와 이스라엘의 하나님을 영원부터 영원까지 찬송할지로다. 아멘, 아멘.

다윗은 고난 중에 낙심하지 않고 하나님께 기도하며 그의 긍휼을 구한다. 또 그는 그의 긍휼로 그를 병상에서 일으키심으로 원수들에게 되갚음이 되기를 원한다. 성도의 구원과 승리는 단지 자신의 명예를 위함이 아니고 그가 섬기는 하나님의 명예를 위함이다.

다윗은 또 그의 원수들이 그를 이기지 못함을 볼 때 주께서 그를 기뻐하시는 줄을 안다고 고백한다. 세상의 모든 일들을 주권적으로 섭리하시는 하나님께서 성도의 원수들이 그를 이기지 못하게 하시는 것은 성도를 기뻐하시는 확실한 증거이다.

또 다윗은 그의 원수들과 대조하여 주께서 그를 그의 완전함 가운데 붙드시고 영영히 주의 앞에 세우실 것을 확신한다. '그의 완전함'은 그의 칭의(稱義)와 그의 성화(聖化)를 다 포함할 것이다. 칭의는 법적 의이며 성화는 실제적 의이다. 하나님께서는 우리를 예수 그리스도의 십자가 대속의 의(義)로 구속(救贖)하셨고 믿는 우리를 의롭다고 여기셨고 또 우리를 거룩하게 하시며 날마다 우리를 의의 길로 인도하신다. 칭의와 성화는 다 하나님께서 하시는 일이요 하나님의 은혜이다. 참 성도는 하나님을 믿고 그의 계명을 순종하고 죄를 멀리하고 의와 선을 행한다. 또 '영영히 그의 앞에 세우신다'는 말은 구원의 영원한 보장을 가리킨다. 구원 얻은 성도는 하나님의 은혜로 끝까지 참고 견딜 것이다. 빌립보서 1:6, "너희 속에 착한 일을 시작하신 이가 그리스도 예수의 날까지 이루실 줄을 우리가 확신하노라."

이제 다윗은 여호와 하나님을 영원부터 영원까지 찬송할 것이라고 말하며 '아멘, 아멘'으로 글을 마친다. 하나님께서 택하시고 구원하신 자는 하나님을 영원히 찬송할 것이다. 찬송은 하나님의 구원의 목적이며 구원 얻은 성도의 마땅한 일이다(엡 1:6, 12, 14).

시편 41편의 교훈을 정리해보자. 첫째로, 하나님께서는 쇠약한 병상에 있는 다윗을 붙드셨고 또 그의 원수들이 승리치 못하게 하실 것이다. 3절, "여호와께서 쇠약한 병상에서 저를 붙드시고 저의 병중 그 자리를 다 고쳐 펴시나이다." 11절, "나의 원수가 승리치 못하므로 주께서 나를 기뻐하시는 줄을 내가 아나이다." 하나님께서는 우리의 질병들을 치료하시는 하나님이시다. 출애굽기 15:26, "너희가 너희 하나님 나 여호와의 말을 청종하고 나의 보기에 의를 행하며 내 계명에 귀를 기울이며 내 모든 규례를 지키면 내가 애굽 사람에게 내린 모든 질병의 하나도 너희에게 내리지 아니하리니 나는 너희를 치료하는 여호와임이니라." 그는 우리에게 건강의 회복을 주실 것이다. 잠언 3:7-8, "여호와를 경외하며 악을 떠날지어다. 이것이 네 몸에 양약[치료, 건강]이 되어 네 골수로 윤택하게 하리라." 우리가 하나님을 믿고 그의 계명들에 순종하면, 그는 확실히 우리편이시다. 그는 지금도 살아계셔서 성도와 싸우는 자들과 싸우실 것이며 성도의 원수들이 결코 승리치 못하게 하실 것이다.

둘째로, 하나님께서는 우리를 우리의 완전한 중에 붙드신다. 12절, "주께서 나를 나의 완전한 중에 붙드시고 영영히 주의 앞에 세우시나이다." 성도가 하나님을 경외하고 그의 계명들을 지키어 완전함에 거하는 것은 큰복이다. 시편 119:1, "행위 완전하여 여호와의 법에 행하는 자가 복이 있음이여." 그것은 하나님과 동행하는 길이며 승리하는 길이다.

셋째로, 우리는 비천하고 연약하고 가난한 자를 돌아보는 자가 되어야 한다. 1절, "빈약한 자를 돌아보는 자가 복이 있음이여." 이것은 하나님의 마음을 품는 것이다. 우리는 이런 마음을 품고 남을 긍휼히 여기는 자가 되어야 한다. 이것은 재앙의 날에도 구원을 얻는 복된 길이다.

42편: 낙망 중에 하나님을 바람

고라 자손의 마스길(מַשְׂכִּיל)[명상시, 교훈시]. 영장을 위한 노래.

〔1-3절〕 하나님이여, 사슴이 시냇물을 찾기에 갈급함같이 내 영혼이 주를 찾기에 갈급하니이다. 내 영혼이 하나님 곧 생존하시는 하나님을 갈망하나니 내가 어느 때에 나아가서 하나님 앞에 뵈올꼬. 사람들이 종일 나더러 하는 말이 네 하나님이 어디 있느뇨 하니 내 눈물이 주야로 내 음식이 되었도다.

성도에게는 환난의 때가 있다. 사슴이 보통 때에는 시냇물을 쉽게 찾고 물을 마시지만, 매우 가물 때에는 시냇물을 찾지 못해 갈급해할 것이다. 이처럼 시편 저자는 평소에는 하나님과 교통하며 평안을 누렸으나, 지금 환난 중에는 하나님의 도움을 받지 못하고 있다.

그는 이런 환난 중에 "내 영혼이 주를 찾기에 갈급하다"고 말하며 또 "내 영혼이 하나님 곧 생존하시는 하나님을 갈망한다"고 말한다. 하나님께서는 살아계시다. 성도는 환난의 때에 살아계신 하나님을 의지하고 그의 도우심을 간절히 바라야 한다.

시편 저자는 또 "내가 어느 때에 나아가서 하나님 앞에 뵈올꼬"라고 말한다. 그는 지금 예루살렘 성전에서 멀리 떨어져 있는 것 같고 성전을 사모하고 있는 것 같다. 그러나 하나님의 도우심이 즉시 없었고, "네 하나님이 어디 있느냐?"는 사람들의 계속된 조롱 속에서 그는 주야로 눈물을 흘리며 하나님의 도우심을 간절히 구하고 있다.

〔4-5절〕 내가 전에 성일(聖日)을 지키는 무리와 동행하여 기쁨과 찬송의 소리를 발하며 저희를 하나님의 집으로 인도하였더니(엣닷뎀 אֶדַּדֵּם)['그들을 천천히 인도하였더니'(NASB, NIV), '그들과 함께 (천천히) 걸어갔더니'(KJV)] **이제 이 일을 기억하고 내 마음이 상하는도다. 내 영혼아, 네가 어찌하여 낙망하며 어찌하여 내 속에서 불안하여 하는고. 너는 하나님을 바라라. 그 얼굴의 도우심을 인하여 내가 오히려 찬송하리로다.**

시편 저자는 이전에 하나님을 기쁘게 섬겼다. 그는 거룩한 절기를 지키는 무리와 함께 성일(聖日)을 지켰고 그들과 함께 기쁘게 찬송하였다. 또 그는 그들과 함께 하나님의 집으로 나아갔다. 그러나 그는 지금 절기와 성일을 지키지 못하고 있고 기쁨의 찬송도 부르지 못하고 있으며 하나님의 집으로 올라가지도 못하고 있다. 그는 지금 예루살렘으로부터 멀리 떨어진 상태에 있는 것 같다. 그래서 그는 이전의 일을 기억하고 마음이 상한다고 말한다. 또 그의 영혼이 왜 낙망하고 불안해 하는가라고 자신에게 묻는다.

이런 상황 속에서 그는 자신에게 하나님을 바라라고 말한다. 그가 하나님을 바라야 할 이유는, 하나님의 얼굴의 도우심을 인하여 하나님을 찬송할 수 있기 때문이다. 돌에 맞아 죽을 스데반이 예수님의 모습을 보며 힘을 얻은 것처럼(행 7:55), 성도가 고난 중에 하나님의 은혜의 얼굴을 보면 힘과 위로를 얻고, 그의 슬픔과 낙심은 기쁨과 찬송으로 변할 것이다. 감옥에서 차꼬에 채인 중에도 하나님을 찬미한 바울처럼(행 16:25), 성도는 하나님을 찬미할 수 있을 것이다.

[6-8절] 내 하나님이여, 내 영혼이 내 속에서 낙망이 되므로 내가 요단 땅과 헤르몬과 **미살 산에서 주를 기억하나이다. 주의 폭포 소리에 깊은** 바다가 **서로 부르며 주의 파도와 물결이 나를 엄몰하도소이다. 낮에는 여호와께서 그 인자함을 베푸시고 밤에는 그 찬송이 내게 있어** [내] **생명의 하나님께 기도하리로다.**

시편 저자는 큰 고난 중에 심령으로 낙심하였다. 그는 요단 땅과 헤르몬과 미살 산을 말한다. 요단 땅은 요단강 주위이고, 헤르몬 산은 팔레스틴 북쪽 끝의 높은 산이며, 미살 산은 갈릴리 지방의 작은 낮은 산을 가리킨 것 같다. 그는 핍박자들을 피해 이런 지역들을 방황하며 다닌 것 같다. 또 그는 "주의 폭포소리에 깊은 바다가 서로 부르며 주의 파도와 물결이 나를 엄몰하도소이다"라고 말한다. 그것은 갈릴리 바닷가에 서서 바다의 흉흉한 파도소리와 물결소리를 표현한 것 같다. 그는 그것을 자기에게 닥친 환난에 비교한다. 하나님께서는 지금 그를 큰 고난 중에 버려두셨다.

이런 상황에서 시편 저자는 하나님을 기억하였다. "내가 요단 땅과 헤르몬과 미살 산에서 주를 기억하나이다." 환난 때에 자포자기하거나 방황하지 않고 하나님을 기억하는 것은 믿음 있는 자의 바른 태도이다. 선지자 요나는 풍랑의 원인이 자신임을 인정하고 자신을 바다에 던지게 했으나 바다 속에서 하나님을 기억하였다(욘 2:7). 우리는 고난 중에 하나님을 기억해야 한다(신 8:18). 모든 사람은 하나님께서 창조자요 섭리자이심을 기억하고 하나님께 나아와야 한다.

또 시편 저자는 낮에는 하나님께서 그 인자하심을 베푸시고 밤에는 그 찬송이 그에게 있어 그의 생명의 하나님께 기도하겠다고 고백한다. 낮에 원수들이 그를 해하려고 찾지만 하나님께서 그 인자하심으로 그를 보호하실 것이며, 밤이 되면 그는 그의 생명을 지켜주신 하나님, 그에게 인자를 베푸신 그 하나님께 찬송할 것이다.

〔9-11절〕 내 반석이신 하나님께 말하기를 어찌하여 나를 잊으셨나이까? 내가 어찌하여 원수의 압제로 인하여 슬프게 다니나이까 하리로다. 내 뼈를 찌르는 칼같이 내 대적이 나를 비방하여 늘 말하기를 네 하나님이 어디 있느냐 하도다. 내 영혼아, 네가 어찌하여 낙망하며 어찌하여 내 속에서 불안하여 하는고. 너는 하나님을 바라라. 나는 내 얼굴을 도우시는 내 하나님을 오히려 찬송하리로다.

하나님께서는 우리를 잠시라도 잊지 않으신다. 그러나 시편 저자는 지금 원수의 압제를 인해 슬프게 다니며, '네 하나님이 어디 있느냐'는 원수의 비방은 칼로 뼈를 찌르는 듯한 고통이 되었고 그것이 여러 날 계속되었다. 그래서 그의 영혼은 낙망이 되고 불안하였다. 그러나 시편 저자는 고난 중에 하나님을 기억하고 하나님을 바라보았다. 그는 하나님을 '내 반석이신 하나님'이라고 부른다. 하나님께서는 우리의 든든한 피난처이시다. 그는 또 하나님을 '내 얼굴을 도우시는 자,' '내 하나님'이라고 말한다. 하나님께서는 슬프고 낙망되고 불안한 우리의 얼굴에 평안과 용기와 기쁨을 주시는 하나님이시다. 그는 우리의 힘과 위로이시다. 그러므로 시편 저자는 자신에게 "너는 하나님을 바라라"고 말하며 또 그가 그렇게 말하는 까닭은 그가 그의 얼굴을 도우시는 그의 하나님을 찬송할 것이기 때문이라고 말한다. 하나님을 바라보는 것은 인생의 모든 문제의 해답이다.

시편 42편의 교훈을 정리해보자. 첫째로, 하나님께서는 살아계신 하나님이시다. 2절, "하나님 곧 생존하시는 하나님." 신명기 5:26, [모세] "사시는 하나님의 음성이 불 가운데서 발함을 듣고 생존한 자가 누구니이까?" 여호수아 3:10, [여호수아] "사시는 하나님이 너희 가운데 계시사." 사무엘상 17:26, [다윗] "이 할례 없는 블레셋 사람이 누구관대 사시는 하나님의 군대를 모욕하겠느냐?" 시편 18:46, [다윗] "여호와는 생존하시니." 열왕기하 19:4, [히스기야] "랍사게가 그 주 앗수르 왕의 보냄을 받고 와서 사신 하나님을 훼방하였으니." 예레미야 10:10, [예레미야] "여호와는 참 하나님이시요 사시는 하나님이시요." 디모데전서 4:10, [바울] "우리 소망을 살아계신 하나님께 둠이니." 파사 왕 다리오도 다니엘을 사자굴에서 건지신 하나님을 '사시는 하나님'이라고 인정했다(단 6:26). 우리는 창조자, 섭리자, 살아계신 하나님을 믿고 확신해야 한다.

둘째로, 모든 생명은 하나님께로부터 나온다. 8절, "내 생명의 하나님." 하나님께서는 우리 생명의 하나님이시다. 그는 세상에서의 육신의 생명을 우리에게 주셨을 뿐만 아니라, 또한 예수 그리스도의 대속 사역을 통해 천국에서 영원히 누릴 영원한 생명을 은혜로 허락하셨다.

셋째로, 성도는 하나님의 도움이 없어 보이고 원수들의 조롱과 핍박이 있는 환난 날에 불안하거나 낙망치 말고 하나님을 바라보아야 한다. 하나님께서는 그를 결코 버리지 않으시고 도우실 것이다. 우리는 극심한 환난의 날에도 불안하거나 낙망치 말고 하나님을 바라보아야 한다.

43편: 낙망 중에 하나님을 바람

〔1절〕 하나님이여, 나를 판단하시되 경건치 아니한 나라에 향하여 내 송사를 변호하시며 간사하고 불의한 자에게서 나를 건지소서.

시편 저자는 하나님께 자신을 판단하시기를 호소한다. 그런 호소는 하나님을 참으로 경외하고 양심적인 순종 생활 즉 믿음과 행위가 일치하는 생활을 하는 자만이 할 수 있는 호소이다. 불경건하고 불의한 자가 어떻게 감히 공의의 하나님의 판단을 요청할 수 있겠는가? 죄인들은 거룩하신 하나님 앞에 설 수 없다.

시편 저자는 지금 경건치 않은 나라에서 간사하고 불의한 자들로부터 핍박을 받고 있다. 그래서 그는 공의의 하나님께서 그의 옳음을 판단해주시고 그를 변호해주시고 그를 건져주시기를 하나님께 호소하는 것이다. 그것은 참된 경건과 진실과 의의 도덕성이 없이는 성도가 가질 수 없는 담대한 호소이다. 이것은 정상적인 신앙생활을 하는 성도만이 가질 수 있는 담대함이다. 실상, 모든 성도들은 이런 담대한 신앙생활을 사모하고 실천해야 한다.

고린도전서 4:3-4에 보면, 사도 바울은 "너희에게나 다른 사람에게나 판단 받는 것이 내게는 매우 작은 일이라. 나도 나를 판단치 아니하노니 내가 자책할 아무것도 깨닫지 못하나 그러나 이를 인하여 의롭다 함을 얻지 못하노라. 다만 나를 판단하실 이는 주시니라"고 말했다. 사도 바울은 자책할 것이 없는 신앙생활을 실천하였다. 또 요한일서 3:21-22에서, 사도 요한은 "사랑하는 자들아, 만일 우리 마음이 우리를 책망할 것이 없으면 하나님 앞에서 담대함을 얻고 무엇이든지 구하는 바를 그에게 받나니 이는 우리가 그의 계명들을 지키고 그 앞에서 기뻐하시는 것을 행함이라"고 말했다. 우리는 자책할 것이 없는 담대한 신앙생활을 사모하며 실천해야 한다.

〔2절〕 주는 나의 힘이 되신 하나님이시어늘 어찌하여 나를 버리셨나이까? 내가 어찌하여 원수의 압제로 인하여 슬프게 다니나이까?

시편 저자는 평소에 하나님을 그의 힘으로 삼고 살았다. 하나님께서는 모든 진실한 성도들의 힘이 되신다. 다윗은 시편 18편에서 "나의 힘이 되신 여호와여, 내가 주를 사랑하나이다. 여호와는 나의 반석이시요 나의 요새시요 나를 건지시는 자시요 나의 하나님이시요 나의 피할 바위시요 나의 방패시요 나의 구원의 뿔이시요 나의 산성이시로다"고 고백하였다(시 18:1-2).

이사야 40:28-31에서, 이사야는 이렇게 말했다. "너는 알지 못하였느냐? 듣지 못하였느냐? 영원하신 하나님 여호와, 땅끝까지 창조하신 자는 피곤치 아니하시며 곤비치 아니하시며 명철이 한이 없으시며 피곤한 자에게는 능력을 주시며 무능한 자에게는 힘을 더하시나니 소년이라도 피곤하며 곤비하며 장정이라도 넘어지며 자빠지되 오직 여호와를 앙망하는 자는 새 힘을 얻으리니 독수리의 날개치며 올라감 같을 것이요 달음박질하여도 곤비치 아니하겠고 걸어가도 피곤치 아니하리로다."

시편 저자는 평소에 하나님을 힘 입고 살았으나 그는 지금 고난 중에 있다. 성도는 고난 중에 해결책이 보이지 않고 믿음이 약해질 때 낙심하고 힘을 잃는다. 물론 그가 범죄하였을 때나 양심에 가책이 되는 일을 행했을 때도 힘을 잃을 것이다. 시편 저자는 지금 원수들의 압제로 인해 슬프게 다니고 있다. 그는 하나님께서 그를 돕지 않으시고 버리신 것처럼 느끼고 있다. 그러므로 그는 그의 힘이 되신 하나님께 호소하고 있는 것이다.

〔3절〕 주의 빛과 주의 진리를 보내어 나를 인도하사 주의 성산(聖山)과 장막에 이르게 하소서.

'빛'은 지식과 의와 기쁨을 상징한다. 죄는 어두움이다. 사람은 죄 가운데 있으면 바른 길을 찾을 수 없고 바른 길로 갈 수 없으나, 의 안에서 성령의 기쁨도 경험한다. 성도는 하나님의 진리의 지식과 의 안에서 바른 길을 갈 수 있다. 시편 저자는 하나님의 바른 인도하심을 구한다. 성도는 내일 일을 알지 못하지만, 하나님께서는 그의 미래를 다 아시며 그를 가장 좋은 길로 인도하실 수 있고 또 가장 좋은 길로 인도하실 것이다. 하나님께서는 우리의 선한 목자이시며 섭리자이시다. 시편 저자는 하나님께서 하나님의 빛과 하나님의 진리로 그를 인도하셔서 하나님께서 계신 곳, 하나님의 보호가 있고 하나님의 기쁨과 평안이 있는 그곳으로 인도해주시기를 구한다.

[4절] 그런즉 내가 하나님의 단에 나아가 나의 극락(極樂)[지극한 기쁨] **의 하나님께 이르리이다. 하나님이여, 나의 하나님이여, 내가 수금으로 주를 찬양하리이다.**

시편 저자는 하나님의 단에 나아가 그에게 예배드리며 주를 찬양하는 것을 귀히 여긴다. 하나님께 예배드리고 찬양하는 것, 하나님을 섬기는 것, 하나님과 교제하는 것은 귀한 일이다. 하나님께서는 그를 예배하는 자를 결코 외면치 않으실 것이다. 그는 참된 예배자를 찾으신다. 요한복음 4:23-24, "아버지께 참으로 예배하는 자들은 신령과 진정으로 예배할 때가 오나니 곧 이때라. 아버지께서는 이렇게 자기에게 예배하는 자들을 찾으시느니라. 하나님은 영이시니 예배하는 자가 신령과 진정으로 예배할지니라." 하나님께서는 그런 예배자의 삶을 보장하시고 그에게 모든 좋은 것을 허락하시고 또 미래의 선한 인도하심을 약속하실 것이다. 또 그는 그의 기도를 응답하시며 그에게 큰 위로와 격려를 주실 것이다. 하나님께서는 우리의 목자이시며(시 23:1), 우리와 싸우는 자와 싸우시는 하나님이시다(시 35:1).

시편 저자는 특히 하나님을 '나의 지극한 기쁨의 하나님'이라고 부른다. 하나님께서는 세상의 그 무엇과도 비교할 수 없는 우리의 사랑과 기쁨의 대상이시다. 그는 우리가 마음을 다하고 성품을 다하고 힘을 다해 사랑해야 할 분이시다(신 6:5). 우리가 하나님보다 더 사모할 자는 하늘에서나 땅에서 없다(시 73:25). 그러므로 성도는 창조자와 섭리자이신 영원하신 하나님, 우리를 죄와 지옥 형벌로부터 구원해주신 하나님과 그의 아들 예수님을 사랑하며 기뻐하고 찬송한다.

〔5절〕 내 영혼아, 네가 어찌하여 낙망하며 어찌하여 내 속에서 불안하여 하는고. 너는 하나님을 바라라. 나는 내 얼굴을 도우시는 내 하나님을 오히려 찬송하리로다.

시편 저자는 자신에게 낙심치 말고 불안해 하지 말라고 말한다. 또 그는 "너는 하나님을 바라라"고 말한다. 성도는 이 세상에서 고난 중에 어떻게 대처해야 하는지 해답을 알고 있다. 그 해답은 하나님을 바라보는 것이다. 우리는 환난 중에 오직 하나님을 바라보며 그에게 기도해야 한다. 그것이 믿음이다. 그럴 때 그는 하나님의 구원과 위로와 도우심을 체험할 것이다. 그의 근심된 얼굴은 기쁨을 얻고 그의 불안한 얼굴은 평안을 얻으며 그의 낙심된 얼굴은 힘을 얻을 것이다.

시편 43편의 교훈을 정리해보자. 첫째로, 하나님께서는 의로운 심판자이시다. 그는 선한 자에게 상을 주시고 악한 자에게 벌을 내리신다. 이 사실은 악인들에게는 심히 두려운 사실이지만, 하나님의 계명대로 의롭고 선하게 사는 성도들에게는 큰 위로와 힘과 담대함이 된다.

둘째로, 하나님께서는 빛과 진리로 우리를 인도하신다. 빛은 지식과 의와 기쁨을 상징한다. 하나님께서는 우리에게 지극한 기쁨이 되신다. 우리는 하나님께서 주시는 지식과 의와 기쁨 안에서 하나님을 찬송하며 섬기다가 복된 천국에 들어가기를 원한다. 현실이 어떠하든지 간에 하나님을 섬기며 선하게 사는 자는 기쁨을 얻고 승리할 것이다.

셋째로, 우리는 고난 중에 하나님만 바라보아야 한다. 고난이 많은 세상의 현실을 대처해나가는 성도의 바른 방법은 오직 하나님만 바라보는 것이다. 그는 우리에게 날마다 새 힘을 주시며 우리를 선한 길로 인도하실 것이다. 그러므로 우리는 고난 중에 하나님만 바라야 한다.

44편: 고난 중에 주의 구원을 구함

고라 자손의 마스길[명상시, 교훈시]. 영장을 위한 노래.

〔1-3절〕 하나님이여, 주께서 우리 열조의 날 곧 옛날에 행하신 일을 저희가 우리에게 이르매 우리 귀로 들었나이다. 주께서 주의 손으로 열방을 쫓으시고 열조를 **심으시며 주께서 민족들은 괴롭게 하시고** 열조는 **번성케 하셨나이다. 저희가 자기 칼로 땅을 얻어 차지함이 아니요 저희 팔이 저희를 구원함도 아니라 오직 주의 오른 손과 팔과 얼굴의 빛으로 하셨으니 주께서 저희를 기뻐하신 연고니이다.**

시편 저자는 하나님께서 이스라엘 열조들의 날에 행하신 일들을 전해 들었다고 말한다. 그것에 의하면, 하나님께서는 이방 민족들을 쫓아내시고 이스라엘 열조를 심으셨고 이방 백성들을 괴롭게 하셨고 이스라엘 백성을 번성케 하셨다. 이것은 여호수아 때의 가나안 정복 사건을 가리킨다. 하나님께서는 우상숭배와 음란의 큰 죄악에 빠져 있었던 가나안 족속들을 징벌하셨고 그 땅에서 그들을 쫓아내셨다.

이스라엘 열조들이 그 땅을 얻은 것은 그들의 칼이나 그들의 팔로, 즉 그들의 능력으로 된 것이 아니었고, 오직 하나님의 오른손과 팔과 얼굴 빛으로, 즉 하나님의 도우시는 능력과 힘으로 된 것이었다. 하나님의 능력은 멸망하는 자들에게는 엄위하신 심판의 능력이지만, 구원 얻는 자들에게는 긍휼하신 구원의 능력이다.

하나님께서 이스라엘 백성의 열조에게 가나안 땅을 기업으로 주신 까닭은 그들을 기뻐하셨기 때문이었다. 하나님께서 우리를 구원하신 이유도 우리를 기뻐하셨기 때문이다. 그는 우리의 행위대로 우리에게 보응치 않으시고 영원한 때 전부터 그리스도 예수 안에서 우리에게 주신 은혜대로 우리를 구원하셨다(딤후 1:9).

〔4-5절〕 하나님이여, 주는 나의 왕이시니 야곱에게 구원을 베푸소서. 우리가 주를 의지하여[주로 말미암아] **우리 대적을 누르고 우리를 치려 일어나**

는 자를 주의 이름으로 밟으리이다.

시편 저자는 하나님을 '나의 왕'이라고 부른다. 하나님께서는 우리의 왕이시다(시 5:2; 74:12; 84:3). 예수 그리스도께서는 '만왕의 왕'이라고 불리신다(계 17:14). 왕은 백성을 통치할 뿐 아니라, 원수의 침략으로부터 그들을 보호한다. 하나님께서는 전지전능하시고 공의롭고 선한 왕이시며 전쟁에 능한 큰 용사이시다. 시편 저자는 그 하나님의 구원과 도움을 간구한다. 그는 하나님을 의지하여 대적들을 누르고 하나님의 이름으로 승리할 것을 확신한다. 하나님께서는 자기 백성을 위하여 싸우시는 자이시다(신 1:30; 3:22; 시 35:1).

〔6-8절〕 [이는] **나는 내 활을 의지하지 아니할 것이라**[것임이니이다]**. 내 칼도 나를 구원치 못하리이다. 오직 주께서 우리를 우리 대적에게서 구원하시고 우리를 미워하는 자로 수치를 당케 하셨나이다. 우리가 종일 하나님으로 자랑하였나이다. 우리가 하나님의 이름을 영영히 감사하리이다(셀라).**

시편 저자는 원수와의 싸움에서 자신의 활이나 칼을 의지하지 않을 것이라고 고백한다. 그는 자신의 힘과 수단을 사용하지 않을 것이라고 고백한 것이다. 그는 하나님께서 이스라엘 백성을 대적에게서 구원하셨고 그들을 미워하는 자로 수치를 당케 하신 과거의 경험을 말한다. 또 그 일로 인해 우리가 종일 하나님으로 자랑하였다고 증거하며 또 하나님의 이름을 영영히 감사하겠다고 고백한다. 그는 하나님께서 하신 과거의 일에 근거하여 현재 그의 도우심을 간구한다.

〔9-16절〕 그러나 이제는 주께서 우리를 버려 욕을 당케 하시고 우리 군대와 함께 나아가지 아니하시나이다. 주께서 우리를 대적에게서 돌아서게 하시니 우리를 미워하는 자가 자기를 위하여 탈취하였나이다. 주께서 우리로 먹힐 양 같게 하시고 열방 중에 흩으셨나이다. 주께서 주의 백성을 무료로 파심이여 저희 값으로 이익을 얻지 못하셨나이다. 주께서 우리로 이웃에게 욕을 당케 하시니 둘러 있는 자가 조소하고 조롱하나이다. 주께서 우리로 열방 중에 말거리가 되게 하시며 민족 중에서 머리 흔듦을 당케 하셨나이다. 나의 능욕이 종일 내 앞에 있으며 수치가 내 얼굴을 덮었으니 나를 비방하고

후욕하는 소리를 인함이요 나의 원수와 보수자(報讐者)의 연고니이다.

시편 저자는, 그러나 이제는 이스라엘이 심한 고난 가운데 있다고 고백한다. 하나님께서는 그들을 버려 모욕을 당하게 하셨고 전쟁 때에 그들의 군대와 함께하지 않으셨다. 그들은 대적들에게서 패하여 돌아섰고 그들을 미워하는 자들에게 탈취를 당하였다. 그들은 먹힐 양같이 잡혔고 열방 중에 흩어졌다. 그들은 아무 몸값도 받지 못하는 자들과 같았다. 그들은 이웃 나라들에게 욕을 당했고 주위에 있는 자들에게 조롱과 비웃음을 당했다. 그들은 이방인들의 말거리가 되었고 이방 나라들 가운데서 머리 흔듦을 당했다. 그들의 불명예가 종일 그 앞에 있었으며 수치가 그 얼굴을 덮었다. 그것은 그들을 비방하고 욕하는 소리 때문이며 그들의 원수와 원수 갚는 자들 때문이었다.

성도에게는 환난의 때가 있다. 하나님께서 함께하지 않으시는 것 같고 모욕과 수치를 당하고 실패하고 탈취 당하고 무가치하게 취급을 당하고 조롱과 욕을 당할 때가 있다. 그러나 그런 고난의 현실은 하나님께서 주신 것이다. 본문은 여섯 번 "주께서"라는 말을 반복한다. 그것은 하나님께서 이 모든 고난의 현실을 주셨음을 증거한다. 또 여기에 고난의 현실로부터의 회복과 해결의 길도 있다.

〔17-21절〕 이 모든 일이 우리에게 임하였으나 우리가 주를 잊지 아니하며 주의 언약을 어기지 아니하였나이다. 우리 마음이 퇴축(退縮)지[돌아서지] **아니하고 우리 걸음도 주의 길을 떠나지 아니하였으나 주께서 우리를 시랑**(탄님 תַּנִּים)[재칼](여우와 이리의 중간쯤 되는 짐승)**의 처소에서 심히 상해하시고 우리를 사망의 그늘로 덮으셨나이다. 우리가 우리 하나님의 이름을 잊어버렸거나 우리 손을 이방 신에게 향하여 폈더면 하나님이 이를 더듬어 내지 아니하셨으리이까? 대저 주는 마음의 비밀을 아시나이다.**

이스라엘 백성은 대적에게 모욕을 당했고 패전했고 흩어졌고 놀림을 받았다. 시편 저자는 "주께서 우리를 재칼의 처소에서 심히 상해하시고 우리를 사망의 그늘로 덮으셨나이다"라고 말한다. 이스라엘이 처한 곳은 죽음의 위협과 위험이 가득하였다.

그러나 이런 상황 속에서 그들은 하나님만 바라보고 하나님 앞에 바르게 행했고 하나님을 잊지 않고 그의 언약을 어기지 않았다. 하나님을 항상 기억하고 의지하는 것이 믿음이다. 주의 언약을 어기지 않았다는 말은 창조자와 섭리자 하나님을 경외하고 그의 계명대로 행하는 것을 말한다. 우리는 하나님을 경외하고 의지하며 그의 계명대로 행해야 한다. 이스라엘 백성은 고난 중에도 하나님으로부터 돌아서지 않았고 그의 길을 떠나지 않았다. 진실한 성도는 고난 중에도 주를 따르는 길에서 돌아서지 않고 그 길을 떠나지 않는다.

시편 저자의 고백은 하나님 앞에서 진심의 고백이었다. 그러므로 그는 만일 우리가 우리 하나님의 이름을 잊어버렸거나 우리의 손을 이방신을 향하여 폈더면 하나님께서 그것을 찾아내셨을 것이라고 말한다. 그것은 하나님께서 사람들의 마음의 비밀을 아시기 때문이다. 하나님께서는 사람들의 참된 마음도, 변질된 마음도 아신다.

〔22-26절〕 우리가 종일 주를 위하여 죽임을 당케 되며 도살할 양같이 여김을 받았나이다. 주여, 깨소서. 어찌하여 주무시나이까? 일어나시고 우리를 영영히 버리지 마소서. 어찌하여 주의 얼굴을 가리우시고 우리 고난과 압제를 잊으시나이까? 우리 영혼은 진토에 구푸리고 우리 몸은 땅에 붙었나이다. 일어나 우리를 도우소서. 주의 인자하심을 인하여 우리를 구속하소서.

이스라엘 백성은 죽임을 당케 되며 도살할 양같이 여김을 받았다. 그 고난은 온종일 계속되었다. 그들은 하나님을 믿는다는 사실 때문에 고난과 압제를 받았다. 사도들이나 초대교회 성도들이 그러했다. 그들은 단지 주 예수 그리스도를 믿는다는 것 때문에 고난을 받았다. 또 시편 저자는 "우리 영혼은 진토에 구푸리고 우리 몸은 땅에 붙었나이다"라고 말한다. 게다가, 하나님께서는 주무시고 그들을 영영히 버리신 것 같았고 그의 얼굴을 가리우시고 그들을 잊으신 것 같았다.

그러나 시편 저자는 고난 중에 낙망치 않고 기도했다. 그는 "주여,

깨소서 . . . 일어나소서," "일어나 우리를 도우소서"라고 기도하였다. 성도는 기도를 통해 하나님을 향해 가까이 나아가고 하나님을 더욱 더 의지하게 된다. 하나님께서는 우리의 기도 소리를 듣기를 좋아하시고 우리가 기도할 때마다 우리에게 가까이 하시고(신 4:7) 우리가 간절히 기도할 때 우리의 소원들을 들어주신다. 하나님께 대한 참된 믿음은 기도로 나타나고 간절한 기도는 그의 응답을 가져온다.

시편 저자는 특히 하나님의 은혜를 의지하며 구원을 간구한다. "주의 인자하심을 인하여 우리를 구속(救贖)하소서." 우리는 부족함이 많으므로 우리의 의(義)를 가지고 하나님께 나아갈 수 없다. 우리의 담대함은 오직 하나님의 은혜와 인자하심 때문이다. 그러므로 주께서는 "너희가 내 이름으로 무엇을 구하든지 내가 시행하리라"고 말씀하셨다(요 14:13). 그의 이름은 우리를 대속하신 구주의 이름이다.

시편 44편의 교훈을 정리해보자. 첫째로, 하나님께서는 우리의 왕이시다. 그는 우리를 기뻐하셔서 그의 능력으로 우리를 구원하셨다. 그러므로 우리는 우리의 재능이나 돈이나 건강을 의지하지 말고 우리의 왕이신 하나님만 의지하며 그에게 영광을 돌리고 바르게 살아야 한다.

둘째로, 성도는 고난 중에도 하나님과 그의 언약을 잊지 말아야 하고 또 하나님의 길을 떠나지 말아야 한다. 성도에게 고난은 성화와 선한 인격 훈련을 위해서도 오지만, 주로 그의 죄와 실수 때문에 온다. 성도는 고난 가운데 인내하며 하나님을 믿고 믿음의 훈련을 받고 또 자신을 반성하며 생각나는 죄를 회개하며 고난의 해결자이신 하나님을 바라고 그의 길을 떠나지 말아야 하고 그의 계명을 힘써 순종해야 한다.

셋째로, 우리는 죽을 것 같은 극심한 고난 중에도 낙심치 말고 오직 하나님의 은혜만 의지하며 간구해야 한다. 우리는 이미 하나님의 은혜로 예수 그리스도를 믿음으로 구원을 받았고 환난의 날에도 그 은혜만 의지하며 그에게 도움과 구원을 간구하여 응답받고 승리해야 한다.

45편: 왕의 영광

고라 자손의 마스길(מַשְׂכִּיל)[묵상시, 교훈시]. 영장[찬양대장]을 위해 소산님(שֹׁשַׁנִּים)['백합화들'이라는 곡]에 맞춘 사랑의 노래.

〔1-2절〕 내 마음에서 좋은 말이 넘쳐 왕에 대하여 지은 것을 말하리니 내 혀는 필객[능숙하게 글 쓰는 이]**의 붓과 같도다. 왕은 인생보다 아름다워 은혜를 입술에 머금으니 그러므로 하나님이 왕에게 영영히 복을 주시도다.**

시편 저자가 성령의 감동으로 노래한 왕은 평범한 사람이 아니고 신적 존재이시다(6절). 그는 예수 그리스도를 가리켰다고 본다. 그는 인생보다 아름다우시다. 그것은 지혜와 덕의 아름다움을 가리킬 것이다. 그는 은혜를 입술에 머금으셨다. 요한복음 1:14, "우리가 그 영광을 보니 아버지의 독생자의 영광이요 은혜와 진리가 충만하더라." 하나님께서는 아들 예수 그리스도에게 영원히 복을 주신다.

〔3-5절〕 능한 자여, 칼을 허리에 차고 왕의 영화와 위엄을 입으소서. **왕은 진리와 온유와 공의를 위하여 위엄있게 타고 승전(勝戰)하소서. 왕의 오른손이 왕에게 두려운 일을 가르치리이다. 왕의 살이 날카로워 왕의 원수의 염통을 뚫으니 만민이 왕의 앞에 엎드러지는도다.**

왕은 능한 자이시며 칼을 허리에 차고 영광과 위엄을 입으셨다. 그는 위엄 있게 말을 타고 전쟁하시는 자와 같고 오른손으로 두려운 일들을 행하시는 자이시다. 또 그는 진리와 온유와 공의를 위해 싸우실 것이다. 진리와 온유와 공의는 하나님의 속성이며 예수 그리스도의 속성이다(마 11:29). 그 왕은 전쟁에서 이기시며 원수의 심장을 찌르실 것이다. 만민이 그 앞에 엎드러질 것이다. 재림하실 주 예수께서는 사탄과 악령들과 그들에게 복종했던 악한 사람들을 마침내 영영한 지옥 불못에 던지실 것이다(마 25:41; 계 19:20; 20:10; 21:8).

〔6-7절〕 하나님이여, 주의 보좌가 영영하며[당신의 보좌는, 오 하나님이시여, 영영하며] **주의 나라의 홀은 공평한 홀이니이다. 왕이 정의를 사랑하고**

악을 미워하시니 그러므로 하나님 곧 왕의 하나님이 즐거움의 기름으로 왕에게 부어 왕의 동류보다 승하게 하셨나이다.

본문은 왕의 영광을 증거한다. 본 시편에 '왕은' '왕의' 등의 말은 '당신은' '당신의'라는 뜻이다. 본문은 왕을 향해 '하나님이시여'라고 부른다. 이 왕은 확실히 메시아를 가리킨다. 그는 이사야서에 '전능하신 하나님' '영존하신 아버지'로 예언된 자이시다(사 9:6). 주 예수 그리스도께서는 태초부터 계신 하나님이시며(요 1:1) 참 하나님이시며(요일 5:20) 우리의 크신 하나님이시다(딛 2:13).

또 왕은 영원하시다. 그의 보좌는 영영하다. 세상의 왕들은 영원하지 않고 세상 나라들도 영원하지 않으나, 메시아께서는 영원한 왕이시며 그의 나라도 영원하다. 그의 나라는 망하거나 없어지지 않는다(단 2:44). 요한계시록 11:15, "세상 나라가 우리 주와 그 그리스도의 나라가 되어 그가 세세토록 왕노릇하시리로다."

또 왕은 공의를 행하신다. 왕의 나라의 홀은 공평한 홀이며 왕은 정의를 사랑하고 악을 미워하신다. 세상의 왕들은 공의를 변질시키고 악을 행하지만, 예수 그리스도께서는 공의의 왕이시다(사 9:7).

또 하나님께서는 즐거움의 기름을 그에게 부으실 것이다. 공의의 하나님께는 기쁨과 즐거움이 충만히 있으시다. 죄는 슬픔을 가져오지만, 의는 기쁨을 가져온다. 예수 그리스도께서는 기쁨과 즐거움이 충만하신 자이시며, 천국은 기쁨이 충만한 곳이다(롬 14:17).

[8-9절] 왕의 모든 옷은 몰약과 침향과 육계의 향기가 있으며 **상아궁에서 나오는 현악은 왕을 즐겁게 하도다. 왕의 귀비 중에는 열왕의 딸**[딸들]**이 있으며 왕후는 오빌의 금으로** 꾸미고 **왕의 우편에 서도다.**

왕과 왕비는 영화로우시다. 왕의 모든 옷은 몰약과 침향과 육계의 향기가 있다. 몰약과 침향(알로에)과 육계(계피)는 값비싼 향료이었다. 출애굽기 30:23-25에 보면, 몰약과 육계는 거룩한 관유를 만드는 원료이었다. 왕의 옷의 향기는 인격의 아름다움을 상징한다고 본다.

우리 주 예수 그리스도께서는 가장 아름다운 인격이시다.

또한 상아궁에서 나오는 현악은 왕을 즐겁게 한다. 세상에서 뿐만 아니라, 천국에서도 천사들과 성도들의 찬양과 악기 연주는 하나님과 주 예수 그리스도를 기쁘시게 할 것이다.

또 왕의 귀비들 중에는 열왕의 딸들이 있다. '왕의 귀비(貴妃)들'은 왕을 섬기는 존귀한 여인들을 가리킨다. '열왕의 딸들'은 궁중의 교육을 받은 아름답고 교양과 품위를 갖춘 자들일 것이다. 왕의 귀비들은 성화된 성도들의 아름다운 모습을 나타낸다고 본다.

왕후는 오빌의 금으로 꾸민다. 성경에서 '오빌의 금'은 유명하다(왕상 9:28; 10:11; 22:48; 대상 29:4; 욥 22:24; 28:16; 사 13:12). 왕후가 오빌의 금으로 매우 아름답고 존귀하게 꾸민 것은 주 예수 그리스도의 대속(代贖)으로 말미암아 교회에게 주신 완전한 의(義)와 영광을 나타낸다고 본다. 또 왕후는 왕의 우편에 선다. 그것은 존귀와 특권을 가리킨다. 성도는 하나님의 은혜로 왕 같은 제사장이 되었고 하나님의 자녀가 되었고 하나님의 자녀로서의 특권을 누린다(벧전 2:9).

〔10-12절〕 딸이여, 듣고 생각하고 귀를 기울일지어다. 네 백성과 아비 집을 잊어버릴지어다. 그러하면 왕이 너의 아름다움을 사모하실지라. 저는 너의 주시니 너는 저를 경배할지어다. 두로의 딸이 예물을 드리고 백성 중 부한 자도 네 은혜를 구하리로다.

본문은 왕후에게 주는 교훈이다. 왕후는 이 말씀을 듣고 생각하고 귀를 기울여야 한다. 왕후는 자기의 백성과 아비의 집을 잊어버려야 한다. 예수 그리스도의 신부된 모든 성도는 옛 사상, 옛 관습, 옛 가치관을 버리고, 하나님께서 주신 성경적 사상을 가지고, 하나님의 규례 즉 성경과 성경적 교회의 규례를 배우고, 하나님의 가치관 즉 성경적 가치관을 취해야 한다. 또 왕후는 왕께 경배해야 한다. 왕은 왕후의 주(主)이시기도 하기 때문이다. 모든 성도는 교회의 머리요 만왕의 왕이신 주 예수 그리스도께 경배해야 하고 복종해야 한다.

왕후는 복을 누릴 것이다. 왕은 왕후의 아름다움을 사모할 것이다. 남편은 아내가 완전히 남편만 생각하고 위할 때 그를 더욱더 사랑하고 사모할 것이다. 주 예수께서는 부모나 처자를 주님보다 더 사랑하는 자는 그의 제자 되기에 합당치 않다고 말씀하셨다(마 10:37-38). 또 본문은 두로의 딸이 왕후에게 예물을 드리고 백성 중 부한 자들도 그의 은혜를 구할 것이라고 말한다. 이것은 이방인들이나 부한 자들도 교회에 소속하게 될 것을 보이는 것이라고 본다(행 17:4).

〔13-15절〕 왕의 딸이 궁중에서 **모든 영화를 누리니 그 옷은 금으로 수놓았도다. 수 놓은 옷을 입은 저가 왕께로 인도함을 받으며 시종하는 동무 처녀들도 왕께로 이끌려 갈 것이라. 저희가 기쁨과 즐거움으로 인도함을 받고 왕궁에 들어가리로다.**

'왕의 딸'은 왕후를 가리킨 것 같다. 왕후는 단수명사로 표현되고(9-12절) '딸'이라고 불리며(10절) 금으로 단장되었다(9절). 왕후는 궁중에서 모든 영화를 누리며 그 옷은 금으로 섞어 짠 것이다. 성경은 성도가 누릴 영광에 대해 말한다. 성도는 주 예수께서 재림하실 때 그의 영광의 몸과 같이 변화될 것이며(빌 3:21), 보석으로 단장된 거룩한 예루살렘 성에 거할 것이다(계 21:10-11). 성도들은 장차 나타날 그 영광을 소망하며(롬 8:18) 그것을 바라고 즐거워한다(롬 5:2).

또 왕후는 왕께로 인도함을 받는다. 신부에게 가장 큰 복은 신랑이다. 그것이 사랑하는 부부의 관계이다. 교회의 가장 큰 복은 하나님 자신, 우리 주 예수 그리스도 자신이시다. 장차 하나님의 장막이 사람들과 함께 있어 하나님께서 그들과 함께 계실 것이며 그들은 하나님의 백성이 되고 하나님께서 친히 그들과 함께 계실 것이다(계 21:3).

왕후와 시녀들은 또 왕궁에서 풍성한 기쁨과 즐거움을 누릴 것이다. 하나님을 알고 하나님을 섬기고 하나님께 나아가는 길에는 기쁨과 즐거움이 있다. 구원 얻은 자에게는 기쁨과 즐거움이 있다. 천국은 의와 평안과 기쁨이 넘치는 곳이다(롬 14:17). 천국에는 슬픔과 애통과 아픈 것이 더 이상 있지 않을 것이다(계 21:4).

〔16-17절〕 왕의 아들들이 왕의 열조를 계승할 것이라. 왕이 저희로 온 세계의 군왕을 삼으리로다. 내가 왕의 이름을 만세에 기억케 하리니 그러므로 만민이 왕을 영영히 찬송하리로다.

성도들은 예수 그리스도와 함께 영원히 왕노릇할 것이다(계 5:10; 20:6; 22:5). 또 예수 그리스도의 이름은 영원히 기억될 것이다. 구원얻은 성도는 예수 그리스도의 은혜를 영원히 잊지 못할 것이다. 모든 사람은 예수 그리스도를 영원히 찬송할 것이다. 요한계시록 5:13은 만물이 "보좌에 앉으신 이와 어린양에게 찬송과 존귀와 영광과 능력을 세세토록 돌릴지어다"라고 찬송할 것을 증거하였다.

시편 45편의 교훈을 정리해보자. 첫째로, 우리는 새 마음으로 신적 구주를 섬겨야 한다. 주 예수께서는 신적인 왕이시다. 그는 우리를 사랑하셔서 우리를 위해 자기 몸을 버리셨고 피를 흘리셨다. 왕후가 자기의 백성과 아비의 집을 잊어버려야 하듯이, 우리는 우리의 옛 사상과 관습과 가치관을 버리고 하나님께서 주신 성경적 사상을 가지고 바른 교회의 규례를 배우고 성경적 가치관을 취해야 한다. 우리는 주 예수님을 믿고 사랑하고 그에게 경배하며 찬송하고 그의 말씀에 순종해야 한다.

둘째로, 우리는 예수 그리스도의 완전하심을 본받아야 한다. 주 예수 그리스도께서는 은혜를 입술에 머금으셨다. 즉 그의 입에는 은혜로운 말씀이 있다. 그는 진리와 온유와 공의를 위해 싸우신다. 그는 원수들을 멸하시는 엄위하신 자이시다. 그는 공의로 교회들과 나라들을 다스리신다. 우리는 그의 도덕적 완전을 본받아 의롭고 선하게 살아야 한다.

셋째로, 우리는 천국 기쁨과 영광을 누린다. 왕에게는 즐거움의 기름이 부어지셨다. 그의 옷에는 좋은 향기가 있고 그의 궁궐에는 즐거운 악기 소리가 있다. 왕비는 금으로 만든 영광의 옷을 입고 그 시녀들은 기쁨과 즐거움을 누린다. 그것은 성도들이 장차 천국에서 누릴 복이며 이 세상에서도 상당히 누릴 복이다. 성도는 주 안에서 항상 기뻐한다.

46편: 하나님께서는 우리의 피난처이심

고라 자손의 시. 영장을 위해 알라못[아마, '높은 음']에 맞춘 노래.

[1-3절] 하나님은 우리의 피난처시요 힘이시니 환난 중에 만날 큰 도움 [바로 얻을 도움, a very present help](KJV, NASB)**이시라. 그러므로 땅이 변하든지 산이 흔들려 바다 가운데 빠지든지 바닷물이 흉용하고 뛰놀든지 그것이 넘침으로 산이 요동할지라도 우리는 두려워 아니하리로다(셀라).**

하나님께서는 그를 경외하고 죄를 멀리하고 그의 계명을 지키는 자들을 환난 중에 즉시 도우시는 섭리자이시다. 세상에는 천재지변이 있고 각종 질병과 사고와 재난이 있다. 그러나 하나님을 피난처와 힘과 도움으로 삼는 자는 두려워하지 않을 것이다. 이사야 43:1-2, "너는 두려워 말라," "네가 물 가운데로 지날 때에 내가 함께할 것이라. 강을 건널 때에 물이 너를 침몰치 못할 것이며 네가 불 가운데로 행할 때에 타지도 아니할 것이요 불꽃이 너를 사르지도 못하리니."

[4-5절] 한 시내가 있어 나뉘어 흘러 하나님의 성 곧 지극히 높으신 자의 장막의 성소를 기쁘게 하도다. 하나님이 그 성중에 거하시매 성이 요동치 아니할 것이라. 새벽에 하나님이 도우시리로다.

하나님께서 거하시는 성은 교회를 가리킨다고 본다. 특히 예수님 믿고 성령을 받은 성도들의 모임인 신약교회는 하나님의 성전이다(고전 3:16). 한 시내가 하나님의 성에 나뉘어 흐른다고 표현된다. 그것은 신약교회 속에서 활동하시는 성령님을 가리킨다고 본다. 주께서는 "나를 믿는 자는 성경에 이름과 같이 그 배에서 생수의 강이 흘러나리라"고 말씀하셨다. 그것은 그를 믿는 자들의 받을 성령을 가리켰다(요 7:38-39). 신약교회 속에는 성령의 활동이 있으시다. 그것은 구주 예수님을 믿고 구원 얻은 신약 성도들이 누리는 은혜와 복이다.

하나님의 성은 복되다. 첫째, 그 성에는 기쁨이 있다. 하나님의 성에 흐르는 시내는 그 성을 기쁘게 한다. 하나님께서는 교회에 기쁨을 주신다. 성령의 열매는 기쁨이다(갈 5:22). 그러므로 사도 바울은 빌립보서 4:4에서 “주 안에서 항상 기뻐하라”고 교훈하였다.

둘째, 그 성에는 평안과 안정이 있다. 그 성은 요동치 않을 것이다. 하나님께서 함께하시는 곳에는 평안함과 안정이 있다(요 14:27).

셋째, 그 성에는 하나님의 빠른 도우심이 있다. 하나님께서는 새벽에 도우실 것이다. ‘새벽에’라는 원어(립프노스 보케르 לִפְנוֹת בֹּקֶר)는 ‘새벽이 될 때’ 혹은 ‘일찍이’라는 뜻이다. 밤중에 기도했는데 아침이 될 때 하나님께서 도우시고 역사하셨다. 하나님께서는 히스기야의 기도를 들으셔서 밤에 앗수르 진에서 군사 18만 5천명을 치셨고 아침에 일찍이 일어나 보니 그들이 다 시체가 되었었다(왕하 19:35).

〔6-7절〕 이방이 훤화하며[떠들썩하며] **왕국이 동하였더니 저가 소리를 발하시매 땅이 녹았도다. 만군의 여호와께서 우리와 함께하시니 야곱의 하나님은 우리의 피난처시로다(셀라).**

이방 나라들은 이스라엘을 대적하여 떠들썩하고 요란하였다. 세상 사람들은 때때로 하나님의 교회를 대적한다. 그러나 그때 하나님께서는 소리를 발하시며 그들을 징벌하신다. 그 하나님의 소리는 분노의 소리이며 책망과 징벌의 소리이다. ‘땅이 녹았다’는 말은 떠들썩하던 일이 잠잠해지고 그 세력들이 파해졌다는 뜻이다. 심지어 교회 안에 들어온 악한 자들의 대적도 하나님께서 엄하게 징벌하셨다. 모세를 대적하던 고라와 그 동료들과 족장 250명의 세력은 하나님의 징벌을 받음으로 죽었고, 또 다윗을 대적하던 압살롬과 아히도벨은 하나님께서 꺾으심으로 죽었다. 예수님을 배신했던 가룟 유다는 비참하게 죽었고 대제사장들과 장로들은 40년 후쯤 처참하게 죽었다.

하나님께서 소리를 내신 까닭은 그가 우리편이시기 때문이다. 7절, “만군의 여호와께서 우리와 함께하시니.” ‘만군의 여호와’라는 말은 하늘의 천군 천사들을 거느리시고 사용하시는 능력의 하나님을 의미한다. 그가 '우리' 편이시고 '우리의' 피난처라고 말한 그 '우리'는 하나님을 경외하는 자들, 예수 그리스도의 피로 구속받고 성경 교훈대로 믿고 죄를 회개하고 순종하는 자들을 가리킨다. 하나님께서는 그들의 편이시며 그들의 피난처이시다. 그러므로 그는 그들을 대적하고 핍박하는 무리들에게 분노와 책망의 소리를 발하시는 것이다.

〔8-9절〕 와서 여호와의 행적을 볼지어다. 땅을 황무케 하셨도다. 저가 땅끝까지 전쟁을 쉬게 하심이여, 활을 꺾고 창을 끊으며 수레를 불사르시는도다.

하나님의 행하신 일들은 그가 살아계신 증거이다. 죽은 자는 행동하지 못한다. 산 자만 행동한다. 하나님께서는 살아계셔서 많은 일들을 행하셨다. 본문은 하나님의 행하신 일들 중에 특히 땅을 황무케 하심과 땅끝까지 전쟁을 쉬게 하시고 활을 꺾고 창을 끊으시며 수레를 불사르심을 증거한다. 하나님께서는 그와 그의 나라를 대적하여 일어난 무리들을 다 파하셨다. 그는 인류 역사와 특히 이스라엘 역사에서 그렇게 하셨고 우리의 짧은 생에서도 그렇게 하셨다. 그러나 그는 최종적으로도 모든 불의와 거짓을 파하시고 의와 진리가 이기게 하시며 온 세상에 전쟁을 그치게 하실 것이다.

〔10-11절〕 이르시기를 **너희는 가만히 있어 내가 하나님 됨을 알지어다. 내가 열방과 세계 중에서 높임을 받으리라 하시도다. 만군의 여호와께서 우리와 함께하시니 야곱의 하나님은 우리의 피난처시로다(셀라).**

'이르시기를'이라는 작은 글자는 성경의 영감성을 보인다. 성경의 저자는 때때로 하나님으로서 말한다(신 11:14). 하나님께서는 "너희는 가만히 있어 내가 하나님 됨을 알지어다"라고 말씀하신다. '가만히 있어'라는 말은 두려워하지 말고 요동치 말고 조용히 바라보라는 뜻이다. 하나님의 행하심을 확인하는 데는 사람의 노력이 필요한 것이 아니다. 가만히 보면 된다. "내가 하나님 됨을 알라"고 말씀하시는 그 분은 아브라함의 하나님, 모세의 하나님, 다윗의 하나님, 우리 주 예수 그리스도의 아버지 하나님, 신구약성경을 주신 하나님이시다. 유일하신 참 하나님을 아는 것이 영생이며(요 17:3) 거기에 인생의 참된 평안과 기쁨과 행복이 있다.

하나님께서는 또 "내가 열방과 세계 중에서 높임을 받으리라"고 말씀하신다. 지금은 하나님의 이름이 세상 모든 사람들에게서 높임을 받고 있지 못하다. 많은 사람이 하나님을 알지 못하고 그를 욕하고 멸시한다. 그러나 하나님의 이름이 온 세상에서 높임을 받을 것이며 마침내 하나님의 공의와 은혜의 영광이 회복될 것이다.

시편 저자는 "만군의 여호와께서 우리와 함께하시니 야곱의 하나님은 우리의 피난처시로다"라고 다시 말한다. 하늘의 천군천사들을 거느리시고 쓰시는 능력의 하나님께서는 그를 경외하며 그의 계명을 순종하는 그의 백성과 함께하시며 환난 때에 그들의 피난처가 되신다. 비록 야곱같이 부족이 있고 많은 고난을 받은 자들일지라도 하나님께서는 그들의 피난처와 힘과 도움이 되시는 것이다.

시편 46편의 교훈을 정리해보자. 첫째로, 만군의 하나님께서는 우리와 함께하신다(7, 11절). 비록 우리가 부족했던 야곱 같을지라도, 하나님께서는 하나님을 경외하고 믿고 순종하고자 하는 자들을 결코 버리지 않으시고 항상 함께하시는 것이다. 하나님과 함께 거하는 것이 복이다.

둘째로, 하나님께서는 우리의 피난처시며 힘과 도움이시다(1, 7, 11절). 하나님의 교회에는 성령의 활동의 시냇물이 있다. 오늘날에도 성령께서는 주의 백성들과 함께 계셔서 환난 날에 빠른 도움이 되시며 우리를 그 환난에서 건져주시고 우리에게 힘과 평안과 기쁨을 주신다.

셋째로, 우리는 환난 날에 두려워하지 말고 그를 의지하고 모든 문제를 그에게 아뢰고 가만히 하나님의 하시는 일을 보면 된다. 전능하신 하나님께서 그의 피난처이시며 힘과 도움이심을 아는 자는 고난 중에 결코 두려워하지 않고 가만히 섭리자 하나님을 앙망할 것이다.

47편: 온 땅의 왕이신 하나님을 찬양함

고라 자손의 시. 영장(아마, 찬양대장 혹은 지휘자)을 위한 노래.

〔1-2절〕 너희 만민들아, 손바닥을 치고 즐거운 소리로 하나님께 외칠지어다. [이는] **지존하신 여호와는 엄위하시고 온 땅에 큰 임군이 되심이로다.**

'만민들'은 어떤 제한이 없이 세상의 모든 사람들을 가리킨 것 같다. 우리는 어떤 높은 사람이나 존경받을 인물을 치하할 때 손뼉을 친다. 하나님께서는 세상의 모든 사람이 손뼉을 치며 즐거운 소리로 찬양해야 할 분, 세상에서 참으로 찬양 받으시기에 합당한 분이시다.

만민들이 손뼉을 치며 하나님을 즐거이 찬양해야 할 이유는, 지존하신 여호와께서 엄위하시기 때문이다. 하나님께서는 하늘에 계신 자 곧 피조 세계를 초월해 계신 지극히 높으신 자이시다. 창조 이전부터 계신 그는 지혜와 능력이 무한하시다. 사람은 땅에 속하여 땅에 속한 것 곧 육신적인 것, 물질적인 것만 생각하기 쉽다. 사람은 심히 추하고 천박하며 인간 세계에는 심히 부도덕한 것들이 많다. 죄인은 감히 하나님 앞에 설 수 없고 고개를 들 수 없다. 우리는 이사야처럼 "화로다, 나여, 망하게 되었도다. 나는 입술이 부정한 사람이로다"라고 외쳐야 할 자들이며(사 6:5), 시몬 베드로처럼 주 앞에 엎드려 "주여, 나를 떠나소서. 나는 죄인이로소이다"라고 고백해야 할 자들이다(눅 5;8). 그러나 하나님께서는 지극히 높고 고상한 것을 생각하신다. 그는 거룩하시고 엄위하시며 만민들은 그를 찬양해야 한다.

만민들이 손뼉을 치며 하나님을 즐거이 찬양해야 할 다른 하나의 이유는 그가 온 땅에 큰 왕이 되시기 때문이다. 하나님께서는 홀로 세상을 다스리시는 큰 왕이시다. 즉 섭리자이시다. 인류 역사는 그의 뜻 안에 있다. 그는 인간 나라를 다스리시고 자기의 뜻대로 그것을 누구에게든지 주시는 지극히 높으신 자이시다(단 4:17, 25, 32; 5:21).

〔3-4절〕 여호와께서 만민을 우리에게, 열방을 우리 발 아래 복종케 하시며 우리를 위하여 기업을 택하시나니 곧 사랑하신 야곱의 영화로다(셀라).

'우리'는 하나님의 백성 이스라엘 즉 구약교회를 가리킨다. 하나님께서는 세상 나라들과 모든 백성들을 이스라엘 자손의 발 아래 복종케 하신다. 이 말씀은 사람들을 복종시키는 능력이 하나님께 있음을 보인다. 이것은 하나님의 왕권, 즉 통치권을 증거한다. 하나님께서는 만민을 다스리시는 권세를 가지고 계신다. 또 그는 오늘날도 자녀들로 하여금 부모에게, 학생들로 하여금 선생에게, 또 교인들로 하여금 목사와 장로들에게 복종케 하신다. 그는 모든 민족을 굴복케 하신다.

세상 나라들과 모든 백성들을 복종케 하신다는 말씀은 세계복음화를 예시한다. 세계복음화는 하나님의 뜻이다. 이 세상의 많은 사람들을 구원하실 능력이 하나님께 있다. 로마서 9:15-16, "모세에게 이르시되 내가 긍휼히 여길 자를 긍휼히 여기고 불쌍히 여길 자를 불쌍히 여기리라 하셨으니 그런즉 원하는 자로 말미암음도 아니요 달음박질하는 자로 말미암음도 아니요 오직 긍휼히 여기시는 하나님으로 말미암음이니라." 다니엘 2:44, "이 열왕의 때에 하늘의 하나님이 한 나라를 세우시리니 이것은 영원히 망하지도 아니할 것이요 그 국권이 다른 백성에게로 돌아가지도 아니할 것이요 도리어 이 모든 나라를 쳐서 멸하고 영원히 설 것이라."

시편 저자는 하나님께서 우리를 위해 기업을 택하시니 곧 사랑하신 야곱의 영광이라고 말한다. 하나님의 기업은 온 세상의 이방 나라들에서 하나님의 택함을 입은 자들을 가리킨다. 시편 2:8, "내가 열방을 유업으로 주리니 네 소유가 땅끝까지 이르리로다." 교회는 택자들의 모임이며 그들의 수효는 셀 수 없이 많다. 에베소서 1:23, "교회는 그의 몸이니 만물 안에서 만물을 충만케 하시는 자의 충만이니라." 그들은 장차 영광스런 천국의 기업을 이어받을 것이다. 그것은 회개하고 구주 예수를 믿고 구원 얻은 성도들을 위해 하늘에 간직된 '썩지 않고 더럽지 않고 쇠하지 아니하는 기업'이다(벧전 1:4).

〔5-7절〕 하나님이 즐거이 부르는 중에 올라가심이여, 여호와께서 나팔 소리 중에 올라가시도다. **찬양하라, 하나님을 찬양하라. 찬양하라, 우리 왕을 찬양하라.** [이는] **하나님은 온 땅에 왕이심이라. 지혜의 시로 찬양할지어다.**

본문은 하나님께서 찬송을 받으시면서 올라가신다고 말한다. 역사상 하나님께서는 종종 땅에 내려오셨다가 올라가셨다. 창세기 17:22, "하나님이 아브라함과 말씀을 마치시고 그를 떠나 올라가셨더라." 이 말씀은 특히 하나님께서 사람이 되어 오심과 지상 생애의 끝에 승천하심을 암시한다. 하나님의 아들 예수께서는 사람이 되어 이 세상에 오셨다. 요한복음 1:14, "말씀이 육신이 되어 우리 가운데 거하시매 우리가 그 영광을 보니 아버지의 독생자의 영광이요 은혜와 진리가 충만하더라." 그는 십자가에 죽으심으로 속죄사역을 이루신 후 부활하셨고 승천하셨다. 주 예수께서는 확실히 천사들과 하늘의 성도들의 찬송을 받으시면서 영광 가운데서 승천하셨다(딤전 3:16).

우리가 하나님을 찬송해야 할 이유는 그가 온 땅에 왕이시기 때문이다. 하나님께서는 우리의 왕이시며 온 땅에 왕이시다. 그는 온 땅에 큰 왕이시다(2절). 그러므로 우리는 즐거운 목소리로 하나님을 찬양해야 한다(5절). 즐거워하는 자들이 하나님을 찬송할 것이다(약 5:13). 또 우리는 나팔소리로 하나님을 찬양해야 한다. 사람이 만든 악기들의 최상의 용도는 하나님을 찬송하는 일이다. 그러므로 시편 150:3-5는 우리가 나팔과 비파와 수금과 소고와 현악과 통소와 제금 등 모든 악기를 사용하여 하나님을 찬양하라고 교훈하였다.

본문은 또 '지혜의 시로' 하나님을 찬양하라고 말한다. '지혜의 시'라는 원어(마스킬 מַשְׂכִּיל)는 '이해력'이라는 뜻으로서, 시편의 표제어로 열세 번 '묵상시'(BDB) 혹은 '교훈시'(게세니우스)라는 뜻으로 사용되었다. 많은 찬송시들은 하나님의 일들을 묵상하는 시들이다. 본문은 '이해력을 가지고 하나님을 찬양하라'(KJV)는 뜻 같다.

〔8-9절〕 하나님이 열방을 치리하시며 하나님이 그 거룩한 보좌에 앉으셨도다. 열방의 방백들이 모임이여, 아브라함의 하나님의 백성이 되도다. 세상의 모든 방패는 여호와의 것임이여, 저는 지존하시도다.

하나님께서는 열방의 왕이시다. 그는 자기 백성을 다스리실 뿐 아니라, 또한 열방 곧 온 세상을 다스리신다. 또 그의 통치는 거룩하고 의로우시다. 그에게 복종하는 자는 영생과 복을 누리지만, 그를 거역하는 자는 영원한 멸망과 불행을 당할 것이다.

또 하나님께서는 열방의 방백들을 모으시고 아브라함의 하나님의 백성이 되게 하신다. 또 세상의 모든 방패들은 여호와의 것이다. 방패는 대적자들의 공격을 막는 것이다. 하나님께서는 하나님의 구원을 방해하거나 어지럽히는 자들을 막으시고 하나님의 백성을 대적자들에게서 지키신다. 또 하나님께서는 높임을 받으실 것이다. 마지막 날에는 모든 사람이 하나님의 영광을 찬양하고 높일 것이다.

시편 47편의 교훈을 정리해보자. 첫째로, 하나님께서는 온 땅의 큰 왕이시다. 그는 이스라엘 백성의 왕이실 뿐 아니라 온 세상의 왕이시다. 그는 통치자 곧 섭리자이시다. 그의 통치는 공의롭고 엄위하시다. 그 앞에 열방은 복종해야 한다. 그는 장차 공의로 세상을 심판하실 것이다.

둘째로, 하나님의 뜻은 세계복음화 곧 하나님 나라의 건립이다. 하나님의 섭리의 목표는 구원이다. 하나님께서는 열방을 그 발 아래 복종케 하신다. 열방의 방백들은 하나님께로 돌아올 것이다. 하나님을 거역하던 죄인들은 하나님께로 돌아와 죄사함의 구원을 받아 하나님을 인정하고 그에게 복종할 것이다. 그들은 하나님의 나라를 이룰 것이다.

셋째로, 모든 사람은 하나님을 즐거이 찬양해야 한다. 그들은 손뼉을 치며 찬양해야 한다. 그는 온 땅에 큰 왕이시기 때문이다. 하나님보다 더 위대한 자가 누구인가? 그는 그 어떤 사람보다 위대하시다. 우리는 사람을 높이거나 자신을 높이지 말고 오직 하나님을 찬양해야 한다.

48편: 시온에서 하나님을 찬송함

고라 자손의 시 곧 노래.

〔1-3절〕 여호와는 광대[위대]하시니 우리 하나님의 성, 거룩한 산에서 극진히 찬송하리로다. 터가 높고 아름다워 온 세계가 즐거워함이여, 큰 왕의 성 곧 북방에 있는 시온산이 그러하도다. 하나님이 그 여러 궁중[궁궐들]에서 자기를 피난처로 알리셨도다.

시편 저자는 위대하신 하나님을 하나님의 성에서 극진히 찬송하라고 말한다. 하나님께서는 특히 지혜와 능력에 있어서 위대하시다. 그는 이스라엘 백성을 해하려고 침입한 나라들을 다 멸하셨다. 하나님의 성은 하나님께서 구별하신 거룩한 산이며 거기에는 그의 임재하심과 영광이 있고, 하나님의 택한 백성들은 절기 때마다 거기 모여 그를 섬긴다. 오늘날에도 하나님의 구원의 은혜와 능력을 체험한 자들은 하나님의 산, 곧 교회에 올라와 그를 극진히 찬송할 것이다.

시편 저자는 북방의 시온산에 세워진 하나님의 성이 터가 높으며 아름답고 온 세계가 그것을 즐거워한다고 말한다. 구약시대에 예루살렘 성이 그러하였다. 그 성은 신약시대에 교회에 해당한다. 세계의 참된 성도들은 교회를 사모하고 사랑한다. 그 성의 영광은 새 예루살렘 성 곧 천국에서 충만하게, 완전하게 나타날 것이다(계 21장).

시편 저자는 또 하나님께서 특히 그 성의 여러 궁궐들에서 자신을 피난처로 알리셨다고 말한다. 견고한 성이나 그 성에 있는 아름다운 집들이 피난처가 되지 못하지만, 그 성에 계신 하나님께서는 우리의 피난처가 되신다. 하나님께서 우리와 함께하시면, 이 세상에서 우리에게 닥친 어떤 어려운 문제들도 문제가 되지 않는다. 그는 우리의 반석, 우리의 요새, 우리의 방패가 되신다(시 18:1-2). 시편 91:1-2는, "지존자의 은밀한 곳에 거하는 자는 전능하신 자의 그늘 아래 거하리로다. 내가 여호와를 가리켜 말하기를 저는 나의 피난처요 나의 요새요 나의 의뢰하는 하나님이라 하리니"라고 말했다.

〔4-8절〕 [이는] **열왕이 모여 함께 지났음이여**[지나갔음이여], **저희가 보고 놀라고 두려워 빨리 갔도다**[갔음이로다]. **거기서 떨림이 저희를 잡으니 고통이 해산하는 여인 같도다. 주께서 동풍으로 다시스의 배를 깨뜨리시도다. 우리가 들은 대로 만군의 여호와의 성, 우리 하나님의 성에서 보았나니 하나님이 이를 영영히 견고케 하시리로다(셀라).**

하나님께서 피난처시라고 말한 이유는 이방의 왕들이 모여 연합군을 이루어 하나님의 백성을 침략하였으나 그 왕들이 다함께 죽었기 때문이다. '함께 지나갔다'는 말은 다 죽었다는 뜻이다. 그들은 보고 놀랐고 두려워 빨리 갔으며 패배로 인한 두려움이 그들을 사로잡았고 그들의 고통은 해산하는 여인의 고통 같았고 그들은 다 죽었다.

그것은 다 하나님의 하신 일이었다. 그는 동풍으로 다시스의 배들을 깨뜨리셨다. 다시스의 배들은 튼튼한 전함(戰艦)들이었을 것이다. 그러나 하나님께서는 강한 동풍으로 그것들을 침몰케 하셨다. 그는 때때로 자연 현상을 자유로이 사용해 이스라엘의 원수들을 치시며 그의 의로운 뜻을 이루셨다. 그는 여호수아 때에 하늘에서 큰 덩이의 우박을 내려 아모리 다섯 왕들의 군대를 치심으로 여호수아 군대를 지원하셨고(수 10:11), 사무엘 때에는 큰 우뢰소리로 블레셋 사람들을 어지럽혀 그들로 이스라엘 앞에 패하게 하셨다(삼상 7:10).

시편 저자는 하나님께 관해 전달되어 내려오는 증언을 들었을 뿐 아니라, 친히 시온성에서 그의 행하심을 보았다. 열조들의 하나님께서는 오늘날에도 우리의 하나님, 우리가 체험할 수 있는 하나님이시다. 시편 저자는, 그러므로 하나님께서 그 성을 영원히 견고하게 하실 것이라고 말한다. 주께서는 친히 교회를 견고히 세우시고 우리들을 끝까지 지키실 것이다. 그는 친히 말씀하시기를, "내가 이 반석[시몬 베드로의 신앙고백] 위에 내 교회를 세우리니 음부[지옥]의 권세가 이기지 못하리라"고 하셨다(마 16:18).

〔9-11절〕 하나님이여, 우리가 주의 전 가운데서 주의 인자하심을 생각하였나이다. 하나님이여, 주의 이름과 같이 찬송도 땅끝까지 미쳤으며 주의 오른손에는 정의가 충만하였나이다. 주의 판단을 인하여 시온산은 기뻐하고 유다의 딸들은 즐거워할지어다.

시편 저자는 하나님의 전에서 그의 인자하심을 생각하였다. 그것은 그가 성전에서 하나님께 예배드리며 기도할 때 그러했다는 뜻일 것이다. 하나님께서 이스라엘의 강대한 원수들을 물리쳐 주신 것은 하나님의 전적인 긍휼하심과 인자하심이었다. 오늘날 우리의 구원도 하나님의 전적인 은혜와 긍휼이다(엡 2:8-9).

시편 저자는 하나님의 이름과 찬송이 땅끝까지 미쳤다고 말한다. 그의 말은 인자하신 하나님의 이름이 이방 세계까지 전파될 것이며 이방인들도 하나님을 찬송하게 되리라는 뜻이라고 본다. 이 예언적 말씀대로 오늘날 하나님의 진리가 온 세계에 전파되었고 각 나라, 각 족속에서 믿는 수많은 사람들이 하나님을 찬송하게 되었다.

또 시편 저자는 하나님께 하나님의 오른손에 정의가 충만하였다고 고백한다. 하나님께서는 능력의 오른손으로 공의를 행하신다. 그는 자기를 거슬러 악을 행하는 자들을 공의로 심판하시고 징벌하신다. 하나님께서는 "의로우신 재판장"이시다(시 7:11).

시편 저자는 하나님의 의로우신 판단을 인해 시온산이 기뻐하고 유다의 딸들이 즐거워하라고 말한다. 하나님께서 공의의 판단으로 불의한 자들을 징벌하시기 때문에, 성도들은 비록 세상에서 악인들로 인해 때때로 환난과 핍박, 슬픔과 고통을 당하지만 하나님의 공의의 심판과 징벌로 인해 기뻐하고 즐거워하게 될 것이다.

〔12-14절〕 너희는 시온을 편답하고[거닐고] **그것을 순행하며**[둘러보며] **그 망대들을 계수하라. 그 성벽을 자세히 보고 그 궁전을 살펴서 후대에 전하라.** [이는] **이 하나님은 영영히 우리 하나님이시니 우리를 죽을 때까지 인**

도하시리로다[인도하실 것임이로다].

시편 저자는 유다의 딸들 즉 하나님의 백성에게 시온을 거닐고 그것을 돌아보고 그 망대의 수를 세고 그 성벽을 자세히 보고 그 궁전을 살피라고 말한다. 시온 성을 두루 거닐며 돌아보고 그 망대와 성벽을 자세히 살피라는 것은 그 성이 이상이 없다는 것, 즉 하나님께서 그것을 보호하셨고 그들의 피난처가 되셨고 그것을 구원하셨다는 것을 확인하라는 뜻이다. 그는 또 하나님께서 시온 성을 보호하시고 구원하신 사실을 후대에 전하라고 말한다. 한 세대는 가고 한 세대는 온다. 어른들은 자녀들에게 하나님의 진리를 전하고 가르쳐야 한다(신 6:6-7; 11:18-19; 욜 1:3). 우리가 하나님의 진리를 우리의 자녀들에게 전해야 할 이유는 이 하나님께서 영원히 우리의 하나님이시며 우리를 죽을 때까지 인도하실 것이기 때문이다. 자기 백성에게 자비를 베푸시고 세상에 공의를 시행하시는 하나님께서는 우리를 죽을 때까지 인도하시고 영원한 천국으로 인도하신다. 하나님을 아는 것이 영생의 길이며 그의 뜻대로 사는 것이 평안과 행복의 길이다.

시편 48편의 교훈을 정리해보자. 첫째로, 하나님께서는 우리의 피난처가 되신다. 그는 우리의 지난 날들에서 경험한 대로 우리를 대적하는 자들을 패배케 하시며 성도들과 교회를 견고히 세우시고 지켜주신다.

둘째로, 우리는 위대하신 하나님을 교회 안에서 극진히 찬송해야 한다. 하나님의 성, 곧 교회는 터가 높고 아름다우며 세계의 모든 성도는 그것을 사모하며 즐거워한다. 우리는 하나님께서 긍휼함으로 우리를 도우시고 구원하셨음을 깨닫고 그에게 큰 기쁨의 찬송을 올려야 한다.

셋째로, 우리는 하나님만 믿고 의지하며 그의 뜻대로 바르고 선하게 살면서 우리의 자녀들에게 하나님에 관해 힘써 전하며 가르쳐야 한다. 하나님을 아는 것이 지식의 시작이며 영생이며 평안과 행복이다. 부모가 자녀들에게 남겨줄 수 있는 가장 귀한 유산은 이 지식과 믿음이다.

49편: 사람은 멸망하는 짐승 같음

고라 자손의 시. 영장(찬양대장 혹은 지휘자)을 위한 노래.

〔1-4절〕 만민들아, 이를 들으라. 세상의 거민들아, 귀를 기울이라. 귀천 빈부를 물론하고 다 들을지어다. **내 입은 지혜를 말하겠고 내 마음은 명철을 묵상하리로다. 내가 비유에 내 귀를 기울이고 수금으로 나의 오묘한 말을 풀리로다.**

남녀노소의 구별 없이, 피부색과 국적과 언어의 구별 없이, 사회적 신분, 지식 수준, 경제적 여유 등과 관계없이, 모든 사람은 하나님의 말씀 곧 지혜와 명철의 말씀을 들어야 한다. 시편 저자는 하나님의 말씀을 '비유'와 '오묘한 말'이라고도 표현한다. 성경말씀은 심오하며 때때로 금방 잘 깨달아지지 않고 성령께서 깨닫게 하실 때 깨달아진다. 그러나 그 말씀은 우리가 귀를 기울여 들어야 할 말씀이다. 그래야 우리가 하나님을 바르게 믿을 수 있고(롬 10:17), 그래야 온전한 자가 되며(딤후 3:16-17) 복된 삶을 누릴 수 있다(시 1:2-3; 계 1:3).

〔5-9절〕 죄악이 나를 따라 에우는 환난의 날에 내가 어찌 두려워하랴. 자기의 재물을 의지하고 풍부함으로 자긍하는 자는 아무도 결코 그 형제를 구속(救贖)하지 못하며 저를 위하여 하나님께 속전(贖錢)을 바치지도 못할 것은 저희 생명(나프솸 נַפְשָׁם)[그들의 영혼](KJV, NASB)**의 구속(救贖)이** 너무 **귀하며 영영히 못할 것임이라. 저로 영존하여 썩음을 보지 않게 못하리니.**

"죄악이 나를 따라 에우는"이라는 원어는 "나를 속이는 자들의 악이 나를 둘러싸는"이라는 뜻이다. 원수들은 그를 속이고 해치고 죽이려고 하였으나 그는 그들의 핍박과 죽음의 위협을 두려워하지 않을 것이라고 말한다. 그것은 그가 하나님을 의지하였기 때문이다.

사람의 구속(救贖) 즉 구원은 재물을 가지고 되지 않는다. 자기의 재물을 의지하고 풍부함으로 자긍하는 자는 아무도 그 형제를 구속(救贖)하지 못하며 그를 위해 하나님께 속전(贖錢)도 바치지 못한다.

왜냐하면 사람의 영혼의 구속(救贖)이 너무 귀하여 영영히 못할 것이기 때문이다. 사람은 돈으로 다른 이를 죽지 않게 하지 못한다.

사람의 육체의 생명도 고귀하여 천하를 얻어도 자기 목숨을 잃으면 소용이 없을 것이지만(마 16:26), 영생은 더욱 그러하다. 주께서는 우리의 구원을 1만 달란트 빚 탕감으로 비유하셨다(마 18:24). 그것은 우리가 결코 갚을 수 없는 금액이다. 구원은 오직 주 예수 그리스도의 십자가의 보배로운 피로만 가능하다(벧전 1:18-19).

〔10-12절〕 저가 보리로다. 지혜 있는 자도 죽고 우준하고 무지한 자도 같이 망하고 저희의 재물을 타인에게 끼치는도다. 저희의 속 생각에 그 집이 영영히 있고 그 거처가 대대에 미치리라 하여 그 전지(田地)를 자기 이름으로 칭하도다. 사람은 존귀하나 장구치 못함이여 멸망하는 짐승 같도다.

사람은 지혜 있는 자나 우준하고 무지한 자나 모두 다 죽으며 그의 재물이 다른 이에게 가는 것을 볼 것이다. 사람은 실로 죽는 존재다. 머리가 좋고 공부를 잘 하는 자도 그렇지 못한 자도 결국 죽으며, 그가 죽으면 그가 가지고 있는 재산은 자식이나 가족에게로 돌아간다.

그러나 사람들은 속으로 자기 집이 영원히 있고 그 거처가 대대에 미치리라고 생각하며 그 토지를 자기 이름으로 불러 '아무개의 땅'이라고 말한다. 사람들은 자신이 영원히 살 것처럼 산다. 그러나 이것은 무지하고 어리석은 일이다. 사람은 죽기 때문이다. 그러므로 자신이 죽을 것을 알고 사는 것이 지혜이다.

사람이 존귀한 자이지만 죽고만다면 짐승과 다를 바가 없다. 사람이 죽는 자일 뿐이라면 참 허무하다(전 12:7-8). 그렇기 때문에 사람의 참된 가치와 소망은 이 땅의 것에 있지 않고 오직 하나님께 있으며 하나님께서 은혜로 주신 영원한 생명 곧 영생에 있다. 그러므로 다윗은 죽을병에 걸렸을 때 시편 39:7에서 "주여, 내가 무엇을 바라리요? 나의 소망은 주께 있나이다"라고 고백하였다.

〔13-15절〕 저희의 이 행위는 저희의 우매함이나 후세 사람[그들의 후손들]

은 오히려 저희 말을 칭찬하리로다(셀라). 양같이 저희를 음부(쉐올 שְׁאוֹל) [무덤 혹은 지옥]**에 두기로 작정되었으니 사망이 저희 목자일 것이라. 정직한 자가 아침에 저희를 다스리리니 저희 아름다움이 음부**[무덤과 지옥]**에서 소멸하여 그 거처조차 없어지려니와 하나님은 나를 영접하시리니 이러므로 내 영혼을 음부**[무덤]**의 권세에서 구속(救贖)하시리로다(셀라).**

'저희의 이 행위'는 그들의 집과 땅을 영원히 자기 소유로 생각하며 사는 자들의 행위를 가리킨다. 그들의 이 행위는 그들의 우매함이라고 말한다. 왜냐하면 그들이 죽으면 그들의 소유가 그들의 것이 되지 못하고 남의 것이 되기 때문이다. 그러나 그 후손들은 오히려 그들의 말을 칭찬할 것이다. 그들의 후손들도 우매할 것이다.

모든 사람은 죽는다. 마치 양들이 양우리에 모이듯이, 모든 사람은 양같이 무덤에 두기로 작정되었다.한 번 죽는 것은 사람에게 정하신 것이다(히 9:27). 목자가 양을 치듯이, 사망은 모든 사람을 지배한다.

시편 저자는 돌연히 "정직한 자가 아침에 저희를 다스리리니"라고 말한다. 그는 성령의 감동으로 하나님을 경외하는 성도들이 새 세계에서 악인들을 통치할 것이라고 말한다. 성도들은 만국을 다스리는 권세를 얻을 것이며(계 2:26) 천년왕국에서 그리스도와 함께 악인들을 다스릴 것이다(계 20:4). 또 악인들은 죽을 때 세상에서 누리던 그 아름다움을 잃어버리고 그 거처들도 없어질 것이다.

그러나 하나님께서는 참된 구원자이시며 자기 백성을 영접하시고 그들의 영혼을 무덤과 지옥 권세에서 구속(救贖)하실 것이다. 성도는 죽을 때 하나님의 은혜로 영생의 나라인 천국으로 인도될 것이다.

[16-20절] 사람이 치부(致富)하여[부자가 되어] **그 집 영광이 더할 때에 너는 두려워 말지어다.** [이는] **저가 죽으매 가져가는 것이 없고 그 영광이 저를 따라 내려가지 못함이로다. 저가 비록 생시에 자기를 축하하며 스스로 좋게 함으로 사람들에게 칭찬을 받을지라도 그 역대의 열조에게로 돌아가리니 영영히 빛을 보지 못하리로다. 존귀에 처하나 깨닫지 못하는 사람은 멸망하는 짐승 같도다.**

세상 사람이 부자가 되고 집이 크고 아름답고 사치할 때에 성도는 마음이 위축되고 두려운 마음을 가질 필요가 없다. 성도는 악인들의 세상적, 물질적 부귀영화를 두려워하지 말아야 한다. 왜냐하면 부자는 죽을 때 가져가는 것이 없고 그의 영광이 그를 따라가지 못하기 때문이다. 무덤에 묻히는 시체는 수의 한 벌과 관 한 개면 족하다. 그는 그의 소유의 땅과 집, 그의 많은 금은보석과 돈을 가져갈 수 없다.

그가 살아 있을 때 스스로를 축하하며 남들의 칭찬을 받을지라도, 그는 결국 열조들에게로 돌아갈 것이다. 죽은 영혼은 천국이나 지옥에서 모일 것이다. 무덤에 묻힌 몸이 햇빛을 보지 못하듯이, 영광의 부활에 참여치 못하는 자들은 다시는 밝은 빛을 보지 못할 것이다.

그러므로 존귀에 처하나 깨닫지 못하는 사람은 멸망하는 짐승과 같다. 하나님께서 사람을 존귀하게 지으셨지만, 사람이 하나님과 그의 계명과 자신의 죄악됨과 세상의 헛됨을 깨닫지 못한다면 짐승과 다를 바 없다. 그러므로 사람에게 참된 지식과 깨달음이 중요하다.

시편 49편의 교훈을 정리해보자. 첫째로, 사람의 영혼의 구속(救贖)은 심히 값진 것이다. 그것은 은이나 금으로 살 수 없었고 오직 하나님의 어린양 구주 예수 그리스도의 보배로운 핏값으로만 살 수 있었다. 그것이 왜 영원하신 하나님의 아들 예수 그리스도께서 사람이 되셔서 이 죄 많은 세상에 오셨고 십자가에 달려 죽으셨는가 하는 이유이었다.

둘째로, 사람은 존귀하지만 깨닫지 못하는 자는 멸망하는 짐승과 같다(12, 20절). 사람의 존귀함을 깨닫지 못하고 헛된 우상을 섬기며 돈을 하나님보다 더 가치 있게 여기며 남에게 악을 행하는 자는 짐승과 같다. 시편 119:119, "주께서 세상의 모든 악인을 찌끼같이 버리시니."

셋째로, 하나님께서는 구원하실 자들을 무덤과 지옥에서 구원하여 천국으로 영접하신다. 천국에서 영생을 누리는 것은 세상의 무엇과도 바꿀 수 없는 보화이다. 그것이 구주 하나님께서는 주시는 구원이다.

50편: 성도의 특권

아삽의 시.

[1-3절] 전능하신 자 하나님 여호와께서 말씀하사 해 돋는 데서부터 지는 데까지 세상을 부르셨도다. 온전히 아름다운 시온에서 하나님이 빛을 발하셨도다. 우리 하나님이 임하사 잠잠치 아니하시니 그 앞에는 불이 삼키고 그 사방에는 광풍이 불리**로다.**

'해 돋는 데서부터 해 지는 데까지'는 동양과 서양의 각 나라, 각 민족, 각 언어, 각 피부색을 다 포함한다. 하나님께서는 온 세상을 다 불러모으신다. 그가 세상을 모으시는 것은 세상을 심판하시기 위함이다. 그에게는 세상을 불러모으실 권한과 권세가 있으시다.

하나님께서는 온전히 아름다운 시온에서 빛을 발하셨다. 시온은 하나님께서 거하시는 곳이며 그가 발하시는 빛은 죄악을 추방하는 공의의 빛이다. 그 빛은 세상의 모든 사람을 심판하실 기준이 된다.

하나님께서는 오셔서 공의로 심판하실 것이다. 그는 잠잠치 않으시며 그 앞은 불이 삼키고 그 사방에는 광풍이 불 것이다. 그는 말씀으로 의와 불의, 선과 악, 진리와 비진리를 밝히시고 불과 광풍으로, 즉 능력과 위엄으로 온 세상을 공의롭고 철저하게 심판하실 것이다.

[4-6절] 하나님이 그 백성을 판단하시려고 윗 하늘과 아래 **땅에 반포하여 이르시되 나의 성도를 내 앞에 모으라. 곧 제사로 나와 언약한 자니라 하시도다. 하늘이 그 공의를 선포하리니 하나님 그는 심판장이심이로다(셀라).**

온 세상을 심판하시는 하나님께서는 먼저 자기 백성을 심판하시려고 그들을 모으신다. 하나님의 백성은 '제사로 나와 언약한 자'라고 표현되었다. 구약의 중요한 규례는 제사이며 그 핵심은 속죄이었다. 그것은 죄인들을 구원하시는 하나님의 은혜의 방법이었다. 그것은 하나님의 아들 예수 그리스도의 십자가의 대속의 죽음을 예표하였다.

거기에 죄의 용서와 하나님과의 화목이 있고 영생이 있다. 그러므로 성도에게 매우 중요한 일은 예수 그리스도의 속죄를 믿는 것이다.

하나님의 심판의 특징은 공의이다. 공의는 하나님의 계명에 일치하는 것이다. 하나님의 도덕적 속성과 의지가 나타난 것이 그의 계명이다. 하나님께서는 계명을 따라 공의로 세상을 심판하실 것이다.

〔7-15절〕 내 백성아, 들을지어다. 내가 말하리라. 이스라엘아, 내가 네게 증거하리라. 나는 하나님 곧 **네 하나님이로다. 내가 너의 제물을 인하여는 너를 책망치 아니하리니 네 번제가 항상 내 앞에 있음이로다. 내가 네 집에서 수소나 네 우리에서 수염소**[숫염소]**를** 취치 **아니하리니 이는 삼림의 짐승들과 천산(千山)의 생축이 다 내 것이며 산의 새들도 나의 아는 것이며 들의 짐승도 내 것임이로다. 내가 가령 주려도 네게 이르지 않을 것은 세계와 거기 충만한 것이 내 것임이로다. 내가 수소의 고기를 먹으며 염소의 피를 마시겠느냐? 감사로 하나님께 제사를 드리며 지극히 높으신 자에게 네 서원을 갚으며 환난 날에 나를 부르라. 내가 너를 건지리니 네가 나를 영화롭게 하리로다.**

하나님께서는 자기 백성 이스라엘을 책망하기를 원하신다. 그것은 그들의 제사 때문이 아니었다. 그들은 항상 하나님 앞에 번제를 드렸기 때문이다. 하나님께서는 그들에게서 수소나 숫염소를 취하기를 원하지 않으신다. 삼림의 짐승들과 수천 개의 산들에 있는 짐승들이 다 하나님의 것이며 산의 새들도 또한 들의 짐승들도 다 그의 것이기 때문이다. 가령 그가 배가 고프시다 하더라도 자기 백성에게 말씀하시지 않을 것은 세계와 거기에 충만한 것들이 다 그의 것이기 때문이다. 그러나 실상 그가 수소의 고기를 먹으며 염소의 피를 마시겠는가? 하나님께서는 단지 자기 백성의 제사를 원하신 것이 아니었다.

그가 원하신 것은 첫째로, 감사로 제사하는 것이다. 그는 우리가 그의 모든 은혜, 특히 그의 속죄의 은혜를 감사하기를 원하신다. 그것이 참 믿음과 하나님 섬김의 일이 될 것이다. 둘째로, 하나님께서는 우리가 그에게 서원한 것을 갚기를 원하신다. 그에게 쉽게 서원하고 쉽게 그것을 저버리는 것은 그를 멸시하는 태도이다. 하나님께 서원한 것을 갚는 것은 그를 인정하고 두려워하는 바른 태도이다. 셋째로, 그는 우리가 환난 날에 그에게 부르짖기를 원하신다. 하나님을 믿는 자는 특히 환난 날에 그를 의지하고 그의 도움을 간구할 것이다.

〔16-21절〕 악인에게는 하나님이 이르시되 네가 어찌 내 율례를 전하며 내 언약을 네 입에 두느냐? 네가 교훈을 미워하고 내 말을 네 뒤로 던지며 도적을 본즉 연합하고 간음하는 자와 동류가 되며 네 입을 악에게 주고 네 혀로 궤사를 지으며 앉아서 네 형제를 공박하며 네 어미의 아들을 비방하는도다. 네가 이 일을 행하여도 내가 잠잠하였더니 네가 나를 너와 같은 줄로 생각하였도다. 그러나 **내가 너를 책망하여** 네 죄를 **네 목전에 차례로 베풀리라 하시는도다.**

하나님께서는 악인들의 위선을 지적하신다. 악인은 하나님의 율례를 전하며 하나님의 언약을 말하면서 실제로는 악을 행하는 위선자이다. 하나님께서는 선지자 이사야를 통해서도 "이 백성이 입으로는 나를 가까이 하며 입술로는 나를 존경하나 그 마음은 내게서 멀리 떠났다"고 말씀하셨다(사 29:13). 우리는 위선자가 되지 말아야 한다.

하나님께서는 또 악인들의 실상을 지적하신다. 악인들은 하나님의 교훈을 미워하고 그의 말씀을 뒤로 던진다. 사람들의 죄악들 중 하나님의 말씀을 저버리는 것은 근본적인 죄악이다. 또 그들은 도둑을 보면 연합하고 간음하는 자와 동류가 된다. 복 있는 자는 악인의 꾀를 좇지 않고 죄인의 길에 서지 않고 오만한 자의 자리에 앉지 않는다(시 1:1). 악한 친구와의 교제는 우리의 선한 행실을 더럽힌다(고전 15:33). 또 악인들은 악하고 거짓된 말을 하고 형제를 공박하며 비방한다. 이와 같이, 악인들은 말과 행위로 악을 행하는 자들이다.

하나님께서는 또 악인들의 결말을 선언하신다. 하나님께서 잠잠하실 때 악인들이 그를 무시하지만, 하나님께서는 그들의 악을 낱낱이 다 드러내시고 그 행위대로 공의롭게 보응하실 것이다(롬 2:6).

〔22-23절〕 하나님을 잊어버린 너희여, 이제 이를 생각하라. 그렇지 않으면 내가 너희를 찢으리니 건질 자 없으리라. 감사로 제사를 드리는 자가 나를 영화롭게 하나니 그 행위를 옳게 하는 자에게 내가 하나님의 구원을 보이리라.

성도들은 하나님을 잊어버리지 말고 기억하고 그의 교훈도 기억해야 한다. 그렇지 않으면 하나님께서는 그들을 찢으실 것이며 그들을 건질 자 없을 것이다. 하나님을 잊어버리는 것이 불경건이요 모든 죄의 근원이다. 사람이 하나님을 잊어버리지 않고 기억할 때 그의 이름을 부르고 그를 의지하며 그의 계명을 힘써 행하게 될 것이다.

성도는 또한 하나님께 감사의 제사를 드려야 한다. 감사는 하나님을 하나님으로 인정하고 그의 은혜를 인정하는 데서 나온다. 성도는 또한 행위를 옳게 해야 한다. 의롭고 선한 행위는 참된 회개의 열매이며 구원의 표이다. 그런 행위는 그의 구원을 확증한다.

시편 50편의 교훈을 정리해보자. 첫째로, 구약 성도는 제사로 하나님과 언약한 자이다. 5절, "나의 성도를 내 앞에 모으라. 곧 제사로 나와 언약한 자니라." 이것은 구약 성도의 특권이었다. 구약의 제사는 예수 그리스도의 대속 사역을 상징한다. 신약 성도는 예수 그리스도를 믿음으로 죄사함과 의롭다 하심을 얻은 하나님의 새 언약의 백성이다.

둘째로, 우리는 감사로 하나님께 제사드려야 한다. 14절, "감사로 하나님께 제사를 드리며." 23절, "감사로 제사를 드리는 자가 나를 영화롭게 하나니." 감사는 하나님과 그의 은혜를 인정하는 것이다. 하나님의 은혜의 언약으로 구원 얻은 신약 성도들은 하나님을 경외하고 섬기며 범사에 하나님께 감사하며 그의 계명을 즐거이 순종해야 한다.

셋째로, 우리는 환난 날에 하나님께 기도해야 한다. 15절, "환난 날에 나를 부르라. 내가 너를 건지리니 네가 나를 영화롭게 하리로다." 모든 환난은 믿음과 겸손과 거룩의 삶에 유익이 있고 특히 기도 응답을 체험케 하는 유익이 있다. 우리는 환난 날에 기도 응답을 체험해야 한다.

51편: 회개의 기도

다윗의 시. 영장[찬양대장]을 위한 노래. 다윗이 밧세바와 동침한 후 선지자 나단의 지적을 받고 회개하며 죄사함을 간구하는 내용.

〔1-2절〕 하나님이여, 주의 인자를 좇아 나를 긍휼히 여기시며 주의 많은 자비를 좇아 내 죄과를 도말하소서. 나의 죄악을 말갛게 씻기시며 나의 죄를 깨끗이 제하소서.

다윗은 하나님의 긍휼에 근거하여 죄사함을 간구하였다. 사람의 죄사함은 오직 하나님의 긍휼에 근거한다. 하나님의 공의는 진노를 일으키지만 그의 긍휼은 죄사함을 가능케 한다. 다윗은 하나님께서 그의 죄악을 말갛게 씻기시기를 간구했다. 죄는 더러운 때와 같다. 몸이 더러울 때 깨끗이 씻듯이, 죄는 깨끗이, 말갛게 씻음 받아야 한다.

〔3-4절〕 대저 나는 내 죄과를 아오니 내 죄가 항상 내 앞에 있나이다. 내가 주께만 범죄하여(레카 레밧데카 카타시 לְךָ לְבַדְּךָ חָטָאתִי)[내가 주께, 오직 주께만 범죄하여] **주의 목전에 악을 행하였사오니 주께서 말씀하실 때에 의로우시다 하고 판단하실 때에 순전하시다 하리이다.**

다윗이 죄씻음을 간구한 까닭은 그가 자신의 죄를 알고 그의 죄가 항상 그 앞에 있었기 때문이다. 사람은 죄에 대한 깨달음이 있어서 그것을 부끄럽고 고통스럽게 생각할 때 회개할 수 있다.

다윗은 자신의 죄가 하나님께 범한 죄임을 고백했다. 다윗은 그가 밧세바와 그 남편 우리아에게 잘못한 것이 단지 사람에게 잘못한 것이 아니고 하나님께 잘못한 것임을 인식하며 고백하였다.

성경은 죄가 단지 인간 관계의 문제가 아니고 하나님께 대한 죄임을 말한다. 요셉은 그와 동침하기를 청하는 보디발의 아내에게 "내가 어찌 이 큰 악을 행하여 하나님께 득죄하리이까?"라고 말하였다(창 39:9). 율법을 주신 이가 하나님이시기 때문에 율법을 범한 죄는 그의 속성을 침해하고 그의 권위를 손상시킨 악이다. 여기에 죄의 심각성이 있다. 부모를 공경하고 살인하지 말고 간음하지 말고 도적질하지 말고 거짓 증거하지 말라는 율법을 어긴 것은 바로 하나님 앞에 죄를 짓는 것이다. 다윗은 또 자신의 죄를 판단하시는 하나님의 의로우심을 고백한다. 율법을 주신 하나님께서는 공의로 세상을 심판하신다.

〔5-6절〕 내가 죄악 중에 출생하였음이여, 모친이 죄 중에 나를 잉태하였나이다. 중심에 진실함을 주께서 원하시오니 내 속에 지혜를 알게 하시리이다.

사람은 죄 가운데서 잉태되어 죄 가운데서 출생한다. 즉 죄성을 가진 죄인으로 태어난다. 사람의 죄성은 뿌리깊다. 이것을 원죄라고 한다. 구원은 오직 하나님의 은혜와 예수 그리스도의 대속(代贖)으로만 가능하다. 하나님께서는 우리의 중심의 진실함과 지혜의 깨달음을 원하신다. 그것이 마음의 변화이다. 구원은 마음과 생각의 변화이다. 불경건하고 부도덕하던 심령이 변하여 하나님을 진실히 경외하고 그의 계명을 따라 의와 선을 행하는 지혜를 얻는 것이 구원이다.

〔7-9절〕 우슬초로 나를 정결케 하소서. 내가 정(淨)하리이다. 나를 씻기소서. 내가 눈보다 희리이다. 나로 즐겁고 기쁜 소리를 듣게 하사 주께서 꺾으신 뼈로 즐거워하게 하소서. 주의 얼굴을 내 죄에서 돌이키시고 내 모든 죄악을 도말하소서.

우리의 죄를 씻어주실 분은 하나님뿐이시며 그가 우리 죄를 씻어주실 때 우리는 깨끗함을 얻을 것이다. 하나님께서 우리의 죄를 씻어주시는 도구는 우슬초이다. 그것은 그리스도의 피뿌림을 상징한다. 죄는 오직 그리스도의 속죄의 피로 씻어진다. 우리의 죄를 씻는 길은 예수님의 피밖에 없다. 하나님께서 은혜로 주시는 죄씻음은 완전하다. 본문은 그것을 눈에 비교했다. 이사야 1:18, "너희 죄가 주홍 같을지라도 눈과 같이 희어질 것이요 진홍같이 붉을지라도 양털같이 되리라." 또 하나님께서 은혜로 주신 죄씻음의 결과는 기쁨과 즐거움이다. 우리는 죄씻음의 구원을 받을 때 기쁨과 즐거움도 함께 받는다.

〔10-11절〕 하나님이여, 내 속에 정(淨)한 마음을 창조하시고 내 안에 정직한 영(루아크 나콘 רוּחַ נָכוֹן)[견고한 영](NASB, NIV)**을 새롭게 하소서. 나를 주 앞에서 쫓아내지 마시며 주의 성신**[성령]**을 내게서 거두지 마소서.**

사람의 본성은 부정(不淨)하며(마 15:19) 죄는 마음을 더럽힌다. 그러나 하나님의 구원은 마음의 깨끗함, 즉 생각과 감정과 의지의 깨끗함을 가져온다. 또 하나님께서는 우리 속에 정직한 영, 견고한 영을 새롭게 해주신다. 그것은 생각과 감정과 의지의 견고함을 나타낸다. 우리는 견고한 의지를 가지고 결심하며 의와 선을 실천해야 한다.

다윗은 또 자신을 주 앞에서 쫓아내지 마시기를 기도한다. 그것은 하나님과의 교제가 끊어지지 않기를 구한 것이다. 하나님과의 교제는 성도의 큰 특권이다. 그러나 하나님과의 교제의 단절은 곧 멸망이다. 하나님께서는 범죄한 사울을 떠나셨고 그가 하나님께 기도했지만 꿈으로도, 우림으로도, 선지자로도 대답지 않으셨다(삼상 28:6).

다윗은 또 주의 성령을 그에게서 거두지 마시기를 기도한다. 여호와의 영께서는 사울에게서 떠나셨고 그의 부리신 악령이 그를 번뇌케 했었다(삼상 16:14). 이단자는 성령이 없는 자이다(유 19). 그러나 성령께서는 구주 예수님을 믿는 자들 안에 오셨고 영원히 거하신다(요 14:16; 롬 8:9). 또 그는 거룩한 영으로서 우리에게 거룩한 생각과 감정과 의지를 주시며 우리의 거룩한 생활의 원동력이 되신다.

〔12-13절〕 주의 구원의 즐거움을 내게 회복시키시고 자원하는 심령을 주사 **나를 붙드소서. 그러하면 내가 범죄자에게 주의 도를 가르치리니 죄인들이 주께 돌아오리이다.**

다윗은 또 하나님께 구원의 즐거움을 자기에게 회복시켜 주시기를 기도한다. 죄는 우리에게 근심과 슬픔과 두려움을 주었지만, 죄사함의 구원은 기쁨과 평안을 준다. 우리가 예수 그리스도 안에서 항상 기뻐하고 범사에 감사하는 것은 하나님께서 주신 구원의 은혜이며 우리를 향하신 하나님의 뜻이다(살전 5:16-18). 구원 얻은 성도들이 들어갈 하나님의 나라는 기쁨과 평안이 충만한 곳이다(롬 14:17).

다윗은 또 하나님께 자원하는 심령을 주셔서[혹은 '주의 자유하신 영으로'(KJV, LXX)] 그를 붙들어 주시기를 기도한다. 하나님께서는 그 기쁘신 뜻을 자유로이 행하시는 주권자이시다. 또 우리는 본래 죄의 종이었으나 우리에게 전달된 하나님의 복음을 마음으로 순종하여 죄에게서 해방되고 의에게 종이 되었다. 그러므로 우리는 죄씻음을 통해 자유함을 얻었으므로 억지로 순종하는 자처럼 하지 말고 자원하는 심령으로 하나님께 나아와 그의 명령을 즐거이 행해야 한다.

다윗은 또, "그러하면 내가 범죄자에게 주의 도를 가르치리니 죄인들이 주께 돌아오리이다"라고 말한다. 큰 실수를 경험하고 하나님의 은혜로 죄씻음 받은 성도는 자신의 경험을 다른 이들에게 간증함으로써 자기와 같은 자들이 회개하고 하나님께로 돌아오도록 도와줄 수 있을 것이다. 그는 죄의 심각성과 죄씻음의 필요성, 또 죄씻음의 길과 죄씻음의 행복에 대해 그들에게 말할 수 있을 것이다.

〔14-15절〕 하나님이여, 나의 구원의 하나님이여 피 흘린 죄에서 나를 건지소서. 내 혀가 주의 의를 높이 노래하리이다. 주여, 내 입술을 열어주소서. 내 입이 주를 찬송하여 전파하리이다.

하나님께서는 우리를 죄에서 구원하여 의를 주신다. 다윗은 피흘린 죄에서 자신을 건져주시기를 구한다. 그는 충성된 신하 우리아를 고의적으로 전쟁터에서 죽게 했다. 그런 종류의 죄를 지은 자는 죽어야 마땅하였다. 살인자나 간음자는 죽어야 마땅한 죄인이다. 그러나 하나님께서는 다윗을 구원해주셨다. 우리의 구원도 그러하였다.

구원은 하나님의 의의 행위이다. 하나님의 의는 죄인을 정죄할 수밖에 없으나 대속 제물을 통해 그 의가 만족되었고 우리의 구원이 된 것이다. 우리는 하나님의 은혜로 예수 그리스도를 믿음으로 의롭다 하심을 얻었다(롬 3:24; 고전 6:11). 다윗은 하나님께서 주신 이 의(義)

를 찬송하고 노래하며 전파하기를 소원한다. 영원히 죽을 죄인이며 지옥 형벌을 받아야 마땅한 우리를 하나님의 아들 예수님의 대속으로 구원하신 하나님의 은혜는 만입이 있어도 다 찬송하고 감사할 수 없는 귀한 은혜이다. 여기에 성도의 찬송이 있다(찬 23, 192, 405장).

〔16-17절〕 주는 제사를 즐겨 아니하시나니 그렇지 않으면 **내가 드렸을 것이라. 주는 번제를 기뻐 아니하시나이다. 하나님의** 구하시는 **제사는 상한 심령이라. 하나님이여, 상하고 통회하는 마음을 주께서 멸시치 아니하시리이다.**

제사는 하나님께서 명하신 바이었으나 그가 모든 제사를 무조건 기뻐하시는 것이 아니다. 그는 범죄자들이 회개치 않고 드리는 제사는 기뻐하시지 않는다(사 1:11, 13). 그는 오히려 상하고 통회한 마음을 원하신다. 하나님께서 원하시는 것은 참된 회개이다.

〔18-19절〕 주의 은택으로 시온에 선을 행하시고 예루살렘 성을 쌓으소서. 그때에 주께서 의로운 제사와 번제와 온전한 번제를 기뻐하시리니 저희가 수소로 주의 단에 드리리이다.

다윗은 회개의 기도를 간절히 올린 후 하나님의 선한 뜻 가운데서 시온에 선을 행하시고 예루살렘 성을 쌓으시기를 기도했다. 지도자의 죄는 자신에게뿐 아니라 그가 책임 맡은 단체에 불행을 가져올 것이지만, 그의 회개와 죄사함은 그 단체에 회복이 될 것이다. 부모가 죄를 지으면 자녀들에게 불행이 오지만, 그가 회개하면 회복이 올 것이다. 다윗 왕의 범죄로 이스라엘 나라에는 어려움이 있고 예루살렘 성의 허물어짐이 있고 이방 나라의 침입의 위험이 있었던 것 같다. 그러나 이제 그는 그 죄를 회개하며 주의 선한 뜻 가운데 시온 성에 선을 행하시고 예루살렘 성을 쌓아주시기를 구하였다.

그때에 즉 그가 회개하고 죄사함을 받는 때, 즉 하나님과의 관계가 회복될 때, 하나님께서는 의로운 제사와 번제와 온전한 번제를 기뻐하실 것이며 그들은 수소로 하나님의 단에 드릴 것이다. 하나님께서는 의인들의 올바른 제사, 온전한 순종과 헌신을 기뻐하신다. 실상, 사람의 모든 문제는 영적 문제 곧 죄 문제이며 신앙 문제이다. 우리는 개인적으로나 단체적으로 신앙이 바르면 평안과 형통을 누릴 것이지만, 우리가 죄 가운데 있으면 불행과 죽음이 있을 것이다.

시편 51편의 교훈을 정리해보자. 첫째로, 본 시편은 죄에 대해 중요한 내용 두 가지를 증거한다. 첫째, 죄는 하나님께 대한 범죄이다. 4절, “내가 주께만 범죄하여 주의 목전에 악을 행하였사오니.” 인간 관계의 죄도 하나님께 대한 죄이다. 죄는 하나님의 인격과 속성과 권위와 영광에 대한 모독이요 손상이요 침해이다. 거기에 죄의 심각성이 있다. 둘째, 사람은 날 때부터 죄성을 가지고 태어난다. 그것을 원죄라고 한다. 사람은 죄를 지어서 죄인이 아니고 죄인이기 때문에 죄를 짓는다.

둘째로, 본 시편은 죄씻음의 필요성과 가능성에 대해 증거한다. 죄인들은 죄씻음을 받아야 한다(1-2절). 사람이 죄인의 신분으로는 영원한 멸망을 피할 수 없다. 죄씻음이 필요하다. 죄는 하나님의 긍휼과 그리스도의 피로만 씻음 받을 수 있다. 이를 위해 그들에게 참으로 회개하는 상한 심령이 필요하다. 하나님께서 원하시는 제사는 상한 심령이다.

셋째로, 본 시편은 죄씻음의 결과에 대하여 증거한다. 첫째, 그것은 마음의 변화이다. 하나님께서는 우리에게 정결한 마음과 견고한 영을 주신다. 그는 우리의 생각과 감정과 의지를 깨끗하고 견고하게 하신다.

둘째, 그것은 하나님과의 교제의 회복이다. 죄인은 본래 하나님 앞에 설 수 없으나, 하나님께서는 죄씻음 받은 자들을 그 앞에서 물리치시거나 쫓아내시지 않을 것이며 또 그의 영을 우리에게서 거두시지 않을 것이다. 하나님께서는 우리로 다시 그리고 계속 그와 교제케 하실 것이다.

셋째, 그것은 구원의 즐거움의 회복이다. 하나님께서는 죄씻음 받은 성도들에게 평안과 기쁨을 주실 것이다. 죄인에게는 평안과 기쁨이 없으나, 죄씻음 받은 성도들에게는 언제나 평안과 기쁨이 있을 것이다.

52편: 악인의 영원한 멸망

다윗의 마스길(교훈시). 영장(伶長)을 위한 노래. 에돔 사람 도엑이 사울 앞에서 다윗이 아히멜렉의 집에 왔다고 말하던 때에 지은 것.

〔1절〕 **강포한 자**(깁보르 גִּבּוֹר)[힘센 자(mighty man)(KJV, NASB, NIV)]**여, 네가 어찌하여 악한 계획**(라아 רָעָה)[악한 일]**을 스스로 자랑하는고? 하나님의 인자하심은 항상** 있도다.

'힘센 자'는 에돔 사람 도엑을 가리켰다. 다윗은 그에게 네가 왜 악한 일을 자랑하는가라고 묻는다. 도엑은 제사장 아히멜렉을 죽게 하는 악한 일을 행했다. 다윗은 하나님의 인자하심이 항상 있다고 말한다. 그것은 그를 경외하는 성도를 향하신 그의 인자하심을 가리킨다. 성도는 실수가 없지 않으나 하나님의 인자하심 때문에 원수의 핍박 속에서 피할 길을 얻고 하나님의 보호하심을 받고 구원을 얻는다.

〔2-4절〕 **네 혀가 심한 악**(하와 הַוָּה)[멸망](BDB)**을 꾀하여 날카로운 삭도 같이 간사를 행하는도다**[거짓을 행하는 자여, 네 혀가 멸망을 꾀하며 날카로운 면도칼 같도다](NASB, NIV). **네가 선보다 악을 사랑하며 의를 말함보다 거짓을 사랑하는도다(셀라). 간사한**[속이는] **혀여, 네가 잡아먹는 모든 말을 좋아하는도다.**

사울 왕의 칼날을 피해 도망하던 다윗은 아히멜렉에게 방문하여 먹을 것을 요청하고 칼도 있으면 하나 줄 것을 청했었다. 그러나 후에 도엑은 사울에게, 다윗이 아히멜렉에게 찾아왔고 아히멜렉이 다윗을 위해 하나님께 물었고 그에게 음식도 주고 골리앗의 칼도 주었다고 말하였다(삼상 22:9-10). 그러나 이 말로 인해 사울은 아히멜렉이 다윗과 공모하여 자기를 대적하였다고 오해하여, 아히멜렉과 제사장 85명과 여자들과 아이들까지 다 죽였다(삼상 22:18).

도엑의 말은 사울 왕에게 오해를 줄 수 있는 말이었다. 그가 사실을 잘 알지 못하고 오해하여 말한 것인지, 아니면 의도적으로 오해를 주려 한 것인지는 분명치 않아 보이지만, 그의 말은 오해를 주었고 그의 말로 인해 무고한 사람들이 죽임을 당하였다. 실상, 다윗은 사울 왕을 반역한 일이 없었고 악을 도모하지도 않았다. 또 제사장 아히멜렉도 다윗과 공모한 일이 없었다. 그는 아무런 잘못이 없었다. 그는 다윗과 사울 왕과의 갈등의 문제도 알지 못하고 있었던 것 같다(삼상 22:15). 사울의 성급한 잘못된 판단은 큰 악행을 가져왔다.

[5절] 그런즉 하나님이 영영히 너를 멸하심이여, 너를 취하여 네 장막에서 뽑아내며 생존하는 땅에서 네 뿌리를 빼시리로다(셀라).

도엑의 잘못된 말과 행위에 대해 하나님께서는 공의로 보응하실 것이다. '그런즉'이라는 원어(감 גַּם)는 '이와 같이'(likewise)(KJV)라고 번역되기도 하였다. 그것은 도엑이 악을 행한 것같이 하나님께서 그에게 재앙을 내리실 것을 보인다. 원수를 갚는 일은 하나님께 있다. 신명기 32:35, "보수(報讐)는 내 것이라. 그들의 실족할 그때에 갚으리로다. 그들의 환난의 날이 가까우니 당할 그 일이 속히 임하리로다." 로마서 12:19, "내 사랑하는 자들아, 너희가 친히 원수를 갚지 말고 진노하심에 맡기라. 기록되었으되 원수 갚는 것이 내게 있으니 내가 갚으리라고 주께서 말씀하시니라." 하나님께서는 악한 자를 영원히 멸하실 것이다. 그는 그를 그 집에서 뽑아내시며 생존 세계에서 제거하실 것이다. 하나님의 보응은 참으로 무섭다.

[6-7절] 의인이 보고 두려워하며 또 저를 비웃어 말하기를 **이 사람은 하나님으로 자기 힘을 삼지 아니하고 오직 그 재물의 풍부함을 의지하며 제 악으로 스스로 든든케 하던 자라 하리로다.**

의인들은 도엑의 결말을 보고 두려워하며 또 그를 비웃으며 그가 하나님으로 자기 힘을 삼지 않고 그 재물의 풍부함을 의지하며 자기의 악으로 스스로 든든케 하던 자라고 말할 것이다. 세상의 악한 자들은 하나님 대신에 그 재물의 풍부함을 의지하는 자들이다. 재물은 일시적으로 힘이 될지 모르나 갑자기 없어지기도 하고 전쟁의 날에

나 죽음 앞에서 아무 소용이 없다. 또 악으로 자신을 든든히 하는 것은 심령을 완악케 할 뿐이다. 마침내 하나님께서는 악인을 멸망시키실 것이며 의인은 그 광경을 보고 두려워할 것이다.

〔8절〕 오직 나는 하나님의 집에 있는 푸른 감람나무 같음이여, 하나님의 인자하심을 영영히 의지하리로다.

'오직 나는'이라는 원어(와아니 וַאֲנִי)는 '그러나 나는'이라는 말로서 앞에 말한 악인과 자신을 대조시킨다. 악인은 악을 행하다가 하나님의 공의의 보응을 받지만, 하나님을 경외하는 의인은 하나님의 집에 있는 푸른 감람나무와 같다. 하나님의 집은 하나님께서 주인이시며 의와 사랑, 평안과 기쁨이 넘친 집이다. 푸른 감람나무는 죽었거나 시든 나무가 아니고 생기가 넘친 나무이며 감람 열매 즉 올리브 열매를 많이 맺는 나무이다. 감람유 즉 올리브유는 식용과 약용으로 유용하게 쓰인다. 또 하나님을 경외하는 성도들은 하나님의 인자하심을 영영히 의지할 것이다. '의지하리로다'는 원어는 완료형이지만, 확신이나 소원을 나타내는 완료형이다.

의인의 삶과 악인의 삶은 현저히 대조된다. 악인은 하나님을 자기 힘으로 삼지 않고 오직 그 재물의 풍부함을 의지하며 악으로 자신을 든든케 하는 자이다. 그는 일시적으로 잘되는 것 같으나 결국 망할 것이다. 그러나 의인은 하나님의 집에 있는 푸른 감람나무 같을 것이다. 그는 일시적으로 고난 당할 수 있으나 결코 죽지 않을 것이다.

〔9절〕 주께서 이를 행하셨으므로 내가 영영히 주께 감사하고 주의 이름이 선함으로 주의 성도 앞에서 내가 주의 이름을 의지하리이다.

다윗은 하나님께서 악인에게 공의의 심판을 행하셨기 때문에 하나님께 영영히 감사하고 하나님의 이름이 선하시기 때문에 성도들 앞에서 그의 이름을 의지하겠다고 고백한다. 하나님께서는 악인들의 거짓되고 악한 말들에도 불구하고 다윗을 보호하셨고 구원하셨고 그를 해치려는 악인들을 멸망시키셨다. 그것이 하나님께서 행하신 일이며 성도에게 그의 인자하심으로 주신 선한 일이라는 것을 깨닫는 성도들은 하나님께 영영히 감사하고 하나님의 이름을 더욱 의지할 것이다. 하나님의 구원을 체험한 자마다 그에게 감사할 것이다.

시편 52편의 교훈을 정리해보자. 첫째로, 우리는 악한 자가 되지 말아야 한다. 우리는 면도칼같이 남을 해치는 자가 되지 말아야 한다. 우리는 특히 거짓말을 하지 말아야 한다. 악한 자는 악을 행할 때 거짓말로 명분을 만들고 다른 사람들과 자기 양심을 속인다. 우리는 하나님 대신 재물의 풍부함을 의지하고 악으로 스스로 든든케 하는 자가 되지 말아야 하고 또 선보다 악을 행하거나 의보다 불의를 행하는 자가 되지 말아야 한다. 우리는 특히 남을 속이는 혀를 가지지 말아야 한다.

둘째로, 우리는 하나님의 보응을 두려워해야 한다. 하나님께서는 악한 자들의 악행에 대해 보응하실 것이다. 하나님께서는 사람들에게 그 행한 대로 갚으시는 공의의 심판자이시다. 그는 악인들을 멸하실 것이다. 악한 사람들은 하나님의 창조 세계에서 살 자격이 없는 자들이다. 그들은 복된 천국에서는 더더욱 살 자격이 없고, 영원한 지옥의 형벌을 받을 수밖에 없는 자들이다. 성경은 하나님의 공의의 심판을 분명하게 증거한다. 우리는 하나님의 보응과 지옥 형벌을 두려워해야 한다.

셋째로, 성도는 의와 선과 진실을 행해야 한다. 하나님을 경외하고 예수 그리스도를 믿고 의롭고 선하고 진실하게 사는 것은 하나님께서 사람을 창조하실 때 그의 형상으로 창조하신 본래 모습이며 구원 얻은 성도들의 정상적 삶이다. 에베소서 5:8-9, “너희가 전에는 어두움이더니 이제는 주 안에서 빛이라. 빛의 자녀들처럼 행하라. 빛의 열매는 모든 착함과 의로움과 진실함에 있느니라.” 디도서 2:14, “그가 우리를 대신하여 자신을 주심은 모든 불법에서 우리를 구속(救贖)하시고 우리를 깨끗하게 하사 선한 일에 열심하는 친 백성이 되게 하려 하심이니라.”

53편: 어리석은 자

다윗의 마스길(מַשְׂכִּיל)[교훈시]. 영장(伶長)[찬양대장]을 위해 마칼랏(מָחֲלַת)[슬프게 부르는 것을 가리키는 듯함]에 맞춘 노래.

〔1절〕 어리석은 자는 그 마음에 이르기를 하나님이 없다 하도다. 저희는 부패하며 가증한 악을 행함이여, 선을 행하는 자가 없도다.

본 시편은 시편 14편과 내용이 거의 같다. '어리석은 자'는 알아야 할 것을 알지 못하는 자요 그래서 잘못된 행동을 하고 자신에게 불행하고 해로운 결과를 피하지 못하고 당하는 자이다.

우선, 어리석은 자는 마음으로 하나님이 없다고 말한다. 하나님을 부정하는 것이 사람의 가장 근본적인 어리석음이다. 왜냐하면 하나님께서 계시기 때문이며 그가 천지만물과 사람을 창조하셨고 지금도 살아계셔서 우주 만물과 인간 역사를 다스리시기 때문이다. 하나님을 부정하는 것은 자식이 부모를 부정하는 것과 같다.

하나님을 부정하는 자는 행위가 부패하게 되어 있다. 인류 역사가 그것을 증거한다. 사람은 하나님을 두려워함이 없이는 악을 떠나지 못한다(잠 16:6). 하나님 없이 사는 자는 죄악될 수밖에 없고 때때로 가증한 악을 행한다. 그들 속에서는 참된 선을 찾아볼 수 없다. 예수님을 안 믿는 자들 중에도 착한 사람들이 있지만 하나님 앞에서 착한 것이 아니다. 하나님을 섬기지 않는 것부터가 착하지 못한 것이며 또 하나님 경외함이 없는 선은 환경 여건에 따라, 자기 자신에게 유리하고 불리함에 따라 변할 수 있는 선이다. 그것은 결함이 있는 선이다.

〔2-3절〕 하나님이 하늘에서 인생을 굽어 살피사 지각이 있는 자와 하나님을 찾는 자가 있는가 보려 하신즉 각기 물러가 함께 더러운 자가 되고 선을 행하는 자 없으니 하나도 없도다.

어리석은 자는 하나님이 없다고 말하지만, 그가 그렇게 말한다고 해서 계신 하나님이 안 계신 것이 아니다. 폭우가 쏟아지는 밤에도 비구름 너머에 빛나는 태양이 있듯이, 세상에 무신론자들과 부도덕한 자들이 가득해도 하나님께서는 하늘에 계셔서 세상을 살피신다.

그러나 하나님께서 보신즉 모든 사람이 다 물러가 더러워졌고 선을 행하는 자가 하나도 없었다. 물러갔다는 것은 하나님의 계명으로부터, 즉 인생의 정로(正路)로부터 물러갔다는 뜻이다. 인생은 하나님께로부터 멀어졌고 인생의 정로에서 탈선하였다. 그것이 죄이다. 죄는 사람의 인격을 더럽히는 요소들이다. 그것은 다 자신의 마음을 더럽히고 타인들의 마음에 고통을 주고 인간 관계를 병들고 황폐하게 만들고 온 세상을 더럽힌다. 하나님을 떠난 자들은 자신이 더러워졌고 온 세상도 더러워졌다. 사람은 영적으로나 육적으로나 깨끗한 것을 좋아하고 깨끗해야 하지만, 세상의 현실은 그렇지 못하다.

하나님의 뜻은 사람이 선한 사람이 되는 것이며 그것이 인간다운 모습이다. 그러나 죄인은 선을 행하지 않는다. 그는 인간답지 못하고 사나운 짐승과 같다. 이 세상에 선을 행하는 자는 하나도 없다. 세상의 종교나 도덕적 교훈은 죄인을 변화시켜 의롭고 선한 자가 되게 하지 못한다. 사람은 하나님의 구원이 아니고서는 새 삶을 살 수 없다.

〔4-5절〕 죄악을 행하는 자는 무지하뇨? 저희가 떡 먹듯이 내 백성을 먹으면서 하나님을 부르지 아니하는도다. 저희가 두려움이 없는 곳에서 크게 두려워하였으니 너를 대하여 진 친 저희의 뼈를 하나님이 흩으심이라. 하나님이 저희를 버리신 고로 네가 저희로 수치를 당케 하였도다.

죄악을 행하는 자는 무지한가? 그렇다. 무지하다. 왜냐하면 죄는 하나님의 진노를 가져오고 자신에게 불행을 가져오기 때문이다. 그가 그것을 알았더라면 죄악을 행치 않았을 것이다. 또 죄악을 행하는 자는 하나님의 백성을 떡 먹듯이 먹는다. 떡 먹듯이 먹는다는 말은 너무 쉽게, 양심의 가책 없이 해치고 죽인다는 뜻이다. 사람의 죄악은 경건하고 순진한 사람들을 미워하고 핍박하고 해치는 것으로 나타난다. 그러나 하나님의 백성을 핍박하는 것은 곧 하나님을 핍박하는 것이며, 그것은 큰 죄악이다(마 25:42-45; 행 9:4).

또 죄를 짓는 자는 하나님의 이름을 부르지 않는다. 사람이 창조주 하나님을 찬송하고 감사하며 기도하는 것은 당연한 일인데, 죄인들은 하나님의 이름을 부르지 않는다. 그것이 곧 불경건이다. 실상, 그들은 하나님을 경외함이 없으므로 악을 행한다.

그러나 죄악을 행하는 그들, 곧 하나님의 백성을 핍박하는 그들은 하나님의 징벌을 받을 것이다. 그들은 두려움이 없었던 곳에서 크게 두려워할 것이다. 그것은 성도를 대적하는 그들의 뼈를 하나님께서 흩으셨기 때문이다. 사람이 뼈가 부서져 흩어지면 회복이 불가능할 것이다. 그것은 그들이 전혀 예상치 못했던 두려운 징벌일 것이다. 또 하나님께서 그들을 버리셨기 때문에 성도들은 원수들을 이기고 그들로 수치를 당하게 할 것이다. 원수들은 한때 교만하고 자랑하고 당당하게 보였으나 이와 같이 하나님의 징벌로 패망하여 수치를 당할 것이며, 하나님의 백성은 결국 원수들을 이길 것이다.

〔6절〕 시온에서 이스라엘을 구원하여 줄 자 누구인고? 하나님이 그 백성의 포로된 것을 돌이키실 때에 야곱이 즐거워하며 이스라엘이 기뻐하리로다.

본문의 첫 문장은 원문에서 시편 14:7과 같이 "오, 이스라엘의 구원이 시온에서 나오기를 원하노라"이다. 이것은 경건한 자들의 소원인 동시에 또한 예언적 기도이다. 하나님께서는 과연 이스라엘을 구원하실 구주 예수 그리스도를 시온 곧 예루살렘에 보내주셨다. 다윗의 예언적 기도는 성취되었다. 또 하나님께서는 자기 백성의 포로된 것을 돌이키실 것이다. 육신적으로 이스라엘 백성은 장차 바벨론 포로생활에서 돌아올 것이다. 그러나 영적으로 온 세상에 많은 사람들이 죄와 사망과 불행과 사탄의 포로된 상태에서 구원 얻어 새로운 삶을 살 것이다. 구주 예수 그리스도께서는 자기 백성을 저희 죄에서 구원하실 자로 이 세상에 오셨다(마 1:21). 예루살렘으로부터 시작될 복음이 온 세상 모든 족속들에게 전파될 것이다(사 2:2; 눅 24:47). 우리는 예수 그리스도로 말미암는 하나님의 구원을 얻은 자들 중에 속했다.

이제 우리는 하나님의 구원을 기뻐하고 즐거워해야 한다. 하나님의 구원은 하나님의 백성의 기쁨의 이유이다. 사실, 죄와 사망과 사탄의 권세와 지옥 형벌로부터의 구원보다 더 큰복은 없다.

시편 53편의 교훈을 정리해보자. 첫째로, 무신론은 어리석은 사상이다(1절). 태초에 하나님께서는 천지만물을 창조하셨다(창 1:1). 무신론은 하나님께서 창조하신 세상에서 피조물이 창조주 하나님을 부정하는 것이니 어리석고 악한 사상이다. 그것은 부모가 낳아 기른 자녀가 자기를 낳은 부모를 부정하는 것과 같다. 그것은 어리석고 악한 사상이다.

둘째로, 무신론은 부도덕하다(1절). 사람의 도덕성, 즉 바르고 선하게 살려는 마음은 창조주 하나님의 도덕성에서 나왔으므로 하나님을 부정하는 자는 도덕의 근거를 잃어버린다. 더욱이, 그는 하나님을 경외하는 자들을 핍박한다(4절). 왜냐하면 하나님을 경외하는 사람들은 도덕적인 생활을 추구하며 무신론과 부도덕한 행위들을 정죄하기 때문이다.

셋째로, 하나님께서는 무신론자들로 수치를 당케 하실 것이다. 무신론자들은 세상에서 불경건하고 부도덕한 생활을 하고 특히 하나님의 백성을 핍박한다. 그런데 하나님께서는 그들의 그 불경건하고 부도덕하고 악한 생활을 징벌하시며, 그 결과 그들은 수치를 당할 것이다(5절). 모든 악한 사람들은 하나님의 징벌로 수치를 당할 것이다.

넷째로, 하나님께서는 자기 백성을 구원하실 것이다(6절). 하나님을 인정하며 그를 경외하고 그의 계명을 순종하고 실천하는 하나님 백성은 세상에서 무신론자들에게 핍박을 받지만, 하나님께서 그들을 구원하시고 지키실 것이다. 뿐만 아니라, 그들은 죄와 사망과 사탄의 권세와 지옥 형벌로부터 구원을 얻을 것이다. 세상에 구원보다 더 큰복은 없다. 또 그것은 성도들이 항상 기뻐하고 범사에 감사하는 이유이다.

54편: 하나님께서는 나를 돕는 자이심

다윗의 마스길(מַשְׂכִּיל)[교훈시, 묵상시]. 영장(伶長)[찬양대장]을 위해 현악에 맞춘 노래. 십 사람이 사울에게 이르러 말하기를 다윗이 우리 곳에 숨지 아니하였나이까 하던 때에(삼상 23:19; 26:1) 쓴 것.

〔1-3절〕 하나님이여, 주의 이름으로 나를 구원하시고 주의 힘으로 나를 판단하소서[변호하소서](NASB, NIV). **하나님이여, 내 기도를 들으시며 내 입의 말에 귀를 기울이소서. 외인이 일어나 나를 치며 강포한 자가 내 생명을 수색하며 하나님을 자기 앞에 두지 아니하였음이니이다(셀라).**

다윗은 지금 고난 중에 있다. 그는 경건하고 의롭고 선하였지만, 그를 이해하지 못하는 낯선 자들이 일어나 그를 쳤다. 강포한 그들은 그의 생명을 찾았다. 하나님께 버림을 받았던 사울은 다윗을 시기하고 미워하고 죽이려 했고 사울에게 충성을 바친다고 생각한 자들은 다윗을 잡는 일에 앞장섰다. 그들은 하나님을 그들 앞에 모시지 않는 자들, 즉 하나님을 두려워할 줄 모르는 자들이었다. 하나님을 두려워할 줄 모르는 자들은 악을 행한다. 경건한 다윗에게 고난의 현실이 있었다. 그것은 하나님께서 그의 단련을 위해 주신 현실이었다.

다윗은 고난 중에 하나님을 의지하며 기도했다. 그는 자신의 이름을 중요하게 여기지 않았다. 그는 그를 인정하시고 사랑하시고 왕으로 작정하시고 기름 부으신 하나님의 이름을 의지하며 그의 이름으로 그를 구원해주시기를 기도하였다. 또 그는 도망 다니며 피곤하고 지쳤을 것이지만, 하나님께서 하나님의 힘으로 그를 변호해주시기를 기도하였다. 그는 하나님을 의지했고 믿음으로 하나님께 기도하였다. 기도는 믿음의 표현이다. 믿음이 있는 자는 하나님께 기도할 것이지만, 믿음이 없는 자는 하나님께 기도하지 않을 것이다.

〔4-5절〕 하나님은 나의 돕는 자시라. 주께서 내 생명을 붙드는 자와 함

께 하시나이다. 주께서 내 원수에게 악으로 갚으시리니 주의 성실하심으로(바아밋테카 בַּאֲמִתֶּךָ)[주의 진리로]**으로 저희를 멸하소서.**

다윗은 하나님께서 자기를 돕는 자시라고 고백한다. 돈이나 세상 권력은, 있는 것이 없는 것보다 도움은 되겠지만, 결정적 도움, 완전한 도움은 되지 못한다. 돈이 질병을 막아내지 못하고 돈이 사고나 천재지변을 막아내지 못한다. 성도에게는 재력과 세상 권력의 도움이 없을 때에도, 하나님께서 항상 그의 도움이 되신다. 하나님께서는 우리 모두에게 어려울 때 완전한 도움이 되신다.

다윗은 또한 하나님께서 그의 생명을 붙드는 자들과 함께하신다고 말한다. 하나님께서는 친히 다윗의 생명을 붙드는 자이시며 또 그런 자들을 그에게 주셨다. 사무엘상 23:14에 보면, 사울이 다윗을 죽이려고 매일 찾았으나 하나님께서는 그를 그의 손에 붙이지 아니하셨다. 원수들이 성도의 생명을 해치려 하고 죽이려 할지라도 하나님께서 그를 지키시면 그들은 그를 해치지 못한다.

다윗은 하나님께 원수들을 멸하시기를 간구한다. 성도의 원수는 사탄과 악령들, 그리고 그의 하수인 되어 성도들을 미워하고 핍박하고 해치는 악하고 거짓되고 무지한 자들이다. 하나님께서는 성도의 원수들을 재앙으로 갚으실 것이다. 다윗은 하나님께 기도하기를, "주의 진리로 저희를 멸하소서"라고 말한다. 하나님께서는 진리로, 공의롭게 그들을 멸하실 것이다. 로마서 13:19, "너희가 친히 원수를 갚지 말고 진노하심에 맡기라. 기록되었으되 원수 갚는 것이 내게 있으니 내가 갚으리라고 주께서 말씀하시니라."

〔6-7절〕 내가 낙헌제로(비네다바 בִּנְדָבָה)[자원제물로 혹은 자원함으로] **주께 제사하리이다. 여호와여, 주의 이름에 감사하오리니 주의 이름이 선하심이니이다. 대저 주께서 모든 환난에서 나를 건지시고 내 원수가 보응받는 것을 나로 목도케 하셨나이다.**

다윗은 하나님께 자원제물로 제사드리며 그의 이름에 감사하겠다고 말한다. 구약의 제사는 일차적 의미인 속죄의 의미 외에 헌신과 순종과 감사의 의미도 있었다. 다윗은 하나님께 의무적 혹은 형식적 제사, 즉 오늘날 말로 하면 의무적 혹은 형식적 예배나 헌금이 아니고 기쁨과 즐거움의 자원함의 예배와 헌금을 드리겠다고 고백한 것이다. 또 그는 하나님의 이름에 감사하겠다고 말한다. 감사는 의무와 형식에서 나오기 어렵고 자원함과 즐거움으로만 할 수 있다.

다윗은 자신이 자원함으로 제사를 드리고 감사를 올리는 이유가 하나님의 이름이 선하시기 때문이라고 말한다. 다윗의 자원적 제사와 감사는 하나님의 선하심을 체험했을 때 나온 것이다. 하나님께서 좋으신 하나님이심을 체험함이 아니면 어떻게 사람이 기쁨과 즐거움으로 하나님께 예배드리고 헌금하며 감사할 수 있겠는가?

다윗이 체험한 하나님의 선하심은 7절 말씀대로 하나님께서 그의 모든 환난에서 그를 건지셨고 그의 원수가 보응받는 것을 그로 보게 하신 것이었다. 다윗은 많은 환난을 겪었으나 하나님께서는 그 모든 환난에서 그를 건져주셨다. 또 하나님께서는 다윗을 미워하고 핍박했던 원수들에게 보응하셨고 다윗으로 하여금 그것을 눈으로 보게 하셨다. 그것이 다윗이 체험한 하나님의 선하심이었다.

신약 성도들은 하나님의 은혜로 예수 그리스도를 통한 죄씻음의 구원을 체험한 자들이다. 우리는 전에 죄와 허물로 죽었던 자들이었다(엡 2:1). 우리는 죄와 마귀에게 종노릇하였던 자들이었고(롬 6:6; 엡 2:2), 본질상 진노의 자녀들이었다(엡 2:3). 우리는 그리스도 밖에 있었고 약속의 언약들에 대하여 외인이었고 세상에서 소망이 없었고 하나님도 없었던 자들이었고(엡 2:12), 하나님과 원수이었다(롬 5:10). 그러나 하나님께서 우리를 사랑하셔서 독생자를 보내주셨고 십자가에 대속 제물로 내어주셨다. 이것은 하나님의 사랑의 확증이었다(요 3:16; 롬 5:8; 요일 4:9-10). 우리는 예수 그리스도를 믿음으로 죄사함과 의롭다 하심을 얻었다(고전 6:11; 롬 3:21-24). 하나님께서는 우리를 흑암의 권세에서 건져내어 그의 아들의 나라로 옮기셨다(골 1:13). 이것이 우리가 체험한 구원이며 이 구원 때문에 우리는 하나님과 주 예수 그리스도를 찬송하고 기뻐하며 사랑하고 그를 위해 산다.

시편 54편의 교훈을 정리해보자. 첫째로, 성도의 삶에는 고난과 핍박이 있다. 세상에서 의인에게는 고난이 많다(시 34:19). 특히 하나님의 종들과 성도들에게 고난이 많다. 사도 바울은 빌립보서 1:29에서, "그리스도를 위하여 너희에게 은혜를 주신 것은 다만 그를 믿을 뿐 아니라 또한 그를 위하여 고난도 받게 하심이라"고 말했고, 디모데후서 3:12에서는 "무릇 그리스도 예수 안에서 경건하게 살고자 하는 자는 핍박을 받으리라"고 말하였다. 성도들은 고난과 핍박을 각오하며 살아야 한다.

둘째로, 하나님께서는 우리의 돕는 자이시다. 다윗은 "하나님은 나의 돕는 자시라. 주께서 내 생명을 붙드는 자와 함께하시나이다," "대저 주께서 모든 환난에서 나를 건지시고 내 원수가 보응받는 것을 나로 목도케 하셨나이다"라고 말했다. 하나님께서는 고난 많은 세상에서 우리를 도우시고 우리 생명을 지키시고 우리의 원수들을 징벌하신다.

셋째로, 우리는 하나님께 기도하며 감사해야 한다. 다윗은 "하나님이여, 주의 이름으로 나를 구원하시고 주의 힘으로 나를 변호하소서"라고 기도하였다(1, 2절). 그는 하나님의 도우심과 구원과 그의 원수들 징벌하심을 체험하였고 하나님께 감사하며 자원함의 제사를 드리기를 결심했다. 구원 얻은 성도들도 세상에서 이런 체험을 하며 감사할 것이다.

넷째로, 우리는 평소에 바르게 살아야 한다. 다윗이 평소에 바르게 살지 않았다면 하나님의 공의의 변호를 구하지 못했을 것이다. 우리는 평소에 하나님을 경외하며 성경 읽고 기도하는 생활을 해야 하고 또 그의 계명과 성경의 교훈대로 바르고 선하고 진실하게 살아야 한다. 그래야 어려운 일이 있을 때 담대히 하나님께 무엇을 기도할 수 있다.

55편: 핍박하는 악인들을 멸하심

다윗의 마스길(교훈시). 영장[찬양대장]을 위해 현악에 맞춘 노래.

〔1-3절〕 하나님이여, 내 기도에 귀를 기울이시고(하아지나 הַאֲזִינָה)[들으시고] **내가 간구할 때에 숨지 마소서. 내게 굽히사**(하크쉬바 הַקְשִׁיבָה)[귀를 기울이사] **응답하소서. 내가 근심**(시아크 שִׂיחַ)[불평]**으로 편치 못하여**(아리드 אָרִיד)[안정이 없어](BDB) **탄식하오니 이는 원수의 소리와 악인의 압제의 연고라. 저희가 죄악으로 내게 더하며 노하여 나를 핍박하나이다.**

다윗은 근심과 불평으로 불안한 마음 상태에서 탄식한다. 그가 그런 마음 상태에 있는 까닭은 그의 원수들 때문이었다. 그의 원수들은 목소리로 그를 위협하며 핍박하고 압제하며 그에게 고통을 주었다. 다윗은 원수들의 이런 위협과 핍박과 고통과 분노로 인해 지금 마음의 안정을 잃었고 탄식하며 하나님께 간절히 기도하고 있는 것이다. 그는 하나님께서 그의 기도를 들으시고 그가 아뢸 때 자리를 피하지 마시고 그에게 귀를 기울이시기를 간구한다.

〔4-8절〕 내 마음이 내 속에서 심히 아파하며 사망의 위험(에이모스 אֵימוֹת)[공포들]**이 내게 미쳤도다. 두려움과 떨림이 내게 이르고 황공함이 나를 덮었도다. 나의 말이 내가 비둘기같이 날개가 있으면 날아가서 편히 쉬리로다. 내가 멀리 날아가서 광야에 거하리로다(셀라). 내가 피난처에 속히 가서 폭풍과 광풍을 피하리라 하였도다.**

다윗은 원수들의 핍박으로 인해 마음이 심히 아팠다. 마음의 고통은 육신의 고통보다 더 심하다. 그는 마음의 큰 고통을 당하고 있었고, 사망의 공포와 두려움이 그를 덮치고 있었다. 그는 고통과 두려움 가운데서 비둘기같이 멀리 날아가 광야에 거하여 편히 쉬기를 원한다. 성안에서의 생활이 산이나 광야보다 편리한 점은 있겠지만, 인간관계 속에서 마음의 고통이 너무 컸기 때문이다. 그는 피난처에 속히 가서 폭풍과 광풍 같은 사람들의 핍박과 압제를 피하기를 원한다.

〔9-11절〕 내가 성내에서 강포와 분쟁을 보았사오니 주여, 저희를 **멸하소서. 저희 혀를 나누소서. 저희가 주야로 성벽 위에 두루 다니니 성중에는 죄악과 잔해함이 있으며 악독**(하보스 הַוּוֹת)[파괴들]**이 그 중에 있고 압박과 궤사**[속임]**가 그 거리를 떠나지 않도다.**

다윗은 성안에서 악한 일들을 보았다. 악인들은 성안에서 강포와 분쟁, 악독과 잔해, 압박과 속임을 행했다. 그들은 세력이 있어 활보하며 주야로 성벽 위에 두루 다녔고 악한 일들이 성중에 또 거리에 있었다. 그것은 하나님께서 기대하시는 사람의 덕성들과는 정반대이었다. 하나님께서는 사람들이 온유하고 선하고 사랑하며 진실하기를 원하시지만, 그들은 정반대로 악하고 강포하고 남을 해치며 압제하고 서로 싸우고 속였다. 악인들이 세력을 얻으면, 백성들은 탄식할 것이다. 의인들은 이런 악인들 가운데서 하루라도 편하게 지낼 수 없다. 다윗은 이런 현실에서 "주여, 저희를 멸하소서. 저희 혀를 나누소서" 라고 하나님께 호소한다. 의인들은 하나님만 바라며 의지하고 하나님께 호소한다. 그들은 모든 일을 하나님의 의로운 처분에 맡긴다.

〔12-15절〕 나를 책망한 자가 원수가 아니라 원수일진대 **내가 참았으리라. 나를 대하여 자기를 높이는 자가 나를 미워하는 자가 아니라** 미워하는 자일진대 **내가 그를 피하여 숨었으리라. 그가 곧 너로다. 나의 동류, 나의 동무요 나의 가까운 친우로다. 우리가 같이 재미롭게 의논하며 무리와 함께 하여 하나님의 집안에서 다녔도다. 사망이 홀연히 저희에게 임하여 산 채로 음부**[지옥]**에 내려갈지어다. 이는 악독이 저희 거처에 있고 저희 가운데 있음이로다.**

다윗을 책망하고 자기를 높이는 자는 본래 다윗의 원수이거나 그를 미워했던 자가 아니었다. 만일 그러했더라면 다윗은 오히려 참고 그를 피하여 숨었을 것이다. 다윗의 원수는 이전에 친했던 친구이었다. 그는 전에 그와 함께 의논하던 상대이었고 함께 하나님의 집에 올라갔던 자이었다. 그러나 그는 이제 그를 비난하고 대적하는 자가 되었다. 가인이 동생 아벨을 미워한 것같이, 형들이 동생 요셉을 미워한 것같이, 가룟 유다가 주님을 배신하여 원수들의 앞잡이가 된 것같이, 다윗의 친구는 이제 다윗을 대적하는 자가 되었다. 그러나 대적자들의 결말은 비참하다. 사망이 그들에게 임하며 그들은 산 채로 지옥에 내려갈 것이다. 악인은 평안하고 형통한 것 같다가 갑자기 지옥에 던지울 것이다. 하나님께서는 그들의 악행에 보응하실 것이다.

〔16-19절〕 나는 하나님께 부르짖으리니 여호와께서 나를 구원하시리로다. 저녁과 아침과 정오에 내가 근심하여 탄식하리니 여호와께서 **내 소리를 들으시리로다. 나를 대적하는 자 많더니 나를 치는 전쟁에서 저가 내 생명을 구속(救贖)하사 평안하게 하셨도다. 태고부터 계신 하나님이 들으시고 (셀라) 변치 아니하며 하나님을 경외치 아니하는 자에게 보응하시리로다.**

다윗은 큰 고난 중에 하나님께 기도하였다. 그는 불평 중에 마음에 안정이 없으며 마음이 몹시 아팠을 때(2, 4절), 죽음의 공포들과 두려움들이 그를 사로잡았을 때(4-5절), 하나님께 부르짖어 기도하였다. 그는 하루 세 번씩 저녁과 아침과 정오에 기도하였다. 하루 세 번씩 기도하는 것은 경건한 성도들의 습관이었던 것 같다(단 6:10).

다윗은 하나님께서 그의 기도를 들으실 것을 믿었다(16, 17, 19절). 태고부터 계신 하나님, 영원 전부터 스스로 계신 여호와 하나님께서는 자기 백성의 기도를 잘 들으시는 하나님이시다. 다윗은 "나를 치는 전쟁에서 저가 내 영혼을 평안 가운데 건져내셨도다"라고 말하는데, 이것은 미래의 확실한 일을 표현한다. 성도에게 대적자들이 많을지라도 하나님께서는 그를 도우시고 건지신다. 그러나 심령의 변화가 없는 자, 자신의 지은 죄들을 뉘우치고 회개할 줄 모르는 자, 하나님을 경외함이 없는 자는 하나님의 공의의 보응을 받을 것이다.

〔20-21절〕 저는 손을 들어 자기와 화목한 자를 치고 그 언약을 배반하였도다. 그 입은 우유 기름보다 미끄러워도 그 마음은 전쟁이요 그 말은 기름보다 유하여도 실상은 뽑힌 칼이로다.

다윗을 대적하는 악인은 화목을 깨뜨리는 자이었다. 그는 손을 들어 자기와 화목한 자를 치고 그 언약을 배반했다. 그는 화평을 미워하는 자이다. 그들의 말들은 우유 기름보다 부드러워도 그 마음에는 미움과 시기와 분노와 살기가 있다. 다툼과 불화는 지옥에 들어갈 자들의 죄악이며, 화목은 천국의 덕이다. 화평과 온유는 성령의 열매이다(갈 5:22-23). 천국은 의와 평안과 희락의 나라이다(롬 14:17). 그러므로 성경은 우리가 모든 악독과 노함과 분냄과 떠드는 것과 비방하는 것과 거짓과 외식과 시기를 버리라고 교훈한다(엡 4:31; 벧전 2:1).

〔22절〕 네 짐을 여호와께 맡겨 버리라. 너를 붙드시고 의인의 요동함을 영영히 허락지 아니하시리로다.

모든 사람은 수고하고 무거운 짐을 진 자들이다(마 11:28). 인생의 짐은 죄의 짐이며, 또 죄의 결과로 가지는 근심과 걱정, 슬픔과 고통, 가난과 질병의 짐이다. 구원 얻은 성도도 사람이므로 세상의 일로 인한 염려와 두려움, 낙심, 고통이 있고 때때로 고난과 핍박도 있다.

그러나 성도는 자신의 짐을 하나님께 맡겨야 한다. 하나님께서는 전지전능하신 창조자시며 우리를 지극히 사랑하셔서 독생자 예수 그리스도를 보내어 우리를 구원하신 자이시다. 그는 우리를 죄와 영원한 지옥 형벌에서 구원하셨다. 그는 우리의 짐을 져주시는 자이시다. 그에게 무엇을 맡긴다는 것은 그를 믿고 의지하고 그에게 기도하며 의탁하는 것을 말한다. 시편 68:19는 "날마다 우리 짐을 지시는 주 곧 우리의 구원이신 하나님을 찬송할지로다"라고 말한다.

우리가 우리의 짐을 하나님께 맡기면 하나님께서는 우리를 붙들어 주실 것이다. 그는 의인들의 요동함을 영영히 허락지 아니하실 것이다. 요동한다는 말은 낙심하거나 범죄하는 것을 가리킨다. 하나님께서는 그를 의지하는 자들을 요동치 않도록 굳게 붙드시며 낙심치 않고 평안케 하실 것이다. 그러므로 시편 125:1은 여호와를 의뢰하는 자가 시온 산이 요동치 않고 영원히 있음 같다고 말하였다.

〔23절〕 하나님이여, 주께서 저희로 파멸의 웅덩이에 빠지게 하시리이다. 피를 흘리게 하며 속이는 자들은 저희 날의 반도 살지 못할 것이나 나는 주를 의지하리이다.

악인은 돈과 명예와 권세 등 자기 유익을 위해서라면 이웃을 해하거나 죽이기도 하며 자기에게 유리하거나 불리하면 언제든지 속인다. 그러나 하나님께서는 그들로 파멸의 웅덩이에 빠지게 하실 것이다. 그들은 세상에서 일생의 절반도 살지 못할 것이다. 최종적으로 그들은 지옥에 던지울 것이다. 다윗을 끈질기게 죽이려 했던 사울은 블레셋과의 전쟁에서 전사(戰死)하였고, 다윗을 대적해 반란을 일으켰던 아들 압살롬은 에브라임 수풀 전투에서 전사(戰死)하였다. 성도는 그런 자들과 달라야 할 것이다. 다윗은 원수들의 핍박 속에서도 하나님을 인정하고 하나님만 바라고 모든 일을 하나님께 의탁하였다.

시편 55편의 교훈을 정리해보자. 첫째로, 우리는 이 세상 사는 동안 고난을 각오하며 살아야 하고, 때때로 친구의 배신까지도 각오해야 한다. 그것은 우리가 이스라엘 역사를 통해 아는 바이며 다윗이 경험한 바이며 신약시대에 주 예수께서도 친히 경험하신 바이다. 그것은 심히 마음 아픈 일이지만, 우리는 그런 고난까지도 각오하며 살아야 한다.

둘째로, 우리는 악하게 살지 말고 선하게 살아야 한다. 악한 자들은 미워하고 시기하고 분노하며 악하고 강포하며 싸우고 속인다. 그러나 우리는 성경의 교훈대로 온유와 선함과 진실함으로 살아야 한다. 에베소서 2:10, "우리는 그의 만드신 바라. 그리스도 예수 안에서 선한 일을 위하여 지으심을 받은 자니." 성도의 삶은 선한 삶이어야 한다.

셋째로, 우리는 우리의 모든 짐을 하나님께 맡기며 하나님만 의지하며 기도해야 한다. 우리는 사람의 외적인 조건들을 자랑하거나 의지하지 말고 돈도 의지하지 말아야 한다. 우리는 오직 하나님만 의지하고 성경말씀만 믿고 행해야 한다. 우리는 경건하고 선하게 살아야 한다.

56편: 하나님을 의지하고 찬송함

다윗의 믹담(מִכְתָּם)[명심할 내용이라는 뜻 같음] 시. 영장(伶長)[아마, 찬양대장, 지휘자]을 위해 요낫 엘렘 레코킴[침묵의 비둘기라는 곡]에 맞춘 노래. 다윗이 가드에서 블레셋인에게 잡힌 때에.

〔1-4절〕 하나님이여, 나를 긍휼히 여기소서. 사람이 나를 삼키려고 종일[날마다] **치며 압제하나이다. 나의 원수가 종일**[날마다] **나를 삼키려 하며 나를 교만히 치는 자 많사오니 내가 두려워하는 날에는 주를 의지하리이다. 내가 하나님을 의지하고 그 말씀을 찬송하올지라. 내가 하나님을 의지하였은즉 두려워 아니하리니 혈육** 있는 사람**이 내게 어찌하리이까?**

다윗의 원수들은 날마다 그를 치며 압제하며 날마다 그를 삼키려 하였다. 교만하게 그를 치며 대적하는 자들이 많았다. 다윗은 원수들의 핍박과 압제로 인해 두려움을 느꼈다. 그러나 그는 그때 하나님의 긍휼을 구하였다. "하나님이여, 나를 긍휼히 여기소서." 그는 고난 중에 자신의 부족을 깨달았고 그것 때문에 하나님께서 원수의 핍박을 허용하셨다고 느꼈던 것 같다. 그래서 그는 하나님께서 자신을 긍휼히 여겨주시기를 구했을 것이다.

또 그는 하나님을 의지했다. "내가 두려워하는 날에는 주를 의지하리이다." 그는 하나님을 의지하며 그의 말씀을 붙들고 찬송하며 감사하였다. 성도는 고난을 당할 때 처음에 좀 당황하고 낙심되고 두려워하기도 하지만 그의 약속의 말씀을 붙들고 하나님을 앙망하고 의지하면 힘을 얻을 것이다. 하나님의 말씀은 우리로 하나님을 믿게 하는 증거의 말씀이며 약속의 말씀이다. 우리는 그 말씀을 통해 하나님을 믿고 그의 살아계심과 그의 약속을 체험한다. 참된 믿음은 고난 중에 나타난다. 다윗은 고난 중에서 하나님을 의지하며 기도하였고 그때 그는 사람을 두려워하는 마음이 사라지고 담력을 얻음을 고백한다.

하나님을 의지하는 자는 원수들을 두려워하지 않을 것이다.

기도는 성도의 힘이며 해결책이다. 시편 50:15에서 하나님께서는, "환난 날에 나를 부르라. 내가 너를 건지리니 네가 나를 영화롭게 하리로다"라고 말씀하셨다. 예수께서는, "구하라 그러면 너희에게 주실 것이요, 찾으라 그러면 찾을 것이요, 문을 두드리라 그러면 너희에게 열릴 것이니, 구하는 이마다 얻을 것이요 찾는 이가 찾을 것이요 두드리는 이에게 열릴 것이니라"고 말씀하셨고, 또 "너희가 내 이름으로 무엇을 구하든지 내가 시행하리니 이는 아버지로 하여금 아들을 인하여 영광을 얻으시게 하려 함이라. 내 이름으로 무엇이든지 내게 구하면 내가 시행하리라"고 약속하셨다(마 7:7-8; 요 14:13-14).

〔5-7절〕 저희가 종일[날마다] **내 말을 곡해하며 내게 대한 저희 모든 사상은 사악이라. 저희가 내 생명을 엿보던 것과 같이 또 모여 숨어 내 종적을 살피나이다. 저희가 죄악을 짓고야 피하오리이까?**(알-아웬 팔레트 라모 עַל־אָוֶן פַּלֶּט לָמוֹ)[(저희의) 죄악으로 인해 저희를 던지소서](NASB) **하나님이여, 분노하사 뭇 백성을 낮추소서.**

다윗의 원수들은 날마다 그의 말을 곡해했고 그들의 모든 사상은 사악하였다. 악한 자들은 자기의 좁은 생각과 이해와 판단으로 상대방을 오해하고 그에게 해를 끼치려 한다. 또 원수들은 다윗의 생명을 엿보며 은밀히 모여 그의 종적을 살폈다. 당을 지어 악을 도모하는 사람들은 용감하지도 못한 자들이요 당당치도 못한 자들이다.

다윗은 "[저희의] 죄악으로 인해 저희를 던지소서"라고 말하며 또 "하나님이여, 분노하사 뭇 백성을 낮추소서"라고 한다. 다윗은 원수들에 대한 하나님의 공의의 징벌을 믿었고 하나님께 호소한 것이다.

〔8절〕 나의 유리함을 주께서 계수하셨으니 나의 눈물을 주의 병에 담으소서. 이것이 주의 책에 기록되지 **아니하였나이까?**

하나님께서는 다윗이 사울의 칼을 피해 이곳 저곳으로 피신하는 것을 다 세고 계셨고 그의 눈물들을 그의 병에 담듯이 다 기억하고 계셨다. 또 그는 그것을 그의 책에 다 기록하셨다.

하나님께서는 공의로 보응하시는 심판자이시다. 신명기 32:35, 41, 43, "보수(報讎)는 내 것이라 그들의 실족할 그때에 갚으리로다. 그들의 환난의 날이 가까우니 당할 그 일이 속히 임하리로다," "나의 번쩍이는 칼을 갈며 내 손에 심판을 잡고 나의 대적에게 보수(報讎)하며 나를 미워하는 자에게 보응할 것이라," "너희 열방은 주의 백성과 즐거워하라. 주께서 그 종들의 피를 갚으사 그 대적에게 보수(報讎)하시고 자기 땅과 백성을 위하여 속죄하시리로다." 요한계시록 6:9-11에 보면, 일곱 인 환상 중 다섯째 인 때에 순교자들의 탄원의 광경이 나오는데, 하나님께서는 마지막 날에 그들의 피를 반드시 갚아주실 것이다. 악인들에 대한 하나님의 공의의 심판과 보응이 있다.

〔9절〕 내가 아뢰는 날에 내 원수가 물러가리니 하나님이 나를 도우심인 줄 아나이다.

다윗은 기도의 응답과 하나님의 도우심을 확신한다. 기도는 전능하신 하나님의 손길을 움직이는 것이기 때문에, 기도는 전쟁터 같은 세상에서 성도의 완전한 대책이며 해결책이고 최상의 무기와 같다. 하나님께서는 그를 의지하며 기도하는 자들을 위하시고 반드시 그들을 그 곤란과 위험에서 건져주실 것이다.

〔10-13절〕 내가 하나님을 의지하여[하나님 안에서] **그 말씀을 찬송하며 여호와를 의지하여**[여호와 안에서] 그 **말씀을 찬송하리이다. 내가 하나님을 의지하였은즉 두려워 아니하리니 사람이 내게 어찌하리이까? 하나님이여, 내가 주께 서원함이 있사온즉 내가 감사제를 주께 드리리니 주께서 내 생명을 사망에서 건지셨음이라. 주께서 나로 하나님 앞, 생명의 빛에 다니게 하시려고 실족지 않게 하지 아니하셨나이까?**

다윗은 고난 중에서도 하나님을 의지했다. 그는 또 하나님의 말씀을 찬송하겠다고 말한다. 말씀은 믿음의 근거이다. 다윗은 또 사람을 두려워하지 않는 담력을 얻었다. 이런 평안과 담력은 하나님과 그의 말씀을 의지하고 순종하는 자에게 주시는 하나님의 은혜이다.

다윗은 또 하나님의 선하신 약속과 능력의 말씀을 체험했다. 하나님께서는 그의 생명을 사망에서 건지셨다. 그러므로 다윗은 하나님께 서원했던 일로 인해 하나님께 감사의 제물을 드리겠다고 말한다.

또 하나님께서는 다윗으로 하여금 하나님 앞에 생명의 빛에 다니게 하시려고 실족지 않게 하셨다. 원수들이 날마다 그를 죽이려 하였고 그가 그들을 피하기 위해 방황했으나 하나님께서 그를 돌보셨고 의와 생명과 기쁨을 지켜주셨고 또 그러므로 그는 하나님을 찬송하며 그에게 감사한다. 찬송은 하나님께서 우리를 창조하신 목적이요(사 43:21) 우리를 구원하신 목적이다(엡 1:4-14).

시편 56편의 교훈을 정리해보자. 첫째로, 우리는 세상을 사는 동안 원수들의 핍박과 위협을 당하는 두려운 날에 하나님을 의지하고 그의 긍휼을 구하며 기도해야 한다. 기도는 성도들의 특권이며 힘이고 모든 고난의 해결책이다. 빌립보서 4:6-7, “아무것도 염려하지 말고 오직 모든 일에 기도와 간구로, 너희 구할 것을 감사함으로 하나님께 아뢰라. 그리하면 모든 지각에 뛰어난 하나님의 평강이 그리스도 예수 안에서 너희 마음과 생각을 지키시리라.” 하나님께서는 기도를 들어주신다.

둘째로, 하나님께서는 성도의 눈물을 그의 병에 담으시고 그의 책에 기록하실 것이며 그의 원수들을 공의로 보응하시고 성도의 억울함을 풀어주실 것이다. 살아계신 하나님께서는 공의의 심판자이시다. 그는 반드시 악인들을 징벌하시고 성도의 억울함을 풀어주실 것이다.

셋째로, 우리는 우리의 기도를 들으시고 우리를 도우시고 구원하신 하나님께 항상 감사와 찬송을 올려야 한다. 10절, “내가 하나님을 의지하여 그 말씀을 찬송하며 여호와를 의지하여 그 말씀을 찬송하리이다.” 히브리서 13:15, “이러므로 우리가 예수로 말미암아 항상 찬미의 제사를 하나님께 드리자. 이는 그 이름을 증거하는 입술의 열매니라.”

57편: 원수의 비난에서 건지심을 찬송함

다윗의 믹담(מִכְתָּם)[명심할 내용이라는 뜻 같음] 시. 영장(伶長)[아마, 찬양대장]을 위해 알 타쉬케스[멸하지 말라는 곡으로라는 뜻]에 맞춘 노래. 다윗이 사울을 피하여 굴에 있던 때에.

〔1절〕 하나님이여, 나를 긍휼히 여기시고 나를 긍휼히 여기소서. 내 영혼이 주께로 피하되 주의 날개 그늘 아래서 이 **재앙이 지나기까지 피하리이다.**

다윗은 환난 중에서 하나님의 긍휼을 구하였다. 그것은 고난 중에 자기의 부족을 깨달았기 때문일 것이다. 우리는 환난 때 우리의 부족을 깨닫는다. 하나님의 엄격한 공의 앞에 설 자는 아무도 없다. 우리는 하나님의 긍휼을 구할 것밖에 없다. 다윗은 환난 때 피할 곳이 있었다. 그는 하나님의 날개 그늘 아래서 재앙의 날이 지나기까지 피하기를 원한다. 우리에게 하나님 아버지께서 계시고 그가 우리의 피할 곳이 되시고 환난 때 도움을 청할 곳이 되신다는 것은 큰복이다.

〔2절〕 내가 지극히 높으신 하나님께 부르짖음이여, 곧 나를 위하여 모든 것을 **이루시는 하나님께로다.**

다윗은 지극히 높으신 하나님께 부르짖었다. 천지만물을 창조하시고 홀로 주관하시는 전지전능하신 하나님께서는 지극히 높으신 하나님이시다. 그는 죄 많고 누추한 인생과 감히 비교할 수 없는 거룩하신 하나님이시다. 그러나 그는 우리를 불러 자녀로 삼으셨고 우리는 감히 그를 아버지라 부르며(롬 8:15) 은혜의 보좌 앞에 담대히 나아간다(히 4:16). 그는 우리를 위하여 모든 것을 이루시는 자이시다. 그는 섭리자이시며 좋으신 하나님이시다. 그러므로 사도 바울은, "우리가 알거니와 하나님을 사랑하는 자 곧 그 뜻대로 부르심을 입은 자들에게는 모든 것이 합력하여 선을 이루느니라"고 말하였다(롬 8:28).

〔3절〕 저가 하늘에서 보내사 나를 삼키려는 자의 비방에서 나를 구원하

실지라(셀라). 하나님이 그 인자와 진리를 보내시리로다.

다윗의 원수들의 비방은 그를 삼키려는, 즉 죽을 것 같은 큰 고통이었다. 그러나 하나님께서는 그를 구원하실 것이다. '하늘에서 보내사'라는 말은 천사들을 보내신다는 뜻 같다. 또 그가 다윗을 구원하시는 방법은 그의 인자(仁慈)와 진리를 보내심으로써이다. 그의 인자라는 말은 다윗이 부족이 없지 않음에도 불구하고 그를 도우심을 보인다. 그것은 그가 하나님의 긍휼을 구한 것에 대한 응답이기도 하다. 또 그의 진리라는 말은 다윗에 대한 거짓된 비방에 대해 참된 말, 바른 말로 변호하신다는 뜻일 것이다.

〔4절〕 내 혼이 사자 중에 처하며 내가 불사르는 자 중에 누웠으니 곧 인생 중에라. 저희 이는 창과 살이요 저희 혀는 날카로운 칼 같도다.

다윗의 원수들은 '사자들' '불사르는 자들'과 같았다. 그들은 약한 자들을 죽이려 하고 분노한 감정으로 행하는 자들이다. 그들의 이는 창과 살이며 그들의 혀는 날카로운 칼과 같았다. 그들은 남을 비난하고 죽이는 자들이다. 성경은 홍수로 멸망당한 노아 시대 사람들의 악을 '강포함'이라고 증거하였다(창 6:11). 로마서 3장은 "[사람들의] 목구멍은 열린 무덤이요 그 혀로는 속임을 베풀며 그 입술에는 독사의 독이 있고 그 입에는 저주와 악독이 가득하고 그 발은 피 흘리는 데 빠르다"고 말한다(롬 3:13-15). 사람의 본성은 참으로 악하다.

〔5절〕 하나님이여, 주는 하늘 위에 높이 들리시며 주의 영광은 온 세계 위에 높아지기를 **원하나이다.**

고난의 상황에서 다윗은 하나님을 인정하고 하나님을 높인다. 우리가 하나님을 믿고 의지하며 그에게 우리의 모든 소원을 아뢰는 것은 그가 하늘 위에 지극히 높으신 하나님이시며 그의 영광이 온 세계에 드러나야 마땅함을 믿기 때문이다. 주께서 가르쳐주신 기도에서 "대개[이는] 나라와 권세와 영광이 아버지께 영원히 있사옵나이다[있기 때문이옵나이다]"는 마지막 말은 그런 뜻을 가지고 있다. 하나님을 아는 자마다 그런 믿음을 가지고 기도할 것이다. 바울은 빌립보에서 많이 매를 맞고 옥에 갇혔으나 밤중에 하나님께 기도하며 하나님을 찬송하였고 그때 감옥이 열리는 기적을 경험하였다(행 16:25-26).

〔6절〕 저희가 내 걸음을 장애하려고 그물을 예비하였으니 내 영혼이 억울하도다[기가 꺾이도다, 낙심되도다]**. 저희가 내 앞에 웅덩이를 팠으나 스스로 그 중에 빠졌도다(셀라).**

다윗의 원수들은 그의 길 앞에 그물을 준비했고 웅덩이를 팠다. 그들은 악하고 비겁한 자들이었다. 다윗은 그들로 인해 마음이 낙심되었다. 그러나 다윗은 원수들이 하나님의 징벌을 받을 것을 확신한다. 그들은 그들이 판 웅덩이에 그들 자신이 빠질 것이다. 에스더서에 나오는 하만이 모르드개를 미워하고 죽이려고 세웠던 나무에 자신이 처형되었던 것처럼(에 5, 7장), 악한 자들은 하나님께서 징벌하실 때 자기들이 판 웅덩이에 자기들이 빠질 것이다.

〔7-8절〕 하나님이여, 내 마음이 확정되었고 내 마음이 확정되었사오니 내가 노래하고 내가 찬송하리이다. 내 영광아, 깰지어다. 비파야, 수금아, 깰지어다. 내가 새벽을 깨우리로다.

다윗은 하나님께 감사하며 찬송을 올린다. 그는 '확정된 마음으로' 즉 굳은 결심을 가지고 그렇게 하였다. 8절에 '내 영광아'라는 말은 그의 영혼을 가리킨다고 본다. 그는 진심으로 찬송하려 했다. 또 그는 비파와 수금을 가지고 또 새벽을 깨우며 찬송하려 하였다.

〔9-10절〕 주여, 내가 만민 중에서 주께 감사하오며 열방 중에서 주를 찬송하리이다. 대저 주의 인자는 커서 하늘에 미치고 주의 진리는 궁창에 이르나이다.

다윗은 많은 사람들과 더불어, 온 세계 만민에게 증거하며 찬송하기를 원하였다. 그가 하나님께 감사하며 찬송하는 이유는 하나님의 인자하심이 커서 하늘에 미치고 그의 진리가 궁창에 이르기 때문이다. 하나님께서는 그의 인자하심과 그의 진리로 죄인들을 구원하신다. 그의 인자하심은 그가 우리의 죄를 오래 참으시고 용서하심에서 드러난다. 우리는 하나님의 인자하심으로 구원을 얻었다. 또 하나님의 진리는 그가 자기 백성에게 약속하신 구원의 약속을 이루심에서와, 또 악인들에게 공의의 벌을 내리겠다고 하신 경고를 시행하심에서 나타난다. 하나님께는 거짓이나 불신실함이 없다. 그러므로 하나님의 인자하심과 진리로 구원 얻은 모든 자들은 하나님께 감사하며 찬송할 것이다. 우리는 하나님의 인자와 진리를 찬송해야 한다.

〔11절〕 하나님이여, 주는 하늘 위에 높이 들리시며 주의 영광은 온 세계 위에 높아지기를 **원하나이다.**

5절에서 말한 내용이 반복되었다. 그것은 하나님의 주권과 영광을 고백한 것이다. 하나님께서는 영광 중에 계신 주권적 섭리자이시다.

시편 57편의 교훈을 정리해보자. 첫째로, 원수들의 비방에 대한 다윗의 대처는 하나님의 긍휼을 의지하며 간구한 것이었다. 고난 중에 하나님의 긍휼을 의지하며 간절히 부르짖어 기도하는 것이 성도들의 바른 대처 방법이다. 우리는 고난 중에 하나님의 선한 섭리를 믿고 하나님께서 인자와 진리로 우리를 구원하실 것을 확신하고 그에게 피해야 한다.

둘째로, 다윗은 하나님께서 그의 인자하심과 진실하심으로 그를 그 위험에서 건져주실 것을 믿었을 뿐만 아니라, 그 앞에 웅덩이를 팠던 원수들이 자기들이 판 그 웅덩이에 빠질 것을 예견하였다. 우리의 원수는 사탄과 악령들과 악한 자들이다. 하나님께서는 그들을 지옥 불못에 던지실 것이다(계 20:10; 21:8). 우리는 하나님의 심판을 믿어야 한다.

셋째로, 우리는 하나님의 인자하심과 진실하심, 또 성도를 핍박하는 악인들을 벌하시는 그의 공의로우신 주권적 섭리를 깨닫고 그를 높이며 그의 영광을 찬송해야 한다. 하나님께서는 살아계시며 의인을 구원하시고 악인을 징벌하신다. 우리는 새벽에 일찍 일어나 하나님을 찬송하며 그의 말씀을 묵상해야 한다. 찬송은 성도의 마땅한 일이다.

58편: 하나님께서 악인의 악을 갚으심

다윗의 믹담[명심할 내용이라는 뜻 같음] 시. 영장(伶長)[찬양대장]을 위해 알 타쉬케스[멸하지 말라는 곡으로라는 뜻]에 맞춘 노래.

〔1절〕 인자들아, 너희가 당연히 공의를 말하겠거늘 어찌 잠잠하느뇨? 너희가 정직히 판단하느뇨?

본절의 상반절은 원문에서 뜻이 분명치 않아서 사전들이나 고대역본들이나 영어성경들의 번역에서 다양하다.11) 그러나 본문이 사람이 공의를 말하고 정직히 판단해야 한다는 사실은 분명히 보여준다. 도덕성은 사람의 정로(正路)이다. 그것은 하나님의 형상의 내용이다. 사람은 본래 의롭고 선하게 창조되었다. 에덴 동산에서 아담이 하나님께 처음 명령을 받았을 때 그는 아직 죄를 모르는 순진한 상태이었고 또 선과 악을 선택할 자유의지까지 소유한 자이었다. 그러나 사람은 자유의지를 오용함으로써 범죄하였고 공의의 언행과 정직한 판단을 저버렸다. 전도서 7:29는 "하나님이 사람을 정직하게 지으셨으나 사람은 많은 꾀를 낸 것이니라"고 말한다. 사람이 범죄함으로 말미암아, 죄는 외부의 침입자처럼 이 세상에 들어왔다(롬 5:12; 겔 28:15). 사람들은 현재 불의하고 죄악되며 부정직한 자들이 되었다.

〔2-5절〕 오히려 너희가 중심에 악을 행하며 땅에서 너희 손의 강포를 달아주는도다. 악인은 모태에서부터 멀어졌음이여, 나면서부터 곁길로 나아가 거짓을 말하는도다. 저희의 독은 뱀의 독 같으며 저희는 귀를 막은 귀머거리 독사 같으니 곧 술사가 아무리 공교한 방술을 행할지라도 그 소리를

---

11) '잠잠하다'는 원어(엘렘 אֵלֶם)의 뜻은 분명하지 않은 것 같다. 그 단어는 '침묵'이라는 뜻이 있는 것 같으나(BDB), 학자들은 '신(神)들'(엘림 אֵלִים)로 읽기를 제안한다(BDB, KB). 고대역본들은 ἄρα(그러므로)(LXX)나 utique(확실히)(Vg)라고 번역했고, NASB는 'gods'로, NIV는 'rulers'로 번역하였다.

듣지 **아니하는 독사로다.**

사람들은 악과 강포를 행한다. 악인들은 모태에서부터 하나님의 표준에서 멀어졌고 나면서부터 인생의 정로에서 벗어났다. 사람은 타고난 죄성을 가지고 있다. 그것이 원죄이다. 사람들은 어릴 때부터 악하다. 그들은 마음의 계획하는 바가 어려서부터 악하다(창 8:21). 다윗은 시편 51:5에서 "내가 죄악 중에 출생하였음이여, 모친이 죄중에 나를 잉태하였나이다"라고 자신의 뿌리깊은 죄성을 고백했었다.

악인들은 거짓을 말하는 자들이다. 거짓은 마귀의 죄이며(요 8:44) 마귀와 함께 지옥에 던지울 악인들의 죄악이다(계 21:8). 또 그들의 입에서는 뱀의 독이 나온다. 즉 그들은 남을 해치고 죽이는 말을 한다. 또 그들은 완고하다. 그들은 "귀를 막은 귀머거리 독사"와 같다. 그들은 바른 말, 바른 충고, 유익한 조언을 듣지 않는다. 그들은 들을 귀와 깨닫는 마음이 없다. 그들은 완고하고 교만한 자들이다.

사람은 심히 악하여졌다. 주께서는 "[사람의] 마음에서 나오는 것은 악한 생각과 살인과 간음과 음란과 도적질과 거짓 증거와 훼방이니"라고 말씀하셨다(마 15:19). 사도 바울은 로마서 3장에서 "기록한 바 의인은 없나니 하나도 없으며 깨닫는 자도 없고 하나님을 찾는 자도 없고 다 치우쳐 한가지로 무익하게 되고 선을 행하는 자는 없나니 하나도 없도다. 저희 목구멍은 열린 무덤이요 그 혀로는 속임을 베풀며 그 입술에는 독사의 독이 있고 그 입에는 저주와 악독이 가득하고 그 발은 피 흘리는 데 빠른지라"고 말했고(롬 3:10-15), 에베소서 4장에서 "[이방인들은] 저희 총명이 어두워지고 저희 가운데 있는 무지함과 저희 마음이 굳어짐으로 말미암아 하나님의 생명에서 떠나 있도다. 저희가 감각 없는 자 되어 자신을 방탕에 방임하여 모든 더러운 것을 욕심으로 행하도다"라고 말하였다(엡 4:18-19).

〔6-9절〕 하나님이여, 저희 입에서 이를 꺾으소서. 여호와여, 젊은 사자의 어금니를 꺾어 내시며 저희로 급히 흐르는 물같이 사라지게 하시며 겨누는

살이 꺾임 같게 하시며 소멸하여 가는 달팽이 같게 하시며 만기되지 못하여 출생한 자가 일광을 보지 못함 같게 **하소서. 가시나무 불이 가마를 더웁게 하기 전에 저가 생것과 불붙는 것을 회리바람으로 제하여 버리시리로다.**

다윗은 하나님께 악인들에 대한 보응을 호소한다. 그는 그들의 입에서 어금니를 꺾으시기를 구한다. 그것은 의인을 물어뜨고자 하는 어금니이었다. 또 그는 그들이 이리저리 흐르는 물같이(원어의 뜻) 사라지게 하시기를 구한다. 그것은 비가 오면 이리저리 흐르다가 비가 그치면 물이 마르는 사막의 시냇물 혹은 골짜기('와디'라고 부름)를 가리킨 것 같다. 또 그는 그들이, 겨누는 살이 꺾임[촉이 꺾임 혹은 무뎌짐] 같게 하시고 소멸하는 달팽이 같게 하시기를 구한다. 또 그는 만삭되지 못하여 출생한 자가 일광을 보지 못함 같게, 즉 태어난 후 즉시 죽은 아기와 같게 하시기를 구한다. 또 그는 하나님께서 가시나무 불이 가마를 더웁게 하기 전에 생것과 불붙는 것을 회리바람으로 제하여 버리시리라고 말한다. 하나님께서는 징벌로 악인들과 그들의 핍박들을 다 제거하실 것이다. 시편 1:6은, "대저 의인의 길은 여호와께서 인정하시나 악인의 길은 망하리로다"고 말하였다.

〔10-11절〕 의인은 악인의 보복 당함을 보고 기뻐함이여 그 발을 악인의 피에 씻으리로다. 때에 **사람의 말이 진실로 의인에게 갚음이 있고 진실로 땅에서 판단**[심판]**하시는 하나님이 계시다 하리로다.**

의인이 기뻐하는 것은 하나님께서 악인들에게 공의의 심판을 시행하셨고 고난받는 성도들을 구원하시고 그의 눈물을 씻어주셨기 때문이다. 의인은 완전히 승리할 것이다. 그때에 사람들은 진실로 의인에게 갚음이 있고 세상에 심판하시는 하나님께서 계시다고 말할 것이다. 하나님께서는 살아계신다. 그는 온 세상의 창조자이실 뿐만 아니라, 섭리자, 통치자이시며 그가 곧 심판자이시다. 그는 마지막 날에 온 세상 만민, 의인과 악인, 산 자와 죽은 자를 심판하실 뿐만 아니라, 마지막 심판 날 전에도, 세상의 삶의 여정 속에서 의인과 악인에 대한 심판을 시행하셔서 악인들에게 두려움을 주시고 의인들에게 위로를 주신다. 이 세상에서의 하나님의 심판은 세속사회의 도덕 질서를 유지하고 그 사회가 급속히 타락하는 것을 방지하기 위하여 또 택한 백성들의 회개와 구원을 위해 필요하다.

시편 58편의 교훈을 정리해보자. 첫째로, 하나님께서는 사람을 창조하실 때 사람 속에 하나님을 아는 지식을 심어주셨고 또 도덕적 분별력과 도덕 의식을 심어주셨다. 하나님께서는 사람을 정직한 자로 만드셨다(전 7:29). 그것은 하나님의 형상의 내용이다. 사람이 범죄함으로 그 형상을 잃어버렸지만, 사람의 사람됨과 가치는 경건과 도덕성에 있다. 그러므로 우리는 경건과 도덕성이 인생의 정로(正路)임을 알고 그것을 가장 중시하고 경건하고 바르고 선하고 진실한 자가 되어야 한다.

둘째로, 범죄한 아담과 하와의 자손인 사람들은 심히 악해졌고 강포해졌고 거짓되어졌다. 사람은 어려서부터, 아니 태어날 때부터 죄악된 성질을 가지고 있다. 그의 마음 속에서는 살인과 간음과 도적질과 거짓 증거와 남을 비방함이 있고 그것들이 사람을 더럽힌다(마 15:19). 사람들은 거짓말, 남에 대한 비난과 저주 등 남에게 해를 끼치기를 잘한다. 우리는 모든 사람이 심히 악해졌고 구원이 필요함을 깨달아야 한다.

셋째로, 이 세상에 공의로 보응하시는 하나님께서 계시다는 사실은 악인들에게는 두려운 일이지만, 경건하고 정직하고 선하게 사는 자들에게는 위로와 기쁨이 된다. 이 세상은 악인들이 활개치는 무법천지가 아니다. 하나님께서 잠잠하시고 버려두시는 동안에, 악인들은 자기들의 세상인 양 행하지만, 하나님께서 일어나시면 악인들을 공의로 다스리실 것이다. 우리는 살아계신 하나님의 공의의 통치와 보응을 두려워해야 한다. 하나님께서는 공의로 세상을 심판하실 것이다. 죄인들은 회개하고 구원을 얻어 야 한다. 그러나 성도들은 그것을 기뻐하고 감사한다. 우리는 세상에 하나님의 공의의 보응이 있다는 것을 알아야 한다.

59편: 나의 산성이신 하나님을 찬송함

다윗의 믹담[명심할 내용이라는 뜻 같음] 시. 영장(伶長)[찬양대장]을 위해 알 타쉬케스['멸하지 말라는 곡으로'라는 뜻]에 맞춘 노래. 사울이 사람을 보내어 다윗을 죽이려고 그 집을 지킨 때에.

〔1-5절〕 나의 하나님이여, 내 원수에게서 나를 건지시고 일어나 치려는 자에게서 나를 높이 드소서. 사악을 행하는 자에게서 나를 건지시고 피 흘리기를 즐기는 자에게서 나를 구원하소서. 저희가 나의 생명을 해하려고 엎드려 기다리고 강한 자가 모여 나를 치려 하오니 여호와여, 이는 나의 범과를 인함이 아니요 나의 죄를 인함도 아니로소이다. 내가 **허물이 없으나 저희가 달려와서 스스로 준비하오니 주여, 나를 도우시기 위하여 깨사 감찰하소서. 만군의 하나님 여호와, 이스라엘의 하나님이여, 일어나 열방을 벌하소서. 무릇 간사한 악인을 긍휼히 여기지 마소서(셀라).**

다윗의 원수들은 그를 치고 그에게 악하게 행했다. 그들은 피 흘리기를 즐기고 은밀히 엎드려 그를 해치려 했고 강한 자들이 연합하여 그를 치려 했다. 그들의 핍박은 다윗의 죄나 허물 때문이 아니었다. 그들이 다윗을 말로나 행동으로 공격하는 것은 정당치 못했다. 성도는 세상에서 이런 고난을 당한다.

다윗은 하나님께서 이런 상황을 살피시고 그를 그들로부터 건져주시기를 구한다. 또 그는 하나님께서 악인들을 징벌하실 것을 요청한다(4, 5절). 하나님께서는 그의 기도를 들어주실 것이다.

〔6-8절〕 저희가 저물게 돌아와서 개처럼 울며 성으로 두루 다니고 그 입으로 악을 **토하며 그 입술에는 칼이 있어 이르기를 누가 들으리요** 하나이다. **여호와여, 주께서 저희를 웃으시리니 모든 열방을 비웃으시리이다.**

악인들은 저물게 돌아왔다. 그들은 낮에는 감히 활동하지 못하고 숨어 있다. 성도는 빛의 사람들이며 정정당당하게 사는 자들이지만, 악인들은 어둠의 사람들이다. 또 그들은 개처럼 짖었다. 그들은 먹이를 위해 짖어대는 개처럼 그를 해하려고 했다. 그러나 보통은 하나님께서 허락지 않으신다. 순교는 특별한 경우에만 허락된다. 또 그들은 성으로 두루 다녔다. 악한 자들은 왕성한 활동력을 가지고 동료들을 선동했다. 또 그들은 입으로 악을 토하며 입술에는 칼이 있었다. 그들은 악한 말을 쏟아내며 사람의 마음을 찌르는 말을 내뱉었다. 악인들은 악한 말을 내뱉으면서 "누가 들으리요"라고 말했다. 그들은 사람의 모든 생각과 말과 행실을 살피시는 하나님을 알지 못했다.

그러나 하나님께서는 그들을 비웃으실 것이다. 하나님께서는 사람의 은밀한 악들을 다 보시고 들으시고 판단하시고 보응하실 것이다. 하나님의 눈은 매우 정밀한 감시 카메라와 같고 하나님의 귀는 고성능 도청장치와 같다. 그는 사람의 모든 행위들과 모든 은밀한 일들을 다 보시고 선악간에 공의로 심판하실 것이다(전 12:14; 롬 2:16).

〔9-10절〕 **하나님은 나의 산성이시니 저의 힘을** 인하여 **내가 주를 바라리이다. 나의 하나님이 그 인자하심으로**(엘로헤 카스도 אֱלֹהֵי חַסְדּוֹ)[그의 자비의 하나님께서][12] **나를 영접하시며 내 원수의** 보응받는 것을 **나로 목도케 하시리이다.**

산성은 원수들의 공격으로부터 안전한 요새를 말한다. 환난 많은 세상에서 하나님께서는 우리의 산성과 요새와 피난처이시다. 또 그는 힘있는 자, 곧 능력의 하나님이시다. 또 그는 자비와 긍휼이 풍성하시다. 그는 고난 받는 자기 백성을 사랑하시고 그들에게 자비를 베푸신다. 이와 같이, 다윗은 능력과 자비의 하나님을 바라본다. 하나님을 믿는 것은 하나님을 바라며 그의 도우심과 돌보심을 기다리는 것이다. 또 하나님을 의지하는 자는 새 힘을 얻는다. 이사야 40:31, "오직 여호와를 앙망하는 자는 새 힘을 얻으리니 독수리의 날개치며 올

12) 히브리어 본문은 '나의 자비의 하나님'(케레)이라고 읽기도 하지만(Targ, Vg, KJV), 쓰여진 대로(케팁) '그의 자비의 하나님' 혹은 '하나님께서 그의 자비 가운데서'라고 읽는 것이 좋을 것이다(LXX, NASB, 한글개역).

라감 같을 것이요 달음박질하여도 곤비치 아니하겠고 걸어가도 피곤치 아니하리로다.” 또 다윗은 자비의 하나님께서 그를 만나주시고 그의 원수들의 보응받는 것을 보게 하실 것이라고 말한다. ‘영접한다’는 원어는 ‘만난다’는 뜻이다. 자비의 하나님께서는 그를 만나셔서 그에게 위로와 힘을 주시며 그의 문제를 해결해주시고 그를 환난에서 건지시고 그를 괴롭히는 원수들을 징벌하실 것이다.

〔11-13절〕 저희를 죽이지 마옵소서. 나의 백성이 잊을까 하나이다. 우리 방패 되신 주여, 주의 능력으로 저희를 흩으시고 낮추소서. 저희 입술의 말은 곧 그 입의 죄라. 저희의 저주와 거짓말을 인하여 저희로 그 교만한 중에서 사로잡히게 하소서. 진노하심으로 소멸하시되 없기까지 소멸하사 하나님이 야곱 중에 다스리심을 땅끝까지 알게 하소서(셀라).

악인들은 말로 남을 저주하고 거짓말을 하는 자들이며 또 교만한 자들이다. 교만은 마귀의 죄이며(딤전 3:6) 그는 교만해 타락한 천사라고 보인다. 잠언은 하나님의 미워하시는 대표적 죄악들 6, 7가지를 열거하면서 교만한 눈과 거짓된 혀와 무죄한 자의 피를 흘리는 손과 악한 계교를 꾀하는 마음과 빨리 악으로 달려가는 발과 거짓을 말하는 망령된 증인과 형제 사이를 이간하는 자라고 말했다(잠 6:16-19).

다윗은 그 악인들의 징벌을 하나님께 호소한다. 그는 그들을 죽이지 마시기를 구한다. 그것은 하나님의 백성으로 생각할 시간을 갖게 하려 함이었다. 또 그는 그들을 흩으시고 낮추시기를 구한다. 그들은 가족들과 친구들 간의 교제를 잃어버리고 그 신분과 지위를 잃어버리고 비천해질 것이다. 또 그는 그들이 사로잡히기를 구한다. 그들은 다른 사람의 종이 되어 자유를 잃고 고통과 학대를 당할 것이며 마침내 땅 위에서 없어질 것이다. 이러므로 하나님께서 야곱 중에 다스리심이 땅끝까지 알려질 것이다. 하나님께서 세상을 통치하심이 세상에 증거될 것이다. 실상, 하나님께서는 온 세상 모든 족속의 왕이시다. 그의 살아계심과 왕 되심이 온 세상에 증거되어야 한다.

다윗은 원수들과의 싸움의 소용돌이 속에서 하나님을 방패로 삼았고 의지했다. 그는 하나님을 "우리 방패 되신 주여"라고 불렀다. 방패는 전쟁에서 칼과 화살을 막는 필수적 무기이다. 어떤 칼이나 창이나 화살도 막아낼 수 있는 튼튼한 방패를 가지고 그 방패를 잘 사용하는 병사는 안전하다. 하나님께서는 우리의 가장 튼튼한 방패이시다.

〔14-17절〕 저희로 저물게 돌아와서 개처럼 울며 성으로 두루 다니게 하소서. 저희는 식물을 위하여 유리하다가 배부름을 얻지 못하면 밤을 새우려니와[투덜대려니와] **나는 주의 힘을 노래하며 아침에 주의 인자하심을 높이 부르오리니 주는 나의 산성이시며 나의 환난 날에 피난처심이니이다. 나의 힘이시여, 내가 주께 찬송하오리니 하나님은 나의 산성이시며 나를 긍휼히 여기시는 하나님이심이니이다.**

본문은 하나님의 징벌을 받는 악인들의 모습을 묘사한다. 그들은 이전에 성도를 해치기 위해 밤에 성에 두루 다니며 부르짖었던 자들이었다(6절). 그러나 그들은 이제 먹을 양식을 위해 밤에 성을 두루 다니며 울부짖을 것이다. 그들은 식물을 위해 유리하다가 배부름을 얻지 못하면 투덜댈 것이다. '밤을 새다'는 원어(와얄리누 וַיָּלִינוּ)는 '유숙하다, 밤을 새다'는 뜻도 가지지만, '불평한다, 투덜댄다'는 뜻도 가진다(BDB). 고대 역본들(LXX, Vg)이나 영어성경들(KJV, NASB)은 후자의 뜻으로 번역했다. 그들은 투덜대며 밤을 지새울 것이다.

본문은 또한 다윗의 노래를 증거한다. "나는 주의 힘을 노래하며 아침에 주의 인자하심을 높이 부르오리니," "나의 힘이시여, 내가 주께 찬송하오리니." 악인들에게는 불만과 불평이 있을 것이지만, 성도들에게는 기쁨과 감사의 노래가 있을 것이다. 밤 같은 고난의 날들에는 성도에게 슬픔과 두려움이 없지 않았겠지만, 구원과 회복의 아침이 밝아올 것이며 그때 성도는 하나님께 찬송할 것이다.

성도의 찬송의 이유는 하나님께서 그의 힘이 되시고 산성과 피난처가 되시기 때문이며 그가 하나님의 긍휼을 체험했기 때문이다. 16

절, "이는 주는 나의 산성이시며 나의 환난 날에 피난처심이니이다." 17절, "이는 하나님은 나의 산성이시며 나를 긍휼히 여기시는 하나님이심이니이다." 하나님의 은혜를 체험한 자는 찬송할 것이다.

시편 59편의 교훈을 정리해보자. 첫째로, 다윗은 하나님께서 우리를 다스리시는 자이심을 증거했다. 13절, "진노하심으로 소멸하시되 없기까지 소멸하사 하나님이 야곱 중에 다스리심을 땅끝까지 알게 하소서." 하나님께서는 우리를 다스리시는 자이시다. 우리는 그의 다스리심을 섭리라고 말한다. 하나님께서 다스리시는 섭리자이시기 때문에, 우리는 어려운 문제가 있을 때 하나님께 기도하고 그의 도우심을 구하는 것이다. 본 시편 1절에서도 다윗은 "나의 하나님이여, 내 원수에게서 나를 건지시고 일어나 치려는 자에게서 나를 높이 드소서"라고 기도하였다.

둘째로, 다윗은 하나님께서 우리의 산성이심을 증거했다. 9절, "하나님은 나의 산성이시니." 16절, "주는 나의 산성이시며." 17절, "하나님은 나의 산성이시며." 산성은 원수의 침략을 피할 수 있는 요새를 가리킨다. 하나님께서는 그를 경외하고 그의 계명을 순종하는 성도들을 사랑하시고 환난 날에 그들을 지키시고 도우신다. 시편 18:1-2, "나의 힘이 되신 여호와여, 내가 주를 사랑하나이다. 여호와는 나의 반석이시요 나의 요새시요 나를 건지시는 자시요 나의 하나님이시요 나의 피할 바위시요 나의 방패시요 나의 구원의 뿔이시요 나의 산성이시로다." 시편 46:1, "하나님은 우리의 피난처시요 힘이시니 환난 중에 만날 큰 도움이시라." 우리는 하나님을 우리의 산성으로 삼고 살아야 한다.

셋째로, 다윗은 하나님의 기도 응답과 도우심, 교만한 원수들을 벌하심, 환난 날에 산성 되심, 자기에게 베푸신 그의 인자하심을 인해 하나님을 찬송하기를 원한다(16-17절). 우리도 살아계신 섭리자 하나님의 기도 응답과 구원과 도우심과 긍휼히 여기심을 항상 체험하고 감사하며 찬송해야 하고, 특히 우리의 죄로 인해 영원히 지옥 형벌을 받아야 마땅했던 우리를 구원하신 하나님의 큰 구원을 늘 찬송해야 한다.

60편: 하나님의 구원과 도움을 구함

다윗이 교훈하기 위하여 지은 믹담. 영장(伶長)을 위해 슈샨 에둣['증거의 백합'이라는 곡]에 맞춘 노래. 다윗이 아람 나하라임과 아람 소바와 싸우는 중에 요압이 돌아와 에돔을 염곡에서 쳐서 1만 2천인을 죽인 때에.

〔1-5절〕 **하나님이여, 주께서 우리를 버려 흩으셨고 분노하셨사오나** 지금은 **우리를 회복시키소서. 주께서 땅을 진동시키사 갈라지게 하셨사오니 그 틈을 기우소서. 땅이 요동함이니이다. 주께서 주의 백성에게 어려움을 보이시고 비척거리게 하는 포도주로 우리에게 마시우셨나이다. 주를 경외하는 자에게 기를 주시고 진리를 위하여 달게 하셨나이다(셀라). 주의 사랑하시는 자를 건지시기 위하여 우리에게 응답하사 오른손으로 구원하소서.**

이스라엘 백성은 하나님의 백성이며 하나님을 경외하며 그의 사랑하시는 자임에도 불구하고 환난이 있었다(3-5절). 하나님의 백성에게 환난이 있다. 하나님의 본심은 인생으로 고생하며 근심하게 하심이 아니지만(애 3:33), 하나님께서는 여러 가지 이유로 또 그의 백성의 유익을 위하여 고난과 환난을 주시고 허용하신다.

하나님의 백성이 당하는 환난은 하나님께서 주시는 것이다. 본문은 하나님께서 그들을 버려 흩으셨고 분노하셨다고 말한다. 그들은 전쟁에서 패하고 흩어졌던 것 같다. 그것은 분명히 그들의 죄와 하나님의 분노하심 때문이었다. 본문은 또 하나님께서 땅을 진동시키시고 갈라지게 하셨다고 말한다. 그것은 문자 그대로 하나님께서 지진을 보내셔서 땅을 진동시켜 갈라지게 하셨다는 뜻이거나 또는 비유적으로 사회에 정파적, 이념적 분열을 주셨다는 뜻일 것이다. 본문은 또 하나님께서 그들에게 어려운 일을 보이시고 당황하고 비척거리게 하는 포도주로 마시게 하셨다고 말한다. 이런 일들은 대체로 그들의 죄들에 대한 하나님의 징계로 오지만, 때로는 하나님께서 그들의 믿음과 인격을 훈련시키기 위해 주시기도 한다.

다윗은 하나님께서 그 백성을 구원해주시기를 간구한다. "[하나님이여,] 지금은 우리를 회복시키소서," "그 틈을 기우소서," "기[깃발]를 주소서," "우리에게 응답하사 오른손으로 구원하소서." 다윗은 그들에게 구원과 회복과 승리를 주실 수 있는 분이 하나님이시라는 것을 알고 있다. 우리의 원수들을 패배케 하시고 흩어진 자들을 모으시고 바른 길로 진행케 하시고 우리와 함께하시고 우리에게 평안을 주실 자는 오직 하나님뿐이시다. 구원의 능력은 하나님께만 있다.

〔6-8절〕 하나님이 그 거룩하심으로 말씀하시되 내가 뛰놀리라. 내가 세겜을 나누며 숙곳 골짜기를 척량하리라. 길르앗이 내 것이요 므낫세도 내 것이며 에브라임은 내 머리의 보호자(마오즈 מָעוֹז)[보호물, 투구(NASB, NIV)]**요 유다는 나의 홀**(메콕키 מְחֹקְקִי)[나의 법을 베푸는 자]**이며 모압은 내 목욕통이라. 에돔에는 내 신을 던지리라. 블레셋아, 나를 인하여 외치라 하셨도다.**

다윗은 하나님의 말씀을 전한다. 하나님께서는 거룩하시며 그의 거룩하심 가운데서 말씀하시며 그의 말씀은 다 거룩한 말씀이다. 그 거룩하신 말씀은 다 진실하고 확실하며 엄위하시다. 하나님께서는 "내가 뛰놀리라"고 말씀하셨다. 그것은 하나님의 승리의 기쁨을 표현하신 말씀이라고 보인다. 또 그는 "내가 세겜을 나누며 숙곳 골짜기를 척량하리라," "길르앗이 내 것이요 므낫세도 내 것이며"라고 말씀하셨다. 세겜은 요단강 서쪽에 있고, 숙곳 골짜기나 길르앗은 요단강 동쪽에 있고, 므낫세는 요단 동서쪽에 걸쳐 있다. 하나님께서는 이스라엘의 모든 영토, 즉 요단 동쪽과 요단 서쪽을 다 그의 소유로 삼으셨고 그것을 관리하시고 지키시며 보호하실 것이다.

또 하나님께서는 "에브라임은 내 머리의 보호물"이라고 말씀하셨다. '내 머리의 보호물'이라는 말은 그의 원수들로부터 그의 왕권을 지키신다는 뜻일 것이다. 또 하나님께서는 "유다는 나의 홀"이라고 말씀하셨다. '나의 홀'[나의 법을 베푸는 자]은 '지도자'나 '왕'을 가리킨다. 이스라엘 나라의 왕권은 유다 지파를 통해 계승될 것이다. 하나님께서는 이스라엘의 왕권을 지키시고 그 왕권을 회복시키실 것이다.

또 하나님께서는 "모압은 내 목욕통"이라고 말씀하셨는데, 그것은 모압이 이스라엘 나라의 종이 될 것을 표현하신 것이라고 보며, 또 "에돔에는 내 신을 던지리라"는 말씀도 에돔에 대한 진노와 경멸을 표현하신 것이라고 본다. 또 "블레셋아, 나를 인하여 외치라"는 말씀은 블레셋이 나를 인해 외쳐 보려면 외쳐 보라는 뜻이라고 본다. 그것은 블레셋이 더 이상 이전처럼 이스라엘 나라를 이겨 외치지 못할 것이라는 것을 반어적으로 표현하신 것이라고 본다.

〔9-10절〕 **누가 나를 이끌어 견고한 성에 들이며 누가 나를 에돔에 인도할꼬. 하나님이여, 주께서 우리를 버리지 아니하셨나이까? 하나님이여, 주께서 우리 군대와 함께 나아가지 아니하시나이다**[우리를 버리셨던 하나님, 우리 군대와 함께 나아가지 않으셨던 하나님, 당신이 아니시니이까?](KJV).

다윗은 이스라엘 나라의 군대가 겪은 패전들이 하나님께서 하신 일임을 고백한다. 하나님께서는 그들을 버리셨고 그 군대와 함께 나가지 않으셨다. 그것들은 다 하나님께서 하신 일이었다. 인생의 실패와 고난은 하나님께서 주시는 일이다. 그러나 이제 다윗은 하나님께서 자신과 이스라엘 백성을 이끌어 에돔의 견고한 성으로 들어가게 하실 것이라고 고백한다. 그는 하나님의 긍휼과 주권적 능력을 믿고 고백하는 것이다. 하나님께서는 우리로 승리케 하시는 자이시다.

〔11-12절〕 **우리를 도와 대적을 치게 하소서**(하바 라누 에즈랏 밋차르 הָבָה־לָנוּ עֶזְרָת מִצָּר)[환난에서 우리를 도우소서](BDB, KJV). **사람의 구원은 헛됨이니이다. 우리가 하나님을 의지하고 용감히 행하리니 저는 우리의 대적을 밟으실 자심이로다.**

사람의 구원과 도움은 헛되다. 하나님께서 그것을 무(無)로 돌리실 때 그것은 헛되게 된다. 이방 군대의 도움도 그러하다. 이사야 2:22, "너희는 인생을 의지하지 말라. 그의 호흡은 코에 있나니 수에 칠 가치가 어디 있느뇨?" 시편 146:3-4, "방백들을 의지하지 말며 도울 힘이 없는 인생도 의지하지 말지니 그 호흡이 끊어지면 흙으로 돌아가서 당일에 그 도모가 소멸하리로다."

다윗은 환난 중에 하나님의 도움을 간구하고 그를 의지한다. 하나님께서는 환난 당한 자를 도우실 수 있다. 구원은 하나님께 있다(시 3:8). 또 다윗은 "우리가 하나님을 의지하고 용감히 행하리니 저는 우리의 대적을 밟으실 자심이로다"라고 말한다. 그는 시편 18:29에서 "내가 주를 의뢰하고 적군에 달리며 내 하나님을 의지하고 담을 뛰어 넘나이다"고 말했고, 시편 20:7에서 "혹은 병거, 혹은 말을 의지하나 우리는 여호와 우리 하나님의 이름을 자랑하리로다"고 말했다.

시편 60편의 교훈을 정리해보자. 첫째로, 하나님께서는 범죄자들을 버리셨고 흩으셨다. 1절, "하나님이여, 주께서 우리를 버려 흩으셨고 분노하셨사오나." 10절, "우리를 버리셨던 하나님, 우리 군대와 함께 나아가지 않으셨던 하나님." 재앙은 대체로 죄에 대한 하나님의 징벌이다. 하나님께서는 범죄하는 자들에게 고난과 재앙의 벌을 내리실 것이다.

둘째로, 자기 백성을 지키시고 원수들을 파하실 수 있는 하나님이시다. 9-10절, "누가 나를 이끌어 견고한 성에 들이며 누가 나를 에돔에 인도할꼬? 우리를 버리셨던 하나님 . . . 당신이 아니시니이까?" 12절, "저는 우리의 대적을 밟으실 자심이로다." 전쟁의 승패는 단지 군사력에 있지 않고 오직 섭리자 하나님과 그의 지키심과 도우심에 있다.

셋째로, 우리는 고난 중에 낙심하거나 두려워하지 말고 오직 하나님만 의지하며 그의 구원과 도우심을 구해야 한다. 1절, "하나님이여 . . . 우리를 회복시키소서." 5절, "주의 사랑하시는 자를 건지시기 위하여 우리에게 응답하사 오른손으로 구원하소서." 11절, "환난에서 우리를 도우소서. 사람의 구원은 헛됨이니이다." 12절, "우리가 하나님을 의지하고 용감히 행하리니." 우리는 믿음 안에서 용감하게 살아야 한다.

61편: 하나님의 보호를 간구함

다윗의 시. 영장(伶長)[아마, 찬양대장]을 위해 현악에 맞춘 노래.

〔1-2절〕 하나님이여, 나의 부르짖음을 들으시며 내 기도에 유의하소서. 내 마음이 눌릴(아탑 עָטַף)[연약할, 기진할] **때에 땅끝에서부터 주께 부르짖으오리니 나보다 높은 바위에 나를 인도하소서.**

다윗은 고난 중에 하나님께 기도했다. 그는 마음이 눌린 상태 즉 지치고 기진한 상태에 있었다. 또 그가 땅끝에서부터 주께 부르짖으리라는 표현은 사람들의 핍박으로 나라의 변방에 쫓겨나 있는 상태를 나타내는 것 같다. "나보다 높은 바위에 나를 인도하소서"라는 말은 그를 안전한 곳으로 인도해달라는 뜻이다. 그는 고난의 현실로부터 안전하고 평안한 곳으로 구출해주시기를 간구한 것이다.

성도는 기도할 대상을 가진 자이다. 하나님께서 바로 그 기도 대상이시다. 사람이 고난 많은 세상에서 기도할 대상을 가지지 못한다면 얼마나 쓸쓸하고 슬픈 일인가? 그러나 성도에게는 천지만물을 창조하신 살아계신 여호와 하나님께서 계시며 그가 그들을 위하시며 그들의 기도를 들으시고 도와주실 것이다. 이 사실은 성도에게 큰 특권이며 큰복이다. 전능하신 창조자, 섭리자 하나님을 모신 자는 복되다.

다윗은 고난 중에 하나님께 부르짖어 기도하였다. '부르짖음'이라는 원어(린나 רִנָּה)는 '큰 소리로 외침'이라는 뜻이다. 성경은 부르짖는 기도에 대해 많이 말한다.[13] 부르짖는 기도는 간절한 기도이다. 우리는 고난 중에 하나님께 부르짖어 기도할 수 있고 또 하나님께서는 성도의 그런 간절한 기도를 잘 들어주실 것이다.

---

13) 시편에는 '부르짖음'이라는 명사 린나 רִנָּה가 6번, 솨웨아 שַׁוְעָה가 6번, '부르짖다'는 동사 자아크 זָעַק가 5번, 차아크 צָעַק가 5번, 카라 קָרָא가 16번 등 모두 38번이 사용되었다(*Young's Analytical Concordance*).

〔3-4절〕 주는 나의 피난처시요 원수를 피하는 **견고한 망대심이니이다. 내가 영원히 주의 장막에 거하며 내가 주의 날개 밑에 피하리이다(셀라).**

다윗이 하나님께 부르짖는 기도를 드린 까닭은 하나님께서 그의 피난처와, 원수를 피하는 견고한 망대이심을 알았고 믿었기 때문이었다. 하나님께서는 전쟁 때에 안전한 대피소같이 우리의 안전한 피난처이시며 견고한 망대이시다. 또 하나님께서는 성도들에게 영원한 장막 같고 그의 품은 새끼를 보호하는 어미 새의 날개 같다. 하나님의 장막에 거하는 자와 하나님의 날개 밑에 피하는 자를 해칠 자는 이 세상에 아무도 없다. 성도는 하나님 안에서 참된 안전과 영원한 평안을 누린다. 하나님의 품은 안전하고 평안하다.

시편 91:1-7은 다음과 같이 말한다. “지존자의 은밀한 곳에 거하는 자는 전능하신 자의 그늘 아래 거하리로다. 내가 여호와를 가리켜 말하기를 저는 나의 피난처요 나의 요새요 나의 의뢰하는 하나님이라 하리니 이는 저가 너를 새 사냥군의 올무에서와 극한 염병에서 건지실 것임이로다. 저가 너를 그 깃으로 덮으시리니 네가 그 날개 아래 피하리로다. 그의 진실함은 방패와 손 방패가 되나니 너는 밤에 놀램과 낮에 흐르는 살과 흑암 중에 행하는 염병과 백주에 황폐케 하는 파멸을 두려워 아니하리로다. 천인이 네 곁에서, 만인이 네 우편에서 엎드러지나 이 재앙이 네게 가까이 못하리로다.”

하나님의 구원과 보호하심은 영육의 모든 면에서 그리고 현세와 내세의 모든 면에서 그러하다. 하나님께서는 우리의 모든 죄를 사하시고 정결케 하시며 그는 우리의 모든 질병의 문제, 물질적 궁핍의 문제, 인간 관계의 복잡한 문제, 그리고 사회적인 문제까지 도우시며 돌보시며 선히 인도하신다. 또 그는 우리의 이러한 현세의 문제들뿐 아니라 우리의 내세의 문제들, 즉 우리의 죽음의 문제나 최종적 심판과 지옥 형벌의 문제도 도우시고 돌보신다. 사도 바울은 말하기를, “육체의 연습은 약간의 유익이 있으나 경건은 범사에 유익하니 금생과 내생에 약속이 있느니라. 미쁘다, 이 말이여, 모든 사람들이 받을 만하도다. 이를 위하여 우리가 수고하고 진력하는 것은 우리 소망을 살아계신 하나님께 둠이니 곧 모든 사람 특히 믿는 자들의 구주시라"고 하였다(딤전 4:8-10). 경건은 현세와 내세에 유익이 있다.

〔5-6절〕 [이는] **하나님이여, 내 서원을 들으시고 주의 이름을 경외하는 자의 얻을 기업을** 내게 **주셨나이다**[주셨음이니이다]. **주께서 왕으로 장수케 하사 그 나이 여러 대에 미치게 하시리이다.**

다윗은, 자기가 하나님의 장막에 영원히 거하겠다고 말한 까닭이 하나님께서 그의 서원을 들으시고 그를 경외하는 자의 얻을 기업을 그에게 주셨기 때문이라고 말한다. 다윗이 하나님께 한 서원은 하나님의 기업인 이스라엘 나라에서 왕권을 유지함을 포함하였을 것이다. 신약 성도에게 주신 기업은 현세의 교회와 내세의 천국이다.

다윗은 또 장수(長壽)를 확신한다. 이 말씀은 다윗의 왕권의 계속을 암시하지만, 또한 영생을 내포한다. 생명의 시작과 끝은 하나님께 달렸다. 장수(長壽)는 하나님의 복이며(출 20:12) 영생은 하나님께서 자기 백성에게 주시는 가장 큰복이다. 시편 133:3은, "헐몬의 이슬이 시온의 산들에 내림 같도다. 거기서 여호와께서 복을 명하셨나니 곧 영생이로다"고 고백한다. 사도 바울은 "하나님의 종이요 예수 그리스도의 사도인 바울 곧 나의 사도된 것은 하나님의 택하신 자들의 믿음과 경건함에 속한 진리의 지식과 영생의 소망을 인함이라. 이 영생은 거짓이 없으신 하나님이 영원한 때 전부터 약속하신 것이라"고 디도에게 편지했고(딛 1:1-2), 사도 요한도 그의 서신에서 "내가 하나님의 아들의 이름을 믿는 너희에게 이것을 쓴 것은 너희로 하여금 너희에게 영생이 있음을 알게 하려 함이라"고 썼다(요일 5:13).

〔7절〕 저가 영원히 하나님 앞에 거하리니 인자와 진리를 예비하사 저를 보호하소서.

사람이 하나님 앞에 영원히 거하는 것은 매우 큰복이다. 그러나 다윗은 하나님의 은혜가 아니고서는 하나님 앞에 영원히 거할 수 없음을 알았고 그래서 하나님의 인자와 진리로 그를 보호하시기를 구한다. 인자(仁慈) 곧 하나님의 은혜와 자비와 긍휼과 사랑은 죄인들이 자신들의 죄를 씻음 받고 하나님 앞에 나아갈 수 있는 이유이며, 또 하나님의 진리는 그들이 하나님의 복을 확신할 수 있는 근거이다.

〔8절〕 그리하시면 내가 주의 이름을 영원히 찬양하며 매일 나의 서원을 이행하리이다.

하나님께서 다윗을 지켜주시고 구원해주시면 그가 하나님의 이름을 영원히 찬양하겠다는 것이 다윗의 서원에 포함된 내용이었던 것 같다. 찬송은 하나님께서 사람을 창조하신 목적이며(사 43:21) 구원 얻은 성도들의 마땅한 의무이다. 신약 성도의 찬송의 이유는 하나님께서 우리를 죄와 죽음과 지옥 형벌로부터 건져주셨기 때문이다.

시편 61편의 교훈을 정리해보자. 첫째로, 다윗은 고난 중에 하나님께 부르짖어 기도하였다. 1절, "하나님이여, 나의 부르짖음을 들으시며." 우리는 고난 중에 하나님께 부르짖어 기도할 수 있고 기도해야 한다.

둘째로, 다윗은 하나님을 피난처와 망대, 안전한 날개와 영원한 거처로 알고 기도했다. 3-4절, "주는 나의 피난처시요 원수를 피하는 견고한 망대심이니이다. 내가 영원히 주의 장막에 거하며 내가 주의 날개 밑에 피하리이다." 하나님께서는 우리의 죄를 사하셨을 뿐 아니라, 우리를 모든 질병과 가난과 원수들과 사회적 혼란과 육신의 죽음과 지옥 형벌로부터 구원해주셨고 또 구원해주실 것이다. 성경 읽고 기도하며 믿음과 순종으로 사는 길은 현세와 내세에 복된 삶이다(딤전 4:8-10).

셋째로, 다윗은 구주 하나님을 늘 찬송하였다. 8절, "내가 주의 이름을 영원히 찬양하며." 시편 33:1, "찬송은 정직한 자의 마땅히 할 바로다." 히브리서 13:15, "우리가 예수로 말미암아 항상 찬미의 제사를 하나님께 드리자. 이는 그 이름을 증거하는 입술의 열매니라."

62편: 잠잠히 하나님만 바람

다윗의 시. 영장(伶長)을 위해 여두둔의 법칙을 의지하여 한 노래.

〔1-2절〕 나의 영혼이 잠잠히 하나님만 바람이여, 나의 구원이 그에게서 나는도다. 오직 저만 나의 반석이시요 나의 구원이시요 나의 산성이시니 내가 크게 요동치 아니하리로다.

다윗은 고난 중에 하나님의 구원을 믿고 그를 잠잠히 바라고 기다렸다. 하나님을 잠잠히 바라고 기다리는 것이 믿음이다. 다윗은 오직 하나님께서만 그의 반석이시며 그의 구원과 산성이시라고 고백한다. 하나님께서는 우리의 유일하시고 완전하신 구주이시다. 또 다윗은 크게 요동하지 않을 것이라고 말한다. 성도들은 환난 중에 조금 요동할 수 있지만, 크게 그러하지는 않을 것이다. 왜냐하면 그들은 하나님을 의지하고 하나님께서는 그들을 붙드시고 위로하시기 때문이다.

〔3-4절〕 넘어지는 담과 흔들리는 울타리 같은 사람을 죽이려고 너희가 일제히 박격하기를 언제까지 하려느냐?[너희가 언제까지 사람을 공격하느뇨? 너희 모두는 기우는 담과 흔들리는 울타리같이 부서지리로다](원문, KJV, BDB) **저희가 그를 그 높은 위(位)에서 떨어뜨리기만 꾀하고 거짓을 즐겨하니 입으로는 축복이요 속으로는 저주로다(셀라).**

다윗은 그를 핍박하는 악인들에 대해 증거한다. 악인들은 계속하여 이웃을 비방한다. 그들은 다윗을 그의 존귀한 지위에서 떨어뜨리기만 꾀하고 거짓을 즐겨하며 입으로는 축복하나 속으로는 저주한다. 악인들은 거짓되고 이중적이요 매우 가식적이고 위선적이다. 그러나 그들은 기우는 담과 흔들리는 울타리같이 부서질 것이다. 하나님께서 공의의 심판을 내리실 때, 그들은 갑자기 망할 것이다.

〔5-8절〕 나의 영혼아, 잠잠히 하나님만 바라라. 대저 나의 소망이 저로 좇아 나는도다. 오직 저만 나의 반석이시요 나의 구원이시요 나의 산성이시니 내가 요동치 아니하리로다. 나의 구원과 영광이 하나님께 있음이여, 내

힘의 반석과 피난처도 하나님께 있도다. 백성들아, 시시로[항상] **저를 의지하고 그 앞에 마음을 토하라. 하나님은 우리의 피난처시로다(셀라).**

다윗은 다시 "나의 영혼아, 잠잠히 하나님만 바라라"고 말한다. 이 세상에는 여러 가지 환난의 일이 많이 있지만 전능하신 하나님, 창조자와 주권적 섭리자이신 하나님을 아는 자는 잠잠히 하나님만 바라며 의지할 수 있다. 성도들이 하나님만 바라는 이유는 그들의 소망이 하나님께로부터 남을 믿기 때문이다. 성도는 오직 하나님께서만 그의 반석, 그의 구원, 그의 산성이심을 믿는다.

다윗은 그의 구원과 영광이 하나님께 있고 하나님께서 그의 힘의 반석과 피난처가 되심을 믿었다. 인생의 어떤 절망적 상황 속에서도 하나님께서는 우리를 도우시고 구원하시고 지키시고 새 힘을 주실 수 있다. 사람은 연약한 육신이므로 때때로 피곤해지고 두려워하고 낙심할 수 있지만 하나님을 앙망할 때 그의 구원과 도우심과 위로를 얻는다. 그러므로 다윗은 또 자신이 요동치 않을 것이라고 고백한다. 이것이 성도의 힘이다. 악인은 쫓아오는 자가 없어도 도망하나 의인은 사자같이 담대하다(잠 28:1). 성도의 안전함은 하나님께 있다.

다윗은 또, "백성들아, 항상 저를 의지하고 그 앞에 마음을 토하라. 하나님은 우리의 피난처시로다"고 말한다. 그는 다른 이들에게까지 권면한다. 그의 확신은 고난 중에 있는 다른 이들을 위한 권면으로까지 나아간다. '시시로'라는 원어는 '항상'이라는 뜻이다. 성도는 항상 하나님을 의지하며 또 특히 고난 중에 두려워하거나 낙심하지 않고 하나님을 의지하고 기도해야 한다. 우리는 평소에 성경을 규칙적으로 읽고 기도하며 살아야 하고, 어려운 일이 있을 때 하나님께 간절한 기도의 소원을 아뢰면 된다. 왜냐하면 하나님께서 우리의 피난처가 되시기 때문이다. 하나님을 아는 자들은 참으로 행복하다.

〔9-10절〕 진실로 천한 자도 헛되고 높은 자도 거짓되니 저울에 달면 [모두 대] **들려 입김보다 경하리로다. 포학을 의지하지 말며 탈취한 것으로 허**

망하여지지 말며 재물이 늘어도 거기 치심치[마음을 두지] **말지어다.**

다윗은 고난 중에 인생의 무가치함을 더욱 깨달았다. 진실로 천한 자도 헛되고 높은 자도 거짓되며 저울에 달면 모두 다 입김보다 가벼울 것이다. 가난한 자는 이 세상에서 좋은 음식을 먹거나 좋은 옷을 입거나 좋은 집에서 살지 못하며 고생스럽게 인생을 사니 허무하고, 존귀한 자는 세상에서 좋은 음식을 먹고 좋은 옷을 입고 좋은 집에 살며 고상하고 품위 있어 보이나 죽어 썩고 마니 속이는 것과 같다. 천한 자도 높은 자도 저울에 달면 그 가치성은 입김보다 가볍다.

다윗은 또 재물의 헛됨을 고백하였다. 그는 포학을 의지하지 말며 탈취한 것으로 허망해지지 말며 재물이 늘어도 거기 마음을 두지 말라고 말한다. 가난한 일꾼들을 억압하고 강탈하여 돈을 버는 자들은 하나님께서 그의 생명을 취하실 때 그의 재물이 헛되게 될 것이다. 그러므로 우리는 재물을 의지하거나 거기에 마음을 두지 말아야 한다. 잠언 23:5는, "네가 어찌 허무한 것에 주목하겠느냐? 정녕히 재물은 날개를 내어 하늘에 나는 독수리처럼 날아가리라"고 말했다.

〔11-12절〕 하나님이 한두 번 하신 말씀을 내가 들었나니 권능은 하나님께 속하였다 하셨도다. 주여, 인자함도 주께 속하였사오니 주께서 각 사람이 행한 대로 갚으심이니이다[하나님께서 한번 말씀하셨고 내가 이 두 가지를 들었나니 권능이 하나님께 속하였다는 것과 인자함이, 주여, 주께 속하였다는 것이니이다. 이는 주께서 각 사람이 행한 대로 갚으심이니이다].

다윗은 그가 들은 하나님의 말씀을 전한다. 그는 하나님의 음성을 듣는 선지자적 감동을 받았었다. 그가 들은 하나님의 말씀의 내용은 권능과 인자하심이 하나님께 있다는 것이다. 하나님께서는 능력의 하나님이시며 또한 인자하신 하나님이시다. 하나님과 사람의 차이는 무엇보다 능력이다. 사람은 하나님 앞에 감히 머리를 들 수 없는 자이다. 하나님의 능력은 그의 섭리의 모든 영역에서 나타나지만, 특히 그의 심판하심에서 나타난다. 그는 각 사람을 그 행위대로 갚으시되,

악을 행하는 자들에게 능력으로 엄하게 심판하시고 징벌하신다. 그러나 그를 경외하고 비록 부족하지만 믿음과 순종으로 살고자 애쓰는 자들에게 인자와 긍휼을 베푸시고 그의 원수들을 파하시고 그들을 고난으로부터 구원하시고 평안한 새 세계로 인도하신다. 우리가 구주 예수 그리스도의 대속 사역을 믿음으로 죄와 죽음과 지옥 형벌로부터 구원 얻은 것은 오직 하나님의 크신 인자와 긍휼 때문이다.

시편 62편의 교훈을 정리해보자. 첫째로, 우리는 고난 중에 잠잠히 하나님만 바라며 의지하고 그에게 기도해야 한다. 1절, "나의 영혼이 잠잠히 하나님만 바람이여 나의 구원이 그에게서 나는도다." 5절, "나의 영혼아, 잠잠히 하나님만 바라라. 대저 나의 소망이 저로 좇아 나는도다." 8절, "백성들아, 항상 저를 의지하고 그 앞에 마음을 토하라."

둘째로, 하나님께서는 우리의 반석과 구원, 산성과 피난처가 되신다. 2절, "오직 저만 나의 반석이시요 나의 구원이시요 나의 산성이시니 내가 크게 요동치 아니하리로다." 6절, "오직 저만 나의 반석이시요 나의 구원이시요 나의 산성이시니 내가 요동치 아니하리로다." 8절, "하나님은 우리의 피난처시로다." 하나님께서는 우리를 사랑하셔서 죄로부터 구원해주셨을 뿐 아니라, 질병들과 가난과 원수들로부터도 우리를 지켜주시고 구원해주실 수 있다. 그는 참으로 우리의 구주이시다.

셋째로, 우리는 세상의 것들의 헛됨과 하나님의 권능과 인자하심을 알아야 한다. 천한 자도 헛되고 높은 자도 거짓되다(9절). 우리는 탈취한 것으로 허망하여지지 말며 재물이 늘어도 거기 마음을 두지 말아야 한다(10절). 우리는 돈을 벌고 그것을 하나님께서 주신 줄 알고 선하게 사용하지만, 그것의 헛됨을 알고 거기에 큰 가치나 애착을 두지 말아야 한다. 또 하나님께서는 악인에게 능력으로 보응하시지만, 자기 백성에게는 비록 부족하지만, 회개하고 믿음으로 살 때 구원과 성화를 주시고 기도 응답을 주시고 건강과 경제와 원수의 문제까지도 도우신다.

63편: 나를 도우신 하나님을 찬송함

다윗의 시. 유다 광야에 있을 때에.

〔1절〕 하나님이여, 주는 나의 하나님이시라. 내가 간절히 주를 찾되 물이 없어 마르고 곤핍한 땅에서 내 영혼이 주를 갈망하며 내 육체가 주를 앙모하나이다.

다윗이 하나님을 '나의 하나님'이라고 고백한 것은 하나님에 대한 개인적인 친밀한 관계를 나타낸다. 사도 바울도 로마서 1:9에서 하나님을 "내가 그의 아들의 복음 안에서 내 심령으로 섬기는 하나님"이라고 말했다. 하나님과 우리의 관계가 이런 관계가 되기를 원한다.

다윗은 "물이 없어 마르고 곤핍한 땅에서" 하나님을 찾고 앙모하고 있다. 본 시편의 표제어대로, 그는 그 당시 유다 광야에 있었다. 그러나 그는 육신적으로 뿐만 아니라, 정신적으로도 환난 중에 매우 피곤하여 하나님의 도움을 간절히 원했다. 그것은 하나님께서 그에게 얼굴을 감추셨고 그를 멀리하시고 그를 버려두신 것 같았기 때문이다. 그러나 실상 하나님께서는 그의 믿음을 단련시키고 계셨을 것이다. 바울도 극심한 환난 중에서 자신을 의뢰하지 않고 오직 하나님만 의뢰하는 법을 배우게 되었다고 고백했었다(고후 1:8-9).

〔2절〕 내가 주의 권능과 영광을 보려 하여 이와 같이 성소에서 주를 바라보았나이다.

다윗은 이전에 하나님을 사모하였기 때문에 성소에 나아가서 하나님께 간구하였으나, 지금은 유대 광야에서도 하나님을 간절히 찾고 있는 것이다. 그가 갈망하며 보기를 원한 것은 하나님의 권능과 영광이었다. 하나님께서는 권능의 하나님이시다. 하나님의 권능은 전능(全能)이시다. 그것은 불가능한 일을 가능케 하고 죽은 자를 살리시는 능력이다. 또 하나님의 영광은 그의 존재의 완전함, 그의 지혜와 능력의 완전함, 그의 도덕성의 완전함을 가리킨다. 하나님의 영광은 오직 하나님께만 있는 그의 고유한, 독특한 영광이다. 우리는 그 영광을 인정하고 그를 높이고 찬송하여야 한다. 다윗이 하나님의 권능과 영광을 보려 한다는 것은 그것을 체험하기를 원한 것을 말한다.

구약의 성소는 하나님을 섬기는 곳이며 그의 임재가 있는 곳이지만, 특히 하나님의 언약이 있는 곳이었다. 거기에는 언약의 피가 뿌려지는 속죄소가 있다. 하나님께서는 그곳에서 이스라엘 백성과 만나시겠다고 약속하셨다(출 25:22). 그것은 하나님의 아들 예수 그리스도의 속죄를 예표하였다. 예수 그리스도께서는 하나님의 새 언약의 중보자이시다(히 9:15). 다윗은 지금 광야에서도 아마 성소를 향하여 하나님의 언약을 붙잡고 하나님께 기도하였을 것이다.

〔3-4절〕 주의 인자가 생명보다 나으므로 내 입술이 주를 찬양할 것이라. 이러므로 내 평생에 주를 송축하며 주의 이름으로 인하여 내 손을 들리이다.

사람의 생명은 귀하다. 존재하지 않는 것보다 존재하는 것이 낫고, 생명 없는 무생물보다 생명체가 더 낫다. 특히 우리가 사람으로 태어나서 사람으로 존재한다는 것은 참으로 귀한 일이다. 그래서 사람들은 생일을 축하하고 죽음을 애도한다. 그러나 사람의 이 고귀한 생명은 너무 연약하고 유한하다. 그것은 늙고 병약하고 마침내 죽고마는 생명이다. 누가 사람의 늙음과 병과 죽음을 극복할 수 있겠는가.

그러므로 다윗은 하나님의 인자하심이 자기의 생명보다 더 낫다고 고백한다. 그것은 하나님께서 긍휼과 자비로 사람의 죄를 용서하실 때 사람이 건강과 장수와 안전과 또 영생까지 누릴 수 있기 때문이다. 사람의 생명의 연장과 건강과 안전은 전적으로 하나님께 달려 있다. 그러므로 잠언 3:7-8은, “스스로 지혜롭게 여기지 말지어다. 여호와를 경외하며 악을 떠날지어다. 이것이 네 몸에 양약이 되어 네 골수로 윤택하게 하리라”고 말하였다. 또 예수께서는 “하나님이 세상을 이처럼 사랑하사 독생자를 주셨으니 이는 저를 믿는 자마다 멸망치 않고 영생을 얻게 하려 하심이니라"고 말씀하셨다(요 3:16).

다윗은 "주의 인자(仁慈)가 생명보다 나으므로 내 입술이 주를 찬양할 것이라. 이러므로 내 평생에 주를 송축하며 주의 이름으로 인하여 내 손을 들리이다"라고 말한다. '내 손을 든다'는 표현은 하나님을 향해 간절히 바라거나 결심하는 것을 나타낸다(딤전 2:8). 재난이나 질병이나 원수들의 위협에서, 특히 지옥 형벌에서 하나님의 긍휼로 구원 얻은 자들은 하나님의 인자가 자기의 생명보다 귀하다는 것을 깨닫고 다윗처럼 평생에 하나님을 찬양하게 될 것이다. 우리가 하나님의 은혜를 깨닫고 체험할 때 우리는 그러할 것이다.

〔5-7절〕 골수와 기름진 것을 먹음과 같이 내 영혼이 만족할 것이라. 내 입이 기쁜 입술로 주를 찬송하되 내가 나의 침상에서 주를 기억하며 밤중에 주를 묵상할 때에 하오리니 주는 나의 도움이 되셨음이라. 내가 주의 날개 그늘에서 즐거이 부르리이다.

우리의 육신이 영양 있고 맛있는 음식을 배부르게 먹고 힘을 얻고 기분을 좋게 하듯이, 다윗은 자신의 영혼이 만족할 것이라고 말한다. 그것은 하나님의 인자하심을 체험하는 데서 오는 만족이다. 불치의 병자가 병이 나았고, 죽음의 위기에 처한 자가 하나님의 도우심을 받아 그 위기에서 구원 얻었고, 지옥 갈 죄인이 구원 얻은 것은 모두 다 기쁨과 즐거움의 일들이다. 다윗은 다른 시편에서, "주께서 내 마음에 두신 기쁨은 저희의 곡식과 새 포도주의 풍성할 때보다 더하니이다"라고 말하였다(시 4:7)

다윗은 이제 기쁜 입술로 하나님을 찬송하겠다고 말한다. 하나님의 은혜를 기억하는 자는 그를 기쁘게 찬송할 것이다. 또 그는 밤중에 하나님을 기억하며 찬송하겠다고 말한다. 사람들은 낮에 땀 흘려 바쁘게 일하며, 밤에 고요히 잠자며 쉰다. 성도들이 바쁘게 지내는 낮에는 혹 하나님을 생각지 못했을지라도, 쉬는 밤에는 그를 기억하고 묵상할 수 있을 것이다. 그러므로 다윗은 밤중에 하나님을 기억하며 묵상하며 하나님께 기도하며 하나님을 찬송하겠다고 말했을 것이다.

다윗이 하나님을 찬송한 이유는 하나님께서 그의 도움이 되셨기 때문이다. 하나님께서는 고난 중에서도 그에게 위로와 평안과 용기를 주셨고 그를 건져주셨고 원수의 핍박을 막아주셨고 피할 길을 주셨고 승리케 하셨다. 그러므로 다윗은 하나님의 날개 그늘에서 즐거이 부르겠다고 말한다. 그 날개는 평안과 위로와 구원의 날개이다.

[8-11절] 나의 영혼이 주를 가까이 따르니 주의 오른손이 나를 붙드시거니와 나의 영혼을 찾아 멸하려 하는 저희는 땅 깊은 곳에 들어가며 칼의 세력에 붙인 바 되어 시랑의 밥이 되리이다. 왕은 하나님을 즐거워하리니 주로 맹세한 자마다 자랑할 것이나 거짓말하는 자의 입은 막히리로다.

다윗은 하나님을 가까이 따름으로 그의 보호하심을 받는다고 고백했다. '가까이 따른다'는 원어(다바크 דָּבַק)는 신명기에 자주 나오는 말로서 '부종(附從)한다, 꼭 붙든다'는 뜻이다(신 10:20; 11:22; 13:4). 우리가 하나님을 가까이 따르고 꼭 붙들고 따르면 그가 우리를 보호하시고 지키실 것이다. 역대하 16:9, "여호와의 눈은 온 땅을 두루 감찰하사 전심으로 자기에게 향하는 자를 위하여 능력을 베푸시나니."

본문은 악인에 대한 보응을 증거한다. 악인들은 성도를 찾아 죽이려고 애쓰지만, 그들은 땅 깊은 곳, 즉 멸망의 지옥에 들어갈 것이며, 그들의 육신도 칼에 죽임을 당하고 시랑의 밥이 될 것이다. 시랑은 여우나 늑대와 비슷한 사나운 들짐승이다. 하나님께서 악인들에게 공의의 형벌을 내리실 것이므로 악인들의 마지막은 비참할 것이다.

다윗은 또 "왕은 하나님을 즐거워하리니 주로 맹세한 자마다 자랑할 것이나 거짓말하는 자의 입은 막히리로다"고 말한다. 경건한 왕 다윗은 세상의 부귀 영광을 즐거워하지 않고 하나님을 즐거워하겠다고 말한다. 성도는 하나님과 그의 말씀을 기쁨과 즐거움으로 삼는다(시 119:14, 24, 72, 77, 92, 103). 또 하나님을 경외하며 그 이름으로 맹세하는 자마다 하나님을 자랑할 것이다. 그러나 거짓말하는 자의 입은 하나님의 심판으로 인해 다물어질 것이다.

시편 63편의 교훈을 정리해보자. 첫째로, 다윗은 고난 중에 하나님의 능력과 인자하심을 사모했다. 1절, "하나님이여, 주는 나의 하나님이시라. 내가 간절히 주를 찾되 물이 없어 마르고 곤핍한 땅에서 내 영혼이 주를 갈망하며 내 육체가 주를 앙모하나이다." 2절, "내가 주의 권능과 영광을 보려 하여 이와 같이 성소에서 주를 바라보았나이다." 3절, "주의 인자가 생명보다 나으므로." 다윗이 환난의 날에 하나님을 갈망하고 앙모한 것은 하나님의 권능을 보며 그의 인자하심을 경험하기 위함이었다. 하나님의 권능은 우리의 일상생활에서 또 특히 환난 때에 원동력이 된다. 또 하나님의 인자하심은 우리의 영육의 구원과 생명이 되었고 또 될 것이다. 그러므로 우리는 하나님의 권능과 인자하심을 늘 사모해야 한다. 마귀의 시험이 많고 죄의 유혹이 많은 이 복잡한 세상 속에서 우리는 하나님의 능력과 인자하심으로 늘 승리의 생활을 할 수 있다.

둘째로, 다윗은 하나님의 도우심을 체험했기 때문에 하나님을 즐거이 찬송하겠다고 말한다. 5절, "골수와 기름진 것을 먹음과 같이 내 영혼이 만족할 것이라. 내 입이 기쁜 입술로 주를 찬송하되." 7절, "주는 나의 도움이 되셨음이라. 내가 주의 날개 그늘에서 즐거이 부르리이다." 우리는 하나님의 주신 죄사함과 의롭다 하심과 영생의 큰 구원뿐 아니라, 또한 세상에서 체험하는 하나님의 기도 응답의 도우심들, 즉 작은 구원들로 인해 항상 하나님께 감사하며 즐거이 찬송해야 한다.

셋째로, 다윗은 하나님을 가까이 따르기를 원했다. 8절, "나의 영혼이 주를 가까이 따르니 주의 오른손이 나를 붙드시거니와." 가까이 따르는 것은 하나님께 친근히 하고 그의 손을 꼭 붙잡고 따르는 것이다. 다윗은 하나님을 '나의 하나님으로' 친밀히 하며 가까이 따랐다. 성경은 우리가 하나님을 친근히 하고 부종(附從)하라고 가르친다. 신명기 10:20, "네 하나님 여호와를 경외하여 그를 섬기며 그에게 친근히 하라." 우리는 성경말씀을 붙들고 기도함으로 하나님을 가까이 따라야 한다.

64편: 원수의 꾀에서 벗어나게 하소서

다윗의 시. 영장(伶長)[아마, 찬양대장 혹은 지휘자]을 위한 노래.

〔1-2절〕 **하나님이여, 나의 근심**(시아크 שִׂיחַ)[불평(complaint)(BDB, NASB, NIV), 걱정]**하는 소리를 들으시고 원수의 두려움에서 나의 생명을 보존하소서. 주는 나를 숨기사 행악자의 비밀한 꾀에서와 죄악을 짓는 자의 요란에서 벗어나게 하소서.**

성도는 세상에서 여러 가지 어려운 일들을 당한다. 다윗은 고난 중에 근심하며 하나님 앞에서 불평하는 말을 했고 또 생명을 위협하는 원수들로 인해 두려움을 느끼기도 했다. 성도의 가장 큰 원수는 사탄이다. 사탄은 우리를 범죄케 하여 영원한 지옥으로 끌어가려 한다.

다윗은 행악자의 비밀한 꾀와 죄악을 짓는 자의 요란에 대해 말한다. 악인들은 보통 양심 때문에 공공연히 악을 행치 못하고 이중적으로, 위선적으로 행한다. 그들의 비밀한 꾀에서 벗어나게 할 자가 누구이랴. 또 악인들은 처음에는 은밀히 악을 꾀하다가 때가 되면 소란을 피운다. 예수님을 죽이려 했던 유대 지도자들도 처음에는 그를 죽일 계획을 은밀히 하다가 나중에는 공공연히 백성을 선동하여 예수를 십자가에 못박게 하라고 소리치게 하였다.

다윗은 이런 상황에서 하나님께 "행악자의 비밀한 꾀에서 벗어나게 하소서"라고 기도한다. 사람들은 어려울 때 친한 사람을 찾아가거나 전화를 한다. 한두 시간, 또는 그 이상도 한다. 그러나 성도는 어려울 때 하나님께 나아가 자신의 처한 상황을 그대로 자세히 아뢰며 그의 도움과 구원을 청한다. 그는 하나님께서 자신을 지켜주시고 구원해주시기를 기도한다. 성도는 비상한 때 간절한 기도를 올린다.

〔3-4절〕 **저희가 칼같이 자기 혀를 연마하며 화살**같이 **독한 말로 겨누고 숨은** 곳**에서 완전한 자를 쏘려 하다가 갑자기 쏘고 두려워하지 않도다.**

본문은 악한 자들의 악행을 증거한다. 악인들은 말로 성도를 비난한다. 그들은 칼을 날카롭게 갈듯이 자기 혀를 연마하며 또 쪼뼛한 화살같이 독한 말로 성도를 겨누어 쏜다. 그 말을 듣는 성도는 마음에 상처를, 때때로 큰 상처를 받는다. 또 악인들은 숨은 곳에서 갑자기 남을 쏜다. 숨은 곳에서 쏜다는 말은 자신의 정체와 마음을 드러내지 않고 있다가 갑자기 공격한다는 뜻이다. 의인들은 그들이 그렇게 자신들을 미워하고 악하게 비방할 줄 미처 예상치 못할 것이다.

'완전한 자'라는 원어(탐 תָּם)는 '흠 없는 자, 순전한 자'라는 뜻으로 경건한 성도를 가리킨다. 참된 성도는 하나님의 긍휼로 의롭다 하심을 얻었을 뿐만 아니라, 실제로도 경건하고 의롭고 선하며 책망할 것이 없는 자이어야 한다. 오늘날 완전한 자는 예수 그리스도를 믿음으로 의롭다 하심을 얻고 그의 교훈대로 서로 사랑함을 실천하는 자이다. 그러나 악인들은 이런 성도를 해치려 하는 것이다.

또 악인들은 두려워하지 않는다. 그들은 악을 행하기를 두려워하지 않고 담대하다. 그들의 담대함은 사탄과 악령들의 역사로 완고해진 그들의 마음에서 나오는 것일 것이다. 그러나 하나님께서 그들의 악을 징벌하실 때 그들은 두려워 떨 것이다.

〔5-6절〕 저희는 악한 목적으로 서로 장려[격려]**하며 비밀히 올무 놓기를 함께 의논하고 하는 말이 누가 보리요 하며 저희는 죄악을 도모하며** 이르기를 **우리가 묘책을 찾았다** 하나니 **각 사람의 속**뜻**과 마음이 깊도다.**

악인들은 악한 목적으로 서로 격려한다. 악인들은 당을 지어 악을 행한다. 그들은 악한 일을 위해 서로 위로하고 협력한다. 또 그들은 비밀히 올무 놓기를 함께 의논하고 죄악을 도모한다. 사람의 양심은 어느 정도 선한 일을 좋아하고 선한 여론을 만들기 때문에, 악인들도 드러나게 악을 행하지는 못하고 은밀하게 악을 계획하고 의논한다. 악을 행한 사람들은 다른 사람들 앞에서 부끄러워서 자기 얼굴을 가린다. 그러나 그들은 다른 사람을 해치고 죽이는 일을 연구하고 묘책을 찾았다고 좋아한다. 하나님께서 주신 지혜를 선한 일에 쓰지 않고 악한 일에 쓰는 것이다. 그것은 사탄과 악령들의 지혜이다. 악인들의 속뜻과 마음은 깊어서 잘 알 수가 없다.

그러므로 성도는 악한 일에 미련한 것이 좋으며 선한 일에 열심을 내어야 한다. 아모스 5:15, "너희는 악을 미워하고 선을 사랑하라." 로마서 12:9, "악을 미워하고 선에 속하라." 로마서 12:17, "아무에게도 악으로 악을 갚지 말고 모든 사람 앞에서 선한 일을 도모하라." 로마서 16:19, "너희가 선한 데 지혜롭고 악한 데 미련하기를 원하노라." 데살로니가전서 5:21-22, "범사에 헤아려 좋은 것을 취하고 악은 모든 모양이라도 버리라." 히브리서 10:24, "서로 돌아보아 사랑과 선행을 격려하라." 히브리서 13:16, "오직 선을 행함과 서로 나눠주기를 잊지 말라." 하나님의 뜻은 우리가 악을 버리고 선을 행하는 것이다.

〔7-9절〕 그러나 하나님이 저희를 쏘시리니 저희가 홀연히 살에 상하리로다[그러나 하나님이 저희를 갑자기 화살로 쏘시리니 그들의 상함이 있도다](원문의 전통적 읽기). **이러므로 저희가 엎드러지리니 저희의 혀가 저희를 해함이라. 저희를 보는 자가 다 머리를 흔들리로다. 모든 사람이 두려워하여 하나님의 일을 선포하며 그 행하심을 깊이 생각하리로다.**

하나님께서는 악인들을 징벌하실 것이다. 그는 갑자기 화살로 그들을 쏘실 것이다. 그가 그렇게 징벌하실 것을 그들은 미처 생각하지 못하였을 것이다. 하나님의 심판은 확실하다. '있도다'라는 원어(하유 הָיוּ)는 '있었도다'라는 완료형인데 확실한 미래를 나타낸다. 하나님께서는 악인들을 반드시 심판하시고 징벌하실 것이다.

그 결과, 악인들은 멸망할 것이다. 그들은 하나님의 갑작스런 화살로 큰 상함을 입을 것이다. 하나님의 징벌의 화살은 악인들에게 치명적 상처를 입힐 것이다. 악인들은 엎드러질 것이다. '저희의 혀가 저희를 해한다'는 말은 그들이 성도에 대하여 말한 악한 말 혹은 저주의 말 때문에 해를 당한다는 뜻이다. 악인들은 그들의 악행대로 하나님의 공의로운 보응을 받을 것이다.

악인들의 멸망을 보는 사람들은 두려워서 다 피할 것이다. '머리를 흔든다'는 원어(잇노데두 יִתְנוֹדְדוּ)는 '멀리 피해버린다'는 뜻이다(BDB, KJV). 그것은 그들이 하나님의 심판을 두려워하기 때문이다. 모든 사람이 하나님을 두려워할 것이다. 또 모든 사람은 하나님의 일을 선포하며 그의 행하심을 깊이 생각할 것이다. 다니엘 시대에 이방 나라의 왕 다리오는 다니엘을 사자굴에서 건져주신 하나님을 두려워하며 나라에 조서를 내려 증거하였다(단 6:26-27).

[10절] 의인은 여호와를 인하여 즐거워하며 그에게 피하리니 마음이 정직한 자는 다 자랑하리로다.

고난과 죽음의 위기에서 하나님의 구원하심과 보호하심, 그의 도우심과 돌보심을 받은 모든 성도는 하나님을 인해 즐거워할 것이다.

시편 64편의 교훈을 정리해보자. 첫째로, 악인들은 다 멸망할 것이다. 악인들은 의인들을 비방하고 해치며 은밀히 악을 도모하지만, 하나님께서는 갑자기 그들을 벌하시며 멸하실 것이다. 그러므로 우리는 악인들을 부러워하지도 말고 본받지도 말고 두려워하지도 말아야 한다.

둘째로, 우리는 고난 중에 하나님께 나아가 기도해야 한다. 이 세상에는 근심되고 두려운 일들이 있고 심지어 원수들의 은밀한 꾀와 요란한 일들이 있다. 그러나 그때 우리는 하나님만 의지하고 하나님께 피하며 그에게 나아가 우리의 일들을 소상하게, 간절히 기도해야 한다. 하나님께서는 우리를 도우시고 건지실 것이며 악인들을 벌하실 것이다.

셋째로, 우리는 오직 경건하고 의롭고 온전한 성도가 되어야 한다. 우리는 구주 예수님을 믿음으로 하나님의 은혜로 죄사함과 의롭다 하심을 이미 얻었다. 우리는 이제 오직 믿음과 순종으로 성도답게 살고 도덕적으로 흠과 점이 없는 의롭고 온전한 자가 되어야 하고, 모든 악을 버리고 선한 일을 좋아하고 열심히 선을 행하는 자가 되어야 한다.

65편: 세상을 돌보시는 하나님을 찬송함

다윗의 시. 영장(伶長)[아마, 찬양대장 혹은 지휘자]을 위한 노래.

〔1절〕 하나님이여, 찬송이 시온에서 주를 기다리오며 사람이 **서원을 주께 이행하리이다.**

찬송은 하나님의 이름과 그의 하신 일을 인정하고 높이는 행위이다. 그것은 예배의 중요한 요소이다. 시온은 성소, 즉 성막이 있는 곳이다. 성소에는 언약궤가 있고 그 위에 속죄의 피가 뿌려진다. 그 피는 예수 그리스도의 속죄의 피를 상징한다. 그 속죄의 피로 죄씻음을 얻고 구원 얻은 사람마다 하나님을 찬송할 것이다. 성소는 또한 성도들이 모이는 곳이다. 성도들은 거기서 하나님께 예배드리며 찬송한다. 찬송은 창조의 목적이며(사 43:21) 구원의 목적이다(엡 1장).

또 사람은 서원을 하나님께 이행할 것이다. 서원은 하나님께 무엇을 간구할 때 엄숙히 약속하며 간구하는 것이다. 기도의 응답을 받고 하나님의 은혜를 체험한 자는 하나님께 감사하며 찬송하고 그 서원을 이행할 것이다. 사사 입다나 사무엘의 모친 한나는 자신들이 서원한 바를 하나님께 그대로 이행했다. 서원은 반드시 갚아야 한다.

〔2절〕 기도를 들으시는 주여, 모든 육체가 주께 나아오리이다.

기도는 하나님께 찬송하고 감사하며 자신의 죄를 고백하고 소원을 아뢰는 내용이다. 살아계신 하나님께서는 우리의 기도를 들으시고 응답하신다. 그는 우리의 찬송과 감사를 받으시고 우리의 죄 고백을 듣고 용서하시고 우리의 소원을 응답하신다. 그는 사람을 자기 형상대로 만드셨고 그와 교제하기를 원하시며 우리의 기도를 들어주신다.

예수께서는, "구하라 그러면 너희에게 주실 것이요, 찾으라 그러면 찾을 것이요, 문을 두드리라 그러면 너희에게 열릴 것이니, 구하는 이마다 얻을 것이요 찾는 이가 찾을 것이요 두드리는 이에게 열릴 것이니라"고 교훈하셨고(마 7:7-8), 또 "너희가 내 이름으로 무엇을 구하든지 내가 시행하리라"고 말씀하셨다(요 14:13).

하나님께서 기도를 들어주시기 때문에 모든 육체가 그에게 나아온다. 사람은 흙으로 지음받은 존재이다. 죄로 인해 연약해져서 피곤하거나 병들기 잘 하는 몸들, 정신적으로도 불안함과 두려움, 우울함과 슬픔을 잘 가지는 몸들, 풀과 같고 풀의 꽃과 같이 시들고 쇠약해지는 몸들이며, 할 수 없는 것들이 많은 몸들, 또 원하는 선을 행할 능력이 부족하여 죄를 이기지 못하는 몸이며(롬 7:14-18), 마귀의 시험에 떨어지며(마 26:41) 죽음에 굴복하는 몸들이다. 그러나 이런 연약한 몸들이기 때문에 모든 육체가 하나님께 나아온다. 그들은 하나님께 나아와 그를 의지하고 그에게 자신들의 소원을 아뢰어 힘과 위로와 평안과 도우심의 응답을 받는 것이다(사 40:28-31; 빌 4:6-7).

〔3절〕 죄악이 나를 이기었사오니 우리의 죄과를 주께서 사하시리이다.

죄악은 성도의 찬송에 걸림돌이며 기도에 걸림돌이다(사 59:1-2). 아니, 우리 삶 전체에 걸림돌이다. 사람은 죄 때문에 불행하게 되었다. 죄의 결국은 죽음과 영원한 지옥의 멸망이다.

다윗은 "죄악이 나를 이기었다"고 말한다. 모든 사람이 죄인이다. 죄악은 인류 전체를 삼켰다. 사람의 본성은 죄로 인해 심히 부패되고 더러워지고 연약해졌다. 로마서 7:18, "내 속 곧 내 육신에 선한 것이 거하지 아니하는 줄을 아노니 원함은 내게 있으나 선을 행하는 것은 없노라." 로마서 8:7, "육신의 생각은 하나님과 원수가 되나니 이는 하나님의 법에 굴복치 아니할 뿐 아니라 할 수도 없음이라."

다윗은 "우리의 죄과를 주께서 사하시리이다"라고 말한다. 우리의 죄를 이길 힘은 우리 자신에게는 없다. 죄를 이길 힘은 하나님께서 긍휼로 우리의 죄과를 사해주실 때 얻는다. 찬송과 기도에 걸림돌이 되고 삶 전체에 걸림돌이 되는 죄 문제는 오직 하나님의 사유하심으로만 해결될 수 있다. 미가 7:18-19, "주께서는 죄악을 사유하시며 그 기업의 남은 자의 허물을 넘기시며 인애를 기뻐하심으로 노를 항상 품지 아니하시나이다. 다시 우리를 긍휼히 여기셔서 우리의 죄악을 발로 밟으시고 우리의 모든 죄를 깊은 바다에 던지시리이다." 사죄(赦罪)가 곧 구원이며 영생의 길이다. 거기에 하나님께 나아갈 수 있는 담대함의 이유가 있고 또 거기에 성도의 찬송의 이유도 있다.

〔4절〕 주께서 택하시고 가까이 오게 하사 주의 뜰에 거하게 하신 사람은 복이 있나이다. 우리가 주의 집 곧 주의 성전의 아름다움으로 만족하리이다.

성도는 하나님께서 택하신 자이다. 우리가 그를 택한 것이 아니고 그가 우리를 택하셨다(엡 1:4). 구원은 하나님께로부터 시작된 것이다. 그는 주권적으로 우리를 택하셨다. 또 성도는 하나님께서 가까이 오게 하신 자이다. 구약의 성막은 죄인이 어떻게 하나님께 가까이 갈 수 있는지를 증거한다. 죄인은 중보자 그리스도를 통해서만, 죄사함을 통해서만 하나님께 가까이 갈 수 있다(히 10:19-22). 성도는 이제 하나님의 뜰 안에 거하게 되었다. 성도는 하나님의 뜰 안에 거하며 그에게 예배드리고 찬송하고 기도하는 자이다.

이런 성도는 복되다. 인생의 가장 큰 행복은 하나님을 모신 것, 즉 하나님과 교제하며 연합하며 하나님을 섬기는 것이다. 거기에 영생과 영육의 모든 좋은 것이 다 있다. 하나님과의 교제가 끊어지는 것이 가장 큰 불행이다. 그것이 곧 죽음과 영원한 멸망이다.

본문은 또한 성도의 만족에 대해 증거한다. 본문은 "우리가 주의 집 곧 주의 성전의 아름다움으로 만족하리이다"라고 말한다. 성전은 하나님께서 계신 집이다. '아름다움'이라는 원어(투브 טוּב)는 '복'이라는 뜻이다. 하나님의 성전의 복은 하나님 자신이며 죄사함의 은혜이며 영생의 약속이다. 성도의 가장 큰 복은 하나님 자신이다. 사람의 육신적, 물질적 만족은 밑 빠진 독처럼 끝이 없지만, 하나님 안에는 인생의 참 만족이 있다. 시편 23:1, "여호와는 나의 목자시니 내가 부족함이 없으리로다." 하나님 안에 성도의 참 만족이 있다.

〔5절〕 우리 구원의 하나님이시여, 땅의 모든 끝과 먼 바다에 있는 자의 의지할 주께서 의를 좇아 엄위하신 일로 우리에게 응답하시리이다.

하나님께서는 우리의 구원의 하나님, 곧 바울의 서신들의 표현대로 '우리 구주 하나님'이시다(딤전 1:1; 딛 1:3). 그는 우리를 죄에서 구원하시며 죄의 결과들인 병과 기근, 재난과 전쟁에서 우리를 구원하시며 또 죽음, 특히 영원한 지옥 형벌에서 우리를 구원하신다.

하나님께서는 또 땅의 모든 끝과 먼 바다에 있는 자의 의지할 자이시다. 사람은 종족, 언어, 피부색, 문화, 문명 정도를 불문하고 본질적으로 똑같다. 하얀 피부의 서양 사람도 누런 피부의 사람도 본성은 똑같다. 외딴 섬에 사는 사람도 밀림 속 오지에 사는 사람도 본성은 똑같다. 하나님께서는 그들 모두가 의지할 수 있고 구원하시며 도우실 수 있는 자이시다. 그는 온 인류, 모든 사람의 하나님이시다.

하나님께서는 자기 백성에게 의를 좇아 응답하신다. 그는 의로우신 일만 행하신다. 의(義)는 도덕 규범에 맞는 것, 사람의 양심에 맞는 것, 올바르고 정당한 것을 가리킨다. 그에게는 불의가 조금도 없으시다. 하나님의 행하시는 모든 일들은 의로운 일뿐이시다.

또 하나님께서는 엄위하신 일로 응답하신다. 그는 전능하신 하나님이시다. 하나님께는 기이한 능력이 있으시다. 그는 사람들 보기에 절망적인 것을 변화시켜 소망과 기쁨이 있는 일이 되게 하신다. 그는 사람들 보기에 불가능한 것도 가능케 하신다. 그는 사람을 죽음에서 다시 살리신다. 그 능력의 하나님께서 악인들을 공의로 징벌하시고, 하나님을 경외하고 의와 선을 행하며 살고자 하는 자들을 모든 환난에서 기이한 방법으로 건져내신다.

〔6-7절〕 주는 주의 힘으로 산을 세우시며 권능으로 띠를 띠시며 바다의 흉용과 물결의 요동과 만민의 훤화[소란함]까지 진정(鎭靜)하시나이다.

하나님께서는 능력이 많으신 하나님이시며 권능으로 띠를 띠셨다.

그의 능력은 '전능'이다. 그는 능력으로 산을 세우셨다. 저 크고 험하고 높은 산은 사람이 흙을 삽으로 파서 만들 수 없고 굴착기를 동원해도 어림도 없다. 하나님께서는 시끄러운 것들도 조용케 하신다. 그는 바다의 흉용과 물결의 요동과 만민의 소란까지 가라앉게 하신다. 인류 역사상 혁명이나 구테타, 데모나 민중 폭동은 정권을 무너뜨리기도 하였다. 그러나 하나님께서는 이 모든 것들을 조용하게 하실 수 있다. 자연만물도, 인간 사회도 그의 손에 의해 안정을 얻는다.

〔8절〕 땅끝에 거하는 자가 주의 징조를 두려워하나이다. 주께서 아침 되는 것과 저녁 되는 것을 즐거워하게 하시며.

세상의 모든 사람들은 하나님의 행하시는 자연의 특별한 현상들, 예를 들어 천둥과 번개, 지진, 홍수, 태풍 등을 보고 느낌으로 하나님을 두려워하고 그 징조들을 두려워한다. 또 하나님께서는 아침 되는 것과 저녁 되는 것을 즐거워하게 하신다. 그는 우주와 지구의 운행을 주관하신다. 그는 낮과 밤을 오게 하시고 봄 여름 가을 겨울을 순환케 하신다. 사람은 하나님께서 주시는 아침과 저녁을 감사하며 기쁨과 즐거움으로 맞는다. 어둠이 가고 날이 밝아 일할 수 있는 시간이 온다. 저녁이 되면 고된 일들을 끝내고 자유시간이 온다. 그것은 개인적으로 무엇을 생각하고 계획할 수 있는 시간이며 가족들과 함께할 수 있는 시간이며 피곤한 몸을 쉴 수 있는 시간이다. 아침과 저녁은 다 하나님께서 주신 복이다. 사람들은 아침과 저녁을 기뻐한다.

〔9-13절〕 땅을 권고하사 물을 대어 심히 윤택케 하시며 하나님의 강에 물이 가득하게 하시고 이같이 땅을 예비하신 후에 저희에게 곡식을 주시나이다. 주께서 밭고랑에 물을 넉넉히 대사 그 이랑을 평평하게 하시며 또 단비로 부드럽게 하시고 그 싹에 복 주시나이다. 주의 은택으로 연사(年事)에 [그 해에, 해마다] **관 씌우시니 주의 길에는 기름이 떨어지며 들의 초장에도 떨어지니 작은 산들이 기쁨으로 띠를 띠었나이다. 초장에는 양떼가 입혔고 골짜기에는 곡식이 덮였으매 저희가 다 즐거이 외치고 또 노래하나이다.**

하나님께서는 사람들이 사는 땅에 물을 주셔서 심히 윤택하게 하신다. 땅은 물을 필요로 한다. 물이 있어야 풀과 나무가 자랄 수 있다. 하나님께서는 강에 물이 가득하게 하신다. '하나님의 강'이라는 표현은 그가 시기 적절한 비와 풍성한 물을 주심을 가리킨 것 같다. 땅은 물이 넉넉할 때 곡식이 잘 자라고 풍성한 수확을 얻는다(행 14:17).

한 해 전체가 하나님의 은택으로 가득하다. 하나님께서 밭고랑에 물을 넉넉히 대시고 단비로 그 이랑을 부드럽게 하시고 곡식의 싹이 나오게 복 주신다. 땅이 기름지므로 곡식도 잘 자라고 풍성한 열매를 내고 양떼는 좋은 꼴을 뜯어먹고 잘 자라며 새끼들도 많이 낳는다. 사람들은 하나님께서 주신 추수와 수확의 기쁨을 누린다.

시편 65편의 교훈을 정리해보자. 첫째로, 하나님께서는 우리를 선택하셨고 우리의 기도를 응답하셨고 특히 우리의 죄를 사하신다. 4절, "주께서 택하시고 가까이 오게 하사 주의 뜰에 거하게 하신 사람은 복이 있나이다." 2절, "기도를 들으시는 주여, 모든 육체가 주께 나아오리이다." 3절, "우리의 죄과를 사하시리이다." 우리는 하나님의 영적 은혜, 즉 선택, 기도 응답, 죄사함의 은혜를 인해 그를 찬송해야 한다.

둘째로, 하나님께서는 우리에게 모든 물질적 복과 환경적 평안, 사회적 평안도 주신다. 9-13절, "땅을 권고하사 물을 대어 심히 윤택케 하시며," "이같이 땅을 예비하신 후에 저희에게 곡식을 주시나이다." "주의 은택으로 연사에 관 씌우시니 주의 길에는 기름이 떨어지며," "초장에는 양떼가 입혔고 골짜기에는 곡식이 덮였으매." 7절, "바다의 흉용과 물결의 요동과 만민의 소란까지 진정하시나이다." 우리는 하나님의 육적인 은혜, 즉 물질적, 환경적 평안을 인해서도 그를 찬송해야 한다.

그러므로 우리는 오직 하나님 중심으로만 바르게 살아야 한다. 우리는 하나님의 계명대로 순종하며 하나님을 사랑하고 성경 읽고 기도하는 경건한 삶과 바르고 선하고 진실한 도덕적인 삶을 실천해야 한다.

66편: 하나님의 행하신 일을 찬송함

시. 영장(伶長)[아마, 찬양대장 혹은 지휘자]을 위한 노래.

〔1-2절〕 온 땅이여, 하나님께 즐거운 소리를 발할지어다. 그 이름의 영광을 찬양하고 영화롭게 찬송할지어다.

시편 저자는 성도 한 개인만 하나님을 찬송할 것이 아니고 또 성도들만 하나님을 찬송할 것도 아니고, 온 세상의 사람들, 지구상의 모든 사람들과 모든 피조물들이 하나님을 찬송해야 한다고 외치며 선포한다. 그는 온 땅이 하나님께 즐거이 찬송하라고 말한다. 찬송은 즐거운 소리이다. 찬송은 즐겁고 기쁘게 불러야 한다. 성도는 주 안에서 항상 기뻐해야 하며 또한 주 안에서 항상 찬송해야 한다. 우리는 찬송을 부를 때 기쁜 마음과 기쁜 표정으로 불러야 하겠다.

시편 저자는 또 "그 이름의 영광을 찬양하고 영화롭게 찬송할지어다"라고 말한다. '영화롭게'라는 말은 '속되지 않고 엄숙하고 거룩하고 아름답게'라는 뜻이다. 하나님께서는 영광의 하나님이시며 그의 이름도 영화로운 이름이시다. 그러므로 우리는 하나님을 영화롭게 찬송해야 한다. 시편 96:8-9, "여호와의 이름에 합당한 영광을 그에게 돌릴지어다," "아름답고 거룩한 것으로 여호와께 경배할지어다."

〔3-4절〕 하나님께 고하기를 주의 일이 어찌 그리 엄위하신지요. 주의 큰 권능으로 인하여 주의 원수가 주께 복종할 것이며 온 땅이 주께 경배하고 주를 찬양하며 주의 이름을 찬양하리이다 할지어다(셀라).

우리는 하나님의 일이 심히 엄위하심을 찬송해야 한다. '엄위하다'는 원어(노라 נוֹרָא)는 '두렵다, 놀랍다'는 뜻이다. 하나님의 일들은 심히 두렵고 놀랍다. 우주 만물 속에 나타나 있는 그의 창조 사역이 그러하고 이스라엘 역사 속에 행하신 그의 섭리의 일들이 그러하다. 성경에는 하나님의 두렵고 놀라운 일들이 많이 기록되어 있다.

하나님의 엄위하신 일들은 특히 그의 큰 권능으로 인해 그의 원수들을 복종시키심에서 나타났다. '주의 원수들'은 이스라엘 나라 안팎에 있었다. 그들의 배후에는 물론 사탄과 악령들이 있다. 모세에게도, 다윗에게도, 심지어 예수께도 원수들이 있었다. 사람의 지혜와 힘으로는 그들을 이길 수 없었으나, 하나님께서는 그의 큰 권능으로 그들을 굴복시키셨다. 하나님께서는 애굽에 내리신 열 재앙들로 바로의 교만을 꺾으셨고, 모세를 대적했던 고라와 그 동료들과 250명의 족장들을 다 징벌하셨다. 다윗의 대적자들도 다 멸하셨다. 그것들은 모두 다 하나님께서 행하신 엄위하신 일들이었다. 이 일들을 듣는 온 땅은 하나님께 경배하고 그를 찬양해야 할 것이다.

〔5-6절〕 와서 하나님의 행하신 것을 보라. 인생에게 행하심이 엄위하시도다. 하나님이 바다를 변하여 육지 되게 하셨으므로 무리가 도보로 강을 통과하고 우리가 거기서 주로 인하여 기뻐하였도다.

신구약성경은 하나님의 행하신 일들을 증거하고 기록한 책이다. 우리는 성경책을 읽고 들음으로써 하나님의 행하신 일들을 보아야 한다. 하나님께서 사람들에게 행하심이 엄위하시다. 특히 그의 기적들과 능력들이 그러하다. 사람은 하나님과 언약 관계에서 하나님을 섬기며 순종할 수도 있고 하나님을 거역하며 범죄할 수도 있다. 그러나 하나님께서 범죄하는 악인들을 징벌하시며, 하나님을 믿고 순종하는 의인들에게 구원을 주실 때 그의 엄위하신 행위들이 드러난다.

시편 저자는 하나님께서 이스라엘 백성으로 하여금 바다와 강을 통과하게 하신 일을 말한다. 그것은 이스라엘 백성이 애굽에서 나와서 홍해를 육지같이 건넌 일과, 광야를 통과한 후 요단강을 마른 땅처럼 건넌 일을 가리켰다. 그것은 두렵고 놀라운 일들이었다.

이스라엘 백성은 그때 하나님으로 인해 기뻐하였다. 극한 위험과 위기 속에서 사람의 기쁨은 다 사라질 수밖에 없지만, 하나님께서는 모든 성도들의 기쁨의 이유이었다. 성도는 날마다 하나님의 도우심을 체험한다. 땅의 것들은 다 헛되지만, 하나님께서는 그를 경외하는 자들에게 영원한 소망과 위로와 힘과 기쁨이 되신다.

〔7-9절〕 저가 그 능으로 영원히 치리하시며 눈으로 열방을 감찰하시나니 거역하는 자는 자고하지 말지어다(셀라). 만민들아, 우리 하나님을 송축하며 그 송축 소리로 들리게 할지어다. 그는 우리 영혼을 살려 두시고 우리의 실족함을 허락지 아니하시는 주시로다.

하나님께서는 그 능력으로 영원히 통치하시며 그 눈으로 열방을 감찰하신다. 그는 능력의 통치자이시며 영원 전부터 영원 후까지 왕이시다. 또 그의 눈은 완전하셔서 열방을 감찰하시고 모든 사람들의 마음 속까지 살피시고 바르게 판단하시고 공의롭게 보응하신다.

그러므로 사람은 하나님을 거역하고 자신을 높이지 말아야 한다. 왜냐하면 하나님께서는 모든 사람의 마음과 말과 행위를 감찰하시고 공의로 보응하실 것이기 때문이다. 하나님을 두려워하지 않는 자는 어리석은 자요, 그를 대항하는 자는 더욱 어리석은 자이다.

하나님께서는 자기 백성을 위하시며 보살피신다. 그는 자기 백성의 몸의 생명을 지키시고 연장시키실 뿐만 아니라, 또한 그 영혼을 지키신다. 그는 자기 백성의 실족함을 허락지 않으신다. 실족함이란 불신앙과 죄에 떨어짐을 말한다. 그는 자기 백성을 죄 중에 버려두지 않으시고 믿음과 의 가운데 거하게 하신다. 성도는 잠시 동안 실수하고 범죄할 수 있지만, 거기에 계속 머물러 있거나 주저앉아 있지 않는다. 하나님께서는 은혜로 그를 붙드시고 다시 일으키신다.

〔10-12절〕 [이는] **하나님이여, 주께서 우리를 시험하시되 우리를 단련하시기를 은을 단련함같이 하셨으며**[하셨음이니이다. 또 주께서는] **우리를 끌어 그물에 들게 하시며 어려운 짐을 우리 허리에 두셨으며 사람들로 우리 머리 위로 타고 가게 하셨나이다. 우리가 불과 물을 통행하였더니 주께서 우리를 끌어내사 풍부한 곳에 들이셨나이다.**

하나님께서 우리를 살리시고 실족지 않게 하신다고 말한 이유는 하나님께서 우리를 귀하게 쓰시려고 은같이 단련하셨기 때문이다. 은 광석은 용광로에서 불순물이 제거된다. 사람은 하나님의 형상대로 지음받은 자이지만, 범죄함으로 죄악된 성질과 습성을 가지게 되었다. 그러나 성도는 고난을 통해 거룩한 인격으로 조금씩 변화된다.

하나님께서는 이스라엘 백성을 끌어 그물에 들게 하시며 어려운 짐을 허리에 두셨고 사람들로 머리 위로 타고 가게 하셨고 그들로 불과 물을 통행하게 하셨다. 그물에 들게 하셨다는 말은 이방 나라에 포로됨을 말한다. 그들은 강제 노역으로 무거운 짐을 졌다. 사람들이 머리 위로 타고 다녔다는 것은 사람들에게 굴복과 모욕을 당했다는 뜻이다. 또 그들은 불같이 견딜 수 없는 고통의 현실과 물같이 숨막히는 현실을 통과하게 하셨다. 그러나 하나님께서는 그들을 그 모든 고난에서 끌어내셔서 풍부한 곳에 들어가게 하셨다.

〔13-15절〕 내가 번제를 가지고 주의 집에 들어가서 나의 서원을 갚으리니 이는 내 입술이 발한 것이요 내 환난 때에 내 입이 말한 것이니이다. 내가 수양[숫양]의 향기와 함께 살진 것으로 주께 번제를 드리며 수소와 염소를 드리리이다(셀라).

사람은 환난 때에 하나님을 더욱 의지하며 하나님 앞에서 선한 일을 결심하게 되며, 그것이 서원으로 표현된다. 시편 저자가 환난 중에 한 서원은 하나님께 번제를 드리겠다는 것이다. 번제는, 일차적으로 예수 그리스도의 속죄사역을 예표하지만, 또한 성도의 온전한 헌신도 상징한다. 죄인들은 구주 예수 그리스도의 십자가 대속(代贖) 사역을 통해서만 하나님께 가까이 나아갈 수 있고 하나님을 섬길 수 있다. 우리의 의는 이것뿐 예수님의 피밖에 없다. 그러나 그 뿐만 아니라, 구원 얻은 성도는 우리를 죄와 영원한 지옥 멸망으로부터 구원해주신 하나님께 감사하며 그에게 우리 자신을 온전히 드려야 하고 또 그의 뜻에 절대 복종하여 거룩하고 의롭고 선한 삶을 살아야 한다.

〔16-20절〕 하나님을 두려워하는 너희들아, 다 와서 들으라. 하나님이

내 영혼을 위하여 행하신 일을 내가 선포하리로다. 내가 내 입으로 그에게 부르짖으며 내 혀로 높이 찬송하였도다. 내가 내 마음에 죄악을 품으면 주께서 듣지 아니하시리라. 그러나 하나님이 실로 들으셨으며 내 기도 소리에 주의하셨도다. 하나님을 찬송하리로다. 저가 내 기도를 물리치지 아니하시고 그 인자하심을 내게서 거두지도 **아니하셨도다.**

시편 저자는 하나님을 두려워하는 자들, 곧 모든 참된 성도들에게 하나님께서 그의 영혼을 위해 행하신 일을 선포하기를 원하며 모든 성도들이 와서 그것을 들어보라고 말한다. 하나님께서 그를 위해 행하신 일은 기도 응답의 일을 가리킨다. 하나님의 기도 응답은 성도들의 특권이며 그때 성도는 감사함으로 하나님을 찬송하며 다른 이들에게 하나님의 행하신 일들을 간증하게 된다.

물론, 사람들의 모든 기도가 다 응답받는 것은 아니다. 사람이 기도를 해도 응답되지 않는 경우가 있다. 본문은 “내가 내 마음에 죄악을 품으면 주께서 듣지 아니하시리라”고 말한다. 사람이 마음에 죄악을 품는다면 그의 기도는 응답을 받지 못할 것이다. 잠언 28:9, “사람이 귀를 돌이키고 율법을 듣지 아니하면 그의 기도도 가증하니라.” 이사야 1:15, “너희가 손을 펼 때에 내가 눈을 가리우고 너희가 많이 기도할지라도 내가 듣지 아니하리니 이는 너희의 손에 피가 가득함이니라.” 이사야 59:1-2, “여호와의 손이 짧아 구원치 못하심도 아니요 귀가 둔하여 듣지 못하심도 아니라 오직 너희 죄악이 너희와 너희 하나님 사이를 내었고 너희 죄가 그 얼굴을 가리워서 너희를 듣지 않으시게 함이니.” 야고보서 4:3, “[성도가 하나님께] 구하여도 받지 못함은 정욕으로 쓰려고 잘못 구함이니라.”

그러나 하나님께서는 시편 저자의 기도를 들어주셨고 그의 기도 소리에 주의하셨고 그 기도를 물리치지 아니하셨고 그 인자하심을 그에게서 거두지 아니하셨다. 그것은 그의 기도가 선하고 진실하였거나 회개를 동반한 기도이었음을 나타낸다. 시편 저자는 이제 그의 기도를 들어주신 하나님께 그의 혀로 높이 찬송하며 간증한다.

시편 66편의 교훈을 정리해보자. 첫째로, 우리는 하나님을 찬송해야 한다. 왜냐하면 하나님의 하신 일이 엄위하시고 두렵고 놀랍기 때문이다. 하나님의 창조 사역이 그러하고 그의 섭리 사역이 그러하다. 특히 그는 이스라엘의 역사 가운데서 그의 엄위하신 일들을 많이 나타내셨다. 출애굽 사건과 홍해 사건이 그러했고 하나님의 원수들을 물리치신 모든 사건들이 그러하였다. 신약성도는 사람이 되신 하나님의 아들 주 예수 그리스도의 기적들과 십자가에 죽으심과 부활을 통해 죄사함과 의롭다 하심을 얻었다. 이제 온 세상은 이런 일들을 듣고 즐거운 마음으로 또 엄숙하고 거룩하고 아름답게 그를 찬송해야 한다.

둘째로, 하나님께서는 자기 백성을 단련시키신다. 그는 자기 백성을 마치 은을 단련하듯이 단련시키신다. 그 목표는 성결과 온전함이며, 그 과정은 고난이다. 하나님께서는 모든 사람을 살피시고 공의로 통치하시며 특히 자기 백성의 영혼을 살리시고 그들로 실족지 않게 하신다. 우리는 이 세상에서 많은 고난을 당하지만 그것을 통해 믿음이 자라고 인격이 거룩하고 온전해진다. 또 우리는 하나님의 은혜로 평안을 누리며 영광의 천국에 이를 것이다. 그러므로 우리는 세상 환난을 두려워 말고 오직 우리의 소망과 위로와 기쁨이 되신 하나님만 바라고 우리의 구주 예수 그리스도의 의만 의지하며 하나님께 더욱 순종해야 한다.

셋째로, 우리는 하나님의 기도 응답을 확신해야 한다. 하나님께서는 우리의 기도를 들으시는 살아계신 인격적 하나님이시며 우리를 도우실 수 있고 도우시는 능력의 하나님이시요 선하신 하나님이시다. 단지, 우리는 기도할 때 마음에 죄악을 품지 말아야 한다. 우리가 범죄하면 우리의 기도는 응답되지 못할 것이다. 그러나 우리가 죄를 회개하고 하나님의 계명에 순종하면, 우리는 비록 부족할지라도, 하나님께서는 크신 인자하심으로 우리의 기도를 들어주실 것이다. 그때 우리는 하나님을 더욱 경외하며 사랑하며 찬송하고 헌신하고 순종하게 될 것이다.

67편: 민족들로 주를 찬송케 하소서

시 곧 노래. 영장(伶長)[아마, 찬양대장]을 위해 현악에 맞춘 것.

〔1-3절〕 하나님은 우리를 긍휼히 여기사 복을 주시고 그 얼굴빛으로 **우리에게 비취사(셀라) 주의 도를 땅 위에, 주의 구원을 만방 중에 알리소서. 하나님이여, 민족들로 주를 찬송케 하시며 모든 민족으로 주를 찬송케 하소서.**

시편 저자는 하나님의 긍휼과 복을 구한다. 죄인은 하나님께 무슨 복을 구할 수 없고 하나님께 나아갈 수도 없다. 죄는 하나님의 진노를 가져오며 죗값은 죽음과 불행뿐이다. 하나님께서 긍휼로 죄인을 용납하시고 그의 죄를 용서하심 자체가 복이며 그때 죄인은 다른 복도 구하며 얻을 수 있다. 하나님께서는 긍휼로 사죄(赦罪)와 칭의(稱義, 의롭다 하심) 곧 구원의 복을 주시며 또 부수적으로 마음의 평안과 몸의 건강과 먹을 양식과 환경적 평안도 주신다.

"그 얼굴빛으로 우리에게 비추소서"라는 말은 하나님의 긍휼과 복을 구하는 것과 같은 뜻이다. 민수기 6:24-26에 보면, 하나님께서는 제사장들이 이스라엘 백성에게 이렇게 축복 기도를 하게 하셨다. "여호와는 네게 복을 주시고 너를 지키시기를 원하며 여호와는 그 얼굴로 네게 비취사 은혜 베푸시기를 원하며 여호와는 그 얼굴을 네게로 향하여 드사 평강 주시기를 원하노라 할지니라 하라."

시편 저자는 하나님의 복을 받아 그의 도를 땅 위에, 그의 구원을 만방 중에 알리기를 원한다. 그것은 전도의 소원이다. 구원의 복음이 온 땅에 전파되는 것은 하나님의 뜻이다(마 28:19; 눅 24:47; 행 1:8). 전도는 전도하는 내용이 너무 복되어서(눅 2:10) 또 멸망하는 영혼들이 너무 불쌍해서(롬 1:18) 행해져야 할 것이다.

더욱이, 시편 저자는 세계복음화를 소원하며 "하나님이여, 민족들로 주를 찬송케 하시며 모든 민족으로 주를 찬송케 하소서"라고 기도한다. 시편 저자는 하나님의 구원의 복음이 이스라엘 민족의 경계를 넘어서 온 땅의 각 민족, 각 나라에 전파되어 그들이 하나님을 알고 그의 긍휼과 복을 받아 하나님을 찬송하는 자들이 되기를 구한 것이다. 세계복음화는 하나님의 뜻이다(사 11:9; 계 11:15).

[4-5절] 열방은 기쁘고 즐겁게 노래할지니 주는 민족들을 공평히 판단하시며 땅 위에 열방을 치리하실[인도하실] **것임이니이다(셀라). 하나님이여, 민족들로 주를 찬송케 하시며 모든 민족으로 주를 찬송케 하소서.**

시편 저자는 열방이 기쁘고 즐겁게 노래할 것이라고 말한다. 그것은 자연을 노래하는 동요나 사람의 간절한 사랑과 사모함과 그리움이나 이별의 슬픔에 대한 노래가 아니고, 창조자요 섭리자이신 하나님과 그의 행하신 일들과 그가 베푸신 은혜에 대한 노래이다.

원문에는 "노래할지니"라는 말 후에 '왜냐하면'이라는 말이 있다. 열방이 기쁘고 즐겁게 노래해야 할 이유는, 첫째로 하나님께서 민족들을 공평하게 판단하시기 때문이며, 둘째로 그가 땅 위에 있는 열방을 인도하시기 때문이다. '치리한다'는 원어(나카 נָחָה)는 '인도한다'는 뜻이다(BDB, NASB). 이 두 가지가 다 열방이 찬송할 이유이다.

하나님께서는 열방을 공평하게, 공의롭게 통치하시고 심판하신다. 세상의 통치자들은 자신들의 이익을 위해 불의와 불법을 행하지만, 하나님께서는 객관적 공정성과 정당성을 가지고 통치하시며 판단하시고 선한 자들에게 상을 주시고 악한 자들에게 벌을 주신다.

다른 한편, 하나님께서는 땅 위의 열방들을 인도하신다. 특히 그는 택하신 사람들을 구원의 길로 인도하신다. 그것이 신약교회의 역사이다. 하나님께서는 세상의 모든 족속들 가운데 택자들을 인도하셔서 죄와 영원한 지옥 형벌에서 구원하여 그의 친 백성을 삼으셨다.

그래서 시편 저자는, "하나님이여, 민족들로 주를 찬송케 하시며 모든 민족으로 주를 찬송케 하소서"라고 기도한다. 그것은 세계복음화에 대한 간절한 기도이다. 세계복음화는 하나님의 뜻이며 교회의 최대의 과제이며 모든 성도의 날마다의 기도제목이어야 한다.

〔6-7절〕 땅이 그 소산을 내었도다. 하나님 곧 우리 하나님이 우리에게 복을 주시리로다. 하나님이 우리에게 복을 주시리니 땅의 모든 끝이 하나님을 경외하리로다.

시편 저자는 땅이 그 소산을 내었다고 말한다. 그것은 문자적으로도 사실이다. 우리가 먹는 모든 것은 하나님께서 해마다 주시는 땅의 소산들이다. 그러나 땅의 소산은 이런 자연적 복뿐 아니라 특히 영적인 복도 가리킨다고 본다. 그것은 온 세상에 주신 구원의 열매들을 가리킨다. 온 세상은 많은 구원의 열매들을 맺을 것이다. 수많은 영혼들이 구주 예수 그리스도를 믿고 구원을 얻을 것이다.

시편 저자는 또 하나님 곧 우리 하나님께서 우리에게 복을 주실 것이라고 말한다. 그는 6절과 7절에 반복해서 그렇게 말한다. 그는 1절에서도 "하나님은 우리를 긍휼히 여기사 복을 주시고 그 얼굴빛을 우리에게 비취사 주의 도를 땅 위에, 주의 구원을 만방 중에 알리소서"라고 말했다. 시편 저자가 말하는 하나님의 복은 무엇보다 구원의 복을 가리키며 또한 구원 얻은 자가 하는 전도의 복도 가리킬 것이다. 하나님의 복은 택한 백성의 구원이며, 구원 얻은 성도가 하나님의 뜻을 행하는 것이며 그 중에 전도의 일은 큰복이다.

시편 저자는 또한 "땅의 모든 끝이 하나님을 경외하리로다"라고 말한다. 이것은 구약시대의 놀라운 예언이다. 하나님의 뜻은 온 세상에 구원 얻은 자들이 일어나 하나님을 경외하는 것이다. 그래서 주께서는 "너희는 온 천하에 다니며 만민에게 복음을 전파하라"고 명하셨고(막 16:15), 또 "땅끝까지 이르러 내 증인이 되리라"고 말씀하셨다(행 1:8). 세계복음화는 하나님의 뜻이며 그 뜻은 다 이루어질 것이다. 2천년이 지난 오늘날 세계복음화의 그 일은 거의 다 이루어졌다고 본다. 한국은 땅끝의 나라이다. 그러나 아직 남은 곳이 있다면 그곳에 복음이 전파되어야 하며 택한 백성을 다 구원해야 한다.

본 시편의 교훈을 정리해보자. 첫째로, 하나님의 제일 큰 복은 구원이다. 1, 2절, "하나님은 우리를 긍휼히 여기사 복을 주시고 그 얼굴 빛으로 우리에게 비취사 주의 도를 땅 위에, 주의 구원을 만방 중에 알리소서." 하나님의 복은 죄인들의 구원이며, 그 구원은 죄인이 하나님을 알고 경외하며 죄사함을 받는 것이다. 에베소서 1:3-5, "찬송하리로다, 하나님 곧 우리 주 예수 그리스도의 아버지께서 그리스도 안에서 하늘에 속한 모든 신령한 복으로 우리에게 복 주시되 곧 창세 전에 그리스도 안에서 우리를 택하사 우리로 사랑 안에서 그 앞에 거룩하고 흠이 없게 하시려고 그 기쁘신 뜻대로 우리를 예정하사 예수 그리스도로 말미암아 자기의 아들들이 되게 하셨으니." 우리는 이미 구원을 얻었다.

둘째로, 하나님의 뜻은 세계복음화이다. 하나님의 구원의 복음은 땅 위에, 만방 중에 전해져야 한다(2절). 모든 민족이 하나님을 찬양하고 땅의 모든 끝이 하나님을 경외할 것이다(3, 5, 7절). 구원 얻은 무리는 각 나라와 족속으로부터 셀 수 없이 많을 것이며(계 7:9), 세상 나라는 그리스도의 나라가 될 것이다(계 11:15). 그러므로 주께서는 제자들에게 온 천하에 다니며 만민에게 복음을 전하라고 명하셨고(막 16:15), 땅끝까지 내 증인이 되리라고 말씀하셨다(행 1:8). 그러므로 세계복음화는 교회의 첫 번째 기도제목이며 활동목표이다. 우리는 우리 주위에 복음을 전하는 일로부터 땅끝까지 복음을 전하는 일을 위해 힘써야 한다.

셋째로, 모든 사람은 하나님을 찬송해야 한다. 3, 5절, "하나님이여, 민족들로 주를 찬송케 하시며 모든 민족으로 주를 찬송케 하소서." 하나님께서 사람을 창조하신 목적은 하나님의 영광을 위하고 그를 찬송케 하기 위함이셨고(사 43:7, 21), 하나님께서 사람을 구원하신 목적도 하나님의 영광을 찬송케 하려 함이셨다(엡 1:6, 12, 14). 그러므로 모든 피조물들, 특히 구원 얻은 모든 성도들은 영원하신 창조자, 섭리자 하나님과 그의 아들 예수 그리스도께 찬송과 존귀와 영광과 능력을 세세토록 돌려야 한다(계 5:12-13). 우리는 항상 하나님을 찬송해야 한다.

68편: 원수를 파하시는 하나님을 찬송함

1-18절, 원수들을 파하소서

다윗의 시. 영장(伶長)[아마, 찬양대장 혹은 지휘자]을 위한 노래.

〔1-2절〕 하나님은 일어나사 원수를 흩으시며 주를 미워하는 자로 주의 앞에서 도망하게 하소서. 연기가 몰려감같이 저희를 몰아내소서. 불 앞에서 밀[초]**이 녹음같이 악인이 하나님 앞에서 망하게 하소서.**

하나님께는 원수들이 있다. 그들은 하나님을 대적하고 하나님의 뜻을 거슬러 악을 행하는 자들이다. 사탄과 악령들과 그 종들이 그들이다. 그 원수들은 성도들의 원수들이기도 하다(엡 6:12). 하나님께서는 평소에 잠잠하시고 그들의 악행을 못 보신 체하시지만, 일어나 그들을 파하실 것이다. 그때 그들은 흩어지며 하나님 앞에서 도망치며 연기같이 몰려가고 불 앞에서 초의 녹음같이 멸망할 것이다.

〔3-4절〕 의인은 기뻐하여 하나님 앞에서 뛰놀며 기뻐하고 즐거워할지어다. 하나님께 노래하며 그 이름을 찬양하라. 타고 광야에 행하시던 자를 위하여 대로를 수축하라[노랫소리를 높일지어다]**. 그 이름은 여호와시니 그 앞에서 뛰놀지어다**[기뻐할지어다].

하나님의 긍휼과 은혜로 의롭다 하심을 얻은 의인들은 하나님 앞에서 기뻐할 것이다. 그들은 하나님의 은혜 때문에, 그의 주신 구원과 위로 때문에, 그의 기도 응답 때문에 기뻐할 것이다. 또 그들은 하나님을 찬양할 것이다. 죄는 슬픔을 가져오지만, 의는 기쁨을 주고 하나님을 찬송케 한다. 천국은 의와 기쁨과 찬송으로 충만한 곳이며, 성도는 세상에서도 의와 기쁨과 찬송의 삶을 살 것이다.

〔5-6절〕 그 거룩한 처소에 계신 하나님은 고아의 아버지시며 과부의 재판장이시라. 하나님은 고독한 자로 가속(家屬)[가족들] **중에 처하게 하시며 수금된**[옥에 갇힌] **자를 이끌어 내사 형통케 하시느니라. 오직 거역하는 자**

의 거처는 메마른 땅이로다.

하나님께서는 거룩한 처소에 계신다. 그는 피조물과 구별되시며 죄와 불결이 없으시다. 그는 고아의 아버지시며 과부의 재판장이시다(신 10:18; 시 10:14). 그는 고독한 자들을 가족들 가운데 있게 하시며 옥에 갇힌 자들을 이끌어내시며 형통케 하신다. 하나님 나라에는 외로운 자들이 없을 것이다. 지상 교회도 그래야 할 것이다. 그는 또 옥에 갇힌 자들을 구원해주신다. 영적으로도, 육적으로도 그러하다. 그러나 하나님을 거역하는 자들의 거처는 메마른 땅이 될 것이다. 그들에게는 영적으로, 육적으로 궁핍과 부족이 있을 것이다.

〔7-8절〕 하나님이여, 주의 백성 앞에서 앞서 나가사 광야에 행진하셨을 때에 땅이 진동하며 하늘이 하나님 앞에서 떨어지며 저 시내산**도 하나님 곧 이스라엘의 하나님 앞에서** 진동**하였나이다.**

하나님께서는 그의 백성 앞에서 행하셨다. 그는 광야에서 그들 앞에 행하셔서 낮에는 구름기둥으로, 밤에는 불기둥으로 그들을 인도하셨다(출 13:21; 신 1:33). 또 그는 광야를 통과해 행진하셨다. 광야는 거친 땅이었지만, 날마다 만나를 양식으로 주셨고 때때로 반석에서 물이 나오게 하셨다. 하나님 앞에서 천지는 진동하였다. 그것은 하나님의 크신 능력을 나타내며 또 그의 통치권을 나타낸다.

〔9-10절〕 하나님이여, 흡족한 비를 보내사 주의 산업이 곤핍할 때에 견고케 하셨고 주의 회중(카얏카 חַיָּתְךָ)[혹은 '생물']**으로 그 가운데 거하게 하셨나이다. 하나님이여, 가난한 자를 위하여 주의 은택을 준비하셨나이다.**

하나님께서는 자기 백성을 이런 곤핍하고 가난한 상황에 버려두지 않으시고 그들을 위해 흡족한 비를 보내주시고 그의 은택을 준비하신다. 그는 때를 따라 자기 백성의 영육의 필요를 공급해주신다. 그 결과, 성도는 다시 힘을 얻어 견고케 되고 하나님께서 허락하신 복된 산업의 땅에 거하게 될 것이다.

〔11-14절〕 주께서 말씀을 주시니 소식을 공포하는 여자가 큰 무리라.

여러 군대의 왕들이 도망하고 도망하니 집에 거한 여자**도 탈취물을 나누도다. 너희가 양우리에 누울 때에는 그 날개를 은으로 입히고 그 깃을 황금으로 입힌 비둘기 같도다. 전능하신 자가 열왕을 그 중에서 흩으실 때에는 살몬에 눈이 날림** 같도다.

하나님께서는 자기 백성에게 승리를 안겨주실 것이며 큰 무리가 승리의 소식을 전하게 될 것이다. 여러 군대의 왕들은 도망하고 집에 거한 여자들도 탈취물을 나눌 것이다. 하나님께서는 자기 백성에게 큰 승리를 주시며 넉넉히 이기게 하시는 하나님이시다! 성도들의 모임은 금빛, 은빛 날개를 가진 비둘기들이 옹기종기 모여 앉은 것처럼 아름다울 것이다. 그들은 비록 부족과 연약이 없지 않을지라도 하나님 보시기에 아름다운 무리이다. 하나님께서는 이방 나라의 왕들을 살몬의 눈같이 흩으셨다. 살몬은 세겜 부근에 있는 그리 높지 않은 산이다(삿 9:48). 이방의 왕들이 이스라엘 백성에게 위협적 적대세력이었지만, 전능하신 하나님께서 그들을 파하시고 흩으실 것이다.

〔15-16절〕 바산의 산은 하나님의 산임이여, 바산의 산은 높은 산(하르 가베눈님 הַר גַּבְנֻנִּים)[봉우리들이 있는 산들]**이로다**[하나님의 산은 바산의 산과 같으며 높은 산들은 바산의 산과 같도다](KJV, NASB). **너희 높은 산들**(하르 가베눈님 הַר גַּבְנֻנִּים)[봉우리들이 있는 산들]**아, 어찌하여 하나님이 거하시려 하는 산**[하나님께서 거하시기를 기뻐하시는 산]**을 시기하여 보느뇨? 진실로 여호와께서** 이 산에 **영영히 거하시리로다.**

하나님의 산은 시온산을 가리키는 것 같다. 요단강 북동쪽에 있는 바산의 산은 높이가 약 1,900미터 되는(한라산 정도) 높은 산이다. 시온산, 즉 하나님의 산은 그렇게 높은 산은 아니지만, 영적 특권에 있어서 바산의 산처럼 높다. 여호와께서는 이 산에 영영히 거하실 것이다. 하나님께서 영영히 거하신다는 것은 참으로 놀라운 특권이다. 그곳은 구주 예수 그리스도와 그의 교회를 예표하며 또 성령의 영원한 내주(內住)하심을 예표한다. 높은 산들이 하나님의 산을 시기한다는 말은 이방 나라들이 이스라엘 나라를 무시하고 질투한다는 뜻이다.

〔17-18절〕 하나님의 병거가 천천이요 만만이라. 주께서 그 중에 계심이 시내산 **성소에 계심** 같도다. **주께서 높은 곳으로 오르시며 사로잡은 자를 끌고 선물을 인간에게서, 또는 패역자** 중**에서 받으시니 여호와 하나님이 저희와** 함께 **거하려 하심이로다.**

'하나님의 병거'는 하나님을 수행하는 천사들을 비유적으로 표현한 것이라고 본다. 그들의 수는 천천이요 만만이다(계 5:11). 또 하나님께서는 시내산에, 성소에(KJV, NASB) 계심같이 그들 곧 천사들 중에 계신다. 하나님께서는 높은 곳으로 오르신다. 그것은 하나님께서 이 세상에 내려오셔서 자기 백성을 도우시고 구원하시고 그 원수들을 다 멸하신 후에 하늘로 오르신다는 뜻이다. 그것은 하나님의 승리의 귀환이다. 그는 이스라엘 백성을 사로잡았던 원수들을 사로잡으시고 그들에게서 전쟁노획물을 받으신다. 이 말씀은 하나님께서 택한 백성을 죄와 사망과 사탄 권세에서 구원하기 위해 어떻게 행하시는지를 보인다. 주께서는 이 일을 위해 하늘에서 내려오셨고 아버지의 뜻을 다 이루신 후 이전에 계시던 곳으로 올라가셨다(요 6:62; 엡 4:10). 또 그는 우리 속에 영으로 거하신다. 그것은 가장 큰복이다.

본문의 교훈을 정리해보자. 첫째로, 하나님께서는 고아의 아버지이시며 과부의 재판장이시며 가난한 자를 위해 은택을 준비하시는 자이시다. 하나님의 백성이 세상에서 때때로 고아와 같고 과부와 같고 가난한 자와 같을지라도, 하나님께서는 그들에게 은혜를 준비하신다.

둘째로, 하나님께서는 원수들을 파하실 것이다. 그는 사탄과 악령들과 악한 자들을 파하실 것이다. 그는 원수들을 연기같이 흩으시고 불 앞에 초같이 녹이실 것이다. 하나님의 원수들은 뿔뿔이 흩어질 것이다.

셋째로, 하나님께서는 자기 백성을 구원하시며 승리케 하시고 그들 가운데 영원히 거하실 것이다. 그는 친히 땅에 내려오셔서 그들을 도우시고 그들로 승리케 하시고 그들 가운데 영원히 거하실 것이다.

19-35절, 원수들을 파하시리라

〔19-20절〕 날마다 우리 짐을 지시는 주 곧 우리의 구원이신 하나님을 찬송할지로다. 하나님은 우리에게 구원의 하나님이시라. 사망에서 피함이 주 여호와께로 말미암거니와.

하나님께서는 날마다 우리의 짐을 지시는 주님이시다. 사람에게는 건강, 경제, 가족들, 인간 관계 등의 짐들이 있다. 무엇보다, 사람에게는 죄의 짐이 있다. 사람은 "수고하고 무거운 짐 진 자"이다. 그런데 하나님께서는 우리의 짐을 져 주신다(마 11:28; 벧전 5:7). 그는 "우리의 구원이신 하나님" "구원의 하나님"이시다. 그는 특히 우리의 죗짐을 져 주신다. 그는 우리의 모든 죄를 깨끗케 씻어주셨다(사 53:6; 요 1:29). 구원의 중요한 한 내용은 죄와 사망에서 건짐을 받는 것이다. 하나님께서는 질병에서, 경제적 궁핍에서, 사고나 재앙에서, 원수들에게서 우리의 생명을 지켜주실 뿐만 아니라, 또한 죄로부터, 사탄의 권세로부터, 사망과 지옥 형벌로부터 우리의 영혼을 지켜주신다.

〔21-23절〕 그 원수의 머리 곧 그 죄과에 항상 행하는 자의 정수리는 하나님이 쳐서 깨치시리로다. 주께서 말씀하시기를 내가 저희[내 백성]를 **바산에서 돌아오게 하며 바다 깊은 데서 도로 나오게 하고 너로** 저희를 **심히 치고 그 피에 네 발을** 잠그게 **하며 네 개의 혀로** 네 **원수에게서 제 분깃을 얻게 하리라 하시도다.**

하나님께서는 그 원수들의 머리 곧 죄 가운데 항상 행하는 자들의 정수리를 부수실 것이다. 사탄과 적그리스도와 거짓 선지자, 또 악인들은 결국 영원한 지옥 불못에 던지울 것이다(계 19:20; 20:10; 21:8). 하나님께서는 자기 백성을 옛날 바산 왕 옥과의 전투에서 승리케 하셨듯이(민 21:33-35) 다시 승리케 하시고, 또 그들이 애굽에서 나온 후 홍해 바다 깊은 곳을 통과케 하셨듯이 극심한 고난과 위험으로부터 건져내시고 회복시키실 것이다(Poole). 그는 이스라엘 백성이 원수들을 쳐서 승리케 하실 것이다. 이스라엘 백성은 원수들의 피에 발을 담그고 그들의 개들도 그 원수들에게서 먹을 것을 얻을 것이다. 그들은 원수들을 완전히 이길 것이다.

〔24-27절〕 하나님이여, 저희가 주의 행차하심을 보았으니 곧 나의 하나님, 나의 왕이 성소에 행차하시는 것이라. 소고(小鼓)치는 동녀 중에 가객(歌客)은 앞서고 악사는 뒤따르나이다. 이스라엘의 근원에서 나온 너희여, 대회 중에서 하나님 곧 주를 송축할지어다. 거기는 저희 주관자 작은 베냐민과 유다의 방백과 그 무리와 스불론의 방백과 납달리의 방백이 있도다.

전쟁에서 이기고 돌아오시는 왕, 자기 백성을 위해 친히 싸우시고 그들에게 승리를 주신 하나님의 행차하심을 이스라엘 백성은 환호하고 축하하며, 그들의 원수들은 두려움과 놀라움으로 볼 것이다. 개선 축하식은 성소에서 거행된다. 하나님께서는 성소 안으로 행진하여 들어가신다. 이스라엘 백성은 하나님께 찬송한다. 가객들 즉 노래하는 자들은 앞서고 악기 연주자들은 그들을 뒤따를 것이다. 어린 딸들은 작은북을 두드리며 따를 것이다. 그 모임에는, 원수들을 주관하는 작은 베냐민과 유다의 방백들과 그 무리와 스불론의 방백들과 납달리의 방백들이 있을 것이다. 쇠약해진 작은 지파일지라도 원수들을 주관할 것이다. 베냐민과 유다는 이스라엘 나라의 남쪽의 지파이고, 스불론과 납달리는 그 땅의 북쪽의 지파이다. 그들은 온 이스라엘을 대표할 것이다. 이스라엘 온 지파가 하나님을 찬송할 것이다.

〔28-29절〕 네 하나님이 네 힘을 명하셨도다. 하나님이여, 우리를 위하여 행하신 것을 견고히 하소서[우리를 위하여 행하신 하나님이여, 강하소서](BDB, NASB). **예루살렘에 있는 주의 전을 위하여 왕들이 주께 예물을 드리리이다.**

하나님께서는 능력의 하나님이시다(시 62:11). 그는 우리에게 힘을 주신다. 하나님의 강건함을 구한 것은 그가 우리를 위해 시작하신 일을 다 이루어 주실 것을 구한 것이다. 우리를 위하여 행하신 일이란 전쟁에서 원수들을 물리쳐 승리케 하신 구원의 일이다. 하나님께서는 강하셔서 시작하신 그 구원의 일을 다 이루실 것이다(빌 1:6; 살전 5:24). 왕들은 예루살렘에 있는 주의 전을 위하여 주께 예물을 드릴 것이다. 다윗은 장차 예루살렘에 성전이 지어질 것을 내다보았다. 왕들이 하나님께 예물을 드린다는 말씀은 신약시대에 복음이 온 세상에 전파되어 온 세계의 사람들이 하나님을 섬기게 될 것을 예언적으로 말씀하신 것이라고 본다. 세계복음화가 이루어질 것이다.

〔30-31절〕 갈밭의 들짐승과 수소의 무리와 만민의 송아지를 꾸짖으시고 은 조각을 발 아래 밟으소서. 저가 전쟁을 즐기는 백성을 흩으셨도다. 방백들은 애굽에서 나오고 구스인**은 하나님을 향하여 그 손을 신속히 들리로다.**

'갈밭의 들짐승'은 애굽을 가리킬 것이다(겔 29:3). '수소의 무리'는 수소같이 강한 왕들을 가리키며 '만민의 송아지들'도 이방 나라들의 왕들을 가리키는 것 같다. 하나님께서는 이스라엘 나라를 대적하는 이방 나라들의 왕들을 책망하시고 굴복케 하실 것이다. 이방 나라들의 굴복은 이스라엘에게는 승리가 될 것이다. 다윗은 하나님의 승리를 확신한다. 하나님께서는 전쟁을 즐기는 이방 백성을 흩으실 것이다. 방백들은 애굽에서 나오고 구스인은 하나님을 향해 속히 항복할 것이다. 이스라엘 나라에게 강한 적대 세력인 이방 나라들은 하나님의 능력의 개입하심으로 급속히 항복하고 하나님께로 돌아올 것이다.

〔32-35절〕 땅의 열방들아, 하나님께 노래하고 주께 찬송할지어다(셀라). 옛적 하늘들의 하늘을 타신 자에게 찬송하라. **주께서 그 소리를 발하시니 웅장한 소리로다. 너희는 하나님께 능력을 돌릴지어다. 그 위엄이 이스라엘 위에 있고 그 능력이 하늘**(쉐카킴 שְׁחָקִים)[구름들]**에 있도다. 하나님이여, 위엄을 성소에서** 나타내시나이다. **이스라엘의 하나님은** 그 **백성에게 힘과 능을 주시나니 하나님을 찬송할지어다.**

세상 나라들은 하나님을 찬송해야 한다. 장차 세상 나라들이 하나님께로 돌아올 것이다. 온 세계가 하나님의 큰 구원을 보게 될 것이다. 장차 세상이 회복되고 새로워질 것이다. 이것은 신약시대에 이미 시작되었다. 세계복음화는 하나님의 작정하신 뜻이다. 지금 온 세상에 하나님께서 은혜로 주신 구원이 많이 이루어졌다. 하나님께서는 "옛적 하늘들의 하늘을 타신 자," "웅장한 소리를 발하시는 자," 능력이 많으신 자이시다. 주 예수께서 가르쳐주신 기도의 내용대로, 나라와 권세와 영광이 영원히 하나님께 있다. 하나님의 능력이 하늘에 있다. 하늘은 하나님의 영광과 능력을 나타낸다. 또한 하나님의 위엄이 성소에 나타난다. 성소는 때때로 구름으로 하나님의 임재의 영광을 나타낸다. 하나님의 위엄과 능력은 이스라엘 백성 위에 있고 그가 그들에게 힘과 능을 주신다. 그것은 특히 그가 이스라엘 백성을 통치하시고 그들의 원수들로부터 그들을 보호하시고 구원하심에 있어서 또 그들의 원수들을 징벌하심에 있어서 그러하다.

본문의 교훈을 정리해보자. 첫째로, 하나님께서는 날마다 우리의 짐을 지시는 구원의 하나님이시다. 19절, "날마다 우리 짐을 지시는 주 곧 우리의 구원이신 하나님을 찬송할지로다." 우리는 날마다 부족하지만, 우리의 부족을 하나님께 고백하며 우리의 속죄를 위해 죽으신 어린양 예수 그리스도의 보혈의 샘에서 우리의 부족과 죄의 씻음을 받는다.

둘째로, 하나님께서는 자기 백성에게 힘과 능을 주셔서 그 원수들을 완전히 이기게 하실 것이다. 사탄과 악령들과 악한 자들은 우리를 넘어뜨리려 하지만, 하나님께서는 우리를 도우시며 우리에게 힘과 능력을 주신다(28, 35절). 자신의 죄를 진심으로 회개하고 구주 예수님만 믿고 의지하는 자는 힘과 능력을 얻고 원수들을 완전히 이길 것이다.

셋째로, 온 세상은 하나님께 노래하고 찬송해야 한다(19, 26, 32절). 19절, "날마다 우리 짐을 지시는 주 곧 우리의 구원이신 하나님을 찬송할지로다." 32절, "땅의 열방들아, 하나님께 노래하고 주께 찬송할지어다." 우리는 우리에게 구원과 승리를 주시는 하나님을 찬송해야 한다.

69편: 고난 중에 구원을 간구함

다윗의 시. 영장(伶長)[아마, 찬양대장, 지휘자]을 위해 소산님(쇼솬님 שׁוֹשַׁנִּים)[백합화들이라는 곡]에 맞춘 노래.

〔1-4절〕 하나님이여, 나를 구원하소서. 물들이 내 영혼까지 흘러 들어왔나이다. 내가 설 곳이 없는 깊은 수렁에 빠지며 깊은 물에 들어가니 큰 물이 내게 넘치나이다. 내가 부르짖음으로 피곤하여 내 목이 마르며 내 하나님을 바람으로 내 눈이 쇠하였나이다. 무고히 나를 미워하는 자가 내 머리털보다 많고 무리히 내 원수가 되어 나를 끊으려 하는 자가 강하였으니 내가 취치 아니한 것도 물어주게 되었나이다.

다윗은 지금 극심한 고난 가운데 있다. 그는 말하기를, "물들이 내 영혼까지 흘러 들어왔나이다. 내가 설 곳이 없는 깊은 수렁에 빠지며 깊은 물에 들어가니 큰 물이 내게 넘치나이다"라고 한다. 그는 환난 중에 하나님께 부르짖으나 속히 응답을 받지 못했다. 그는 목이 마르도록 하나님께 부르짖었고 눈이 쇠하도록 하나님을 바라며 앙망하였으나, 하나님의 응답은 더딘 것 같았다. 또 정당한 이유가 없이 그를 미워하고 배척하는 자들이 많았다. 그들은 그의 머리털보다 많았고 또 강하였다. 또 그들 때문에 억울하게 물질적 손해를 입는 일도 있었다. 이런 상황에서 그는 "하나님이여, 나를 구원하소서"라고 기도한다. 기도는 환난 날에 성도의 최선의 방책이다.

〔5-7절〕 하나님이여, 나의 우매함을 아시오니 내 죄가 주의 앞에서 숨김이 없나이다. 만군의 주 여호와여, 주를 바라는 자로 나를 인하여 수치를 당케 마옵소서. 이스라엘의 하나님이여, 주를 찾는 자로 나를 인하여 욕을 당케 마옵소서. [이는] **내가 주를 위하여 훼방을 받았사오니 수치가 내 얼굴에 덮였나이다**[덮였음이니이다].

다윗은 환난 중에 자신의 우매함과 죄악을 깨달았다. 성도는 고난 중에 자신의 죄를 깨닫는다. 다윗이 깨달은 죄는 사람들 앞에서의 즉 인간관계에서의 죄라기보다 하나님 앞에서의 즉 하나님과의 관계에서의 죄이었다. 또 그는 환난 중에 다른 성도들이 수치와 욕을 당할까봐 염려하였다. 다윗이 망하면, 그를 바라보던 성도들, 곧 '하나님을 바라고 찾는 자들'이 낙심하고 믿음을 잃고 수치를 당할까봐 염려하는 것이다. 다윗은 고난으로부터의 구원을 구할 때 단순히 자신의 유익 때문에 기도한 것이 아니고, 또한 다른 성도들의 유익 때문에 기도한 것이다. 특히 다윗은 하나님을 위하여 살며 봉사하였으나 그가 믿고 섬겼던 그 하나님 때문에 지금 비방과 수치를 당하고 있다.

〔8-12절〕 내가 내 형제에게는 객이 되고 내 모친의 자녀에게는 외인이 되었나이다. [이는] **주의 집을 위하는 열성이 나를 삼키고 주를 훼방하는 훼방이 내게 미쳤나이다**[미쳤음이니이다]. **내가 곡하고 금식함으로 내 영혼을** 경계**하였더니 그것이 도리어 나의 욕이 되었으며 내가 굵은 베로 내 옷을 삼았더니 내가 저희의 말거리가 되었나이다. 성문에 앉은 자가 나를 말하며 취한 무리가** 나를 가져 **노래하나이다.**

다윗은 형제들에게 객이 되고 모친의 자녀들에게 외인이 되었다. 그가 그의 가족들과 멀어진 것은 주의 집 곧 성소를 위한 그의 열심 때문이며 또 하나님을 비난하는 불경건한 악인들의 비난이 그에게 미쳤기 때문이었다. 다윗은 곡하며 금식하였고 굵은 베로 그의 옷을 삼았다. 그러나 그의 이런 행동들은 도리어 비난거리가 되고 사람들의 말거리가 되었다. 성문에 앉은 자들 곧 노인들도 그를 오해하며 욕했고 술취한 사람들조차도 그를 말거리로 삼았다.

〔13-15절〕 여호와여, 열납하시는 때에 나는 주께 기도하오니 하나님이여, 많은 인자와 구원의 진리로 내게 응답하소서. 나를 수렁에서 건지사 빠지지 말게 하시고 나를 미워하는 자에게서와 깊은 물에서 건지소서. 큰 물이 나를 엄몰하거나 깊음이 나를 삼키지 못하게 하시며 웅덩이로 내 위에 그 입을 닫지 못하게 하소서.

다윗은 하나님께서 열납하시는 때에 그에게 기도한다고 고백한다. 우리는 하나님께서 열납하시는 때에 그에게 기도해야 한다. 사람이 아무리 부지런히 부르짖는다 해도 이미 은혜받기에 늦은 때가 있다(잠 1:24-28). 다윗은 심각한 곤란 중에 구원을 간구한다. '수렁,' '깊은 물,' '큰 물,' '깊음' 등은 한번 빠지면 헤어나올 수 없는 어려운 일을 가리킨다. 또 그에게는 그를 미워하는 원수들이 있었다. 다윗은 극심한 곤란 중에서 하나님의 많은 인자에 호소하며 구원을 간구한다.

〔16-18절〕 **여호와여, 주의 인자하심이 선하시오니 내게 응답하시며 주의 많은 긍휼을 따라 내게로 돌이키소서. 주의 얼굴을 주의 종에게서 숨기지 마소서. 내가 환난 중에 있사오니 속히 내게 응답하소서. 내 영혼에게 가까이하사 구속(救贖)하시며 내 원수를 인하여 나를 속량하소서.**

다윗은 하나님의 선하심과 인자하심에 호소한다. 그는 이미 자신의 죄를 고백했다. 그가 의지할 것은 하나님의 인자하심뿐이다. 지금 그는 하나님께서 그의 얼굴을 감추시고 그를 멀리하신 것같이 느낀다. 하나님께서는 그를 위로하시지 않는 것 같고 그에게 도움의 손을 펴시지 않는 것 같았다. 다윗은 하나님의 빠른 응답을 필요로 하고 있다. 그의 원수들은 그를 몹시 괴롭히고 있었다. 그래서 그는 하나님께서 가까이 오셔서 그를 구원해 주시기를 간구한다.

〔19-21절〕 **주께서 나의 훼방과 수치와 능욕을 아시나이다. 내 대적이 다 주의 앞에 있나이다. 훼방이 내 마음을 상하여 근심이 충만하니 긍휼히 여길 자를 바라나 없고 안위할 자를** 바라나 **찾지 못하였나이다. 저희가 쓸개를 나의 식물로 주며 갈할** 때에 **초로 마시웠사오니.**

하나님께서는 다윗이 받는 비난과 수치와 모욕을 아신다. 다윗은 원수들의 비방으로 마음이 상하였고 근심이 충만하며 그를 긍휼히 여기고 위로할 자 없었다. 원수들은 다윗에게 쓸개와 초를 마시웠다. 이것은 로마 군병들이 예수께 쓸개 탄 포도주를 주어 마시게 하려 했고 신포도주를 준 일에 예표가 되었다(마 27:34, 48).

〔22-25절〕 **저희 앞에 밥상이 올무가 되게 하시며 저희 평안이 덫이** 되게 하소서. **저희 눈이 어두워 보지 못하게 하시며 그 허리가 항상 떨리게 하소**

서. 주의 분노를 저희 위에 부으시며 주의 맹렬하신 노로 저희에게 미치게 하소서. 저희 거처로 황폐하게 하시며 그 장막에 거하는 자가 없게 하소서.

다윗은 그를 비방하고 괴롭혔던 악한 원수들이 받을 저주에 대해 말한다. 그는 "저희 앞에 밥상이 올무가 되게 하시며 저희 평안이 덫이 되게 하소서"라고 말한다. 그는 또 "저희 눈이 어두워 보지 못하게 하시며 그 허리가 항상 떨리게 하소서"라고 말한다. 악인들은 하나님의 진노를 당할 것이며 가정의 황폐함을 겪으며 가정의 평안을 잃을 것이다. 그들은 어린 자녀들이 장난치며 뛰노는 일도 없을 것이다.

[26-28절] 대저 저희가 주의 치신 자를 핍박하며 주께서 상케 하신 자의 슬픔을 말하였사오니 저희 죄악에 죄악을 더 정하사 주의 의에 들어오지 못하게 하소서. 저희를 생명책에서 도말하사 의인과 함께 기록되게 마소서.

다윗은 하나님께서 자신을 치셨고 상하게 하셨다고 말한다. 그러나 그의 원수들은 그의 고난에 고난을 더하여 그를 핍박하였다. 그들은 고난 당하는 그를 동정하지 않았다. 그들의 행위는 하나님의 저주를 받을 만한 일이다. 악인들은 자신들의 평소의 악행에 성도를 핍박하는 큰 죄를 더하였다. 성도도 죄성(罪性)을 가지고 있지만 자신의 죄를 깨닫고 회개함으로 하나님의 긍휼과 값없이 주시는 의를 얻는다. 그러나 악인들은 하나님께서 주시는 그 의에 들어오지 못할 것이다. 또 다윗은 "저희를 생명책에서 도말하사 의인과 함께 기록되게 마소서"라고 말한다. '생명책'은 하나님의 은혜로 의롭다 하심을 얻고 그 결과, 영생할 새 생명을 얻은 자들의 이름을 기록한 책이다. 그것은 마지막 심판대에서 아주 중요한 책이다(계 20:12; 20:12). 구원 얻을 자들은 창세 이후로 거기에 기록될 것이다(계 13:8). 생명책에 기록된 자들은 영원한 지옥 불못에 던지움을 면할 것이며 복된 천국에 들어가 영생을 누릴 것이다(계 20:15; 21:27).

[29-31절] 오직 나는 가난하고 슬프오니 하나님이여, 주의 구원으로 나를 높이소서. 내가 노래로 하나님의 이름을 찬송하며 감사함으로 하나님을

광대하시다 하리니 이것이 소 곧 뿔과 굽이 있는 황소를 드림**보다 여호와를 더욱 기쁘시게 함이 될 것이라.**

다윗은 고난 중에 처해 있으나 그 고난의 현실에서 하나님께서 그 구덩이에서 자신을 건져내셔서 높은 곳, 안정된 곳에 세워주시기를 기도한다. 하나님께는 구원의 능력이 있다. 참으로 인생을 도우실 수 있는 분은 하나님뿐이시다. 이제 다윗은 "내가 노래로 하나님의 이름을 찬송하며 감사함으로 하나님을 광대하시다 하리니"라고 말한다. 하나님의 구원을 체험한 자마다 하나님께 감사와 찬송을 올릴 것이다. 감사의 찬송은 짐승 번제보다 하나님을 더 기쁘시게 할 것이다. 하나님께서는 형식보다 예배자의 중심을 보시기 때문이다.

[32-33절] 온유한 자가 이를 보고 기뻐하나니 하나님을 찾는 너희들아, 너희 마음을 소생케 할지어다. 여호와는 궁핍한 자를 들으시며 자기를 인하여 **수금된 자**[갇힌 자]**를 멸시치 아니하시나니.**

본문은 하나님을 경외하는 성도들을 '온유한 자,' '하나님을 찾는 자,' '궁핍한 자,' '갇힌 자'라고 표현한다. 성도는 하나님의 하시는 일들을 보고 기뻐하고 그 마음의 소생함을 얻는다. 성도는 고난 중에서도 기뻐하고 마음에 힘을 얻을 수 있다. 성도가 고난 중에 기뻐하고 힘을 얻을 수 있는 것은 하나님께서 그의 기도를 들어주시기 때문이다. 하나님께서는 고난 당하며 가난하고 궁핍한 성도들의 간구를 들어주신다. 그는 그들의 기도를 멸시치 않으신다.

[34-36절] 천지가 그를 찬송할 것이요 바다와 그 중의 모든 동물도 그리 **할지로다. 하나님이** 시온**을 구원하시고 유다 성읍들을 건설하시리니 무리가 거기 거하여 소유를 삼으리로다. 그 종들의 후손이 또한 이를 상속하고 그 이름을 사랑하는 자가 그 중에 거하리로다.**

천지만물은 하나님을 찬송할 것이다. 왜냐하면 하나님께서 시온을 구원하시고 유다 성읍들을 건설하실 것이기 때문이다. 즉 하나님의 구원사역 때문이다. '시온'이라는 말(치이욘 צִיּוֹן)이 원문에 있다. 하나님께서는 시온 곧 예루살렘 성을 원수들의 공격에서 구원하시고 유다 성읍들을 견고하게 세우실 것이다. 하나님께서 시온성을 구원하시고 유다 성읍들을 건설하시는 목적은 하나님의 백성이 거기 거하여 그것들을 소유로 삼고 하나님의 종들의 후손이 그것들을 상속하고 하나님의 이름을 사랑하는 자들이 그 가운데 거하도록 하시기 위함이다. 시온의 구원과 유다 성읍들의 건설, 또 하나님의 백성들이 거기 대대로 거한다는 말씀은 하나님께서 신약시대에 우리를 구원하시고 장차 천국에 이르게 하실 것을 예언한 것이라고 본다.

시편 69편의 교훈을 정리해보자. 첫째로, 성도에게는 많은 고난이 있다. 그는 때때로 해결책이 없고 목숨까지 위협하는 심각한 환난에 직면한다. 까닭 없이 그를 미워하는 원수들도 있다. 성도는 세상에서 때때로 가난하고 궁핍한 자이다. 그러나 성도는 하나님을 경외하고 온유하고 겸손하며 하나님의 집을 위한 열심을 품고 그를 섬기며 그를 따른다.

둘째로, 성도는 고난 중에 오직 하나님께 기도한다. 기도는 환난 날에 성도가 대처할 최선의 방책이다. 성도는 하나님께 부르짖어 기도하며 또 인내하며 기도한다. 시편 50:15, "환난 날에 나를 부르라. 내가 너를 건지리니 네가 나를 영화롭게 하리로다." 하나님께서는 살아계시며 세상의 모든 일을 섭리하시므로, 성도는 믿음과 기도로 승리할 것이다.

셋째로, 성도들은 하나님의 긍휼과 은혜로 구원을 받을 것이나, 원수들은 멸망을 당할 것이다. 성도들은 고난 중에 자신들의 부족과 죄를 깨닫지만, 하나님의 긍휼과 은혜를 또한 의지한다. 하나님께서는 그들의 죄와 부족을 사하시고 그들에게 구원과 도우심을 주실 것이다. 그는 성도들의 간절한 기도를 들어주실 것이다. 그러나 그는 원수들의 밥상이 올무가 되게 하시며 그들의 평안이 덫이 되게 하시며 그들의 거처로 황폐케 하시고 그 이름들을 생명책에서 지우실 것이다. 의인들은 영생의 천국 복을 누릴 것이지만, 악인들은 영원한 멸망을 당할 것이다.

70편: 속히 나를 도우소서

다윗의 기념케 하는 시. 영장(伶長)[아마, 찬양대장]을 위한 노래.

〔1-5절〕 하나님이여, 속히 **나를 건지소서. 여호와여, 속히 나를 도우소서. 내 영혼을 찾는 자로 수치와 무안을 당케 하시며 나의 상함을 기뻐하는 자로 물러가 욕을 받게 하소서. 아하, 아하 하는 자로 자기 수치를 인하여 물러가게 하소서. 주를 찾는 모든 자로 주를 인하여 기뻐하고 즐거워하게 하시며 주의 구원을 사모하는 자로 항상 말하기를 하나님은 광대하시다 하게 하소서. 나는 가난하고 궁핍하오니 하나님이여, 속히 내게 임하소서. 주는 나의 도움이시요 나를 건지시는 자시오니 여호와여, 지체치 마소서.**

다윗은 고난의 현실에 처해 있다. 그가 하나님께 "속히 나를 건지소서," "속히 나를 도우소서"(1절), "하나님이여, 속히 내게 임하소서," "여호와여, 지체치 마소서"(5절)라고 말한 것을 보면, 그가 당한 고난은 크고 심각하였다. 그것은 하나님의 긴급한 도움이 아니고서는 피하거나 헤어나올 수 없는 정도의 고난이었다.

그에게는 그의 목숨을 찾고 그를 해치려는 자들이 있었다. 그들은 다윗을 향해 아하, 아하 하며 자긍하였다. 성도에게는 그런 원수들이 있다. 사탄과 악령들과 그들의 종들이 그러하다. 성도의 신앙 생활은 영적 싸움의 연속이다. 사도 바울은 "우리의 씨름은 혈과 육에 대한 것이 아니요 정사와 권세와 이 어두움의 세상 주관자들과 하늘에 있는 악의 영들에게 대함이라"고 말하며 하나님의 전신갑주를 입으라고 했다(엡 6:10-13). '정사와 권세와 이 어두움의 세상 주관자들과 하늘에 있는 악의 영들'은 악한 천사들 곧 악령들을 가리킨다. 그들은 성도의 원수이다. 우리는 그들과 늘 싸운다. 성도들이 하나님의 능력으로 강건해지고 하나님의 전신갑주를 입지 않으면 패배할 것이다. 그러나 우리가 하나님의 능력으로 강건하여지고 하나님의 전신갑주를 입는다면 우리는 이 영적 전투에서 승리할 것이다.

베드로전서 5:8에서, 사도 베드로는 “근신하라. 깨어라. 너희 대적 마귀가 우는 사자같이 두루 다니며 삼킬 자를 찾나니”라고 말했다. 우는 사자, 두루 다니며 삼킬 먹잇감을 찾는 사자는 참으로 무섭다. 사탄과 악령들은 그와 같다. 성도는 세상에서 그런 원수들을 직면하고 있다. 성도는 세상에서 영적 전쟁을 하는 자들이다.

다윗은 “나는 가난하고 궁핍하다”고 말한다. 성도들은 땅 위에서 고난 가운데서 물질적 궁핍도 경험한다. 하나님의 백성이 땅 위에서 항상 굶주리지는 않을 것이지만, 늘 부유하거나 유여하지도 않을 것이다. 하나님께서는 우리의 필요한 것들을 주시며 우리에게 일용할 양식을 주실 것이다. 그러나 성도는 부자가 되려는 욕심을 버려야 하고 먹을 것과 입을 것이 있은즉 자족하며 사는 법도 배워야 한다.

다윗은 이런 상황에서 하나님을 의지하며 바라고 하나님께 구원과 도우심을 간구한다. 그는, ‘하나님이여,’ ‘여호와여’(1절), ‘하나님이여,’ ‘여호와여’(5절)라고 하나님을 향해 부르짖었다. 그는 하나님께 “하나님이여, 속히 나를 건지소서. 여호와여, 속히 나를 도우소서”(1절), “하나님이여, 속히 내게 임하소서. 주는 나의 도움이시요 나를 건지시는 자시오니 여호와여, 지체치 마소서”(5절)라고 기도하였다. 그는 하나님을 찾았고 하나님의 구원을 사모하였다(4절).

기도는 성도가 환난을 대처하는 최선의 방책이다. 시편 46:1에서 다윗은 “하나님은 우리의 피난처시요 힘이시니 환난 중에 만날 큰 도움이시라”고 말했다. 하나님께서는 시편 50:15에서 “환난 날에 나를 부르라. 내가 너를 건지리니 네가 나를 영화롭게 하리로다”라고 약속하셨다. 기도는 성도의 특권이다. 주께서는 “구하라 그러면 너희에게 주실 것이요, 찾으라 그러면 찾을 것이요, 문을 두드리라 그러면 너희에게 열릴 것이니, 구하는 이마다 얻을 것이요 찾는 이가 찾을 것이요 두드리는 이에게 열릴 것이니라”고 말씀하셨고(마 7:7-8), 또 “너희가 내 이름으로 무엇을 구하든지 내가 시행하리니 이는 아버지로 하여금 아들을 인하여 영광을 얻으시게 하려 함이라. 내 이름으로 무엇이든지 내게 구하면 내가 시행하리라"고 약속하셨다(요 14:13-14). 기도 응답은 하나님의 약속이다. 기도는 성도의 복된 특권이다.

하나님께서는 다윗의 간구를 들어주실 것이다. 그는 그를 그 고난으로부터 건지실 것이다. 하나님께서는 우리의 기도를 들어주시는 하나님이시다. 시편 65:2는 "기도를 들으시는 주여, 모든 육체가 주께 나아오리이다"라고 말했다. 기도는 응답되는 데 가치가 있다. 응답되지 않는 기도는 무의미하며 무가치하다. 응답되지 않는 기도는 이방 종교인들의 기도와 다를 바가 없다. 우리의 기도 응답은, 여호와 하나님께서 살아계시며 참 하나님이시라는 증거이며, 또 그 하나님께서 자기 백성을 사랑하신다는 증거이기도 하다.

하나님께서는 다윗의 원수들로 하여금 수치와 무안을 당케 하시며 물러가 욕을 받게 하실 것이다. 그는 악인들의 악행들을 징벌하실 것이다. 악인의 길은 망할 것이다(시 1:6). 시편 5:4-6, "주는 죄악을 기뻐하는 신이 아니시니 악이 주와 함께 유하지 못하며 오만한 자가 주의 목전에 서지 못하리이다. 주는 모든 행악자를 미워하시며 거짓말하는 자를 멸하시리이다. 여호와께서는 피 흘리기를 즐기고 속이는 자를 싫어하시나이다." 시편 6:10, "내 모든 원수가 부끄러움을 당하고 심히 떪이여, 홀연히 부끄러워 물러가리로다." 시편 7:14-16, "악인이 죄악을 해산함이여, 잔해를 잉태하여 궤휼을 낳았도다. 저가 웅덩이를 파 만듦이여, 제가 만든 함정에 빠졌도다. 그 잔해는 자기 머리로 돌아오고 그 포학은 자기 정수리에 내리리로다."

다윗은 하나님의 구원과 도우심으로 기쁨과 즐거움을 얻을 것과 하나님을 찬송하게 될 것을 기대한다. 그는 "주를 찾는 모든 자로 주를 인하여 기뻐하고 즐거워하게 하시며 주의 구원을 사모하는 자로 항상 말하기를 하나님은 광대하시다[위대하시다] 하게 하소서"라고 말한다. 의인들은 기도의 응답과 하나님의 구원을 체험하며 기쁨과 즐거움으로 구원의 하나님을 찬송할 것이다. 시편의 많은 말씀들은 성도가 기도의 응답을 받아 하나님의 구원을 체험하고 기쁨과 즐거움으로 하나님을 찬송한 내용이다. 시편 4:7-8, "주께서 내 마음에 두신 기쁨은 저희의 곡식과 새 포도주의 풍성할 때보다 더하니이다. 내가 평안히 눕고 자기도 하리니 나를 안전히 거하게 하시는 이는 오직 여호와시니이다." 시편 5:11-12, "주에게 피하는 자는 다 기뻐하며 주의 보호로 인하여 영영히 기뻐 외치며 주의 이름을 사랑하는 자들은 주를 즐거워하리이다. 여호와여, 주는 의인에게 복을 주시고 방패로 함같이 은혜로 저를 호위하시리이다."

시편 70편의 교훈을 정리해보자. 첫째로, 성도는 세상에서 많은 고난을 당한다. 시편 34:19는 "의인은 고난이 많다"고 말했다. 사탄과 악령들과 그 종들은 성도들을 미워하고 핍박한다. 또 성도는 자신의 부족과 실수 때문에 하나님께 징계를 당하는 일도 있다. 우리는 고난을 이상한 일처럼 생각하지 말고 받아들이고 회개하고 믿음으로 대처해야 한다.

둘째로, 성도는 고난 중에 하나님의 도움과 구원을 구할 수 있고 또 구해야 한다. 1절, "하나님이여, 속히 나를 건지소서. 여호와여, 속히 나를 도우소서." 기도는 성도의 특권이다. 기도 응답은 하나님의 약속이다. 성도는 살아계신 섭리자 하나님을 믿기 때문에 기도하고 기도하면서 하나님께 대한 지식과 믿음이 자라간다. 기도는 성도가 신앙의 여정에서 하나님의 살아계심과 참되심과 선하심을 체험하며 맛보는 길이다.

셋째로, 성도는 기도 응답과 구원을 체험하며 기쁨과 즐거움을 얻고 하나님을 찬송하게 된다. 성도의 신앙생활은 파도타기와 같다. 고난은 있지만 극복과 승리도 있다. 하나님께서는 우리의 기도를 들어주시고 우리를 도와주시며 우리로 기뻐하며 즐거워하며 그를 찬송케 하신다.

71편: 노인이 주의 의의 구원을 간구함

〔1-3절〕 **여호와여, 내가 주께 피하오니 나로 영영히 수치를 당케 마소서. 주의 의로 나를 건지시며 나를 풀어주시며**[피하게 하시며(KJV), 구하시며(NASB, NIV)] **주의 귀를 내게 기울이사 나를 구원하소서. 주는 나의 무시로 피하여 거할 바위가 되소서. 주께서 나를 구원하라 명하셨으니 이는 주께서 나의 반석이시요 나의 산성이심이니이다.**

하나님께 피하는 것은 하나님을 믿고 의지하는 것이다. 그런 사람은 언제나 수치를 당치 않을 것이다. 우리는 자신의 의를 의지하지 않는다. 사람의 행위의 의는 누더기 옷과 같다(사 64:6). 우리의 의지할 것은 하나님의 긍휼과 의밖에 없다. 하나님의 엄격한 공의에 의하면 하나님 앞에 설 자가 아무도 없고 그의 복을 받을 자가 아무도 없지만, 하나님의 긍휼과 값없이 주시는 의 안에서(롬 3:21-22) 우리는 담대히 하나님께 나아가고 그의 도우심과 돌보심을 얻는다. 우리가 의지하는 하나님께서는 우리가 무시로, 언제나 가서 의지할 바위이시며 우리의 반석이시며 산성이시다. 또 그는 우리의 구원을 명하시는 자이시다. 그것은 아마 천사들에게 내려지는 명령일 것이다. 그러므로 하나님의 자녀들은 환난 중에도 너무 염려할 것이 없다.

〔4-6절〕 **나의 하나님이여, 나를 악인의 손 곧 불의한 자와 흉악한 자의 장중에서**[손에서] 피하게 하소서. **주 여호와여, 주는 나의 소망이시요 나의 어릴 때부터 의지시라. 내가 모태에서부터 주의 붙드신 바 되었으며 내 어미 배에서 주의 취하여 내신 바 되었사오니 나는 항상 주를 찬송하리이다.**

시편 저자는 하나님을 "나의 하나님이여"라고 부르며 개인적으로 친밀히 하나님과 교제하며 섬기고 있었다. 그러나 그는 지금 악한 자들, 불의한 자들, 흉악한 자들 가운데서 위협을 느끼고 있고 하나님의 도우심과 구원을 간구한다. 또 그는 하나님을 "주 여호와" 즉 영원 전부터 스스로 계셔서 만물을 주관하시는 자로 부르며 그를 "나의 소망이시요 나의 어릴 때부터 의지"라고 고백한다. 그는 세상의 것들, 즉 돈이나 세상 권세나 심지어 자녀도 소망으로 삼지 않았다. 또 그는 현실의 고난 중에서 낙망하지도 않았다. 그는 하나님을 그의 소망으로 삼았다. 그는 어릴 때부터 하나님을 의지하였다. 그는 어릴 때부터 하나님을 알았고 그를 섬겼고 그를 의지하였다. 더욱이, 그는 "내가 모태에서부터 주의 붙드신 바 되었으며 내 어미 배에서 주의 취하여 내신 바 되었사오니"라고 말한다. 그는 하나님의 은혜의 선택을 말한다. 하나님께서는 그가 모태에 있을 때에 벌써 그를 택하시고 붙드셨다. 실상, 하나님께서는 창세 전에 우리를 택하셨다(엡 1:4). 그것은 우리의 행위에 근거한 것이 아니고 하나님의 전적인 은혜이었다.

〔7-9절〕 **나는 무리에게 이상함이 되었사오나 주는 나의 견고한 피난처시오니 주를 찬송함과 주를 존숭함이 종일토록 내 입에 가득하리이다. 나를 늙은 때에 버리지 마시며 내 힘이 쇠약한 때에 떠나지 마소서.**

시편 저자는 나이가 많이 든 자인 것 같다. 그러나 사람들은 나이 든 그를 존중하지 않았다. 사람들은 그를 비난하고 대적하였다. 그는 사람들에게 버림을 당한 느낌을 가졌다. 그는 그들에게 이상한 존재가 되었다. 그러나 그는 낙망치 않고 하나님을 바라보았다. 그는 하나님께 "나의 견고한 피난처"라고 말한다. 견고한 피난처는 어떤 환난과 역경도 피할 수 있는 곳이다. 그는 또 하나님을 의지하며 "주를 찬송함과 주를 존숭함이 종일토록 내 입에 가득하리이다"라고 말한다. 참 신앙은 어떤 환경에서도 하나님을 찬송할 수 있다. 시편 저자는 "나를 늙은 때에 버리지 마시며 내 힘이 쇠약한 때에 떠나지 마소서"라고 기도한다. 사람은 젊어서 힘있게 일할 때에는 자기 능력대로 대접을 받고 사람들에게 무시를 당하지 않지만, 늙어 힘이 쇠약한 때는 때때로 사람들에게 무시를 당한다. 그러나 우리의 삶에서 사람들과의 관계가 근본적으로 중요한 것은 아니다. 그것보다 더 중요한 것은 하나님과의 관계이다. 그것은 영원한 삶을 결정하는 일이다.

〔10-13절〕 [이는] **나의 원수들이 내게 대하여 말하며 나의 영혼을 엿보는 자가 서로 꾀하여 이르기를 하나님이 저를 버리셨은즉 따라 잡으라. 건질 자가 없다 하오니**[함이오니] **하나님이여, 나를 멀리 마소서. 나의 하나님이여, 속히 나를 도우소서. 내 영혼을 대적하는 자로 수치와 멸망을 당케 하시며 나를 모해하려 하는 자에게는 욕과 수욕이 덮이게 하소서.**

원문에는 10절 초두에 '이는[왜냐하면]'이라는 말이 있다. 이것은 앞절에서 자신을 늙은 때에 버리지 마시기를 구한 이유를 보인다. 그 이유는 그의 원수들이 그를 위협하고 당을 지어 그를 대적하기 때문이다. 그들은 하나님께서 그를 버리셨고 그를 건질 자가 없다고 말했다. 그들은 그를 모해하려 하였다. 시편 저자는 그때 "하나님이여, 나를 멀리 마소서. 나의 하나님이여, 속히 나를 도우소서"라고 말한다. 시편에는 '속히' 도와주시고 구원해주시기를 구한 기도가 종종 나온다(시 22:19; 38:22; 40:13; 70:1, 5; 71:12; 141:1). 성도는 어려울 때에 하나님께서 멀리 계신 것 같고 더디 도우시는 것 같지만, 하나님의 때가 있다. 하나님께서는 우리가 감당치 못할 시험 당함을 허락지 않으시고 시험 당할 즈음에 피할 길을 내신다(고전 10:13). 시편 저자는 하나님께서 원수들을 파하셔서 그들이 수치와 욕을 당케 하시기를 구한다. 그런 기도를 올리는 것은 하나님의 영광을 위해, 진리와 의의 증거를 위해, 또 땅 위에서 도덕 질서의 유지를 위해서이다.

〔14-16절〕 **나는 항상 소망을 품고 주를 더욱 더욱 찬송하리이다. 내가 측량할 수 없는 주의 의와 구원을 내 입으로 종일 전하리이다. 내가 주 여호와의 능하신 행적을 가지고 오겠사오며 주의 의 곧 주의 의만 진술하겠나이다.**

시편 저자는 '주의 의' 곧 하나님의 의에 대해 또 말한다. 본 시편에는 '주의 의'라는 말이 여러 번 나온다(2, 15, 16, 19, 24절). '의'는 도덕의 기준이 되는 하나님의 계명에 일치하는 것을 말한다. 그러나 여기의 '주의 의'는 하나님의 긍휼과 대속(代贖)의 은혜를 가리킨다고 보인다. 하나님께서는 그를 경외하고 믿는 성도들을 그들의 행위대로 대하지 않으시고 그의 긍휼과 중보자 그리스도의 대속의 의로 구원하신다. 그는 구주의 대속을 통해 하나님의 공의를 이루심으로 죄인을 구원하시는 것이다. 신약성경이 증거한 대로, 주 예수 그리스도께서는 죄인들을 위해 의를 이루셨고 율법의 마침이 되셨고(롬 10:2-4), 그를 믿는 모든 자에게 의가 되셨다(롬 3:21-22; 고전 1:30).

시편 저자는 또 하나님을 항상 소망하며 더욱 찬송하겠다고 말한다. 그는 하나님의 긍휼과 도움과 구원, 또 기도 응답과 승리를 소망하며 하나님을 더욱 더욱 찬송하기를 결심한다. 또 그는 하나님의 의와 구원을 종일 전하며 주의 의만 진술하겠다고 말한다. 사도 바울은 이방 세계에 나아가 전도할 때 예수 그리스도와 그의 십자가의 죽음만 전하기로 작정했었다(고전 2:1-2). 그것이 의가 되기 때문이다.

[17-18절] 하나님이여, 나를 어려서부터 교훈하셨으므로 내가 지금까지 주의 기사를 전하였나이다. 하나님이여, 내가 늙어 백수(白首)[흰머리]**가 될 때에도 나를 버리지 마시며 내가 주의 힘을 후대에 전하고 주의 능을 장래 모든 사람에게 전하기까지 나를** 버리지 마소서.

어려서부터 하나님의 말씀으로 교훈하고 교훈을 받는 것은 하나님의 뜻이며 명령이다(신 6:4-7). 잠언 22:6, "마땅히 행할 길을 아이에게 가르치라. 그리하면 늙어도 그것을 떠나지 아니하리라." 우리는 우리 자녀들을 어릴 때부터 성경 진리로 교훈해야 하고 자녀들은 그 교훈을 잘 받아야 한다. 시편 저자는 "하나님이여, 내가 늙어 흰머리가 될 때에도 나를 버리지 마소서"라고 간구한다. 하나님께서 버리시는 사람은 평안을 잃고 생각과 말과 행동으로 실수하고 범죄할 것이다. 생애의 끝날까지 하나님께서 버리지 않고 지켜주시는 것이 복이다. 하나님의 보호를 소원하는 자는 깨어 하나님을 의지하고 바르게 살고 고의로 거역하지 말아야 한다. 시편 저자는 또 "내가 지금까지 주의 기사를 전하였나이다," "내가 주의 힘을 후대에 전하고 주의 능을 장래 모든 사람에게 전하기까지 나를 버리지 마소서"라고 말한다. 그는 하나님의 기이한 구원을 전하는 자가 되었고 또 앞으로도 죽을 때까지 그렇게 되기를 기도한다. 사도 베드로는 하나님께서 우리를 구원하신 목적에 대해 말하기를, "이는 너희를 어두운 데서 불러내어 그의 기이한 빛에 들어가게 하신 자의 아름다운 덕을 선전하게 하려 하심이라"고 하였다(벧전 2:9).

〔19-21절〕 하나님이여, 주의 의가 또한 지극히 높으시니이다. 하나님이여, 주께서 대사(大事)[큰 일]를 행하셨사오니 누가 주와 같으리이까? 우리에게 많고 심한 고난을 보이신 주께서 우리를 다시 살리시며 땅 깊은 곳에서 다시 이끌어 올리시리이다. 나를 더욱 창대하게 하시고 돌이키사 나를 위로하소서.

하나님의 의는 지극히 높고 고상하며 순결하며 그것은 큰 구원의 일로 나타났다. 이런 큰 일을 행할 자가 누구인가? 하나님께서는 우리에게 "많고 심한 고난을" 보여주셨다. 모든 일들이 하나님의 섭리 가운데 되어지고 성도가 당하는 심히 어려운 많은 일들도 다 그러하다. 의인은 고난이 많다(시 34:19). 우리의 실수에 대한 징벌의 고난이든지 단지 인격 훈련을 위한 고난이든지 간에 하나님께서는 우리로 그것들을 많이 경험케 하셨다. 그러나 의인은 고난이 많으나 하나님께서는 그 모든 고난에서 그를 건져주신다(시 34:19). 하나님께서는 고난에서 우리를 건지시고 우리를 위로하실 것이다.

〔22-24절〕 나의 하나님이여, 내가 또 비파로 주를 찬양하며 주의 성실(에메스 אֱמֶת)[진리](KJV, NASB)**을 찬양하리이다. 이스라엘의 거룩하신 주여, 내가 수금으로 주를 찬양하리이다. 내가 주를 찬양할 때에 내 입술이 기뻐 외치며 주께서 구속(救贖)하신 내 영혼이** 즐거워**하리이다. 내 혀도 종일토록 주의 의를 말씀하오리니 나를 모해하려 하던 자가 수치와 무안을 당함이니이다.**

시편 저자는 비파로 하나님을 찬양하며 주의 진리를 찬양하겠다고 말한다. 하나님을 찬양하기 위하여 악기 다루는 법을 배우고 그 악기로 하나님을 찬양하는 것은 성도들에게 참으로 복된 일이다. 우리는 하나님을 위해, 그의 은혜와 영광을 찬송하기 위하여 노래하고 악기 연주를 해야 옳다. 또 시편 저자는 기쁨과 즐거움으로 하나님을 찬송할 것이라고 말한다. 찬송은 기쁘고 즐거운 마음에서 나온다. 우리는 고난 받을 때 기도하지만, 구원을 체험할 때 찬송한다. 시편 저자는 또 종일토록 주의 의를 말하겠다고 말한다. '주의 의'는 하나님의 구원의 의를 말한다. 성도들은 하나님 앞에서 행위가 완전한 자가 아니지만, 하나님께서 우리의 죄를 용서하셨고 우리를 모해하려 하던 자들로 수치를 당케 하셨으므로 하나님께 감사하며 찬송한다.

시편 71편의 교훈을 정리해보자. 첫째로, 우리는 고난 중에 하나님께 피해야 한다. 하나님께서는 우리의 피할 바위와 산성이 되신다. 우리는 평소에도 하나님만 의지해야 하고 특히 환난 때에 그러해야 한다.

둘째로, 우리는 하나님의 의(義)만 의지하며 하나님께 도움과 구원을 요청해야 한다. 하나님의 의는 하나님의 긍휼로 주신 의, 곧 구약시대에는 제사 제도로 상징되었고 때가 되어 하나님의 아들 예수 그리스도의 십자가의 죽음으로 밝히 드러난 의이다. 그것은 오늘날 예수 그리스도를 믿음으로 얻는 의이다(롬 3장). 우리는 이 의를 의지하며 담대히 하나님의 은혜의 보좌 앞으로 나아가며 하나님께 무엇을 구하여 얻는다.

셋째로, 우리는 우리의 노년을 하나님께 의탁하며 남은 여생 구원의 하나님을 찬송하며 전해야 한다. 사람의 노년기는 몸도 마음도 쇠약해지고 친구도 가족도 떠나가는 때이지만, 하나님께서는 우리가 늙어 흰머리가 될 때 우리를 버리지 않으시고 우리의 힘이 쇠약한 때 우리를 떠나지 않으실 것이다. 그는 우리를 끝날까지 지켜주실 것이다. 그러므로 우리는 우리의 노후를 그에게 의탁해야 한다. 또 우리는 하나님께서 예수 그리스도의 의로 우리를 죄와 지옥 형벌에서 구원하셨고 또 지켜주심을 항상 기뻐하고 하나님을 찬양하며 그의 의를 증거해야 한다.

72편: 바른 판단력을 구함

[1-4절] 하나님이여, 주의 판단력(미슈파테카 מִשְׁפָּטֶיךָ)[당신의 판단들] **을 왕에게 주시고 주의 의를 왕의 아들에게** 주**소서. 저가 주의 백성을 의로 판단하며 주의 가난한 자를 공의로** 판단**하리니**[판단하게 하소서](NASB) **의로 인하여 산들이 백성에게 평강을 주며 작은 산들도 그리하리로다. 저가 백성의 가난한 자를 신원하며**[억울한 사정을 들어주며] **궁핍한 자의 자손을 구원하며 압박하는 자를 꺾으리로다.**

솔로몬의 시. 솔로몬은 하나님께서 자기에게 하나님의 바른 판단력을 주시기를 구한다. '판단'은 '의'와 같은 개념이다. 하나님의 의와 판단은 바르고 공명정대함이다. 그가 하나님께 하나님의 바른 판단력을 구한 것은 그에게 맡겨진 하나님의 백성의 송사를 바르게 판단하고 하나님의 가난한 자들을 공의로 재판하기 위함이었다. 좋은 왕은 결코 사사로운 이해관계나 감정에 따라 행하지 않고 모든 일을 바르게 판단하며 특히 가난한 자의 송사를 올바르게 재판할 것이다.

바른 판단의 결과는 평안이다. 공의로 인하여 산들과 작은 산들이 평안을 줄 것이다. 산들과 작은 산들은 나라들이나 마을들을 가리킨다. 불의는 나라들과 동네들을 혼란과 불행에 빠지게 만들지만, 의는 질서와 평안을 가져온다. 그것은 율법에 규정된 하나님의 약속이다(레 26:3-6). 또 의로운 왕은 가난한 백성의 억울한 사정을 들어주고 궁핍한 자들의 자녀들을 구원하고 압박하는 자들을 꺾을 것이다. 본 시편의 왕은 이상적인 의의 왕이신 예수 그리스도를 예표한다.

[5-7절] 저희가 해가 있을 동안에 주를 두려워하며 달이 있을 동안에 대대로 그리하리로다. 저는 벤 풀에 내리는 비같이, 땅을 적시는 소낙비같이 임하리니 저의 날에 의인이 흥왕하여 평강의 풍성함이 달이 다할 때까지 이르리로다.

5절의 '저희'는 가난하고 궁핍한 자들 곧 성도들을 가리킬 것이다.

해와 달을 말한 것은 우리가 해와 달에 근거해서 시간을 세기 때문이다. 해와 달은 하나님께서 이 세상을 창조하신 날부터 오늘까지 제 궤도에서 움직이고 있다. 왕이 하나님의 의로 나라를 다스릴 때 성도들은 해와 달이 있는 동안 즉 날마다, 달마다, 해마다 하나님을 경외할 것이다. 하나님을 경외하는 것은 하나님께 경배하며 찬송과 기도를 올리고 그의 계명을 순종하는 것을 말한다.

의의 왕은 백성에게, 벤 풀에 내리는 비 같고 땅을 적시는 소낙비 같다. 벤 풀은 곧 말라지고 풀을 다 벤 풀밭도 말라질 것이다. 그러므로 풀에게도 땅에게도 단비가 필요하다. 기쁨과 행복은 사라지고 슬픔과 곤고함만 가득한 메마른 밭과 같은 세상의 현실에, 의의 왕은 단비 같은 존재이시다.

불경건하고 악한 왕이 다스리는 때에는 악인들이 흥왕하고 의인들이 고통과 핍박을 당할 것이지만, 경건하고 의로운 왕이 다스리는 때에는 의인들이 흥왕하고 악인들은 공의로운 형벌을 받을 것이다. 또 그때 땅 위에는 풍성한 평안이 있을 것이며 그 평안은 오랫동안 지속될 것이다. 잠언 14:34, "의는 나라로 영화롭게 하고 죄는 백성을 욕되게 하느니라."

〔8-11절〕 저가 바다에서부터 바다까지와 강에서부터 땅끝까지 다스리리니 광야에 거하는 자는 저의 앞에 굽히며 그 원수들은 티끌을 핥을 것이며 다시스와 섬의 왕들이 공세를 바치며 스바와 시바 왕들이 예물을 드리리로다. 만왕이 그 앞에 부복하며 열방이 다 그를 섬기리로다.

본문은 의의 왕 곧 장차 오실 메시아의 통치 영역이 크심을 증거한다. 그는 바다에서부터 바다까지와 강에서부터 땅끝까지, 곧 온 세상을 다스리실 것이다. 시편 2:8, "내게 구하라. 내가 열방을 유업으로 주리니 네 소유가 땅끝까지 이르리로다." 스가랴 9:9-10, "보라, 네 왕이 네게 임하나니 . . . . 그의 정권은 바다에서 바다까지 이르고 유브라데 강에서 땅끝까지 이르리라." 요한계시록 11:15, "일곱째 천사가 나팔을 불매 . . . 세상 나라가 우리 주와 그 그리스도의 나라가 되어 그가 세세토록 왕노릇하시리로다 하니."

광야에 거하는 자들은 이스라엘을 침략했던 주위의 사람들을 가리키는 것 같다. 그러나 그 이스라엘의 원수들은 의로운 왕 앞에 완전히 굴복할 것이다. 지중해 연안의 나라들이나 아라비아 반도의 나라들, 즉 온 세계 열방이 이스라엘의 의의 왕을 섬길 것이다. 그것은 단지 솔로몬 왕국을 가리키지 않고 예수 그리스도의 왕국을 예표한다. 주 예수 그리스도께서는 온 세계의 주이시며 세계 열방에서 구원 얻은 모든 성도들은 주 예수님 앞에 무릎을 꿇고 그를 섬길 것이다.

〔12-14절〕 저는 궁핍한 자의 부르짖을 때에 건지며 도움이 없는 가난한 자도 건지며 **저는 가난한 자와 궁핍한 자를 긍휼히 여기며 궁핍한 자의 생명을 구원하며 저희 생명을 압박과 강포에서 구속(救贖)하리니 저희 피가 그 목전에 귀하리로다.**

메시아께서는 의의 왕이실 뿐 아니라, 또한 긍휼이 풍성하신 왕이시다. 그는 가난하고 궁핍한 자, 도울 자가 없는 자, 고난 당하는 자, 압박과 강포를 당하는 자를 긍휼히 여기신다. 그들은 참된 성도들을 가리킨다. 그들이 이 세상에서 고난과 핍박을 당하지만, 메시아께서는 그들을 긍휼히 여기시고 그들의 피를 귀하게 보신다. 한 사람의 영혼은 온 천하보다 귀하다(마 16:26). 장차 이 세상에 오실 메시아께서는 가난한 성도들의 부르짖음을 들어주시고 그들을 구원하실 것이다. 그는 그들의 부르짖을 때에 건지시며 그 생명을 구원하시며 그 생명을 압박과 강포에서 구속(救贖)하실 것이다. 사람들은 가난하고 궁핍한 자들을 무시하고 그들의 부르짖음에 귀를 기울이지 않을 것이지만, 메시아께서는 그들의 부르짖음을 들어주실 것이다.

하나님을 아는 자들은 그러한 마음을 본받아야 한다. 잠언 14:31은 "가난한 사람을 학대하는 자는 그를 지으신 이를 멸시하는 자요 궁핍한 사람을 불쌍히 여기는 자는 주를 존경하는 자니라"고 말했고, 잠언 29:14는 가난한 자를 돌아보는 왕은 그 위(位)[왕위]가 영원히 견고할 것이라고 했다. 신약성경도 우리에게 서로 마음을 같이 하고 불쌍히 여기라고 교훈하였고(엡 4:32; 벧전 3:8), 또 참된 경건은 고아와 과부를 그 환난 중에 돌아보며 자기를 지켜 세속에 물들지 않는 것이며(약 1:27) 헐벗고 일용할 양식이 없는 형제와 이웃에게 먹을 것을 주고 입을 것을 주는 것이라고 말했다(약 2:15-16; 요일 3:17-18).

〔15-16절〕 저희가 생존하여(위키 וִיחִי)[저가 살아계시며](KJV, NASB) **스바의 금을 저에게 드리며 사람들이 저를 위하여 항상 기도하고 종일 찬송하리로다. 산꼭대기의 땅에도 화곡(禾穀)**[곡식]**이 풍성하고 그 열매가 레바논같이 흔들리며 성에** 있는 **자가 땅의 풀같이 왕성하리로다.**

의의 왕이신 예수 그리스도께서는 영원히 살아계시다. 주께서는 "내가 세상 끝날까지 너희와 항상 함께 있으리라"고 말씀하셨다(마 28:20). 히브리서 저자도 "예수는 영원히 계시므로 그 제사 직분도 갈리지 아니하나니 그러므로 자기를 힘입어 하나님께 나아가는 자들을 온전히 구원하실 수 있으니 이는 그가 항상 살아서 저희를 위해 간구하심이니라"고 증거하였다(히 7:24-25). 우리의 구주와 주님이신 예수 그리스도께서는 지금도 살아계신다.

사람들은 살아계신 메시아께 스바의 금을 드리고 그를 위해 항상 기도하고 찬송할 것이다. 금은 세상에서 대표적 보물이다. 스바 여왕이 솔로몬에게 금 120달란트를 예물로 주었고(왕상 10:10) 동방박사들이 아기 예수께 황금을 드렸듯이(마 2:11), 사람들은 주 예수 그리스도께 가장 귀한 보물을 드릴 것이다. 또 그들은 그를 위하여 항상 기도하며 찬송할 것이다. 그를 위하여 기도한다는 것은 그의 나라와 교회와 복음 전파를 위하여 기도한다는 뜻일 것이다.

산꼭대기의 땅에도 곡식이 풍성하고 그 열매가 레바논같이 흔들리며 성에 있는 자는 땅의 풀같이 왕성할 것이다. 산꼭대기는 나무나 곡식이 거의 없는 곳이지만 메시아 왕국에는 산꼭대기 같은 곳에서도 구원 얻을 영혼들이 많고 성에 있는 자들은 더욱 왕성할 것이다. 메시아 왕국의 백성들은 그 수가 많고 왕성할 것이다.

〔17-19절〕 그 이름이 영구함이여, 그 이름이 해와 같이 장구하리로다. 사람들이 그로 인하여 복을 받으리니 열방이 다 그를 복되다 하리로다. 홀로 기사를 행하시는 여호와 하나님 곧 이스라엘의 하나님을 찬송하며 그 영화로운 이름을 영원히 찬송할지어다. 온 땅에 그 영광이 충만할지어다. 아멘, 아멘. 이새의 아들 다윗의 기도가 필하다.

메시아의 이름은 영구하며 해 앞에서 번창할 것이다. '장구하다'는 원어(야닌 יָנִין)는 '증가하다, 번창하다'는 뜻이다. 메시아께서는 역사상 수많은 사람들처럼 잊혀지는 이름이 아니고 영원하고 번창하는 이름이시다. 그의 이름은 유대 땅 갈릴리의 나사렛 마을에서 시작되어 유대 나라 전체와 소아시아와 마게도냐와 로마, 그리고 온 유럽과 미국과 온 세계에 퍼져나간 이름이다.

사람들은 그로 인해 복을 받을 것이다. 하나님께서는 아브라함에게 "땅의 모든 족속이 너를 인하여 복을 얻을 것이니라"고 말씀하셨고(창 12:3), 또 "네 씨로 말미암아 천하 만민이 복을 얻으리라"고 하셨다(창 22:18). 그것은 메시아의 복을 가리켰다. 그것은 곧 구원의 복이며 영육의 영생의 복이다. 아브라함의 복은 오늘날 예수 그리스도 안에서 이방인들에게 충만하게 미쳤다(갈 3:14).

열방은 다 그를 복되다 할 것이다. 온 세상의 구원 얻은 성도들은 예수 그리스도를 찬송할 것이다. 본문은 또 "홀로 기사를 행하시는 여호와 하나님 곧 이스라엘의 하나님을 찬송하며 그 영화로운 이름을 영원히 찬송할지어다. 온 땅에 그 영광이 충만할지어다. 아멘 아멘"이라고 말한다. 하나님께서는 홀로 기적을 행하신 하나님이시다. 그는 영원자존하신 하나님이시다. 그러나 그는 이스라엘을 특별한 소유로 삼으셨다. 그러므로 이스라엘은 그 하나님을 영원히 찬송할 것이다. 온 땅에 그의 영광이 충만할 것이다.

시편 72편의 교훈을 정리해보자. 첫째로, 우리는 하나님께 바른 판단력을 구해야 한다. 솔로몬은 하나님의 바른 판단력을 구하며 백성을 공의로 통치하기를 소원했다(1절). 우리도 하나님께 바른 판단력을 구하여 범사에 옳고 그름을 분별하고 선하고 악함을 분별하여 의롭고 선하게 살아야 한다. 공의를 행하는 자만 하나님의 성산에 거할 것이다(시 15:1-2). 우리는 의와 참된 거룩으로 지으심을 받은 새 사람을 입었다(엡 4:24). 빛 가운데 사는 자들은 의롭고 선하고 진실해야 한다(엡 5:9).

둘째로, 우리는 가난한 자를 긍휼히 여겨야 한다. 4절, "저가 백성의 가난한 자를 신원하며[억울한 사정을 들어주며]." 12절, "저는 궁핍한 자의 부르짖을 때에 건지며." 13절, "저는 가난한 자와 궁핍한 자를 긍휼히 여기며." 의의 왕은 가난한 백성의 억울함을 들어주며 그들을 억압자들로부터 건져준다. 그것은 하나님과 주 예수 그리스도의 심정이며 하나님의 율법의 정신이다. 물론 우리는 가난한 자들의 잘못을 두둔해서는 안 되지만, 그들의 억울한 사정을 들어줄 수 있어야 한다.

셋째로, 그때 평안이 넘칠 것이다. 3절, "의로 인해 산들이 백성에게 평강을 주며 작은 산들도 그리하리로다." 7절, "저의 날에 의인이 흥왕하여 평강의 풍성함이 달이 다할 때까지 이르리로다." 왕이 바른 판단력을 가지고 공의로 통치하고 가난한 자들의 억울함을 들어주는 정치를 하면 그 나라는 평안하고 번영할 것이다. 그것은 하나님께서 주시는 복이다. 의롭고 선한 삶의 결과는 하나님의 풍성한 평안이다.

넷째로, 우리는 예수 그리스도의 나라를 사모해야 한다. 의의 왕이 세상을 다스리실 것이며 만왕이 그 앞에 굴복하고 열방이 그를 섬길 것이다(8, 11절). 또 그의 이름이 영원하며 열방이 그를 복되다고 찬송할 것이다(17-18절). 예수 그리스도께서는 바로 그 의의 왕, 영원한 왕이시다(사 9:6-7). 그의 나라는 의와 평안이 충만할 것이다(롬 14:17). 우리는 하나님께서 의의 왕 예수 그리스도를 인류의 구주로 주셨음을 감사하며 찬송하고 또 그의 재림으로 이루어질 영광의 나라를 사모해야 한다.

73편: 악인의 종말과 참 성도의 복

[1-3절] 하나님이 참으로 이스라엘 중 마음이 정결한 자에게 선을 행하시나 나는 거의 실족할 뻔하였고 내 걸음이 미끄러질 뻔하였으니 이는 내가 악인의 형통함을 보고 오만한 자를 질시[질투, 시기]**하였음이로다.**

아삽의 시. 시편 저자는 악인의 형통함을 보고 오만한 자를 질투하였기 때문에 낙심하여 하나님을 의심하거나 부정할 뻔했으나, 하나님께서 참으로 이스라엘 백성 즉 하나님의 택하신 백성 중 마음이 정결한 자들에게 선을 행하신다는 사실을 깨닫고 확신하게 되었다. 그는 하나님을 경외하고 깨끗하고 선한 마음을 가지고 깨끗하고 선한 말과 행동을 하며 사는 것이 결코 헛되지 않음을 확신케 된 것이다.

[4-9절] 저희는 죽는 때에도 고통이 없고 그 힘이 건강하며(발리 울람 בְּלִיא אוּלָם)[그들의 몸이 살찌며] **타인과 같은 고난이 없고 타인과 같은 재앙도 없나니 그러므로 교만이 저희 목걸이요 강포가 저희의 입는 옷이며 살찜으로 저희 눈이 솟아나며 저희** 소득은 **마음의 소원보다 지나며 저희는 능욕하며**(무크 מוּק)[조롱하며](NASB, NIV) **악하게 압제하여 말하며 거만히 말하며 저희 입은 하늘에 두고**(봣솨마임 בַשָּׁמַיִם)[하늘을 대적하고](KJV, NASB) **저희 혀는 땅에 두루 다니도다.**

시편 저자는 악인들의 형통함에 대해 증거한다. 그들은 죽는 때에도 고통이 없고 그들의 몸은 살찌며 건강하고 타인과 같은 고난이나 재앙도 없다. 그러므로 그들은 교만하고 강포하다. 그들은 살찜으로 그 눈이 솟아났다. 그들은 또 경제적 유여함도 누린다. 그들의 소득은 마음의 소원보다 더 많다. 그들은 육신적으로, 경제적으로, 환경적으로도 평안하게 보이는 것이다. 욥과 예레미야도 비슷한 말을 한 적이 있다(욥 12:6; 21:7-10; 렘 12:1). 그들은 남을 조롱하며 악하게 압제하며 거만하게 말한다. 그들은 하나님을 대적하는 말도 서슴지 않는다. 또 그들의 혀는 땅에 두루 다닌다. 악한 자들은 이곳저곳을 다니며 악한 말을 퍼뜨린다.

〔10-12절〕 **그러므로 그 백성이 이리로 돌아와서** 잔에 **가득한 물을 다 마시며 말하기를 하나님이 어찌 알랴, 지극히 높은 자에게 지식이 있으랴 하도다. 볼지어다, 이들은 악인이라. 항상 평안하고 재물은 더하도다.**

하나님의 백성, 특히 형식적인 자들은 하나님께로 돌아오는 대신 악한 자들에게로 돌아와 잔에 가득한 물을 다 마시듯이 그들과 친근히 하며 그들의 말을 자꾸 들음으로써 악한 영향을 받는다. 그래서 그들은 하나님께서 어찌 아시겠는가라고 불신앙적 말을 내뱉는다. 그런데 그들이 이렇게 불경건하고 악한 자들임에도 불구하고 그들은 이 세상에서 평안과 풍족함과 형통함을 누린다.

〔13-14절〕 **내가 내 마음을 정히 하며 내 손을 씻어 무죄하다 한 것이 실로 헛되도다. 나는 종일 재앙을 당하며 아침마다 징책을 보았도다.**

시편 저자는 악인들의 평안과 형통을 보면서 자신이 마음을 깨끗이 하고 손을 깨끗이 하며 산 것이 헛되다고 생각하였다. 특히 그는 종일 재앙을 당하며 아침마다 징책을 받았다. 마음을 깨끗이 하는 것은 성도의 마땅한 의무이다. 마음에서 말과 행동이 나오기 때문이다. 또 손을 깨끗이 하는 것도 필수적이다. 손은 사람의 행위를 가리킨다. 그러나 하나님께서는 때마다, 일마다 성도를 간섭하시고 어떤 잘못이 있을 때 그를 징책하신다. 물론, 그것은 하나님께서 그를 미워하시기 때문이 아니고 사랑하시기 때문이다(히 12:5-6).

〔15-17절〕 **내가 만일 스스로 이르기를 내가 이렇게 말하리라 하였더면 주의 아들들의 시대를 대하여 궤휼을 행하였으리이다**[주의 아들들의 세대를 배반하였으리이다]. **내가 어찌면 이를 알까 하여 생각한즉 내게 심히 곤란하더니 하나님의 성소에 들어갈 때에야 저희 결국을 내가 깨달았나이다.**

시편 저자는 자신의 말이 하나님의 백성을 배반하여 잘못을 범하는 일이 될 뻔하였다고 반성한다. 그는 악인들의 형통을 보고 믿음 없이 잘못 판단하는 죄를 범할 뻔하였다. 사람은 어떤 사건의 현재만 보고 잘못 판단하기 쉽다. 그러나 실상 사건의 현재보다 더 중요한 것은 그 결말이며, 하나님의 최종적 심판이 가장 중요하다. 시편 저자는 성소에 들어갈 때 그것을 바르게 깨닫게 되었다. 성소는 하나님께 예배드리며 기도하는 곳이며 하나님의 말씀의 교훈을 받고 그 말씀을 묵상하는 곳이다. 그곳은 성령의 감동이 있는 곳이다. 성령께서는 거기에서 우리에게 자주 진리의 깨달음을 주신다.

〔18-20절〕 주께서 참으로 저희를 미끄러운 곳에 두시며 파멸에 던지시니 저희가 어찌 그리 졸지에 황폐되었는가. 놀람으로 전멸하였나이다. 주여, 사람이 깬 후에는 꿈을 무시함같이 주께서 깨신 후에 저희 형상을 멸시하시리이다.

악인들은 참으로 멸망을 당할 것이다. 악인들이 평안하고 형통한 것처럼 보이는 것은 일시적인 일이다. 악인들은 결국 멸망할 것이다. 시편 1:6, "대저 의인의 길은 여호와께서 인정하시나 악인의 길은 망하리로다." 하나님의 재앙은 졸지에, 한 순간에 임한다. 대형사고가 예기치 않은 때에 갑작스럽게 일어나듯이, 하나님께서는 악인들을 한 순간에 황폐케 하시고 전멸케 하신다. 사람이 잠을 깬 후에는 꿈을 무시함같이, 주께서 깨셔서 그들을 심판하실 때는 그들의 부귀 영광과 권세를 멸시하실 것이다. 그 모든 것들은 멸망할 것이다.

〔21-23절〕 내 마음이 산란하며(잇캄메츠 יִתְחַמֵּץ)[쓰라리며, 괴로우며](BDB) **내 심장이 찔렸나이다. 내가 이같이 우매 무지하니 주의 앞에 짐승이오나 내가 항상 주와 함께하니 주께서 내 오른손을 붙드셨나이다.**

시편 저자는 자신의 잠시간의 잘못된 생각으로 인해 마음이 쓰라리고 괴로웠다. 그는 자신의 우매무지함을 깨닫고 자신을 "주의 앞에 짐승"이라고 고백한다. 지혜로운 인간이 세상의 기본적 진리를 알지 못했으니 어둡고 무지한 일이며 짐승과 다를 바가 무엇인가. 인간의 인간다움은 지혜와 지식에 있는데, 이런 기본적 지식이 없었으니 어찌 짐승과 같다고 하지 않을 수 있겠는가. 그러나 그는 "내가 항상 주와 함께하니 주께서 내 오른손을 붙드셨나이다"라고 고백한다. 그는 이렇게 무지하였지만 항상 하나님과 함께하는 경건한 자이었고, 하나님과 함께하는 자는 하나님의 붙드심을 받는다.

〔24절〕 **주의 교훈**(에차 עֵצָה)[조언, 충고](BDB, KJV, NASB, NIV)**으로 나를 인도하시고 후에는 영광으로 나를 영접하시리니.**

본문은 성도의 현재와 미래에 대해 증거한다. 하나님께서는 현재 성도를 그의 교훈으로 인도하신다. 하나님의 교훈과 조언은 우리에게 가장 좋은 교훈과 조언이다. 그것은 성경에 기록되어 있다. 성경은 캄캄한 밤에 바다를 항해하는 배의 나침반과 지도와 같고 등대와 같다. 시편 119:105, "주의 말씀은 내 발에 등이요 내 길에 빛이니이다." 성경은 우리를 구원의 길로 인도한다. 그것은 우리로 하나님을 알게 하고 구주 예수님을 알게 한다. 성경은 또 우리를 의의 길로 인도한다. 의는 하나님의 계명에 일치하는 삶을 가리킨다. 성경은 우리를 죄에서 구원하여 의의 길로 가도록 교훈하는 책이다(딤후 3:15-16).

또 하나님께서는 후에 영광으로 우리를 영접하실 것이다. '후에'라는 말은 죽은 후를 가리킨다. 사람의 일생은 죽음으로 내세와 이어진다. 사람이 한번 죽는 것은 정해진 이치이지만, 그 후에는 심판이 있다(히 9:27). 성도가 죽은 후 들어갈 천국은 영광의 세계이다. 성경은 성도가 죽은 후 천국에 들어갈 것을 밝히 증거한다. 누가복음 23:43, "예수께서 이르시되 내가 진실로 네게 이르노니 오늘 네가 나와 함께 낙원에 있으리라 하시니라." 고린도후서 5:8, "우리가 담대하여 원하는 바는 차라리 몸을 떠나 주와 함께 거하는 그것이라."

〔25절〕 **하늘에서는 주** 외에 **누가 내게 있으리요. 땅에서는 주 밖에 나의 사모할 자 없나이다.**

시편 저자는 하늘에서 여호와 하나님 외에 다른 신을 인정치 않는다. 그것이 유일신(唯一神) 신앙이다. 하나님께서는 우리에게 "너는 나 외에는 다른 신들을 네게 있게 말지니라"고 명령하셨다(출 20:3).

시편 저자는 또 땅에서도 하나님밖에 다른 사모할 자가 없다고 고백한다. 성도는 부모, 남편, 아내, 자식, 그 누구도 하나님보다 더 사모할 수 없다. 우리는 하나님 안에서 모든 사람을 사랑할 뿐이다.

〔26절〕 내 육체와 마음은 쇠잔하나 하나님은 내 마음의 반석이시요 영원한 분깃이시라.

사람의 심신은 피곤하고 쇠약할 때가 많다. 그러나 하나님께서는 우리 마음의 반석이시요 영원한 분깃이시다. '반석'이라는 원어(추르 צוּר)는 '지지물, 방어물'이라는 뜻이다(BDB). 영어성경들은 '힘'이라고 번역했다(KJV, NASB, NIV). 우리는 힘이 없고 의지할 곳이 없을 때 하나님을 힘으로 삼고 의지할 곳으로 삼는다. '영원한 분깃'은 영원한 기업을 가리킨다. 하나님께서는 이 땅에서 우리의 필요를 공급하시고 환난 중에서 우리를 지키시고 도우실 뿐 아니라, 장차 우리를 영원한 천국, 영생복락의 나라로 인도하신다.

〔27-28절〕 대저 주를 멀리하는 자는 망하리니 음녀같이 주를 떠난 **자를 주께서 다 멸하셨나이다. 하나님께 가까이함이 내게 복이라. 내가 주 여호와를 나의 피난처로 삼아 주의 모든 행사를 전파하리이다.**

우리가 하나님만 섬기고 사모하며 하나님을 우리 마음의 반석과 영원한 분깃으로 삼는 이유는 하나님을 멀리하는 자가 망할 것이며 음녀같이 주를 떠난 자를 그가 다 멸하셨기 때문이다. 하나님을 멀리하는 것은 하나님의 말씀을 간섭과 속박으로 여겨 싫어하여 그것을 멀리하는 것을 말한다. 그것은 영적 음행과 같다. 모든 피조물의 예배의 유일한 대상이신 하나님을 떠나 세상의 헛되고 죄악된 것을 사랑하는 것은 음녀의 행위와 다를 바가 없다. 하나님을 떠난 자는 망한다. 이것은 단지 위협의 말이 아니고 진리이다. 사람이 하나님을 떠나는 것은 그 자체가 죄악되며, 또 하나님을 떠난 사람은 온갖 죄악에 떨어지게 되며 따라서 멸망할 수밖에 없다. 그것은 인류 역사와 성경 역사에서 증명된 바이다. 지옥은 악인들을 위한 형벌의 장소이다.

그러므로 시편 저자는 하나님을 떠나지 않고 그를 가까이하기를 결심했다. 그는 늘 성경을 묵상하고 하나님께 기도하며 그를 의지하며 그의 계명에 순종하기를 결심한 것이다. 그는 하나님을 가까이함이 그에게 복이라고 고백한다. 사죄와 의, 평안과 위로와 힘, 영생이 다 만복의 근원 되신 하나님께로부터 오기 때문이다. 또 그는 하나님을 그의 피난처로 삼는다고 말한다. 세상에는 여러 가지 어려운 문제들이 있지만, 우리가 믿고 의지하는 하나님께서는 우리의 모든 문제의 해결자이시다. 또 그는 하나님의 모든 행사 즉 그의 기도 응답과 구원과 도우심의 복된 체험들을 남은 여생 전파하겠다고 말한다.

시편 73편의 교훈을 정리해보자. 첫째로, 우리는 악인의 평안과 형통을 부러워하거나 불평하지 말아야 한다. 그들은 단지 하나님의 허락하신 동안 일시적으로 평안과 형통을 누릴 뿐이다. 이 세상의 삶은 짧다. 하나님께서 허락하시는 악인들의 형통의 삶도 짧다. 그러나 하나님께서 반드시 그들을 심판하실 것이다. 그들은 갑자기 멸망을 당할 것이다.

둘째로, 우리는 참 신자로 살아야 한다. 그것은 하나님과 동행하는 삶이요 하나님의 교훈 속에서 사는 삶이며 이 세상에서 오직 하나님만 사랑하고 사모하는 삶이며 하나님만 의지하고 하나님만 가까이하는 삶이다. 또 그것은 우리의 평생에 하나님께 감사하며 찬송하고 하나님과 구주 예수님을 알지 못하는 자들에게 그를 증거하는 삶이다.

셋째로, 그런 삶이 참으로 복된 삶이다. 그것은 현세에서 하나님의 보호하심과 도우심과 기도 응답을 받는 삶이다. 이 세상은 광야 같은 세상이며 우리는 날마다 불확실한 미래를 향해 살고 있지만, 하나님께서는 우리의 삶에 보장이 되신다. 또 그것은 내세에서 하나님의 영광의 나라에 넉넉히 들어가는 삶이다. 하나님께서는 우리의 영원한 분깃이 되신다. 그는 우리를 위해 영원한 천국을 예비하셨다. 하나님의 나라는 이 세상의 그 무엇과 바꿀 수 없는 가장 가치 있고 복된 나라이다.

74편: 원수들로부터의 구원을 호소함

〔1-3절〕 하나님이여, 주께서 어찌하여 우리를 **영원히 버리시나이까? 어찌하여 주의 치시는 양을 향하여 진노의 연기를 발하시나이까? 옛적**부터 **얻으시고 구속(救贖)하사 주의 기업의 지파로 삼으신 주의 회중을 기억하시며 주의 거하신 시온산도** 생각**하소서. 영구히 파멸된** 곳으로 **주의 발을 드십소서. 원수가 성소에서 모든 악을 행하였나이다.**

아삽의 마스길[교훈시]. 하나님의 불같은 징계는 오래 계속되어 하나님께서 그들을 영원히 버리셨는가 생각될 정도이었다. 그러나 시편 저자는 하나님의 징계 중에도 하나님의 은혜를 기억하며 하나님께서 이스라엘을 구속(救贖)하여 자기 기업을 삼으셨고 그 가운데 거하셨음을 말하며 이제 고난 당하는 이스라엘을 기억하시고 생각해주시기를 간구한다. 지금 성소는 심히 파괴되어 다시 복구하기 어려워 보이며, 원수들은 그 거룩한 곳에서 모든 악을 행했다. 그러므로 시편 저자는 하나님께서 이 황폐한 곳을 돌아보시기를 간구한다.

〔4-8절〕 주의 대적이 주의 회중에서 훤화하며[시끄럽게 떠들며] **자기 기를 세워 표적을 삼았으니 저희는 마치 도끼를 들어 삼림을** 베는 **사람 같으니이다. 이제 저희가 도끼와 철퇴**[국한문 '철추'(鐵椎)]**로 성소의 모든 조각품을 쳐서 부수고 주의 성소를 불사르며 주의 이름이 계신 곳을 더럽혀 땅에** 엎었나이다. **저희의 마음에 이르기를 우리가 그것을 진멸하자 하고 이 땅에 있는 하나님의 모든 회당**(모아데 מוֹעֲדֵי)[집회소들]**을 불살랐나이다.**

하나님의 대적자들 곧 이스라엘 백성의 원수들은 하나님의 백성들 가운데서 시끄럽게 떠들어대었다. 그들은 하나님과 그 백성을 모욕하였고 자기들의 깃발을 세워 그 땅을 자기의 소유물로 표시했다. 그들은 마치 도끼를 들어 삼림을 베는 사람과 같이 도끼와 철퇴로 성소의 모든 조각품을 쳐서 부수었다. 하나님의 거룩한 집의 모든 조각품들이 세상 물건들처럼 부서졌다. 그들은 하나님의 성소를 불사르며 하나님의 이름이 계신 곳을 더럽혀 땅에 엎었다. 그들은 그 땅에 있는 하나님의 모든 집회소들을 불살랐다. 이스라엘의 원수들은 이스라엘 백성만 모독한 것이 아니고 그들이 섬긴 하나님을 모독한 것이다. 성소의 조각품들을 부수고 성소를 불사른 죄악은 심히 컸다.

〔9-11절〕 우리의 표적이 보이지 아니하며 선지자도 다시 없으며 이런 일이 **얼마나 오랠는지 우리 중에 아는 자도 없나이다. 하나님이여, 대적이 언제까지 훼방하겠으며 원수가 주의 이름을 영원히 능욕하리이까? 주께서 어찌하여 주의 손 곧 오른손을 거두시나이까? 주의 품에서** 빼사 저희를 **멸하소서**.

이스라엘의 상황은 구원의 길이 보이지 않는 절망적 상황이었다. 회복의 표적 즉 구원의 가망성이 보이지 않았다. 하나님의 뜻을 따라 회중의 갈 길을 지시하는 선지자도 없었다. 또 이런 일이 얼마나 오랫동안 계속될지 아무도 알 수 없었다. 더욱이, 대적자들은 계속하여 이스라엘 백성을 비방하였다. 그래서 시편 저자는 "하나님이여, 대적이 언제까지 훼방하겠으며 원수가 주의 이름을 영원히 능욕하리이까?"라고 말한다. 시편 저자는 이런 상황에서 하나님의 손길을 간구하기를, "주께서 어찌하여 주의 손 곧 오른손을 거두시나이까? 주의 품에서 빼사 저희를 멸하소서"라고 말한다. 하나님께서 그의 능력의 오른손을 거두시면 대적들이 이기겠지만, 그 손을 빼어 그들을 향해 펼치시면 대적들은 패배하고 멸망하고 말 것이다.

〔12-15절〕 하나님은 예로부터 나의 왕이시라. 인간에(베케렙 하아레츠 בְּקֶרֶב הָאָרֶץ)[땅에](KJV, NASB) **구원을 베푸셨나이다. 주께서 주의 능력으로 바다를 나누시고 물 가운데 용들**(탄닌 תַּנִּין)[(고래 같은) 큰 바다짐승]**의 머리를 깨뜨리셨으며 악어**(리워야산 לִוְיָתָן)[(악어 같은) 바다 괴물]**의 머리를 파쇄하시고 그것을 사막에 거하는 자에게 식물로 주셨으며** 바위를 **쪼개사 큰 물**[샘과 강]**을** 내**시며 길이**[항상] **흐르는 강들을 말리우셨나이다.**

하나님께서는 태초부터, 아니 영원 전부터 왕이시며 우리가 출생한 때부터 우리의 왕이시다. 그는 우리를 만드셨고 통치하시고 인도하시고 보호하신다. 우리는, 왕이신 그에게 절대 복종해야 한다. 하나님의 왕권은 특히 그의 구원하심에서 나타난다. 그는 우리를 우리의 죄로부터 건져주시고 또 우리의 원수들로부터도 구원하신다. 그는 우리의 가장 큰 원수인 사탄과 악령들로부터 또 죄와 사망으로부터 우리를 건져내신다. 하나님께서는 그의 능력으로 바다를 나누시고 물 가운데 바다짐승의 머리를 깨뜨리셨으며 또 바다괴물의 머리를 부수시고 그것을 사막에 거하는 자들에게 식물로 주신다. 바다짐승과 바다괴물은 애굽 왕과 그의 장관들을 비유한 것이라고 본다. 하나님께서는 홍해를 가르셨고 이스라엘을 뒤쫓아오던 애굽 왕과 그의 장관들을 죽이셨다. 그들의 시체는 사막에 거하는 새들의 식물이 되었다. 하나님께서는 바위를 쪼개셔서 큰 물을 내셨고 늘 흐르는 강들을 말리셨다. 그는 바위에서 샘물을 주셨고 요단강을 마르게 하셨다.

〔16-17절〕 낮도 주의 것이요 밤도 주의 것이라. 주께서 빛과 해를 예비하셨으며 땅의 경계를 정하시며 여름과 겨울을 이루셨나이다.

모든 시간들이 하나님의 섭리적 손 안에 있다. 낮도 하나님의 것이요 밤도 그의 것이다. 하나님께서는 빛과 해를 예비하셨다. 그는 빛과 어두움, 낮과 밤을 주관하신다. 천지만물이 그의 것이며 우리의 모든 시간도 다 그의 것이다. 또 하나님께서는 땅의 경계를 정하셨다. 땅도, 바다도 하나님의 것이다. 하나님께서는 땅과 바다의 경계를 정하셨고 각 나라의 경계도 정하셨다. 땅은 하나님의 것이다. 산도, 들도, 흙도, 나무들과 풀들도 다 하나님의 것이며, 강도, 호수도, 바다도 다 그의 것이다. 우리는 하나님께서 주신 자연만물의 혜택들을 누리며 산다. 하나님께서는 여름과 겨울을 이루셨다. 그는 계절들도 주관하신다. 그는 사계절을 주셨다. 봄, 여름, 가을, 겨울은 하나님께서 주신 계절들이다. 더위도, 추위도, 더운 지방도, 추운 지방도 다 하나님께서 주신 것들이다. 사람들은 하나님께서 주신 이 계절들 속에서 환경에 적응하며 사는 법을 터득하였다.

〔18-19절〕 여호와여, 이것을 기억하소서. 원수가 주를 비방하며 우매한 백성이 주의 이름을 능욕하였나이다. 주의 멧비둘기의 생명을 들짐승에게 주지 마시며 주의 가난한 자(아니 עֲנִיֶּיךָ)[핍박당하는 자](NASB, NIV)**의 목숨을 영영히 잊지 마소서.**

사탄과 악령들과 악한 자들은 하나님과 그의 백성의 원수이다. 그러나 창조자와 섭리자이신 하나님, 전지전능하신 하나님을 대적하는 자야말로 가장 어리석은 자이다. 그는 큰 진노의 멸망을 당할 것이기 때문이다. 하나님의 백성은 고난 가운데 있다. 시편 저자는 그들을 '주의 멧비둘기'이며 '주의 핍박당하는 자'라고 표현한다. 집비둘기는 늘 보호를 입고 먹이 공급을 받을 것이나, 멧비둘기 곧 산비둘기는 항상 들짐승들에게 잡아먹힐 위험을 안고 산다. 시편 저자는 이러한 고난의 상황에서 하나님께 호소한다. 그는 하나님께서 악한 자들의 비방과 악행들을 기억하시고 성도들이 당하는 고난들과 위협들을 돌아보시기를 구한다. 하나님께서는 원수들의 악행을 기억하시고 자기 백성의 상황을 돌아보시고 그들의 생명을 지켜주실 것이다.

〔20-21절〕 언약을 돌아보소서. 대저 땅 흑암한 곳에 강포한 자의 처소가 가득하였나이다. 학대받은 자로 부끄러이 돌아가게 마시고 가난한 자와 궁핍한 자로 주의 이름을 찬송케 하소서.

세상에는 죄악된 곳이 많고 강포한 자의 처소가 가득하다. 성도는 '학대받은 자'와 '가난한 자와 궁핍한 자'로 표현된다. 악한 세상에서 하나님을 경외하고 바르게 사는 자들은 때때로 미움을 받고 부당한 대우를 받으며 가난하고 궁핍하기도 한다. 물론, 성도는 하나님께서 허락하신 현실 속에서 자신의 부족을 깨닫고 더욱 성숙해진다. 시편 저자는 고난 속에서 특히 하나님께 "언약을 돌아보소서"라고 말한다. '언약'은 하나님께서 자기 백성을 대하시는 방식이다. 하나님께서는 구약시대에 도덕법과 의식법을 통해 구원을 약속하셨고, 신약시대에는 예수 그리스도를 믿는 자에게 영생을 주시기로 약속하셨다. 우리는 세상에서 항상 하나님의 언약을 의지할 것밖에 없다.

〔22-23절〕 하나님이여, 일어나사 주의 원통을 푸시고 우매한 자가 종일 주를 비방하는 것을 기억하소서. 주의 대적의 소리를 잊지 마소서. 일어나 주를 항거하는 자의 훤화[시끄럽게 떠듦]**가 항상 상달하나이다.**

악한 자들은 하나님을 대적하며 종일 하나님을 비방한다. 그들은 하나님을 대항하며 시끄럽게 떠든다. 그런 대적의 절정은 하나님의 아들 예수 그리스도를 십자가에 못박아 죽였던 사건이었다. 그러나 하나님을 대적하는 일은 심히 어리석은 일이다. 하나님과 싸워 이길 자가 아무도 없기 때문이다. 하나님께서는 자신이 정당하시며 비난 받을 자가 아니심을 증거하실 것이다. 하나님께서는 악인들의 악행을 기억하시고, 그것을 잊지 않고 공의롭게 심판하실 것이다.

시편 74편의 교훈을 정리해보자. 첫째로, 우리는 하나님을 우리의 왕으로 삼아야 한다. 12절, "하나님은 예로부터 나의 왕이시라. 땅에 구원을 베푸셨나이다." 우리 자신이 우리의 삶에 왕이어서는 안 된다. 왕은 오직 여호와 하나님 한 분이시다. 그는 우리의 삶의 왕이셔야 한다.

둘째로, 우리는 하나님의 언약을 붙들어야 한다. 20절, "언약을 돌아보소서." 구약 백성은 옛 언약 아래 있었다. 그들은 하나님의 율법을 행할 의무가 있었다. 그들은 의식법이 예표하는 그리스도의 대속의 은혜로 구원받았다고 본다. 그러나 신약 백성은 새 언약 아래 있다. 우리는 예수 그리스도를 믿음으로 죄사함과 의롭다 하심을 얻었다. 그러나 우리는 여전히 신약성경도 강조하는 도덕법을 즐거이 순종해야 한다.

셋째로, 우리는 원수들과의 싸움에서 하나님의 도움을 구해야 한다. 신앙생활은 마귀와 악령들과 싸우는 영적 전쟁이다. 하나님께서는 우리를 도우신다. 우리는 오직 진리의 띠, 의의 흉배, 평안의 신, 믿음의 방패, 구원의 투구, 말씀의 검을 갖추고 힘써 기도해야 한다(엡 6:11-18). 우리는 선한 싸움을 잘 싸우며(딤전 1:18) 늘 주의 도움을 구해야 한다.

75편: 하나님께서는 교만한 악인들을 꺾으심

아삽의 시. 영장(伶長)[아마, 찬양대장 혹은 지휘자]을 위해 알다스헷(알 타쉬케스 עַל־תַּשְׁחֵת)['멸하지 말라는 곡으로']에 맞춘 노래.

〔1절〕 하나님이여, 우리가 주께 감사하고 감사함은 주의 이름이 가까움이라. 사람들이 **주의 기사를 전파하나이다.**

우리는 하나님께 감사할 일들이 많다. 우리의 모든 좋은 것들이 다 하나님께로부터 왔다. 우리의 생명도, 재능도, 건강도, 일용할 양식도, 가정도, 교회도, 나라도 다 하나님께서 주신 것이다. 특히 우리 구주 예수 그리스도와 십자가 대속의 구원과 천국은 하나님의 선물이다. 그러므로 우리는 범사에 풍성한 감사로 하나님께 감사해야 한다.

시편 저자는 특히 하나님의 이름이 가까움을 감사한다. 주의 이름이 가깝다는 말은 그의 기도한 대로 악인들에 대한 하나님의 심판과 의인들에 대한 그의 구원이 가깝다는 뜻일 것이다. 하나님께서는 우리가 그에게 기도할 때 우리에게 가까이하신다. 모세는 신명기 4:7에서 "우리 하나님 여호와께서 우리가 그에게 기도할 때마다 우리에게 가까이하심과 같이 그 신(神)의 가까이함을 얻은 나라가 어디 있느냐?"고 말했다. 1절 끝부분에 "사람들이 주의 기사를 전파하나이다"라는 구절은, 옛날 영어성경처럼, "주의 기이한 일들이 그것[하나님의 가까우심]을 전하나이다"(KJV)라고 번역하는 것이 좋을 것이다.

〔2-3절〕 주의 말씀이 **내가 정한 기약을 당하면 정의로 판단하리니 땅의 기둥은 내가 세웠거니와 땅과 그 모든 거민이 소멸되리라 〔하시도다〕.**

원문엔 "주의 말씀이"라는 구절이 없다. 시편 저자는 갑자기 자신을 하나님과 동일시하며 그의 말씀을 전한다. 그것은 성경 저자들의 특별한 영감을 보인다. 하나님께서는 작정하신 때 악인들을 공의로 심판하실 것이다. 하나님께서 공의롭게 심판하실 때 의와 선을 행한 사람들은 칭찬을 받을 것이지만, 불의와 악을 행한 사람들은 진노의 벌을 받을 것이다. 땅의 기둥들을 견고하게 세우신 창조주 하나님께서는, 땅에 살면서 악을 행한 모든 사람들을 심판하실 것이다. 그들은 자기들의 죄악들로 인해 땅에서 멸망할 것이다.

[4-5절] 내가 오만한 자더러 오만히 행치 말라 하며 행악자더러 뿔을 들지 말라 하였노니 너희 뿔을 높이 들지 말며 교만한 목으로 말하지 말지어다 [하시도다].[14]

하나님께서는 오만한 자들에게 오만히 행하지 말라고 말씀하시며 행악자들에게 뿔을 들지 말라고 말씀하신다. 오만한 자는 하나님의 뜻을 거슬러 악을 행한다. '뿔을 든다'는 말은 힘을 자랑하듯이 교만하게 행동하는 것을 가리킨다고 본다. 하나님께서는 또한 그들에게 "너희 뿔을 높이 들지 말며 교만한 목으로 말하지 말라"고 말씀하신다. 교만은 사람이 하나님 앞에서 자신의 죄악됨과 무가치함을 알지 못하고 자신을 크게 여기는 태도이므로 참 어리석은 악이다. 하나님께서는 교만함을 매우 미워하신다. 잠언 6:16-17, "여호와의 미워하시는 것 곧 그 마음에 싫어하시는 것이 6, 7가지니 곧 교만한 눈과 거짓된 혀와." 사람은 교만하면 멸망한다. 잠언 16:18, "교만은 패망의 선봉이요 거만한 마음은 넘어짐의 앞잡이니라."

[6-7절] 대저 높이는 일이 동에서나 서에서 말미암지 아니하며 남에서도 말미암지 아니하고 오직 재판장이신 하나님이 이를 낮추시고 저를 높이시느니라.

사람이 높임을 받고 존귀한 지위에 오르는 것은 그 주위의 유력한 사람들을 통해 되는 것이 아니고 오직 재판장이신 하나님께서 하시는 일이다. 율법의 약속대로, 하나님께서는 이스라엘 민족이 머리가

---

14) NASB와 NIV는 2절에서 시작된 따옴표를 5절 끝에서 닫는다. 즉 3절 끝의 "하시도다"라는 말을 5절 끝에 둔다. 그러면 4-5절은 시편 저자의 말이 아니고 하나님께서 하신 말씀으로 해석된다.

되고 꼬리가 되지 않게 하실 수 있다. 신명기 28:13, "여호와께서 너로 머리가 되고 꼬리가 되지 않게 하시며 위에만 있고 아래에 있지 않게 하시리니." 이것은 하나님의 율법과 계명을 지킬 때에 약속된 내용이다. 또 다니엘 4:17은 "이는 순찰자들의 명령대로요 거룩한 자들의 말대로니 곧 인생으로 지극히 높으신 자가 인간 나라를 다스리시며 자기의 뜻대로 그것을 누구에게든지 주시며 또 지극히 천한 자로 그 위에 세우시는 줄을 알게 하려 함이니라 하였느니라"고 말한다. 지극히 높으신 하나님께서는 인간 나라를 다스리시며 자기 뜻대로 그것을 누구에게든지 주시며 또 지극히 천한 자로 그 위에 세우시는 자이시다. 하나님께서는 이 모든 일을 행하시는 주권적 섭리자이시다.

〔8절〕 여호와의 손에 잔이 있어 술거품이 일어나는도다. 속에 섞은 것이 가득한 그 잔을 하나님이 **쏟아내시나니 실로 그 찌끼까지도 땅의 모든 악인이 기울여 마시리로다.**

시편 저자는 악인들에 대한 하나님의 진노의 심판에 대해 말한다. "여호와의 손에 잔이 있어 술거품이 일어나는도다"라는 말은 하나님의 진노의 잔을 표현한다. 그는 "속에 섞은 것이 가득한 그 잔을 하나님이 쏟아내신다"고 말한다. 속에 섞은 것 곧 혼합된 술은 더 취하게 하는 술로서 하나님의 크신 진노를 상징한다. 하나님의 진노는 적당한 진노가 아니고 두렵고 무서운 진노이다. 또한 그가 "실로 그 찌끼까지도 땅의 모든 악인이 기울여 마시리로다"고 말한 것은 하나님의 진노가 철저함을 나타낸다. 하나님께서는 모든 진노를 쏟아 부으실 것이며 악인들은 그 진노를 남김없이 다 받게 될 것이다.

〔9절〕 나는 야곱의 하나님을 영원히 선포하며 찬양하며.

시편 저자는 이제 야곱의 하나님을 찬양한다. '야곱의 하나님'이라는 표현은 야곱이 인간적 약점들을 가졌음에도 불구하고 그를 사랑하시고 오래 참으시고 단련시키신 하나님을 가리켰다고 본다. 그가 야곱의 하나님을 선포하고 찬양하는 것은 그가 연약한 자기 백성을 불쌍히 여기셨고 그들의 악한 원수들을 공의로 징벌하셨기 때문이다. 참된 찬양과 전도는 하나님의 은혜와 구원을 체험할 때 나온다.

〔10절〕 또 악인의 뿔을 다 베고 의인의 뿔은 높이 들리로다.

악인들의 권세가 일시적으로 크고 강해 보이지만, 하나님께서는 그것을 다 깨뜨리시고 파해버리실 것이며 참된 성도들도 그와 같이 행할 것이다. 또 의인의 권세는 비록 지금 약해 보일지라도 하나님께서 그것을 강하게 하시고 마침내 높이 세우실 것이다.

시편 75편의 교훈을 정리해보자. 첫째로, 우리는 하나님께 늘 감사하고 찬송해야 한다(1, 9절). 하나님께서는 온 세상의 창조자이시며 통치자와 심판자이시다. 그는 특히 자기의 백성된 우리와 늘 가까이 계신다. 그는 우리가 그에게 기도할 때마다 우리에게 가까이하신다(신 4:7). 그는 세상 끝날까지 우리와 항상 함께 계신다(마 28:20). 성령께서는 우리 안에 영원히 거하시고 우리를 인도하신다(요 14:16; 롬 8:14). 그러므로 우리는 창조자, 섭리자 하나님께 늘 감사하고 찬송해야 한다.

둘째로, 우리는 하나님의 심판을 알고 두려워해야 한다. 하나님께서는 의로우신 재판장이시며 매일 분노하시는 자이시다(시 7:11). 의인에게는 갚음이 있고 세상에는 심판하시는 하나님께서 계시다(시 58:11). 영원한 심판은 성경의 기본 교리이다(히 6:2). 사람은 죽은 후에 심판이 있다(히 9:27). 마지막 하나님의 흰 보좌 심판 때에 모든 사람은 다 그 앞에 서서 그의 행한 대로 심판을 받을 것이다(계 20:13). 그러므로 모든 사람은 창조자, 심판자 하나님의 심판을 알고 두려워해야 한다.

셋째로, 우리는 모든 악을 버려야 하고 특히 교만하지 말아야 한다. 하나님의 뜻은 우리가 예수님 믿고 구원 얻은 후 선한 사람이 되는 것이다. 교만은 모든 악의 근원이다. 사람이 교만하면 멸망한다(잠 16:18). 우리는 서로 인자한 마음을 가져야 하고 서로 불쌍히 여겨야 한다(엡 4:32). 우리는 온유하고 유순하며 서로 사이좋게 살아야 한다(약 3:17).

76편: 전쟁을 파하신 하나님을 높임

아삽의 시. 영장(伶長)[아마, 찬양대장]을 위해 현악에 맞춘 노래.

〔1-3절〕 하나님이 유다에 알린 바 되셨으며 그 이름은 이스라엘에 크시도다. 그 장막이 또한 살렘에 있음이여, 그 처소는 시온에 있도다. 거기서 저가 화살과 방패와 칼과 전쟁을 깨치시도다.

하나님께서는 이스라엘 백성에게, 특히 모세와 선지자들의 사역을 통하여, 자신을 알리셨다. 그는 이방 백성들에게 그렇게 자신을 계시하지 않으셨다. 그러나 이스라엘과 유다 백성은 하나님의 특별계시를 받은 백성이었다. 이스라엘 나라의 역사는 하나님의 특별계시의 역사이었다. 이스라엘 백성은 하나님의 능력과 도우심을 체험하였다. 그러므로 하나님의 이름은 이스라엘 백성에게 참으로 크셨다.

하나님의 장막은 살렘 곧 예루살렘 성에 있었고 그 처소는 시온에 있었다. 살렘과 시온은 동의어로 쓰이고 있다. 그것은 예루살렘 성을 가리킨다. 하나님께서는 친히 이스라엘 백성과 그 수도 예루살렘에 거하셨고, 특히 예루살렘 성전에 자신의 임재의 영광을 나타내셨다. 성전은 하나님께서 거하시는 성소(출 25:8)이며 "주께서 영원히 거하실 처소"이었다(왕상 8:13). 그것은 이스라엘 백성에게 큰 특권이었고 큰 행복이었다. 하나님께서는 그들과 함께 거하셨다.

시편 저자는 하나님께서 거기서 즉 예루살렘에서 화살과 방패와 칼과 전쟁을 깨뜨리셨다고 말한다. '화살'이라는 원어는 '활의 불꽃'이라는 말이다. 이 세상은 육적으로, 영적으로 전쟁터와 같다. 그러나 이러한 전쟁들 속에서 하나님께서는 자기 백성의 보호자이시며 원수들을 물리치시고 파하시는 하나님이시다.

〔4-7절〕 주는 영화로우시며 약탈한 산에서 존귀하시도다[주는 약탈물의 산들보다 더 영화로우시며 존귀하시도다](KJV, NASB). **마음이 강한 자는 탈**

취를 당하여 자기 잠을 자고 장사는 자기 손을 놀리지 못하도다. 야곱의 하나님이여, 주께서 꾸짖으시매 병거와 말이 다 깊은 잠이 들었나이다. 주 곧 주는 경외할 자시니 주께서 한번 노하실 때에 누가 주의 목전에 서리이까?

'약탈물의 산들'이라는 말은 세상의 왕들과 나라들을 가리킬 것이다. 이스라엘 백성의 원수들인 세상의 왕들과 나라들이 비록 외적인 영광이 크지만, 이스라엘 백성의 하나님 여호와께서는 그들보다 더 영화로우시며 더 존귀하시다. 여호와 하나님께서는 지혜와 능력이 지극히 크시며 공의로 세상을 통치하신다.

하나님께서 일어나 이방 나라들을 치시면 마음이 강한 용사들이라도 탈취를 당하며 자기의 잠을 잘 것이다. '자기 잠을 잔다'는 말은 죽는다는 뜻이다. 또 힘이 센 장사들도 자기의 손을 놀리지 못하고 그 손으로 공격하거나 방어하지 못하고 하나님 앞에 패배를 당하고 말 것이다. 하나님께서 꾸짖으시면 병거와 말도 다 죽을 것이다.

시편 저자는 "주는 경외할 자시라"고 말한다. 하나님께서만 참으로 모든 사람이 경외해야 할 분이시다. 주께서 한번 노하실 때 그 앞에 설 자가 아무도 없다. 하나님의 노(怒)는 심히 두렵다. 그것은 모든 것을 태우는 불과 같이 두렵다. 선지자 나훔도 "누가 능히 그 분노하신 앞에 서며 누가 능히 그 진노를 감당하랴. 그 진노를 불처럼 쏟으시니 그를 인하여 바위들이 깨어지는도다"라고 말했다(나 1:6).

〔8-10절〕 주께서 하늘에서 판결을 선포하시매 땅이 두려워 잠잠하였나니 곧 하나님이 땅의 모든 온유한 자를 구원하시려고 판단하러 일어나신 때에로다(셀라). 진실로 사람의 노(怒)는 장차 주를 찬송하게 될 것이요 그 남은 노(怒)는 주께서 금하시리이다.

하나님께서는 하늘에서 판결을 선포하신다. 그는 마치 최고 법정의 대법관처럼 온 세상을 심판하신다. 세상에는 마지막 대심판이 있고 하나님께서는 그 재판장이시다. 요한계시록 20:11-12, "내가 크고 흰 보좌와 그 위에 앉으신 자를 보니 땅과 하늘이 그 앞에서 피하여 간데없더라. 또 내가 보니 죽은 자들이 무론 대소하고 그 보좌 앞에 섰는데 책들이 펴 있고 또 다른 책이 펴졌으니 곧 생명책이라. 죽은 자들이 자기 행위를 따라 책들에 기록된 대로 심판을 받으니.”

시편 저자는 또 땅이 두려워 잠잠하였다고 말한다. 하나님의 심판에 대해 세상 사람들은 두려워 잠잠할 것이다. 왜 그들이 두려워하며 잠잠하는가? 그것은 하나님의 완전하시고 엄위하신 공의가 나타나는 그 심판이 심히 두렵기 때문일 것이다. 원수들의 분노가 위협적일지라도 하나님의 심판을 인해 그들은 마침내 하나님을 찬송하게 될 것이다. 또 주께서는 그들의 남은 노를 금하실 것이다.

하나님의 심판의 때는 “하나님께서 땅의 모든 온유한 자를 구원하시려고 판단하러 일어나신 때”이다. 성도는 온유한 자라고 표현된다. 성도는 이 세상에서 고난 중에 온유와 겸손의 인격으로 단련을 받은 자이다. 하나님의 심판의 목적은 악인들을 벌하시고 의인들을 구원하시기 위함이다. 그러므로 하나님의 심판 날에 악인들은 벌을 받을 것이지만, 고난 중에 있던 성도들은 다 구원을 받을 것이다.

〔11-12절〕 너희는 여호와 너희 하나님께 서원하고 갚으라. 사방에 있는 모든 자도 마땅히 경외할 이에게 예물을 드릴지로다. 저가 방백들의 심령을 꺾으시리니 저는 세상의 왕들에게 두려움이시로다.

‘너희’는 하나님을 섬기는 자들을 가리킬 것이다. 하나님을 경외하는 성도들은 환난 날에 하나님께 서원한 바, 즉 하나님 앞에서 약속한 바가 있으면 그 서원을 갚고 그 약속을 지켜야 한다. 또 하나님을 섬기지 않는 사방에 있는 모든 이방인들도 그에게 예물을 드리고 그를 섬겨야 한다. 하나님께서는 또 방백들의 심령을 꺾으실 것이다. 그들의 심령은 대체로 교만하고 강포한 심령이다. 하나님께서는 방백들의 교만하고 거친 심령을 꺾으실 것이다. 하나님께서는 세상의 왕들에게 두려움이시다. 왜냐하면 그는 그들을 심판하시는 왕이시기 때문이다. 그는 악한 왕들을 공의로 심판하시고 징벌하실 것이며 그의 심판과 징벌은 참으로 두려울 것이다.

시편 76편의 교훈을 정리해보자. 첫째로, 하나님께서는 전쟁을 파하신 자로 자신을 알리셨다. 하나님께서는 전능하신 하나님이시며 전쟁에 능하신 자이시다. 그는 참으로 영화로우시고 존귀하시다. 그는 모든 사람이 두려워할 자이시다. 요한계시록 14:7, "[천사가] 큰 음성으로 가로되 하나님을 두려워하며 그에게 영광을 돌리라. 이는 그의 심판하실 시간이 이르렀음이니 하늘과 땅과 바다와 물들의 근원을 만드신 이를 경배하라 하더라." 하나님께서는 이 세상의 악인들을 심판하시고 징벌하신다. 그는 세상의 왕들과 방백들을 꺾으실 것이며 악인들의 악행에 대해 진노하실 것이며 그가 노하시면 그 앞에 설 자가 아무도 없다.

둘째로, 하나님께서는 온유하고 겸손한 자기 백성을 고난에서 구원하신다. 하나님의 참된 백성은 이 세상에서 고난을 참는 가운데 온유하고 겸손한 인격으로 단련을 받는다. 하나님의 뜻은 우리가 구주 예수 그리스도를 믿음으로 죄사함과 의롭다 하심을 얻고 정직하게, 선하게, 또 온유하게 사는 것이다. 민수기 12:3, "이 사람 모세는 온유함이 지면의 모든 사람보다 승하더라." 예수께서는 "나는 마음이 온유하고 겸손하니 나의 멍에를 메고 내게 배우라. 그러면 너희 마음이 쉼을 얻으리라"고 말씀하셨다(마 11:29). 하나님께서는 세상에서 성도들을 핍박하는 악인들을 징벌하시고 온유하고 겸손한 성도들을 구원하실 것이다.

셋째로, 우리는 오직 하나님을 경외하고 서원을 갚으며 예물을 드려야 한다. 하나님께서는 모든 사람이 경외할 자이시다. 하나님을 섬기는 것은 그를 경외하는 것이다. 하나님을 경외함이 사람의 참 지식의 시작이다(잠 1:7). 또 성도는 고난 중에 하나님께 한 서원을 갚아야 한다. 또 우리는 우리의 귀한 예물을 하나님께 드리기를 힘써야 한다. 우리는 온 세상을 창조하시고 섭리하시는 하나님, 영원자존하신 살아계신 하나님을 바로 알고 그를 경외하고 그를 믿고 의지하며 사랑하고 그에게 합당한 찬송과 경배와 영광을 돌리며 그의 계명을 즐거이 순종해야 한다.

77편: 환난 날에 옛적 기사들을 기억함

아삽의 시. 영장(伶長)[찬양대장]을 위해 여두둔을 따라 한 노래.

〔1-2절〕 내가 내 음성으로 하나님께 부르짖으리니 하나님께 내 음성으로 부르짖으면 **내게 귀를 기울이시리로다. 나의 환난 날에 내가 주를 찾았으며 밤에는 내 손을 들고 거두지 아니하였으며 내 영혼이 위로받기를 거절하였도다.**

시편 저자는 환난 중에 그의 음성으로 하나님께 부르짖었다. 음성으로 하는 기도는 묵상 기도보다 더 명확하고 자세한 내용을 하나님께 아뢸 수 있고 공상과 졸음을 피할 수 있는 장점이 있다. 음성으로 부르짖는 기도는 하나님께 인격적으로 아뢰는 간절한 기도이다.

시편 저자는 하나님께 음성으로 부르짖어 기도할 때 하나님께서 그의 기도를 들으실 것이라고 말한다. 하나님께서는 우리의 간절한 기도를 잘 들어주신다. 시편 저자는 환난 날에 하나님을 찾았고 밤에 그의 손을 들고 거두지 않았으며 그의 영혼이 위로받기를 거절하였다. 그는 응답받기까지 기도를 중단하지 않았다. 기도의 응답을 받기 원한다면 우리는 끈질긴 기도를 해야 한다. 심리적 위로는 참된 위로가 아니다. 참 위로는 기도의 응답을 받을 때만 가능하다.

〔3-4절〕 내가 하나님을 생각하고(자카르 זָכַר)[기억하고] **불안하여 근심하니 내 심령이 상하도다(셀라). 주께서 나로 눈을 붙이지 못하게 하시니 내가 괴로워 말할 수 없나이다.**

시편 저자는 환난 중에 하나님을 기억하였다. 그는 과거에 그에게 주신 하나님의 은혜를 기억하고, 과거에 그가 체험한 하나님의 능력을 기억했다. 우리는 과거에 하나님께서 우리에게 주신 은혜와 도우심을 기억할 수 있고, 성경을 통해 하나님께서 전 시대의 사람들에게 행하신 일들을 기억할 수 있다. 로마서 15:4, "무엇이든지 전에 기록한 바는 우리의 교훈을 위하여 기록된 것이니 우리로 하여금 인내로 또는 성경의 안위로 소망을 가지게 함이니라."

지금 시편 저자는 불안하고 근심하며 그의 심령은 상해 있다. 그는 밤에도 편안한 잠을 자지 못하고 말할 수 없는 고통 가운데 지내고 있다. 그가 지금 이런 고통 가운데 있는 것은 자신의 과거와 자신의 현재를 비교해보기 때문이었다. 그는 과거에 하나님의 크신 도우심과 능력을 체험했었다. 그러나 그는 현재 하나님의 버려두심을 느끼고 있는 것이다. 하나님께서는 때때로 그의 사랑하시는 자녀를 고난 가운데 버려두신다. 그는 그의 지혜로우시고 공의로우시고 선하신 뜻 가운데 그렇게 하신다.

[5-9절] 내가 옛날 곧 이전 해를 생각하였사오며 밤에 한 **나의 노래를 기억하여 마음에 묵상하며 심령이 궁구하기를 주께서 영원히 버리실까, 다시는 은혜를 베풀지 아니하실까, 그 인자하심이 길이 다하였는가, 그 허락**(오메르 אֹמֶר)[약속](BDB, KJV, NASB)**을 영구히 폐하셨는가, 하나님이 은혜 베푸심을 잊으셨는가, 노하심으로 그 긍휼을 막으셨는가 하였나이다(셀라).**

시편 저자는 옛날 곧 이전 해들을 생각하였다. 그는 자신이 밤에 한 노래를 기억한다. 그것은 하나님의 은혜에 대한 감사와 찬송이었다. 그는 그 일들을 마음에 묵상하며 심령에 궁구한다. '묵상'은 조용히 되새기는 것이고, '궁구'는 좀더 깊이 생각하는 것이다. 우리는 우리의 현재의 환난을 대처하기 위하여 우리의 과거의 일들을 곰곰히 생각할 수 있다. 시편 저자는 환난 중에 하나님께서 그를 버리셨고 더 이상 은혜과 긍휼을 베풀지 않으시는가 하는 생각이 들었다.

[10-12절] 또 내가 말하기를 이는 나의 연약함(칼로시 חַלּוֹתִי)[찔림, 쓰라림, 괴로움]**이라. 지존자의 오른손의 해 곧 여호와의 옛적 기사**(필에카 פִּלְאֶךָ)[15]**를 기억하여 그 행하신 일을 진술하리이다**[기억하리이다](KJV, NASB, NIV)**. 또 주의 모든 일을 묵상하며 주의 행사를 깊이 생각하리이다.**

---

15) 국한문 성경에 記事(기사)라는 말은 奇事(기사)로 수정해야 한다.

시편 저자는 절망적 상황에서 괴로워했다. 그러나 그는 곧 하나님과 그의 행하신 놀라운 일들을 기억했다. "지존자의 오른손의 해"라는 표현은 지극히 높으신 하나님께서 능력을 베푸셨던 시대를 가리킨다. 하나님께서는 과거에 놀라운 기적들을 베푸셨다. 시편 저자는 지금 그 기적들을 기억하고 있다. 우리는 성경에서 또 우리의 과거의 삶에서 하나님의 하신 일들을 기억할 때 힘을 얻고 하나님을 더욱 잘 섬기며 따를 수 있다. 시편 저자는 또 하나님의 모든 일을 묵상하며 그의 행하신 일들을 깊이 생각하겠다고 말한다.

〔13-15절〕 하나님이여, 주의 도(道)는 극히 거룩하시오니 하나님과 같이 큰 신(神)이 누구오니이까? 주는 기사(奇事)를 행하신 하나님이시라. 민족들 중에 주의 능력을 알리시고 주의 팔로 주의 백성 곧 야곱과 요셉의 자손을 구속(救贖)하셨나이다(셀라).

'주의 도(道)'는 하나님께서 가시는 길, 곧 하나님의 행하시는 일들을 가리킨다고 본다. '극히 거룩하시다'는 원문은 그냥 거룩하시다는 뜻이다. 하나님의 행하시는 일들은 거룩하시다. '거룩함'은 초월함과 깨끗함을 포함한다. 시편 저자는 또, "하나님과 같이 큰 신이 누구오니이까? 주는 기사(奇事)를 행하신 하나님이시라"고 말한다. 하나님께서는 무한하셔서 천지에 충만하시며(렘 23:24), 지혜와 능력, 긍휼과 은혜도 충만하시다. 그는 능력이 크셔서 기사(奇事)와 능력의 일들을 행하셨다. 하나님께서는 민족들 중에서 그의 능력을 알리시고 그의 팔로 그의 백성 이스라엘을 구속(救贖)하셨다. 이스라엘 백성은 비록 부족하고 연약한 점들이 많았으나 하나님께서 사랑하신 백성이며 그들을 고난 중에 버리지 않으시고 구원하신 백성이었다.

〔16-20절〕 하나님이여, 물들이 주를 보았나이다. 물들이 주를 보고 두려워하며 깊음도 진동하였고 구름이 물을 쏟고 궁창이 소리를 발하며 주의 살도 날아 나갔나이다. 회리바람 중에 주의 우뢰의 소리가 있으며 번개가 세계를 비취며 땅이 흔들리고 움직였나이다. 주의 길이 바다에 있었고 주의

첩경이 큰 물에 있었으나 주의 종적을 알 수 없었나이다. 주의 백성을 무리 양같이 모세와 아론의 손으로 인도하셨나이다.

시편 저자는 물들을 인격처럼 묘사한다. 바닷물은 하나님을 보고 두려워하였고 바다 깊은 곳도 두려워 떨었다. 또 아마 구름기둥은 물보라를 쏟았다. 또 시편 저자는 번개와 천둥도 묘사한다. '주의 살' 즉 '주의 화살'은 번개나 벼락을 표현하는 말이다. 궁창은 천둥소리를 발하며 땅을 뒤흔들었고 하나님께서 내리신 번개나 벼락은 화살같이 빠르게 세계를 비취었다. 하나님의 길이 바다에 있었고 그의 첩경이 큰 물에 있었지만 그의 발자취를 알 수 없었다. 이런 두려운 상황 속에서 하나님께서는 그의 백성을 양무리같이 모세와 아론의 손으로 인도하셨다. 이것은 출애굽과 홍해 사건을 가리켰다. 하나님께서는 자기 백성의 구원과 인도를 위해 자연현상들을 사용하셨다.

시편 77편의 교훈을 정리해보자. 첫째로, 우리는 환난의 날에 하나님께 기도해야 한다. 성도는 때때로 환난을 당하며 어떤 때는 하나님께서 그를 버리시고 더 이상 은혜와 긍휼을 베풀지 않으시는 것 같은 때도 있다. 그러나 성도는 그때 하나님께 기도해야 한다. 시편 50:15, "환난 날에 나를 부르라. 내가 너를 건지리니 네가 나를 영화롭게 하리로다."

둘째로, 우리는 음성으로 하나님께 기도해야 한다. 묵상 기도도 좋으나 성도는 때때로 음성으로 부르짖는 기도를 할 필요가 있다. 예레미야 29:12-13, "너희는 내게 부르짖으며 와서 내게 기도하면 내가 너희를 들을 것이요 너희가 전심으로 나를 찾고 찾으면 나를 만나리라."

셋째로, 우리는 옛날 일들을 기억하며 기도해야 한다. 우리는 우리의 과거의 삶 속에 또 성경 역사에 주신 하나님의 긍휼과 능력의 일들을 기억하며 그 긍휼과 능력을 믿고 기도해야 한다. 이스라엘의 하나님께서는 오늘 우리의 하나님이시다. 그러므로 이해할 수 없는 현실 속에서도 우리는 모든 일을 섭리하시는 하나님을 믿고 기도해야 한다.

78편: 거역하는 백성을 긍휼히 여기심

1-33절, 광야에서 하나님을 거역함

〔1-8절〕 내 백성이여, 내 교훈을 들으며 내 입의 말에 귀를 기울일지어다. 내가 입을 열고 비유를 베풀어서 옛 비밀한 말을 발표하리니 이는 우리가 들은 바요 아는 바요 우리 열조가 우리에게 전한 바라. 우리가 이를 그 자손에게 숨기지 아니하고 여호와의 영예와 그 능력과 기이한 사적을 후대에 전하리로다. 여호와께서 증거를 야곱에게 세우시며 법도를 이스라엘에게 정하시고 우리 열조에게 명하사 저희 자손에게 알게 하라 하셨으니 이는 저희로 후대 곧 후생 자손에게 이를 알게 하고 그들은 일어나 그 자손에게 일러서 저희로 그 소망을 하나님께 두며 하나님의 행사를 잊지 아니하고 오직 그 계명을 지켜서 그 열조 곧 완고하고 패역하여 그 마음이 정직하지 못하며 그 심령은 하나님께 충성치 아니한 세대와 같지 않게 하려 하심이로다.

아삽의 마스길. 시편 저자는 하나님께서 야곱에게 세우시고 이스라엘에게 정하신 증거와 법도는 그들 모두가 듣고 아는 바이며 그들 열조가 그들에게 전한 바인데 그것을 후손들에게 교훈으로 말하고자 한다. 그가 그것을 '옛 비밀한 말'이라고 한 것은 거기에 담긴 하나님의 진리와 교훈을 열조들이 잘 깨닫지 못하였기 때문일 것이다. 그것은 "하나님의 영예와 그 능력과 기이한 일"에 관한 것이다. 그것이 곧 성경의 내용이다. 성경은 하나님께서 우리에게 주신 교훈이다.

하나님의 뜻은 우리가 이 말씀을 깨닫고 우리 자신이 교훈을 받고 또 우리 자녀들에게 전해야 하며 또 우리 자녀들은 그들의 자녀들에게 전해야 하는 것이다. 어릴 때부터 자녀들에게 하나님의 교훈을 알게 하는 것은 부모의 첫 번째 의무, 즉 가장 중요한 의무이다(신 6:7; 잠 22:6; 엡 6:4). 하나님께서 이것을 명령하신 것은 우리가 하나님께 소망을 두며(딤전 4:9-10; 6:17) 그의 행하신 바들을 잊지 않고 그의 계명을 지켜서 그 열조 곧 완고하고 패역하여 마음이 정직하지 못하며 심령이 하나님께 충성치 않은 세대와 같지 않게 하려 하심이었다. 하나님을 바로 알고 섬기는 것이 인생의 목적이요 행복이다.

〔9-16절〕 에브라임 자손은 병기를 갖추며 활을 가졌으나 전쟁의 날에 물러갔도다. 저희가 하나님의 언약을 지키지 아니하고 그 율법 준행하기를 거절하며 여호와의 행하신 것과 저희에게 보이신 기사(奇事)를 잊었도다. 옛적에 하나님이 애굽 땅 소안 들에서 기이한 일을 저희 열조의 목전에서 행하셨으되 저가 바다를 갈라 물을 무더기같이 서게 하시고 저희로 지나게 하셨으며 낮에는 구름으로, 온 밤에는 화광(火光)으로 인도하셨으며 광야에서 반석을 쪼개시고 깊은 수원(水源)에서 나는 것같이 저희에게 물을 흡족히 마시우셨으며 또 반석에서 시내를 내사 물이 강같이 흐르게 하셨으나.

이스라엘 자손은 병기를 갖추며 활을 가졌으나 전쟁의 날에 패전하였다. 잘 훈련된 많은 병사들과 좋은 무기들은 전쟁에 필수적 요소처럼 보이는 것이 사실이지만, 그것이 전쟁의 승패를 좌우하지는 못한다. 전쟁은 전적으로 하나님께 달려 있다.

이스라엘이 패전한 이유는 그들이 하나님의 언약을 지키지 않고 그 율법 안에서 행하기를 거절하며 여호와의 행하신 것과 그들에게 보이신 기사(奇事)들을 잊었기 때문이다. 즉 그들이 하나님과의 바른 관계를 유지하지 못했기 때문이다. 개인이나 국가나 세상의 모든 일의 성공과 실패는 결국 하나님과의 바른 관계에 달려 있다.

하나님께서는 애굽 땅 소안 들에서 기이한 일들, 곧 10가지 재앙을 행하셨고, 홍해를 갈라 물을 무더기같이 서게 하시고 그들로 지나게 하셨고, 낮에는 구름기둥으로, 밤에는 불기둥으로 그들을 인도하셨고, 광야에서 반석을 쪼개시고 깊은 샘에서 나는 것 같은 물을 흡족하게 마시게 하셨고 반석에서 시내를 내사 물이 강같이 흐르게 하셨다. 이스라엘의 자손들이라면, 조상들로부터 전해진 이 역사적 사실들을 잊어버려서는 안 될 것이지만, 그들은 하나님의 은혜와 능력을 잊어버리고 하나님께 범죄하였던 것이다.

〔17-22절〕 저희는 계속하여 하나님께 범죄하여 황야에서 지존자를 배반하였도다. 저희가 저희 탐욕대로 식물을 구하여 그 심중에 하나님을 시험하였으며 그뿐 아니라 하나님을 대적하여 말하기를 하나님이 광야에서 능히 식탁을 준비하시랴, [보라] 저가 반석을 쳐서 물을 내시매 시내가 넘쳤거니와 또 능히 떡을 주시며 그 백성을 위하여 고기를 예비하시랴 하였도다. 그러므로 여호와께서 듣고 노하심이여, 야곱을 향하여 노가 맹렬하며 이스라엘을 향하여 노가 올랐으니 이는 하나님을 믿지 아니하며 그 구원을 의지하지 아니한 연고로다.

시편 저자는 이스라엘 백성이 광야에서 하나님께 계속 범죄하였음을 지적한다. 그는 그들이 하나님의 은혜와 능력을 체험하였음에도 불구하고 광야에서 지존자를 배반함으로 계속 하나님께 범죄했다고 말한다. 그들은 마음으로 하나님을 시험하였고 하나님을 믿지 않고 의심하였다. 그들은 하나님을 대적하여 말하기를, "하나님께서 광야에서 능히 식탁을 준비하시랴, 저가 반석을 쳐서 물을 내시매 시내가 넘쳤거니와 또 능히 떡을 주시며 그 백성을 위해 고기를 예비하시랴"고 하였다. 그들은 마음으로 하나님의 살아계심과 그의 능력을 의심하고 말로 그를 대항하였던 것이다.

시편 저자는 또 하나님께서 그들의 불신앙의 말을 들으시고 노하셨다고 말한다. 하나님께서는 이스라엘 백성을 향해 노가 맹렬하셨다. 하나님께서 노하신 까닭은 그들이 하나님을 믿지 않고 그 구원을 의지하지 않은 까닭이었다. 하나님께서는 이스라엘 백성의 불신앙과 불평과 불순종에 대하여 노하신 것이다.

〔23-28절〕 그러나 저가 오히려 위의 궁창[구름](KJV, NASB)**을 명하시며 하늘 문을 여시고 저희에게 만나를 비같이 내려 먹이시며 하늘 양식으로 주셨나니 사람이 권세 있는 자**[천사들](KJV, NASB, NIV)**의 떡을 먹음이여, 하나님이 식물을 충족히 주셨도다. 저가 동풍으로 하늘에서 일게 하시며 그 권능으로 남풍을 인도하시고 저희에게 고기를 티끌같이 내리시니 곧 바다 모래 같은 나는 새라. 그 진중에 떨어지게 하사 그 거처에 둘리셨도다.**

하나님께서는 광야에서 이스라엘 백성에게 먹을 양식을 주셨다. 그는 하늘 문을 여시고 그들에게 만나를 비같이 내려 먹이셨고 사람들은 그 떡을 배부르게 먹었다. 만나는 '하늘 양식'이며 '권세 있는 자들 혹은 천사들(KJV, NASB, NIV)의 양식'이라고 불리었다. 이른 아침 이스라엘 진들 사면에 있던 이슬이 마른 후 광야 지면에 작고 둥글며 서리같이 세미한 것이 있었고 그것이 만나이었다(출 16:13-14). 만나는 깟 씨나 흰색 진주 같은 모양이었고 맛은 꿀 섞은 과자와 같았다(출 16:31; 민 11:7). 이스라엘 백성은 날마다 만나를 거두어 맷돌에 갈거나 절구에 찧거나 솥에 삶아서 과자를 만들었다(민 11:8). 그들은 광야생활 40년 동안 만나를 먹었다(출 16:35).

하나님께서는 또 그의 권능으로 동풍과 남풍을 불게 하셔서 바다 모래같이 나는 새인 메추라기를 이스라엘 진영 중에, 그들의 거처들의 둘레에 떨어지게 하셨다. 민수기는 메추라기가 진 사방으로 각기 하룻길 되는 땅 위 두 규빗(약 90cm)쯤 내렸고 백성이 일어나 이틀 동안 그것을 모았다고 말한다(민 11:31-32). 출애굽기는 메추라기가 저녁마다 와서 진에 덮였다고 말한다(출 16:13). 이와 같이 하나님께서는 광야의 이스라엘 백성에게 일용할 양식을 주셨다. 모든 생물들에게 먹을 것을 주시는 하나님께서는 자기 백성에게도 그러하셨다.

〔29-33절〕 저희가 먹고 배불렀나니 하나님이 저희 소욕대로 주셨도다. 저희가 그 욕심에서 떠나지 아니하고 저희 식물이 아직 그 입에 있을 때에 하나님이 저희를 대하여 노를 발하사 저희 중 살진 자를 죽이시며 이스라엘의 청년(바쿠림 בַּחוּרִים)['청년들' 혹은 '선택된 자들'(BDB, KJV, NASB)]**을 쳐 엎드러뜨리셨도다. 그럴지라도 저희가 오히려 범죄하여 그의 기사를 믿지 아니하였으므로 하나님이 저희 날을 헛되이 보내게 하시며 저희 해를** [갑자기](원문) **두렵게** 지내게 **하셨도다.**

하나님께서는 광야의 이스라엘 백성에게 만나와 메추라기를 주셨고 그들은 먹고 배불렀었다. 그는 그들의 원하는 대로 주셨다. 그러나 그들이 그 욕심에서 떠나지 않았으므로 그는 그들에게 진노하셨다. 그들의 음식이 아직 그들의 입에 있을 때 하나님께서는 그들을 대하여 노를 발하셔서 그들 중 살진 자를 죽이시며 이스라엘의 청년들을 쳐 엎드러뜨리셨도다. 그들은 하나님께서 주신 만나로 만족지 않고 애굽에 있을 때 생선과 외와 수박과 부추와 파와 마늘을 먹은 것을 생각하며 고기 먹기도 원했다(민 11:4-6). 민수기는 백성의 온 가족들이 각기 장막 문에서 우는 것을 모세가 들었고 여호와의 진노가 심히 컸고 또 고기가 아직 잇사이에 있어 씹히기 전 여호와께서 백성에게 진노하셔서 심히 큰 재앙으로 치셨다고 말한다(민 11:10, 33). 그래서 그곳을 기브롯 핫다아와, 즉 '탐욕의 무덤'이라고 불렀다(민 11:34).

본문의 교훈을 정리해보자. 첫째로, 하나님께서는 이스라엘 백성에게 많은 은혜와 능력의 일들을 베푸셨고 필요한 것들을 주셨으나 그들은 하나님을 믿지 않았고 그의 언약과 계명들을 거역하였다. 그 내용들은 성경에 기록되어 있다. 성경 역사는 우리와 우리 자녀들에게 교훈이 된다. 우리는 성경에 기록된 하나님의 행하신 일들을 잊지 말아야 한다.

둘째로, 이스라엘 백성은 하나님 경외함보다 땅의 헛된 것들을 탐했다. 그들의 탐심은 하나님께 대한 불평과 불신앙과 불순종의 죄로 나타났다. 하나님께서는 그들의 그 죄를 징벌하셨다. 그러나 우리는 하나님만 바라며 하나님께만 소망을 두고 그를 의지하며 순종해야 한다.

셋째로, 하나님의 뜻은 우리가 그를 믿고 섬기며 그의 계명을 힘써 지키는 것, 곧 죄악된 모든 일들을 멀리하고 그의 계명대로 거룩하고 바르고 선하게 사는 것이다. 신명기 10:12-13, "이스라엘아, 네 하나님 여호와께서 네게 요구하시는 것이 무엇이냐? 곧 네 하나님 여호와를 경외하여 그 모든 도를 행하고 그를 사랑하며 마음을 다하고 성품을 다하여 네 하나님 여호와를 섬기고 내가 오늘날 네 행복을 위하여 네게 명하는 여호와의 명령과 규례를 지킬 것이 아니냐? "

34-72절, 하나님께서 징벌하심

〔34-39절〕 하나님이 저희를 죽이실 때에 저희가 그에게 구하며 돌이켜 하나님을 간절히 찾았고 하나님이 저희의 반석이시요 지존하신 하나님이 저희 구속자이심을 기억하였도다. 그러나 저희가 입으로 그에게 아첨하며 자기 혀로 그에게 거짓을 말하였으니 이는 하나님께 향하는 저희 마음이 정함이 없으며 그의 언약에 성실치 아니하였음이로다. 오직[그러나] **하나님은 자비하심으로 죄악을 사하사 멸하지 아니하시고 그 진노를 여러 번 돌이키시며 그 분(忿)을 다 발하지 아니하셨으니 저희는 육체뿐이라. 가고 다시 오지 못하는 바람임을 기억하셨음이로다.**

하나님께서 음식을 탐하던 자들을 죽이셨을 때, 이스라엘 백성은 하나님께 구하며 돌이켜 하나님을 간절히 찾았다. 그들은 지존하신 하나님께서 그들의 반석이시며 구속자(救贖者)이심을 기억하였다. 사람은 징벌의 고난을 통해 하나님을 알고 그의 율법을 배운다. 성도에게 주시는 고난은 그의 영적 성장을 위해 유익하다(시 119:67, 71).

그러나 이스라엘 백성의 회개는 온전치 못하였다. 그들은 입으로 하나님께 아첨하며 그 혀로 그에게 거짓을 말했다. 행함이 없는 회개는 하나님께 대한 아첨에 불과하다. 그것은 감히 하나님께 거짓말하는 것이 된다. 또 하나님께 향하는 그들의 마음에는 정(定)함이 없었다. 그들은 하나님의 언약에 성실치 않았다. 그들에게는 환경에 따라 변하지 않고 하나님을 믿고 따르는 확고한 마음이 없었고, 하나님의 언약을 성실히 지킴과 그의 율법에 순종함이 없었다.

그러나 하나님께서는 그의 긍휼과 자비로 그들의 죄악을 사하셨고 그들을 멸망시키지 않으셨고 그의 진노를 여러 번 돌이키셨고 그의 분노를 다 발하지 않으셨다. 하나님께서 그들을 긍휼히 여기신 까닭은 그들이 육체뿐이며 가고 다시 오지 못하는 바람임을 기억하셨기 때문이었다. 우리의 구원은 오직 하나님의 긍휼과 자비에 있다.

〔40-42절〕 저희가 광야에서 그를 반항하며 사막에서 그를 슬프시게 함

이 몇 번인고. 저희가 돌이켜 하나님을 재삼 시험하며 이스라엘의 거룩한 자를 격동하였도다[제한하였도다](KJV). **저희가 그의 권능을 기억지 아니하며 대적에게서 구속(救贖)하신 날도** 생각**지 아니하였도다.**

하나님께서 이스라엘 백성을 불쌍히 여기셔서 그들의 죄를 사하셨고 그들을 멸망시키지 않고 그의 진노를 여러 번 돌이키셨고 그의 분노를 다 발하지 않으셨음에도 불구하고, 그들은 여러 번 광야에서 그를 반항하며 사막에서 그를 슬프시게 하였다. 교만한 자는 반복하여 하나님께 반항하고 범죄하며 그를 슬프시게 하고 근심시킨다.

또 이스라엘 백성은 '돌이켜'(KJV) 하나님을 시험하였다. '돌이켜'라는 원어(와예슈부 וַיָּשׁוּבוּ)는 '반복하여'(NASB, NIV)라는 뜻도 가지고 있다. '격동하였다'는 원어(히테우 הִתְווּ)는 '표시하다' '제한하다'는 뜻이 일반적이고, '괴롭게 하다'(NASB, NIV)는 뜻이 언어학자들의 추측으로 제안되기도 하였다(BDB). '제한하였다'는 말은 아마 하나님의 능력을 제한하였다는 뜻일 것이다. 하나님을 믿는 것은 그의 능력을 믿는 것인데, 그들은 하나님의 능력을 믿지 않고 의심하였던 것이다. 그것은 실상 하나님을 믿지 않고 그의 능력을 제한하는 것이며 하나님의 능력을 믿지 않고 제한하는 것은 그 자체가 죄이었다.

이와 같이, 이스라엘 백성은 하나님의 권능을 기억하지 않았고 하나님께서 그들을 그 대적에게서 구속(救贖)하신 날도 생각지 않았다. 그 구속의 날이란 그들이 애굽의 노예 상태에서 건짐을 받았던 날을 가리킨다. 이스라엘 백성은 하나님께서 애굽 사람들에게 내리시는 열 가지 재앙을 눈으로 보았었고 홍해를 통과하는 기적을 체험하였었다. 만일 그들이 그 일을 기억했었더라면, 하나님을 알았을 것이며 믿었을 것이며 경외했을 것이며 범죄치 않았을 것이다.

〔43-53절〕 그때에 **하나님이 애굽에서 그 징조를, 소안 들에서 그 기사를 나타내사 저희의 강과 시내를 피로 변하여 저희로 마실 수 없게 하시며 파리 떼를 저희 중에 보내어 물게 하시고 개구리를** 보내어 **해하게 하셨으며**

저희의 土산물을 황충에게 주시며 저희의 수고한 것을 메뚜기에게 주셨으며 저희 포도나무를 우박으로, 저희 뽕나무를 서리로 죽이셨으며 저희 가축을 우박에, 저희 양떼를 번갯불에 붙이셨으며 그 맹렬한 노와 분과 분노와 고난 곧 벌하는[재앙의, 멸하는(NASB, NIV)] **사자들을 저희에게 내려 보내셨으며 그 노를 위하여 치도(治道)하사**[길을 만드사] **저희 혼의 사망을 면케 아니하시고 저희 생명을 염병에 붙이셨으며 애굽에서 모든 장자 곧 함의 장막에 있는 그 기력의 시작을 치셨으나 자기 백성을 양같이 인도하여 내시고 광야에서 양떼같이 지도하셨도다. 저희를 안전히 인도하시니 저희는 두려움이 없었으나 저희 원수는 바다에 엄몰되었도다.**

12절에서도 말했지만, 시편 저자는 하나님께서 애굽의 소안 들에서 징조와 기사를 나타내셨음을 말한다. 소안은 고센 땅의 중심도시인 타니스로 라암셋(창 47:11; 출 1:11; 12:37)과 같은 도시인 것 같다. 하나님께서는 거기에 거하던 이스라엘 백성의 눈 앞에서 애굽 사람들에게 열 가지 재앙을 내리셨었다. 본문은 그 중에 몇 가지만 언급한다. 하나님께서는 애굽의 강과 시내를 피로 변하여 마실 수 없게 하셨고(첫째 재앙), 파리 떼를 그들 중에 보내어 물게 하셨으며(넷째 재앙), 개구리를 보내어 해하게 하셨고(둘째 재앙), 메뚜기와 황충으로 그들이 수고한 토산물을 먹게 하셨고(여덟째 재앙), 우박과 서리로 그들의 포도나무와 뽕나무, 가축과 양떼를 죽이셨다(일곱째 재앙). 마지막으로, 그는 맹렬한 노로 벌하는 천사들을 그들에게 내려보내 애굽의 모든 장자를 치셨다(열째 재앙). 그러나 하나님께서는 자기 백성 이스라엘을 양떼같이 안전하게 인도하여 내셨고 그들의 원수인 애굽 사람들은 홍해 바다에 빠져 죽게 하셨다(출 14:27-29).

〔54-58절〕 저희를 그 성소의 지경 곧 그의 오른손이 취하신 산으로 인도하시고 또 열방을 저희 앞에서 쫓아내시며 줄로 저희 기업을 분배하시고 이스라엘 지파로 그 장막에 거하게 하셨도다. 그럴지라도 저희가 지존하신 하나님을 시험하며 반항하여 그 증거를 지키지 아니하며 저희 열조같이 배반하고 궤사를 행하여 속이는 활같이 빗가서 자기 산당으로 그 노를 격동하

며 저희 조각한 우상으로 그를 진노케 하였으매.

하나님께서는 애굽에서 구출하신 이스라엘 백성에게 가나안 땅을 주셨다. 그는 그들을 그 성소의 지경 곧 그가 거룩하게 구별하시고 그의 능력의 오른손으로 취하신 산으로 인도하셨다. 그는 거기 거하던 가나안 족속들, 심히 우상숭배적이며 음란하였던 이방 족속들을 그들 앞에서 쫓아내셨고 그 땅을 분배하여 이스라엘 지파들로 거기서 그들의 장막에 거하게 하셨다. 이스라엘의 가나안 땅 정복과 땅 분배는 하나님께서 주신 것 곧 하나님의 전적인 은혜이었다.

그러나 이스라엘 백성은 이러한 하나님의 큰 은혜를 체험했음에도 불구하고 하나님을 배반하였다. 그들은 배은망덕하였다. 그들은 지극히 높으신 하나님을 믿지 않고 의심하고 시험하였고 하나님께 반항하며 그의 율법과 증거를 지키지 않았다. 그들은 그들의 조상들같이 하나님을 배반하였고 하나님 앞에 거짓을 행하였다. 즉 그들은 하나님 앞에서 거짓되이 회개하였고 거짓되이 신앙을 고백했던 것이다. 그들은 마치 속이는 활같이 빗나갔다. 특히, 그들은 산당에서 우상을 섬김으로 하나님의 노를 격동하였다. 불경건과 우상숭배는 모든 죄의 근원이다. 거기에서부터 모든 부도덕한 죄들이 나온다. 사람은 오직 하나님을 경외할 때 악에서 떠날 수 있다(잠 16:6).

〔59-64절〕 하나님이 들으시고 분내어 이스라엘을 크게 미워하사 실로의 성막 곧 인간에 세우신 장막을 떠나시고 그 능력된 자**를 포로에 붙이시며 자기 영광을 대적의 손에 붙이시고 그 백성을 또 칼에 붙이사 그의 기업에게 분내셨으니 저희 청년은 불에 살라지고 저희 처녀에게는 혼인 노래가 없으며 저희 제사장들은 칼에 엎드러지고 저희 과부들은 애곡하지 못하였도다.**

하나님께서는 오래 참으시지만, 사람이 회개치 않고 패역을 부릴 때 마침내 그에게 진노하신다. 하나님의 진노는 참으로 무섭다. 그는 이스라엘의 우상숭배하는 말들을 들으시고 진노하셨고 그들을 크게 미워하셨다. 하나님께서는 실로에 세우셨던 그의 성막을 버리셨다.

그가 친히 명하시고 세우신 성막(聖幕), 그에게 거룩히 드려진 성막이라 할지라도, 그는 그것을 버리셨고 그것을 떠나셨다.

또 그는 그의 능력을 베푸셨던 자들을 포로에 붙이시며 그의 영광을 대적의 손에 붙이셨다. 61절의 원문은 "그의 힘을 포로로 주셨다"인데, 그것은 그가 그의 능력을 보이셨던 그의 백성을 포로로 잡혀가게 하셨다는 뜻이라고 본다. 하나님께서는 이방인들을 심판과 징벌의 도구로 사용하셨다. 이전의 하나님의 능력은 지금 이스라엘에게 나타나지 않았다. 그것은 그들의 범죄함 때문이었다.

또 하나님께서는 그 백성을 칼에 붙이셨고 전쟁에서 죽게 하셨다. 그는 자기 기업된 그들에게 분내셨으며 그 청년들을 불에 타 죽게 하셨다. 또 그 처녀들에게는 혼인 노래가 없어졌다. 혼인은 처녀들에게 가장 기쁜 일인데, 그러한 기쁨의 일이 사라졌다. 존귀한 제사장들은 칼에 엎드러졌다. 그들의 과부들은 애곡하지 못했다. 포로 상태에서는 장례식을 치루는 일도, 심지어 우는 자유도 가지지 못하였을 것이다. 이스라엘 땅은 죽음과 슬픔의 그림자로 뒤덮혔다.

〔65-72절〕 때에 주께서 자다가 깬 자같이, 포도주로 인하여 외치는 용사같이 일어나사 **그 대적을 쳐 물리쳐서 길이 욕되게 하시고 또 요셉의 장막을 싫어 버리시며 에브라임 지파를 택하지 아니하시고 오직 유다 지파와 그 사랑하시는 시온산을 택하시고 그 성소를 산의 높음같이, 영원히 두신 땅같이 지으셨으며 또 그 종 다윗을 택하시되 양의 우리에서 취하시며 젖양을 지키는 중에서 저희를**[저를](원문, KJV, NASB, NIV) **이끄사 그 백성인 야곱, 그 기업인 이스라엘을 기르게 하셨더니 이에 저가 그 마음의 성실함**(톰 레바보 תֹּם לְבָבוֹ)[마음의 온전함]**으로 기르고 그 손의 공교함으로 지도하였도다.**

하나님께서는 이스라엘이 범죄할 때 이방인들에게 패하여 죽임을 당케 하셨다. 그러나 잠잠하시던 그는 자다가 깬 자같이, 포도주로 인해 외치는 용사같이 일어나셔서 그 대적들, 즉 이스라엘을 핍박했던 이방 나라들을 쳐 물리치셨고 영원한 수욕을 당케 하셨다. 하나님께서 깨어 일어나시면 원수들은 패하여 물러갈 것이다. 그러나 하나님께서는 요셉의 장막도 버리셨다. 그는 요셉의 장막을 싫어 버리시며 에브라임 지파를 택하지 않으셨다. 그 증거는 실로에 세워진 성막이 더 이상 하나님의 임재를 나타내지 않는 것이었다.

하나님께서는 교만한 에브라임을 버리셨다. 그 대신에, 그는 유다 지파와 그 사랑하시는 시온산을 택하시고 거기에 그의 성소를 높은 곳같이, 영원히 세우신 땅같이 지으셨다. 하나님께서 유다를 택하시고 거기에 성소를 세우신 것은 그의 전적인 긍휼이었다. 또 그는 그의 종 다윗을 양치는 자리에서 취하셔서 그의 기업된 백성 이스라엘을 기르는 자가 되게 하셨다. 다윗은 온전한 마음과 지혜로운 손으로 백성을 다스리고 인도하였다.

본문의 교훈을 정리해보자. 첫째로, 하나님께서는 이스라엘의 역사 속에서 그들을 능력으로 구원하셨다. 그는 애굽에 열 가지 재앙을 내리셨고 애굽에서 놓여나게 하셨고 홍해를 마른 땅처럼 건너게 하셨고 그들의 뒤를 따르던 애굽의 마병들로부터 건져주셨고 애굽인들을 몰살케 하셨다. 그는 가나안 땅을 정복케 하셨고 그 땅을 열두 지파에게 분배해주셨다. 우리는 성경에 기록되어 있고 우리의 삶에서도 때때로 체험한 하나님의 능력, 하나님의 구원의 능력을 잊지 말아야 한다.

둘째로, 이스라엘 백성은 그 마음에 진실함과 정함이 없었고 언약에 불성실했고 거듭 범죄했고 하나님께 반항했고 우상을 섬겼고 하나님께서는 그들에게 진노하셨고 그들을 대적들에게 붙이셨으나 그는 또한 여러 번 그의 진노를 돌이키셨고 그들을 용서하셨다. 구원은 하나님의 긍휼과 용서에 근거한다. 우리도 심히 부패된 죄성과 연약성을 가지고 있지만, 하나님의 은혜와 예수 그리스도의 십자가 대속의 의로, 오직 그를 믿음으로 구원을 얻었다. 이제 우리는 예수 그리스도의 의만 의지하고 온전한 마음으로 하나님을 섬기며 회개하며 계명을 순종해야 한다.

79편: 황폐한 성을 구원하소서

〔1-4절〕 하나님이여, 열방이 주의 기업에 들어와서 주의 성전을 더럽히고 예루살렘으로 돌무더기가 되게 하였나이다. 저희가 주의 종들의 시체를 공중의 새에게 밥으로 주며 주의 성도들의 육체를 땅 짐승에게 주며 **그들의 피를 예루살렘 사면에 물같이 흘렸으며 그들을 매장하는 자가 없었나이다. 우리는 우리 이웃에게 비방거리가 되며 우리를 에운 자에게 조소와 조롱거리가 되었나이다.**

아삽의 시. 시편 저자는 예루살렘의 황폐한 정황을 증거한다. 이스라엘 백성은 하나님의 백성이며 하나님의 기업이었다. 하나님께서는 모세를 불러 이스라엘 백성을 애굽에서 이끌어낼 지도자로 삼고자 하실 때 "내가 애굽에 있는 내 백성의 고통을 정녕히 보고 그들이 그 간역자로 인하여 부르짖음을 듣고 그 우고(憂苦)를 알고," "이제 내가 너를 바로에게 보내어 너로 내 백성 이스라엘 자손을 애굽에서 인도하여 내게 하리라"고 말씀하셨었다(출 3:7, 10). 그는 이스라엘 백성을 처음으로 '내 백성'(암미 עַמִּי)이라고 거듭 부르셨다.

그런데 이방 사람들이 하나님의 기업, 즉 하나님께서 소유자이신 예루살렘 성에 들어와 그것을 파괴하였고, 그들이 하나님의 성전, 곧 하나님께서 함께하시는 표이었던 성전을 더럽혔던 것이다. 도적이 집에 침입했듯이, 이방인들이 그 땅에 침공해 땅을 더럽혔다. 이방인들은 하나님의 종들과 성도들의 귀한 생명을 단지 미움과 이욕 때문에 많이 죽였고 많은 피를 흘렸다. 그 시체들은 공중의 새들에게와 땅의 짐승들에게 밥이 되었다. 사람들의 피가 물같이 흘렀으며 그들을 매장(埋葬)하는 자가 없었다. 모욕과 조롱은 사람으로서 감당하기 어려운 일이지만, 유다 백성들은 이방인들에게 모욕과 조롱을 당하였다. 이 모든 일이 그들의 죄 때문에 왔다.

〔5-8절〕 여호와여, 어느 때까지니이까? 영원히 노하시리이까? 주의 진

노가 불붙듯 하시리이까? 주를 알지 아니하는 열방과 주의 이름을 부르지 아니하는 열국에 주의 노를 쏟으소서. 저희가 야곱을 삼키고 그 거처를 황폐케 함이니이다. 우리 열조의 죄악을 기억하여 우리에게 돌리지 마옵소서. 우리가 심히 천하게 되었사오니 주의 긍휼하심으로 속히 우리를 영접하소서.

자기 백성을 향하신 하나님의 진노는 크고 두려우며 또 오래 지속되었다. 그러므로 시편 저자는 "여호와여, 어느 때까지니이까? 영원히 노하시리이까? 주의 진노가 불붙듯하시리이까?"라고 부르짖었다. 하나님의 불같은 진노로부터 구원 얻을 가망성이 없어 보였다.

그러나 구원은, 그들을 삼키고 황폐케 했던 이방 나라를 하나님께서 징벌하심으로 가능할 것이다. 그러므로 시편 저자는 "주를 알지 아니하는 열방과 주의 이름을 부르지 아니하는 열국에 주의 노를 쏟으소서"라고 하나님께 간구한다. 그가 그렇게 간구한 까닭은 불경건한 그들이 정당한 이유 없이 이스라엘 백성을 삼키고 그 거처를 황폐케 했기 때문이었다. 이웃 나라를 침략하는 것은 악한 일이다.

그러나 이 모든 일은 이스라엘을 향하신 하나님의 긍휼과 그들의 많은 죄를 용서하심으로써만 가능할 것이다. 그러므로 시편 저자는 "우리 열조의 죄악을 기억하여 우리에게 돌리지 마옵소서"라고 말한다. '우리 열조의 죄악'이라는 원어(아오놋 리숀님 עֲוֹנֹת רִאשֹׁנִים)는 '이전의 죄악들'(BDB, KJV)이라는 뜻 같다. 물론 그들이 당하는 고난이 선조들의 죄 때문일 수도 있지만, 그는 자신들의 이전의 죄악들을 기억하며 고백한 것이라고 본다. 또 그는 "우리가 심히 천하게 되었사오니 주의 긍휼하심으로 속히 우리를 영접하소서[만나소서]"라고 말한다. 사람들이 과거에 지은 죄의 징벌을 면하고 심히 천해진 상태에서 구원 얻는 길은 하나님의 긍휼밖에 없다. 멸망의 문 앞에 있는 죄인들은 살기 위해 오직 하나님의 긍휼과 자비를 구해야 한다.

〔9-13절〕 우리 구원의 하나님이여, 주의 이름의 영광을 위하여 우리를 도우시며 주의 이름을 위하여 우리를 건지시며 우리 죄를 사하소서. 어찌하

여 열방으로 저희 하나님이 어디 있느냐 말하게 하리이까? 주의 종들의 피 흘림 당한 보수(報讎)를 우리 목전에 열방 중에 알리소서. 갇힌 자의 탄식으로 주의 앞에 이르게 하시며 죽이기로 정한 자를 주의 크신 능력을 따라 보존하소서. 주여, 우리 이웃이 주를 훼방한 그 훼방을 저희 품에 7배나 갚으소서. 그러하면 주의 백성 곧 주의 기르시는 양된 우리는 영원히 주께 감사하며 주의 영예(테힐라 תְּהִלָּה)[찬송]**를 대대로 전하리이다.**

주의 백성인 이스라엘은 이방인들에게 '너희 하나님이 어디 있느냐?'고 조롱을 당하고 있다. 그들은 전쟁에서 죽임을 당했고 포로로 잡혀가 감금되어 탄식하고 있고 사형이 작정된 자들같이 죽을 날만 기다리고 있다. 이런 처지에서 시편 저자는 '구원의 하나님'(9절)께 간구한다. 또 그는 하나님께 그의 이름의 영광을 위해 그들을 도우시고 건져주시기를 구한다. 선민 이스라엘의 실패는 하나님의 영광을 가리는 일이 되었다. 또 그는 하나님께 그들의 죄를 사하심으로 그들을 구원하시기를 기도한다. 죄사함은 모든 불행의 원인적 치료이다. 또 그는 하나님께서 원수들을 일곱 배나 갚으시고 이스라엘 백성을 하나님의 크신 능력으로 보존하시기를 구한다. 또 그는 그러면 주의 백성된 그들이 영원히 하나님께 감사하며 찬송하겠다고 말한다.

시편 79편의 교훈을 정리해보자. 첫째로, 하나님의 택하신 백성도 죄를 지으면 하나님의 징벌을 받는다. 이스라엘의 역사는 그 사실을 교훈한다. 하나님께서는 세상을 공의로 다스리시며 죄에 대해 진노하신다. 그의 백성도 예외가 아니다. 그러므로 우리는 죄를 멀리해야 한다.

둘째로, 하나님의 징벌은 참으로 무섭다. 이스라엘 백성은 범죄했을 때 많은 사람이 피흘려 죽임을 당하였고 이방인들에게 놀림을 당했고 심히 천해졌다. 죄에 대한 하나님의 징벌은 참으로 무섭고 혹독했다.

셋째로, 구원은 하나님의 긍휼과 능력으로만 가능하다. 우리는 하나님의 긍휼과 능력으로, 예수 그리스도의 십자가 대속으로 죄사함을 얻었고 사망과 사탄 권세로부터도 구원을 얻었고 또 성화를 이루고 있다.

80편: 우리를 돌이키소서

아삽의 시. 영장(伶長)[찬양대장]을 위해 소산님 에둣(쇼솬님 에두스 שֹׁשַׁנִּים עֵדוּת)['증거의 백합화들이라는 곡']에 맞춘 노래.

〔1-3절〕 요셉을 양떼같이 인도하시는 이스라엘의 목자여, 귀를 기울이소서. 그룹 사이에 좌정하신 자여, 빛을 비취소서. 에브라임과 베냐민과 므낫세 앞에서 주의 용력(勇力)을 내사 우리를 구원하러 오소서. 하나님이여, 우리를 돌이키시고 주의 얼굴빛을 비취사 우리로 구원을 얻게 하소서.

하나님께서는 이스라엘의 목자이시며 '그룹 사이에 좌정하신 자'이시다. '그룹 사이' 즉 언약궤 위, 속죄소 위 두 천사들 사이는 하나님의 언약과 속죄와 긍휼이 있는 곳이다. 하나님께서는 언약과 속죄와 긍휼의 하나님이시다. 하나님께서는 이스라엘 백성의 기도를 들어주시고 그의 얼굴빛을 그들에게 비추어 주실 것이다. 그의 얼굴빛은 그의 긍휼과 능력을 가리킨다고 본다. 하나님께서는 자기 백성의 부르짖는 기도를 외면치 않으시고 그의 긍휼과 능력을 베푸실 것이다.

시편 저자는 또 하나님께서 에브라임과 베냐민과 므낫세 앞에서 힘을 내셔서 구원하러 오시기를 구한다. 또 그는 "하나님이여, 우리를 돌이키시고 주의 얼굴빛을 비취사 우리로 구원을 얻게 하소서"라고 말한다. '우리를 돌이키소서'(하쉬베누 הֲשִׁיבֵנוּ)라는 말은 회개와 회복을 다 가리킬 수 있다. 회복은 죄의 회개에서 시작된다. 회복도 하나님의 은혜이지만, 회개도 하나님의 은혜이다(행 11:18). 예레미야 선지자도 애가 5:21에서 "우리를 주께로 돌이키소서"라고 말했다.

〔4-7절〕 만군의 하나님 여호와여, 주의 백성의 기도에 대하여 어느 때까지 노하시리이까? 주께서 저희를 눈물 양식으로 먹이시며 다량의 눈물을 마시게 하셨나이다. 우리로 우리 이웃에게 다툼거리가 되게 하시니 우리 원수들이 서로 웃나이다. 만군의 하나님이여, 우리를 돌이키시고 주의 얼굴빛을 비취사 우리로 구원을 얻게 하소서.

'만군의 하나님'은 하늘의 천군 천사들을 거느리시고 섬김을 받으시는 하나님이라는 뜻이다. 그것은 하나님의 능력을 나타낸다. 하나님께서는 그의 기뻐하시는 일들을 천사들을 사용해 이루신다. 천사들은 지혜와 능력으로 하나님의 일들을 받들며 행한다.

시편 저자는 하나님께 그의 백성의 고통 당하는 현실을 고한다. 그는 하나님께서 그들의 기도에 대해 호의적으로 응답하지 않으시고 계속 불쾌히 여기시고 분노하시기까지 한다고 말한다. 하나님께서는 죄인의 기도를 듣지 않으신다. 하나님께서는 그들을 눈물의 양식으로 먹이시며 다량의 눈물을 마시게 하셨다. 이스라엘 백성은 원수들에게 학대를 당하였고 눈물을 먹고 마셨다. 또 하나님께서는 그들을 이웃 나라 사람들에게 다툼의 대상이 되게 하셨고 원수들은 그들을 보고 비웃었다. 이런 고난의 현실 속에서 시편 저자는 하나님께 구원을 간구한 것이다. 그는 다시 하나님께 "만군의 하나님이여, 우리를 돌이키시고 주의 얼굴빛을 비춰사 우리로 구원을 얻게 하소서"라고 말한다. 사람은 하나님께서 은혜를 주실 때 참으로 회개할 수 있다. 또한 고난의 현실에서 구원해주실 수 있는 자는 하나님뿐이시다.

〔8-14절〕 주께서 한 포도나무를 애굽에서 가져다가 열방을 쫓아내시고 이를 심으셨나이다. 주께서 그 앞서 준비하셨으므로 그 뿌리가 깊이 박혀서 땅에 편만하며 그 그늘이 산들을 가리우고 그 가지는 하나님의 백향목 같으며 **그 가지가 바다까지 뻗고 넝쿨이 강까지** 미쳤거늘 **주께서 어찌하여 그 담** [울타리]**을 헐으사 길에 지나는 모든 자로 따게 하셨나이까? 수풀의 돼지가 상해하며 들짐승들이 먹나이다. 만군의 하나님이여, 구하옵나니 돌이키사 하늘에서 굽어보시고 이 포도나무를 권고하소서**[돌아보소서].

이스라엘 백성은 때때로 포도나무에 비유된다. 시편 저자는 "주께서 한 포도나무를 애굽에서 가져다가 열방을 쫓아내시고 이를 심으셨나이다"라고 말한다. 선지자 이사야도 말하기를, "나의 사랑하는 자에게 포도원이 있음이여, 심히 기름진 산에로다. 땅을 파서 돌을 제하고 극상품 포도나무를 심었었도다"라고 하였다(사 5:1-2). 하나님께서는 이스라엘 백성을 애굽에서 구원해 내셔서 가나안 땅의 원주민들을 쫓아내고 그들을 거기에 심으셨다. 그는 그들 앞에 땅을 준비하셨으므로 그들의 뿌리가 깊이 박혀서 땅에 가득히 퍼졌다. 그 그늘은 산들을 가리우고 그 가지들은 하나님의 백향목 같았고 그 가지들이 바다 곧 지중해까지 뻗고 그 넝쿨이 강 곧 유브라데 강까지 미쳤다. 그 나라는 매우 번창하였다.

그런데 하나님께서는 자신의 기대를 접으시고 포도원의 울타리를 허시며 길에 지나는 모든 사람들로 따먹게 하셨다. 수풀의 돼지들은 그것을 해치며 들짐승들은 그것을 먹었다. 이것은 이스라엘 백성의 죄 때문에 하나님께서 내리신 징벌이었다. 이스라엘의 패망은 하나님의 징벌이었다. 시편 저자는 이제 하나님께서 돌보시기를 간구한다. 그는 다시 "만군의 하나님이여, 구하옵나니 돌이키사 하늘에서 굽어보시고 이 포도나무를 돌아보소서"라고 기도한다. 그는 하나님께서 마음을 돌이키셔서 그 진노를 거두시고 그들을 돌아보시기를 기도한다. 구원의 능력이 하나님께 있다. 그는 죽이기도 하시며 살리기도 하시고 상하게도 하시며 낫게도 하시는 자이시다(신 32:39).

〔15-19절〕 주의 오른손으로 심으신 줄기요 주를 위하여 힘있게 하신 가지니이다. 그것이 소화(燒火)되고 작벌을 당하며 주의 면책을 인하여 망하오니 주의 우편에 있는 자 곧 주를 위하여 힘있게 하신 인자(人子)의 위에 주의 손을 얹으소서. 그러하면 우리가 주에게서 물러가지 아니하오리니 우리를 소생케 하소서. 우리가 주의 이름을 부르리이다. 만군의 하나님 여호와여, 우리를 돌이키시고 주의 얼굴빛을 비취소서. 우리가 구원을 얻으리이다.

이스라엘 백성은 하나님께서 그의 오른손으로 심으신 줄기요 그를 위해 힘있게 하신 가지이었으나, 하나님께서는 그것이 불에 타도록 버려두셨다. 그것은 찍힘을 당하였고 주의 얼굴의 책망을 인해 멸망했다. 이제 시편 저자는 하나님께 이스라엘 백성의 구원을 간구하기를, "주의 우편에 있는 자 곧 주를 위하여 힘있게 하신 인자(人子) 위에 주의 손을 얹으소서. 그러하면 우리가 주에게서 물러가지 아니하오리이다"라고 말한다. 하나님께서 그의 긍휼과 능력의 손을 이스라엘 백성에게 얹으시면 이스라엘 백성은 힘을 얻고 구원을 얻고 회복될 것이며 하나님을 섬기는 백성이 될 것이다.

또 시편 저자는 "우리를 소생케 하소서. 우리가 주의 이름을 부르리이다"라고 말한다. 쇠약할 대로 쇠약해진 이스라엘을 다시 살리시고 부흥케 하실 자는 하나님뿐이시다. 부흥은 하나님께 달려 있다.

또 시편 저자는 "만군의 하나님 여호와여, 우리를 돌이키시고 주의 얼굴빛을 비춰소서. 우리가 구원을 얻으리이다"라고 말한다. 그는 본 시편에서 세 번이나 "우리를 돌이키시고 주의 얼굴빛을 비추소서"라고 말하였다. 그것은 하나님의 긍휼과 능력으로 우리를 회개시켜주시고 구원해주실 것을 구한 것이다. 구원은 하나님께 달려 있다. 회개도 회복도 하나님께 달려 있다. 하나님께서 그의 능력과 긍휼의 얼굴빛을 비추어주시면 이스라엘은 힘을 얻고 구원 얻고 회복될 것이다.

시편 80편의 교훈을 정리해보자. 첫째로, 우리는 때때로 눈물의 기도가 필요하다. 눈물의 기도는 회개하는 기도이다. 하나님의 백성도 하나님의 징벌로 고난을 받고 원수들의 비웃음도 받을 수 있다. 그때 우리는 하나님께 눈물로 회개하고 구원과 회복을 기도해야 한다.

둘째로, 그러나 사람의 회개와 구원 자체는 오직 하나님께 달려 있다. 사람은 심히 죄악되며 의와 선을 행하기에 무능력해졌다. 그러나 하나님께서는 두려운 심판자이실 뿐 아니라, 능력의 구원자이시다. 구원의 능력이 그에게 있다. 그는 죄인들을 죄와 파멸로부터 친히 구원하신다.

셋째로, 그러므로 우리는 하나님의 은혜의 얼굴빛을 구해야 한다. 우리는 회개와 구원을 위해 하나님의 긍휼과 능력을 구해야 한다. 하나님께서 하고자 하시면 죄인을 구원하여 온전한 자가 되게 하실 수 있다.

81편: 불순종하는 백성에게 순종을 원하심

아삽의 시. 영장(伶長)[아마, 찬양대장]을 위해 깃딧에(알 학깃티스 עַל־הַגִּתִּית)[리라(lyre, 수금) 혹은 '깃딧곡'에] 맞춘 노래.

〔1-4절〕 우리 능력 되신 하나님께 높이 노래하며 야곱의 하나님께 즐거이 소리할지어다. 시를 읊으며 소고(小鼓)를 치고 아름다운 수금에 비파를 아우를지어다. 월삭[초하루]**과 월망(月望)**[보름]**과 우리의 절일(節日)에 나팔을 불지어다. 이는 이스라엘의 율례요 야곱의 하나님의 규례로다.**

시편 저자는 "우리 능력 되신 하나님께 높이 노래하며 야곱의 하나님께 즐거이 소리하라"고 말한다. 그것은 구원자 하나님을 기쁨으로 노래하며 그 구원을 즐거이 노래하라는 뜻이다. 또 그는 "시를 읊으며 소고(小鼓)를 치고 아름다운 수금에 비파를 연주하라"고 말한다. 찬송의 시를 읊고 또 작은 북과 수금과 비파 등 악기의 소리로 찬송하라는 뜻이다. 또 그는 "초하루와 보름과 우리의 절일(節日)에 나팔을 불라"고 말한다. 정해진 절기들에 나팔을 불라는 뜻이다. 민수기 10:10, "너희 희락의 날과 너희 정한 절기와 월삭에는 번제물의 위에와 화목제물의 위에 나팔을 불라." 또 그는 "이는 이스라엘의 율례요 야곱의 하나님의 규례이로다"라고 말한다. 우리는 우리를 구원하신 능력의 하나님을 시시때때로 찬송하고 즐거이 노래해야 한다.

〔5-7절〕 하나님이 애굽 땅을 치러 나가시던 때에 요셉의 족속 중에 이를 증거로 세우셨도다. 거기서 내가 알지 못하던 말씀을 들었나니 이르시되 **내가 그 어깨에서 짐을 벗기고 그 손에서 광주리를 놓게 하였도다. 네가 고난 중에 부르짖으매 내가 너를 건졌고 뇌성의 은은한**(세세르 סֵתֶר)[은밀한](KJV, NASB) **곳에서 네게 응답하며 므리바 물**가**에서 너를 시험하였도다(셀라).**

5절은 "하나님께서 내가 그 언어를 알지 못하는(시 114:1) 애굽 땅에서 나갈 때 요셉의 족속 즉 이스라엘 백성 중에 이를 증거로 제정하셨도다"(KJV, NIV)라는 의미인 것 같다. 하나님께서는 또 "내가 그 어깨에서 짐을 벗기고 그 손에서 광주리를 놓게 하였도다. 네가 고난 중에 부르짖으매 내가 너를 건졌고 뇌성의 은밀한 곳에서 네게 응답하였도다"라고 말씀하셨다. 이 말씀은 하나님께서 이스라엘 백성이 애굽에서 오랫동안 종살이하며 부르짖었을 때 그들을 건져주신 일을 가리켰다. 출애굽기 2:23-25에 보면, 이스라엘 자손은 고역으로 인하여 탄식하며 부르짖었고 그 고역으로 인하여 부르짖는 소리가 하나님께 상달하였다. 하나님께서 뇌성의 은밀한 곳에서 응답하셨다는 말씀은 시내산에서 나타나신 사건을 가리켰다고 본다(출 19:18-19). 하나님께서는 므리바 물가에서 이스라엘 백성을 시험하셨다. 그들은 거기에서 물이 없다고 모세를 원망하였었다(출 17:3, 7).

[8-12절] 내 백성이여, 들으라. 내가 네게 증거하리라. 이스라엘이여, 내게 듣기를 원하노라. 너희 중에 다른 신을 두지 말며 이방신에게 절하지 말지어다. 나는 너를 애굽 땅에서 인도하여 낸 여호와 네 하나님이니 네 입을 넓게 열라. 내가 채우리라 하였으나 내 백성이 내 소리를 듣지 아니하며 이스라엘이 나를 원치 아니하였도다. 그러므로 내가 그 마음의 강퍅한 대로 버려두어 그 임의대로 행케 하였도다.

하나님께서 이스라엘 백성에게 요구하신 바는 분명했다. 그것은 그들이 다른 신을 섬기지 말고 그들을 애굽 땅에서 인도하여 내신 여호와 하나님만 섬기라는 것이고, 또 하나님 앞에 입을 넓게 열라는 것이었다. "네 입을 넓게 열라"는 말씀은 하나님을 향해 찬송과 기도하는 입을 넓게 열라는 뜻일 것이다. 우리가 하나님을 힘써 찬송하며 열심히 기도하면 하나님께서는 우리에게 영육의 좋은 것들로 채워주실 것이다. 그러나 이스라엘 백성은 하나님의 소리를 듣지 않았고 그를 원하지 않았다. 그러므로 하나님께서는 그들의 마음의 강퍅한 대로 버려두셨고 그들의 임의대로 행하게 하셨다.

[13-16절] 내 백성이 나를 청종하며 이스라엘이 내 도(道) 행하기를 원하노라. 그리하면 내가 속히 저희 원수를 제어하며 내 손을 돌려 저희 대적

을 치리니 여호와를 한(恨)하는[미워하는] **자는 저에게 복종하는 체할지라도 저희 시대는**[징벌의 날은] **영원히 계속하리라.** [그러나](NASB, NIV) **내가 또 밀의 아름다운 것**[가장 좋은 것]**으로 저희에게 먹이며 반석에서 나오는 꿀로 너를 만족케 하리라 하셨도다.**

하나님께서는 그들에게 다시 권면하신다. "내 백성이 나를 청종하며 이스라엘이 내 도(道) 행하기를 원하노라." 이스라엘은 하나님께서 사랑하시며 택하신 백성 곧 아브라함과의 언약 속에서 할례의 표를 가진 백성이다. 하나님의 원하시는 바는 이스라엘 백성의 진실한 순종의 삶이었다. 오늘날 새 언약의 중보이신 예수 그리스도의 피로 죄씻음 받아 하나님의 백성된 신약교회의 성도들도 똑같이 하나님의 음성을 듣고 그의 도(道) 곧 그의 모든 교훈들을 행해야 한다.

예수께서는 우리의 행위를 강조하셨다. 마태복음 7:21, "나더러 주여, 주여, 하는 자마다 천국에 다 들어갈 것이 아니요 다만 하늘에 계신 내 아버지의 뜻대로 행하는 자라야 들어가리라." 마태복음 28:20, "내가 너희에게 분부한[명한] 모든 것을 가르쳐 지키게 하라."

사도 바울도 구원 얻은 성도들이 의와 온전한 순종의 삶을 살아야 할 것을 강조하였다. 로마서 6:13, "너희 지체를 불의의 병기[도구]로 죄에게 드리지 말고 오직 너희 자신을 죽은 자 가운데서 다시 산 자 같이 하나님께 드리며 너희 지체를 의의 병기[도구]로 하나님께 드리라." 로마서 6:19, "너희 육신이 연약하므로 내가 사람의 예대로 말하노니 전에 너희가 너희 지체를 부정과 불법에 드려 불법에 이른 것같이 이제는 너희 지체를 의에게 종으로 드려 거룩함에 이르라." 빌립보서 4:8-9, "종말로 형제들아, 무엇에든지 참되며 무엇에든지 경건하며 무엇에든지 옳으며 무엇에든지 정결하며 무엇에든지 사랑할 만하며 무엇에든지 칭찬할 만하며 무슨 덕이 있든지 무슨 기림이 있든지 이것들을 생각하라. 너희는 내게 배우고 받고 듣고 본 바를 행하라. 그리하면 평강의 하나님이 너희와 함께 계시리라."

하나님께서는 또 그들이 순종하면 그가 그들의 원수를 속히 제어하며 그의 손으로 그들의 대적들을 치실 것이라고 말씀하신다. 15절은 삽입구절로 보이며 하나님을 미워하는 자들이 하나님께 복종하는 체할지라도 그들의 징벌의 날이 영원할 것이라는 뜻이다. 그러나 16절은 다시, 하나님께서는 그에게 순종하며 그의 도를 행하는 자들에게 가장 좋은 밀로 먹이시고 반석의 꿀로 만족케 하실 것이라고 약속하신다. 순종의 대가는 영생뿐 아니라, 현세에서의 의식주(衣食住)의 풍족함을 포함한다.

시편 81편의 교훈을 정리해보자. 첫째로, 우리는 하나님의 구원하시는 능력을 찬송해야 한다. 우리는 하나님의 그 능력으로 예수 그리스도를 믿었고 영생의 새 생명을 얻었고 죄와 사망과 영원한 멸망의 속박에서 구원을 얻었다. 하나님의 그 능력은 오늘날에도 이 험한 세상에서 우리를 지켜주신다. 우리는 하나님의 구원의 능력을 찬송해야 한다.

둘째로, 우리는 다른 신을 섬기지 말고 오직 하나님만 섬겨야 한다. 천지만물을 창조하시고 섭리하시며 우리를 죄와 죽음과 멸망으로부터 구원하신 분은 삼위일체 되신 하나님뿐이다. 그는 이스라엘의 하나님 여호와이시며 사람들에게 성경을 주신 자이시다. 세상에 많은 신들이 있지만, 여호와 하나님 외의 모든 신들은 다 헛된 우상에 불과하다.

셋째로, 우리는 하나님 앞에서 입을 넓게 열어야 한다(10절). 그것은 찬송과 기도의 입을 말할 것이다. 우리는 목소리를 높여 하나님을 찬송하고 간절히 기도해야 한다. 그러면 하나님께서는 영광을 받으시고 우리의 기도에 응답하셔서 영육의 좋은 것들을 넘치게 채워주실 것이다.

넷째로, 우리는 하나님을 청종하고 그의 교훈을 행해야 한다(13절). 우리는 하나님의 말씀인 성경을 주야로 읽고 묵상하고 그 모든 교훈을 믿고 행하기를 힘써야 한다. 그때 하나님께서는 우리의 원수들을 물리쳐주시고 우리에게 영육의 필요한 것들을 풍성하게 주실 것이다.

82편: 불의한 재판들과 하나님의 판단

〔1-2절〕 하나님이 하나님의 회 가운데 서시며 재판장들 중에서 판단하시되 너희가 불공평한 판단을 하며 악인의 낯 보기를 언제까지 하려느냐? (셀라).

아삽의 시. '재판장들'이라는 원어(엘로힘 אֱלֹהִים)는 '신(神)들'이라는 단어이다(KJV, NIV). 이 말은 이 세상에서 하나님의 권위를 가지고 하나님의 일을 수행하는 재판장들을 가리켰다고 본다. 재판은 하나님의 일이다. '하나님의 회'라는 말은 재판정을 가리킨 것 같다. 하나님께서는 재판정에 서시며 판사들 중에서 그들을 판단하신다. 그는 판사들이 하나님의 대리자들로 공의를 시행해야 하였지만 악인들의 낯을 보아주며 불공평한 판단을 하였다고 지적하신다. 사회와 국가의 부패는 법정의 부패, 사법부의 부패에서 증거된다.

〔3-5절〕 가난한 자[약한 자](KJV, NIV)**와 고아를 위하여 판단하며 곤란한**[환난 당하는] **자와 빈궁한 자에게 공의를 베풀지며 가난한 자**[약한 자]**와 궁핍한 자를 구원하여 악인들의 손에서 건질지니라 하시는도다. 저희는 무지 무각하여 흑암 중에 왕래하니 땅의 모든 터가 흔들리도다.**

판사들은 하나님의 대리자들로서 약한 자들, 고아들, 환난 당하는 자들, 빈궁한 자들을 위해 판단하며 그들을 위해 공의를 베풀며 그들을 악인들의 손에서 건져내어야 한다. 물론 가난한 자를 무조건 두둔하고 편들고 도우라는 뜻은 아니다. 성경은 이 점에 대해서도 교훈한다. 출애굽기 23:3, 6, "가난한 자의 송사라고 편벽되이 두호하지 말지니라," "너는 가난한 자의 송사라고 공평치 않게 하지 말며." 가난한 자들이나 소외 계층의 사람들을 무조건 두둔하는 것도 잘못이다.

그러므로 잘못된 평등주의는 조심해야 한다. 예를 들어, 고교평준화 정책은 바른 정책 같지 않다. 그것은 공교육을 허물어트렸다고 보인다. 학생들 간에 경쟁이 있어야 그들에게 발전이 있다. 경제평등화 사상도 사회주의 사상이며 옳지 않아 보인다. 사람들의 삶에 공정한 경쟁은 사회 발전을 위해 필요하고 불가피하다. 일반 기업들이 그러하듯이, 학교의 학생들도, 교사들도 그러해야 하며 공무원 사회도 그러해야 한다고 본다. 과도하게 많아 보이는 상속세, 증여세 같은 것도 기업가들의 노동 의욕 증진이나 경제 발전에 저해가 된다고 보인다.

그러나 인간 사회에서 모든 일들은 공의롭고 공정하게 이루어져야 한다. 사회에서 재판이 필요한 것은 바로 이 점에서이다. 인간 사회에서 누구든지 억울한 일을 당하는 일은 없어야 한다. 동물의 세계와 달리, 인간 세계에는 도덕적 질서가 있어야 한다. 그러나 부패한 인간 사회의 실상은 그렇지 못해 권력을 가진 자들이나 부자들이 가난한 서민들을 억울하게 하는 일들이 적지 않다. 또 악하고 거짓되고 폭력적인 자들이 순진하고 진실하고 착한 자들을 해치는 일들이 있다.

열왕기상 21장에 보면, 아합 왕은 궁궐 옆에 있는 나봇의 포도원을 자신의 채전으로 만들고 싶은 생각을 가지고 고민하였다. 그때 왕후 이세벨은 자기가 그 포도원을 왕에게 주겠다고 말하며 한 악한 일을 도모하였다. 그는 금식을 선포케 하고 비류 곧 악한 두 사람을 증인으로 세워 나봇이 하나님과 왕을 저주했다고 거짓 증거하게 한 후에 그를 성밖으로 끌고 나가 돌로 쳐 죽이게 하였다.

예수께서 십자가에 달리시게 된 것도 불의한 판결에 의한 것이었다. 유대 지도자들은 예수님을 로마 총독 빌라도에게 고소하면서 그가 자신을 유대인의 왕이라고 주장한다고 했다. 유대인의 왕이라는 예수님의 주장은 로마 황제 가이사를 반역하는 일이기 때문에 반역죄로 다스려야 한다고 총독을 압박한 것이다. 빌라도는 예수님에게 죽일 죄가 없다고 판단했고 세 번이나 그렇게 말했지만, 유대 지도자들의 간계와 백성들의 소요로 인해 십자가형이라는 극형의 판결을 내리게 되었고 예수께서는 불의한 판결로 죽임을 당하신 것이다.

그러나 판사들과 법정의 역할이 참으로 중요하다. 어떤 사회이든지 법정이 바로 선 사회라면 그래도 좀 나을 것이다. 그러나 판사들이 정치적 혹은 이념적 편견이나 물질적 탐욕을 가지고 불의한 판결을 내린다면, 또 그런 판결이 제재되지 않고 비난받지 않는다면 그런 사회에는 소망이 없다. 사람들이 무지하고 깨달음이 없어 어두움 중에 살고 있다면, 그로 인해 세상의 모든 도덕적 기초는 무너질 것이다. 세상의 도덕적 부패와 혼란은 법정의 부패에서 드러난다.

[6-7절] 내가 말하기를 너희는 신들(엘로힘 אֱלֹהִים)**이며 다 지존자의 아들들이라 하였으나 너희는 범인같이 죽으며 방백의 하나같이 엎더지리로다.**

하나님께서는 판사들에 대해 "너희는 신들이며 다 지존자의 아들들이라"고 인정하셨다(1절과 같음). 판사들의 권위와 직무는 하나님에게서 온 것이다. 그들은 하나님의 일을 하는 사람들이다. 그러나 그들이 불의한 재판을 통하여 그 직무와 권위를 저버렸으므로, 그들은 평범한 사람같이 죽고 방백의 하나같이 엎드러질 것이다.

[8절] 하나님이여, 일어나사 세상을 판단하소서. 모든 열방이 주의 기업이 되겠음이니이다[이는 주께서 모든 열방에서 기업을 얻으시겠음이니이다].

하나님께서는 마지막 날에 세상을 심판하기 위해 일어나실 것이다. 마태복음 13장에 보면, 예수께서는 곡식과 가라지 비유를 통해 세상 끝날에 하나님의 심판이 있을 것이라고 말씀하셨다. 농부가 가을에 곡식을 추수하듯이, 하나님께서는 세상 끝날에 온 세상을 심판하실 것이다. 그때 구원 얻은 백성은 복된 천국에 들어가게 되지만, 회개치 않고 죄 가운데 살던 자들, 즉 구원 얻지 못한 자들은 하나님의 영원한 진노의 형벌, 곧 지옥 불못에 던지울 것이다.

사도 바울도 하나님의 마지막 심판의 날에 대해 말하였다. 로마서 2:5, 16, "다만 네 고집과 회개치 아니한 마음을 따라 진노의 날 곧 하나님의 의로우신 판단이 나타나는 그 날에 임할 진노를 네게 쌓는도다," "곧 내 복음에 이른 바와 같이 하나님이 예수 그리스도로 말미암아 사람들의 은밀한 것을 심판하시는 그 날이라."

하나님께서는 마지막 심판으로 모든 불의를 벌하시고 땅 위에서 도덕 질서를 세우실 것이며 세상에 공의의 하나님께서 계시며 그가 공의로 세상을 다스리심을 증거하실 것이다. 그런 후 우리는 "의(義)의 거하는 바 새 하늘과 새 땅"(벧후 3:13)을 보게 될 것이다.

시편 82편의 교훈을 정리해보자. 첫째로, 세상의 판사들은 자신들이 하나님의 권위를 가지고 하나님의 직무를 수행하는 자인 줄 알고 두려움을 가지고 항상 법과 이성과 양심을 따라서 공의의 판결을 내려야 한다. 그들은 특히 약한 자들, 고아들, 가난한 자들, 환난 당하는 자들을 배려하고 그들에게 억울하지 않도록 공의를 시행해야 한다. 물론, 사회적 약자들을 무조건 두둔하라는 뜻이 아니다. 잘못된 평등주의도 경계되어야 한다. 공정한 경쟁은 필요하다. 단지, 부자든지 가난한 자든지, 배운 자든지 못 배운 자든지 정직하고 공정하게 해야 하며 잘못을 행한 자는 그 행위의 책임에 대해 공의로운 처벌을 받아야 한다는 것이다.

둘째로, 마지막 날, 하나님께서는 온 세상을 공의로 심판하실 것이다. 전도서 12:14, "하나님은 모든 행위와 모든 은밀한 일을 선악간에 심판하시리라." 요한계시록 20:12-13, "죽은 자들이 무론 대소하고 그 보좌 앞에 섰는데 책들이 펴 있고 또 다른 책이 펴졌으니 곧 생명책이라. 죽은 자들이 자기 행위를 따라 책들에 기록된 대로 심판을 받으니 바다가 그 가운데서 죽은 자들을 내어주고 또 사망과 음부도 그 가운데서 죽은 자들을 내어주매 각 사람이 자기의 행위대로 심판을 받고." 하나님께서는 모든 판사들 위에 계신 큰 판사이시다. 하나님의 심판 대상은 판사들을 포함하여 모든 사람이다. 하나님의 심판은 지극히 공의롭고 공정할 것이다. 모든 사람은 자기의 행한 대로 심판을 받을 것이다. 그러므로 모든 사람은 의와 선과 진실을 행하고 거짓과 악을 멀리해야 한다.

83편: 연합군을 멸하시기를 구함

[1-2절] 하나님이여, 침묵치 마소서. 하나님이여, 잠잠치 말고 고요치 마소서. 대저 주의 원수가 훤화하며[시끄럽게 떠들며] **주를 한(恨)하는**[미워하는] **자가 머리를 들었나이다.**

아삽의 시 곧 노래. 이스라엘 백성이 고난을 당하는 중에 하나님께서 침묵하시는 때가 있었으나, 하나님께서 깨어 일어나듯이 일어나 말씀하시고 행동하시면 모든 문제는 해결될 것이다. 기도는 하나님을 깨우는 것과 같고 하나님께서 일어나 일하시게 하는 것과 같다.

시편 저자가 하나님을 깨우려는 까닭은 하나님의 원수들이 시끄럽게 떠들며 하나님을 미워하는 자들이 교만하게 머리를 쳐들고 대항하기 때문이다. 세상에는 하나님과 하나님의 백성을 핍박하고 대적하는 자들이 많다. 그러나 핍박자들과 대적자들이 우리를 핍박하고 대적할 때 우리가 할 수 있는 것은 하나님께 기도하며 아뢰는 것이다. 우리는 잠잠히 하나님만 바라며 의지하고 그에게 기도해야 한다.

[3-4절] 저희가 주의 백성을 치려 하여 간계를 꾀하며 주의 숨긴 자(KJV) [혹은 '주의 보배로운 자들'](NASB)**를 치려고 서로 의논하여 말하기를 가서 저희를 끊어 다시 나라가 되지 못하게 하여 이스라엘의 이름으로 다시는 기억되지 못하게 하자 하나이다.**

하나님의 원수들은 그의 백성인 이스라엘을 치려고 간계를 꾀했고 그의 보배로운 자들을 치려고 서로 의논했다. 그들은 이스라엘 나라를 말살시키려 계획했다. 후에 북방 이스라엘과 남방 유다의 멸망 때에 그러했다. 에스더 때에도 그런 위기가 있었다. 원수들의 배후에는 항상 사탄이 있었다고 보인다. 사탄은 구약교회인 이스라엘 나라의 멸망을 원하고 오늘날에는 기독교회들의 쇠약과 멸망을 원하고 있다. 세상 곳곳에 참 교회들을 세우는 것은 하나님의 기쁘신 뜻이고 참 교회들의 건립과 발전을 방해하는 것은 사탄의 원하는 바이다.

〔5-8절〕 저희가 일심으로 의논하고 주를 대적하여 서로 언약하니[연맹을 맺으니](KJV, NIV) **곧 에돔의 장막과 이스마엘인과 모압과 하갈인이며 그발과 암몬과 아말렉이며 블레셋과 두로 거민이요 앗수르도 저희와 연합하여 롯 자손의 도움이 되었나이다(셀라).**

이상하게도, 이스라엘 나라를 말살하려는 계획에 여러 나라들이 일치단합하였다. 그들은 한 마음으로 의논하며 하나님과 이스라엘 나라를 대적하는 연맹을 맺었다. 에돔, 이스마엘, 모압, 하갈인, 그발, 암몬, 아말렉, 블레셋, 두로, 심지어 앗수르까지 연합하였다. 역사상 참된 교회는 항상 소수이었다. 그러나 하나님의 사랑하시는 나라를 말살하려는 계획은 하나님의 뜻에 반대되는 악한 일이다.

〔9-12절〕 주는 미디안인에게 행하신 것같이, 기손 시내에서 시스라와 야빈에게 행하신 것같이 저희에게도 행**하소서. 그들은 엔돌에서 패망하여 땅에 거름이 되었나이다. 저희 귀인으로 오렙과 스엡 같게 하시며 저희 모든 방백으로 세바와 살문나와 같게 하소서. 저희가 말하기를 우리가 하나님의 목장을 우리의 소유로 취하자 하였나이다.**

시편 저자는 하나님께서 과거에 이스라엘의 원수들을 패망시키신 사건들을 언급한다. 하나님께서는 기드온을 통해 미디안 사람들을 굴복시키셨고(삿 7-8장), 드보라 때 가나안의 군대장관 시스라를 한 여인의 손에 죽게 하셨고 그 왕 야빈을 진멸하셨다(삿 4장). 미디안 사람들은 엔돌에서 패망하여 땅의 거름같이 되었다. 엔돌은 미디안 전쟁에서의 격전지이었다. 미디안의 두 방백 오렙과 스엡은 죽임을 당했고 두 왕 세바와 살문나도 그러하였다.

시편 저자는 하나님께서 이전에 이스라엘과 함께하셔서 원수들을 물리치셨듯이, 즉 시스라와 야빈에게, 또 미디안 사람들에게, 오렙과 스엡에게와 또 세바와 살문나에게 하셨던 것처럼, 지금 이스라엘을 공격하며 하나님의 목장을 자기 소유로 취하자고 말하는 저 연합군을 물리쳐 주시기를 간구한다.

〔13-18절〕 나의 하나님이여, 저희로 굴러가는 검불 같게 하시며 바람에 날리는 초개[지푸라기] **같게 하소서. 삼림을 사르는 불과 산에 붙는 화염같이 주의 광풍으로 저희를 쫓으시며 주의 폭풍으로 저희를 두렵게 하소서. 여호와여, 수치로 저희 얼굴에 가득케 하사 저희로 주의 이름을 찾게 하소서. 저희로 수치를 당하여 영원히 놀라게 하시며 낭패와 멸망을 당케 하사 여호와라 이름하신 주만 온 세계의 지존자로 알게 하소서.**

시편 저자는 하나님께서 그들을 바람에 날리는 검불 같게 하시고, 삼림을 사르는 불같이, 광풍과 폭풍같이 그들을 쫓으시며 두렵게 하시기를 구한다. 그는 또 그들로 그 얼굴에 부끄러움이 가득하게 하시고 그들로 영원히 놀라며 낭패와 멸망을 당케 하시기를 구한다.

시편 저자는 또 악인들이 징벌 받음으로 그들이 하나님의 이름을 찾게 되고 또 여호와라 이름하신 주만 온 세계에 지극히 높으신 자로 알게 하시기를 간구한다. 하나님의 섭리의 일들, 즉 그의 구원과 심판의 일들은 결국 하나님의 하나님 되심을 증거한다.

하나님께서는 어제나 오늘이나 영원토록 동일하시다. 기드온이나 드보라의 하나님은 또한 시편 저자의 하나님이시며 그는 오늘 우리의 하나님이시다. 과거에 이스라엘 백성을 위해 일하셨던 그 하나님께서는 지금도 살아계셔서 그의 백성된 신약교회와 신약 성도들인 우리를 위해 일하실 수 있고, 또 일하시는 하나님이시다.

시편 83편의 교훈을 정리해보자. 첫째로, 하나님께서는 살아계신 참 하나님이시다(렘 10:10-11). 그는 깨어 일어나 하나님의 나라를 말살시키려는 원수들에게 진노하시고 그들을 심판하시고 징벌하실 것이다.

둘째로, 우리는 세상에서 고난 중에 하나님께 기도해야 한다. 기도는 잠잠하신 하나님을 깨우는 일이요 살아계신 하나님을 체험하는 일이다.

셋째로, 우리는 여호와 하나님께서 온 세상에 유일하신 참 하나님이시며 지극히 높으신 자이심을 알고 그를 섬기며 순종해야 한다.

84편: 하나님의 집을 사모함

고라 자손의 시. 영장(伶長)을 위해 깃딧(리라[수금] 혹은 깃딧 곡)에 맞춘 노래.

〔1-2절〕 만군의 여호와여, 주의 장막이 어찌 그리 사랑스러운지요. 내 영혼이 여호와의 궁정(宮庭)(카체르 חָצֵר)[성막뜰]**을 사모하여 쇠약함이여, 내 마음과 육체가 생존하시는 하나님께 부르짖나이다.**

시편 저자는 하나님의 성막과 멀리 떨어져 있고 그 곳에 자유로이 갈 수 없는 처지에 있는 것 같다. 그는 하나님의 성막을 심히 사랑하스럽게 여기며 성막뜰을 사모하여 그의 영혼이 쇠약할 정도이었다. 하나님을 사모하는 자는 그가 거하시는 집을 사모할 것이다. 거기에는 그의 임재하심이 있고 그의 영의 감동이 있고 그의 말씀의 교훈이 있고 그의 사랑하시는 영혼들이 있기 때문이다. 하나님을 사랑하는 자는 하나님의 집과 그의 말씀과 그의 성도들을 사랑할 것이다.

또 시편 저자는 하나님을 '생존하시는 하나님' 곧 살아계신 하나님으로 고백하며 믿었고 그에게 부르짖었다. 창세 전부터 계신 하나님께서는 영원 전부터 스스로 계신 분이시다. 생명의 근원이 그에게 있다. 그는 모든 생명의 창조자이시다. 하나님께서는 살아계시므로 우리가 그와 동행할 수 있고 그에게 기도하여 응답을 받을 수 있다.

〔3-4절〕 나의 왕, 나의 하나님, 만군의 여호와여, 주의 제단에서(엣-미즈베코세카 אֶת־מִזְבְּחוֹתֶיךָ)[주의 제단 곁에서][16] **참새도 제 집을 얻고 제비도 새끼 둘 보금자리를 얻었나이다. 주의 집에 거하는 자가 복이 있나이다. 저희가 항상 주를 찬송하리이다(셀라).**

하나님께서는 우리의 왕이시다. 그는 우리를 보호하시고 통치하시며 우리는 그의 통치에 복종한다. 그는 또 우리의 하나님 즉 우리가

16) 히브리어 전치사 אֵת는 '곁에서, 가까이에서'라는 뜻도 있다(BDB).

교제하며 섬기는 하나님이시다. 신앙생활이란 하나님과 친밀히 교제하며 그를 의지하고 그를 사랑하고 섬기며 그의 의롭고 선한 말씀의 교훈을 따라 의롭고 선하게 사는 생활이다.

시편 저자는 하나님의 제단 곁에서 참새도 자기 집을 얻고 제비도 자기 새끼 둘 보금자리를 얻었다고 말한다. 이 말은 보잘것없는 새들도 거기에서 쉴 곳을 얻었다는 뜻이라고 본다. 이것은 아마 자신의 처지와 비교하며 말한 것일 것이다. 그는 지금 어떤 이유로 성막을 떠나 있고 성막에 가서 하나님을 섬기려 해도 할 수 없다. 그러므로 그는 저 새들이 자기보다 더 행복하다고 느끼고 있는 것이다.

그러므로 시편 저자는 또 "주의 집에 거하는 자가 복이 있나이다. 저희가 항상 주를 찬송하리이다"라고 말한다. 하나님의 집에 거하여 하나님과 교제하는 자, 곧 하나님께 찬송하고 기도하며 그의 말씀의 교훈을 받는 자는 참으로 복되다. 세상에서 사람이 하는 일들 중에 가장 귀하고 복된 일은 하나님과 교제하는 일, 즉 하나님의 말씀을 읽고 듣고 묵상하는 것과 하나님께 기도하며 찬송하는 것이다.

〔5-8절〕 주께 힘을 얻고 그 마음에 시온의 **대로**(大路, 메실라 מְסִלָּה)**가 있는 자는 복이 있나이다. 저희는 눈물 골짜기**[17]**로 통행할 때에 그 곳으로 많은 샘의 곳이 되게 하며 이른 비도 은택을 입히나이다.**

시편 저자는 또 "주께 힘을 얻고 그 마음에 시온의 대로(大路)가 있는 자는 복이 있나이다"라고 말한다. 하나님을 의지하고 그를 향하여 간절한 마음을 가지는 자는 힘을 얻는다. 그것은 하나님께서 능력의 하나님이시며 능력의 원천이시기 때문이다. 시편 62:11, "하나님이 한두 번 하신 말씀을 내가 들었나니 권능은 하나님께 속하였다 하셨도다." 하나님을 믿고 의지함으로 힘을 얻고 마음으로 시온을 향해

17) '눈물'이라는 원어(바카 בָּכָא)는 '발삼(balsam)'(나무진액)'이라는 뜻이지만(BDB), 히브리어 바카 בָּכָה나 아람어 베카 בְּכָא는 '눈물 흘린다'는 뜻이다. 영어성경들은 '바카의 골짜기'라고 번역하였다(KJV, NASB, NIV).

힘있게 나아가는 자는 복이 있다.

세상은 눈물 골짜기와 같지만, 하나님께서는 우리가 이 눈물 골짜기로 통행할 때에 그 곳으로 많은 샘의 곳이 되게 하시며 이른 비도 은택을 입히게 하신다. '샘'과 '이른 비'는 세상에서 하나님으로 말미암아 얻는 기쁨과 위로와 만족을 뜻할 것이다. 주 예수께서는 "내가 주는 물을 먹는 자는 영원히 목마르지 아니하리니 나의 주는 물은 그 속에서 영생하도록 솟아나는 샘물이 되리라"고 말씀하셨다(요 4:14).

〔7-8절〕 저희는 힘을 얻고 더 얻어 나아가 시온에서 하나님 앞에 각기 나타나리이다. 만군의 하나님 여호와여, 내 기도를 들으소서. 야곱의 하나님이여, 귀를 기울이소서(셀라).

시편 저자는 이제 하나님의 성막과 그 뜰을 사랑하며 사모하는 자들이 힘을 얻고 더 얻어 시온에서 하나님 앞에 나타날 것이라고 말하면서 하나님께 기도의 응답을 구한다. 그는 "만군의 하나님 여호와여, 내 기도를 들으소서. 야곱의 하나님이여, 귀를 기울이소서"라고 기도한다. 그는 하나님의 집에 거하는 자가 되기를 구한 것 같다. 하나님을 멀리서 사모하던 그는 마침내 시온에서 하나님을 뵈올 것이다.

〔9-10절〕 우리 방패이신 하나님이여, 주의 기름 부으신 자의 얼굴을 살펴보옵소서. 주의 궁정[성막뜰]**에서 한 날이** 다른 곳에서 **천 날보다 나은즉 악인의 장막에 거함보다 내 하나님** [집의] **문지기로 있는 것이 좋사오니.**

하나님께서는 세상에 많은 원수들의 공격을 막아주시는 방패와 같은 분이시다. '주의 기름 부으신 자'는 자신을 가리킨 것 같다. 성도에게 고난이 없지 않으나, 하나님께서는 우리를 도우시고 죄와 불신앙에 떨어지지 않도록 보호하시고 그 고난을 이기게 하신다.

시편 저자는 "주의 성막뜰에서 한 날이 다른 곳에서 천 날보다 낫다"고 말하며 하나님의 집에 나아가 하나님의 영광의 나타나심 보기를 심히 원한다. 그는 "악인의 장막에 거함보다 내 하나님 집의(KJV, NASB) 문지기로 있는 것이 좋사오니"라고 말한다. 악인들의 장막에서는 육신적, 세상적 쾌락을 누릴 수 있을 것이다. 그러나 그것은 하나님 앞에서 죄악된 즐거움이다. 그러므로 성도는 그러한 생활보다 하나님과 하나님의 집을 사모하고 그의 뜻대로 살기를 원한다.

〔11-12절〕 [이는] **여호와 하나님은 해요 방패시라. 여호와께서 은혜와 영화를 주시며 정직히 행하는 자에게 좋은 것을 아끼지 아니하실 것임이니이다. 만군의 여호와여, 주께 의지하는 자는 복이 있나이다.**

시편 저자는 또 하나님을 '해와 방배시라'고 부른다. 이사야 60:19도 하나님께서 우리에게 영영한 빛이 되시리라고 말했다. 빛은 지식과 의와 기쁨과 힘 등을 뜻한다고 본다. 하나님께서는 우리에게 지식과 의와 기쁨과 힘을 주신다. 방패는 우리의 원수들로부터와 세상의 악한 것들로부터의 보호를 가리킨다. 또 하나님께서는 은혜와 영광을 주시며 정직하게 행하는 자들에게 모든 좋은 것을 아낌없이 주실 것이다. 그는 만복의 근원이시며 그를 경외하며 그 뜻대로 사는 자들에게 영육의 복, 현세와 내세의 복을 주실 것이다.

시편 84편의 교훈을 정리해보자. 첫째로, 우리는 하나님과 하나님의 집, 곧 성전을 귀히 여기고 사모해야 한다. 하나님의 성전뜰에서의 한 날이 다른 곳에서 천 날보다 낫고 악인의 장막에 거함보다 하나님의 집의 문지기로 있는 것이 좋다. 구약시대의 성전은 신약교회를 가리킨다. 우리는 교회를 귀히 여겨야 한다. 우리의 소망은 세상 나라나 세상의 것들에 있지 않고 오직 하나님께 있고 하나님의 참된 교회에 있다. 우리는 교회와 성도들을 사랑하고 참된 교회를 세우는 일을 힘써야 한다.

둘째로, 우리는 이 세상 사는 동안 살아계신 하나님과 늘 교제하고 하나님을 해와 방패로 삼고 복을 누려야 한다. 하나님께서는 늘 말씀과 기도로 살고 그를 믿고 바르게 사는 자들에게 지식과 의를 주시고 위로와 기쁨과 힘을 주시며 우리의 원수들을 막아주시며 또 우리에게 필요한 모든 좋은 것들과 복을 시시때때로 공급하여 주실 것이다.

85편: 하나님의 구원을 기도하며 기대함

고라 자손의 시. 영장(伶長)[아마, 찬양대장, 지휘자]을 위한 노래.

〔1-3절〕 여호와여, 주께서 주의 땅에 은혜를 베푸사 야곱의 포로된 자로 돌아오게 하셨으며 주의 백성의 죄악을 사하시고 저희 모든 죄를 덮으셨나이다(셀라). 주의 모든 분노를 거두시며 주의 진노를 돌이키셨나이다.

시편 저자는 하나님께서 이스라엘 땅에 이미 베푸신 은혜를 인정하며 고백한다. 그것은 바벨론의 포로 생활로부터 고국으로 돌아온 일을 말하는 것 같다. 그는 그것이 하나님께서 그의 백성의 죄악을 사하시고 그들의 모든 죄를 덮으셨으며 그의 모든 분노를 거두시고 그의 진노를 돌이키셨기 때문에 가능한 일이었음을 고백한다. 그들이 범죄했을 때 하나님께서 그들을 공의로 징벌하셨고 멸망시키셨고 바벨론 나라 사람들의 포로가 되게 하셨으나 그가 이제 그들의 죄를 사하시고 그 진노를 거두실 때 그들이 고국으로 돌아오게 된 것이다. 이것은 하나님의 은혜이었다. 이것은 하나님께서 자기 백성의 땅에 은혜를 베푸셨기 때문에 이루어진 일이었다.

〔4-7절〕 우리 구원의 하나님이여, 우리를 돌이키시고[회복시키시고] **우리에게 향하신 주의 분노를 그치소서. 주께서 우리에게 영원히 노하시며 대대에 발분(發忿)하시겠나이까? 우리를 다시 살리사 주의 백성으로 주를 기뻐하게 아니하시겠나이까? 여호와여, 주의 인자하심을 우리에게 보이시며 주의 구원을 우리에게 주소서.**

그러나 시편 저자는 하나님께 온전한 구원을 간구한다. 그는 하나님을 "우리 구원의 하나님이여"라고 부른다. 우리의 구원은 하나님께 있다. 하나님께서는 우리의 구주이시다. 시편 저자는 하나님께 "우리 구원의 하나님이여, 우리를 돌이키소서"라고 말한다. '돌이킨다'는 말은 '회개시킨다'는 뜻도 되고 '회복시킨다'는 뜻도 된다. 이스라엘의 회복은 완전치 못하였다. 유다 백성들은 바벨론에서 돌아온 후에도 이방인들과 혼인하고 안식일을 범하는 죄를 지었고 또 주위의 원수들은 그들을 대적하고 어지럽히려 하였다(에스라, 느헤미야).

그러므로 시편 저자는 "우리에게 향하신 주의 분노를 그치소서. 주께서 우리에게 영원히 노하시며 대대에 분을 내시겠나이까?"라고 말하며 또 "우리를 다시 살리사 주의 백성으로 주를 기뻐하게 아니하시겠나이까?"라고 말한다. 그는 자신들의 죄들과 연약들과 부족들 때문에 하나님께서 여전히 노하신다고 느끼고 있었다. 그는 그들이 하나님을 기뻐하지 못하고 패망할 것이라고 느끼고 있었다. 그러므로 그는 하나님께서 그들을 다시 살리시고 그들로 하나님을 기뻐하게 하시기를 간구하며, 또 "여호와여, 주의 인자하심을 우리에게 보이시며 주의 구원을 우리에게 주소서"라고 아뢴다. 그것은 심령으로나 환경적으로나 온전한 구원과 회복을 하나님께 구한 것이다.

[8-9절] 내가 하나님 여호와의 하실 말씀을 들으리니 대저 그 백성, 그 성도에게 화평(살롬 שָׁלוֹם)[평안]**을 말씀하실 것이라. 저희는 다시 망령된 데**(키슬라 כִּסְלָה)[어리석은 데]**로 돌아가지 말지로다. 진실로 그의 구원이 그를 경외하는 자에게 가까우니 이에 영광이 우리 땅에 거하리이다.**

시편 저자는 여호와 하나님께서 하실 말씀을 전한다. 그것은 그의 백성, 그의 성도들에게 평안을 말씀하시는 것이다. 평안은 하나님께서 주시는 큰 복이다. 평안이라는 말은 마음의 평안과 육체의 건강과 물질적 여유와 사회적 안정을 포함한다. 죄는 근심, 질병, 가난, 자연적, 사회적 재난을 가져왔다. 그러나 하나님께서 주시는 구원은 평안을 가져온다. 하나님께서는 일마다 때마다 우리에게 평안을 주실 수 있고 평안을 주시는 평안의 하나님이시다(살후 3:16).

시편 저자는 또 하나님의 구원으로 영광이 우리 땅에 거할 것이라고 말한다. 영광은 하나님께서 창조하신 세상의 본래의 모습이었다. 그러나 사람은 범죄함으로 그 영광을 잃어버렸고 세상도 그 영광을 잃어버리게 되었다. 로마서 3:23, "모든 사람이 죄를 범하였으매 하나님의 영광에 이르지 못하더니." 그러나 이제 우리는 하나님의 구원으로 인해 영광에 이를 것이다. 천국은 하나님의 영광의 세계일 것이다. 우리는 장차 그 영광에 참여하게 될 것이다(롬 8:18; 계 21:10-11).

그러나 시편 저자는 두 가지 단서 즉 과정을 말한다. 첫째로, 우리는 하나님을 경외하는 자가 되어야 한다. 그는 "진실로 그의 구원이 그를 경외하는 자에게 가까우니"라고 말한다. 하나님을 경외하는 것은 하나님을 인정하고 두려워하고 그의 긍휼을 구하며 그의 계명에 순종하는 것이다. 우리는 하나님을 경외하는 자가 되어야 한다.

둘째로, 우리는 어리석은 데로 돌아가지 말아야 한다. '망령된 것'은 어리석고 죄악된 일을 가리킨다. 우리는 다시 범죄하지 말아야 한다. 지혜로운 자는 의를 행하지만, 어리석은 자는 죄를 짓는다. 어리석게 죄를 짓는 것은 스스로 불행을 자초하는 것이다.

〔10-11절〕 긍휼과 진리가 같이 만나고 의와 화평[평안]이 서로 입맞추었으며 진리는 땅에서 솟아나고 의는 하늘에서 하감하였도다.

'긍휼'은 하나님의 구원의 동기이며, '진리'는 구원의 내용이다. 우리는 하나님의 긍휼로, 예수 그리스도의 대속(代贖)의 진리로 구원을 얻었다. 또 '의'(義)는 하나님의 구원의 방법이며 '평안'은 하나님의 구원의 결과이다. 예수 그리스도께서는 우리를 위해 하나님의 의를 이루셨고 우리는 그를 믿음으로 의롭다 하심을 얻었고 또 구원 얻은 우리는 하나님께로부터 평안을 얻었다. 그 평안은 심적, 육적, 물질적, 환경적 평안을 다 포함한다. 또 진리 자체이신 예수 그리스도께서는 땅에서 탄생하셨고, 죄인을 의롭다 하시는 하나님의 의는 예수 그리스도를 믿는 모든 이에게 하늘로부터, 하나님께로부터 선언되었다.

〔12절〕 여호와께서 좋은 것을 주시리니 우리 땅이 그 산물을 내리로다.

하나님의 구원의 결과는 좋은 것이다. 그것은 영적으로 좋은 것일 뿐만 아니라 육신적으로나 물질적으로나 환경적으로도 좋은 것이다.

하나님의 복은 마음의 평안, 육신적 건강, 물질적 안정, 환경적 평안을 다 포함한다. 죄는 땅의 저주를 가져왔지만, 구원은 땅의 회복을 가져와 땅이 그 좋은 소산을 낼 것이다. 즉 구원 얻은 자들이 거주할 땅은 영적인, 육적인 복에 부족함이 없을 것이다.

〔13절〕 의(義)가 주의 앞에 앞서 행하며 주의 종적(踪跡)으로 길을 삼으리로다[우리로 그의 걸음의 길로 가게 하리이다](KJV).

복음은 하나님의 의(義)의 소식이다. 그것은 인류의 근본 문제인 죄 문제에 대한 해답이다. 우리의 구원은 하나님의 의를 얻는 것이다. 하나님의 구원과 회복은 죄인들을 의인 만드시는 일이다. 하나님의 구원의 내용은 의(義)이며, 구원 얻은 성도는 의의 길을 걷는다.

시편 85편의 교훈을 정리해보자. 첫째로, 우리는 우리의 구원이 하나님의 은혜와 긍휼에서 비롯되었음을 깨닫고 감사하며 세상 사는 동안 항상 하나님을 의지하고 그의 은혜와 긍휼을 사모해야 한다. 우리는 이미 받은 죄사함과 의롭다 하심의 구원뿐 아니라, 우리의 성화도 하나님의 은혜로 되어짐을 깨닫고 늘 그의 은혜와 긍휼을 사모해야 한다.

둘째로, 우리가 이미 구주 예수 그리스도를 믿음으로 의롭다 하심을 얻었으므로, 우리는 이제 하나님을 경외하고 하나님의 계명을 순종함으로 실제로 의로운 인격이 되고 의로운 삶을 살아야 한다. 하나님께서 원하시는 것은 단순히 예수님 믿고 법적으로 의인이 되는 것이 아니고 실제로 의로운 인격이 되고 의로운 삶을 사는 것이다. 우리는 하나님께서 은혜와 긍휼로 주신 의 안에서 의의 길, 선한 길을 걸어야 한다.

셋째로, 우리는 하나님께서 허락하신 세상 사는 동안 평안을 누리며 또 장차 천국의 영광을 누릴 것이다. 이 세상은 죄와 마귀과 악령들의 시험과 슬픈 일들이 많으나, 우리는 하나님의 은혜와 예수 그리스도의 의 안에서 항상 기뻐하고 평안하며 또 장차 예수 그리스도의 재림 때에 주실 부활의 몸과 천국의 영광을 소망하며 기뻐하고 즐거워한다.

86편: 고난 중에 하나님의 도움을 구함

〔1-4절〕 **여호와여, 나는 곤고하고**(아니 עָנִי)[고난 당하고, 가난하고] **궁핍하오니 귀를 기울여 내게 응답하소서. 나는 경건하오니 내 영혼을 보존하소서. 내 주 하나님이여, 주를 의지하는 종을 구원하소서. 주여, 나를 긍휼히 여기소서. 내가 종일 주께 부르짖나이다. 주여, 내 영혼이 주를 우러러 보오니 주여, 내 영혼을 기쁘게 하소서.**

다윗의 기도. 다윗은 고난을 당하고 궁핍한 중에 처해 있었다. "내 영혼을 보존하소서"라는 기도는 그가 목숨의 위험까지 느끼고 있었음을 보인다. 그는 이런 상황 속에서 하나님께 기도했다. 그는 믿음이 있는 자이었다. 그는 "나는 경건하오니"라고 말한다. 그는 또 하나님을 '나의 주 하나님'이라고 부르며, 자신을 '주를 의지하는 종'이라고 말한다. 그는 하나님을 자신의 주인과 주관자로 섬긴 경건한 자이었다. 또 그는 "주여, 내 영혼이 주를 우러러 보오니"라고 말한다. 그는 하나님을 의지하며 소망했다. 그의 믿음은 그의 기도로 나타났다. 그는 "주여, 나를 긍휼히 여기소서. 내가 종일[혹은 날마다] 주께 부르짖나이다"라고 말했다. 그가 하나님께 부르짖어 기도한 내용은, 첫째 내 영혼을 보존하소서[지켜주소서], 둘째 나를 구원하소서, 셋째 내 영혼을 기쁘게 하소서라는 것이었다.

〔5-7절〕 [이는] **주는 선하사 사유(赦宥)하기를 즐기시며 주께 부르짖는 자에게 인자함이 후하심이니이다. 여호와여, 나의 기도에 귀를 기울이시고 나의 간구하는 소리를 들으소서. 나의 환난 날에 내가 주께 부르짖으리니 주께서 내게 응답하시리이다.**

다윗은 자신이 이렇게 기도하는 근거로, "이는 주께서 선하시고 죄를 용서하시기를 즐기시며 주께 부르짖는 자에게 인자함이 후하심이니이다"라고 말한다. 하나님께서는 선하시며 우리의 더러운 죄를 다 용서하셨고 또 용서하신다. 또 그에게 부르짖는 자에게 인자하심이

후하시다. 그러므로 성도는 담대히 하나님께 나아가 회개하며 도우심을 간구한다. "여호와여, 나의 기도에 귀를 기울이시고 나의 간구하는 소리를 들으소서." 하나님께서는 우리의 기도를 들으시는 자이시다. 그는 우리의 감사와 찬송의 기도를 받으시고 회개의 기도를 들으시고 간구의 소원을 들으신다. 특히 환난 중에 우리의 기도를 들으신다. 그래서 다윗은 "나의 환난 날에 내가 주께 부르짖으리니 주께서 내게 응답하시리이다"라고 말한다. 여호와 하나님께서는 살아계셔서 우리의 영육의 모든 소원을 들어주신다. 그는 우리에게 마음의 평안과 위로, 힘과 용기를 주시고, 육신의 건강과 일용할 양식과 거처할 집을 주시고, 또 사회적 평안도 주신다. 특히, 그는 우리의 환난 날에 우리의 부르짖는 기도 소리를 들으시고 우리를 건져주신다.

〔8-10절〕 주여, 신들 중에 주와 같은 자 없사오며 주의 행사와 같음도 없나이다. 주여, 주의 지으신 모든 열방이 와서 주의 앞에 경배하며 주의 이름에 영화를 돌리리이다. 대저 주는 광대하사[크시며, 위대하시며] **기사를 행하시오니 주만 하나님이시니이다.**

다윗은 하나님에 대하여 증거한다. "주여, 신들 중에 주와 같은 자 없사오며 주의 행사와 같음도 없나이다." "대저 주는 크시며 기사를 행하시오니 주만 하나님이심이니이다." 여호와 하나님께서 다른 신들과 다르며 유일하신 참 하나님이신 까닭은, 그가 이스라엘의 역사 가운데서 때때로 기적을 행하셨기 때문이다. 그의 기적들은 그가 참 하나님이심을 증명한 일들이다. 그러므로 다윗은 "주여, 주의 지으신 모든 열방이 와서 주 앞에 경배하며 주의 이름을 영화롭게 하리이다"라고 말한다. 그는 세계복음화의 일을 암시한 것이다. 여호와께서 온 세상의 유일하신 참 하나님이시므로 온 세상의 모든 열방은 마침내 하나님께로 돌아와 그에게 경배하며 그의 뜻을 행함으로 그를 영화롭게 할 것이다. 온 땅에 복음이 충만하게 전해질 것이며 택한 백성들이 구원받아 하나님의 참 백성이 될 것이다.

〔11-13절〕 여호와여, 주의 도(道)로 내게 가르치소서. 내가 주의 진리에 행하오리니 일심으로[나의 마음을 묶어] **주의 이름을 경외하게 하소서. 주 나의 하나님이여, 내가 전심으로 주를 찬송하고 영영토록 주의 이름에 영화를 돌리오리니 이는 내게 향하신 주의 인자가 크사 내 영혼을 깊은 음부**[지옥]**에서 건지셨음이니이다.**

다윗은 성도의 본분에 대해서도 말한다. "여호와여, 주의 도(道)로 내게 가르치소서. 내가 주의 진리에 행하오리니 일심으로 주의 이름을 경외하게 하소서." '주의 도'란 하나님께서 교훈하신 말씀을 말한다. 성도는 하나님의 교훈을 받고 그 진리대로 믿고 살며 일심으로, 즉 마음이 나뉘거나 흐트러지지 않도록 묶어, 또 전심으로 하나님을 경외하고 섬겨야 한다. 하나님의 길 배우기를 사모하는 자는 복되다. 진리 안에서 행하는 것은 요한이서와 요한삼서에서 강조된 교훈이다. 하나님을 믿는다는 것은 하나님의 교훈과 진리 안에서 행하는 것, 그의 진리를 믿고 그 교훈을 행하는 것이다.

다윗은 또한 "주 나의 하나님이여, 내가 전심으로 주를 찬송하고 영영토록 주의 이름에 영화를 돌리오리이다"라고 말한다. 하나님을 경외하는 자는 그를 전심으로 찬송하며 영원히 그의 이름에 영광을 돌릴 것이다. 하나님을 찬송하는 것은 하나님께서 사람을 창조하신 목적이다(사 43:21). 다윗은 하나님께서 그에게 크신 인자를 베푸셔서 그를 깊은 지옥에서 건져주셨기 때문에 그렇게 소원한다고 말한다. 지옥에서 구원 얻은 자마다 하나님께 찬송하며 영광 돌릴 것이다.

〔14-17절〕 하나님이여, 교만한 자가 일어나 나를 치고 강포한 자의 무리가 내 혼[생명](NASB, NIV)**을 찾았사오며 자기 앞에 주를 두지 아니하였나이다. 그러나 주여, 주는 긍휼히 여기시며 은혜를 베푸시며 노하기를 더디 하시며 인자와 진실이 풍성하신 하나님이시오니 내게로 돌이키사 나를 긍휼히 여기소서. 주의 종에게** [주의] **힘을 주시고 주의 여종의 아들을 구원하소서. 은총의 표징을 내게 보이소서. 그러면 나를 미워하는 저희가 보고 부끄러워하오리니 여호와여, 주는 나를 돕고 위로하심이니이다.**

다윗은 그를 치는 교만한 자들과 그의 생명을 찾는 강포한 무리를 인해 고통을 당하고 있다. 악한 자들은 교만하고 하나님을 두려워하지 않고 강포하여 이웃에게 해를 끼치고 여럿이 무리를 지어, 하나님을 경외하는 의롭고 선한 자들을 대적한다. 다윗은 "그러나 주여, 주는 긍휼히 여기시며 은혜를 베푸시며 노하기를 더디하시며 인자와 진실이 풍성하신 하나님이시오니 내게로 돌이키사 나를 긍휼히 여기소서. 주의 종에게 힘을 주시고 주의 여종의 아들을 구원하소서"라고 기도한다. 하나님께서는 범죄한 인생도 불쌍히 여기셨고 자격 없는 자들도 사랑하셨고 분노를 오랫동안 참으셨고 인자와 자비가 풍성하시다. 다윗은 하나님의 긍휼하심과 은혜로우심과 자비하심을 굳게 믿었다. 그는 원수들의 핍박이 심할 때 은혜의 하나님께 자신의 사정을 아뢰고 그의 도우심을 호소했다. 부족과 실수가 많고 죄성을 가진 인생은 하나님의 긍휼과 힘과 구원을 구할 것밖에 없다. 다윗은 또 "은총의 표징을 내게 보이소서. 그러면 나를 미워하는 저희가 보고 부끄러워하오리이다"라고 말한다. 하나님께서는 고난 당하는 자기 종들을 버려두지 않으시고 비상한 때에 비상한 방식으로 도우시고 위로하시며 시시때때로 '은총의 표증'을 주실 것이다.

시편 86편의 교훈을 정리해보자. 첫째로, 여호와 하나님께서는 세상을 창조하신 자이시며 온 세상의 창조자이신 그는 세상 모든 사람에게 찬송과 영광을 받으시기에 합당하신 위대하신 유일하신 하나님이시다.

둘째로, 하나님께서는 선하시고 은혜가 풍성하시고 그를 경외하고 의지하며 회개하는 자들의 죄를 용서하시고, 또 그들이 교만하고 강포한 자들에게 괴롭힘을 당하고 궁핍할 때 그들의 부르짖는 간구를 들으시고 도우시고 위로하시고 그들에게 은총의 표증을 보여주신다.

셋째로, 그러므로 우리는 오직 하나님을 경외하고 의지하고 전심으로, 영원토록 하나님을 찬송하고 그의 모든 말씀을 믿고 행해야 한다.

87편: 하나님께서 시온을 사랑하심

고라 자손의 시 곧 노래.

〔1-3절〕 그 기지(基址)[기초]**가 성산에 있음이여, 여호와께서 야곱의 모든 거처보다 시온의 문들을 사랑하시는도다. 하나님의 성이여, 너를 가리켜 영광스럽다 말하는도다(셀라).**

시편 저자는 그것의 기초가 성산에 있다고 말한다. 그것은 예루살렘 성의 기초가 거룩한 산에 있다는 뜻이다. 시온산은 하나님의 성전으로 인하여 거룩하게 구별되었다. 하나님께서는 시온산 위에 예루살렘 성을 세우게 하셨다. 예루살렘 성은 구약교회의 중심이었고 또 예루살렘 성 곧 시온산의 중심은 성전이다. 구약시대의 성전은 장차 오실 예수 그리스도를 상징한다. 교회의 기초는 언제나 주 예수 그리스도이시며 그는 견고한 기초이시다(고전 3:11).

시편 저자는 또한 "여호와께서 야곱의 모든 거처보다 시온의 문들을 사랑하시는도다"라고 말한다. 예루살렘 성으로 들어가는 문들이 많이 있었다. 느헤미야 3장에는 아홉 개의 문이 언급된다. 양문(羊門), 어문(魚門), 옛 문, 골짜기 문(대하 26:9), 분문(糞門), 샘문(느 2:14), 수문(水門), 마문(馬門), 함입갓문(검사문)(NASB, NIV) 등이다. 그 외에도 성경에는, 에브라임 문(왕하 14:13; 느 8:16; 12:39), 감옥문(느 12:39)[시위대 문](NASB, NIV)(왕하 11:6, 19; cf. 느 3:25), 성 모퉁이 문(왕하 14:13; 대하 25:23; 26:9; 렘 31:38), 하시드 문[질그릇조각 문](렘 19:2)(아마 분문과 같을 것), 베냐민 문(렘 37:13; 슥 14:10) 등이 언급된다. 모두 12개 이상이다.

야곱의 모든 거처가 다 하나님의 나라이었지만, 예루살렘 성으로 들어가는 시온의 문들은 더 하나님의 사랑을 받는다. 왜냐하면 예루살렘 성에는 성전이 있었고 거기에는 하나님의 임재의 표가 있었고 또 사람들의 죄를 씻는 속죄의 피가 뿌려졌기 때문이다. 구약시대의 예루살렘 성은 참 교회와 천국을 예표하였다. 그러므로 요한계시록에 보면, 천국은 새 예루살렘 성으로 증거되었다(계 21:2, 10).

시편 저자는 또 "하나님의 성이여, 너를 가리켜 영광스럽다 말하는도다"라고 말한다. 다시 번역하면, "하나님의 성이여, 너에 대해 영광스런 일들이 말해지는도다." 예루살렘 성은 하나님의 영광이 있을 뿐만 아니라, 거기에서는 하나님의 영광스런 일들이 이루어질 것이다. 예루살렘 성은 하나님의 임재와 통치가 있는 하나님의 성이다. 거기에서는 죄인들의 속죄와 구원이 있고 인류와 세상의 완전한 회복에 대한 예언과 약속이 있다. 장차 하나님께서는 죄가 전혀 없고 의만 가득하고 평안이 넘친 새 예루살렘 성을 우리에게 주실 것이다.

〔4-5절〕 내가 라합과 바벨론을 나를 아는 자 중에 있다 **말하리라. 보라, 블레셋과 두로와 구스여, 이도 거기서 났다 하리로다. 시온에 대하여 말하기를 이 사람, 저 사람이 거기서 났나니 지존자가 친히 시온을 세우리라 하리로다.**

시편 저자는 "내가 라합과 바벨론을 나를 아는 자 중에 있다 말하리라"고 말한다. 그는 성령의 감동 가운데 하나님의 음성을 대언(代言)한다. 이것은 성경의 영감성과 신적 권위성을 보인다. 라합(רַהַב)은 '바다 괴물'을 가리키는 말로서 애굽에 대한 상징적 명칭이다(사 30:7). 애굽과 바벨론은 남쪽과 북쪽의 강대국들로서 이스라엘 나라의 원수들이었다. 그러나 본문은 그들 가운데 하나님을 아는 자들 곧 하나님을 경외하고 구원 얻은 자들이 있을 것이라고 말한다.

또 시편 저자는 "보라, 블레셋과 두로와 구스여, 이도 거기서 났다 하리로다"고 말하며 또 "시온에 대해 이 사람, 저 사람이 거기서 났다 하리로다"고 말한다. 블레셋은 이스라엘 나라의 서쪽에 있는 나라요 두로는 북쪽에, 구스는 남쪽 먼 곳에 있는 나라이다. '거기서 났다' 즉 시온에서 났다는 말은 하나님을 모르던 자들이 하나님을 아는 자로 다시 태어났다, 즉 중생했다는 뜻이다. 이스라엘 주위의 여러 나라들, 심지어 먼 곳의 나라들에서도 구원 얻은 사람들이 생길 것이다.

시편 저자는 또 "지존자가 친히 시온을 세우리라 하리로다"고 말한다. 교회는 하나님께서 친히 세우신다. 성전 건립은 사람의 힘과 능으로 되지 않고 오직 하나님의 영 곧 성령으로 된다(슥 4:6). 주 예수께서는 "내가 이 반석 위에 내 교회를 세우리라"고 말씀하심으로써 자신이 친히 교회를 세우실 것이라고 말씀하셨다(마 16:18). 교회의 건립은 하나님의 일이다. 신자는 '하나님께로서 난 자들'이며 죄인들은 오직 물과 성령으로 다시 난다(요 3:5). 복음을 전하는 전도자나 구원 얻은 자를 양육하는 목회자는 아무것도 아니고 사람을 중생시키고 자라게 하시는 이는 오직 하나님뿐이시다(고전 3:7).

〔6-7절〕 **여호와께서 민족들을 등록하실 때에는 그 수를 세시며 이 사람이 거기서 났다 하시리로다(셀라). 노래하는 자와 춤추는 자**(콜렐림 חֹלְלִים [피리 부는 자들](BDB, KJV, NASB)**는** 말하기를 **나의 모든 근원이 네게 있다 하리로다.**

하나님께서 구원 얻은 자들, 즉 시온에서 난 자들의 이름을 책에 기록하실 때 그 수를 하나도 빠뜨림 없이 다 세실 것이다. 하나님께서는 창세 전에 영생을 주실 자들을 택하셨다(엡 1:4). 하나님께서는 아들 예수 그리스도에게 그들을 주셨고 예수께서는 아버지께서 그에게 주신 자들을 하나도 잃어버리지 않고 다 구원하시고 마지막 날에 부활시키고 영생에 이르게 하실 것이다(요 6:39). 하나님의 택함 받은 자들은 목자 되신 예수 그리스도의 음성을 듣고 그를 믿고 그를 따를 것이다(요 10:27). 영생을 주시기로 작정된 자들은 예수 그리스도를 믿을 것이다(행 13:48). 택함 받은 자들은 다 구원을 얻을 것이다.

시편 저자는 또 "노래하는 자들과 피리 부는 자들은 말하기를 나의 모든 근원이 네게 있다 하리로다"라고 말한다. 이것은 구원 얻은 성도들의 기쁨의 간증을 묘사한다고 본다. 구원 얻은 성도들은 자신들의 근원, 즉 구원과 영생의 근원이 예수 그리스도께 있다고 고백할 것이다. 그들은 노래하며 피리를 불 것이다. 하나님께서 은혜로 주신 구원 때문에 그들은 풍성한 기쁨과 즐거움을 누릴 것이다.

사실, 슬픔 많은 세상에서 우리의 기쁨의 원천은 예수 그리스도뿐이다. 그러므로 우리는 주 안에서 항상 기뻐한다. 뿐만 아니라, 성도는 주의 은혜로 구원 얻은 형제들을 볼 때에 기쁨을 가진다. 바울은 성도들을 "나의 사랑하고 사모하는 형제들, 나의 기쁨이요 면류관인 사랑하는 자들아"라고 불렀다(빌 4:1). 또 그는 그가 복음을 전하고 양육했던 성도들을 그의 소망과 기쁨과 자랑의 면류관이라고 말했다(살전 2:19-20). 물론, 성도들은 장차 들어갈 영광스런 천국과 복된 영생을 소망하면서 기뻐하고 즐거워한다(롬 5:2; 12:12).

시편 87편의 교훈을 정리해보자. 첫째로, 하나님께서는 예루살렘 성을 사랑하신다(2절). 구약시대의 예루살렘 성은 장차 임할 새 예루살렘 성 곧 천국을 상징한다. 신약교회는 그 시작이다. 베드로전서 2:9, "[너희는] 거룩한 나라요." 요한계시록 1:6, "우리를 나라와 제사장으로 삼으신 그에게." 물과 성령으로 거듭난 자들만 하나님의 나라에 들어간다(요 3:3, 5). 그들만 생명책에 그 이름이 기록된다(계 20:15). 중생의 표는 참된 회개와 믿음이다(요일 3:9-10; 5:1). 하나님께서는 성도들의 모임인 교회와 영광의 천국을 귀히 여기고 사랑하신다. 우리도 그러해야 한다.

둘째로, 하나님께서는 이스라엘 주위의 여러 나라들, 심지어 먼 곳의 나라들에서도 사람들을 구원하실 것이다(4-5절). 세계복음화는 하나님의 뜻이다. 하나님께서는 세상의 택자들을 남김 없이 다 구원하실 것이며 친히 교회를 세우실 것이다. 우리는 그의 일에 쓰임 받기를 원한다.

셋째로, 구원 얻은 성도들은 그들이 얻은 구원을 기쁨으로 간증할 것이다(7절). 우리는 하나님께서 주신 구원을 항상 기뻐하고 즐거워하며 또 구원 얻은 성도들을 보고 기뻐하고 주의 구원의 일에 힘써야 한다.

88편: 곤란 중에 부르짖음

고라 자손의 찬송시 곧 에스라인 헤만의 마스길. 영장(伶長)으로 마할랏 르안놋(מַחֲלַת לְעַנּוֹת)[슬프게 부른다는 뜻 같음]에 맞춘 노래.

〔1-2절〕 여호와 내 구원의 하나님이여, 내가 주야로 주의 앞에 부르짖었사오니 나의 기도로 주의 앞에 달하게 하시며 주의 귀를 나의 부르짖음에 기울이소서.

시편 저자는 하나님을 "여호와 내 구원의 하나님이여"라고 부른다. 천지만물을 창조하신 여호와 하나님께서는 지금도 살아계신 섭리자 하나님이시며 구원의 하나님이시다. 이 세상 사는 동안에 직면하는 모든 환난에서 우리를 건져주실 분은 그 하나님뿐이시다.

시편 저자는 또 "내가 주야로 주의 앞에 부르짖었사오니 나의 기도로 주의 앞에 달하게 하시며 주의 귀를 나의 부르짖음에 기울이소서"라고 말한다. 사람이 하나님과 교통하는 방법은 기도다. 시편 저자는 하나님께 밤낮으로 부르짖어 기도하였다. 밤낮으로 부르짖는 기도는 간절한 기도이다. 우리는 하나님께 기도할 때 열심으로, 간절하게, 또 지속적으로 기도해야 하며, 하나님께 기도한 후 그의 응답을 기대해야 한다. 그것이 하나님을 믿는 자들의 바른 태도이다.

〔3-7절〕 대저 나의 영혼에 곤란이 가득하며 나의 생명은 음부(쉐올 שְׁאוֹל)[무덤]**에 가까왔사오니 나는 무덤**(보르 בּוֹר)[구덩이]**에 내려가는 자와 함께 인정되고 힘이 없는 사람과 같으며 사망자 중에 던지운**[버려진](NASB) **바 되었으며 살륙을 당하여 무덤에 누운 자 같으니이다. 주께서 저희를 다시 기억지 아니하시니 저희는 주의 손에서 끊어진 자니이다. 주께서 나를 깊은 웅덩이**(보르 בּוֹר)[구덩이] **어두운 곳 음침한 데 두셨사오며 주의 노가 나를 심히 누르시고 주의 모든 파도로 나를 괴롭게 하셨나이다(셀라).**

시편 저자가 하나님께 부르짖어 기도한 까닭은 그의 영혼에 곤란이 가득하였기 때문이다. 그는 자신의 생명이 무덤에 가깝다고 말하며 자신을 구덩이에 내려가는 자와 같고 힘이 없는 자와 같다고 말한다. 그는 정신적으로 또 육체적으로 큰 고통 중에 있다. 그는 자신을 사망한 자들 중에 던지웠다고 말하며 살륙을 당해 무덤에 누운 자와 같다고 한다. 하나님께서는 그런 자를 다시 기억지 않으시고 그들은 하나님의 손에서 끊어진 자들인데, 그는 자신이 바로 그런 자와 같다고 말한다. 지금 시편 저자가 이러한 슬픔과 절망의 깊은 구덩이에 빠져 있는 것은 하나님께서 하신 일이었다. 하나님께서는 그를 노하셔서 심히 누르시고 그의 모든 고통의 파도로 그를 괴롭게 하셨다.

〔8-9절〕 주께서 나의 아는 자로 내게서 멀리 떠나게 하시고 나로 저희에게 가증되게 하셨사오니 나는 갇혀서 나갈 수 없게 되었나이다. 곤란으로 인하여 내 눈이 쇠하였나이다. 여호와여, 내가 매일 주께 부르며 주를 향하여 나의 두 손을 들었나이다.

하나님께서는 또한 그의 친구들로 그를 멀리 떠나게 하셨고 그들에게 미움의 대상이 되게 하셨고 또 갇힌 자같이 친구들과의 교제가 끊어지게 하셨다. 또 그는 곤란으로 인해 그의 눈이 쇠하게 하셨다. 사람이 심신으로 피곤하고 고통스러울 때 눈이 쇠한다. 그것이 지나치면 눈의 핏줄이 터져 시력에 손상을 입기도 할 것이다.

그러나 그는 심각한 곤란 중에 하나님께 간절히 부르짖었다. 그는 "여호와여, 내가 매일 주께 부르며 주를 향하여 나의 두 손을 들었나이다"라고 말한다. 하루 이틀 기도하다가 포기한 것이 아니었다. 그는 날마다, 여러 날 계속해서 기도하였다. 그는 하늘을 향해, 하나님을 향해 두 손을 들고 아마 복종을 결심하며 간절히 기도하였다.

〔10-12절〕 주께서 사망한 자에게 기사(奇事)를 보이시겠나이까? 유혼(幽魂)(레파임 רְפָאִים)[죽은 자들의 영혼들]**이 일어나 주를 찬송하리이까?(셀라). 주의 인자하심을 무덤에서, 주의 성실하심**[신실하심]**을 멸망 중에서 선포할 수 있으리이까? 흑암 중에서 주의 기사와 잊음의 땅에서 주의 의를 알 수 있으리이까?**

시편 저자는 자신을 사망한 자나 무덤에 있는 자 또는 흑암 중에, 잊음의 땅에 있는 자에 가깝다고 표현한다. 그는 하나님의 도우심이 없으면 죽고 말 것이라고 느끼고 있다. "주께서 사망한 자에게 기사(奇事)를 보이시겠나이까?"라는 말은 그가 죽기 전에 하나님의 기사 즉 그의 기이한 도우심을 받기 원함을 나타낸다. 또한 "죽은 자들의 영혼들이 일어나 주를 찬송하리이까? 주의 인자하심을 무덤에서, 주의 신실하심을 멸망 중에서 선포할 수 있으리이까?"라는 말은 그가 살아서 하나님을 찬송하고 그의 인자하심과 신실하심을 선포하기를 원함을 나타내며, 또한 "흑암 중에서 주의 기사와 잊음의 땅에서 주의 의를 알 수 있으리이까?"라는 말도 그가 살아서 하나님의 기이한 도우심과 그의 의를 알고 체험하고 증거하기를 원함을 나타낸다.

〔13절〕 여호와여, 오직 주께 내가 부르짖었사오니 아침에 나의 기도가 주의 앞에 달[도달]**하리이다.**

이런 상황에서, 시편 저자는 아침에 부르짖는 기도를 하나님께 올렸다. 그는 새벽기도를 한 것 같다. 혹은 밤새도록 한 기도가 아침에 하나님께 상달할 것이라는 뜻인지도 모른다. 새벽기도는 세상일을 하기 전, 가장 좋은 시간에 하나님께 기도하는 것으로 참으로 복된 일이다. 그것은 주 예수께서 세상에 계실 때 친히 본을 보이신 일이었다(막 1:35). 하나님께서는 고난받는 성도가 밤새도록 올리는 기도나 새벽이나 아침에 부르짖는 기도를 잘 들어주실 것이다.

〔14-17절〕 여호와여, 어찌하여 나의 영혼을 버리시며 어찌하여 주의 얼굴을 내게 숨기시나이까? 내가 소시(少時)부터 곤란을 당하여 죽게 되었사오며 주의 두렵게 하심을 당할 때에 황망[당황, 절망]**하였나이다. 주의 진노가 내게 넘치고 주의 두렵게 하심이 나를 끊었나이다. 이런 일이 물같이 종일 나를 에우며 함께 나를 둘렀나이다.**

시편 저자는 "여호와여, 어찌하여 나의 영혼을 버리시며 어찌하여 주의 얼굴을 내게 숨기시나이까?"라고 말하며 자신이 처한 고통의 현실을 말한다. 하나님께서는 그를 버리시고 그를 향해 은혜의 얼굴을 숨기신 듯하였다. 시편 저자는 또 "내가 소시부터 곤란을 당하여 죽게 되었사오며 주의 두렵게 하심을 당할 때에 황망하였나이다"라고 말한다. 그는 젊었을 때부터 고난을 경험했다고 말한다. 하나님께서는 그에게 고난을 주셨고 그를 두렵게 하셨으며 시편 저자는 그때에 당황하였고 죽을 지경이었다. 성도의 삶에는 고난이 많은 것 같다.

시편 저자는 또 "주의 진노가 내게 넘치고 주의 두렵게 하심이 나를 끊었나이다. 이런 일이 물같이 종일 나를 에우며 함께 나를 둘렀나이다"라고 말한다. 하나님의 진노는 두렵고 무서운 것이었다. 홍수가 그를 덮치듯이, 두려움이 온종일 그를 에워쌌었다.

〔18절〕 **주께서 나의 사랑하는 자와 친구를 내게서 멀리 떠나게 하시며 나의 아는 자를 흑암에** 두셨나이다.

그의 친구들은 그를 멀리 떠나갔다. 그것은 하나님께서 하신 일이었다. 외로움은 사람의 큰 고통들 중의 하나이다. 그를 사랑하던 자들이나 친구들이 다시 그에게로 돌아올 수 있을지는 미지수이었다.

시편 88편의 교훈을 정리해보자. 첫째로, 성도들에게는 때때로 정신적, 육체적 큰 고난이 있다. 우리의 가까운 친구들과 가족들 조차도 우리를 버릴 때가 있다. 아마 가장 큰 고난은 죽음의 문 앞에 버려지는 것일 것이다. 죽음을 피하거나 극복할 수 있는 자는 없다.

둘째로, 그런 고난은 주로 하나님의 노하심 때문에 오며 하나님께서 노하시는 까닭은 우리의 죄 때문이다. 사람은 고난이 없을 때 죄 가운데 살기 쉽지만, 고난을 당할 때 하나님을 찾고 하나님께로 돌아온다.

셋째로, 성도는 그때 회개하며 복종하며 구주 하나님께 간절히 부르짖어야 한다. 믿음은 하나님의 은혜이며 믿는 자는 하나님께 기도할 수 있다. 곤란 중에 구원의 하나님께 부르짖어 기도하는 것은 믿는 자의 특권이다. 하나님께서는 특히 아침에 우리의 기도를 들어주실 것이다.

89편: 주의 인자하심과 신실하심을 간구함

에스라인 에단(왕상 4:31; 대상 2:6)의 마스길[교훈시, 명상시].

1-18절, 주의 인자하심과 신실하심과 능력을 노래함

〔1-2절〕 **내가 여호와의 인자하심을 영원히 노래하며 주의 성실하심**(에무나 אֱמוּנָה)[신실하심]**을 내 입으로 대대에 알게 하리이다.** [이는] **내가 말하기를** [주께서] **인자하심을 영원히 세우시며 주의 성실하심**[신실하심]**을 하늘에서 견고히 하시리라 하였나이다**[하였음이니이다].

시편 저자는 하나님의 진노로 인한 국가적 재난 속에서 하나님의 인자하심과 신실하심을 언급하였다고 보인다. 하나님의 인자하심은 죄인들을 공의로 갚으시지 않고 오래 참으시고 용서하심을 가리키고, 하나님의 신실하심은 특히 그의 약속을 끝까지 지키심을 나타낸다. 성도들은 과거에 체험한 하나님의 인자하심과 신실하심을 찬송하며 증거할 수 있다. 시편 저자는 환난 중에도 하나님께서 은혜로 그들과 세우신 언약을 신실하게 지키실 것을 확신했다. 그는 그런 확신 때문에 하나님의 인자하심과 신실하심을 노래하며 전하겠다고 말한다.

〔3-4절〕 주께서 이르시되 **내가 나의 택한 자와 언약을 맺으며 내 종 다윗에게 맹세하기를 내가 네 자손을 영원히 견고히 하며 네 위(位)**[왕위]**를 대대에 세우리라 하였다 하셨나이다(셀라).**

원문에는 '주께서 이르시되'라는 말이 없다. 시편 저자는 하나님의 입장에서 말씀을 선언한다. 그는 내가 다윗과 언약을 맺었다고 말한다. 이런 구절들은 성경 저자의 영감성을 보인다. 하나님께서는 그의 택한 자 다윗과 언약을 맺으시며 맹세하시기를 그의 왕위를 영원히 견고케 하시겠다고 하셨다. 그의 약속은 반드시 이루어질 것이다. 그것은 다윗의 자손으로 오신 예수 그리스도 안에서 성취되었다.

〔5-7절〕 여호와여, 주의 기사(奇事)를 하늘이 찬양할 것이요 주의 성실 [신실하심]**도 거룩한 자**[들]**의 회중에서** 찬양**하리이다. 대저 궁창에서 능히 여호와와 비교할 자 누구며 권능 있는 자**[들] **중에 여호와와 같은 자 누구리이까? 하나님은 거룩한 자**[들]**의 회중에서 심히 엄위하시오며 둘러 있는 모든 자 위에** 더욱 **두려워할 자시니이다.**

시편 저자는 “여호와여, 주의 기사를 하늘이 찬양할 것이요 주의 신실도 거룩한 자들의 회중에서 찬양하리이다”라고 말한다. ‘거룩한 자들’은 천사들을 가리킨다고 본다. 하늘의 천사들은 창조와 섭리의 일들에서 나타난 하나님의 기사(奇事)와 신실하심을 찬양할 것이다.

시편 저자는 또 “이는 궁창에서 능히 여호와와 비교할 자 누구며 권능 있는 자들 중에 여호와와 같은 자 누구리이까 함이라”고 말한다. ‘권능 있는 자들’도 천사들을 가리킨다고 본다. 하나님께서는 천사들과 비교할 수 없이 위대하시며 찬송을 받으셔야 할 자이시다.

시편 저자는 또 “하나님께서는 거룩한 자들의 회중에서 심히 엄위하시오며 둘러 있는 모든 자 위에 더욱 두려워할 자시니이다”라고 말한다. 하나님께서는 천사들 가운데서 심히 엄위하시며 그를 둘러 있는 모든 천사들이 마땅히 두려워해야 할 자이시다.

〔8-10절〕 여호와 만군의 하나님이여, 주와 같이 능한 자 누구리이까, 여호와여[누가 주와 같으리이까? 여호와여, 주는 강하시니이다](NIV, 원문 액센트). **주의 성실하심**[신실하심]**이 주를 둘렀나이다. 주께서 바다의 흉용함을 다스리시며 그 파도가 일어날 때에 평정케 하시나이다. 주께서 라합을 살륙당한 자같이 파쇄하시고 주의 원수를 주의 능력의 팔로 흩으셨나이다.**

시편 저자는 “여호와 만군의 하나님이여, 누가 주와 같으리이까? 여호와여, 주는 강하시니이다. 주의 신실하심이 주를 둘렀나이다”라고 말한다. 능력이 많으신 여호와 하나님께서는 신실하심도 충만하시다. 또 시편 저자는 “주께서 바다의 흉용함을 다스리시며 그 파도가 일어날 때에 평정케 하시나이다. 주께서 라합을 살륙당한 자같이 파쇄하시고 주의 원수를 주의 능력의 팔로 흩으셨나이다"라고 말한다. 라합은 '바다 괴물'을 의미하는 말로 애굽을 가리킨다. 하나님의 크신 능력은 자연만물 가운데서 바다의 흉용함을 잔잔케 하심에서 나타날 뿐 아니라, 또한 인간 세상에서 하나님과 하나님의 나라 이스라엘을 대적하는 자들을 멸하심에서도 나타났다.

〔11-14절〕 하늘이 주의 것이요 땅도 주의 것이라. 세계와 그 중에 충만한 것을 주께서 건설하셨나이다. 남북을 주께서 창조하셨으니 다볼과 헤르몬이 주의 이름을 인하여 즐거워하나이다. 주의 팔에 능력이 있사오며 주의 손은 강하고 주의 오른손은 높으시니이다. 의와 공의가 주의 보좌의 기초라. 인자함과 진실함이 주를 앞서 행하나이다.

시편 저자는 "하늘이 주의 것이요 땅도 주의 것이라. 세계와 그 중에 충만한 것을 주께서 건설하셨나이다"라고 말한다. 하나님께서 온 우주를 창조하셨으므로 온 우주가 하나님의 소유이다. 그는 세계와 그 중에 충만한 것을 건설하신 자이시다. 시편 저자는 또 "남북을 주께서 창조하셨으니 다볼과 헤르몬이 주의 이름을 인하여 즐거워하나이다"라고 말한다. 동서사방이 다 하나님의 창조 세계이다. 아시아의 북쪽 시베리아의 추운 땅도, 저 남쪽의 호주 대륙도 하나님의 창조물이다. 다볼은 갈릴리 남쪽의 산이며 헤르몬은 먼 북쪽의 산이다. 시편 저자는 그것들이 창조자 하나님의 이름을 인해 즐거워한다고 말한다.

시편 저자는 또 "주의 팔에 능력이 있사오며 주의 손은 강하고 주의 오른손은 높으시니이다"라고 말한다. 창조 세계는 하나님의 크신 능력을 증거한다. 세상을 창조하신 하나님께서는 능력의 하나님이시다. 하나님을 믿는 자는 하나님의 능력을 믿는 자이어야 한다.

시편 저자는 또 "의와 공의가 주의 보좌의 기초라. 인자함과 진실함이 주를 앞서 행하나이다"라고 말한다. 천지를 창조하신 능력의 하나님께서는 또한 도덕적 하나님이시다. 그는 세상을 공의로 통치하신다. 그는 무지와 오해, 편견과 편협함을 가지고 행치 않으시고 항상 바르게, 공정하고 공평하게 사물을 판단하시고 다스리신다. 또 그는 인자하시다. 그는 피조물을 향해 선하고 너그러운 마음을 가지시고 죄인들을 불쌍히 여기시고 오래 참으시고 회개하는 자를 용서하신다. 또 그는 진실하시다. 그는 생각과 말과 행동이 일치하신다. 그는 처음과 끝이 같으시다. 그에게는 거짓이나 속임이나 이중적이거나 위선적인 것이 없으시다. 그는 항상 진실하시고 믿을 만하시다.

〔15-18절〕 즐거운 소리를 아는 백성은 유복한 자라. 여호와여, 저희가 주의 얼굴빛에 다니며 종일 주의 이름으로 기뻐하며 주의 의로 인하여 높아지오니 [이는] **주는 저희 힘의 영광이심이라. 우리 뿔이 주의 은총으로 높아지오리니** [이는] **우리 방패는 여호와께 속하였고 우리 왕은 이스라엘의 거룩한 자에게** 속하였음이니이다.

시편 저자는 "즐거운 소리를 아는 백성은 유복한 자라"고 말한다. 하나님을 아는 자들은 기쁨과 즐거움을 아는 자들이며 복을 받은 자들이다. 그는 또 "저희가 주의 얼굴빛에 다니며 종일 주의 이름으로 기뻐하며 주의 의로 인하여 높아지나이다"라고 말한다. 여호와 하나님을 아는 자들은, 어린 아기가 엄마 얼굴을 쳐다보며 놀듯이, 하나님의 얼굴빛 안에서 살며 기쁨과 평안, 위로와 힘을 얻을 것이다. 사람이 사랑하거나 존경하는 이의 이름을 기뻐하듯이, 그들은 하나님의 이름을 기뻐할 것이다. 그들은 또 하나님의 의, 즉 죄인들에게 값없이 주시는 죄사함과 구원의 의로 인해 높임을 받을 것이다.

원문에는 17절과 18절 초두에 각각 '이는[왜냐하면]'(키 כִּי)이라는 말이 있다. 그것은 성도들의 기쁨의 이유를 보인다. 성도가 기뻐해야 할 이유는 하나님께서 그들의 힘의 영광이시며 그들의 뿔[힘]이 그의 은총으로 높아질 것이기 때문이다. 시편 저자는 이어서 말하기를, "이는 우리 방패가 여호와께 속하였고 우리 왕이 이스라엘의 거룩한 자에게 속하였음이니이다"라고 한다. 이 구절은 옛날 영어성경(KJV)의 번역대로 "이는 여호와는 우리의 방패이시며 이스라엘의 거룩한 자는 우리의 왕이심이니이다"라는 뜻일 것이다.

하나님께서는 우리의 힘이시다. 환난 중에, 절망적 상황에서 그는 우리의 힘이 되신다. 성도가 고난 중에 기뻐할 수 있는 것은 이 힘 때문이다. 하나님께서는 또 우리의 방패이시다. 우리는 이 세상 사는 동안 원수들과 악한 자들의 간교한 공격 앞에서도 하나님의 보호 속에서 평안히 살아갈 수 있다. 또 하나님께서는 우리의 왕이시다. 좋은 왕은 그 백성을 잘 다스리고 원수들을 물리치고 자기 백성을 보호하는 왕이다. 하나님께서는 그는 우리들을 잘 다스리시고 마귀와 악령들과 인간 원수들까지도 물리쳐주시고 또 우리를 항상 보호해주신다. 그가 우리의 힘과 방패와 왕이 되시므로 우리는 기뻐할 수 있다.

본문의 교훈을 정리해보자. 첫째로, 우리는 하나님의 인자하심과 신실하심을 찬송해야 한다. 하나님께서는 우리 죄인들을 긍휼히 여기셨고 사랑하셨고 우리의 많은 죄와 부족들을 용서하셨고 또 오래 참으시며 우리를 단련시키신다. 또 그는 진실하시고 신실하시고 변함이 없으시다. 그의 모든 말씀은 다 진리이다. 그러므로 우리는 세상 사는 동안 하나님을 믿고 의지하며 하나님께 기도하고 하나님을 찬송해야 한다.

둘째로, 우리는 우리의 의가 되시고 우리의 힘과 방패가 되시는 하나님을 의지해야 한다. 우리는 하나님의 의로 값없이 죄사함과 의롭다 하심을 얻었다. 그 의로 우리는 하나님의 자녀의 신분의 회복과 천국의 기업을 상속받게 되었다. 또 우리가 이 험한 세상을 살 때 하나님께서는 우리의 힘과 방패가 되신다. 우리는 오직 하나님만 의지해야 한다.

셋째로, 우리는 우리의 왕이 되시는 하나님의 의로우심과 인자하심과 신실하심을 본받아야 한다. 하나님께서는 우리의 왕이시다. 하나님의 속성들은 그의 계명의 내용이며 그가 우리에게 요구하시는 바이다. 하나님께서는 우리가 바르고 선하고 진실하게 살라고 가르치신다. 그러므로 우리는 항상 올바르게, 인자하게, 신실하게 살아야 한다.

19-52절, 주의 인자하심과 신실하심과 능력을 간구함

〔19-24절〕 주께서 이상(異像) 중에 주의 성도에게 말씀하시기를 내가 돕는 힘(에제르 עֵזֶר)[도움]**을 능력 있는 자에게 더하며 백성 중에서 택한 자를 높였으되 내가 내 종 다윗을 찾아 나의 거룩한 기름으로 부었도다. 내 손이 저와 함께하여 견고히 하고 내 팔이 그를 힘이 있게 하리로다**[그와 함께 견고하며]. **원수가 저에게서 강탈치 못하며 악한 자가 저를 곤고케 못하리로다. 내가 저의 앞에서 그 대적을 박멸하며 저를 한(恨)하는**[미워하는] **자를 치려니와 나의 성실**[신실]**함과 인자함이 저와 함께하리니 내 이름을 인하여 그 뿔이 높아지리로다.**

시편 저자는 하나님께서 성도들에게 하신 말씀을 전한다. 하나님께서는 "내가 돕는 힘을 능력 있는 자에게 더하며 백성 중에서 택한 자를 높였으되 내가 내 종 다윗을 찾아 나의 거룩한 기름으로 부었도다"라고 말씀하셨다. '능력 있는 자'나 '백성 중에서 택한 자'는 다윗을 가리킨 것 같다. 하나님께서는 그 종 다윗에게 어릴 때부터 힘을 주셨다. 그는 후에 그를 백성 중에서 구별하여 거룩한 기름 부음을 받게 하셨고 그로 존귀한 왕이 되게 하셨다. 그는 다윗에게 이미 주셨던 은혜 위에 더 풍성한 은혜를 주셨던 것이다.

하나님께서는 또 다윗에게 힘을 주실 것이다. 하나님의 견고하신 손이 그와 함께하시고 그의 팔이 그를 힘있게 하실 것이다. 그는 또 그의 원수들을 막아 주시며 물리쳐 주실 것이다. 그는, "원수가 저에게서 강탈치 못하며 악한 자가 저를 곤고케 못하리로다. 내가 저의 앞에서 그 대적을 박멸하며 저를 미워하는 자를 치리로다"라고 말씀하신다. 그는 또 다윗에게 인자하심을 베푸실 것이며 끝까지 신실하게 행하실 것이다. 그는 그의 부족과 실수를 불쌍히 여기시며 끝까지 그의 언약을 지키실 것이며 그로 인해 다윗은 더욱 힘을 얻을 것이다.

〔25-29절〕 내가 또 그 손을 바다 위에 세우며 오른손을 강들 위에 세우**리니 저가 내게 부르기를 주는 나의 아버지시요 나의 하나님이시요 나의 구**

원의 바위시라 하리로다. 내가 또 저로 장자를 삼고 세계 열왕의 으뜸이 되게 하며 저를 위하여 나의 인자함을 영구히 지키고 저로 더불어 한 나의 언약을 굳게 세우며 또 그 후손을 영구케 하여 그 위(位)[왕위]**를 하늘의 날과 같게 하리로다.**

하나님께서는 또 다윗의 손을 바다 위에 세우시며 그의 오른손을 강들 위에 세우실 것이다. 이 말씀은 다윗 왕국의 세력이 지중해와 유브라데 강까지 확장될 것을 보이는 것 같다. 그것은 또 신약교회가 온 땅의 모든 나라들 가운데 확장될 것을 암시한다.

다윗은 하나님을 향해 "주는 나의 아버지시요 나의 하나님이시요 나의 구원의 바위시라"고 부를 것이다. 그 고백은 하나님과의 친밀한 관계를 증거한다. '나의 아버지'라는 말은 자신을 창조하시고 양육하시는 자라는 뜻이다. 또 '나의 하나님'이라는 말은 자신이 하나님을 섬기며 순종하는 친밀한 관계를 나타낸다. 또 '나의 구원의 바위'라는 말은 자신을 죄와 환난과 죽음으로부터 구원하시는 자라는 뜻이다.

하나님께서는 또 다윗을 향해 베푸실 그 외의 복된 은혜들에 대해 증거하신다. 그것은 다윗의 자손 예수 그리스도 안에서 우리에게 주신 은혜들이다. 하나님께서는 그를 장자로 삼으실 것이다. 예수께서는 우리 모든 성도 중 '맏아들'이라고 불리신다(롬 8:29). 또 하나님께서는 그를 세계 열왕의 으뜸이 되게 하실 것이다. 예수 그리스도께서는 온 세상에서 가장 크신 왕이시며 만왕의 왕이시다(계 19:16).

또 하나님께서는 그를 위해 그의 인자함을 영구히 지키실 것이다. 예수 그리스도께서는 우리의 영원한 의이시다. 또 하나님께서는 다윗과 맺은 언약을 굳게 세우실 것이다. 예수 그리스도께서는 영원한 새 언약의 중보이시다(히 9:15). 또 하나님께서는 다윗의 후손을 영원히 있게 하실 것이다. 예수님 믿는 성도들의 모임인 신약교회는 세상 끝날까지 항상 있을 것이다. 또 하나님께서는 다윗의 보좌를 하늘의 날과 같이 영원하게 하실 것이다. 주 예수께서는 영원한 왕이시다.

〔30-37절〕 만일 그 자손이 내 법을 버리며 내 규례대로 행치 아니하며 내 율례를 파하며 내 계명을 지키지 아니하면 내가 지팡이로 저희 범과를 다스리며 채찍으로 저희 죄악을 징책**하리로다. 그러나 나의 인자함을 그에게서 다 거두지 아니하며 나의 성실함**[신실함]**도 폐하지 아니하며 내 언약을 파하지 아니하며 내 입술에서 낸** 것도 **변치 아니하리로다. 내가 나의 거룩함으로 한번 맹세하였은즉 다윗에게 거짓을 아니할 것이라. 그 후손이 장구하고 그 위(位)**[왕위]**는 해같이 내 앞에 항상 있으며 또 궁창의 확실한 증인 달같이 영원히 견고케 되리라 하셨도다(셀라).**

물론, 하나님께서 다윗에게 주신 언약은 그의 자손들이 죄만 짓는데도 유효(有效)한 언약은 아니다. 하나님께서는 그의 자손들이 그의 율법을 버리며 그의 계명을 지키지 않으면 그들의 범과를 다스리실 것이며 그들에게 평안 대신 징계의 채찍을 내리실 것이다. 하나님의 자녀들은 범죄하면 하나님의 징계를 받을 것이다(히 12:8).

하나님께서는 또, "그러나 나의 인자함을 그에게서 다 거두지 아니하며 나의 신실함도 폐하지 아니하며 내 언약을 파하지 아니하며 내 입술에서 낸 것도 변치 아니하리로다"라고 말씀하신다. 징책은 미움의 표현이 아니고 사랑과 관심의 표현이다. 하나님께서는 그 사랑하시는 자를 징계하신다(히 12:6). 하나님께서는, "내가 나의 거룩함으로 한번 맹세하였은즉 다윗에게 거짓을 아니할 것이라"고 말씀하신다. 다윗에게 하신 하나님의 언약은 맹세로 하신 언약이었고 하나님께서는 그 언약을 끝까지 지키실 것이다.

하나님의 언약의 내용에는 "그 후손이 장구하고 그 왕위는 해같이 내 앞에 항상 있으며 또 궁창의 확실한 증인 달같이 영원히 견고케 되리라"는 말씀이 포함되어 있다. '그 후손'이라는 원어는 단수명사로 일차적으로 다윗의 자손으로 오실 메시아를 가리키는 것 같다. 그러나 그것은 또한 그를 믿고 따르는 자들의 모임인 신약교회도 가리킬 것이다. 또한 메시아의 왕위는 해와 달같이 하나님 앞에 항상 있고 영원히 견고케 될 것이다. 히브리서 13:8의 말씀대로, 예수 그리스도께서는 어제나 오늘이나 영원토록 동일하시다.

〔38-45절〕 그러나 주께서 주의 기름 부음 받은 자를 노하사 물리쳐 버리셨으며 주의 종의 언약을 미워하사 그 관을 땅에 던져 **욕되게 하셨으며 저의 모든 울타리를 파괴하시며 그 보장(保障)**[요새들]**을 훼파하셨으므로 길로 지나는 자들에게 다 탈취를 당하며 그 이웃에게 욕을 당하나이다. 주께서 저의 대적의 오른손을 높이시고 저희 모든 원수로 기쁘게 하셨으며 저의 칼날을 둔하게 하사 저로 전장(戰場)**[전쟁터]**에 서지 못하게 하셨으며 저의 영광을 그치게 하시고 그 위**[왕위]**를 땅에 엎으셨으며 그 소년의 날을 단축케 하시고 저를 수치로 덮으셨나이다(셀라).**

이스라엘 백성은 하나님의 능력과 인자하심과 신실하심을 여러 번 체험했었다. 그러나 하나님께서는 그의 기름 부음 받은 자를 노하셔서 물리쳐 버리셨고 그의 종의 언약을 미워하셔서 그 관을 땅에 던져 욕되게 하셨다. 그에게 성령을 부으시고 언약을 맺어 친밀한 관계를 가지시고 영광의 관을 씌우셨던 하나님께서 그들에게 이렇게 행하신 것이다. 또 하나님께서는 그를 보호하려고 주셨던 울타리를 파괴하시며 그 요새들을 부수셨으므로 이스라엘 백성은 길로 지나는 자들에게 다 탈취를 당하며 그 이웃 나라들에게 욕을 당하였다.

또 하나님께서는 그의 대적들의 오른손을 높이시고 그 모든 원수들로 기쁘게 하셨고 그의 칼날은 둔하게 하셔서 그로 전쟁터에 서지 못하게 하셨다. 전쟁의 승패는 하나님께 있다. 하나님께서는 원수를 힘있게 하여 우리를 이기게 하실 수도 있고, 또 반대로 우리를 힘있게 하여 원수를 이기게 하실 수도 있다. 그는 우리의 칼날을 날카롭게도 하시고 둔하게도 하신다. 그가 이전에 이스라엘 나라에 승리를 주셨었으나, 지금 그는 원수들이 그들을 이기게 하셨다.

또 하나님께서는 이스라엘의 영광을 그치게 하시고 그의 보좌를 땅에 엎으셨다. 또 그는 그 소년의 날을 단축하게 하시고 그를 수치로 덮으셨다. 개인과 국가의 영광과 존속은 하나님의 전적인 은혜이다. 하나님께서는 이스라엘 백성에게 영광과 장수를 줄 수 있으시나 지금 그들에게 영광 대신 수치를, 장수 대신 단명(短命)을 주셨다.

하나님께서는 주권적 섭리자이시다. 그는 이스라엘에게 노하시고 그들의 울타리와 요새를 파괴하시고 그들로 패배케 하시고 그들에게 수치와 죽음을 주셨다. 그가 이 모든 일들을 행하신 까닭은 그들의 범죄 때문이었다. 이것은 성경 전체에 증거된 진리이다.

〔46-52절〕 여호와여, 언제까지니이까? 스스로 영원히 숨기시리이까? 주의 노가 언제까지 **불붙듯 하시겠나이까? 나의 때가 얼마나 단촉한지 기억하소서. 주께서 모든 인생을 어찌 그리 허무하게 창조하셨는지요. 누가 살아서 죽음을 보지 아니하고 그 영혼을 음부**[무덤]**의 권세에서 건지리이까? (셀라). 주여, 주의 성실하심**[신실하심]**으로 다윗에게 맹세하신 이전 인자하심이 어디 있나이까? 주는 주의 종들의** 받은 **훼방**[비방]**을 기억하소서. 유력한 모든 민족의** 훼방[비방]이 **내 품에 있사오니 여호와여, 이 훼방**[비방]**은 주의 원수가 주의 기름 부음 받은 자의 행동을 훼방**[비방]**한 것이로소이다. 여호와를 영원히 찬송할지어다. 아멘, 아멘.**

시편 저자는 “여호와여, 언제까지니이까? 스스로 영원히 숨기시리이까? 주의 노가 언제까지 불붙듯 하시겠나이까?”라고 말한다. 그는 지금 이스라엘 나라가 하나님의 진노 아래 있다고 고백하는 것이다. 그는 하나님께서 그들에게 긍휼의 응답하심과 도우심을 주시지 않은 것이 그들에 대한 그의 진노 때문이라고 깨닫고 있는 것이다.

시편 저자는 또 지금 이스라엘 나라가 죽음 앞에 서 있다고 고백한다. 그는, “나의 때가 얼마나 단촉한지 기억하소서. 주께서 모든 인생을 어찌 그리 허무하게 창조하셨는지요. 누가 살아서 죽음을 보지 아니하고 그 영혼을 무덤의 권세에서 건지리이까?”라고 말한다. 죽음 앞에 선 자는 인생의 짧음과 허무함을 실감하게 된다. 구약성경에서 ‘음부’(陰府)라는 말(쉐올 שְׁאוֹל)은 무덤 혹은 지옥을 가리킨다.

시편 저자는 또 이스라엘이 많은 원수들의 비방을 받고 있다고 말한다. 그는, "주는 주의 종들의 받은 비방을 기억하소서. 유력한 모든 민족의 비방이 내 품에 있사오니 여호와여, 이 비방은 주의 원수가 주의 기름 부음 받은 자의 행동을 비방한 것이로소이다"라고 말한다. 사람이 범죄했을 때 비방을 받기도 하지만, 의인들은 까닭 없이 비난을 받기도 한다. 예수님도, 바울도 그런 비방을 받았었다.

시편 저자는 그러나 이런 상황 속에서 낙심치 않고 하나님의 인자하심과 신실하심을 언급하며 의지하는 그의 마음을 표현한다. 그는, "주여, 주의 신실하심으로 다윗에게 맹세하신 이전 인자하심이 어디 있나이까?"라고 말한다. 하나님께서는 이전에 그의 인자하심으로 다윗에게 언약을 맺으셨고 맹세하셨다. 그는 그 언약을 영원히 지키실 것이다. 하나님께서는 그를 경외하며 의지하는 모든 사람에게 인자하시고 신실하시다. 그들이 참으로 죄를 회개했다면 그럴 것이다.

본문의 교훈을 정리해보자. 첫째로, 하나님께서는 자기 백성된 성도들에게 능력과 인자하심과 신실하심을 약속하셨다. 그는 그가 기름을 부어 세우신 다윗에게 돕는 힘을 주시기를 약속하셨고(19, 21절) 그의 신실하심과 인자하심을 끝까지 주실 것을 약속하셨다(24절). 하나님께서는 자기 백성에게 약속하신 그의 인자하심을 영구히 지키실 것이다.

둘째로, 그러나 하나님께서는 때때로 자기 백성에게 노하신다. 38절, "그러나 주께서 주의 기름 부음 받은 자를 노하사 물리쳐 버리셨으며." 46절, "여호와여, 언제까지니이까? 스스로 영원히 숨기시리이까? 주의 노가 언제까지 불붙듯 하시겠나이까?" 하나님의 진노는 두렵다. 하나님께서 노하시는 까닭은 오직 그들의 죄 때문이다(히 12:6, 8).

셋째로, 그러나 우리는 고난 중에도 하나님의 인자하심과 신실하심을 의지하며 회개하며 하나님께 간구해야 한다. 49절, "주여, 주의 신실하심으로 다윗에게 맹세하신 이전 인자하심이 어디 있나이까?" 하나님께서는 성도의 참된 회개와 믿음의 간구를 외면치 않으실 것이다.

90편: 하나님의 영원하심과 인생의 덧없음

하나님의 사람 모세(신 33:1; 수 14:6; 스 3:2)의 기도.

〔1-2절〕 주여, 주는 대대에 우리의 거처가 되셨나이다. 산이 생기기 전, 땅과 세계도 주께서 조성하시기 전, 곧 영원부터 영원까지 주는 하나님이시니이다.

낮의 더위와 밤의 추위를 막고 도적을 방지하고 편히 쉴 수 있는 집처럼, 영원하신 하나님께서는 우리의 영원한 집이 되신다. 그 집은 낡아 재건축이 필요치 않는 완전하고 영원한 집이다. 창조주 하나님께서는 천지와 만물을 창조하시기 전부터 계신 자이시며 영원자존하신 하나님이시며 우주와 인생의 근본이시며 모든 문제의 해답이시다.

〔3-6절〕 주께서 사람을 티끌로 돌아가게 하시고 말씀하시기를 너희 인생들은 돌아가라 하셨사오니 [이는] **주의 목전에는 천년이 지나간 어제 같으며 밤의 한 경점 같을 뿐임이니이다. 주께서 저희를 홍수처럼 쓸어가시나이다. 저희는 잠깐 자는 것 같으며 아침에 돋는 풀 같으니이다.** 풀은 **아침에 꽃이 피어 자라다가 저녁에는 벤 바 되어 마르나이다.**

영원하신 하나님과 대조하여, 인생은 너무 짧고 덧없다. 하나님께서는 범죄한 사람을 티끌로 돌아가게 하시며 “너희 인생들아, 돌아가라”고 말씀하셨다(창 3:19). 하나님께서는 인생을 허무하게 하셨다. 하나님께서 보시기에 천년은 지나간 어제 같으며 밤의 한 경점 같을 뿐이다. 사람이 노아 시대의 홍수가 있기 전의 선조들처럼 천년 가까이 산다 할지라도 죽고나면 그 긴 세월은 밤의 한 경점에 불과할 것이다. 주께서는 그들을 홍수처럼 쓸어가신다. 죽음은 홍수처럼 일생의 모든 것을 쓸어가며, 인생의 복잡다단한 삶을 꿈같이 만든다. 인생은 잠깐 잠자는 것 같으며 아침에 돋는 풀과 같다. 풀이 자라고 꽃을 피다가 베어지듯이, 인생의 삶과 성공은 죽음으로 끝나고 만다.

〔7-9절〕 우리는 주의 노(怒)에 소멸되며 주의 분내심에 놀라나이다. 주

께서 우리의 죄악을 주의 앞에 놓으시며 우리의 은밀한 죄를 주의 얼굴 빛 가운데 두셨사오니 우리의 모든 날이 주의 분노 중에 지나가며 우리의 평생이 일식간(케모 헤게 כְּמוֹ־הֶגֶה)[한숨같이](NASB)**에 다하였나이다.**

모세는 사람의 죽음의 원인이 죄에 대한 하나님의 진노라고 말한다. 인류의 시조 아담과 하와가 범죄치 않았더라면 사람은 죽지 않았을 것이다. 하나님께서는 본래 사람을 죽도록 창조하지 않으셨다. 그러나 그는 아담에게 범죄하면 정녕 죽으리라고 경고하신 대로 그가 범죄하였을 때 죽음의 벌을 내리셨다(창 2:16-17; 창세기 5장).

〔10-12절〕 우리의 연수가 칠십이요 강건하면 팔십이라도 그 연수의 자랑은 수고와 슬픔뿐이요 신속히 가니 우리가 날아가나이다. 누가 주의 노(怒)의 능력을 알며 누가 주를 두려워하여야 할 대로 주의 진노를 알리이까? 우리에게 우리 날 계수함을 가르치사 지혜의 마음을 얻게 하소서.

모세는 사람의 수명을 70년 혹은 80년이라고 말한다. 오늘날도 80세 이상 사는 사람은 건강한 자요 장수한 자에 속할 것이다. 그러나 인생의 자랑거리가 있다면 그것은 수고와 슬픔뿐이다. 또 그 수고로운 세월도 어떻게 그리 빨리 가는지 모른다. 세월은 화살같이 빨리 지나가고 흐르는 강물같이 빨리 흘러간다.

우리는 이런 빠른 세월, 짧은 인생의 삶 속에서 하나님의 진노의 능력을 알아야 한다. 인생이 하나님의 진노로 죽음을 맞이하면서도 죄 짓는 일을 두려워하지 않는다면 얼마나 무지한 자인가. 그러므로 어느 날 자신이 죽을 것이라는 사실을 생각하지 않고 짧은 일생에 일의 우선 순위를 두지 않고 살며 죄를 짓는 자는 어리석은 자이다.

〔13-15절〕 여호와여, 돌아오소서. 언제까지니이까? 주의 종들을 긍휼히 여기소서. 아침에 주의 인자로 우리를 만족케 하사 우리 평생에 즐겁고 기쁘게 하소서. 우리를 곤고케 하신 날수대로와 우리의 화를 당한 연수대로 기쁘게 하소서.

하나님께서는 사람의 죄 때문에 사람들을 멀리 떠나셨다. 그 결과,

사람의 일생은 수고와 슬픔이 가득한 삶이 되었고 이 세상은 '사망의 음침한 골짜기'(시 23:4)가 되었다. 그러나 이제 모세는 하나님께서 돌아오시기를 구하며 주의 종들을 긍휼히 여기시기를 구한다.

하나님의 공의로는 사람들의 죄에 대한 진노와 죽음의 벌만 있지만, 하나님의 인자와 긍휼로는 그들의 죄를 용서하시고 그들을 죽음과 지옥 형벌에서 건져주시고 영생을 주신다. 하나님의 뜻은 사람들이 구원을 얻어 기쁘게 사는 것이다. 구원은 우리의 기쁨을 회복시킨다. 천국은 기쁨과 즐거움의 나라이다(롬 14:17).

모세는 우리가 곤고함을 당한 햇수들만큼 기쁨을 얻게 해달라고 소원한다. 그러나 실상 하나님께서는 우리에게 훨씬 그 이상을 주신다. 사사기를 보면, 하나님께서는 옷니엘 때에 징계를 8년간 주셨으나 평안을 40년간 주셨고, 에훗 때에 징계를 18년간 주셨으나 평안을 80년간 주셨으며, 기드온 때도 징계를 7년간 주셨으나 평안을 40년간 주셨다. 이와 같이, 인생의 수고로운 삶은 70-80년이지만, 하나님께서 주시는 천국은 영원하다. 천국의 복과 기쁨은 영원하다.

〔16-17절〕 주의 행사를 주의 종들에게 나타내시며 주의 영광을 저희 자손에게 나타내**소서. 주 우리 하나님의 은총**(노암 נֹעַם)[기쁨]**을 우리에게 임하게 하사 우리 손의 행사를 우리에게 견고케 하소서. 우리 손의 행사를 견고케 하소서.**

'주의 행사' 곧 하나님의 행하시는 일은 이스라엘 백성의 회복의 일이며 사람들을 죄와 죽음과 하나님의 진노로부터 구원하는 일이다. 하나님께서는 만세 전에 택하신 사람들이 구원 얻어 영생에 이르기를 원하신다. 영생은 택한 백성을 향하신 하나님의 뜻이며 약속이다.

모세는 "주의 영광을 저희 자손에게 나타내소서"라고 말한다. 인류는 범죄함으로 하나님의 영광을 잃어버렸다. 그러나 구원은 그 잃어버린 하나님의 영광을 회복하는 일이다. 이 일은 말씀이 육신이 되신 하나님의 독생자께서 그의 영광을 죄인들에게 비추시므로 이루어질 것이다. 하나님께서는 예수 그리스도를 믿는 자들을 의롭다 하시고 장차 영광스런 몸의 부활과 영광스런 천국을 그들에게 주실 것이다.

모세는 또 "주 우리 하나님의 기쁨을 우리에게 임하게 하사"라고 말한다. 하나님께서는 그가 은혜와 호의를 베풀기를 기뻐하시는 자들에게 기쁨을 주신다. 모세는 또 "우리 손의 행사를 우리에게 견고케 하소서"라고 두 번 말하는데, 그것은 "우리에게 주신 구원을 온전케 하소서"라는 말과 같다. 우리는 하나님의 은혜로 구원을 얻었고 하나님의 뜻대로 구원 얻은 우리는 우리의 성화를 온전히 이루어야 하며, 또 선행의 열매를 많이 맺어야 한다.

시편 90편의 교훈을 정리해보자. 첫째로, 우리는 창세 전부터 스스로 계신 영원하신 하나님을 알고 그를 우리의 집으로 삼아야 한다. 영원하신 하나님을 우리의 집으로 삼는 것이 구원이다. 그런 자들이 하나님의 나라 백성이며 그들에게 죄사함과 참 평안과 안식이 있다(마 11:28).

둘째로, 우리는 이 세상이 허무한 세상임을 알아야 한다. 이 세상의 삶은 천년을 산다 하더라도 지나간 어제와 같고 밤의 한 경점과 같다. 하나님께서는 사람들을 홍수처럼 쓸어가신다. 그것은 죽음을 가리킨다. 인생은 잠깐 자는 것 같으며 아침에 돋는 풀과 같다. 이 세상의 이런 허무함은 사람의 죄에 대한 하나님의 공의의 벌이다. 그러므로 우리는 이 세상 위주로 살지 말고 하나님과 천국 위주로 살아야 한다.

셋째로, 우리는 기쁨과 평안 가운데 의와 거룩과 선을 행해야 한다. 하나님께서는 우리를 긍휼히 여기셔서 이 세상에서의 곤고한 80년의 삶과 비교할 수 없는 내세의 복된 천국과 영원한 삶을 약속하셨고 현세에서도 평안과 기쁨을 허락하셨다. 우리는 주 안에서 평안하며 성령 안에서 기뻐하며 산다. 또 하나님께서는 우리 손의 행사를 견고케 하신다. 우리는 하나님의 은혜로 성화(聖化)를 이루며 의와 거룩과 선의 열매를 맺어야 한다. 성도는 의와 선을 행하다가 천국에 들어가야 한다.

91편: 하나님의 보호와 도우심을 얻음

〔1-4절〕 지존자의 은밀한 곳에 거하는 자는 전능하신 자의 그늘 아래 거하리로다. 내가 여호와를 가리켜 말하기를 저는 나의 피난처요 나의 요새요 나의 의뢰하는 하나님이라 하리니 이는 저가 너를 새 사냥꾼의 올무에서와 극한 염병에서 건지실 것임이로다. 저가 너를 그 깃으로 덮으시리니 네가 그 날개 아래 피하리로다. 그의 진실[신실]**함은 방패와 손 방패가 되나니.**

하나님께서는 지극히 높으시고 존귀하신 분이시며 능력이 지극히 크신 분이시다. 하나님을 섬기는 생활은 지존하신 하나님을 의지하고 그와 교제하며 그 안에 거하는 것이다. 그런 자는 전능하신 하나님의 보호와 도우심을 경험할 것이다. 세상에는 새 사냥꾼의 올무와 같은 것이 있고 무서운 전염병이 있으며 그 배후에는 하나님과 그의 백성을 대적하는 사탄과 악령들이 있으나, 우리가 의지하는 하나님께서는 우리의 피난처와 요새가 되셔서 그것을 피하게 도우신다. 새끼새들은 약하고 위험한 환경을 두려워하지만, 어미새가 그것들을 품어주면 그 품이 안전하고 평안하듯이, 하나님께서는 우리를 그 깃으로 덮으시고 우리는 그의 날개 아래 피한다. 또 전쟁에서 튼튼한 방패와 손 방패가 있으면 안전하듯이, 하나님의 신실하심은 우리의 방패와 손 방패가 되신다. 하나님을 의지함이 성도들의 힘과 방패이다.

〔5-8절〕 너는 밤에 놀램과 낮에 흐르는 살과 흑암 중에 행하는 염병[전염병]**과 백주**[대낮]**에 황폐케 하는 파멸을 두려워 아니하리로다. 천인이 네 곁에서, 만인이 네 우편에서 엎드러지나 이** 재앙이 **네게 가까이 못하리로다. 오직 너는 목도하리니 악인의 보응이 네게 보이리로다.**

성도는 "밤에 놀램과 낮에 흐르는 살과 흑암 중에 행하는 전염병과 대낮에 황폐케 하는 파멸" 즉 한밤중에 들이닥치는 도적이나 강도, 갑자기 생긴 고열이나 복통을 동반한 무서운 전염병, 대낮의 전쟁 등을 두려워하지 않는다. 그들의 전후좌우에서 많은 사람이 죽어가기도 하지만, 이런 재앙이 성도들에게 가까이 하지 못할 것이다. 그런 재앙은 하나님께서 악인들에게 내리시는 것이며 악인들은 재앙의 날에 넘어질 것이다. 재앙은 악인들이 세상에서 받을 보응이다. 잠언 24:16은, "대저 의인은 일곱 번 넘어질지라도 다시 일어나려니와 악인은 재앙으로 인하여 엎드러지느니라"고 말한다.

그러나 성도는 세상의 모든 일을 섭리하시는 하나님께서 자신을 보호하실 것을 믿는다. 혹시 성도가 그 재앙에서 죽는다 할지라도, 그는 하나님의 약속하신 부활과 영생을 믿음으로 낙심하거나 슬퍼하지 않는다. 왜냐하면 주께서 "나는 부활이요 생명이니 나를 믿는 자는 죽어도 살리라"고 분명하게 말씀하셨기 때문이다(요 11:25). 그러나 실상 성도는 하나님의 뜻 가운데 그의 작정하신 때가 아니면 그렇게 쉽게 죽지 않을 것이다. 하나님께서는 가장 유익하고 좋은 길로 우리를 인도하실 것이다. 로마서 8:28, "우리가 알거니와 하나님을 사랑하는 자 곧 그 뜻대로 부르심을 입은 자들에게는 모든 것이 합력하여 선을 이루느니라." 그러므로 성도는 어떤 절망적인 상황에서도 낙심치 않고 또 목숨을 잃을까봐 두려워하지도 않는다.

〔9-13절〕 네가 말하기를 **여호와는 나의 피난처시라 하고 지존자로 거처를 삼았으므로**[이는 네가 나의 피난처 여호와 지존자를 네 집으로 삼았음이라](KJV, NASB) **화가 네게 미치지 못하며 재앙이 네 장막에 가까이 오지 못하리니 저가 너를 위하여 그 사자들을 명하사 네 모든 길에 너를 지키게 하심이라.** [이는] **저희가 그 손으로 너를 붙들어 발이 돌에 부딪히지 않게 하리로다**[할 것임이로다]. **네가 사자와 독사를 밟으며 젊은 사자와 뱀을 발로 누르리로다.**

재앙이 하나님을 의지하는 자에게 오지 않는다고 말한 까닭은 그가 피난처 되시는 지존하신 하나님을 그의 집으로 삼았기 때문이다. 지존하신 하나님을 피난처와 집으로 삼는 자는 그의 특별한 보호와 도우심을 체험할 것이다. 화가 그에게 미치지 못할 것이며 재앙이 그의 장막에 가까이 오지 못할 것이다. 하나님을 의지하는 자에게 화가 미치지 못하는 까닭은 하나님께서 그를 위해 그 천사들을 명하셔서 그의 모든 길에서 그를 지키게 하시기 때문이다. 천사들은 하나님의 창조물로서 그의 명하시는 일들을 받드는 자들인데, 성도들의 모든 길 즉 그들의 삶의 모든 부분에서 그들을 지키고 그들을 도울 것이다. 다니엘의 세 친구들을 뜨거운 풀무불에 타지 않게 지켜주신 것처럼(단 3장), 다니엘을 사자에게 먹히지 않게 막아주신 것처럼(단 6장), 또 감옥에 갇혀서 내일이면 죽을 사도 베드로를 기이하게 빼어내신 것처럼(행 12장), 천사들은 하나님의 지시로 성도들을 도울 것이다.

또 성도는 사자와 독사를 밟으며 젊은 사자와 뱀을 발로 누를 것이다. 사자와 독사, 젊은 사자와 뱀은 성도를 해치는 악한 세력 즉 사탄과 악령들과 악인들을 가리킨다. 베드로는 "너희 대적 마귀가 우는 사자같이 두루 다니며 삼킬 자를 찾는다"고 말했다(벧전 5:8). 그러나 성도는 재앙을 피할 뿐만 아니라, 또한 악의 세력들을 발로 밟듯이 이길 것이다. 그러므로 사도 바울은 로마서 16:20에서 "평안의 하나님께서 속히 사단을 너희 발 아래서 상하게 하시리라"라고 말했다.

〔14-16절〕 하나님이 가라사대 **저가 나를 사랑한즉 내가 저를 건지리라. 저가 내 이름을 안즉 내가 저를 높이리라. 저가 내게 간구하리니 내가 응답하리라. 저희 환난 때에 내가 저와 함께하여 저를 건지고 영화롭게 하리라. 내가 장수함으로 저를 만족케 하며 나의 구원으로 보이리라 하시도다.**

시편 저자는 하나님의 말씀을 대언한다. 하나님께서는 "저가 나를 사랑한즉 내가 저를 건지리라"고 말씀하신다. 그는 하나님을 기뻐하고 가까이하고 사랑하는 자를 환난과 재앙 중에 내버려두지 않으시고 그를 도와 주시고 건져 주신다. 하나님께서는 또 "저가 내 이름을 안즉 내가 저를 높이리라"고 말씀하신다. 그는 그의 이름을 알고 그를 찬송하고 그에게 기도하며 그를 의지하는 자를 도우셔서 환난에서 건져내어 주시고 재앙이 없는 안전한 곳으로 높이신다. 하나님께서는 또 "저가 내게 간구하리니 내가 응답하리라"고 말씀하신다. 그의 기도 응답의 약속은 성도에게 참으로 복된 일이다. 왜냐하면 기도 응답 속에는 모든 좋은 것들이 다 들어 있기 때문이다.

또 하나님께서는 "저희 환난 때에 내가 저와 함께하여 저를 건지고 영화롭게 하리라"고 말씀하시고, 또 "장수로 내가 저를 만족케 하며 나의 구원을 보게 하리라"(원문)고 말씀하신다. 장수(長壽)는 영육의 생명의 강건함을 포함한다. 사람은 죽음을 가장 싫어한다. 사람에게 가장 위협적인 말은 '죽인다'는 말일 것이다. 그러나 하나님께서 주시는 큰복은 장수의 복이며 그 절정이 영생이다. '나의 구원'이라는 말은 환난과 질병과 죄와 죽음으로부터의 구원을 다 포함한다.

시편 91편의 교훈을 정리해보자. 하나님을 의지하는 자는 그의 보호하심과 도우심을 얻는다. 하나님께서는 전능하신 하나님이시므로 그에게 피하며 그를 의지하는 자는 무서운 질병으로부터, 전쟁으로부터, 각종 재앙으로부터 보호하심을 얻는다. 세상은 환난과 재앙이 많은 세상이지만, 하나님을 경외하고 자신의 모든 부족과 연약을 고백하고 그를 의지하며 그에게 순종하는 자는 그의 보호하심을 얻으며 또 그 재앙으로부터 구원을 얻는다. 악인은 재앙으로 인해 넘어지지만, 하나님께서는 그를 경외하고 의지하며 회개하고 순종하는 성도들을 위해 천사들을 보내어 그들을 지키시고 도우시며 고난에서 건져주실 것이다.

그러므로 성도는 하나님을 알고 그를 경외하고 사랑하고 의지하며 모든 죄악된 생각과 말과 행위들을 버리고 하나님의 계명대로 의와 선을 행해야 하며 또 어떤 이유로 인해서든지 어려운 일을 당할 때 낙심치 말고 생각나는 죄들을 다 회개하며 예수 그리스도의 십자가의 의만 의지하고 하나님께 간구해야 한다. 악인은 악행에 대해 하나님의 보응을 받을 것이지만, 하나님을 경외하고 죄와 부족을 회개하고 의와 선을 행하기를 결심하는 성도는 하나님의 보호와 도우심을 얻을 것이다.

92편: 하나님의 인자하심과 신실하심을 찬양함

〔1-4절〕 지존자여, 십현금과 비파와 수금의 정숙(靜肅)한 소리로 여호와께 감사하며 주의 이름을 찬양하며 아침에 주의 인자하심을 나타내며 밤마다 주의 성실하심[신실하심]**을 베풂이 좋으니이다.** [이는] **여호와여, 주의 행사로 나를 기쁘게 하셨으니 주의 손의 행사를 인하여 내가 높이 부르리이다**[부를 것임이니이다].

안식일의 찬송시. 하나님께서는 '지존자(至尊者)' 곧 지극히 높으시고 존귀하신 자이시다. 하나님의 인자하심은 우리의 죄들과 허물들을 용서하시고 우리를 용납하심, 즉 우리의 구원에서 가장 잘 나타났고, 또 그의 신실하심은 그의 은혜의 언약을 끝까지 지키심을 말한다. 우리는 아침 즉 하루를 시작하는 첫 시간에 하나님을 찬양하고 또 밤마다 즉 하루를 마치고 잠자리에 드는 시간에도 하나님을 찬양해야 하며, 하나님의 인자하심과 그의 신실하심을 노래해야 할 것이다.

시편 저자는 하나님을 찬양하는 방법에 관해 "십현금과 비파와 수금의 정숙한 소리로" 감사하며 찬양한다고 말한다. 그는 목소리로 뿐만 아니라, 악기들을 사용하여 하나님을 찬양한다. '정숙한 소리'라는 원어(힉가욘 הִגָּיוֹן)는 '묵상'이라는 뜻(시 19:14)을 가진 단어로 '엄숙하고 부드러운 소리'를 가리켰다고 본다. 하나님을 찬송하는 소리는 시끄럽고 혼란스럽지 않고, 엄숙하고 부드러운 소리, 질서 있고 아름다운 소리이어야 할 것이다(시 96:9; 빌 1:10).

또 시편 저자는 하나님을 찬양하는 이유로 하나님께서 그의 손의 행사로 그를 기쁘게 하셨기 때문이라고 말한다. 하나님의 손의 행사 즉 하나님의 창조 사역과 우리에게 베푸신 그의 구원의 은혜는 우리의 기쁨의 이유이며 또한 찬송의 이유이다.

〔5-8절〕 여호와여, 주의 행사가 어찌 그리 크신지요. 주의 생각이 심히

깊으시니이다. 우준한 자는 알지 못하며 무지한 자도 이를 깨닫지 못하나이다. 악인은 풀같이 생장(生長)하고[싹이 트며] **죄악을 행하는 자는 다 흥왕할지라도 영원히 멸망하리이다. 여호와여, 주는 영원토록 지존하시니이다.**

하나님의 행하신 일들은 참으로 위대하시다. 하나님께서 온 우주를 창조하신 일, 또한 그의 섭리하시는 모든 일들, 예를 들어, 노아 시대의 홍수 심판, 소돔과 고모라 성의 유황불비 심판, 애굽에 내린 열 가지 재앙, 홍해를 건넌 놀라운 일, 또 예수 그리스도의 탄생, 기적들, 십자가의 죽음과 부활, 승천 등의 기이한 일들이 그러하다.

또 하나님의 생각은 심히 깊으시다. 그는 창세 전에 세상의 모든 일을 작정하셨고 특히 인류의 구원을 계획하셨다. 그는 그의 정하신 때에 정하신 방법으로 모든 일을 행하신다. 그는 성도 개인의 구원과 세계복음화의 전 과정을 섭리하신다. 세상을 향한 그의 섭리의 과정은 심히 깊고 헤아릴 수 없다. 그러나 어리석고 무지한 자들은 하나님의 하신 일들을 알지 못하며 깨닫지 못한다. 그들은 세계 역사의 흐름을 알지 못하며 심지어 사람의 존재의 목적도 알지 못한다.

악인들은 일시적으로 흥왕할지라도 결국 영원히 멸망할 것이다. 시편 73편의 저자도 악인이 건강하고 항상 평안하고 재물이 더하는 형통을 누리지만, 하나님께서 그를 파멸에 던지시므로 갑자기 황폐케 된다고 증거했다(시 73:3-12, 18-19). 그러나 우리 하나님께서는 영원토록 지존하시다. '지존(至尊)하다'는 말은 그의 존귀와 영광이 지극히 크심을 나타낸다. 악인들의 영광은 일시적이나, 하나님께서는 창조와 섭리의 모든 일들을 통해 영원히 높임을 받으실 것이다.

[9-11절] 여호와여, 주의 원수 곧 주의 원수가 패망하리니 죄악을 행하는 자는 다 흩어지리이다. 그러나 주께서 내 뿔을 들소의 뿔같이 높이셨으며 내게 신선한 기름으로 부으셨나이다. 내 원수의 보응받는 것을 **내 눈으로 보며 일어나 나를 치는 행악자에게 보응하심을 내 귀로 들었도다.**

'하나님의 원수들'은 하나님과 그의 진리와 그의 나라와 그의 일들을 대적하는 자들이다. 그들은 또 죄악을 행하는 자들이다. 죄는 하나님의 계명을 어기는 것, 그의 뜻을 거스르는 것이다. 죄악을 행하는 자들은 하나님을 불쾌하시게 하며 그의 진노와 심판을 가져올 것이며 그 결과 자신들에게는 큰 해(害)와 불행이 될 것이다. 그들은 세상에서 결국 패망할 것이며 다 흩어질 것이다.

그러나 성도들은 더욱 힘을 얻을 것이다. 시편 저자는, "그러나 주께서 내 뿔을 들소의 뿔같이 높이셨으며 내게 신선한 기름으로 부으셨나이다"라고 말한다. 뿔은 힘을 가리킨다. 들소의 뿔은 매우 강한 힘을 나타낸다. 또 기름은 성령을 상징할 것이다. 하나님께서는 하나님을 경외하는 자들에게 들소 뿔 같은 힘과 용기를 주시며 그들에게 신선한 기름, 즉 성령의 지혜와 위로와 기쁨을 주신다.

시편 저자는 또 "내 원수의 보응받는 것을 내 눈으로 보며 일어나 나를 치는 행악자에게 보응하심을 내 귀로 들었도다"라고 말한다. '주의 원수'는 또 '성도의 원수'이다. 그들은 참된 성도들을 핍박하고 대적한다. 그들은 악을 행한 자들이다. 이 세상은 악인들이 활개치는 세상이며 사람의 본성은 심히 악하게 변질되었다. 그러나 하나님께서는 악인들에게 보응하실 것이다. 그는 마지막 날에 그들에게 지옥 형벌을 내리실 뿐 아니라, 세상에서도 공의로 보응하실 것이다. 성도들은 하나님께서 악인들에게 내리시는 심판을 보고 들을 것이다.

〔12-15절〕 의인은 종려나무같이 번성하며 레바논의 백향목같이 발육하리로다. 여호와의 집에 심겼음이여, 우리 하나님의 궁정[집뜰]**에서 흥왕하리로다. 늙어도 결실하며 진액이 풍족하고** 빛이 **청청하여 여호와의 정직하심을 나타내리로다. 여호와는 나의 바위시라. 그에게는 불의가 없도다.**

의인은 종려나무같이 번성하며 레바논의 백향목같이 발육할 것이다. 요단 계곡에 많이 번식하는 종려나무는 가늘고 키가 크며 잎이 많이 달린 아름다운 나무이며, 기쁨과 승리의 상징으로 쓰이고, 또한 레바논의 백향목은 키가 매우 크고 우람하고 수명이 길고 그 향기가 좋아 집 재목으로 쓰이는 나무이다. 의인은 쇠하거나 망하지 않고 그 인격이 아름답고 향기로우며 강건하고 마침내 영생을 누릴 것이다.

특히 의인은 하나님의 집에 심겨져 흥왕할 것이다. 하나님의 집은 하나님께서 계시며 그의 돌보심이 있는 곳이다. 거기에는 하나님의 풍성한 말씀의 교훈과 성령의 크신 감동과 위로가 있다. 그는 늙어도 결실하며 진액이 풍족하고 빛이 청청할 것이다. 모세가 120세에 그 눈이 흐리지 않고 기력이 쇠하지 않았던 것처럼(신 34:7), 갈렙이 85세에 힘이 강건해 싸움에 나갈 수 있었던 것처럼(수 14:10-12), 의인은 늙어도 심신의 강건함이 있을 것이다. 또 의인은 하나님의 정직함을 나타낼 것이다. 하나님께는 의와 정직함만 있고 불의가 없으시다. 의인은 그의 삶을 통해 하나님의 정직함을 나타내어야 할 것이다.

시편 92편의 교훈을 정리해보자. 첫째로, 창조주 하나님께서는 영원하신 하나님이시며 영원토록 지존하시다. 그는 지극히 높으시고 존귀하신 하나님이시다. 모든 사람은 그 영원하신 하나님께 두려운 마음으로 경배해야 하며 그를 찬양하고 사랑하고 섬기며 순종해야 한다.

둘째로, 우리는 하나님의 인자하심과 신실하심을 아침에도 밤에도 찬양해야 한다. 그의 인자하심과 신실하심은 그의 창조 사역과 섭리의 일들, 특히 예수 그리스도의 대속사역으로 우리를 죄와 지옥 형벌로부터 구원하심에서 잘 나타났다. 우리는 날마다 하나님을 찬송해야 한다.

셋째로, 악인은 영원히 멸망할 것이다. 악인은 하나님을 잘 모르고 무시하고 거역하고 대적하는 자들이다. 그들은 일시적으로 흥왕할지라도 마침내 하나님께서 공의로 징벌하심으로 영원히 멸망할 것이다. 그들은 장차 영원한 불못인 참으로 두려운 지옥의 형벌을 받게 될 것이다.

넷째로, 의인은 종려나무같이, 레바논 백향목같이 번성하며 늙어도 쇠하지 않을 것이다. 의인은 성경말씀과 성령의 감동 가운데 살며 의와 선을 행하는 진실한 자들이며 현세와 내세에 복과 평안을 누릴 것이다.

93편: 하나님께서 능력으로 통치하심

〔1절〕 여호와께서 통치하시니 스스로 권위를 입으셨도다. 여호와께서 능력을 입으시며 띠셨으므로 세계도 견고히 서서 요동치 아니하도다.

천지만물을 창조하신 하나님께서는(창 1:1) 영원하신 하나님이시다. 그는 천지 창조 이전부터 존재하셨다. 그는 여호와 하나님이시다. 구약성경에서 약 6823회 사용된 '여호와'(יהוה)라는 명칭은 '스스로 계신 자'라는 뜻이라고 본다. 하나님께서는 모세에게 "나는 스스로 있는 자니라"고 말씀하셨다(출 3:14). 아브라함은 브엘세바에 에셀나무를 심고 영생하시는 하나님(엘 올람 אֵל עוֹלָם)[영원하신 하나님] 여호와의 이름을 불렀다(창 21:33). 하나님의 사람 모세는 시편 90:2에서 말하기를, "산이 생기기 전, 땅과 세계도 주께서 조성하시기 전, 곧 영원부터 영원까지 주는 하나님이시니이다"라고 하였다.

창조자 하나님께서는 또한 그가 창조하신 천지만물을 통치하시는 하나님이시다. 그는 에덴 동산을 만드시고 첫 사람 아담을 거기에 두시며 그것을 다스리며 지키게 하시고 그에게 "동산 각종 나무의 실과는 네가 임의로 먹되 선악을 알게 하는 나무의 실과는 먹지 말라. 네가 먹는 날에는 정녕 죽으리라"고 경고하셨었다(창 2:16-17).

첫 사람 아담과 그의 아내 하와가 그 명령을 어기고 범죄하였을 때, 하나님께서는 여자에게 잉태와 출산의 수고와 고통을, 남자에게 얼굴에 땀이 흘러야 식물을 먹을 것과 그들이 죽을 것을 선언하셨다(창 3:16-19). 이것은 창조자 하나님께서 통치자이심을 보인다. 또 노아 시대에 사람들이 패괴하고 강포가 땅에 충만하므로 하나님께서 노아의 여덟 식구 외에 온 세상의 모든 사람들을 홍수로 멸망시키셨을 때(창 6-8장) 그의 통치자 되심은 더욱 두렵게 증거되었다.

하나님께서는 살아계셔서 그가 만드신 우주만물을 홀로 통치하신다. 그는 왕과 재판장으로 절대적 권위를 가지셨다. 그의 명령은 모든 사람들이 반드시 지켜야 할 명령이다. 또 하나님께서 능력으로 우주 만물을 붙드시므로 온 세상은 요동치 않고 견고히 서 있다. 또 하나님께서는 이 세상의 도덕적 질서도 견고히 세우시는 자이시다.

〔2-4절〕 주의 보좌는 예로부터 견고히 섰으며 주는 영원부터 계셨나이다. 여호와여, 큰 물이 소리를 **높였고 큰 물이 그 소리를 높였고 큰 물이 그 물결을 높이나이다. 높이 계신 여호와의 능력은 많은 물소리와 바다의 큰 파도보다 위대하시니이다.**

보좌는 왕권과 통치권을 말한다. 하나님께서는 영원 전부터 하나님이시며 그의 왕권과 통치권은 옛날부터 견고히 섰다. 옛날에 왕의 권위와 능력은 컸다. 왕은 군대의 총사령관이었다. 왕의 권세는 칼의 권세이었다. 물론 그는 그 권세로 공의와 선을 시행해야 했다. 오늘날 자유 민주주의 사회에서도 통치자의 권세는 매우 크다.

로마서 13:4, "그[국가의 통치자]는 하나님의 사자가 되어 네게 선을 이루는 자니라. 그러나 네가 악을 행하거든 두려워하라. 그가 공연히 칼을 가지지 아니하였으니 곧 하나님의 사자가 되어 악을 행하는 자에게 진노하심을 위하여 보응하는 자니라."

베드로전서 2:13-14, "인간에 세운 모든 제도를 주를 위하여 순복하되 혹은 위에 있는 왕이나 혹은 악행하는 자를 징벌하고 선행하는 자를 포장[칭찬]하기 위하여 그의 보낸 방백에게 하라."

하나님께서는 옛날부터 왕이시다. 그는 개인이나 국가나 세계의 역사를 홀로 주장하시고 다스리셨으며, 그는 지금도 온 세상을 홀로 섭리하신다. 그의 권세는 세상의 무엇과 감히 비교할 수 없다.

시편 저자는 하나님의 능력이 많은 물소리와 바다의 큰 파도보다 더 크시다고 말한다. 홍수 때의 물들이나 바다의 거센 파도들은 매우 위협적이지만, 높으신 통치자 하나님의 능력은 그보다 더 크시다. 그가 명령하시면 그 모든 것들이 잔잔케 되고 평온케 될 것이며 또 그가 명령하시면 그 모든 것들이 두렵게 일어나기도 할 것이다.

〔5절〕 여호와여, 주의 증거하심이 확실하고 거룩함이 주의 집에 합당하여 영구하리이다.

본문은 하나님의 증거하심이 확실하다고 말한다. 성경은 하나님의 증거하신 내용들이며 그것들은 다 확실하다. 시편 19:7, "여호와의 율법은 완전하여 영혼을 소성케 하고 여호와의 증거는 확실하여 우둔한 자로 지혜롭게 하며." 예수께서는 "저희를 진리로 거룩하게 하옵소서. 아버지의 말씀은 진리니이다"라고 기도하셨다(요 17:17). 하나님의 말씀은 다 진리이다. 성경은 참되신 하나님의 말씀들, 곧 우리가 다 믿어야 할 진리들을 기록한 책이다(행 24:14).

예수께서는 "내가 진실로 진실로 너희에게 이르노니"라는 표현을 즐겨 사용하셨다. 요한복음에는 '진실로'라는 말(아멘 ἀμήν)이 50회 나온다. 예수 그리스도의 제자들은 다 진실한 증인들이었다. 요한복음 21:24, "이 일을 증거하고 이 일을 기록한 제자가 이 사람이라. 우리는 그의 증거가 참인 줄 아노라." 예수 그리스도의 진실한 증인들인 제자들이 예수님에 대해 증거하고 기록한 책들이 신약성경이다.

사도 바울은 그의 유언적 서신인 디모데후서에서 디모데에게 "때가 이르리니 사람이 바른 교훈을 받지 아니하며 귀가 가려워서 자기의 사욕을 좇을 스승을 많이 두고 또 그 귀를 진리에서 돌이켜 허탄한 이야기를 좇으리라. 그러나 너는 모든 일에 근신하여 고난을 받으며 전도인의 일을 하며 네 직무를 다하라"고 말했다(딤후 4:3-5). 말세에 거짓말이 난무하며 사람들이 진리에 흥미를 가지지 않는 때가 올 것이다. 그러나 우리는 성경의 모든 진리를 믿고 전해야 한다.

또 본문은 하나님의 집이 거룩하다고 말한다. 구약시대에 하나님의 집은 성전을 가리킨다. 그것은 신약시대에 성도들의 모임인 교회에 해당한다. 교회는 거룩하고 또 거룩해야 한다. 하나님께서는 거룩한 영광스런 교회를 세우기를 원하신다. 에베소서 5:26-27, "이는 곧 물로 씻어 말씀으로 깨끗하게 하사 거룩하게 하시고 자기 앞에 영광스러운 교회로 세우사 티나 주름잡힌 것이나 이런 것들이 없이 거룩하고 흠이 없게 하려 하심이니라." 사도 베드로는 "오직 너희를 부르신 거룩한 자처럼 너희도 모든 행실에 거룩한 자가 되라"고 교훈하였다(벧전 1:15). 예수 그리스도를 믿고 죄사함 받고 구원 얻은 우리는 모든 죄를 버리고 성경의 교훈대로 의와 선을 행해야 한다.

시편 93편의 교훈을 정리해보자. 첫째로, 천지만물을 창조하시기 전부터 계셨던 영원자존자 하나님께서는 그가 창조하신 천지만물과 온 세상을 다스리시는 섭리자이시다. 우리는 영원하신 하나님께서 창조자와 통치자이심을 알고 그의 위엄 앞에 겸손히 엎드려 복종해야 한다.

둘째로, 하나님의 증거하신 내용들은 다 확실하다. 로마서 3:4에서, 사도 바울은 "사람은 다 거짓되되 오직 하나님은 참되시다"라고 말했다. 하나님의 증거하신 진실한 내용들이 성경에 기록되어 있다. 성경은 우리가 믿어야 할 다 확실한 진리의 말씀들이다. 우리는 신구약성경이 하나님의 말씀이며 우리의 신앙생활에 정확무오한 규칙임을 믿는다.

셋째로, 하나님의 집은 거룩하며 또 거룩해야 한다. 구약시대의 성전뿐 아니라, 신약교회도 그러하다. 하나님께서는 믿는 우리를 예수 그리스도의 피로 깨끗하고 거룩하게 하셨고 의롭다고 여기셨다. 이제 우리는 모든 죄와 불결을 버리고 거룩해야 하며 하나님의 계명의 내용대로 의와 선을 행해야 한다. 로마서 6:15, 19, "그런즉 어찌하리요? 우리가 법 아래 있지 아니하고 은혜 아래 있으니 죄를 지으리요 그럴 수 없느니라." "너희 육신이 연약하므로 내가 사람의 예대로 말하노니 전에 너희가 너희 지체를 부정과 불법에 드려 불법에 이른 것같이 이제는 너희 지체를 의에게 종으로 드려 거룩함에 이르라." 디도서 2:14, "그가 우리를 대신하여 자신을 주심은 모든 불법에서 우리를 구속하시고 우리를 깨끗하게 하사 선한 일에 열심하는 친 백성이 되게 하려 하심이니라."

94편: 악인들에게 벌을 내리실 것

〔1-2절〕 여호와여, 보수(報讐)하시는 하나님이여, 보수(報讐)하시는 하나님이여, 빛을 비취소서. 세계를 판단하시는 주여, 일어나사 교만한 자에게 상당한 형벌을 주소서.

시편 저자는 이 세상에 선악을 판단하시고 보응하시는 하나님께서 계심을 증거한다. 그는 하나님을 '보수(報讐)하시는 하나님'이라고 두 번 말하며 또 '세계를 판단하시는 주'라고 표현한다. 이 세상에는 이 세상을 창조하셨고 섭리하시는 하나님께서 계시는데, 그는 도덕적인 존재이시다. 그는 완전한 공의로 의와 불의, 선과 악, 진실과 거짓을 분별하시고 판단하시고 의인에게 영원한 생명 곧 영생의 상을, 악인에게는 영원한 죽음, 영벌, 즉 영원한 지옥 형벌을 내리신다.

또 시편 저자는 하나님께서 그가 처한 혼란한 현실을 판단하시고 공의로 보응해주실 것을 호소한다. 그는 "보수하시는 하나님이여, 빛을 비취소서. 세계를 판단하시는 주여, 일어나사 교만한 자에게 상당한 형벌을 주소서"라고 말한다. 그것은 하나님께서 교만한 악인들에게 공의의 심판을 내리시기를 구한 것이다.

〔3-4절〕 여호와여, 악인이 언제까지, 악인이 언제까지 개가를 부르리이까? 저희가 지꺼리며[지껄이며] **오만히 말을 하오며 죄악을 행하는 자가 다 자긍하나이다.**

하나님께서 악인을 내버려두신 듯한 기간이 길었으나, 시편 저자는 이제 "여호와여, 악인이 언제까지, 악인이 언제까지 개가를 부르리이까?"라고 아뢴다. 그는 악인에 대해 여러 가지 말로 표현한다. 그는 그를 '악인,' '지껄이며 오만히 말을 하는 자,' '죄악을 행하는 자,' '자긍하는 자'라고 표현한다. 그는 한마디로 교만한 자이다. 피조물이며 죄인인 사람은 하나님 앞에서 교만해서는 안 된다. 교만은 사람이 하나님 앞에서 자신을 높이는 것이며 실상 자기 숭배와 같은 죄악이다. 교만은 마귀의 죄이다. 악인들은 마귀를 닮아 교만하고 교만하게 말한다. 그러나 성도는 온유하고 겸손해야 하며, 사랑은 교만하지 않고 무례히 행하지 않고 자기의 유익을 구하지 않는다(고전 13:4-5).

〔5-7절〕 여호와여, 저희가 주의 백성을 파쇄하며 주의 기업을 곤고케 하며 과부와 나그네를 죽이며 고아를 살해하며 말하기를 여호와가 보지 못하며 야곱의 하나님이 생각지 못하리라 하나이다.

시편 저자는 악인들의 악행에 대하여 말한다. 악인들은 하나님의 백성을 부스러뜨리며 하나님의 기업을 괴롭히며 과부들과 나그네들을 죽이며 고아들을 살해한다. 하나님께서 사랑하시고 자기 기업으로 삼으신 백성을 부스러뜨리며 괴롭히는 일, 특히 그 중에 의지할 곳 없는 외로운 자들, 과부들과 나그네들과 고아들을 죽이는 것은 매우 악한 일이다. 게다가, 악한 자들은 "여호와가 보지 못하며 야곱의 하나님이 생각지 못하리라"고 말한다. 그들은, 살아 계셔서 모든 일을 보시고 아시는 하나님을 무시하고 부정하는 자들이다.

〔8-11절〕 백성 중 우준한 자들아, 너희는 생각하라. 무지한 자들아, 너희가 언제나 지혜로울꼬. 귀를 지으신 자가 듣지 아니하시랴. 눈을 만드신 자가 보지 아니하시랴. 열방을 징벌하시는 자[자가 벌하지 않으시며] **곧 지식으로 사람을 교훈하시는 자가 징치(懲治)하지 아니하시랴**[알지 못하시겠느냐?]. **여호와께서 사람의 생각이 허무함을 아시느니라.**

시편 저자는 하나님을 부정하는 것이 어리석은 일이라고 말한다. 그는, 보거나 듣지 못하는 신이 어떻게 사람의 보는 눈과 듣는 귀를 만드실 수 있겠는가라고 반문한다. 그것은 이치에 맞는 생각이 아닌가? 또 시편 저자는 하나님께서 그들의 모든 악행을 아시고 징벌하실 것이라고 말한다. '징벌한다'는 원어(야사르 יָסַר)는 '교훈한다'는 뜻으로도 번역된다(대상 15:22). 사람을 교훈하시는 하나님께서는 사람의 생각의 악함과 허망함을 다 아시고 악인의 악행을 징벌하실 것이라는 뜻 같다. 무신론은 허무하고 악한 사상이다.

〔12-15절〕 여호와여, 주의 징벌을 당하며 주의 법으로 교훈하심을 받는 자가 복이 있나니 이런 사람에게는 환난의 날에 벗어나게 하사 악인을 위하여 구덩이를 팔 때까지 평안을 주시리이다. [이는] **여호와께서는 그 백성을 버리지 아니하시며 그 기업을 떠나지**[저버리지] **아니하시리로다.** [이는] **판단**[심판]**이 의로 돌아가리니 마음이 정직한 자가 다 좇으리로다.**

시편 저자는 "여호와여, 주의 징벌을 당하며 주의 법으로 교훈하심을 받는 자가 복이 있나니"라고 말한다. 그가 하나님의 징벌을 받는 자가 복되다고 말한 것은, 이런 자들이 환난의 날에 벗어날 것이며 악인을 위해 구덩이 곧 지옥 구덩이가 준비될 때까지 평안으로 보호함을 얻을 것이기 때문이다. 하나님의 징책은 사람의 회개를 가져오고 의와 선을 행하게 할 것이다. 그는 구원을 얻을 것이다. 그러나 회개치 않는 악인들은 마침내 지옥 구덩이에 던지울 것이다.

원문에는 14-15절의 초두에 각각 '이는[왜냐하면]'(키 כִּי)이라는 말이 있다. 성도들이 환난을 벗어나고 평안을 누리는 것은, 하나님께서 그의 백성을 버리지 않으시며 그의 기업 곧 이스라엘 나라를 저버리지 않으시기 때문이다. 하나님께서는 자기 백성을 끝까지 지키실 것이다. 또 하나님께서 자기 백성을 버리지 않으시는 것은, 하나님의 심판이 의로 돌아가기 때문이다. '의로 돌아간다'는 말은 의롭다는 뜻이다. 지금은 세상에 불의와 불법이 활개치는 것 같으나, 장차 하나님의 의가 드러나며 그의 공의로운 심판이 이루어질 것이다. 그러므로 마음이 정직한 자는 항상 의를 좇을 것이다.

〔16-17절〕 누가 나를 위하여 일어나서 행악자를 치며 누가 나를 위하여 일어서서 죄악 행하는 자를 칠꼬. 여호와께서 내게 도움이 되지 아니하셨더면 내 혼이 벌써(키메앗 כִּמְעַט)[거의](BDB, KJV) **적막 중에 처하였으리로다.**

시편 저자는 또 하나님께서 성도를 위해 세상의 행악자들을 치실 것이라고 말한다. 하나님께서 그를 도와 악인을 징벌하지 않으셨다면 그는 거의 죽었을 것이다. 성경에서 모세, 다윗, 다니엘, 모르드개 등의 예들이 그러하다. 하나님께서는 모세를 대적했던 고라와 그 동료들에게 땅이 갈라져 묻히는 벌을 내리셨고, 다윗을 죽이려 했던 사울을 블레셋 전쟁에서 죽게 하셨고, 다니엘을 모함하였던 자들과 그 처자들을 사자굴에 던지워 죽게 하셨고, 모르드개와 유다 민족 전체를 죽이려 했던 하만과 그 열 아들들도 죽임을 당케 하셨다.

〔18-19절〕 여호와여, 나의 발이 미끄러진다 말할 때에 주의 인자하심이 나를 붙드셨사오며 내 속에 생각이 많을 때에 주의 위안이 내 영혼을 즐겁게 하시나이다.

시편 저자는 또 하나님의 도우심이 그의 인자하심에서 나온다고 말한다. 그는 그의 발이 미끄러진다 말할 때 하나님의 인자하심이 그를 붙드셨고 그의 속에 생각이 많을 때 하나님의 위안이 그의 영혼을 즐겁게 하셨다고 고백한다. 하나님의 도우심이 그의 인자하심에서 나온다고 말한 것은 사람에게 부족이 많기 때문이다. 자비의 하나님께서는 부족한 우리에게 용서와 위로와 기쁨을 주신다.

〔20-23절〕 율례를 빙자하고 잔해를 도모하는 악한 재판장이 어찌 주와 교제하리이까? 저희가 모여 의인의 영혼을 치려 하며 무죄자를 정죄하여 피를 흘리려 **하나 여호와는 나의 산성이시요 나의 하나님은 나의 피할 반석이시라. 저희 죄악을 저희에게 돌리시며 저희의 악을 인하여 저희를 끊으시리니 여호와 우리 하나님이 저희를 끊으시리로다.**

시편 저자는 자신이 처한 악한 현실에 대해 말한다. 그는 "율례를 빙자하고 잔해를 도모하는 악한 재판장"에 대해 말한다. '악한 재판장'이라는 원어(킷세 하우옷 כִּסֵּא הַוּוֹת)는 '멸망의 보좌'라는 뜻인데 법과 율례를 운운하며 악한 일을 도모하고 의인을 멸하려 하는 재판장을 가리켰다고 본다. 또 시편 저자는 악인들이 모여 "의인의 영혼을 치려 하며 무죄자를 정죄하여 피를 흘리려 한다"고 말한다. 그들은 집단적으로 악을 계획하고 행한다. 더욱이, 이러한 상황에서 시편 저자의 마음은 연약하였다. 그는, "나의 발이 미끄러진다 말할 때에" 또 "내 속에 생각이 많을 때에"라고 말하였다. 그는 연약하여 실족할 뻔했고 그 속에는 많은 생각들 즉 많은 근심과 염려가 있었다.

그러나 시편 저자는 하나님을 '나의 산성' '나의 피할 반석'이라고 표현한다. 우리는 어떤 환난도 하나님을 의지함으로 피할 수 있고 이길 수 있다. 또 시편 저자는 "저희 죄악을 저희에게 돌리시며 저희의 악을 인하여 저희를 끊으시리니 여호와 우리 하나님이 저희를 끊으시리로다"라고 말한다. 하나님께서는 공의로 세상을 다스리시고 악을 행하는 대적자들을 마침내 징벌하시고 처단하실 것이다.

시편 94편의 교훈을 정리해보자. 첫째로, 하나님께서는 공의의 재판장이시다. 하나님께서는 '보수(報讎)하시는 하나님' '세계를 판단하시는 주'이시며(1-2절), 공의로 세상을 심판하실 것이다(15절). 시편 7:11, "하나님은 의로우신 재판장이심이여, 매일 분노하시는 하나님이시로다."

둘째로, 하나님께서는 교만한 악인들을 공의로 벌하실 것이다. 2절, "세계를 판단하시는 주여, 일어나사 교만한 자에게 상당한 형벌을 주소서." 악인들은 개가를 부르고 지껄이며 교만하고 오만하게 말하고 자랑하며 주의 백성을 멸하고 주의 기업을 곤고케 하고 과부들과 나그네들과 고아들을 살해하지만, 하나님께서는 그들을 다 멸하실 것이다.

셋째로, 하나님께서는 자기 백성을 환난 중에서 구원하실 것이다. 그는 자기의 백성을 교훈하시고 때때로 징계도 하시지만, 완전히 버리지 않으시고 떠나지 않으시고(14절) 그들을 도우실 것이다. 18, 19절, "여호와여, 나의 발이 미끄러진다 말할 때에 주의 인자하심이 나를 붙드셨사오며 내 속에 생각이 많을 때에 주의 위안이 내 영혼을 즐겁게 하시나이다." 하나님께서는 그들의 산성이 되고 피할 바위가 되시며 그들을 해치려 하는 악한 자들을 멸하실 것이다. 그러므로 우리는 구주 하나님만 경외하고 그의 교훈대로 의와 선과 진실만 행해야 한다.

95편: 하나님께 노래하며 순종하자

〔1-2절〕 오라, 우리가 여호와께 노래하며 우리 구원의 반석을 향하여 즐거이 부르자. 우리가 감사함으로 그 앞에 나아가며 시로 그를 향하여 즐거이 부르자.

시편 저자는 우리가 하나님께 노래하자고 말한다. 우리가 하나님께 노래하되 즐거이 부르며 감사함으로 그 앞에 나아가며 시로 노래하자고 말한다. 하나님께 노래를 부르는 것이 찬송이다. 노래는 사람이 보통 기쁠 때 한다. 물론 슬플 때도 슬픈 노래를 부를 수 있으나, 노래는 보통 기쁠 때 부른다. 찬송은 하나님께 대한 감사와 기쁨의 노래이다. 성경에서 찬송과 감사는 동의어처럼 쓰인다.

하나님께서 이스라엘 백성을 창조하신 목적은 하나님을 찬송하게 하시기 위함이었다. 이사야 43:21, "이 백성은 내가 나를 위하여 지었나니 나의 찬송을 부르게 하려 함이니라." 하나님께서 우리를 구원하신 목적도 우리로 하나님의 은혜의 영광을 찬송케 하려 하심이었다. 에베소서 1:4-6, "곧 창세 전에 그리스도 안에서 우리를 택하사 우리로 사랑 안에서 그 앞에 거룩하고 흠이 없게 하시려고 그 기쁘신 뜻대로 우리를 예정하사 예수 그리스도로 말미암아 자기의 아들들이 되게 하셨으니 이는 그의 사랑하시는 자 안에서 우리에게 거저 주시는 바 그의 은혜의 영광을 찬미하게 하려는 것이라." 하나님께 대한 찬송을 글로 표현한 것이 찬송가이다. 찬송의 글, 즉 찬송시를 써서 하나님을 찬송하는 것은 피조세계에서 사람만의 특권이다.

〔3-5절〕 대저[이는] **여호와는 크신 하나님이시요 모든 신 위에 크신 왕이시로다**[왕이심이로다]. **땅의 깊은 곳이 그 위에**(베야도 בְּיָדוֹ)[그의 손 안에] **있으며 산들의 높은 것도 그의 것이로다. 바다가 그의 것이라. 그가 만드셨고 육지도 그의 손이 지으셨도다.**

시편 저자는 하나님을 찬송해야 할 이유로 여호와께서 크신 하나님이시요 모든 신 위에 크신 왕이시기 때문이라고 말한다. 하나님께서는 천지만물을 창조하신 크신 하나님, 위대하신 하나님이시다. 땅의 깊은 곳이 그의 손 안에 있고 산들의 높은 것도 그의 소유이다. 바다가 그의 것이며 그가 만드셨고 육지도 그의 손이 지으셨다. 그는 하늘과 땅과 산과 바다를 지으신 하나님이시다. 그것들은 다 하나님의 소유물이다. 창조자 하나님께서는 크신 하나님, 위대하신 하나님이시다. 그는 무한하시고 영원하시며 불변하시며 그의 지혜와 능력은 지극히 크시고 그의 선하시고 진실하심도 지극히 크시다.

또 그는 그가 창조하신 천지만물을 다스리시는 크신 왕이시다. 그는 섭리자, 통치자이시다. 그는 세상의 모든 신보다 크신 왕이시다. 세상의 신들은 다 헛되지만, 여호와께서는 살아계셔서 사람들의 생사화복을 주관하시고 국가들의 흥망성쇠를 주장하시는 위대하신 왕이시다. 그는 또 우리를 영육으로 구원하시는 '구원의 반석'이시다(1절).

〔6절〕 오라, 우리가 굽혀 경배하며 우리를 지으신 여호와 앞에 무릎을 꿇자.

시편 저자는 또 우리가 하나님께 경배하자고 말한다. 그는 우리가 하나님께 경배하며 우리를 지으신 여호와 앞에 무릎을 꿇자고 말한다. 창조주 하나님께 경배하는 것은 피조물의 마땅한 행위이다. 하나님께서는 참된 예배자를 찾으신다. 요한복음 4:23-24, "아버지께 참으로 예배하는 자들은 신령과 진정으로 예배할 때가 오나니 곧 이때라. 아버지께서는 이렇게 자기에게 예배하는 자들을 찾으시느니라. 하나님은 영이시니 예배하는 자가 신령과 진정으로 예배할지니라." 천지만물을 창조하신 하나님, 우리를 지으시고 통치하시고 구원하신 하나님께서는 우리의 찬송과 경배를 받으시기에 합당하시다.

〔7a절〕 대제[이는] **저는 우리 하나님이시요 우리는 그의 기르시는 백성이며 그 손의 양이라**[양임이로다].

시편 저자는 하나님께 경배해야 할 이유에 대해 그가 우리 하나님이시요 우리가 그의 기르시는 백성이며 그 손의 양이기 때문이라고 말한다. 피조물이 창조자 하나님께 두려움으로 경배하는 것은 당연한 일이다. 또 하나님께서 우리의 목자이시며 우리는 그의 기르시는 백성 곧 그의 손의 양이기 때문에 우리가 하나님을 높이고 경배하며 섬기는 것은 당연한 일이다. 양은 목자에게 전적으로 의존한다.

〔7b-11절〕 너희가 오늘날 그 음성 듣기를 원하노라. 이르시기를 **너희는 므리바에서와 같이 또 광야 맛사의 날과 같이 너희 마음을 강퍅하게 말지어다. 그때에 너희 열조가 나를 시험하며 나를 탐지하고 나의 행사를 보았도다. 내가 40년을 그 세대로 인하여 근심하여 이르기를 저희는 마음이 미혹된 백성이라. 내 도를 알지 못한다 하였도다. 그러므로 내가 노하여 맹세하기를 저희는 내 안식에 들어오지 못하리라 하였도다.**

시편 저자는, 특히 하나님의 음성을 듣지 않았던 이스라엘 선조들의 역사를 회상시키는 하나님의 음성을 전한다. 그것은 므리바에서와 같이 또 광야 맛사의 날과 같이 너희 마음을 강퍅하게 말라는 것이다. '므리바'라는 원어(מְרִבָה)는 '다툼'이라는 뜻이며, '맛사'라는 원어(מַסָּה)는 '시험'이라는 뜻이다. 이스라엘 백성들은 하나님께서 애굽에서 행하신 10가지 재앙을 보았고, 애굽에서 나온 후 첫 번째 장애물인 홍해를 기적으로 건넜고, 광야에서 날마다 만나를 내려주셔서 먹었고, 불기둥과 구름기둥 등 하나님의 행하신 놀라운 일들을 보았고 체험하였었다. 그러나 그럼에도 불구하고(NASB, NIV), 그들은 어려운 일이 있을 때마다 하나님의 존재와 능력을 의심했고 하나님께서 세우신 지도자 모세와 다투며 그를 원망하며 대항하였다.

그 기간이 40년이었다. 하나님께서는 그 40년 동안 이스라엘 백성을 인해 근심하셨다. 하나님께서는 그들을 "마음이 미혹된 백성이라. 내 도(道)를 알지 못한다"고 말씀하셨다. 그 결과, 하나님께서는 노하셔서 맹세하며 "저희는 내 안식에 들어오지 못하리라"고 말씀하셨다.

'하나님의 안식'은 일차적으로 가나안 땅을 가리키지만, 그것은 또한 영원한 천국의 안식을 예표한다. 천국은 하나님을 믿고 그의 음성을 순종하는 모든 성도들을 위해 예비된 곳이다.

시편 95편의 교훈을 정리해보자. 첫째로, 우리는 하나님께 노래해야 한다(1-2절). 우리는 하나님께 즐거이, 감사함으로 노래하고 시로 노래해야 한다. 하나님께서는 천지만물을 창조하신 크신 하나님, 위대하신 하나님이시며 그 천지만물을 다스리시는 섭리자와 왕이시다. 찬송은 하나님께서 사람을 창조하신 목적이며 우리를 구원하신 목적이다. 우리는 창조자 하나님, 섭리자, 구원자 하나님을 찬송해야 한다. 우리가 하나님을 바로 안다면 그를 찬송하지 않을 수 없다. 시편 33:1은, "너희 의인들아, 여호와를 즐거워하라. 찬송은 정직한 자의 마땅히 할 바로다"라고 말했고, 사도 바울도 "시와 찬미와 신령한 노래들로 서로 화답하며 너희의 마음으로 주께 노래하며 찬송하라"고 교훈했다(엡 5:19).

둘째로, 우리는 하나님께 경배해야 한다. 우리는 하나님 앞에 굽혀, 무릎을 꿇고 경배해야 한다(6절). 그는 우리를 지으신 창조자이시며 우리를 기르시는 목자이시다. 그는 진실하고 참된 마음으로 그에게 경배하는 자들을 찾으신다. 요한복음 4:24, "하나님께서는 영이시니 예배하는 자가 신령과 진정으로 예배할지니라." 우리는 우리의 창조자이시며 우리의 구주이시고 목자이신 하나님께 기쁨으로 경배해야 한다.

셋째로, 우리는 하나님의 음성을 들어야 한다. 우리는 애굽에서 나온 이스라엘 선조들의 실패를 기억해야 한다. 그들은 하나님의 많은 능력을 체험했음에도 불구하고 어려울 때마다 하나님을 믿지 않았고 의심했고 모세와 다투었으며 하나님의 명령을 거역하였다. 그들의 마음은 교만하고 완고했다. 그러므로 하나님께서는 노하셔서 그들에게 약속하셨던 안식의 땅 가나안에 그들이 들어가지 못하게 하셨다. 그러므로 우리는 이 일을 거울 삼아 하나님을 거역하지 말고 하나님의 긍휼과 은혜를 구하며 그를 믿고 그의 모든 말씀을 믿고 순종해야 한다.

96편: 하나님께 노래하며 합당하게 경배하자

〔1-2절〕 새 노래로 여호와께 노래하라. 온 땅이여, 여호와께 노래할지어다. 여호와께 노래하여 그 이름을 송축하며 그 구원을 날마다 선파할지어다. 그 영광을 열방 중에, 그 기이한 행적을 만민 중에 선포할지어다.

우리는 새 노래로 여호와께 노래해야 한다. 우리가 하나님을 알지 못했을 때 불렀던 노래들은 다 옛 노래들이다. 그런 노래는 사람의 희로애락(喜怒哀樂)을 담은 노래이다. 그러나 하나님을 안 후에 부르는 노래는 새 노래이다. 그것은 이 세상에서 겪는 여러 가지 고난들 중에 기이한 하나님의 구원을 체험함으로써 부르게 된 노래이다. 그것은 특히 신약 성도들에게는 우리를 죄와 죽음과 지옥 형벌로부터 구원하신 하나님의 은혜와 사랑을 찬송하며 감사하는 노래이다.

또 온 땅이 여호와께 노래해야 한다. 세상의 모든 사람들은 하나님께 찬송해야 한다. 지금 하나님을 알지 못하는 자들도 하나님께서 온 세상의 창조자와 섭리자이심을 알고 그에게 찬송해야 한다. 또 우리는 여호와의 이름을 송축하며 그 구원을 날마다 전파해야 한다. 하나님의 이름은 그의 존재와 속성들과 사역들을 나타낸다. 우리는 하나님의 존재와 속성들과 사역들을 묵상하며 하나님께 노래해야 한다. 이 세상 사는 동안 하나님의 놀라운 구원을 체험한 자는 날마다 그의 이름을 찬송하고 그의 구원을 전파할 것이다. 하나님의 영광과 그의 기이한 일들, 곧 하나님의 천지 창조와 섭리의 일들, 특히 그가 우리를 죄와 죽음과 지옥 형벌에서 구원하신 일이 온 세계에 선포되어야 한다. 온 세상에 구원의 복음을 전하는 것은 하나님의 뜻이다.

〔4-5절〕 [이는] **여호와는 광대하시니 극진히 찬양할 것이요 모든 신보다 경외할 것임이여**[것임이로다. 이는] **만방의 모든 신은 헛것이요 여호와께서는 하늘을 지으셨음이로다.**

본문은 우리가 하나님을 찬송해야 할 이유를 보인다. 우리가 그를 찬송해야 할 이유는 하나님께서 크신 하나님이시기 때문이다. 그는 모든 사람들이 극진히 찬양하고 경외해야 할 크신 하나님, 위대하신 하나님이시다. 이 세상에 많은 신들이 있지만, 만방의 모든 신들은 다 헛것이요 오직 여호와께서는 하늘을 지으셨다. '헛것'이라는 원어(엘릴림 אֱלִילִים)는 '무가치한 우상들'이라는 뜻이다(BDB). 온 세상은 천지만물을 지으신 창조주 하나님만 찬송해야 한다. 이방종교들에도 구원이 있다는 소위 종교다원주의는 잘못된 사상이다. 천지만물을 창조하시고 주관하시는 하나님 외에는 참 하나님이 없으시다. 이방 신들은 헛되다. 이방종교들은 다 헛것이다.

〔6-9절〕 존귀와 위엄이 그 앞에 있으며 능력과 아름다움이 그 성소에 있도다. 만방의 족속들아, 영광과 권능을 여호와께 돌릴지어다. 여호와께 돌릴지어다. 여호와의 이름에 합당한 **영광을 그에게 돌릴지어다. 예물을 가지고 그 궁정**[뜰]**에 들어갈지어다. 아름답고 거룩한 것으로**[거룩함의 아름다움으로] **여호와께 경배할지어다. 온 땅이여, 그 앞에서 떨지어다.**

존귀와 위엄이 하나님 앞에 있으며 능력과 아름다움이 그의 성소에 있다. 성막이나 성전의 성소는 하나님의 임재하심이 있는 곳이다. 하나님께서는 이 세상에서 가장 높으시고 가장 존귀하신 분이시다. 영원하신 창조자 하나님보다 더 높으신 분이 누구이신가? 또 그는 이 세상에서 가장 두려우신 분이시다. 그가 소리를 높여 외치시며 노하시면 누구 그 앞에 설 수 있겠는가? 하나님께서는 전능하신 하나님이시다. 또 그는 이 세상에서 가장 아름다우시다. 아름다운 세상과 사람을 창조하신 하나님께서는 가장 아름다운 분이시다.

이 세상 모든 사람은 하나님, 곧 이 세상에서 창조자와 섭리자이신 하나님, 가장 존귀하시며 가장 두려우신 하나님, 가장 능력이 크시며 가장 아름다우신 하나님께 합당한 영광과 권능을 돌려야 한다. 우리는 그에게 최상의 예배, 최선의 예배를 드려야 한다.

그러므로 우리는 예물을 가지고 성전 뜰에 들어가야 하며 거룩함의 아름다움으로 여호와께 경배해야 한다. 사람은 사랑하고 존경하는 자에게 예물을 드린다. 하나님께서는 우리에게 가장 좋은 예물을 받으실 자격이 있으시다. 그는 창조자시요 구원자이시다. '아름답고 거룩한 것으로'라는 원어(베하드랏 코데쉬 בְּהַדְרַת קֹדֶשׁ)는 '거룩한 예복을 입고'(BDB, NASB; 시 29:2; 대하 20:21)라는 뜻이거나 '거룩함의 아름다움으로'(KJV)라는 뜻이다. 하나님께 드리는 예배는 거룩하고 아름답게, 고상하고 위엄 있게, 두려워 떠는 마음으로 이루어져야 하고, 결코 소란하거나 경박하게 이루어져서는 안 된다.

〔10절〕 열방 중에서는 이르기를 여호와께서 통치하시니 세계가 굳게 서고 흔들리지 못할지라. 저가 만민을 공평히 판단하시리라 할지로다.

시편 저자는 하나님의 통치와 심판에 대해 말한다. 이 세상은 결코 치안부재(治安不在)의 무법천지(無法天地)가 아니다. 세상에는 통치자 하나님께서 계시다. 세상을 다스리시는 그는 도덕적 하나님이시다. 이 세상은 하나님의 공의의 통치로 안정을 얻을 것이다. 세상 끝날에 하나님의 공의의 심판이 있을 것이다. 그는 사람의 옳고 그름과, 선과 악을 판단하실 것이다. 그 마지막 심판 앞에 악인들은 변명하고 불평할지 모르나, 그것들은 정당하지 못한 변명들이요 불평들일 뿐일 것이다. 그 날에 의인들은 양심의 평안과 위로를 얻을 것이다.

〔11-13절〕 하늘은 기뻐하고 땅은 즐거워하며 바다와 거기 충만한 것은 외치며 밭과 그 가운데 모든 것은 즐거워할지로다. 그리할 때에 삼림의 나무들이 여호와 앞에서 즐거이 노래하리니 저가 임하시되 땅을 판단하려 임하실 것임이라. 저가 의로 세계를 판단하시며 그의 진실하심으로 백성을 판단**하시리로다.**

하나님께서는 세상에 사는 모든 사람을 공의와 진실로 심판하기 위해 오실 것이다. 그때 천지만물은 기뻐하며 즐거워할 것이다. 하늘에 나는 모든 새들과, 땅의 모든 짐승들과, 바다와 거기에 충만한 모든 물고기들과, 산과 들과 그 가운데 있는 모든 식물들, 삼림의 나무들이 다 기뻐하고 즐거워할 것이다. 그때 만물의 회복이 시작될 것이다. 현재 피조 세계는 썩어짐에 종노릇하면서 고통하며 탄식하고 있다(롬 8:20-22). 그러나 장차 하나님께서 만물을 새롭게 하실 것이다(계 21:5). 하나님의 공의의 심판으로 의가 드러나고 죄의 형벌이 다 이루어지고 죄가 없어질 때, 모든 것들은 회복될 것이다(행 3:21). 온 세상은 하나님께서 본래 창조하셨던 죄 없는 세계로 회복될 것이다.

시편 96편의 교훈을 정리해보자. 첫째로, 우리가 하나님을 찬송해야 할 이유는 하나님께서 크시고 위대하신 하나님, 천지만물을 창조하시고 다스리시는 하나님이시기 때문이다. 우리는 창조주 하나님, 섭리자, 구원자 하나님을 찬송해야 한다. 요한계시록 4:11, "우리 주 하나님이여, 영광과 존귀와 능력을 받으시는 것이 합당하오니 주께서 만물을 지으신지라. 만물이 주의 뜻대로 있었고 또 지으심을 받았나이다." 요한계시록 7:10, "[흰옷 입은 큰 무리가] 큰 소리로 외쳐 가로되 구원하심이 보좌에 앉으신 우리 하나님과 어린양에게 있도다 하니."

둘째로, 우리는 하나님을 찬송할 방법은 새 노래로 그의 이름에 합당한 영광을 돌리고 그에게 예물을 드리고 거룩함의 아름다움으로 하는 것이다. 하나님을 아는 자는 새 노래로 그를 찬송하며 그 이름에 합당하게 거룩함의 아름다움과 두려움으로 그에게 찬송하고 경배해야 한다. 하나님께서는 우리 모두의 최상의 찬송과 최선의 예배의 대상이시다.

셋째로, 우리가 하나님을 찬송할 한 내용은 그가 세상을 공의로 통치하신다는 사실이다. 창조자 하나님께서는 인류를 공의로 통치하시고 이 세상에서도 공의로 심판하시지만, 마지막 날에는 더욱 더 철저하게 공의로 심판하실 것이다. 하나님께서는 그를 경외하고 믿고 의와 선을 행한 자들에게 영생의 복과 상을 주실 것이지만, 그를 대적하고 당을 지어 악을 행하는 자들에게 영원한 벌 곧 지옥 형벌을 내리실 것이다.

97편: 하나님의 통치를 기뻐함

〔1절〕 여호와께서 통치하시나니 땅은 즐거워하며 허다한 섬은 기뻐할지어다.

여호와 하나님께서 온 세상, 온 우주를 통치하신다. 하나님께서는 온 세상의 창조자이실 뿐만 아니라, 또한 섭리자, 통치자, 왕과 목자이시다. 세상의 모든 일은 하나님의 섭리 가운데 발생하고 이루어진다. 시편 135:6은, "여호와께서 무릇 기뻐하시는 일을 천지와 바다와 모든 깊은 데서 다 행하셨도다"라고 말한다. 예수께서는, "너희 아버지께서 허락지 아니하시면 그[참새] 하나라도 땅에 떨어지지 아니하리라"고 말씀하셨다(마 10:29). 하나님께서는 이사야 선지자를 통해 "나는 빛도 짓고 어두움도 창조하며 나는 평안도 짓고 환난도 창조하나니 나는 여호와라. 이 모든 일을 행하는 자니라"고 말씀하셨다(사 45:7). 지극히 지혜로우시고 능력이 많으시고 또 의로우시고 선하신 하나님께서 온 세상을 통치하시기 때문에, 세상의 모든 나라와 백성들은 섭리자 하나님을 기뻐하고 즐거워할 수 있다.

〔2절〕 구름과 흑암이 그에게 둘렸고 의와 공평이 그 보좌의 기초로다.

시편 저자는 하나님의 통치의 방식에 대해 말하는 것 같다. "구름과 흑암이 하나님께 둘렸다"는 말은 하나님의 통치의 두려움과 심오함을 나타내는 것 같다. 사람은 하나님을 잘 알지 못한다. 피조물인 사람은 주권적 섭리자 하나님의 통치 방식을 잘 알지 못한다. 또 "의와 공평이 그의 보좌의 기초로다"는 말은 하나님께서 의와 공평이라는 원칙을 가지고 통치하신다는 뜻이다. 하나님께서는 두렵고 심오하신 하나님이시며 온 세상을 공의로 다스리시는 하나님이시다.

〔3-5절〕 불이 그 앞에서 발하여 사면의 대적을 사르는도다. 그의 번개가 세계를 비추니 땅이 보고 떨었도다. 산들이 여호와의 앞 곧 온 땅의 주 앞에

서 밀[밀랍, 초]**같이 녹았도다.**

하나님의 통치는 두렵다. 불이 하나님 앞에서 나와 사면의 대적을 사른다. 그의 번개가 세계를 비추며 땅은 그것을 보고 떨었고 산들은 여호와 앞 곧 온 땅의 주 앞에서 초같이 녹았다. 하나님께서는 섭리하심과 통치하심에 번개와 천둥과 벼락 등의 자연 현상들을 사용하신다. 그는 그것들을 사용하여 대적자들과 악인들을 징벌하신다.

〔6절〕 하늘이 그 의를 선포하니 모든 백성이 그 영광을 보았도다.

하나님의 통치의 결과, 하늘은 그의 의를 선포하며 모든 백성은 그의 영광을 본다. 지금 세상은 죄와 불법이 가득하지만, 하나님의 공의의 통치가 나타날 때, 즉 악인들이 하나님의 징벌을 받고 의인들이 구원을 얻을 때, 그들은 하나님의 영광을 보았고 또 보게 될 것이다.

〔7절〕 조각 신상을 섬기며 허무한 것으로 자긍하는 자는 다 수치를 당할 것이라. 너희 [모든] **신들아, 여호와께 경배할지어다.**

사람이 만들고 조각한 신상을 섬기며 허무한 것으로 자랑하는 자는 다 수치를 당할 것이다. '허무한 것'이라는 원어(엘릴림 אֱלִילִים)는 '무가치한 것들, 우상들'이라는 뜻이다. 우상은 사람들이 조각하여 만든 것에 불과하며 참 신이 아니다. 그것은 생명이 없고 능력도 없다. 그것은 허무한 것이다. 시편 115:4-7, "저희 우상은 은과 금이요 사람의 수공물이라. 입이 있어도 말하지 못하며 눈이 있어도 보지 못하며 귀가 있어도 듣지 못하며 코가 있어도 맡지 못하며 손이 있어도 만지지 못하며 발이 있어도 걷지 못하며 목구멍으로 소리도 못하느니라." 그러므로 우상을 섬기며 자긍하는 자는 다 수치를 당할 것이다. 또 그러므로 시편 저자는 "너희 모든 신들아, 여호와께 경배할지어다"라고 말한다. '너희 모든 신들'은 우상들을 가리키는 것 같다. 이 세상의 모든 헛된 우상들은 마땅히 하나님 앞에 굴복해야 한다.

〔8절〕 여호와여, 주의 판단을 시온이 듣고 기뻐하며 유다의 딸들이 인하여 즐거워하였나이다.

시편 저자는 1절에서 하나님의 통치를 인해 온 땅과 모든 나라가 기뻐하고 즐거워하라고 말했고, 본절에서는 유다의 딸들이 그렇게 했다고 하고, 12절에서도 의인들이 여호와로 인해 기뻐하라고 했다.

〔9절〕 [이는] **여호와여, 주는 온 땅 위에 지존하시고 모든 신 위에 초월하시니이다**[초월하심이니이다].

하나님의 백성이 하나님의 심판을 듣고 기뻐하고 즐거워한 이유는, 여호와께서 온 땅 위에 지극히 높으시고 모든 신 위에 초월하신 자이시며 모든 신보다 훨씬 존귀하신 자이시기 때문이다. 우리 하나님께서는 세상을 홀로 창조하셨고 섭리하시고 다스리시며 심판하시는 자이시다. 그는 이 세상의 우상들과 다르다. 그는 참 신(神)이시다. 그는 모든 우상을 파하시고 자기 백성을 지키시고 도우시고 변호하실 것이다. 그러므로 모든 성도들은 하나님의 통치를 기뻐해야 한다.

〔10절〕 여호와를 사랑하는 너희여, 악을 미워하라. 저가 그 성도의 영혼을 보전하사 악인의 손에서 건지시느니라.

시편 저자는 하나님의 백성에 대해 증거한다. 그는 그들을 '하나님을 사랑하는 자'(10절), '성도'(10절), '의인'(11, 12절), '마음이 정직한 자'(11절) 등으로 표현한다. 하나님을 아는 자는 그를 사랑할 것이다. 하나님의 백성은 하나님을 사랑하는 자들이다. 또 '성도'라는 원어(카시딤 חֲסִידִים)는 '경건한 자들, 친절한 자들'이라는 뜻이다. 하나님의 백성은 경건하며 하나님의 계명대로 다른 사람들에 대해 친절하다. '의인'이라는 말은 사람들에게 도덕적 기준이 되는 하나님의 계명을 행하는 자를 가리킨다. '마음이 정직한 자'라는 말도 비슷하다.

시편 저자는 "여호와를 사랑하는 너희여, 악을 미워하라"고 말한다. 하나님의 뜻은 우리가 하나님을 알고 그를 사랑하고 악을 미워하고 멀리하고 선을 행하는 것이다. 아모스 5:14, "너희는 살기 위하여 선을 구하고 악을 구하지 말지어다." 하나님께서는 이런 성도의 영혼을 보전하시고 악인들의 손에서 건지실 것이다. 옳다. 하나님의 백성이라도 악을 행하면 그가 징벌하시지만, 그들이 악을 미워하고 의와 선을 행하면 하나님께서 그들을 보호하시고 구원하실 것이다.

〔11-12절〕 의인을 위하여 빛을 뿌리고 마음이 정직한 자를 위하여 기쁨을 뿌렸도다. 의인이여, 너희는 여호와로 인하여 기뻐하며 그 거룩한 기념에 감사할지어다.

시편 저자는 또 의인을 위해 빛이 뿌려졌고 마음이 정직한 자를 위해 기쁨이 뿌려졌다고 말한다. 빛은 기쁨과 행복을 상징한다고 본다. 우리가 의롭고 정직하게 살 때 하나님께서는 기쁨과 행복을 주신다. 시편 저자는 또한 "의인이여, 너희는 여호와로 인하여 기뻐하며 그 거룩한 기념에 감사할지어다"라고 말한다. '거룩한 기념'은 '거룩한 이름'을 가리킨 것 같다. 그것은 창조자, 섭리자, 심판자이신 하나님의 이름을 가리킬 것이다. 하나님께서는 성도들에게 기쁨을 주신다. 우리는 주 안에서 항상 기뻐해야 하며 이것이 하나님의 뜻이다(빌 4:4; 살전 5:16). 또 성령의 인도를 받는 삶도 기쁨의 삶이다(갈 5:22).

시편 97편의 교훈을 정리해보자. 첫째로, 우리는 하나님께서 세상을 통치하심을 알고 그의 공의의 통치를 항상 기뻐하며 즐거워해야 한다. 창조자 하나님께서는 또한 섭리자, 심판자이시다. 그는 장차 온 세상을 의로, 불로 심판하실 것이다. 우리는 세상에서 그의 의로운 통치를 믿고 항상 기뻐하며 악인들을 두려워 말고 하나님의 구원을 믿어야 한다.

둘째로, 세상의 모든 우상은 헛되며 여호와만 하나님이시다. 출애굽기 20:3, "너는 나 외에는 다른 신들을 네게 있게 말지니라." 시편 96:5, "만방의 모든 신은 헛것이요 여호와께서는 하늘을 지으셨음이로다." 우리는 이방종교에도 구원이 있다는 헛된 말에 미혹되지 말아야 한다.

셋째로, 우리는 성도답게 경건하고 의롭고 선하게만 살아야 한다. 미가 6:8, "여호와께서 네게 구하시는 것이 오직 공의를 행하며 인자(仁慈)[자비]를 사랑하며 겸손히 네 하나님과 함께 행하는 것이 아니냐?"

98편: 구원과 심판의 하나님을 찬양함

〔1-3절〕 새 노래로 여호와께 찬송하라. 대저 기이한 일을 행하사 그 오른손과 거룩한 팔로 자기를 위하여 구원을 베푸셨도다. 여호와께서 그 구원을 알게 하시며 그 의(義)를 열방의 목전에 명백히 나타내셨도다. 저가 이스라엘 집에 향하신 인자[그의 인자하심]**와 성실**[그의 신실하심]**을 기억하셨으므로 땅의 모든 끝이 우리 하나님의 구원을 보았도다.**

시(詩). 시편 저자는 "새 노래로 여호와께 찬송하라"고 말한다. '새 노래'는 우리가 구원 얻은 후, 즉 하나님을 알고 그를 믿고 섬기기로 결심한 후에 부르는 노래이다. 옛 노래는 우리가 하나님을 알지 못했던 때에 불렀던 노래이다. 그것은 사람 중심의 노래이었다. 그러나 새 노래는 하나님 중심의 노래, 하나님을 찬송하는 노래이다. 그것의 가사들은 하나님에 관한 것들, 그가 우리에게 행하신 일들에 관한 것들이다. 그것은 하나님을 높이고 하나님을 영화롭게 하는 노래이다.

시편 저자가 하나님께 찬송한 이유는 그의 구원 때문이었다. 본문은 하나님의 구원을 하나님께서 행하신 기이한 일이며 그의 오른손과 거룩한 팔로 자기를 위해 행하신 것이라고 말한다. 하나님께서는 구주이시다. 이스라엘 백성은 여러 가지 어려운 상황들에서 하나님의 구원을 체험하였다. 그것은 질병에서의 구원이기도 했고 기근에서의 구원이기도 했으며 전쟁으로부터의 구원이기도 했다. 하나님의 구원은 다 기이한 일이며 그의 오른손의 일, 곧 그의 능력의 일이며 그의 거룩한 팔의 일이었고 또 하나님의 영광을 위한 것이었다. 하나님께서는 죄를 회개하는 이스라엘 백성을 구원하셨고 원수들을 징벌하셨다. 그러므로 시편 저자는 하나님께서 그 구원을 알게 하시며 그 의를 열방 앞에 명백히 나타내셨다고 말한다.

또 시편 저자는 "저가 이스라엘 집에 향하신 그의 인자하심과 그의 신실하심을 기억하셨으므로 땅의 모든 끝이 우리 하나님의 구원을 보았도다"라고 말한다. 하나님의 구원은 이스라엘 집을 향한 하나님의 인자하심과 신실하심에 근거한 것이다. 하나님께서는 자기 백성을 불쌍히 여기셨고 그의 언약을 끝까지 지키셨다. 땅의 모든 끝, 곧 세상의 모든 나라들은 다 그 구원을 보고 듣고 알았다.

이스라엘 백성이 개인적으로, 국가적으로 체험한 구원은 메시아께서 오셔서 이루실 큰 구원을 예표했다. 하나님께서는 예수께서 행하신 많은 기적들과 죽음과 부활로 밝히 증거된 구원의 복음을 우리에게 주셨다. 신약시대에 온 세계에 증거되고 있는 복음은 죄인이 예수 그리스도를 믿음으로 죄사함과 의롭다 하심을 얻는다는 소식이다(롬 3:21-22). 그것은 죄인들이 사망과 지옥 형벌로부터 구원 얻는 것이다(요 5:24; 계 20:15). 그것은 하나님께서 만세 전에 그리스도 안에서 택자들에게 주신 은혜이며(딤후 1:9) 그의 은혜 언약을 신실하게 이루신 것이다. 또 이 구원의 복음이 온 세상에 전파되는 것은 하나님의 뜻이다(눅 24:47). 세계복음화는 하나님의 뜻이다. 그러므로 오늘 신약 성도들의 찬송의 이유도 바로 이 하나님의 구원에 있다.

[4-6절] 온 땅이여, 여호와께 즐거이 소리할지어다. 소리를 발하여 즐거이 노래하며 찬송할지어다. 수금으로 여호와를 찬양하라. 수금과 음성으로 찬양할지어다. 나팔과 호각으로 왕 여호와 앞에 즐거이 소리할지어다.

본문은 "온 땅이여" 하나님께 찬양하라고 말한다. 3절 끝에서, "땅의 모든 끝이 우리 하나님의 구원을 보았도다"라고 말했는데, 그러므로 온 땅이 하나님께 찬양을 올리라고 한 것이다. 온 땅에서 하나님의 구원을 체험한 자들마다 하나님께 찬송해야 할 것이다.

또 본문은 "즐거이" 하나님께 찬양하라고 말한다. 본문에는 '즐거이'라는 말이 3번 나오고(4, 4, 6절) 8절에도 한 번 더 나온다. 찬송은 즐거운 마음으로 불러야 한다. 슬픈 자들은 찬송을 부르기 어려울 것이다. 그러므로 야고보는 "너희 중에 고난당하는 자가 있느냐? 저는 기도할 것이요, 즐거워하는 자가 있느냐? 저는 찬송할지니라"고 말한다(약 5:13). 우리는 즐거이 하나님을 찬송해야 한다.

또 본문은 하나님께 찬양할 때 목소리와 악기를 사용하라고 말한다. 4절, "소리할지어다," "소리를 발하여." 5절, "음성으로." 6절, "소리할지어다." 사람의 목소리는 좋은 악기와 같다. 그것을 잘 다듬어 훈련하면 찬송을 잘 부를 수 있다. 또 본문은 몇 가지 악기도 언급한다. 수금을 두 번 언급하고 또 나팔과 호각을 언급한다. '호각'은 양의 뿔로 만든 나팔을 말한다. 시편 150편은 나팔, 비파, 수금, 소고, 현악, 퉁소, 큰 소리 나는 제금, 높은 소리 나는 제금 등 여덟 가지 악기를 언급한다(3-6절). 악기는 하나님을 찬송하는 좋은 도구이다.

온 세계에 있는 구원 얻은 신약 성도들은 즐거이 구원의 하나님을 찬송해야 하고 또 우리의 목소리와 각종 악기들을 사용하여 왕이신 하나님을 찬송해야 한다. 찬송은 하나님께서 우리를 창조하신 목적이며 또 우리를 구원하신 목적이다(사 43:21; 엡 1:6, 12, 14).

〔7-9절〕 바다와 거기 충만한 것과 세계와 그 중에 거하는 자는 다 외칠지어다. 여호와 앞에서 큰 물이 박수하며 산악이 함께 즐거이 노래할지어다. [이는] **저가 땅을 판단하려 임하실 것임이로다. 저가 의로 세계를 판단하시며 공평**[공정]**으로 그 백성**(암밈 עַמִּים)[백성들]**을** 판단**하시리로다.**

본문은 우주만물이 하나님을 찬송하라고 말한다. 앞에 4절에서 "온 땅이여, 여호와께 즐거이 소리할지어다"라고 말했었다. 7절, 8절에서 시편 저자는 "바다와 거기 충만한 것과 세계와 그 중에 거하는 자는 다 외칠지어다. 여호와 앞에서 큰 물이 박수하며 산악이 함께 즐거이 노래할지어다"라고 말한다. 바다에 충만한 것은 물고기들과 해초들을 가리킬 것이다. 세계에 거하는 자는 사람들, 짐승들, 식물들을 가리킬 것이다. 본문은 또 큰 물 곧 홍수가 난 강물들과 폭포들이 박수하듯이 하나님을 찬양하라고 말한다. 또 산들과 언덕들도 함께 즐거이 하나님께 노래를 부르라고 말한다. 자연만물이 하나님을 찬양하라는 표현이다. 하나님께서 지으셨고 오늘날까지 보존하시고 기르신 우주만물은 창조자, 섭리자 하나님을 찬송해야 한다.

본문은 즐거이 하나님을 찬양하라고 다시 말한다. 앞에서도 즐거이 하나님을 찬양하라고 말했었다(4, 4, 6절). 찬송은 즐거운 마음으로 불러야 찬송답다. 시편 95:1-2도, "오라, 우리가 여호와께 노래하며 우리 구원의 반석을 향하여 즐거이 부르자. 우리가 감사함으로 그 앞에 나아가며 시로 그를 향하여 즐거이 부르자"라고 말했었다.

본문은 특히 하나님을 찬송해야 할 이유가 그가 심판하러 오실 것이기 때문이라고 말한다. 하나님께서 공의로 온 세상을 심판하시며 공정하게 모든 백성들을 심판하실 것이기 때문에(9절) 온 땅은 그를 찬송해야 한다. 이 세상에는 지금 불의와 불법으로 억울한 일을 당하고 탄식하는 자들이 많다. 그러나 하나님의 공의의 심판이 시행될 때 악인들은 두려워 떨겠지만, 온 세상은 기뻐하고 즐거워할 것이다.

시편 98편의 교훈을 정리해보자. 첫째로, 세상에서 하나님의 구원을 체험한 성도들은 하나님을 찬송해야 한다. 신약성도들은 구주 예수 그리스도의 십자가 대속의 피로 죄사함을 얻고 사망과 지옥 형벌로부터 구원 얻었음을 감사하며 항상 새 노래로 하나님을 찬양해야 한다.

둘째로, 온 세상은 하나님을 즐거이 찬송해야 한다. 온 세상은 하나님을 즐거이 찬송하고 우리의 목소리와 또 각종 악기들로 찬송해야 한다. 찬송은 하나님께서 우리를 창조하신 목적이며(사 43:21) 또 우리를 구원하신 목적이다(엡 1:6, 12, 14). 그러므로 우리는 항상 시와 찬미로 하나님께 찬송해야 한다(엡 5:19). 찬송은 구원 얻은 성도들이 하나님께 드리는 제사이며 그의 이름을 증거하는 입술의 열매이다(히 13:15).

셋째로, 우리는 마지막 날 온 세상을 심판하실 하나님을 찬송해야 한다. 우리는 공의의 심판자 하나님을 믿고 두려워하고 악행을 멀리하고, 죄와 불법이 많은 세상에서도 낙심치 말고 하나님을 찬송해야 한다.

99편: 거룩하신 하나님을 높이며 경배함

〔1-3절〕 여호와께서 통치하시니 만민이 떨 것이요 여호와께서 그룹 사이**에 좌정하시니 땅이 요동할 것이로다. 여호와께서 시온에서 광대하시고 모든 민족 위에 높으시도다. 주의 크고 두려운 이름을 찬송할지어다. 그는 거룩하시도다.**

본문은 하나님의 통치의 영광을 증거한다. 하나님께서는 살아계셔서 지금도 온 우주만물을 통치하시며, 그의 위엄과 영광은 크시다. 그는 땅의 지성소 법궤 위 그룹들 사이에 계시듯이, 하늘 성소에서도 그룹들 사이에 앉아계시며 천사들은 그를 둘러싸며 그를 섬긴다.

본문은 하나님께서 시온에서 크시며 모든 민족 위에 높으시다고 말한다. 하나님께서는 그의 백성의 삶 속에서 자신을 계시하셨고 그들을 위해 많은 은혜로운 일들을 행하셨다. 그의 위대하심은 이스라엘의 역사 속에서 드러났고 그의 영광은 모든 민족 위에 높으시다.

다니엘서에 보면, 포로생활 중에서도 이방 왕의 입을 통해 하나님의 영광이 증거되었다. 느부갓네살 왕은 다니엘에게 "너희 하나님은 참으로 모든 신의 신이시요 모든 왕의 주재시로다"라고 말하였고(단 2:47), 또 그는 "사드락과 메삭과 아벳느고의 하나님을 찬송할지로다," "내가 이제 조서를 내리노니 각 백성과 각 나라와 각 방언하는 자가 무릇 사드락과 메삭과 아벳느고의 하나님께 설만히[거슬러] 말하거든 그 몸을 쪼개고 그 집으로 거름터를 삼을지니 이는 이같이 사람을 구원할 다른 신이 없음이니라"고 말했다(단 3:28-29).

본문은 또 모든 사람이 하나님 앞에 떨며 그의 크고 두려운 이름을 찬송해야 한다고 말한다. 또 그는 하나님을 거룩하시다고 말한다. 그는 본 시편에서 세 번이나 그렇게 말한다(3, 5, 9절). 그것은 하나님께서 모든 피조 세계를 초월해 계시고 모든 죄와 불결로부터 떠나 계심을 뜻한다. 우리는 거룩하신 하나님을 찬송해야 한다.

〔4-5절〕 왕의 능력은 공의를 사랑하는 것이라. 주께서 공평[공정]**을 견고히 세우시고 야곱 중에서 공(公)과 의(義)를 행하시나이다. 너희는 여호와 우리 하나님을 높여 그 발등상 앞에서 경배할지어다. 그는 거룩하시도다.**

본문은 왕이신 하나님의 능력과 공의를 증거한다. 능력으로 통치하시는 하나님께서는 공의로우시다. 그는 공의를 사랑하시고 공의를 행하신다. 그는 택하신 이스라엘 백성의 삶 속에서 공정을 견고하게 세우시고 공(公)과 의(義)를 행하시고 공의로 도덕질서를 세우시고 선을 장려하시고 악을 징벌하신다.

본문은 그러므로 "너희는 여호와 우리 하나님을 높여 그 발등상 앞에서 경배할지어다"라고 말한다. 우리는 능력의 하나님, 공의로 통치하시고 심판하시는 하나님을 두려워하며 그를 경배해야 한다.

〔6-7절〕 그 제사장 중에는 모세와 아론이요 그 이름을 부르는 자 중에는 사무엘이라. 저희가 여호와께 간구하매 응답하셨도다. 여호와께서 구름기둥에서 저희에게 말씀하시니 저희가 그 주신 증거와 율례를 지켰도다.

제사장은 백성의 대표자로서 하나님과 백성 사이의 중보자이다. 그는 백성을 대신하여 하나님께 제사를 드리며 또 백성을 대신하여 하나님께 기도를 올린다. 하나님의 종 모세는 하나님 앞에서 이스라엘 백성을 대표한 자이었고 아론은 하나님의 명하신 제사장 가족의 가장(家長)으로서 그의 아들들만 합법적 제사장이 되었다. '그 이름을 부르는 자'는 하나님께 기도하며 그와 교통하며 섬기는 자를 가리킨다. 사무엘은 경건한 선지자요 하나님의 사람이었다.

본문은 하나님께서 그들의 기도와 간구를 들어주셨다고 말한다. 하나님께서는 살아계셔서 우리가 부르짖어 간구할 때 응답하신다. 그는 모세와 아론의 기도를 잘 들어주셨고, 사무엘의 기도도 잘 들어주셨다. 성도의 특권은 살아계신 하나님, 능력의 주님께 기도하는 것이며, 기도하는 자마다 하나님의 응답하심을 체험할 것이다.

하나님께서는 때때로 구름기둥 안에서 말씀하셨다. 출애굽기 33:9, "모세가 회막에 들어갈 때에 구름기둥이 내려 회막 문에 서며 여호와께서 모세와 말씀하시니." 민수기 12:5, "여호와께서 구름기둥 가운데로서 강림하사 장막 문에 서시고 아론과 미리암을 부르시는지라." 하나님께서는 거기서 자신의 뜻을 나타내시며 이스라엘 백성의 행할 바를 지시하셨고 모세와 이스라엘 백성은 하나님의 명하신 대로 다 행했다(출 40:16). 우리는 하나님의 명령을 다 행해야 한다. 사무엘은 거역하는 것을 사술(邪術)의 죄와 같다고 말하였다(삼상 15:23).

〔8-9절〕 여호와 우리 하나님이여, 주께서는 저희에게 응답하셨고 저희 행한 대로 갚기는 하셨으나 저희를 사하신 하나님이시니이다. 너희는 여호와 우리 하나님을 높이고 그 성산(聖山)에서 경배할지어다. 대저 여호와 우리 하나님은 거룩하시도다.

시편 저자는 하나님께서 이스라엘 백성에게 응답하셨다고 말한다. 하나님께서는 그 백성들의 기도를 응답하시는 하나님이시다. 시편 65:2, "기도를 들으시는 주여, 모든 육체가 주께 나아오리이다." 기도를 들으시는 그는 살아계신 하나님이시요 선하신 하나님이시다.

또 시편 저자는 하나님께서 사람들을 그 행위대로 갚으셨다고 말한다. 그것은 하나님께서 공의로운 하나님이심을 증거한다. 그러나 하나님께서 그의 택하신 백성을 징계하시는 것은 그의 사랑의 표현이기도 하였다. 히브리서 12:6, "주께서 그 사랑하시는 자를 징계하시고 그의 받으시는 아들마다 채찍질하심이니라."

시편 저자는 또 하나님께서 그들을 사하신 하나님이시라고 말한다. 하나님께서는 범죄하는 사람들에게 징계하시지만, 그들이 회개할 때 그들의 죄와 허물을 용서하신다. 그들은 징벌의 상태로부터 회복된다. 그들은 참된 평안과 기쁨과 영원한 생명을 얻는다.

이제, 시편 저자는 "너희는 여호와 우리 하나님을 높이고 그 성산(聖山)에서 경배할지어다. 대저 여호와 우리 하나님은 거룩하시도다"

라고 말한다. 하나님의 백성은 물론이요 땅의 모든 사람들은 여호와 하나님, 곧 온 우주만물의 창조주요 섭리자이신 참 하나님을 높이고 그를 경배해야 한다. 특히 하나님의 성전이 있는 성산에서 그를 경배해야 한다. 오늘날, 그 성산(聖山)은 주 예수께서 구속(救贖)하시고 성령께서 거하시는 신약교회를 가리킬 것이다. 하나님께서는 거룩하시다. 그는 모든 피조물과 구별되시며 도덕적 불결이 전혀 없으시다. 우리는 거룩하신 하나님을 그의 교회에서 경배해야 한다.

시편 99편의 교훈을 정리해보자. 첫째로, 모든 사람들은 세상을 통치하시는 거룩하신 하나님(3, 5, 9절) 앞에서 떨며 그를 찬송하고 그에게 경배해야 한다. 하나님께서는 그가 창조하신 온 세상과 사람들을 통치하신다. 피조 세계로부터 초월해 계시며 지극히 거룩하신 그는 세상의 모든 나라들과 모든 사람들을 공의로 통치하시며 악한 자들을 엄하게 징벌하신다. 사람이 창조자 하나님을 알고 그 하나님을 두려워하는 것은 모든 사람들에게 지혜와 지식의 시작이며 가장 중요한 부분이다. 우리는 창조자, 섭리자 하나님 앞에 떨며 찬송하고 경배해야 한다.

둘째로, 우리는 하나님과 교제할 수 있다. 모세와 아론과 사무엘은 하나님과 이스라엘 백성 사이에서 중보자와 같았다. 우리의 참 중보자는 예수 그리스도이시다. 우리는 우리의 큰 대제사장이신 예수 그리스도를 힘입어 때를 따라 돕는 은혜를 얻기 위해 은혜의 보좌 앞에 담대히 나아가며(히 4:14-16) 그의 이름으로 찬송하며(히 13:15) 그의 이름으로 기도하고(요 14:13-14) 그의 이름으로 봉사하며 선을 행한다(골 3:17).

셋째로, 우리는 날마다 일상생활 속에서 하나님의 계명을 순종하며 공의를 행해야 한다. 하나님께서는 온 세상에서 공의를 행하시는 자이시다(4절). 그는 우리의 선악의 행위에 대해 공의로 보응하실 것이다. 그러므로 우리는 하나님의 계명을 따라 바르고 선하게만 행해야 한다. 그것은 창조자 하나님의 뜻이며 모든 사람에게 평안과 행복의 길이다.

100편: 창조자 목자 하나님께 감사 찬송함

[1-2절] 온 땅이여, 여호와께 즐거이 부를지어다. 기쁨으로 여호와를 섬기며 노래하면서 그 앞에 나아갈지어다.

감사의 시. 시편 저자는 "온 땅이여, 여호와께 즐거이 부를지어다"라고 말한다. 그는 이스라엘 백성 뿐만 아니라, 모든 열방이 다 하나님을 찬송하라고 말한다. 이 말씀은 세계복음화의 전망을 품고 있다. 온 세상의 모든 피조물들은 창조자 하나님을 찬송해야 한다.

시편 저자는 또 "기쁨으로 여호와를 섬기며 노래하면서 그 앞에 나아갈지어다"라고 말한다. 하나님께 드리는 찬송은 기쁨으로 불러야 한다. 야고보서 5:13, "너희 중에 고난 당하는 자가 있느냐? 저는 기도할 것이요; 즐거워하는 자가 있느냐? 저는 찬송할지니라." 즐거움으로 하는 예배와 봉사가 하나님을 기쁘시게 한다. 기쁨이 없는 찬송은 하나님 섬기기를 싫어하는 표일 것이다. 구원은 기쁨과 평안의 소식이므로 구원 얻은 자는 하나님을 기쁘고 즐겁게 찬송해야 한다. 영원자존하시는 하나님과 천국은 우리의 삶의 최고 목표이다. 그러므로 우리는 기쁨과 즐거움으로 하나님을 찬송하며 그를 섬겨야 한다.

[3절] 여호와가[여호와 그가](원문) **우리 하나님이신 줄 너희는 알지어다. 그는 우리를 지으신 자시요 우리는 그의 것이니 그의 백성이요 그의 기르시는 양이로다.**

시편 저자는 "너희는 여호와 그가 하나님이신 줄 알지어다"(원문)라고 말한다. 이 세상에는 신(神)들이 많지만, 영원자존하신 여호와 하나님만 참 하나님이시고, 다른 신들은 다 헛것이다. 시편 저자는 "그는 우리를 지으신 자시요 우리는 그의 것이니(케레, NIV)"라고 말한다. 원문(케팁)의 뜻은, "우리를 지으신 이는 그요 우리 자신이 아니며"이다(MT, LXX, Syr, KJV, NASB). 하나님께서는 우리의 창조주이시며 그가 우리의 삶의 목적을 결정하신다. 또 시편 저자는 우리는 "그의 백성이요 그의 목장의 양이로다"(원문)라고 말한다. 이 말씀은 하나님과 우리의 관계를 보이며, 또 우리의 복된 특권과 순종의 의무도 보인다. 하나님께서는 우리의 소유주이시며 선한 목자이시며, 우리는 그의 양이며 그의 보호하심과 영육의 필요의 공급을 받는다. 그러므로 우리는 그의 음성을 듣고 순종해야 할 의무가 있다.

〔4절〕 감사함으로 그 문에 들어가며 찬송함으로 그 궁정[뜰]**에 들어가서 그에게 감사하며 그 이름을 송축할지어다.**

시편 저자는 우리가 감사함으로 그 문에 들어가며 찬송함으로 그 뜰에 들어가서 그에게 감사하며 그 이름을 송축해야 한다고 말한다. 성경에서 '감사하다'는 말(야다 יָדָה)과 '찬송하다'는 말(힐렐 הִלֵּל)과 '송축하다'는 말(바라크 בָּרַךְ)은 뜻이 비슷하다. 그것은 하나님의 은혜를 인정하며 그를 높이며 그에게 감사하고 칭송한다는 뜻이다.

우리는 하나님의 전의 문에 들어갈 때, 그 뜰에 들어갈 때 하나님께 감사하며 찬송해야 한다. 우리는 하나님께서 계신 곳, 그의 영광을 나타내신 곳, 즉 그에게 예배드리는 곳에 나아갈 때, 하나님께 감사와 찬송을 올려야 한다. 우리는 불평과 원망의 태도가 아니고 감사하는 마음으로 하나님을 섬겨야 한다. 사도 바울도 에베소서 5:19-20에서, "시와 찬미와 신령한 노래들로 서로 화답하며 너희의 마음으로 주께 노래하며 찬송하며 범사에 우리 주 예수 그리스도의 이름으로 항상 아버지 하나님께 감사하라"고 교훈했다. 하나님의 은혜로 구원 얻은 모든 성도들은 하나님께 늘 감사하며 찬송해야 한다.

〔5절〕 대제[이는] **여호와는 선하시니 그 인자하심이 영원하고**[영원함이며] **그 성실하심**[신실하심]**이 대대에 미치리로다**[미침이로다].

시편 저자는 우리가 하나님께 감사하고 찬송해야 할 이유로서 "이는 여호와께서 선하시니 그 인자하심이 영원함이며 그 신실하심이 대대에 미침이로다"라고 말한다. 우리 하나님께서는 피조물에게 악하게 행하시거나 경우에 맞지 않게 행하지 않으시고 기쁨과 평안과 유익을 주시는 선하신 하나님이시다. 그는 죄인들을 불쌍히 여기시고 회개하는 자들을 용납하시고 그들의 죄를 용서하신다.

또 그는 신실하시고 믿을 만하시다. 그에게는 거짓이 조금도 없으시다. 그는 약속하신 말씀을 끝까지 지키신다. 하나님께서 구주 예수 그리스도 안에서 하신 부활과 천국과 영생에 대한 약속은 확실하고 불변하시다. 그의 선하심과 인자하심은 영원하시며 그의 신실하심도 그러하시다. 그는 어제나 오늘이나 영원토록 동일하시다.

시편 100편의 교훈을 정리해보자. 첫째로, 여호와 하나님께서는 우리의 창조자와 목자이시다. 태초에 하나님께서는 천지만물을 창조하셨고 사람도 만드셨다. 생명들은 하나님으로 말미암았고 사람도 그로 말미암았다. 더욱이, 그는 많은 사람들 중에 우리를 그의 백성으로 택하셨다. 그는 우리를 만세 전에 택하셨고 아들 예수 그리스도의 피로 구속(救贖)하셨고 우리에게 삶의 의미와 목적과 가치를 주셨다. 그는 우리를 기르시는 목자이시며 우리는 그의 음성을 듣고 순종해야 할 양들이다.

둘째로, 우리는 하나님께 기쁨으로 감사하며 찬송해야 한다. 이것은 피조물이 창조자에게 마땅히 돌려야 할 일이다. 이것은 사람이 하나님을 바로 알 때 가능한 일이다. 영원자존하신 여호와 하나님께서는 이 세상에서 가장 존귀하신 분이시다. 또 그는 우리를 죄와 죽음과 영원한 지옥 형벌로부터 구원하셨다. 그러므로 우리는 온 세상의 창조자시요 우리의 구주이신 하나님을 기쁨과 즐거움으로 찬송하고 감사해야 한다.

셋째로, 우리는 하나님의 선하심과 인자하심과 신실하심을 감사하며 찬송해야 한다. 우리의 구원은 하나님의 선하심과 인자하심에서 비롯되었다. 하나님께서는 영원히 죽을 수밖에 없었던 죄인들을 사랑하셨고 아들 예수 그리스도를 통해 구원하셨고, 끝까지 붙들어 주신다. 그러므로 우리는 그의 인자하심과 신실하심을 감사하며 찬송해야 한다.

101편: 완전한 길에 주목함

〔1-2절〕 내가 인자(仁慈)와 공의를 찬송하겠나이다. 여호와여, 내가 주께 찬양하리이다. 내가 완전한 길에 주의하오리니 주께서 언제나 내게 임하시겠나이까? 내가 완전한 마음으로 내 집안에서 행하리이다.

다윗의 시(詩). 다윗은 "내가 인자(仁慈)와 공의를 노래하리이다. 여호와여, 내가 주께 찬송의 노래를 부르리이다"(원문)라고 말한다. '인자'(仁慈)는 남을 불쌍히 여기는 것이며, '공의' 혹은 '의'는 도덕적 기준에 맞는 것이다. 인자(仁慈)와 공의는 하나님의 성품이며 그의 형상으로 지음 받은 사람의 도덕성의 내용이기도 하다. 하나님께서는 그를 경외하며 회개하는 죄인들을 향하여 인자하시고 또 공의로 세상을 다스리시고 심판하신다. 하나님의 공의는 의인들에게는 기쁨과 위로가 되지만, 악인들에게는 두려움이 될 것이다. 우리는 하나님의 인자(仁慈)와 공의를 찬송하고 또 우리 안에 그 성품을 회복하고 소유하기를 사모하며 소원해야 한다.

다윗은 또한, "내가 완전한 길에 주의하오리니 주께서 언제나 내게 임하시겠나이까? 내가 완전한 마음으로 내 집안에서 행하리이다"라고 말한다. '완전한'이라는 원어(탐 תָּם)는 '도덕적으로 흠이 없는'이라는 뜻이다. 그것은 앞절에서 말한 인자와 공의를 소유한 상태라고 말할 수 있다. 다윗은 개인적으로 완전한 길에 주의하겠다고 말하며 또 가정적으로도 완전한 마음으로 내 집안에서 행하겠다고 말한다. 우리의 도덕적인 삶은 개인적 삶인 동시에 사회의 가장 기본 단위인 가정에서 실천하는 삶이어야 한다.

성경은 노아가 의인이요 당세에 완전한 자라고 증거한다. 창세기 6:9, "노아의 사적은 이러하니라. 노아는 의인이요 당세에 완전한 자라. 그가 하나님과 동행하였으며." '완전한'(탐밈 תָּמִים)이라는 말은 같은 단어이다(복수형). 성경은 또한 욥이 순전하고 정직한 자라고 증거한다. 욥기 1:1, "우스 땅에 욥이라 이름하는 사람이 있었는데 그 사람은 순전하고 정직하여 하나님을 경외하며 악에서 떠난 자더라." 여기에 '순전하다'는 말(탐 תָּם)도 같은 단어이다. 디모데전서 3장에서 사도 바울이 감독의 자격을 말하면서 "감독은 책망할 것이 없으며"라는 말로 시작했는데, '책망할 것이 없다'는 말도 같은 개념이다. 도덕적 완전은 우리의 성화(聖化)의 목표 곧 우리의 신앙생활의 목표이다. 우리는 노아처럼, 욥처럼 완전한 삶을 힘써야 한다.

다윗이 "주께서 언제나 내게 임하시겠나이까?"라고 말하는 것은 하나님과 교제하며 평안과 위로, 능력과 환경적 회복을 얻고자 함일 것이다. 의인들은 하나님께서 오시기를 사모하지만, 죄인들은 그를 만나기를 싫어하거나 두려워하고 피한다. 하나님께서 오시면 의인들에게는 복을 주실 것이지만, 악인들에게는 벌을 내리실 것이기 때문이다. 그러므로 도덕적 완전을 구하는 삶은 경건한 삶과 함께 간다. 도덕성은 경건과 함께 가고 실상 거기에서 나온다.

〔3-5절〕 나는 비루한 것(벨리야알 בְּלִיַּעַל)[무가치한 것, 악한 것]**을 내 눈앞에 두지 아니할 것이요 배도자들의 행위를 미워하니 이것이 내게 붙접지 아니하리이다. 사특한**(익케쉬 עִקֵּשׁ)[비뚤어진] **마음이 내게서 떠날 것이니 악한 일을 내가 알지 아니하리로다. 그 이웃을 그윽히 허는 자를 내가 멸할 것이요 눈이 높고 마음이 교만한 자를 내가 용납지 아니하리로다.**

다윗은, "나는 무가치한 것을 내 눈앞에 두지 아니할 것이요 배도자(背道者)들의 행위를 미워하니 이것이 내게 붙접지 아니하리이다" 라고 말한다. 배도자(背道者), 배교자는 하나님의 진리와 바른 신앙을 저버린 자를 가리킨다. 성도는 도덕적으로 악하고 무가치한 것을 용납하지 말아야 하며, 하나님의 진리와 바른 신앙을 저버린 자들의 행위를 책망하고 미워하며 멀리해야 한다.

다윗은 또, "비뚤어진 마음이 내게서 떠날 것이니 악한 일을 내가 알지 아니하리로다"라고 말한다. 비뚤어진 마음은 건전한 판단력을 가진 마음이 아니고 자기중심적으로 생각하고 또 오해하기 잘 하는 마음이다. 또 이런 마음에서 악한 일이 나온다. 성도는 사특한 마음을 품지 말아야 하고 또 악한 일을 멀리해야 한다.

다윗은 또, "그 이웃을 그윽히 허는 자를 내가 멸할 것이요 눈이 높고 마음이 교만한 자를 내가 용납지 아니하리로다"라고 말한다. '그윽히 헌다'는 말은 '은밀히 비난한다'는 뜻이다. 그 이웃을 그윽히 허는 것은 앞에서는 상대를 위하는 것처럼 처신하지만, 뒤에서는 그를 비난하는 것 같은 것을 말한다. 또 '눈이 높고 마음이 교만한 자들'은 이웃을 멸시하고 욕하고 비난한다. 그러나 남의 명예와 신임성을 훼손시키고 사람들에게 그에 대한 잘못된 선입견을 심어주는 것은 악한 일이다. 성도는 남의 유익을 위하여 힘써야 하고 남을 그윽히 허는 자가 되어서는 안 되며 또 그런 자를 물리쳐야 한다.

〔6-8절〕 내 눈이 이 **땅의 충성된 자**(네에메네 נֶאֶמְנֵי)[혹은 '신실한 자들'] **를 살펴 나와 함께 거하게 하리니 완전한 길에 행하는 자가 나를 수종하리로다. 거짓 행하는 자가 내 집 안에 거하지 못하며 거짓말하는 자가 내 목전에 서지 못하리로다. 아침마다 내가** 이 **땅의 모든 악인을 멸하리니 죄악 행하는 자는 여호와의 성에서 다 끊어지리로다.**

다윗은, "내 눈이 이 땅의 충성된 자를 살펴 나와 함께 거하게 하리라"고 말한다. '충성된 자'는 끝까지 하나님을 믿고 의지하고 순종하며 자기의 의무를 다하는 신실한 자를 가리킨다. 그는 세상의 물질이나 명예나 쾌락을 구하지 않는 자이다. 성도는 그런 자와 함께 거해야 한다. 또 다윗은 "완전한 길에 행하는 자가 나를 수종하리로다"고 말한다. '완전한 길'은 도덕적으로 흠이 없는 길이다. 완전한 길에 행하는 자는 신앙 사상이 바르고 성경말씀을 순종하여 의와 선을 행하는 자이다. 그런 자와 함께 일하는 것은 행복이다. 같은 생각과 뜻, 같은 목표와 가치관을 가진 자들은 함께 일할 만한 자들이다.

다윗은 또, "거짓 행하는 자가 내 집안에 거하지 못하며 거짓말하는 자가 내 목전에 서지 못하리로다"라고 말한다. 거짓말은 마귀의 속성이며 하나님께서 미워하시고 정죄하시는 악이다(잠 6:16-19). 요한계시록 21:8은 모든 거짓말하는 자들이 불과 유황으로 타는 못, 곧 지옥에 들어갈 것이라고 말하였다. 성도는 거짓된 마음과 거짓말과 거짓된 행동 곧 위선을 다 버려야 한다.

다윗은 또, "아침마다 내가 이 땅의 모든 악인을 멸하리니 죄악 행하는 자는 여호와의 성에서 다 끊어지리로다"라고 말한다. 하나님의 뜻을 거슬러 남에게 해를 끼치는 모든 것이 악이다. 악은 하나님의 성품에 반대되기 때문에 나쁜 것이다. 마귀는 악하여 세상과 사람들을 타락시키고 교회를 속화시켜 지옥에 떨어지게 하려 한다. 거짓되고 악한 자들은 하나님의 교회에 합당치 않다.

시편 101편의 교훈을 정리해보자. 첫째로, 우리는 하나님의 임하심을 사모하며 그의 인자(仁慈)와 공의를 찬송해야 한다. 우리는 하나님 앞에서 늘 경건하게 생활하면서 그의 평안과 위로, 그의 능력을 구해야 한다. 하나님께서는 그를 진실히 찾는 모든 자들과 함께하실 것이다.

둘째로, 우리는 완전한 길에 주목하고 완전한 마음으로 행하고 완전한 길에 행하는 충성된, 신실한 자들과 함께 일하기를 소원해야 한다. 도덕적 완전은 하나님의 구원의 목표이며 우리의 신앙생활의 목표이다. 하나님께서는 우리를 거룩하고 흠이 없게 하시려고 택하셨고 주 예수 그리스도의 피로 구속(救贖)하셨다. 그러므로 우리는 개인적으로 교회적으로 도덕적 완전을 실천하는 충성된, 신실한 자들이 되어야 한다.

셋째로, 우리는 모든 악한 것들을 미워하고 멀리하고 멸해야 한다. 우리는 악하고 무가치한 것들, 비뚤어진 마음, 이웃을 은밀히 비난함, 교만한 마음, 거짓말 등을 다 미워하고 멀리하고 멸해야 한다. 하나님의 자녀들은 하나님께서 미워하시는 그런 악들을 다 멀리해야 한다.

102편: 곤고한 자를 긍휼히 여기소서

곤고한 자가 마음이 상하여 그 근심을 여호와 앞에 토하는 기도.

〔1-3절〕 여호와여, 내 기도를 들으시고 나의 부르짖음을 주께 상달케 하소서. 나의 괴로운 날에 주의 얼굴을 내게 숨기지 마소서. 주의 귀를 기울이사 내가 부르짖는 날에 속히 내게 응답하소서. 대저 내 날이 연기같이 소멸하며 내 뼈가 냉과리(모케드 מוֹקֵד)[불타는 덩어리]**같이 탔나이다.**

기도는 성도의 특권이다. 살아계신 하나님께서는 우리의 기도를 들어주시며 특히 괴로운 날에 부르짖는 기도를 잘 들어주신다. 한글에 '냉과리'는 덜 타서 연기와 냄새가 나는 숯을 가리킨다. 시편 저자는 그의 날들이 연기가 희미해지다가 사라짐 같고 그의 뼈들이 불타는 덩어리같이 고통스러웠지만, 낙망치 않고 하나님께 기도하였다.

〔4-7절〕 내가 음식 먹기도 잊었음으로 내 마음이 풀같이 쇠잔하였사오며 나의 탄식 소리를 인하여 나의 살이 뼈에 붙었나이다. 나는 광야의 당아새(pelican)[사다새—물고기 잡아먹는 부리 긴 새] **같고 황폐한 곳의 부엉이 같이 되었사오며 내가 밤을 새우니 지붕 위에 외로운 참새 같으니이다.**

시편 저자는 고난 중에 낙심하였으며 식욕도 잃었고 또 탄식 중에 그의 살이 뼈에 붙을 정도로 야위었다. 그러나 그는 하나님께 기도했다. 그는 자신을 "광야의 사다새," "황폐한 곳의 부엉이," "밤을 새우는 지붕 위의 외로운 참새"에 비유한다. 그것은 아마 피신 중인 자신의 모습을 묘사한 것일 것이다. 그러나 그는 이렇게 외롭고 쓸쓸할 때 하나님을 바라보며 그에게 부르짖어 기도하였다.

〔8-11절〕 내 원수들이 종일 나를 훼방하며 나를 대하여 미칠듯이 날치는 자들이 나를 가리켜 **맹세하나이다.** [이는] **나는 재를 양식같이 먹으며 나의 마심에는 눈물을 섞었사오니**[섞었사옴이며] **이는 주의 분과 노를 인함이라. 주께서 나를 드셨다가 던지셨나이다. 내 날이 기울어지는 그림자 같고 내가 풀의 쇠잔함 같으니이다.**

원수들은 잠시 동안이 아니고 한두 번이 아니고 온종일 또 날마다 성도를 비방하고 욕하였다. 또 그들은 상대방의 의견을 듣고 조용히 자신의 생각을 사리에 맞게 제시하는 인격자들이 아니고, 미친듯이 날뛰며 맹세하며 악을 행하는 자들, 논리와 사리를 중시하지 않고 자기 주장만 내세우고 상대의 말을 들어보려 하지 않는 자들이다. 맹세하며 악을 행하는 것은 심히 악한 것이다.

9절은 원수들의 비방의 이유를 보인다. 시편 저자는 자신의 고난이 하나님의 분노 때문임을 깨닫고 있었다. 그래서 그는 땅에 꿇어앉아 눈물로 회개하며 재를 먹고 눈물을 마셨다. 그러나 그것이 더 원수들의 비방의 이유가 되었다. 하나님께서는 그 성도의 죄에 대해 무섭게 징책하셨다. 그는 그를 들어 던지셨다. 그의 날은 거의 끝나는 것 같았고, 그는 심히 쇠해졌었다. 그러나 그는 이런 극심한 고난 중에서도 낙망치 않고 하나님께 부르짖어 기도하였다.

〔12-13절〕 [그러나] **여호와여, 주는 영원히 계시고 주의 기념** 명칭**은 대대에 이르리이다. 주께서 일어나사 시온을 긍휼히 여기시리니 지금은 그를 긍휼히 여기실 때라. 정한 기한이 옴이니이다.**

시편 저자는 사람의 쇠약하여 죽음과 하나님의 영원하심을 대조한다. 그가 이렇게 말하는 까닭은 영원하신 하나님께서 우리의 구원의 근거이시기 때문이다. 또 시편 저자는, 자신을 포함하여 시온 전체, 즉 예루살렘 성 전체가 고난 중에 있으나 하나님께서 시온을 긍휼히 여기시고 회복시키실 때가 되었다고 말한다.

〔14-15절〕 [이는] **주의 종들이 시온의 돌들을 즐거워하며 그 티끌도 연휼히 여기나이다**(카난 חָנַן)[좋아함이니이다]. **이에 열방이 여호와의 이름을 경외하며 세계 열왕이 주의 영광을** 경외**하리니.**

시편 저자는 하나님께서 시온을 긍휼히 여기실 때가 된 것은 하나님의 종들이 시온의 돌들을 즐거워했고 그 티끌도 좋아하며 또 이방 나라들이 여호와의 이름, 세상의 모든 왕들이 주의 영광을 경외했기 때문이라고 말한다. 전에는 이스라엘 백성이 하나님의 성전을 무시하고 좋아하지 않았고 이방인들은 하나님을 경외치 않았으나 그들이 변하기 시작하였고, 그러한 변화는 하나님께서 자기 백성과 심지어 이방인들까지도 긍휼히 여기시는 징조로 여겨진다는 뜻일 것이다.

〔16-17절〕 대저 여호와께서 시온을 건설하시고 그 영광 중에 나타나셨음이라. 여호와께서 빈궁한 자의 기도를 돌아보시며 저희 기도를 멸시치 아니하셨도다.

또 시편 저자는 그들의 이런 변화가 여호와께서 시온을 건설하셨고 그 영광 중에 나타나셨기 때문이라고 말한다. 이 말씀은 역사적으로는 이스라엘 백성의 포로귀환과 예루살렘 성전과 예루살렘 성의 재건 등에서 나타났고, 보다 깊게는 신약교회의 건립에서 나타났다. 또 시편 저자는, 세상 사람들은 없는 자들을 무시하지만 하나님께서는 그를 경외하는 모든 자들에게 은혜로우시다고 말한다.

〔18절〕 이 일이 장래 세대를 위하여 기록되리니 창조함을 받을 백성이 여호와를 찬송하리로다.

'이 일'은 앞절들에서 말한 대로 하나님께서 시온을 긍휼히 여기시며 열방들이 그를 경외하게 되는 일을 가리키며, '장래 세대'는 특히 신약시대를 가리킬 것이다. 구약성경의 이스라엘 회복 예언은 신약교회의 설립을 암시한다. 이처럼 시편 저자의 증거는 그 시대에 국한된 것이 아니고 신약시대를 내다보았다고 본다. 그러면 '창조함을 받을 백성'은 하나님의 은혜로 구원 얻어 새 피조물이 될 신약 성도들을 가리킬 것이다. 신약 성도된 우리는 구원의 하나님을 찬송한다.

〔19-22절〕 여호와께서 그 높은 성소에서 하감하시며[내려다보시며] **하늘에서 땅을 감찰하셨으니 이는 갇힌 자의 탄식을 들으시며 죽이기로 정한 자를 해방하사 여호와의 이름을 시온에서, 그 영예를 예루살렘에서 선포케 하려 하심이라. 때에 민족들과 나라들이 모여 여호와를 섬기리로다.**

원문 19절은 '왜냐하면'이라는 말로 시작된다. 시편 저자는, 이스라엘의 회복이 "여호와께서 그 높은 성소에서 내려다보시며 하늘에서 땅을 감찰하셨기" 때문에 이루어진다고 말한다. 하나님께서는 하늘에 계시지만, 땅의 모든 일들을 자세히 내려다보시고 그의 기쁘신 뜻을 행하신다. 하나님께서 하늘에서 땅을 내려다보시고 감찰하시는 목적은 갇힌 자들의 탄식을 들으시며 죽이기로 정한 자들을 해방하셔서 여호와의 이름을 시온에서, 그 영예를 예루살렘에서 선포케 하시기 위함이다. 우리의 구원은 전적으로 하나님의 은혜의 역사이며, 그 목표는 하나님의 이름을 찬송하는 것이다(엡 1:6, 12, 14). 구원 얻은 자마다 하나님을 찬송하며 그의 은혜를 증거할 것이다. 그때에, 즉 이스라엘의 회복의 때, 곧 신약시대에 온 세상의 민족들이 모여 여호와 하나님을 섬기게 될 것이다. 오늘날 우리는 그것이 상당히 이루어졌음을 본다. 세계복음화는 하나님의 뜻이며 그의 섭리의 목표이다.

〔23-24a절〕 저가 내 힘을 중도에 쇠약케 하시며 내 날을 단축케 하셨도다. 나의 말이 나의 하나님이여, 나의 중년에 나를 데려가지 마옵소서.

시편 저자는 다시 자신에 관해 기도한다. 그는 하나님께서 그의 힘을 중도에 쇠약케 하셨고 그의 날을 단촉(短促)[단축]케 하셨다고 말한다. 또 그는 "나의 하나님이여, 나의 중년에 나를 데려가지 마옵소서"라고 기도했다. 사람의 생명과 건강은 하나님의 손에 달렸다. 우리가 우리 몸의 건강을 위해 영양 있는 음식물을 섭취하고 영양제를 먹고 규칙적 운동을 하고 의학적 치료도 받지만, 우리는 사람의 생명과 건강이 하나님께 있음을 알고 하나님께 항상 기도해야 한다.

〔24b-27절〕 주의 연대는 대대에 무궁하니이다. 주께서 옛적에 땅의 기초를 두셨사오며 하늘도 주의 손으로 지으신 바니이다. 천지는 **없어지려니와 주는 영존하시겠고 그것들은 다 옷같이 낡으리니 의복같이 바꾸시면 바뀌려니와 주는 여상(如常)하시고**[동일하시고] **주의 연대는 무궁하리이다.**

시편 저자는 또다시 하나님의 영원하심에 대해 말한다. 그가 하나님의 영원하심에 대해 말한 것은 우리의 생명이 그의 영원하신 생명에 근거하기 때문일 것이다. 영원하신 하나님께서는 태초에 천지를 창조하셨다. 창조된 천지는 영원하지 않고 지금 옷같이 낡아지고 있고 어느 날 바꾸어야 할 상태에 있다. 그러나 창조자 하나님께서는 영원하시고 언제나 변함이 없이 동일하시다.

〔28절〕 주의 종들의 자손이 항상 있고 그 후손이 주의 앞에 굳게 서리이다 하였도다.

하나님께서는 자기 백성에게 영생을 주셨다. 하나님의 뜻은 택하신 자들이 영생을 얻는 것이다(요 6:40; 딛 1:1-3). 그것은 영원하신 하나님의 생명에 근거한다. 사람은 범죄함으로 죽게 되었으나, 영원하신 하나님의 긍휼로 죄사함과 영생을 얻게 되었다. 영원하신 하나님과 그의 아들 예수 그리스도를 믿고 따르는 자마다 영생을 얻는다.

시편 102편의 교훈을 정리해보자. 첫째로, 우리는 큰 고난 중에 하나님께 부르짖어 기도해야 한다(1-3절). 1절, "내 기도를 들으시고 나의 부르짖음을 주께 상달케 하소서." 우리는 큰 고난 중에, 몸이 쇠하고 고통이 심하고 심신이 연약하고 외롭고 쓸쓸하며 원수들의 비방이 있을 때 현실을 두려워하지 말고 오직 하나님만 바라보며 회개할 것이 있으면 진심으로 회개하며 하나님께 기도해야 한다. 기도는 성도의 특권이다.

둘째로, 우리는 영원하신 하나님의 긍휼만 바라고 의지해야 한다. 13절, "주께서 일어나사 시온을 긍휼히 여기시리니 지금은 그를 긍휼히 여기실 때라." 긍휼이 많으신 하나님께서는 우리의 구원의 근거이시다. 우리는 시온을 긍휼히 여기시며 우리의 구원을 위해 은혜와 긍휼로 또 주권적으로 섭리하시는 하나님만 바라고 의지하고 순종해야 한다.

셋째로, 우리는 영원하신 하나님께서 주시는 영생복락을 믿고 사모하며 소망해야 한다. 26-28절, "천지는 없어지려니와 주는 영존하시겠고 . . . 주의 연대는 무궁하리이다. 주의 종들의 자손이 항상 있고." 우리는 영원하신 하나님과 영생의 약속을 붙들고 소망하며 살아야 한다.

103편: 하나님의 인자하심을 찬송함

〔1-5절〕 내 영혼아, 여호와를 송축하라. 내 속에 있는 것들아, 다 그 성호(聖號)[거룩하신 이름]**를 송축하라. 내 영혼아, 여호와를 송축하며 그 모든 은택을 잊지 말지어다. 저가 네 모든 죄악을 사하시며 네 모든 병을 고치시며 네 생명을 파멸에서 구속(救贖)하시고 인자(仁慈)와 긍휼로 관을 씌우시며 좋은 것으로 네 소원을 만족케 하사 네 청춘으로 독수리같이 새롭게 하시는도다.**

다윗의 시. 다윗은 하나님께서 자신에게 선하게 대하셨음을 기억하고 그를 찬송하라고 말한다. 하나님의 은혜를 깨닫는 자마다 진심으로 그를 찬송할 것이다. 다윗은 하나님께서 자신에게 베푸신 은택들을 열거한다. 그는 하나님께서 자신의 모든 죄악들을 사하셨다고 말한다. 또 그는 하나님께서 자신의 모든 병들을 고쳐주셨다고 말한다. '모든 병'은 육신의 병뿐 아니라 마음의 병까지도 포함할 것이다. 또 그는 하나님께서 자신의 생명을 파멸에서 구원하셨다고 말한다. 하나님께서는 영원한 멸망의 지옥으로부터 우리를 구원하셨다.

다윗은 또 하나님께서 인자(仁慈)와 긍휼로 자신에게 관을 씌우셨다고 말한다. 죄사함과 병 고침과 생명 구원은 다 하나님의 인자와 긍휼에서 나왔다. 다윗은 또 하나님께서 좋은 것으로 자기의 소원을 만족케 하셨다고 말한다. 하나님께서는 우리의 구하는 것들 이상의 좋은 것을 주시는 분이시다. 다윗은 또 하나님께서 자신에게 독수리 같은 새 힘을 주셨다고 말한다. 독수리는 지치지 않는 힘의 상징이다. 성도는 하나님께로부터 날마다 생활의 활력을 얻는다.

〔6-10절〕 여호와께서 의로운 일을 행하시며 압박 당하는 모든 자를 위하여 판단하시는도다. 그 행위를 모세에게, 그 행사를 이스라엘 자손에게 알리셨도다. 여호와는 자비로우시며 은혜로우시며 노하기를 더디하시며 인자하심이 풍부하시도다. 항상 경책지 아니하시며 노를 **영원히 품지 아니하**

시리로다. 우리의 죄를 따라 처치하지 아니하시며 우리의 죄악을 따라 갚지 아니하셨으니.

하나님께서는 공의의 재판장이셔서 세상에서 부당한 대우를 받고 억울한 일을 당하는 자들을 위해 공의를 베푸신다. 하나님께서는 그들을 변호하시고 악을 행하는 자들을 벌하신다. 다윗은 또 하나님께서 그의 길들을 모세에게, 그의 행사들을 이스라엘 자손에게 알리셨다고 말한다. 모세가 받은 율법은 하나님의 의를 증거하며 이스라엘 백성은 그들의 역사 속에서 하나님의 의를 듣고 체험하였다.

하나님의 공의는 하나님을 경외하고 의의 길을 구하며 행하는 자들에게는 은혜가 된다. 또 하나님께서는 자비로우시며 은혜로우시다. 자비는, 죄의 결과인 불행 아래 있는 죄인을 불쌍히 여기시는 것이며, 은혜는, 받을 만한 자격이 없는 자에게 거저 베푸시는 호의이다. 지옥 갈 죄인들이 죄사함과 영생을 얻고 하나님의 자녀의 특권을 회복하며 천국 기업을 상속받는 것이 성도들이 받은 하나님의 은혜이다.

하나님께서는 또 노하기를 더디하시며 인자하심이 풍부하시다. 노(怒)는 하나님의 의(義)의 한 요소이며 결과이다. 그러나 하나님께서는, 비록 우리가 실수가 많고 흠과 점이 많음에도 불구하고, 노하기를 더디하시고 오래 참으시고 인자하심이 많으시다. 그는 우리의 잘못에 대해 항상 경책하지 않으시고 노를 영원히 품지 않으시고 우리의 죄악을 따라 공의로 갚지 않으셨다.

〔11-14절〕 이는 하늘이 땅에서 높음같이 그를 경외하는 자에게 그 인자하심이 크심이로다. 동이 서에서 먼 것같이 우리 죄과(罪過)를 우리에게서 멀리 옮기셨으며 아비가 자식을 불쌍히 여김같이 여호와께서 자기를 경외하는 자를 불쌍히 여기시나니 이는 저가 우리의 체질을 아시며 우리가 진토임을 기억하심이로다.

다윗은 자신의 구원이 전적으로 하나님의 은혜라고 말한다. 하늘이 땅에서 높음같이 그를 경외하는 자에게 그 인자하심이 크시다. 우리는 하나님의 크신 인자하심 때문에 죄사함을 받았고 그의 진노와 형벌로부터 구원을 얻었다. 또 동이 서에서 먼 것같이 하나님께서는 우리 죄과를 우리에게서 멀리 옮기셨다. 사람의 용서는 심히 불완전하다. 그러나 하나님의 용서는 완전한 용서이다. 하나님께서는 우리의 지나간 많은 죄들을 기억하지 않으시며(사 43:25) 우리의 모든 죄들을 깊은 바다에 던지셨다(미 7:19).

아비가 자식을 불쌍히 여김같이, 여호와께서는 자기를 경외하는 자들을 불쌍히 여기신다. 아비가 자식을 불쌍히 여김은, 반역한 아들 압살롬을 긍휼히 여기는 다윗의 모습에서 나타나 있고(삼하 18장), 또 집을 나가 방탕한 생활을 하다 거지가 되어 돌아온 둘째 아들을 측은히 여겨 영접하는 아버지의 모습에서도 볼 수 있다(눅 15:11-32). 하나님께서는 특히 그를 경외하는 자들, 곧 하나님을 인정하고 두려워하며 죄를 회개하는 자들을 불쌍히 여기시며 구원하신다.

하나님께서는 우리의 체질을 아시며 우리가 진토임을 기억하신다. 사람은 몸도 마음도 약한 존재이다. 먹어야 힘을 얻고 병에 걸리기도 잘 한다. 또 외로움과 슬픔도 잘 탄다. 게다가, 죄악된 성향이 있고 결심과 의지가 약하다. 그러나 하나님께서는 우리가 그를 경외하고 그의 뜻대로 살고자 결심하며 애쓸 때 우리를 불쌍히 여기신다.

〔15-18절〕 인생은 그 날이 풀과 같으며 그 영화가 들의 꽃과 같도다. 그것은 바람이 지나면 없어지나니 그 곳이 다시 알지 못하거니와 여호와의 인자하심은 자기를 경외하는 자에게 영원부터 영원까지 이르며 그의 의는 자손의 자손에게 미치리니 **곧 그 언약을 지키고 그 법도를 기억하여 행하는 자에게로다.**

인생은 그 날이 풀과 같고 그 영화가 들의 꽃과 같다. 풀은 뿌리에 따라 1년 살이 풀, 2년 살이 풀, 다년 살이 풀이 있지만, 땅 위의 그 줄기 부분은 보통 1년 살고 말라버린다. 또 그 꽃도 필 때는 아름답지만, 오래가지 못한다. 찬바람이 불기 시작하면 풀은 시들고 꽃은 떨어진다. 인생이 그와 같아서, 일평생 수고하여 영광을 성취하여도 그것이 오래가지 못하여 곧 쇠하여지고 마침내 죽음의 시간을 맞는다.

그러나 하나님의 인자하심과 의는 영원하시다. 그의 인자하심은 자기를 경외하는 자에게 영원부터 영원까지 이르며 그의 의는 자손의 자손에게 미친다. 하나님을 두려워하지 않는 자는 자기의 맘대로 살지만, 하나님을 경외하는 자는 그를 인정하고 의지하고 두려워하며 그의 언약을 지키고 그의 법도를 기억하고 행한다. 보수주의 신학과 신앙은 하나님의 말씀인 성경말씀을 그대로 믿고 지키는 입장이며 그것은 바른 길이다. 하나님의 영원하신 자비와 긍휼에 사람의 구원의 소망이 있다. 또 그의 영원하신 의(義)는 사람에게 구원이 된다. 그 의 안에 평안과 영생이 있고 하나님과의 교제의 회복이 있다.

〔19-22절〕 여호와께서 그 보좌를 하늘에 세우시고 그 정권으로 만유를 통치하시도다. 능력이 있어 여호와의 말씀을 이루며 그 말씀의 소리를 듣는 너희 천사여, 여호와를 송축하라. 여호와를 봉사하여 그 뜻을 행하는 너희 모든 천군이여, 여호와를 송축하라. 여호와의 지으심을 받고 그 다스리시는 모든 곳에 있는 너희여, 여호와를 송축하라. 내 영혼아, 여호와를 송축하라.

하나님께서는 섭리자 곧 왕이시다. 그는 그 보좌를 하늘에 세우시고 만유를 통치하신다. 다윗은 또 천사들에 대해 증거한다. 천사들은 하나님의 지으심을 받았다. 창세기 1장에 천사 창조에 대한 언급은 없으나 천사들도 하나님의 지음을 받은 자라는 것을 안다. 그들은 아마 천지 창조의 7일 중 첫째 날에 지음을 받았을 것이다. 골로새서 1:16은 하나님께서 보이는 세계뿐 아니라 보이지 않는 세계 즉 천사들도 창조하셨다고 말한다. 또 천사들은 능력이 있다. 천사들은 하나님의 뜻을 수행하기 위해 우주를 빠르게, 빛과 같은 속도로 이동하며 하나님의 백성을 돕고 또 전쟁도 수행한다. 천사들은 하나님을 섬기며 그의 음성을 듣고 그의 뜻을 행하며 그의 말씀을 이룬다. 다윗은 자신뿐 아니라 모든 천사들이 다함께 하나님을 찬송하라고 말한다.

찬송은 하나님께서 천지만물을 창조하신 목적이며 우리를 죄와 파멸에서 구원하신 목적이다(사 43:21; 엡 1:6, 14).

시편 103편의 교훈을 정리해보자. 첫째로, 우리는 하나님의 은택들을 잊지 말고 그를 찬송해야 한다. 그는 예수 그리스도의 보배로운 피로 우리의 모든 죄를 씻어주셨고 우리의 심신의 병을 치료해주셨고 우리의 생명을 지켜주셨고 우리에게 인자와 긍휼을 베푸셨고 모든 좋은 것들로 우리의 삶에 채워주셨다. 우리가 가지고 누리는 모든 좋은 것이 다 그에게서 왔다. 그는 우리에게 하나님의 자녀의 특권을 회복케 하셨고 다시 죽지 않는 영생을 주셨다. 그러므로 우리는 우리를 죄와 사망과 지옥 형벌로부터 구원하신 하나님을 찬송하며 감사해야 한다.

둘째로, 하나님께서는 특히 우리를 향해 자비하시며 은혜로우셨고 노하기를 더디하시며 인자하심이 풍성하셨다. 그는 우리의 미련하고 부족한 행위들에 대해 공의로 벌하지 않으셨고 우리의 죄와 허물들을 사하셨고 여러 번 새롭게 기회를 주셨다. 그는 우리의 죄성과 심신의 연약성을 아시고 우리가 풀과 같고 우리의 기쁨과 영광이 풀의 꽃과 같음을 아신다. 우리는 하나님의 이 인자와 긍휼을 늘 기억해야 한다.

셋째로, 하나님의 이 풍성한 은혜와 인자하심은 그를 경외하는 자들에게 주어진다. 13절, “아비가 자식을 불쌍히 여김같이 여호와께서 자기를 경외하는 자를 불쌍히 여기시나니.” 17절, “여호와의 인자하심은 자기를 경외하는 자에게 영원부터 영원까지 이르며 그의 의는 자손의 자손에게 미치리니.” 하나님을 경외하는 것은 하나님을 알고 그를 인정하고 그를 두려워하며 그를 사랑하고 그의 계명을 지키는 것이다. 신명기 10:12-13, “이스라엘아, 네 하나님 여호와께서 네게 요구하시는 것이 무엇이냐? 곧 네 하나님 여호와를 경외하여 그 모든 도를 행하고 그를 사랑하며 마음을 다하고 성품을 다하여 네 하나님 여호와를 섬기고 내가 오늘날 네 행복을 위하여 네게 명하는 여호와의 명령과 규례를 지킬 것이 아니냐?” 우리는 하나님을 경외하며 그의 계명을 지켜야 한다.

104편: 창조와 섭리의 일들을 찬송함

〔1-4절〕 내 영혼아, 여호와를 송축하라. 여호와 나의 하나님이여, 주는 심히 광대하시며 존귀와 권위를 입으셨나이다. 주께서 옷을 입음같이 빛을 입으시며 하늘을 휘장같이 치시며 물에 자기 누각의 들보를 얹으시며 구름으로 자기 수레를 삼으시고 바람 날개로 다니시며 바람으로 자기 사자를 삼으시며 화염으로 자기 사역자를 삼으시며[혹은 "그의 천사들을 바람으로, 그의 사역자들을 불꽃으로 삼으시며"(LXX, KJV)].

시편 저자는 "내 영혼아, 여호와를 송축하라"고 말하며 하나님께서 심히 크시며 존귀와 권위를 입으셨다고 증거한다. 창조자 하나님께서는 광대한 우주보다 크시며 그의 지혜와 능력도 그러하시다. 그는 세상에서 가장 존귀하시며 가장 큰 권위를 입으셨다. 그는 옷을 입음같이 빛을 입으시며 하늘을 휘장같이 치셨다. 빛은 도덕적 완전성을 포함한다. 또 하늘은 크고 넓으며 아름답고 신비하다. 하나님께서는 물에 자기 누각의 들보를 얹으시며 구름으로 자기의 수레를 삼으시고 바람 날개로 다니신다. 대기 중 수증기량은 약 13조 톤이라고 하며 천국은 그 공중 위에 위치한다. 또 그는 구름이나 바람을 자유로이 사용하신다. 그는 바람을 그의 사자로 삼으시고 불을 그의 사역자로 삼으신다. 그는 폭풍도 벼락도 사용하신다.

〔5-9절〕 땅의 기초를 두사 영원히 요동치 않게 하셨나이다. 옷으로 덮음같이 땅을 바다로 덮으시매 물이 산들 위에 섰더니 주의 견책을 인하여 도망하며 주의 우뢰소리를 인하여 빨리 가서 주의 정하신 처소에 이르렀고 산은 오르고 골짜기는 내려갔나이다[그것들(물들)이 산들로 오르고 골짜기들로 내려가서 주께서 그것들을 위해 정하신 곳에 이르나이다](KJV, NIV). **주께서** 물의 **경계를 정하여 넘치지 못하게 하시며 다시 돌아와 땅을 덮지 못하게 하셨나이다.**

하나님께서는 또 땅의 기초를 두사 영원히 요동치 않게 하셨다. 땅은 둥근 공 같고 팽이처럼 하루에 한 바퀴씩 시속 약 1,670킬로미터로 돌고, 또 태양을 중심으로 타원형을 그리며 1년에 한 바퀴씩 시속 약 10만 7천 킬로미터로 돈다고 한다. 그러나 땅은 어지럽지 않으며 그 기초는 튼튼하다. 하나님의 지혜와 능력은 탁월하시다.

하나님께서는 옷으로 덮음같이 땅을 바다로 덮으시매 물이 산들 위에 섰더니 주의 견책을 인하여 도망하며 주의 우뢰소리를 인하여 빨리 가며 그것이 산들로 오르고 골짜기들로 내려가서 하나님께서 그것을 위해 정하신 곳에 이르렀다. 본문은 하나님께서 천지를 만드시던 첫째 날의 광경을 묘사한 것 같다. 창세기 1:9-10에 보면, 하나님께서는 천하의 물이 한 곳으로 모이고 뭍이 드러나라 하시니 그대로 되었다. 하나님께서는 또 물의 경계를 정하여 넘치지 못하게 하시며 다시 돌아와 땅을 덮지 못하게 하셨다. 그는 바닷물의 경계를 정하여 주셨고 바닷물이 넘쳐 육지로 덮쳐 오지 못하게 하셨다.

〔10-18절〕 여호와께서 샘으로 골짜기에서 솟아나게 하시고 산 사이에 흐르게 하사 들의 각 짐승에게 마시우시니 들나귀들도 해갈하며 공중의 새들이 그 가에서 깃들이며 나뭇**가지 사이에서 소리를 발하는도다. 저가 그 누각에서 산에 물을 주시니 주의 행사의 결과가 땅에 풍족하도다. 저가 가축을 위한 풀과 사람의 소용을 위한 채소를 자라게 하시며 땅에서 식물이 나게 하시고 사람의 마음을 기쁘게 하는 포도주와 사람의 얼굴을 윤택케 하는 기름과 사람의 마음을 힘있게 하는 양식을** 주셨도다. **여호와의 나무가** 우택(雨澤)[비의 은택]에 **흡족함이여, 곧 그의 심으신 레바논 백향목이로다. 새들이 그 속에 깃을 들임이여, 학은 잣나무로 집을 삼는도다. 높은 산들은 산양을 위함이여, 바위는 너구리의 피난처로다.**

하나님께서는 샘으로 골짜기에서 솟아나게 하시고 산 사이에 흐르게 하신다. 땅 속에는 물줄기가 있고 그것이 터져 샘이 되고 샘들에서 흘러나오는 물들이 모여 시냇물이 되어 흐른다. 들짐승들은 그 물을 마시며 들나귀들도 목마름을 해소하며 공중의 새들은 그 물가에서 깃들이며 나뭇가지들 사이에서 지절거린다.

하나님께서는 하늘 누각에서 산에 물을 주듯이 비를 내리신다. 그가 행하신 일들의 결과는 땅에 풍성하다. 식물들은 새싹을 내고 풀들은 자라고 꽃들을 피고 열매들을 맺힌다. 하나님께서는 짐승들을 위한 풀들과 사람들을 위한 채소들을 자라게 하신다(창 1:29-30). 그는 또 사람들의 마음을 기쁘게 하는 포도주와 사람들의 얼굴을 윤택케 하는 기름과 사람들의 마음을 힘있게 하는 양식을 주셨다. 사람들은 포도주를 마시고 마음을 기쁘게 하며 감람유 같은 기름을 바르며 빵이나 밥을 먹고 몸과 마음에 힘을 얻는다. 여호와의 나무들, 즉 그가 만드시고 심으시고 기르시는 나무들, 예를 들어 레바논의 백향목 같은 나무들은 비를 잘 받아 크게 잘 자랐다. 새들은 그 나무들 속에 깃을 들이며 학은 잣나무로 집을 삼았다. 높은 산들은 산양들의 숙소와 놀이터가 되고 바위는 너구리들의 피난처와 안식처가 되었다.

〔19-23절〕 여호와께서 달로 절기를 정하심이여, 해는 그 지는 것을 알도다. 주께서 흑암을 지어 밤이 되게 하시니 삼림의 모든 짐승이 기어 나오나이다. 젊은 사자가 그 잡을 것을 쫓아 부르짖으며 그 식물을 하나님께 구하다가 해가 돋으면 물러가서 그 굴혈에 눕고 사람은 나와서 노동하며 저녁까지 수고하는도다.

하나님께서는 달을 만드셨고 달로 절기를 정하셨다. 사람들은 달의 변화를 따라 한 달이라는 시간을 계산했고 한 해의 계절들을 예측했으며 농사짓는 데 활용했다. 또 하나님께서는 해가 일정하게 뜨고 지게 하셨다. 사람들은 해가 뜨고 지는 것을 하루라고 불렀다. 또 한 해는 봄, 여름, 가을, 겨울, 사계절을 만들고 또 24절기도 만들었다. 그것은 한 해씩 비슷하게 반복되며 거기서 1년이라는 단위가 나왔다. 또 하나님께서는 흑암을 만드셔서 밤이 되게 하셨다. 해가 지면 밤이 시작된다. 밤은 사람들에게 휴식의 시간이지만, 많은 짐승들에게는 활동하는 시간이기도 하다. 밤이 되면 삼림의 모든 짐승들은 기어 나온다. 젊은 사자들은 그 잡을 것을 쫓아 부르짖으며 먹이를 사냥한다. 시편 저자는 사자가 그 먹이를 하나님께 구한다고 표현한다. 하나님께서는 만물을 먹이시고 입히시는 자이시다. 그러나 해가 돋아 아침이 되면 짐승들은 물러가서 자기의 굴들에 눕는다. 그러나 사람들은 나와서 일하며 저녁까지 수고한다. 낮은 짐승들에게 휴식의 시간이지만, 사람들에게는 활동하는 시간이다.

〔24-27절〕 여호와여, 주의 하신 일이 어찌 그리 많은지요. 주께서 지혜로 저희를 다 지으셨으니 주의 부요가 땅에 가득하니이다. 저기 크고 넓은 바다가 있고 그 속에 동물 곧 대소 생물이 무수하니이다. 선척이 거기 다니며 주의 지으신 악어(리웨야산 לִוְיָתָן)[큰 바다 짐승]**가 그 속에서 노나이다. 이것들이 다 주께서 때를 따라 식물 주시기를 바라나이다.**

시편 저자는 "여호와여, 주의 하신 일이 어찌 그리 많은지요. 주께서 지혜로 저희를 다 지으셨으니 주의 부요가 땅에 가득하니이다"라고 말한다. 하나님께서는 지혜로 천지만물을 만드셨고 그의 창조물들은 온 땅에 가득하다. 앞절들에 말한 대로, 하늘과 땅, 빛과 구름과 바람, 물과 샘과 강, 풀과 채소와 나무, 각종 짐승들, 해와 달 등 모든 만물이 다 하나님께서 창조하신 것들이다.

시편 저자는 또 바다와 거기에서 사는 생물들에 대해서도 말한다. 크고 넓은 바다 속에는 크고 작은 생물들이 무수하다. 배들이 거기에 다니며 하나님께서 지으신 큰 바다 짐승들이 그 속에서 논다. 지구 표면의 약 70퍼센트가 바다이며 땅들은 거대한 바다에 큰 섬들 같다. 하나님께서는 크고 작은 그 모든 바다 생물을 다 지으셨다. 또 그는 그것들을 다 섭리하신다. 시편 저자는 "이것들이 다 주께서 때를 따라 식물 주시기를 바라나이다"라고 말한다. 하나님께서는 창조 세계를 보존하시고 모든 생물들을 기르시고 먹이신다.

〔28-30절〕 주께서 주신즉 저희가 취하며 주께서 손을 펴신즉 저희가 좋은 것으로 만족하다가 주께서 낯을 숨기신즉 저희가 떨고[놀라고, 당황하고] **주께서 저희 호흡을 취하신즉 저희가 죽어 본 흙**[그들의 흙]**으로 돌아가나이다. 주의 영을 보내어 저희를 창조하사 지면을 새롭게 하시나이다.**

하나님께서는 생물들의 양식을 주관하신다. 그가 모든 생물들에게 먹을 것을 주실 때 그것들은 그것을 먹고 살아간다. 하나님께서는 그것들에게 좋은 것을 주시고 그것들로 배부르게 하시고 만족케 하신다. 그러나 하나님께서 양식 공급을 중단하시면 모든 생물들은 놀라고 당황하여 떨 것이다. 하나님께서는 모든 생물들의 양식뿐 아니라, 그것들의 생명도 주관하신다. 그것들의 호흡 곧 생명을 취할 권세가 하나님께 있다. 생명은 하나님의 손에 달려 있다. 하나님께서 생명을 취하시면 그것들은 곧 죽는다. '본 흙으로 돌아간다'는 말은 사람을 포함하여 모든 생물이 흙으로 지은 바 되었음을 증거한다(창 2:19). 시편 저자는 또 "주의 영을 보내어 저희를 창조하사 지면(地面)을 새롭게 하시나이다"라고 말한다. 하나님의 영께서는 천지 창조 때에도 활동하셨다(창 1:2). 하나님께서는 인류의 구원과 세상의 회복 때에도 성령으로 활동하신다.

〔31-35절〕 여호와의 영광이 영원히 계속할지며 여호와는 자기 행사로 인하여 즐거워하실지로다. 저가 땅을 보신즉 땅이 진동하며 산들에 접촉하신즉 연기가 발하도다. 나의 평생에 여호와께 노래하며 나의 생존한 동안 내 하나님을 찬양하리로다. 나의 묵상을 가상히 여기시기를 바라나니 나는 여호와로 인하여 즐거워하리로다. 죄인을 땅에서 소멸하시며 악인을 다시 있지 못하게 하실지로다. 내 영혼아, 여호와를 송축하라. 할렐루야.

하나님의 지혜와 능력의 영광과, 그의 공의와 긍휼의 영광이 영원하시다. 그는 자신의 행한 일들로 인해 즐거워하실 것이다. 하나님께서는 엄위하셔서 그가 땅을 보시면 땅이 진동하며 산들에 접촉하시면 산들이 연기를 발할 것이다. 이 세상에는 죄 때문에 슬픔과 탄식이 있다. 그러나 하나님께서는 죄인들을 지구에서 소멸하실 것이며 죄인들이 없어질 때에 땅에는 기쁨과 평안의 회복이 있을 것이다.

시편 저자는 평생 하나님을 찬송하며 즐거워하겠다고 고백한다. 세상에 많은 사람은 하나님의 영광을 깨닫지 못하고 하나님께 합당한 찬송과 영광을 돌리지 못하지만, 하나님을 아는 자마다 하나님을 즐거이, 영원히 찬송할 것이다. 하나님께서는 우리가 그를 묵상하는 것을 기뻐하신다. 그는 또 우리의 기쁨과 즐거움이 되신다. 하나님의 지식, 하나님을 의지함, 하나님을 체험함, 그의 구원과 보호와 기도 응답이 그를 경외하며 섬기는 자들에게 기쁨과 즐거움이 된다.

시편 104편의 교훈을 정리해보자. 첫째로, 이 세상은 하나님의 창조와 섭리의 일들로 가득하다. 13절, "주의 행사의 결과가 땅에 풍족하도다." 24절, "주의 하신 일이 어찌 그리 많은지요? 주께서 지혜로 저희를 다 지으셨으니 주의 부요가 땅에 가득하니이다." 빛, 하늘, 구름, 바람, 불, 땅, 바다, 산들, 골짜기들, 샘들, 들짐승들, 새들, 풀들, 채소들, 포도주, 기름, 곡식들, 나무들, 달, 해 등이 다 하나님께서 창조하신 것들이며 섭리하시는 것들이다. 우리는 하나님께서 창조하셨고 친히 다스리시는, 하나님의 일들로 가득한 세상에 살고 있다는 것을 알아야 한다.

둘째로, 하나님께서는 땅과 바다의 모든 생물들에게 양식을 주시며 그것들의 생명을 주관하신다. 27-29절, "이것들이 다 주께서 때를 따라 식물 주시기를 바라나이다. 주께서 주신즉 저희가 취하며 주께서 손을 펴신즉 저희가 좋은 것으로 만족하다가 주께서 낯을 숨기신즉 저희가 떨고 주께서 저희 호흡을 취하신즉 저희가 죽어 본 흙으로 돌아가나이다." 그는 사람의 생사화복(生死禍福)을 주관하신다. 그는 특히 죄인들을 멸하신다. 그는 공의의 재판장이시다. 우리는 하나님을 알아야 한다.

셋째로, 우리는 지극히 위대하시고 존귀와 권위를 입으신 하나님, 온 세상을 창조하셨고 섭리하시며 특히 악인을 심판하시는 하나님을 평생 찬송하고 의지하고 소망하며 순종해야 한다. 33절, "나의 평생에 여호와께 노래하며 나의 생존한 동안 내 하나님을 찬양하리로다." 하나님 안에 참 평안과 기쁨과 영생이 있다. 우리는 평생 하나님만 믿고 의지하며 사랑하고 감사하며 찬송하고 그의 모든 계명들대로 살아야 한다.

105편: 언약을 지키시는 하나님을 찬양함

1-15절은 다윗의 시이다(대상 16:7).

[1-4절] 여호와께 감사하며 그 이름을 불러 아뢰며 그 행사를 만민 중에 알게 할지어다. 그에게 노래하며 그를 찬양하며 그의 모든 기사(奇事)[기적들]**를 말할지어다. 그 성호를 자랑하라. 무릇 여호와를 구하는 자는 마음이 즐거울지로다. 여호와와 그 능력을 구할지어다. 그 얼굴을 항상 구할지어다.**

하나님의 행하신 일들과 그의 모든 기적들이란 하나님께서 악인들을 공의로 징벌하신 일들과 그가 자기 백성을 긍휼과 능력으로 지키시고 구원하신 일들을 가리킨다. 그것들은 다 성경에 기록되어 있다. 찬송은 하나님께 영광을 돌리는 것이지만, 사람들에게 하나님을 증거하는 목적도 있다. 이로써 하나님의 뜻 가운데 택한 자들이 회개하고 하나님께로 돌아올 것이며 하나님께 영광을 돌릴 것이다.

우리 하나님께서는 우리의 최고의 자랑거리이시다. 그는 천지만물을 창조하셨고 홀로 섭리하시는 자이시며 영원하시고 전지전능하신 자이시기 때문이다. 하나님께서는 우리를 도우시고 위로하시고 능력을 주신다. 사람이 일하는 데 필요한 힘은 음식을 통해 얻지만, 믿음과 소망, 순종과 봉사, 헌신, 전도를 위한 힘은 하나님께서 주신다. 그러므로 우리는 하나님께 힘을 구해야 한다. 하나님을 구하는 자마다 마음이 즐거울 것이다. 하나님께서는 그를 믿고 순종하는 자에게 참된 만족을 주실 수 있고 또 영원히 주시는 하나님이시다.

[5-7절] 그 종 아브라함의 후손 곧 택하신 야곱의 자손 너희는 그의 행하신 기사와 그 이적과 그 입의 판단을 기억할지어다. 그는 여호와 우리 하나님이시라. 그의 판단이 온 땅에 있도다.

아브라함은 믿음으로 의롭다 하심을 얻었고 야곱은 약점과 실수가 있었음에도 불구하고 하나님의 택하심을 입은 자이었다. 예수 그리스도를 믿음으로 의롭다 하심을 얻은 우리는 영적으로 아브라함의 자손들이며 창세 전에 하나님의 선택함을 받은 야곱의 자손들이다. 하나님께서는 모든 사람들의 행위를 공의롭게 판단하시고 보응하신다. 우리는 하나님의 세계적 통치권을 깨닫고 또 성경에 기록된 하나님의 하신 일들을 기억하며 하나님을 찬송해야 한다.

[8-10절] 그는 그 언약 곧 천대(千代)에 명하신 말씀을 영원히 기억하셨으니 이것은 아브라함에게 하신 언약이며 이삭에게 하신 맹세며 야곱에게 세우신 율례 곧 이스라엘에게 하신 영영한 언약이라.

하나님께서는 언약이라는 방식으로 자기 백성을 사랑하셨고 구원하셨다. 그것은 이스라엘 백성의 조상 아브라함과 이삭과 야곱에게 하신 약속이다. 그 내용은 그 자손이 하늘의 별같이 바닷가의 모래같이 많게 하시겠다는 것과 가나안 땅을 주시겠다는 것과 천하 만민이 그로 인해 복을 받을 것이라는 약속이었다(창 17, 26, 28장).

하나님의 언약은 몇 가지 성격을 띤다. 첫째로, 그것은 주권적이다. 하나님의 언약은 일방적으로 부여되는 것이며 '명하신 말씀'이라고 불린다. 언약과 명령은 같은 뜻으로 쓰인다. 둘째로, 그것은 전적으로 은혜이다. 하나님께서는 은혜로 아브라함과 이삭과 야곱을 택하셨고 그 자손들을 구속(救贖)하셨다. 이것은 구약시대에 제사 제도를 통해, 신약시대에 예수 그리스도의 속죄사역으로 증거되었다. "행하라, 그러면 살리라"는 율법은 사람을 구원하지 못하고 단지 죄를 깨닫게만 하지만, 율법의 한 내용인 제사 제도는 하나님의 은혜와 예수 그리스도의 속죄를 암시한다. 셋째로, 그것은 영원하다. 그 언약은 "천대(千代)에 명하신 말씀"이다. 하나님의 은혜언약은 영원하고 불변적이다. 우리도 하나님의 은혜언약 아래서 동일한 성격의 구원을 받았고 그러므로 신약 성도는 영적으로 아브라함의 자손이다(롬 4:16; 갈 3:29).

[11-15절] 이르시기를 내가 가나안 땅을 네게 주어 너희 기업의 지경이 되게 하리라 하셨도다. 때에 저희 인수(人數)가 적어 매우 영성(零星)하며

[적어] **그 땅에 객이 되어** 이 **족속에게서** 저 **족속에게로,** 이 **나라에서 다른 민족에게로 유리(遊離)하였도다. 사람이 그들을 해하기를 용납지 아니하시고 그들의 연고로 열왕을 꾸짖어** 이르시기를 **나의 기름 부은 자**[자들]**를 만지지 말며 나의 선지자**[선지자들]**를 상하지 말라 하셨도다.**

아브라함의 자손들이 가나안 땅에 대한 약속을 받았을 때 그들의 가족 수는 매우 적었다. 야곱 때에라도 그들의 총수는 66명 정도이었다. 그러므로 그들은 하나님의 약속을 받은 후에도 이 족속에게서 저 족속에게로, 이 나라에서 다른 민족에게로 나그네처럼 유리하며 방황하였다. 가나안 땅은 하나님께서 그의 모든 자녀들에게 주실 천국을 예표하였다. 성도들의 기업은 천국, 곧 새 하늘과 새 땅이다. 천국의 삶은 더 이상 나그네와 같이 유리, 방황함이 없을 것이다.

그러나 그들이 이 세상에서 나그네처럼 유리할 때에라도 하나님께서는 그들을 보호하셨다. 그들이 이방 세계에서 때때로 목숨의 위협을 느꼈지만, 하나님께서는 사람들이 그들을 해치지 못하게 하셨다. 아브라함이 애굽에 우거하러 내려갔다가 아내를 빼앗겼을 때, 하나님께서는 그의 아내의 연고로 바로와 그 집에 큰 재앙을 내리셨다(창 12:17). 또 그가 그랄에서도 아내를 빼앗겼으나, 하나님께서는 그 날 밤 꿈에 그랄 왕에게 나타나 그를 위협하셨다(창 20:3).

〔16-20절〕 그가 또 기근을 불러 그 땅에 임하게 **하여 그 의뢰하는 양식을 다 끊으셨도다. 한 사람을 앞서 보내셨음이여, 요셉이 종으로 팔렸도다. 그 발이 착고**[차꼬]**에 상하며 그 몸이 쇠**사슬**에 매였으니 곧 여호와의 말씀이 응할 때까지라. 그 말씀이 저를 단련하였도다. 왕이 사람을 보내어 저를 방석**[석방]**함이여, 열방의 통치자가 저로 자유케 하였도다.**

하나님께서는 가나안과 그 주위의 땅들에 극심한 기근을 주셨다. 그는 이때를 대비하여 한 사람을 앞서 보내셨다. 그 사람이 요셉이었다. 그는 형들의 미움으로 이스마엘 상인들에게 종으로 팔려갔지만, 하나님께서 그 가족들의 생명을 구원하시려고 그를 먼저 보내신 것이었다(창 45:5). 그러나 요셉은 종이 되었고 또 그가 팔린 집 주인의 아내에게 모함을 받아 감옥에 갇히기까지 하였다.

모든 일은 하나님의 정하신 때가 있다. 요셉의 종살이와 옥살이는 "여호와의 말씀이 응할 때까지"이었다. 젊을 때 그에게 주셨던 꿈이 다 이루어질 때까지 요셉은 고난의 여정을 가야 했다. 그것은 하나님께서 주신 연단의 기간이었다. 마침내 때가 되었을 때, 애굽 왕 바로는 사람을 보내어 그를 석방하였고 그를 자유케 하였다.

〔21-25절〕 저로 그 집의 주관자를 삼아 그 모든 소유를 관리케 하고 임의로 백관을 제어하며 지혜로 장로들을 교훈하게 하였도다. 이에 이스라엘이 애굽에 들어감이여, 야곱이 함 땅에 객이 되었도다. 여호와께서 그 백성을 크게 번성케 하사 그들의 대적보다 강하게 하셨으며 또 저희 마음을 변하여 그 백성을 미워하게 하시며 그 종들에게 교활히 행하게 하셨도다.

하나님께서는 종살이하고 감옥살이하던 요셉을 애굽 나라 총리가 되게 하셨다. 애굽 왕은 그를 자기 집의 주관자로 삼았고 그의 모든 소유를 관리하게 하고 모든 장관을 임의로 통제하며 또 지혜로 장로들을 교훈하게 하였다. 요셉은 부친 야곱과 자기 형제들을 애굽으로 불러 우거하게 했다. 요셉이 종으로 팔려간 지 22년쯤 되는 때이었다. 그 후 그들이 430년간(출 12:40) 애굽에 거주하였던 것은 야곱이 상상할 수도 없었던 일이었다. 하나님께서는 그들을 거기서 크게 번성케 하셨으나, 그들이 애굽 사람들에게 미움을 받게 하셨다.

〔26-36절〕 또 그 종 모세와 그 택하신 아론을 보내시니 저희가 그 백성 중에 여호와의 표징을 보이고 함 땅에서 기사를 행**하였도다. 여호와께서 흑암을 보내사 어둡게 하시니 그 말씀을 어기지 아니하였도다**[그의 말씀에 반항치 못하였도다]**. 저희 물을 변하여 피가 되게 하사 저희 물고기를 죽이셨도다. 그 땅에 개구리가 번성하여 왕의 궁실에도 있었도다. 여호와께서 말씀하신즉 파리떼가 오며 저희 사경에 이가** 생겼**도다. 비 대신 우박을 내리시며 저희 땅에 화염을** 내리셨도다**. 저희 포도나무와 무화과나무를 치시며 저희 사경의 나무를 찍으셨도다. 여호와께서 말씀하신즉 황충과 무수한 메뚜**

기가 이르러 저희 땅에 모든 채소를 먹으며 그 밭에 열매를 먹었도다. 여호와께서 또 저희 땅의 모든 장자를 치시니 곧 저희 모든 기력의 시작이로다.

이스라엘 백성이 애굽에서 미움과 고난을 당했을 때, 하나님께서는 그들에게 그의 종 모세와 아론을 보내셨고 그들은 그들 중에서 그의 기적들을 보였다. 그는 흑암을 보내셔서 어둡게 하셨다. 또 그는 그들의 물들을 변하여 피가 되게 하셨고 그 물고기들을 죽이셨다. 그 땅에는 개구리들이 번성하여 왕의 궁실에도 있었다. 또 파리떼가 왔고 사방에 이가 생겼다. 또 하나님께서는 우박을 내리셨고 그들의 땅에 불을 내리셨다. 또 황충과 메뚜기가 이르렀고 땅의 모든 채소를 먹었고 밭의 열매를 먹었다. 마지막으로, 여호와께서는 애굽 땅에서 모든 장자를 치셨다. 그는 바로의 장자로부터 여종의 장자까지, 심지어 가축의 첫새끼도 다 죽이셨다. 하나님의 무서운 심판이었다.

〔37-41절〕 그들을 인도하여 은금을 가지고 나오게 하시니 그 지파 중에 약한 자가 하나도 없었도다. 그들의 떠날 때에 애굽이 기뻐하였으니 저희가 그들을 두려워함이로다. 여호와께서 구름을 펴사 덮개를 삼으시고 밤에 불로 밝히셨으며 그들이 구한즉 메추라기로 오게 하시며 또 하늘 양식으로 그들을 만족케 하셨도다. 반석을 가르신즉 물이 흘러나서 마른 땅에 강같이 **흘렀으니.**

하나님께서는 이스라엘 백성을 애굽에서 인도하여 내실 때 그들로 은금을 가지고 나오게 하셨다. 그것은 그들이 오랜 세월 동안 중노동에 시달렸던 대가이었다. 또 그들 중에는 약한 자가 하나도 없었다. 그들의 떠날 때에 애굽 사람들은 기뻐하였다. 왜냐하면 그들은 더 큰 재앙을 당할까봐 두려워했기 때문이다. 그들을 위해, 여호와께서는 구름과 불 기둥으로 그들과 함께하셨고 그들을 인도하셨다. 구름은 낮의 뜨거운 햇볕을 가려 더위를 피할 그늘을 주고 불은 밤의 어두움을 밝혀 어느 정도 활동할 수 있게 하였다. 또 하나님께서는 그들에게 먹을 양식과 물도 주셨다. 장정만 60만명이니 여자들과 어린아이들을 합하면 200만명 이상일 그 회중을 위해, 하나님께서는 그들이 고기를 먹고 싶어할 때 날마다 메추라기 떼를 오게 하여 먹게 하셨고, 날마다 하늘의 양식 곧 만나를 주어 먹게 하셨고, 또 반석에서 물이 강처럼 흐르게 하여 마시게 하셨다.

[42-45절] 이는 그 거룩한 말씀과 그 종 아브라함을 기억하셨음이로다. 그 백성으로 즐거이 나오게 하시며 그 택한 자로 노래하며 나오게 **하시고 열방의 땅을 저희에게 주시며 민족들의 수고한 것을 소유로 취하게 하셨으니 이는 저희로 그 율례를 지키며 그 법을 좇게 하려 하심이로다. 할렐루야.**

애굽에서 나온 사건은 하나님께서 아브라함과 이삭과 야곱에게 하신 약속에 근거한 것이었다. 하나님께서는 이스라엘 백성을 애굽에서 구원하신 후 이방인들의 땅이었던 가나안 땅을 그들에게 주셨고 가나안 땅의 족속들이 수고한 것을 소유로 취하게 하셨다. 하나님께서 이스라엘 백성을 애굽에서 건져내어 가나안 땅을 주신 목적은 그들로 하나님의 율례와 법을 지키게 하려 하심이었다.

시편 105편의 교훈을 정리해보자. 첫째로, 하나님께서는 아브라함과 이삭과 야곱에게 약속하신 대로 이스라엘 백성을 애굽에서 건져내어 가나안 땅을 주셨다. 그는 우리에게 주의 재림과 부활과 천국과 영생을 약속하셨다. 우리는 언약을 지키시는 하나님께 찬양을 올려야 한다.

둘째로, 우리는 하나님과 그 능력을 항상 구해야 한다. 3-4절, "무릇 여호와를 구하는 자는 마음이 즐거울지로다. 여호와와 그 능력을 구할지어다. 그 얼굴을 항상 구할지어다." 우리는 이 세상을 사는 동안 힘이 필요하다. 우리는 전능하신 하나님과 그의 능력을 항상 구해야 한다.

셋째로, 하나님께서 이스라엘 백성을 애굽에서 건져내신 목적은 그의 계명을 순종케 하기 위함이셨다(45절). 하나님께서 우리를 구원하신 목적도 그의 계명을 순종케 하기 위함이시다. 하나님의 계명의 내용은 이웃을 사랑하고 서로 사랑하라는 것이고 또한 선한 일에 힘쓰라는 것이다. 그것이 구원의 목적이며 하나님의 뜻이다(마 5:16; 딛 2:14).

106편: 이스라엘의 거역함과 하나님의 인자하심

〔1-2절〕 **할렐루야. 여호와께 감사하라.** [이는] **그는 선하시며 그 인자(仁慈)하심이 영원함이로다. 뉘 능히 여호와의 능하신 사적(事蹟)을 전파하며 그 영예를 다 광포할꼬.**

감사는 하나님께서 주신 은혜를 인정하는 것이며, 찬송은 하나님을 인정하고 높이는 것이다. 시편 저자가 하나님께 감사하며 찬송하는 까닭은 하나님께서 선하시며 그의 인자하심이 영원하시기 때문이다. 하나님의 선하시고 인자하심이 그의 능력의 일들을 통해 나타났으므로, 시편 저자는 하나님께 감사하며 그의 일들을 전파하려 한다.

〔3절〕 **공의를 지키는 자들과 항상 의를 행하는 자는 복이 있도다.**

의(義)는 하나님의 계명에 맞는 것을 말한다. 죽음과 모든 불행은 죄에서 왔다. 악인에게는 평안이 없다(사 48:22). 그러나 사람이 악을 버리고 의를 행하면 하나님의 복을 받고 평안을 누릴 것이다.

〔4-5절〕 **여호와여, 주의 백성에게** 베푸시는 **은혜**(라촌 רָצוֹן)[호의](KJV, NASB, NIV)**로 나를 기억하시며 주의 구원으로 나를 권고(眷顧)하사**[돌아보사] **나로 주의 택하신 자의 형통함을 보고 주의 나라의 기쁨으로 즐거워하게 하시며 주의 기업과 함께 자랑하게 하소서.**

사람은 하나님의 은혜로써만 이 세상의 죄들과 불행들로부터 구원을 얻을 수 있다. 또 그렇게 구원을 얻을 때 하나님의 택하신 백성은 형통과 기쁨과 즐거움을 얻을 것이다. 시편 저자는 그런 형통을 체험하기를 원하며 그런 기쁨과 즐거움으로 누리기를 원한 것이다.

〔6-7절〕 **우리가 열조와 함께**[열조처럼](NASB) **범죄하여 사특**[사악]**을 행하며 악을 지었나이다. 우리 열조가 애굽에서 주의 기사를 깨닫지 못하며 주의 많은 인자(仁慈)를 기억지 아니하고 바다 곧 홍해에서 거역하였나이다.**

하나님께서 애굽에서 애굽 사람들에게 열 가지 재앙을 베푸셨고 고센 땅에 사는 이스라엘 자손들에게는 아브라함에게 주신 언약에 근거해 많은 인자를 베푸셨고 그의 구별된 호의를 보이셨으나, 그들은 하나님의 많은 자비를 기억하지 않았다. 그들은 홍해에서 바로의 마병들이 가까이 올 때에 심히 두려워하여 "애굽에 매장지가 없으므로 당신이 우리를 이끌어 내어 이 광야에서 죽게 하느뇨?" 하며 모세를 원망하며 부르짖었고(출 14:10-12) 하나님을 거역하였다.

〔8-12절〕 그러나 **여호와께서 자기 이름을 위하여 저희를 구원하셨으니 그 큰 권능을 알게 하려 하심이로다. 이에 홍해를 꾸짖으시니 곧 마르매 저희를 인도하여 바다 지나기를 광야를 지남 같게 하사 저희를 그 미워하는 자의 손에서 구원하시며 그 원수의 손에서 구속(救贖)하셨고 저희 대적은 물이 덮으매 하나도 남지 아니하였도다. 이에 저희가 그 말씀을 믿고 그 찬송을 불렀도다.**

그들이 믿음과 순종이 없었음에 불구하고, 하나님께서는 자기의 이름을 위해 그들을 구원하며 그의 큰 권능을 알게 하려 하셨다. 그는 홍해를 꾸짖으셨고 그 물을 마르게 하셨다. 홍해는 마른 땅같이 변했고 이스라엘 자손은 바다를 광야같이 지나갔다. 그들은 하나님의 놀라운 능력을 체험했다. 이스라엘 자손을 미워했던 애굽 왕 바로와 그 장관들의 병거들은 홍해까지 쫓아왔으나, 바닷물은 애굽 군대를 덮었고 하나도 남기지 않고 그들을 삼켰다. 홍해의 기적을 체험한 이스라엘 백성은 하나님을 믿었고 그에게 찬송했다(출 14:31; 15장).

〔13-15절〕 **저희가 미구(未久)에**[곧, 빠르게] **그 행사를 잊어버리며 그 가르침을 기다리지 아니하고 광야에서 욕심을 크게 발하며 사막에서 하나님을 시험하였도다. 여호와께서 저희의 요구한 것을 주셨을지라도 그 영혼을 파리하게 하셨도다**[쇠약케 하는 질병을 보내셨도다](NASB, NIV).

이스라엘 백성은 빠르게 하나님의 행하신 일들을 잊어버렸고 그 가르침을 기다리지 않았다. 그들은 광야에서 욕심을 크게 나타내었고 사막에서 하나님을 시험했다. 그들은 기적의 양식인 만나로 만족지 않았고 고기를 먹기를 탐했다. 그들은 하나님의 존재를 의심했고 그의 능력을 의심했다. 그것은 불신앙이었다. 하나님께서는 그들의 요구한 것을 주셨을지라도 그들에게 쇠약케 하는 질병을 보내셨다.

〔16-18절〕 저희가 진에서 모세와 여호와의 성도 아론을 질투하매 땅이 갈라져 다단을 삼키며 아비람의 당을 덮었으며 불이 그 당 중에 붙음이여, 화염이 악인을 살랐도다.

고라와 그 동료들은 진에서 모세와 여호와의 성도 아론을 질투하였다. 그들은 모세와 아론을 비난하고 대적했다. 하나님께서는 그들의 비난과 도전을 불쾌하게 여기셨고 진노하셨다. 그는 땅을 갈라 그들을 삼키게 하셨다(민 16장). 모세와 아론을 비난하고 그들의 권위와 지도를 대적한 것은 곧 하나님을 멸시하고 대적한 것이었다.

〔19-23절〕 저희가 호렙에서 송아지를 만들고 부어만든 우상을 숭배하여 자기 영광을 풀 먹는 소의 형상으로 바꾸었도다. 애굽에서 큰 일을 행하신 그 구원자 하나님을 저희가 잊었나니 그는 함 땅에서 기사와 홍해에서 놀랄 일을 행하신 자로다. 그러므로 여호와께서 저희를 멸하리라 하셨으나 그 택하신 모세가 그 결렬된 중에서 그 앞에 서서 그 노를 돌이켜 멸하시지 않게 하였도다.

이스라엘 백성은 애굽에서 나와 호렙산에서 십계명을 받은 지 몇 날 되지 않아서 송아지를 만들고 우상숭배를 했다. 그것은 제2계명을 범한 큰 죄악이었다. 그들은 하나님의 영광을 풀 먹는 소의 형상으로 바꾸었다. 그러나 그 택하신 모세는 하나님과 이스라엘 백성 사이에서 하나님의 노를 돌이켜 멸하시지 않게 하였다(출 32장).

〔24-27절〕 저희가 낙토(에레츠 케므다 אֶרֶץ חֶמְדָּה)[기뻐할 땅]**를 멸시하며 그 말씀을 믿지 아니하고 저희 장막에서 원망하며 여호와의 말씀을 청종치 아니하였도다. 이러므로 저가 맹세하시기를** 저희로 **광야에 엎더지게 하고 또 그 후손을 열방 중에 엎드러뜨리며 각지에 흩어지게 하리라 하셨도다.**

이스라엘 백성은 젖과 꿀이 흐르는 가나안 땅을 멸시하며 또 하나님과 지도자 모세를 원망했다. 열두 정탐꾼 중 여호수아와 갈렙 두명은 믿음 있는 보고를 했지만, 나머지 열 명은 그렇지 않았다. 이스라엘 백성들은 그들의 말을 듣고 원망하고 불평했다. 그것은 그들이 하나님의 말씀을 믿지 않았기 때문이다. 그때 하나님께서는 그들이 광야에 엎더지고 각지에 흩어지게 하리라고 맹세하셨다(민 14장).

〔28-31절〕 저희가 또 바알브올과 연합하여 죽은 자에게 제사한 음식을 먹어서 그 행위로 주를 격노케 함을 인하여 재앙이 그 중에 유행하였도다. 때에 비느하스가 일어나 처벌하니 이에 재앙이 그쳤도다. 이 일을 저에게 의로 정하였으니 대대로 무궁하리로다.

이스라엘 백성은 모압 여자들이 그 신들에게 제사할 때 함께 먹었고 그 신들에게 절했고 그들과 음행하였다. 하나님께서는 격노하셔서 백성의 모든 지도자들을 대낮에 목매어 달게 하셨고 회중 가운데 염병을 보내셔서 2만 4천명이나 죽임을 당케 하셨다. 그때 대제사장 아론의 손자 비느하스는 하나님의 뜻을 받들어 악행하는 자를 현장에서 죽였다. 그 일이 있은 후 그 염병이 그쳤다. 하나님께서는 이 일을 그에게 의로 정하셨다(민 25장).

〔32-33절〕 저희가 또 므리바 물에서 여호와를 노하시게 하였으므로 저희로 인하여 얼[해]**이 모세에게 미쳤나니 이는 저희가 그 심령**(루코 רוּחוֹ)[그의 성령](BDB, NASB, NIV)**을 거역함을**[18] **인하여 모세가 그 입술로 망령되이 말하였음**(바타 בָּטָא)[성급히 말하였음, 경솔히 말하였음]**이로다.**

이스라엘 백성은 므리바 물에서 여호와를 노하시게 했다. 그들은 하나님의 영을 거역했고 모세는 그들의 패역함에 노하여 경솔히 말했다(민 20장). 하나님께서는 그의 경솔한 말과 행동을 기뻐하지 않으셨고 그를 징벌하셨다. 모세는 이 일 때문에, 그가 그렇게 사모했을 가나안 땅에 들어가지 못했다. 하나님의 처분은 참으로 엄하였다.

〔34-39절〕 저희가 여호와의 명을 좇지 아니하여 이족(異族)들을 멸하

---

18) '그들이 거역하였다'는 원어(히므루 הִמְרוּ)는 성경에서 하나님께 대해서만 사용되었다고 한다(BDB).

지 아니하고 열방과 섞여서 그 행위를 배우며 그 우상들을 섬기므로 그것이 저희에게 올무가 되었도다. 저희가 그 자녀로 사신(邪神)(쉐딤 שֵׁדִים)[귀신들]**에게 제사하였도다. 무죄한 피 곧 저희 자녀의 피를 흘려 가나안 우상에게 제사하므로 그 땅이 피에 더러웠도다. 저희는 그 행위로 더러워지며 그 행동이 음탕하도다.**

가나안 땅에 들어간 이스라엘 백성은 여호와의 명을 좇지 아니하고 가나안 원주민들을 다 멸하지 않았고 그들과 혼합되어 이방인들의 행위를 배웠고 그들의 우상들을 섬겼고 그것이 그들에게 올무가 되었다(사사기). 하나님께서는 이미 그것을 경고하셨었다. 그들은 심지어 자기의 자녀들을 귀신들에게 제물로 드렸다. 이스라엘 백성의 우상숭배로 가나안 땅은 다시 피로 더러워졌다.

〔40-43절〕 그러므로 여호와께서 자기 백성에게 맹렬히 노하시며 자기 기업을 미워하사 저희를 열방의 손에 붙이시매 저희를 미워하는 자들이 저희를 치리하였도다. 저희가 원수들의 압박을 받고 그 수하에 복종케 되었도다. 여호와께서 여러 번 저희를 건지시나 저희가 꾀로 거역하며 자기 죄악으로 인하여 낮아짐을 당하였도다.

이스라엘의 우상숭배 때문에, 하나님께서는 자기 백성을 이방인들의 손에 붙이셨고 그들을 미워하는 자들이 그들을 다스리게 하셨다. 이스라엘 백성은 원수들의 압박과 학대를 받았고 그 손 아래 복종케 되었다. 그는 여러 번 이스라엘 백성을 건지셨으나, 그들은 자기 꾀로 하나님을 거역하였고 자기들의 죄 때문에 낮아짐을 당하였다.

〔44-46절〕 그러나 여호와께서 저희의 부르짖음을 들으실 때에 그 고통을 권고(眷顧)하시며[돌아보시며] **저희를 위하여 그 언약을 기억하시고 그 많은 인자하심을 따라 뜻을 돌이키사 저희로 사로잡은 모든 자에게서 긍휼히 여김을 받게 하셨도다.**

하나님께서는 긍휼이 많으시며 그들이 고통 중에 부르짖을 때 그 소리를 들으셨고 그 언약을 기억하셨다. 그는 많은 인자하심을 따라 뜻을 돌이키시고 그들로 정복자들에게서 긍휼히 여김을 받게 하셨다.

〔47-48절〕 여호와 우리 하나님이여, 우리를 구원하사 열방 중에서 모으시고 우리로 주의 성호를 감사하며 주의 영예를 찬양하게 하소서. 여호와 이스라엘의 하나님을 영원부터 영원까지 찬양할지어다. 모든 백성들아, 아멘 할지어다. 할렐루야.

이스라엘 백성은 하나님의 징벌로 이방 나라들에 흩어져 있으나 하나님께서 긍휼을 베푸시면 그들이 고국으로 돌아오게 될 것이다. 흩어진 이스라엘 백성을 모을 수 있는 능력이 하나님께 있으시다.

시편 106편의 교훈을 정리해보자. 첫째로, 시편 저자는 하나님께서 역사 속에서 이스라엘 백성에게 베푸신 많은 인자하심을 기억하면서 하나님의 선하심과 인자하심을 감사하며 찬송하라고 교훈한다. 1절, "할렐루야, 여호와께 감사하라. 그는 선하시며 그 인자하심이 영원함이로다. 뉘 능히 여호와의 능하신 사적(事蹟)을 전파하며 그 영예를 다 광포할꼬." 우리는 우리의 삶의 지난날들에서도 하나님께서 베푸신 그의 선하심과 인자하심을 인해 하나님께 감사와 찬송을 올려야 한다.

둘째로, 공의를 지키며 행하는 자들은 복되다. 3절, "공의를 지키는 자들과 항상 의를 행하는 자는 복이 있도다." 이것은 언제나 진리이다. 사람의 모든 불행은 죄를 지은 것에서 비롯되었다. 죄는 사람의 모든 불행의 원인이다. 죄 때문에 질병과 슬픔과 싸움과 온갖 불행한 일들과 죽음이 왔다. 그러므로 성경 전체의 중요한 교훈은 우리가 죄를 회개하고 의와 선을 행하라는 것이다. 그것이 평안의 길이며 영생의 길이다. 은혜로 구원 얻은 우리는 이제 의와 선을 행하는 자가 되어야 한다.

셋째로, 우리는 하나님의 인자하심으로 주신 그의 택하신 자녀들의 형통함과 그의 나라의 기쁨을 누리기를 소원한다. 5절, "나로 주의 택하신 자의 형통함을 보고 주의 나라의 기쁨으로 즐거워하게 하시며." 하나님께서는 복의 근원이시다. 모든 좋은 것이 다 하나님께로부터 오며 그의 인자하심 때문에 온다. 하나님께서는 우리에게 죄사함과 의롭다 하심의 큰복을 주셨고 그 외의 모든 복들과 기쁨도 주실 것이다.

107편: 하나님의 인자하신 일들을 찬양함

〔1-3절〕 여호와께 감사하라. 그는 선하시며 그 인자하심이 영원함이로다. 여호와께 구속(救贖)함을 받은 자는 이같이 **말할지어다. 여호와께서 대적의 손에서 저희를 구속(救贖)하사 동서남북 각 지방에서부터 모으셨도다.**

시편 저자는 "여호와께 감사하라"고 말한다. 감사는 하나님의 하신 일들을 인정하고 마음과 말로 보답하는 것이다. 감사와 찬송은 거의 동의어이다. 사람은 자기에게 호의를 베푼 이들, 부모님이나 선생님이나 은혜를 베푼 이웃에게 감사할 줄 알아야 한다. 이와 같이, 사람은 천지를 창조하시고 섭리하시는 하나님께 마땅히 감사해야 한다. 시편 저자는 하나님께 감사해야 할 이유로 "그는 선하시며 그 인자하심이 영원함이로다"라고 말한다. 선은 남에게 유익을 주는 것을 말한다. 하나님께서는 본래 사람을 존귀한 존재로 창조하셨고 지혜를 주셨고 만물을 다스리게 하셨다. 또 그는 범죄한 자들의 죄를 용서하셨고 영생을 주셨다. 그는 그들을 오래 참으셨고 여러 번 용서하셨다. 하나님의 자비하심과 인자하심은 크시고 영원하시다.

하나님께서는 이스라엘 백성을 대적들의 손에서 구원하셔서 동서남북으로부터 모으셨다. '남'이라는 원어(얌 יָם)는 '바다'라는 뜻이다. 그들은 하나님의 징벌로 이방 나라들에 포로로 잡혀가고 흩어졌었지만, 하나님의 자비로 구원을 받았고 고국으로 돌아오게 되었다는 뜻 같다. 그러므로 이제 그들은 하나님께 감사해야 한다.

〔4-9절〕 저희가 광야 사막[황량한] **길에서 방황하며 거할 성을 찾지 못하고 주리고 목마름으로 그 영혼이 속에서 피곤하였도다. 이에 저희가 그 근심 중에 여호와께 부르짖으매 그 고통에서 건지시고 또 바른 길로 인도하사 거할 성에 이르게 하셨도다. 여호와의 인자하심과 인생에게 행하신 기이한 일을 인하여 그를 찬송할지로다. 저가 사모하는 영혼을 만족케 하시며 주린 영혼에게 좋은 것으로 채워주심이로다.**

애굽에서 나온 이스라엘 백성은, 거할 성이 없는 광야 황량한 길을 방황하였었다. 그들은 식량이나 물도 넉넉하지 못했을 것이다. 사실, 그들이 광야에서 40년간 방황한 것은 가데스 바네아에서 보냈던 열두 정탐꾼들 중 열 명의 불신앙적 보고를 받아들인 잘못 때문이었다(민 14:33-34). 성도는 세상에서 종종 이런 고난을 당한다.

그러나 이스라엘 백성은 고난 중에 하나님께 부르짖었다. 본 시편에는 '근심 중에 하나님께 부르짖었다'는 말이 네 번 나온다(6, 13, 19, 28절). 사람은 환난과 고통 중에 하나님을 찾는다. 그때 하나님께서는 이스라엘 백성을 그 고통에서 건지시고 바른 길로 인도하셔서 거할 성에 이르게 하셨다. 그는 성도들의 부르짖는 기도를 잘 들어주신다.

시편 저자는 "여호와의 인자하심과 인생에게 행하신 기이한 일을 인하여 그를 찬송할지로다"라고 말한다. 본 시편에서 저자는 네 번이나 같은 말을 반복한다(8, 15, 21, 31절). 또 그는 "이는 저가 사모하는 영혼을 만족케 하시며 주린 영혼에게 좋은 것으로 채워주심이로다"라고 말한다. 하나님께서는 회개하며 사모하며 간절히 구하는 자들에게 좋은 것을 주시며 그들의 영혼을 만족시키시는 자이시다.

[10-16절] 사람이 **흑암과 사망의 그늘에 앉으며 곤고와 쇠**사슬**에 매임은 하나님의 말씀을 거역하며 지존자의 뜻을 멸시함이라.** 그러므로 **수고로 저희 마음을 낮추셨으니 저희가 엎드러져도 돕는 자가 없었도다. 이에 저희가 그 근심 중에 여호와께 부르짖으매 그 고통에서 구원하시되 흑암과 사망의 그늘에서 인도하여 내시고 그 얽은 줄을 끊으셨도다. 여호와의 인자하심과 인생에게 행하신 기이한 일을 인하여 그를 찬송할지로다. 저가 놋문을 깨뜨리시며 쇠빗장을 꺾으셨음이로다.**

사람이 하나님을 경외하며 평안 중에 사는 것이 정상이지만, 그가 하나님의 말씀을 거역하며 지존자의 뜻을 멸시할 때 하나님께서는 그를 불행과 사망의 그늘에 두시고 곤고와 쇠사슬에 매이게 하신다. 평안은 빛으로 상징되고 불행은 흑암으로 상징된다. 노동과 수고는 사람의 교만한 마음을 낮춘다. 고난 중에 아무도 그를 도와주거나 돌보아주지 않는다. 그는 쓸쓸하고 불행한 삶을 살게 된다.

그러나 사람은 고난 중에 하나님께 부르짖는다. 사람이 하나님께 대한 믿음이 없으면 고난 중에라도 기도할 수 없을 것이다. 기도는 성도의 믿음의 표현이다. 실상, 사람이 고난 중에라도 하나님을 찾고 믿음으로 하나님께 부르짖는 것은 하나님의 은혜이다.

하나님께서는 그들을 흑암과 사망의 그늘에서 구원하여 인도하여 내시고 그 얽은 줄을 끊으셨다. 그는 놋문을 깨뜨리시며 쇠빗장을 꺾으셨다. 얽은 줄을 끊음, 놋문을 깨뜨림, 쇠빗장을 꺾음 등은 고통으로부터의 구원을 표현한다. 하나님께서는 그들의 부르짖는 기도를 들어주셨고 그들을 그 고난에서 기이하게 건져주셨다. 그것은 그의 전적인 은혜이었다. 그러므로 그들은 하나님을 찬송해야 한다.

〔17-22절〕 미련한 자는 저희 범과와 죄악의 연고로 곤난[곤란]을 당하매 저희 혼이 각종 식물을 싫어하여 사망의 문에 가깝도다. 이에 저희가 그 근심 중에서 여호와께 부르짖으매 그 고통에서 구원하시되 저가 그 말씀을 보내어 저희를 고치사 위경에서 건지시는도다. 여호와의 인자하심과 인생에게 행하신 기이한 일을 인하여 그를 찬송할지로다. 감사제를 드리며 노래하여 그 행사를 선포할지로다.

미련한 자는 하나님보다 자기 생각을 앞세우며 하나님의 계명을 범하고 악을 행한다. 그는 자기 스스로 불행을 가져온다. 사람은 자신의 실수와 죄악 때문에 여러 곤란한 일을 당한다. 질병도 그것들 중에 하나이다. 범죄한 자는 심각한 병에 걸려 식욕이 떨어지므로 각종 음식을 싫어하고 몸은 쇠약해 사망의 문에 가까운 자가 된다.

그러나 하나님의 은혜를 입은 자는 그 근심 중에서, 그런 어려움 속에서 자신을 반성하고 자신의 부족을 깨닫고 자신이 어디에서부터 잘못되기 시작했는지 생각하며 하나님께 나아오고 하나님께 부르짖으며 회개의 기도를 올리게 된다. 고난은 확실히 하나님의 은혜이다.

하나님의 징책은 확실히 그의 영혼과 육체를 치료하는 약이다.

고난 받는 성도들이 그 고난과 근심 중에 하나님께 부르짖어 기도할 때 하나님께서는 그들을 구원하신다. 하나님께서는 그의 말씀을 보내어 주셔서 그들의 질병을 고치시고 그들을 그 위험한 지경에서 건져주신다. 하나님의 말씀은 죄인들을 깨우쳐 회개시키며 하나님을 믿고 의지하게 하시며 슬픔과 낙심 중에서도 위로를 주신다. 또 하나님의 말씀에는 구원과 치료의 능력이 있다. 하나님의 은혜로 구원 얻은 자는 그에게 감사하며 그 은혜를 간증하며 전할 것이다.

〔23-32절〕 선척을 바다(메출라 מְצוּלָה)[깊은 바다]**에 띄우며 큰 물에서 영업하는 자는 여호와의 행사와 그 기사를 바다에서 보나니 여호와께서 명하신즉 광풍이 일어나서 바다 물결을 일으키는도다. 저희가 하늘에 올랐다가 깊은 곳에 내리니 그 위험을 인하여 그 영혼이 녹는도다. 저희가 이리저리 구르며 취한 자같이 비틀거리니 지각이 혼돈하도다. 이에 저희가 그 근심 중에서 여호와께 부르짖으매 그 고통에서 인도하여 내시고 광풍을 평정히 하사 물결로 잔잔케 하시는도다. 저희가 평온함을 인하여 기뻐하는 중에 여호와께서 저희를 소원의 항구로 인도하시는도다. 여호와의 인자하심과 인생에게 행하신 기이한 일을 인하여 그를 찬송할지로다. 백성의 회에서 저를 높이며 장로들의 자리에서 저를 찬송할지로다.**

사람은 자기의 직업 현장에서 하나님의 손길을 체험한다. 바다를 생업의 터전으로 삼는 어부들은 바다에서 하나님의 손길을 체험한다. 바다에서 광풍이 일어나는 것도 하나님의 섭리이다. 하나님께서 그것을 주셨고 허락하셨다. 깊은 바다에서 광풍을 만난 어부들은 하늘에 올랐다가 깊은 곳에 내리며 그 위험을 인해 그들의 영혼이 녹는다. 그들은 이리저리 구르며 술 취한 자같이 비틀거리며 지각을 다 잃어버리게 된다. 이런 광풍은 흔히 자신들의 죄 때문에 온다.

그들은 그 근심 중에서 여호와께 부르짖고 하나님께서는 그 고통에서 그들을 인도하여 내시고 광풍을 평온케 하시고 물결로 잔잔케 하신다. 그는 광풍을 잔잔케 하실 수 있다. 어부들은 광풍이 조용함을 인하여 기뻐하고 여호와께서는 그들을 소원의 항구로 인도하신다. 사도 바울이 소아시아에서 힘에 지나도록 심한 고생을 하며 살 소망까지 끊어졌던 것은 자신을 의뢰하지 말고 오직 죽은 자를 다시 살리시는 하나님만 의뢰하게 하심이었다(고후 1:8-9). 하나님의 구원의 놀라운 은혜를 체험한 자들은 마땅히 하나님을 찬송할 것이다.

〔33-43절〕 여호와께서는 강을 변하여 광야가 되게 하시며 샘으로 마른 땅이 되게 하시며 그 거민의 악을 인하여 옥토로 염밭이 되게 하시며 또 광야를 변하여 못이 되게 하시며 마른 땅으로 샘물이 되게 하시고 주린 자로 거기 거하게 하사 저희로 거할 성을 예비케 하시고 밭에 파종하며 포도원을 재배하여 소산을 취케 하시며 또 복을 주사 저희로 크게 번성케 하시고 그 가축이 감소치 않게 하실지라도 다시 압박과 곤란과 우환을 인하여 저희로 감소하여 비굴하게 하시는도다. 여호와께서는 방백들에게 능욕을 부으시고 길 없는 황야에서 유리케 하시나 궁핍한 자는 곤란에서 높이 드시고 그 가족을 양무리 같게 하시나니 정직한 자는 보고 기뻐하며 모든 악인은 자기 입을 봉하리로다. 지혜 있는 자들은 이 일에 주의하고 여호와의 인자하심을 깨달으리로다.

하나님께서는 강을 변하여 광야가 되게 하시며 샘으로 마른 땅이 되게 하시며 옥토로 소금밭이 되게 하신다. 소돔 땅은 물이 넉넉하고 여호와의 동산 같고 애굽 땅같이 비옥하였으나(창 13:10) 하나님의 유황불비의 심판으로(창 19:24-26) 소금 바다가 되었다. 다른 한편, 하나님께서는 거친 광야를 변하여 못이 되게도 하시며 마른 땅으로 샘물이 되게도 하신다.

하나님께서는 사람들을 주관하셔서 주린 자로 거기 거하게 하시며 그들로 거할 성을 예비케 하시고 밭에 파종하며 포도원을 재배하여 소산을 취하게 하신다. 그는 어떤 이들에게 복을 주셔서 그들로 크게 번성케 하시고 그 가축들이 감소하지 않게 하시지만, 그들은 또다시 압박과 곤란과 우환을 인해 감소하여 비천하게 되기도 한다. 그것은 죄의 징벌 때문이거나 인격의 훈련 때문이다. 하나님께서는 방백들에게 능욕을 부으시고 길 없는 황야에서 유리하게 하신다. 그러나 그는 또 궁핍한 자와 환난 당한 자를 곤란에서 높이 드시고 그 가족을 양무리 같게 인도하기도 하신다.

하나님의 통치 기준은 의(義)이다. 그가 옥토를 광야로 변하게 하시는 것은 그 거민들의 악 때문이다. 그러므로 정직한 자들은 보고 기뻐하며 모든 악인들은 자기 입을 봉할 것이다. 지혜 있는 자들은 이 일에 주의하고 여호와의 인자하심을 깨달을 것이다. 정직한 자는 성경말씀을 달게 받으며 그 말씀대로 살며 그 뜻을 행하는 자이며, 그들이 지혜자요 복 받을 자들이다.

시편 107편의 교훈을 정리해보자. 첫째로, 사람은 자신의 죄들 때문에 곤고함에 떨어진다. 10-11절, "사람이 흑암과 사망의 그늘에 앉으며 곤고와 쇠사슬에 매임은 하나님의 말씀을 거역하며 지존자의 뜻을 멸시함이라." 17절, "미련한 자는 저희 범과와 죄악의 연고로 곤란을 당하매." 34절, "그 거민의 악을 인하여 옥토로 염밭이 되게 하시며." 우리의 당하는 고난은 많은 경우에 우리의 죄와 연약과 부족 때문에 온다.

둘째로, 하나님께서는 고난 중에 부르짖는 자의 기도를 들어주신다(13, 19, 28절). 그것은 하나님의 긍휼과 자비하심이다. 그는 회개하며 그의 긍휼을 사모하는 영혼에게 은혜를 주시며 그의 부르짖는 기도에 응답하시는 살아계신 하나님, 긍휼과 자비가 풍성하신 하나님이시다.

셋째로, 하나님께서는 이스라엘 백성에게 그의 선하심과 인자하심을 베푸셨다. 그는 그들의 반복된 죄를 용서하시고 다시 하나님을 섬기게 하셨다. 그는 우리도 사랑하셔서 죄와 죽음과 지옥 불못에서 구원하셨다(요 3:16; 롬 5:8). 우리는 그의 선하심과 인자하심을 감사해야 한다.

넷째로, 우리는 모든 죄를 버리고 오직 하나님을 경외하고 주 예수 그리스도만 믿으며 그의 계명을 따라 의와 선을 행해야 한다. 이것이 인생의 바른 길이며 복된 길이다. 영생에 이르는 자마다 그 길을 간다.

108편: 하나님을 찬송하며 구원을 간구함

〔1-5절〕 하나님이여, 내 마음을 정하였사오니 내가 노래하며 내 심령(케보디 כְּבוֹדִי)[내 영광](KJV)**으로 찬양하리로다. 비파야, 수금아, 깰지어다. 내가 새벽을 깨우리로다. 여호와여, 내가 만민 중에서 주께 감사하고 열방 중에서 주를 찬양하오리니 대저 주의 인자하심이 하늘 위에 광대하시며 주의 진실**[신실하심]**은 궁창에** 미치나이다. **하나님이여, 주는 하늘 위에 높이 들리시며 주의 영광이 온 세계 위에 높으시기를 원하나이다.**

다윗의 찬송시. 1-5절은 다윗이 쓴 시편 57:7-11과 거의 같다. 다윗은 하나님을 향해 마음을 정했다고 고백한다. 그것은 하나님을 찬송하고자 하는 마음의 결심이다. 그는 비파와 수금을 사용하여 하나님을 찬송하기로 결심했다. 찬송은 하나님을 인정하고 그를 믿고 사랑하고 사모하며 높일 때 나온다. 찬송은 하나님께 대한 신앙고백 이상이다. 그것은 하나님께 대한 사랑의 고백이다.

다윗은 또 "내가 새벽을 깨우리로다"라고 말한다. 새벽은 하루 중 가장 좋은 시간이다. 새벽에 일어나 하나님께 찬송하며 기도하는 것은 성도의 간절함과 사모함과 정성을 나타낼 것이다. 돈 벌기를 사모하는 자는 새벽에도 잘 일어날 것이다. 그러나 하나님의 은혜를 사모하는 자는 새벽에 일어나 하나님께 찬송하고 기도하고 성경을 읽을 것이다. 새벽기도의 단을 쌓는 것은 경건한 성도들의 복된 삶이다.

다윗은 또 열방 중에서 하나님께 감사하고 찬송하겠다고 고백한다. 그가 하나님을 찬송하려 하는 까닭은 하나님의 인자하심이 하늘 위에 크시며 그의 신실하심이 하늘까지 미치기 때문이었다. 하나님께서는 그의 인자하심과 신실하심으로 죄인들을 구원하신다. 하나님의 인자하심은 우리의 죄를 용서하심에서 드러난다. 우리는 그의 인자하심으로 구원을 얻었다. 또 그의 신실하심은 그가 자기의 백성에게 약속하신 구원의 약속을 이루심에서와, 또 악인들에게 공의의 벌을 내리겠다고 하신 경고를 시행하심에서 나타난다. 하나님께는 거짓이 없으시다. 그의 신실하심은 우리의 믿음의 기초이며 영원한 구원의 기초이다. 하나님께서는 온 세상에서 영광을 받으실 자이시다. 그는 온 세상의 구주이시며 소망과 기쁨이시요 생명의 근원이시다. 그러므로 하나님의 인자하심과 신실하심으로 구원을 얻은 모든 자들은 온 세상에서 하나님께 감사하며 찬송해야 한다.

[6-9절] 주의 사랑하는 자를 건지시기 위하여 우리에게 응답하사 오른손으로 구원하소서. 하나님이 그 거룩하심으로 말씀하시되 내가 뛰놀리라 [기뻐하리라]. **내가 세겜을 나누며 숙곳 골짜기를 척량하리라. 길르앗이 내 것이요 므낫세도 내 것이며 에브라임은 내 머리의 보호자요 유다는 나의 홀이며 모압은 내 목욕통이라. 에돔에는 내 신을 던질지며 블레셋 위에서 내가 외치리라 하셨도다.**

6-13절은 시편 60:5-12와 거의 같다. 다윗은, "주의 사랑하는 자를 건지시기 위하여 우리에게 응답하사 오른손으로 구원하소서"라고 말한다. 하나님께서는 그가 사랑하시는 자들을 건지실 것이다. 우리가 바로 그의 사랑을 입은 자들이다. 그는 그 오른손 즉 능력의 손으로 우리를 구원하실 것이다. 구원은 하나님께 있다.

다윗은, "하나님께서 그 거룩하심으로 말씀하셨다"고 말하며, 그의 말씀을 전한다. "내가 기뻐하리라"는 말씀은 하나님의 승리의 기쁨을 표현하신다. 세겜은 요단강 서쪽을 가리키며, 숙곳 골짜기나 길르앗은 요단강 동쪽을 가리키고, 므낫세는 요단 동서쪽에 걸쳐 있다. 이 말씀은 가나안 땅에 대한 약속의 확실함을 증거하신다. 하나님께서는 이스라엘의 모든 영토, 즉 요단 동쪽과 요단 서쪽을 다 그의 소유로 삼으셨고 그것을 지키시며 보호하실 것이다.

또 하나님께서는 "에브라임은 내 머리의 보호자"라고 말씀하신다. '보호자'라는 원어(마오즈 מָעוֹז)는 '보호물, 투구(NASB, NIV)'라는 뜻으로 '내 머리의 보호자'라는 말은 그의 원수들로부터 그의 왕권을 지키신다는 뜻일 것이다. 또 하나님께서는 "유다는 나의 홀"이라고 말씀하신다. '나의 홀'이라는 원어(메콕키 מְחֹקְקִי)는 '나의 법을 베푸는 자'라는 뜻으로 '지도자'나 '왕'을 가리킨다. 이스라엘 나라의 왕권은 유다 족속을 통해 계승될 것이다. 하나님께서는 이스라엘 나라의 왕권을 지키시고 그 왕권을 회복시키실 것이다. 또 "모압은 내 목욕통"이라는 말씀은 모압 족속이 이스라엘의 종이 될 것을 표현하신 것이라고 보며, 또 에돔에는 내 신을 던진다는 말씀도 에돔 족속에 대한 진노와 경멸을 표현하신 것이다. 또한 "블레셋 위에서 내가 외치리라"는 말씀은 이스라엘 백성이 블레셋 족속을 이길 것을 나타낸다.

〔10-13절〕 누가 나를 이끌어 견고한 성에 들이며 누가 나를 에돔에 인도할꼬. 하나님이여, 주께서 우리를 버리지 아니하셨나이까? 하나님이여, 주께서 우리 군대와 함께 나아가지 아니하시나이다. 우리를 도와 대적을 치게 하소서. 사람의 구원은 헛됨이니이다. 우리가 하나님을 의지하고 용감히 행하리니 저는 우리의 대적을 밟으실 자이심이로다.

이스라엘 나라는 지금 매우 연약해져 있다. 하나님께서는 이스라엘 나라를 버려두셨다. 하나님께서는 그들을 버리셨고 그들의 군대와 함께 나아가지 않으셨다. 그들이 이렇게 연약해진 것은 그들의 죄 때문이었다. 이것은 이스라엘의 역사에서 증거되는 바이다. 하나님께서는 모세의 율법에서 만일 그들이 그의 계명을 어기면 원수 앞에서 뿔뿔이 흩어질 것이라고 이미 경고해 두셨었다(신 28:25-26).

그러나 다윗은 자신과 이스라엘 백성을 이끌어 에돔의 견고한 성으로 들어가게 하실 자는 하나님밖에 없다고 고백한다. 그는 하나님의 긍휼과 주권적 능력을 굳게 믿는다. 그는 하나님께 승리가 있음을 확신한다. 하나님께서는 성도가 세상에서 겪는 싸움들에서 승리의 원인이시다. 다윗은 또 "사람의 구원은 헛됨이니이다"라고 말한다. 사람들의 도움은 극히 제한적이다. 또 하나님께서 그것을 무(無)로 돌리실 때에 그것들은 헛되게 된다. 이방 군대의 도움도 그렇다. 그러므로 시편 146:3-4는 "방백들을 의지하지 말며 도울 힘이 없는 인생도 의지하지 말지니 그 호흡이 끊어지면 흙으로 돌아가서 당일에 그 도모가 소멸하리로다"라고 말하였다.

다윗은 환난 중에 하나님의 도움을 간구하고 그를 의지한다. 하나님께서는 환난 당한 자를 도우실 수 있다. 구원은 하나님께 있다(시 3:8). 또 다윗은 "우리가 하나님을 의지하고 용감히 행하리니 저는 우리의 대적을 밟으실 자심이로다"라고 말한다. 그는 시편 18:29에서 "내가 주를 의뢰하고 적군에 달리며 내 하나님을 의지하고 담을 뛰어 넘나이다"고 말하였고, 시편 20:7에서 "혹은 병거, 혹은 말을 의지하나 우리는 여호와 우리 하나님의 이름을 자랑하리로다"라고 했다. 그는 하나님의 약속과 능력, 인자하심과 신실하심을 믿었다.

시편 108편의 교훈을 정리해보자. 첫째로, 하나님께서는 고난을 당한 자기 백성의 기도를 들어주시며 원수들로부터 구원해주신다. 이 세상 사는 동안 성도들은 여러 가지 고난들을 당한다. 그것들은 많은 경우 우리 자신의 부족 때문에 오지만, 때로는 단순히 마귀의 시험 때문에 오기도 한다. 그러나 우리는 어떤 이유로 오는 고난이든지, 낙망치 말고 하나님께 기도하며 자신을 성찰하며 회개할 바가 있으면 지체치 말고 고백하고 버리기를 결심하며 하나님만 바라며 의지해야 한다. 기도의 응답은 하나님께서 살아계심과 우리를 사랑하시는 증표가 된다.

둘째로, 새벽에 일찍 일어나 하나님의 인자하심과 신실하심을 감사하며 기도하고 또 날마다 규칙적으로 성경책을 조금씩이라도 읽음으로써 하나님의 교훈을 받는 것은 구원 얻은 성도들에게 큰복이다.

셋째로, 우리는 환난 많고 전쟁터 같은 세상을 사는 동안 늘 하나님을 의지하고 용감히 행해야 한다. 하나님의 은혜와 구주 예수 그리스도의 대속으로 죄사함과 의롭다 하심을 얻은 자들은 이 세상 사는 동안에 많은 환난과 위기 속에서도 하나님을 의지하며 용감히 행할 수 있다.

109편: 보응의 확신과 구원의 간구

다윗의 시. 영장(伶長)[아마, 찬양대장이나 지휘자]을 위한 노래.

〔1-5절〕 나의 찬송하는 하나님이여, 잠잠하지 마옵소서. 대저 저희가 악한 입과 궤사한 입을 열어 나를 치며 거짓된 혀로 내게 말하며 또 미워하는 말로 나를 두르고 무고히 나를 공격하였나이다. 나는 사랑하나 저희는 도리어 나를 대적하니 나는 기도할 뿐**이라**(아니 테필라 אֲנִי תְפִלָּה)[나는 기도라]. **저희가 악으로 나의 선을 갚으며 미워함으로 나의 사랑을 갚았사오니.**

다윗은 평소에 하나님을 섬기며 하나님께 찬송하였다. 그는 지금 원수들의 많은 비난을 당하는 어려운 처지에서 그의 찬송하는 하나님께 기도하며 호소한다. 그의 대적자들은 그를 미워하며 까닭 없이 그를 비난하였다. 잘못에 대한 정당한 책망의 말이라면 달게 들어야 하지만, 거짓된 입과 혀로 악한 말로 그를 비난하는 것은 몹시 마음이 상하는 일이다. 사랑은 큰 허물들도 덮지만, 미움은 상대방의 작은 허물도 크게 여기며 없는 허물도 상상해낸다. 다윗의 대적자들은 선을 악으로 갚는 자들이었다. 다윗은 그들을 사랑했으나 그들은 다윗을 대적하였다. 그들은 선을 악으로 갚고 사랑을 미움으로 갚고 있었다. 악을 악으로 갚는 것도 주께서 금하시는데, 하물며 선을 악으로 갚고 사랑을 미움으로 갚는 것은 어떠하겠는가? 그러므로 잠언 17:13은, "누구든지 악으로 선을 갚으면 악이 그 집을 떠나지 아니하리라" 고 경고하였다. 다윗은 이런 힘들고 어려운 상황 속에서 오직 하나님께 그의 공의로운 처분과 자비하신 구원을 간구하였다.

〔6-13절〕 악인으로 저를 제어하게 하시며 대적으로 그 오른편에 서게 하소서. 저가 판단을 받을 때에 죄를 지고 나오게[정죄받게] **하시며 그 기도가 죄로 변케 하시며 그 연수를 단축케**[단축케] **하시며 그 직분을 타인이 취하게 하시며 그 자녀는 고아가 되고 그 아내는 과부가 되며 그 자녀가 유리 구걸하며 그 황폐한** 집을 떠나 **빌어먹게 하소서. 고리대금하는 자로 저의 소유를**

다 취하게 하시며 저의 수고한 것을 외인이 탈취하게 하시며 저에게 은혜를 계속할[계속 베풀] **자가 없게 하시며 그 고아를 연휼할**[긍휼히 여길] **자도 없게 하시며 그 후사가 끊어지게 하시며 후대에 저희 이름이 도말되게 하소서.**

본문은 악인에 대한 보응을 하나님께 간구한 말씀이다. 이 말씀은 악인에 대한 하나님의 선언과 같다. 첫째로, 다윗은 "악인으로 그를 제어하게 하시며 대적으로 그 오른편에 서게 하소서"라고 말한다. 하나님께서는 한 악인을 들어 다른 악인을 제어하신다. 둘째로, 그는 "그가 심판받을 때에 정죄받게 하시며 그 기도가 죄로 변케 하소서"(원문)라고 말한다. 악인은 심판 날에 정죄될 것이다. 또 그의 기도는 하나님 앞에 가증한 죄가 될 뿐이다. 셋째로, 그는 "그 연수를 단축하게 하시며 그 직분을 타인이 취하게 하소서"라고 말한다. 하나님께서는 악인을 일찍 데려가실 것이며 그의 교회 직분도 거두실 것이다. 그는 교회를 어지럽히고 해를 끼칠 자이나, 의인은 장수하고 충성된 자는 교회 직분도 오래 가질 것이다. 넷째로, 그는 "그 자녀는 고아가 되고 그 아내는 과부가 되며 그 자녀가 유리 구걸하며 그 황폐한 집을 떠나 빌어먹게 하소서"라고 말한다. 악인은 가정적인 불행, 가족적인 불행을 당할 것이다. 다섯째로, 그는 "고리대금하는 자로 저의 소유를 다 취하게 하시며 저의 수고한 것을 외인이 탈취하게 하소서"라고 말한다. 하나님께서는 악인이 그의 소유를 빼앗기고 물질적으로 큰 어려움을 경험케 하실 것이다. 여섯째로, 그는 "그에게 은혜를 계속할 자가 없게 하시며 그 고아를 긍휼히 여길 자도 없게 하소서"라고 말한다. 하나님께서는 악인과 그의 자녀들에게 은혜와 긍휼을 베풀 자가 없게 하실 것이다. 일곱째로, 그는 "그 후사가 끊어지게 하시며 후대에 저희 이름이 도말되게 하소서"라고 말한다. 하나님께서는 악인의 후손들이 땅 위에서 끊어지게 하실 것이며 그의 이름도 사람들의 기억에서 잊혀지게 하실 것이다.

〔14-20절〕 여호와는 그 열조의 죄악을 기억하시며 그 어미의 죄를 도말

하지 마시고 그 죄악을 **항상 여호와 앞에 있게 하사 저희 기념**[기억]**을 땅에 서 끊으소서. 저가 긍휼히 여길 일을 생각지 아니하고 가난하고 궁핍한 자와 마음이 상한 자를 핍박하여 죽이려 한 연고니이다. 저가 저주하기를 좋아하더니 그것이 자기에게 임하고 축복하기를 기뻐 아니하더니** 복이 **저를 멀리 떠났으며 또 저주하기를 옷 입듯하더니** 저주가 **물같이 그 내부에 들어가며 기름같이 그 뼈에 들어갔나이다.** 저주가 **그 입는 옷 같고 항상 띠는 띠와 같게 하소서. 이는 대적 곧 내 영혼을 대적하여 악담하는 자가 여호와께 받는 보응이니이다.**

자손들은 그 부모와 선조들의 죄로 인하여 고통과 불행을 당한다. 하나님께서는 그들의 죄악을 기억하신다. 그들의 죄악은 항상 하나님 앞에 있을 것이다. 하나님께서는 “나 여호와 너의 하나님은 질투하는 하나님인즉 나를 미워하는 자의 죄를 갚되 아비로부터 아들에게로 삼사대까지 이르게 하리라”고 말씀하셨었다(출 20:5).

악인들은 남을 긍휼히 여길 일을 생각지 아니하고 도리어 가난하고 궁핍한 자와 마음이 상한 자를 핍박하여 죽이려 하였다. 어려움을 당하는 자들을 긍휼히 여기는 마음은 사람의 매우 기본적 마음인데, 그들은 그런 마음을 가지기는커녕 오히려 악하게 그런 자들을 핍박하고 죽이려 했던 것이다. 또 악인들은 다른 사람을 저주하기를 좋아하고 그를 저주하기를 옷 입듯했다. 악한 자를 저주하는 것도 삼가야 할 것인데, 경건하고 의로운 자를 저주한다면 그것이 얼마나 악한 일인가! 또 그들은 남을 축복하기를 기뻐하지 아니하였다.

그러나 공의의 하나님께서는 악인들의 악행에 대해 바르게 징벌하셨다. 악인이 남을 저주하기를 좋아하더니 저주가 자기에게 임했고 그가 축복하기를 기뻐하지 않더니 복이 그를 멀리 떠났다. 그가 남을 저주하기를 옷 입듯하더니 저주가 물같이 그의 내부에 들어갔으며 기름같이 그 뼈에 들어갔다. 다윗은 “이는 대적 곧 내 영혼을 대적하여 악담하는 자가 여호와께 받는 보응이니이다”라고 말한다. 다윗의 고통 중의 기도는 악인에 대한 하나님의 선언과도 같다.

〔21-25절〕 주 여호와여, 주의 이름을 인하여 나를 선대하시며 주의 인자하심이 선함을 인하여 나를 건지소서. 나는 가난하고 궁핍하여 중심이 상함이니이다. 나의 가는 것은 석양 그림자 같고 또 메뚜기같이 불려가오며 금식함을 인하여 내 무릎은 약하고 내 육체는 수척하오며 나는 또 저희의 훼방거리라. 저희가 나를 본즉 머리를 흔드나이다.

성도의 무기는 기도이다. 살아계신 섭리자 하나님께서는 우리의 모든 문제의 해결자이시기 때문이다. 하나님께서 우리를 선대하시며 우리를 위기에서 건지시면 모든 일이 잘 될 것이다. 그러므로 성경은, "아무것도 염려하지 말고 오직 모든 일에 기도와 간구로, 너희 구할 것을 감사함으로 하나님께 아뢰라"고 교훈한다(빌 4:6).

다윗의 기도의 근거는 하나님의 이름과 그의 인자하심과 선하심이다. '주의 이름을 인하여'라는 말은 하나님께서 사랑하시는 백성이라는 이름 때문에라는 뜻이다. 우리에게는 하나님께서 택하시고 사랑하신 백성이라는 이름이 있다. 또 '주의 인자하심이 선함을 인하여'라는 말은 성도가 의지할 바가 하나님의 인자하심의 선하심밖에 없음을 보인다. 우리는 하나님의 인자하심과 선하심 때문에 구원을 받았고 하나님의 자녀가 되었고 또 이 세상 사는 동안에도 어려운 일들이 있을 때 그의 도우심과 보호하심을 받았고 또 받을 것이다.

다윗은 자신의 처한 어려운 형편을 말한다. 그는 가난하고 궁핍하여 중심이 상한다고 고백한다. 그는 심적인 고난과 물질적 궁핍 속에 있었던 것 같다. 또 그는 그의 삶이 석양 그림자 같고 또 메뚜기같이 불려가며 금식함을 인해 그의 무릎이 약하고 그의 몸이 수척하다고 고백한다. 그는 몸도 마음도 심히 약해져 있었다. 게다가, 그를 비방하며 그를 향하여 머리를 흔드는 원수들이 있었다. 이런 어려운 형편 속에서 그는 오직 하나님께 기도하였다.

〔26-31절〕 여호와 나의 하나님이여, 나를 도우시며 주의 인자하심을 좇

아 나를 구원하소서. 이것이 주의 손인 줄을 저희로 알게 하소서. 여호와께서 이를 행하셨나이다. 저희는 저주하여도 주는 내게 **복을 주소서. 저희는 일어날 때에 수치를 당할지라도 주의 종은 즐거워하리이다. 나의 대적으로 욕을** 옷 **입듯하게 하시며 자기 수치를 겉옷같이 입게 하소서. 내가 입으로 여호와께 크게 감사하며 무리 중에서 찬송하리니 저가 궁핍한 자의 우편에 서사 그 영혼을 판단하려**[정죄하려] **하는 자에게서 구원하실 것임이로다.**

다윗은 지금 하나님의 도우심과 구원이 필요하다. 그는 지혜와 힘이 필요하고 원수의 비난으로부터의 구원이 필요하며, 심령의 두려움, 몸의 연약, 물질적 궁핍으로부터의 구원도 필요하다. 기도는 하나님의 손길을 가져오는 길이다. 하나님의 손길은 모든 문제들의 완전한 해결책이 된다. 다윗은 하나님의 기도 응답을 믿고 있었다.

다윗은 그를 대적하고 비난하는 원수들이 수치를 당할 것을 알고 있었고 또 그것을 기도했다. 하나님께서는 악인에게 악으로 갚으실 것이며 의로운 성도를 비방하는 자들로 수치를 당하게 하실 것이다. 다윗은 또 하나님의 백성이 즐거움을 얻고 감사와 찬송을 하나님께 올릴 것을 확신한다. 성도는 하나님의 정하신 때 그의 도우심의 응답으로 즐거움을 얻고 감사와 찬송을 하나님께 돌리게 될 것이다.

시편 109편의 교훈을 정리해보자. 첫째로, 우리는 거짓과 미움으로 우리를 비난하고 선을 악으로 갚는 대적자들과 싸우지 말고, 오직 하나님께 호소하며 기도해야 한다. 4절, "나는 사랑하나 저희는 도리어 나를 대적하니 나는 기도할 뿐이라." 기도는 성도의 승리의 비결이다.

둘째로, 악인은 그 악행에 대해 하나님의 공의의 보응을 받을 것이다. 우리는 우리 자신과 우리의 자녀들의 현세와 내세의 행복을 위해 결코 악인이 되지 말고 끝까지 의롭고 선하고 충성된 자로 살아야 한다.

셋째로, 우리는 하나님의 인자하심의 구원을 구하며 기대해야 한다. 우리는 궁핍과 연약과 핍박 속에서도 하나님의 이름과 그의 인자하심을 의지하며 하나님의 선한 도우심과 구원을 기도하며 기대할 수 있다.

110편: 메시아 시대

〔1절〕 여호와께서 내 주(主)에게 말씀하시기를 내가 네 원수로 네 발등상 되게 하기까지 너는 내 우편에 앉으라 하셨도다.

다윗의 시. 본 시편은 메시아 시대를 증거한다. 다윗이 '내 주'라고 부른 그는 메시아를 가리킨다. 주 예수께서는 본절을 메시아 예언으로 인용하셨다(마 22:43-45). 메시아께서는 다윗의 자손이실 뿐만 아니라, 그의 주(主)이시다. 이 말씀은 메시아의 신성(神性)을 나타낸다.

여호와께서는 다윗의 주 되신 메시아에게 "너는 내 오른편에 앉으라"고 말씀하셨다. 하나님의 오른편에 앉는다는 것은 하나님과 동등한 권위와 능력과 통치권과 영광을 가진다는 뜻이다. 메시아로 오신 주 예수께서는 사람들에게 멸시와 핍박을 당하셨고 십자가에 죽으셨고 무덤에 묻히셨으나, 삼일 만에 부활하셨고 40일 만에 승천하셨고 하나님 오른편에 앉으셨다. 주께서는 자신이 "하나님의 권능의 우편에 앉아 있으리라"고 말씀하셨다(눅 22:69). 신약성경은 승천하신 주 예수 그리스도께서 하나님 오른편에 앉으셨음을 여러 곳에서 증거한다(행 7:55-56; 롬 8:34; 엡 1:20; 벧전 3:22; 히 1:3). 마가복음 16:19, "주 예수께서 말씀을 마치신 후에 하늘로 올리우사 하나님 우편에 앉으시니라." 주 예수 그리스도께서는 하나님 오른편에 앉으셨다.

하나님께서는 메시아의 원수들이 완전히 그의 발 아래 굴복될 때까지 그를 그의 오른편에 두실 것이다. 주 예수께서는 재림하실 때 그의 원수들을 완전히 멸하실 것이다. 그러나 하나님 오른편에 계신 지금도 그는 주님이시며 왕이시며, 성경말씀과 성령으로 역사하셔서 택한 영혼들을 구원하시며 교회들과 온 세상을 다스리신다.

〔2절〕 여호와께서 시온에서부터 주의 권능의 홀을 내어 보내시리니 주는 원수 중에서 다스리소서.

다윗은 여호와께서 주의 권능의 홀을 내어 보내실 것이라고 말한다. 홀은 왕권, 통치권을 가리킨다(창 49:10; 민 24:17). 권능의 홀을 내어 보내신다는 것은 능력으로 통치하신다는 뜻이다. 메시아께서는 지금도 능력으로 그의 왕권과 통치권을 행사하신다. 그는 지금 성령의 능력으로 활동하신다. 복음 전도와 영혼 구원은 그의 능력의 활동으로 이루어진다. 영혼 구원은 주께서 하시는 일이다. 또 교회를 세우시고 보호하시고 원수들을 징벌하심도 그러하다.

하나님께서는 메시아의 권능의 홀을 시온에서부터 내어 보내실 것이다. 주 예수께서는 아버지께서 하늘과 땅의 모든 권세를 그에게 주셨다고 말씀하셨고(마 28:18), 또 그의 이름으로 죄사함을 얻게 하는 회개가 예루살렘으로부터 시작하여 모든 족속에게 전파될 것이 기록되었다고 말씀하셨다(눅 24:47). 주께서 행하시는 복음 전도와 영혼 구원의 일은 시온 즉 예루살렘에서부터 시작되었다.

다윗은 또 "주는 원수 중에서 다스리소서"라고 말한다. 메시아의 권능의 활동은 원수들 가운데서도 드러날 것이다. 주께서는 제자들에게 "내가 너희에게 뱀과 전갈을 밟으며 원수의 모든 능력을 제어할 권세를 주었으니 너희를 해할 자가 결단코 없으리라"고 말씀하셨고(눅 10:19), 또 "내가 만일 하나님의 손을 힘입어 귀신을 쫓아내는 것이면 하나님의 나라가 이미 너희에게 임하였느니라"고 말씀하셨다(눅 11:20). 그는 자신과 그의 교회를 핍박하던 사울 같은 이를 회개시키고 구원하셔서 그의 일꾼을 삼기도 하셨고, 헤롯 왕 같은 이를 쳐서 벌레가 먹어 죽게도 하셨다(행 9:1-18; 12:21-23).

〔3절〕 주의 권능의 날에 주의 백성이 [새벽부터] **거룩한 옷을 입고 즐거이 헌신하니 (새벽) 이슬 같은 주의 청년들이 주께 나오는도다.**

'주의 권능의 날'은, 그의 권능의 홀을 보내시는 날, 곧 신약시대를 가리킨다고 보인다. 메시아께서는 그 날에 성령의 능력으로 복음을 전하게 하시고 영혼들을 구원하실 것이다. 주께서는 "내가 내 아버지의 약속하신 것을 너희에게 보내리니 너희는 위로부터 능력을 입히울 때까지 이 성에 유하라"고 말씀하셨고(눅 24:49), 또 "오직 성령이 너희에게 임하시면 너희가 권능을 받고 예루살렘과 온 유대와 사마리아와 땅끝까지 이르러 내 증인이 되리라"고 말씀하셨다(행 1:8).

주의 권능의 날에 주의 백성은 거룩한 옷을 입고 즐거이 헌신할 것이다. '거룩한 옷을 입고'라는 원어는 '거룩함의 아름다움으로'라는 뜻이다. 신약 성도들은 예수 그리스도의 보배로운 피로 죄씻음과 거룩함을 얻은 자들이다(고전 6:11; 히 10:10). 그들은 주께서 이루신 의(義)의 거룩하고 영광스런 옷을 입고 하나님께 즐거이 헌신한다. 그러므로 사도 바울은 "너희 몸을 하나님이 기뻐하시는 거룩한 산 제사로 드리라"고 권면하였고(롬 12:1), 또 "우리 중에 누구든지 자기를 위하여 사는 자가 없고 자기를 위하여 죽는 자도 없도다"라고 증거했다(롬 14:7). 고린도후서 8장에 보면, 마게도냐 교인들은 자신을 주님께 드리며 주의 일에 자원적으로 참여하였다(고후 8:1-5).

'새벽 이슬 같은 주의 청년들'이라는 원어는 '새벽부터, 이슬같은 주의 청년들'이라는 뜻 같다(NASB). 그 날에 주의 백성은 새벽부터, 정성을 다해 즐거이 하나님께 헌신할 것이다. 그들은 주님께 헌신한 청년들이다. 사람은 아직 젊고 힘이 있을 때, 세월을 아끼며 하나님께 헌신하고 하나님을 위하여 살아야 한다. 그러므로 성경은 "오직 지혜 있는 자같이 하여 세월을 아끼라"고 말했다(엡 5:15-16).

[4절] 여호와는 맹세하고 변치 아니하시리라. 이르시기를 **너는 멜기세덱의 반차**[모습]**를 좇아 영원한 제사장이라 하셨도다.**

다윗은 "여호와께서는 맹세하셨고(원문) 변치 아니하시리라"고 말한다. 맹세는 하나님의 이름을 부르며 하는 말이다. 맹세는 인간 사회에서 다투는 모든 일들에 최후 확정이다(히 6:16). 하나님의 말씀은 진리이시다. 하나님께서는 진리 자체이시다. 그런데 하나님께서는 때때로 맹세하셨다(창 22:16). 그가 맹세하셨다는 표현은 그의 말씀이 얼마나 진실하고 확실한가를 나타내는 것이다.

하나님께서는 메시아에게 “너는 멜기세덱의 반차를 좇아 영원한 제사장이라”고 말씀하셨다. ‘반차’라는 원어(디브라 דִּבְרָה)는 ‘모습’이라는 뜻이다. 메시아는 멜기세덱의 모습을 좇은 제사장이 될 것이다. 멜기세덱은 아브라함이 조카 롯을 구해 돌아올 때 떡과 포도주를 가지고 그를 맞았던 인물로서 살렘 왕이며 ‘지극히 높으신 하나님의 제사장’이었다. 그는 아브라함을 축복하고 하나님을 찬송하였고 아브라함은 노획물의 십분의 일을 그에게 주었다(창 14:17-20). 히브리서는 그가 멜기세덱 곧 ‘의의 왕’이며 살렘 왕 곧 ‘평안의 왕’이고 아비도, 어미도, 족보도, 시작한 날도, 생명의 끝도 없어 하나님의 아들과 같으며 항상 제사장으로 있다고 증거한다(히 7:1-3). 구약시대의 멜기세덱은 신약시대에 오신 예수 그리스도의 예표이었다.

예수 그리스도께서는 영원한 제사장이시다. 히브리서 4:14는 “우리에게 큰 대제사장이 있으니 승천하신 자 곧 하나님 아들 예수시라”고 말한다. 그는 자기의 피로 영원한 속죄를 이루사 단번에 하늘 성소에 들어가셨다(히 9:11-12). 그는 우리를 위하여 한 영원한 속죄 제사를 드리셨고 지금도 하나님의 오른편에서 중보사역을 하신다. 주 예수 그리스도의 공로로 우리 모두는 담대히 지성소에(KJV, NIV) 들어가는 제사장들이 되었다(히 10:19; 벧전 2:5, 9).

〔5-7절〕 주의[당신의] **우편에 계신 주(主)께서 그 노하시는 날에 열왕을 쳐서 파하실 것이라. 열방 중에 판단하여 시체로 가득하게 하시고 여러 나라의 머리를 쳐서 파하시며 길가의 시냇물을 마시고 인하여 그 머리를 드시리로다.**

‘당신의 우편에 계신 주’는 메시아를 가리킨다. 메시아의 노하시는 날이 있다. 그것은 마지막 심판의 날이다. 스바냐는 하나님의 진노의 날에 대하여, “그 날은 분노의 날이요 환난과 고통의 날이요 황무와 패괴의 날이요 캄캄하고 어두운 날이요 구름과 흑암의 날이요”라고 증거하였다(습 1:14-15). 사도 요한은 어린양께서 여섯째 인을 떼실 때 진노의 큰 날의 환상을 보았다(계 6:12-17). 바울은 그 날이 "진노의 날 곧 하나님의 의로우신 판단이 나타나는 그 날"이며 하나님께서 "사람들의 은밀한 것을 심판하시는" 날이라고 말했다(롬 2:5, 16).

메시아께서는 그 날에 열왕들을 쳐서 파하실 것이다. 그는 용맹한 전사(戰士)이시다. 그는 그를 대적하는 세상의 왕들을 죽이실 것이다. 사도 요한은, 주의 재림의 때에 적그리스도와 땅의 왕들과 군대들이 모여 재림하시는 주님과 하늘 군대로 더불어 전쟁을 일으키다가 적그리스도와 거짓 선지자가 잡혀 지옥불에 던지우고 그 나머지는 다 죽임을 당할 것이라고 예언했다(계 19:19-21). 메시아께서는 길가의 시냇물을 마시고 힘을 내시고 그 머리를 드실 것이다. 삼손이 나귀의 새 턱뼈로 천 명의 블레셋 사람들을 죽인 후 심히 목말라 기도했을 때 하나님께서 한 곳을 터치셔서 샘물을 마시고 정신이 회복된 것같이(삿 15:15-19), 메시아께서는 전쟁에서 지치지 않으실 것이다.

시편 110편의 교훈을 정리해보자. 첫째로, 우리는 신적 구주를 알아야 한다. 예수 그리스도께서는 오셔서 십자가에 죽으시고 부활하시고 승천하셔서 하나님의 오른편에 앉으신 신적인 구주이시다. 그는 장차 재림하셔서 세상에서 사탄과 악한 종들을 다 멸하시며 벌하실 것이다.

둘째로, 우리는 영원한 제사장이신 예수 그리스도를 알아야 한다. 예수 그리스도께서는 멜기세덱의 모습을 좇아 영원한 제사장으로 오셨다. 그는 우리를 위해 속죄제사를 드리셨고 지금도 중보사역을 하신다.

셋째로, 우리는 하나님께 거룩하게 헌신해야 한다. 3절, "주의 권능의 날에 주의 백성이 거룩한 옷을 입고 즐거이 헌신하니 새벽 이슬 같은 주의 청년들이 주께 나오는도다." 신약시대는 하나님의 권능의 날이다. 우리는 새벽부터 하나님께 즐거이 헌신하는 새벽 이슬 같은 주의 청년들같이 하나님의 복음과 교회를 위해 거룩하게, 즐거이 헌신해야 한다.

111편: 하나님의 행사를 연구하며 찬송함

〔1절〕 할렐루야, 내가 정직한 자의 회와 공회 중에서 전심으로 여호와께 감사하리로다.

시편 저자는 여호와를 찬양하라고 말한다. '할렐루야'는 '여호와를 찬양하라'는 뜻이다. 찬양은 하나님과 그의 속성들과 그의 하신 일들을 인정하고 높이는 행위이다. '감사'라는 단어도 비슷한 뜻이다. 그러므로 그는 또 "내가 여호와께 감사하리로다"라고 말한다.

시편 저자는 "내가 정직한 자의 회와 공회 중에서 여호와께 감사하리로다"라고 말한다. 교회는 위선자들의 회가 아니고 정직한 자들의 회이어야 한다. 성도들의 특징은 정직과 의이어야 한다. 정직과 의는 하나님의 법과 기준, 즉 성경말씀에 맞는 것을 말한다. 찬송보다 더 중요한 것은 성도들의 정직한 삶이다.

시편 저자는 또 전심으로 하나님께 감사하겠다고 말한다. 이것은 우리가 단지 겉모습으로가 아니고 마음에서 우러나서 그리고 마음을 다하여 하나님께 감사하겠다는 뜻이다.

〔2절〕 여호와의 행사가 크시니 이를 즐거워하는 자가 다 연구하는도다.

하나님의 행하신 일들은 크시다. 그것은 세상의 그 어떤 일들보다 더 위대하시다. 천지만물을 창조하신 일이 그렇다. 태초에 하나님께서 천지만물을 창조하셨다. 옛날 노아 시대에 홍수로 세상을 심판하신 일이 그렇다. 노아의 여덟 식구 외에 땅 위의 모든 생물들 곧 새와 육축과 들짐승과 땅에 기는 모든 것과 모든 사람들이 다 죽었다(창 7:21). 이스라엘 백성을 애굽에서의 노예 상태에서 구원하신 일이 그러하다. 하나님께서는 이적과 기사와 전쟁과 강한 손과 편 팔과 크게 두려운 일로 한 민족을 다른 민족에게서 인도하여 내셨다(신 3:34).

하나님을 아는 자, 그를 사랑하는 자는 하나님의 하신 모든 일들을 즐거워하며, 하나님의 행사를 즐거워하는 자마다 그것을 연구할 것이다. 사람들은 자기가 좋아하는 것을 연구한다. 별을 좋아하는 자는 별을 연구하고 음식을 좋아하는 자는 음식을 연구하고 자동차를 좋아하는 자는 자동차를 연구한다. 하나님을 좋아하는 자는 하나님과 그의 하신 일들을 연구한다. 하나님의 하신 모든 일들이 성경에 기록되어 있으므로, 하나님의 행사를 연구하는 자는 성경을 연구한다.

〔3절〕 그 행사가 존귀하고 엄위하며 그 의가 영원히 있도다.

하나님의 행사는 존귀하고 엄위하시다. 하나님의 창조하신 일들이 그렇고 그의 심판하신 일들이 그렇고 그의 구원의 일들이 그렇다. 거기에 하나님의 신성의 영광과 능력과 위엄이 나타나 있다.

하나님의 행사는 그의 의를 드러낸다. 의는 도덕적 기준에 맞는 것을 의미한다. 사람은 도덕적 기준에 비추어 어떤 일을 옳다 혹은 그르다라고 판단한다. 사람의 도덕적 기준은 우리의 양심과 하나님의 계명이다. 또 하나님의 의는 하나님께서 사람들의 죄악에 대해 진노하시고 벌하심을 포함한다. 죄는 하나님의 권위와 속성을 침해하고 손상시키고 다른 사람들에게와 사람들이 사는 사회에 해를 끼치는 악이기 때문에, 하나님께서는 그것을 진노하신다. 세상에는 불의와 죄악이 가득하다. 그러므로 하나님의 마지막 공의의 심판이 있을 것이며, 그때 사람들은 공의가 무엇인지 참으로 깨닫게 될 것이다. 하나님의 의는 엄위하시고 완전하시고 영원하시다.

〔4절〕 그 기이한 일을 사람으로 기억케 하셨으니 여호와는 은혜로우시고 자비하시도다.

하나님의 행사들은 기이한 일들이다. 창조도, 섭리도, 심판도, 구원도 그러하다. 특히 우리 주 예수 그리스도께서는 기이하신 분이시다. 하나님의 행사들은 또한 은혜로우시고 자비하시다. 특히 그의 구원의 일이 그러하다. 그는 죄로 인하여 멸망할 자들을 용서하시고 구원하시고 회복시키신다. 그는 그들의 기도를 들으시고 그들의 필요를 공급하신다. 신약성도가 받은 구원의 은혜도 그러하다(엡 2:4, 8).

하나님께서는 그의 기이한 일들을 사람으로 기억케 하셨다. 우리는 나쁜 일을 기억지 않으려 한다. 그러나 하나님의 행사는 우리가 기억해야 할 일들이다. 신구약성경에 기록된 하나님의 모든 행사들은 우리가 기억할수록 교훈과 유익을 주는 내용들이다. 실상, 그것들을 잊어버리는 것은 매우 어리석은 일이며 죄가 될 것이다.

〔5절〕 여호와께서 자기를 경외하는 자에게 양식을 주시며 그 언약을 영원히 기억하시리로다.

하나님께서는 그를 경외하는 자들에게 먹을 것들을 주신다. 천지 만물은 다 하나님께서 주신 것들이다. 채소와 곡식들과 과일들은 다 하나님께서 주신 양식이다. 물고기도, 소나 양도 다 하나님께서 주신 양식이다. 하나님께서는 사람뿐 아니라 모든 생물에게도 양식을 주신다. 풍년은 하나님께서 주신 복이며, 기근과 흉년은 하나님께서 내리신 재앙이다. 그러나 하나님께서는 기근 중에도, 광야에서 이스라엘 백성에게 만나와 메추라기를 주셨듯이, 이 세상 사는 동안 자기의 백성에게 먹을 것과 입을 것을 주실 것이다.

또 하나님께서는 그의 언약을 영원히 기억하실 것이다. 그는 율법에서 이스라엘 백성이 하나님의 말씀을 지켜 행하면 모든 복들, 즉 건강의 복, 자녀의 복, 물질의 복, 사회적인 복을 그들에게 주시겠다고 약속하셨다(신 28:1-6).

〔6절〕 저가 자기 백성에게 열방을 기업으로 주사 그 행사의 능을 저희에게 보이셨도다.

온 세계와 나라들이 다 하나님의 것이다. 그가 온 세상의 창조자이시기 때문이다. 이 세상이 하나님의 것이므로 그가 모든 일들을 임의로 행하실 수 있다. 그러나 하나님께서는 폭군이 아니시고 이 세상을 공의로 통치하시고 악에 대해서만 징벌하시는 자이다.

하나님께서는 자기 백성에게 열방을 기업으로 주셨다. 물론 그것은 가나안 족속들에게 가득했던 우상숭배와 음란에 대한 하나님의 심판이었다. 그러나 그는 이스라엘 백성의 조상들에게 약속하셨던 대로 가나안 땅을 그들에게 주셨다. 온 가나안 땅의 성읍들과 밭들, 포도원들과 열매를 맺는 나무들은 다 이스라엘의 소유가 되었다.

하나님께서는 이 일에서 그의 능력을 보이셨다. 출애굽과 가나안 정복은 인간적으로는 불가능한 일들이었다. 강대국 애굽의 왕 바로는 장정만 60만명, 여자와 아이를 합하여 2백만명이 넘을 이스라엘 백성을 순순히 내보낼 리가 없었고, 또 가나안 원주민들은 이스라엘 백성보다 키도 크고 건장하였고 그들의 성들도 견고하였다. 그러나 하나님께서는 그들을 애굽에서 구원하여내셨고 가나안 땅을 정복케 하셨다. 그것은 오직 하나님의 능력의 손길이었다.

〔7-8절〕 그 손의 행사는 진실[신실하심]**과 공의며 그 법도는 다 확실하니 영원무궁히 정하신 바요 진실**[신실함]**과 정의로 행하신**[행해야 할] **바로다.**

하나님의 손의 행사들은 신실하시다. 하나님께서는 진리와 진실의 하나님이시며 신실하시며 그의 말씀도 진실하고 신실하시다.

하나님의 손의 행사들은 또한 공의로우시다. 하나님께서는 공의의 하나님이시다(사 30:18). 공의는 도덕적 기준에 맞는 것을 의미한다. 하나님께서는 공의로우셔서 공의로 온 세상을 통치하신다(시 99:4). 하나님의 공의는 죄에 대해 진노하시고 징벌하신다. 죄악된 인간은 죄를 포용하는 경향이 있으나 사람이 죄를 묵인하고 용납하는 것은 잘못이다. 하나님께서는 죄를 살피시고 죄에 대해 징벌하신다.

본문은 하나님의 법도가 다 확실하며 영원히 견고하다고 말한다. 진실하신 하나님, 진리의 하나님, 공의의 하나님께서 주신 법도는 다 진실하며 확실하다. 그것은 영원히 견고하다. 아무도 그 법도를 폐지하거나 변경시킬 권한이 없다. 또 "진실과 정의로 행하신 바로다"라는 말은 "신실함과 정직으로 행해야 할 바로다"라는 뜻 같다. 하나님의 모든 교훈은 우리의 믿음의 근거요 우리의 행위 규범이다.

〔9절〕 여호와께서 그 백성에게 구속(救贖)을 베푸시며 그 언약을 영원히 세우셨으니 그 이름이 거룩하고 지존하시도다(노라 נוֹרָא)[두려우시도다].

여호와께서는 자기의 백성 이스라엘에게 구속(救贖)을 베푸셨다(출 6:6-7). 구속(救贖)이란 값을 주고 산다는 개념이다. 그것은 죗값을 지불하고 그 형벌을 대신 받음으로 구원하는 것을 말한다. 사람들은 죄 때문에 죽음의 벌을 받아야 마땅하였지만, 하나님께서는 그의 크신 긍휼로 자기 백성을 죄와 죽음의 형벌로부터 건져주셨다.

또 하나님께서는 자기의 백성에게 언약을 영원히 세우셨다. 그의 언약은 영원하며 불변적이다. 그는 아브라함과 이삭과 야곱과 맺으신 언약을 지키셨고 또 예수 그리스도 안에서 그를 믿는 자들과 영원한 언약을 세우셨다. 주 예수 그리스도께서는 '더 좋은 언약의 중보'(히 8:6), '새 언약의 중보'(히 9:15; 12:24)이시며, 그가 십자가 위에서 흘리신 피는 영원한 언약의 피이다(히 13:20).

또 하나님께서는 거룩하시고 지존하시다. 하나님께서는 거룩하시고 두려우시다. 그러므로 그의 영원한 언약으로 큰 구원을 얻은 우리는 "경건함과 두려움으로 하나님을 기쁘시게" 섬겨야 한다(히 12:28).

〔10절〕 여호와를 경외함이 곧 지혜의 근본이라. 그 계명을 지키는 자는 다 좋은 지각이 있나니 여호와를 찬송함이 영원히 있으리로다.

여호와를 경외함이 곧 지혜의 근본이다(잠 9:10). '근본'이라는 원어(레쉬스 רֵאשִׁית)는 '근본' 혹은 '시작'(KJV, NASB, NIV)이라는 뜻이다. 하나님을 경외하며 그의 계명을 지키는 자는 다 좋은 지각이 있다. 하나님의 계명을 지키는 것이 의(義)이며 생명과 평안의 길이다. 그것이 참 지혜와 지식이다. 그렇지 않은 것이 어리석음이다.

시편 저자는 또 "여호와를 찬송함이 영원히 있으리로다"라고 말한다. 하나님께서 사람을 지으시고 구원하신 목적이 그를 찬송하게 하기 위함이다(사 43:21; 엡 1:4-6). 그러므로 성도들이 이 세상에서 할 중요한 한 일은 하나님을 찬송하는 것이며 우리는 천국에서도 하나님을 찬송할 것이다. 우리는 영원토록 하나님을 찬송하며 살 것이다.

시편 111편의 교훈을 정리해보자. 첫째로, 우리는 하나님을 찬양해야 한다. 우리는 정직한 자들의 회, 즉 참된 교회에서 하나님을 찬양해야 한다. 또 우리는 전심으로, 즉 마음을 다하여 하나님을 찬양해야 한다.

둘째로, 우리는 하나님의 크신 행사들을 알고 즐거워하며 그것들을 연구해야 한다. 하나님의 크신 행사들은 성경에 다 기록되어 있다. 그러므로 우리는 오늘날 성경책 읽기를 즐거워하고 성경말씀을 듣고 배우기를 힘쓰며 또 그것을 사모함으로 묵상하고 또 힘써 연구해야 한다.

하나님의 행사들은 크시고 존귀하시고 엄위하시며 의로우시다. 그가 천지만물을 창조하신 일들이 그러하고 그의 섭리 사역이 그러하고 특히 그가 우리를 죄와 죽음과 지옥 형벌로부터 구원하신 일이 그러하다.

하나님의 행사들은 또한 기이하시며 은혜로우시고 자비하시다. 그는 기이한 능력으로 자기 백성을 구원하셨고 그들에게 먹을 것을 주셨고 오직 그의 기이한 능력으로 열방을 기업으로 그들에게 주셨다. 또 그는 그들의 많은 부족과 허물을 용서하시고 그들을 구원하셨다.

우리는 온 세계가 하나님의 것이며 그의 주권 아래 있음을 깨달아야 한다. 우리는 모든 사람에게 하나님에 대해 열심히 전해야 한다. 영혼 구원은 사람으로는 불가능하지만, 성령의 능력으로는 가능하다.

하나님의 행사들은 또한 신실하시다. 하나님의 계명들과 교훈들은 다 확실하고 불변적이다. 하나님께서는 언약하신 바를 끝까지 지키시고 온 세상을 공의로 다스리시고 악한 자들을 공의로 징벌하신다.

셋째로, 하나님을 경외하고 그의 계명들을 지키는 자들에게 참 지혜와 지식이 있고 평안과 형통과 영생이 있고 그렇지 않은 자들은 어리석은 자들이다. 하나님을 알고 경외하는 것이 참 지혜와 지식의 시작이며 거기에 평안과 복과 영생이 있다. 우리는 오직 하나님을 경외하고 그의 계명들을 지키고 순종하여 정직하고 선하고 신실하게 살아야 한다.

112편: 올바르고 선한 자가 복됨

〔1-3절〕 할렐루야, 여호와를 경외하며 그 계명을 크게 즐거워하는 자는 복이 있도다. 그 후손이 땅에서 강성함이여, 정직자의 후대가 복이 있으리로다. 부요와 재물이 그 집에 있음이여, 그 의가 영원히 있으리로다.

여호와를 경외하며 그의 계명을 크게 즐거워하는 자는 복이 있다. 하나님의 계명은 하나님의 뜻의 표현이며 그의 권위와 명예가 달려 있다. 하나님을 알고 그를 경외하는 자는 그의 계명을 크게 즐거워할 것이다. 그런 사람은 성경 읽기를 좋아하고 성경 배우기를 좋아할 것이다. 복의 근원이신 하나님께서는 그를 기뻐하실 것이다.

그런 자의 후손은 땅에서 강성하며 정직한 자의 후대는 복이 있다. 부모와 자식은 연대 관계가 있다. 부모가 의로우면 자녀들이 영적으로 강건하고 육신적으로 건강하고 물질적으로 유여할 것이다. 그러나 부모가 악하면 자녀들이 화를 당할 것이다. 이런 사실은 이스라엘 역사에서 증명되었고 우리의 짧은 삶의 여정에서도 경험된다.

의인의 집에는 부요와 재물이 있고 그 의가 영원히 있다. 경건한 가정에 주시는 복은 영적인 부요가 첫째이지만, 하나님께서는 물질적 부요도 주신다. 성경은 하나님께서 이삭에게 복을 주셨으므로 그가 창대하고 왕성하여 부자가 되었고 양과 소는 떼를 이루었다고 기록한다(창 26:12-14). 신명기 28장에는 하나님의 말씀을 지키는 자들에게 토지 소산과 가축의 생산과 떡 반죽 그릇의 풍성한 복이 약속되어 있다(1-6절). 하나님을 경외하고 그의 계명을 지키는 자들은 대대로 복을 얻을 것이다. 그의 의와 하나님의 복은 영원할 것이다.

〔4-5절〕 정직한 자에게는 흑암 중에 빛이 일어나나니 그는 어질고 자비하고 의로운 자로다. 은혜를 베풀며 꾸이는[꾸어주는] **자는 잘 되나니**[선한 자는 은혜를 베풀며 꾸어주나니](KJV) **그 일을 공의로 하리로다.**

경건한 성도는 어떤 자인가? 그는 정직하고 의로운 자이다. 정직함은 하나님의 법에 맞게 바르게 행하는 것을 가리키며 의로움도 도덕적 표준에 맞는 것을 가리킨다. 우리는 정직하고 의로워야 한다. 또 경건한 성도는 어질고 자비하며 은혜와 선을 베풀고 구제하는 자이다. 하나님의 법은 우리가 마음과 영혼과 힘을 다하여 하나님을 사랑하고 이웃을 우리의 몸과 같이 사랑하라는 것이다. 그러므로 우리는 이웃에게 너그럽고 선하고 자비롭고 은혜를 베풀며 구제하는 자가 되어야 한다. 성도는 가난한 형제에 대해 손을 움켜쥐지 말고 손을 펴서 그의 필요를 따라 구제하고 꾸어주어야 한다(신 15:7-8).

이런 경건한 성도에게 하나님께서는 많은 은혜를 주신다. 정직한 자에게는 "흑암 중에 빛이 일어난다." 흑암은 고난과 환난을 가리킨다. 그것은 질병이나 경제적 궁핍, 혹은 전쟁이나 지진이나 홍수 등의 사회적 재난을 가리킬 것이다. 경건한 자에게도 고난은 있으나 구원과 회복이 있다. 그는 질병의 치료, 일용할 양식의 공급, 환경적 평안을 얻는다. 잠언 11:24-25, "흩어 구제하여도 더욱 부하게 되는 일이 있나니 과도히 아껴도 가난하게 될 뿐이니라. 구제를 좋아하는 자는 풍족하여질 것이요 남을 윤택하게 하는 자는 윤택하여지리라." 본문 5절 끝에 "그 일을 공의로 하리로다"라는 원문의 뜻은 재판할 때 그의 소송을 잘 유지한다는 뜻인 것 같다(BDB, NASB).

〔6-8절〕 저가 영영히 요동치 아니함이여. 의인은 영원히 기념하게 되리로다. 그는 흉한 소식을 두려워 아니함이여. 여호와를 의뢰하고 그 마음을 굳게 정하였도다. 그 마음이 견고하여 두려워 아니할 것이라. 그 대적의 받는 보응을 **필경 보리로다.**

경건한 성도도 고난 중에 잠시 요동할 수 있다. 다윗도 엘리야도 고난 중에 그러하였다. 그러나 성도는 하나님의 위로를 얻고 새 힘을 얻는다. 그는 믿음을 잃지 않고 소망을 잃지 않고 완전히 망하지 않는다. 마침내 그는 천국의 영광에 참여한다. 그는 이 세상에서 때때로 무시와 멸시와 비방을 받지만, 하나님께서는 그를 영원히 기억하시고 또 다른 성도들도 그를 기억할 것이다.

그는 흉한 소식을 두려워하지 않는다. '흉한 소식'이란 무서운 질병, 지진, 기근, 전쟁 등의 소식이다. 그는 여호와를 의뢰하고 그 마음을 굳게 정했고 그 마음이 견고하여 두려워하지 않을 것이다. 사람들은 환난 때에 두려워 떨지만, 성도는 하나님을 의지하기 때문에 두려워하지 않는다. 하나님 안에 우리의 보호함이 있다. 시편 91:1, 7, "지존자의 은밀한 곳에 거하는 자는 전능하신 자의 그늘 아래 거하리로다," "천인이 네 곁에서, 만인이 네 우편에서 엎드러지나 이 재앙이 네게 가까이 못하리로다." 또 하나님 안에 우리의 영생도 있다. 예수께서는 "내가 저희에게 영생을 주노니 영원히 멸망치 아니할 터이요 또 저희를 내 손에서 빼앗을 자가 없느니라"고 말씀하셨다(요 10:28). 하나님께서는 자기 백성을 보호하시고 구원하시며 대적자들을 벌하실 것이며 성도들은 그 대적이 보응 받는 것을 볼 것이다.

〔9-10절〕 저가 재물을 **흩어 빈궁한 자에게 주었으니 그 의가 영원히 있고 그 뿔이 영화로이 들리리로다. 악인은 이를 보고 한하여**[화를 내고] **이를 갈면서 소멸하리니 악인의 소욕은 멸망하리로다.**

하나님을 경외하고 그 계명을 즐거워하는 성도는 구제에도 힘쓴다. 그는 재물을 흩어 빈궁한 자에게 준다. 5절에서도, 그는 은혜를 베풀고 꾸어주는 자라고 말했다. 하나님의 뜻은 우리가 선을 행하는 것이며 구제가 그 대표적인 예이다. 구제는 하나님의 뜻이다. 그러나 우리는 구제할 때 성경의 교훈대로 넉넉히 하며 아끼는 마음으로 하지 말아야 한다(신 15:7-8, 10). 또 예수께서는 우리가 구제할 때 오른손이 하는 것을 왼손이 모르게 은밀히 하라고 말씀하셨다(마 6:3-4). 우리는 하나님의 뜻에 순종하여 구제하기를 힘써야 한다.

그런 성도의 의는 영원히 있다. 하나님의 계명을 지키는 것이 의이다. 구제하는 것은 의의 행위, 즉 의의 열매이다(고후 9:10). 구제를 힘쓰는 자는 그 의가 영원히 있을 것이다. 또 그의 뿔은 영화로이 들릴 것이다. 뿔은 힘을 상징한다. 즉 의인들은 쇠하거나 망하지 않고 힘있게, 영화롭게 번창할 것이라는 뜻이다.

악인은 의인의 형통함을 보고 화를 내고 이를 갈 것이다. '한한다'는 말은 화를 내고 마음이 상하여 고통스러워한다는 뜻이다. 악인은 자신을 반성함이 없다. 그는 끝까지 회개치 않고 오히려 의인을 미워하고 그를 향해 이를 간다. 그러나 악인은 소멸할 것이다. 그의 돈도, 그의 건강도, 그의 권세도 없어질 것이다. 그의 욕심도 멸망할 것이다. 악인은 의인이 망하기를 소원하였지만, 그의 소원이 이루어지지 않을 것이며, 자신이 이기기를 소원하였지만, 그 소원도 이루어지지 않을 것이다. 하나님께서는 악인의 소원을 다 폐하시고 오히려 그의 두려워하는 일이 그에게 임하게 하실 것이다.

시편 112편의 교훈을 정리해보자. 첫째로, 우리는 하나님을 경외하고 그의 계명들을 크게 즐거워해야 한다. 1절, "할렐루야, 여호와를 경외하며 그 계명을 크게 즐거워하는 자는 복이 있도다." 하나님을 경외하며 그의 계명들을 크게 즐거워하고 지키는 자가 정직한 자이며 의인이다.

둘째로, 우리는 자비와 선을 행해야 한다. 하나님의 뜻은 자비와 선을 행하는 것이다. 하나님의 계명의 내용은 바로 그것이다. 본 시편은 우리가 어질고 자비하며 은혜를 베풀고 꾸어주는 자가 되며 재물을 흩어 빈궁한 자에게 주라고 교훈한다. 하나님께서 우리를 구원하신 것은 우리로 선한 일에 열심하는 친 백성이 되게 하려 하심이다(딛 2:14).

셋째로, 이런 자들은 복되며 그들은 재앙을 두려워하지 않을 것이다. 하나님을 경외하고 그 계명을 즐거워하며 자비와 선을 행하는 이런 자들은 자신도 복되고 그 자손들도 복되다. 또 이런 자들은 재앙의 소식을 두려워하지 않고 크게 요동하지 않는다. 왜냐하면 하나님께서 그들을 지키시고 도우시고 구원하시며 원수들을 벌하실 것이기 때문이다.

113편: 영원히, 온 세상에서 하나님을 찬양함

〔1-4절〕 할렐루야, 여호와의 종들아, 찬양하라. 여호와의 이름을 찬양하라. 이제부터 영원까지 여호와의 이름을 찬송할지로다. 해 돋는 데서부터 해 지는 데까지 여호와의 이름이 찬양을 받으시리로다. 여호와는 모든 나라 위에 높으시며 그 영광은 하늘 위에 높으시도다.

본문은 "여호와의 종들아, 찬양하라. 여호와의 이름을 찬양하라"고 말한다. 하나님의 백성은 과거에 죄의 종이었으나 이제는 하나님께 순종하는 하나님의 종들이다. 그들은 영원자존(永遠自存)하신 하나님을 인정하고 높이고 찬양해야 한다. 시편 33:1, "너희 의인들아, 여호와를 즐거워하라. 찬송은 정직한 자의 마땅히 할 바로다."

본문은 "이제부터 영원까지 여호와의 이름을 찬송할지로다"라고 말한다. 우리는 이전에 하나님을 몰랐었고 죄악 중에 살며 하나님을 노엽게 하였었다. 우리는 하나님께 예배를 드릴 줄 몰랐고 찬송하며 기도할 줄도 몰랐다. 그러나 이제 우리는 죄악된 상태로부터 구원을 얻었고 하나님을 알았고 하나님께서 사람을 창조하신 것이 하나님께 찬송을 드리게 하려 하심이며(사 43:21) 하나님께서 우리를 구원하신 것도 그의 은혜를 찬송케 하려 하심임을 알았다(엡 1:6, 12, 14). 그러므로 우리는 창조주 하나님께 영광과 존귀와 능력을 돌려야 하며(계 5:13), 지옥 갈 죄인들을 그의 독생자 예수 그리스도의 피로 구원하신 구주 하나님께 영원히 찬송과 영광을 돌려야 한다.

본문은 "해 돋는 데서부터 해 지는 데까지 여호와의 이름이 찬양을 받으시리로다"라고 말한다. 하나님께서는 온 세상의 창조자이시며 섭리자이시다. 그는 온 세상의 하나님이시다. 그러므로 그는 동양에서도, 서양에서도 찬양을 받으셔야 할 자이시다. 본문은 또 "여호와는 모든 나라 위에 높으시며 그 영광은 하늘 위에 높으시도다"라고 말한다. 하나님께서는 세상의 모든 크고 작은 나라들 위에, 모든 존귀한 왕들 위에 높으시다. 그의 영광은 하늘 위에 높으시다.

〔5-9절〕 여호와 우리 하나님과 같은 자 누구리요? 높은 위에[곳에] **앉으셨으나 스스로 낮추사 천지를 살피시고 가난한 자를 진토**[티끌, 먼지]**에서 일으키시며 궁핍한 자를 거름 무더기에서 드셔서 방백들 곧 그 백성의 방백들과 함께 세우시며 또 잉태하지 못하던 여자로 집에 거하게 하사 자녀**[자녀들]**의 즐거운 어미가** 되게 하시는도다. **할렐루야.**

본문은 하나님의 크신 자비하심과 능력을 증거한다. 하나님께서는 하늘 높은 곳에 거하시지만, 자신을 낮추셔서 하늘과 땅의 일들을 보살피시며 다스리신다. 그는 온 우주의 왕이시다. 여호와 하나님 외에 온 우주를 보살피며 다스리는 다른 신이 없다.

특히 하나님께서는 가난한 자를 흙에서 일으키시며 궁핍한 자를 거름 무더기에서 드셔서 그 백성의 방백들과 함께 세우신다. 그는 주권적 섭리자이시다. 하나님을 경외하는 자들은 때때로 고난 가운데 처해 있었다. 야곱의 열한 번째 아들 요셉은 형들의 미움을 받아서 애굽에 종으로 팔려갔고 10여년의 긴 종살이와 감옥살이를 하였었다. 소년 다윗도 사울 왕의 미움을 받아 10여년 간이나 피신하며 다니는 고난의 긴 세월을 보냈었다. 그러나 후에 요셉은 애굽의 총리가 되었고 다윗은 이스라엘의 왕이 되었다. 이것은 다 하나님께서 하시지 않으면 할 수 없었던 주권적 섭리의 일들이었다.

사무엘상 2:6-8에 보면, 사무엘의 모친 한나는 성령의 감동 가운데 "여호와는 죽이기도 하시고 살리기도 하시며 음부[무덤]에 내리게도 하시고 올리기도 하시는도다. 여호와는 가난하게도 하시고 부하게도 하시며 낮추기도 하시고 높이기도 하시는도다. 가난한 자를 진토에서 일으키시며 빈핍한 자를 거름더미에서 드사 귀족들과 함께 앉게 하시며 영광의 위를 차지하게 하시는도다"라고 말하였다.

또 시편 본문은 하나님께서 잉태치 못하던 여자로 집에 거하게 하시고 자녀들의 즐거운 어머니가 되게 하신다고 말한다. 일반적으로 출산은 여자들에게 복된 특권인데 임신하지 못해 열등감과 수치감을 가졌을 여자가 하나님의 은혜로 자녀들을 얻고 즐거움으로 그들을 안는 자가 되었다. 한나가 그 예이다. 그는 본래 아이를 임신하지 못하고 지내다가 하나님께 간절히 기도했는데, 하나님께서 그에게 사무엘이라는 아들을 주셨고, 그가 하나님께 서원한 대로 그 아들을 하나님께 드렸을 때 하나님께서는 한나에게 복을 주셔서 사무엘 대신 세 아들과 두 딸을 더 주셨다(삼상 2:21).

고난은 성도에게 유익하다. 그것은 성도에게서 인격적 불순물을 제거하여 거룩한 인격을 만들고 또 겸손케 하고 하나님만 의지하게 한다(시 119:67, 71; 고후 1:9; 12:7). 하나님께서는 성도를 얼마 동안 고난 중에 두시지만, 마침내 그를 건지시고 그에게 좋은 것을 주신다. 그것은 하나님의 크신 자비와 능력을 증거한다.

시편 113편의 교훈을 정리해보자. 첫째로, 우리는 이제부터 영원까지 하나님을 찬양해야 한다. 우리가 하나님을 알지 못했을 때 그를 섬기거나 찬양하지 못했지만, 이제 하나님을 알고 구원을 얻었고 천국을 소망하는 자가 되었으므로 지금부터 영원까지 하나님을 찬양해야 한다.

둘째로, 해 돋는 데서부터 해 지는 데까지 온 세상은 하나님을 찬양해야 한다. 동양이나 서양이나, 산 위나 골짜기나, 도시나 농촌, 어촌, 섬 같은 시골이나, 온 세상은 창조자와 구주 하나님을 찬양해야 한다.

셋째로, 우리가 하나님을 찬양해야 할 이유는 특히 하나님의 주권적 은혜 때문이다. 하나님께서는 가난한 자를 일으키시고 방백들과 함께 세우시며 잉태치 못하는 여자로 자녀들의 어머니가 되게 하신다. 요셉과 다윗과 한나의 예는 하나님의 은혜를 증거한다. 하나님께서는 세상에서 보잘것없는 우리를 구원하여 하나님의 가족과 존귀한 성도, 왕 같은 제사장과 직분자가 되게 하셨다(마 12:50; 막 10:29-30; 벧전 2:9).

114편: 출애굽 시대

〔1-2절〕 이스라엘이 애굽에서 나오며 야곱의 집이 방언 다른 민족에게서 나올 때에 유다는 여호와의 성소가 되고 이스라엘은 그의 영토가 되었도다.

본 시편은 출애굽 시대에 대해 말한다. 야곱과 그의 자손들 66명은 가나안 땅의 기근으로 인하여 애굽의 고센 땅에 내려가 요셉의 보호와 배려 아래 거주한 지 430년이 마칠 때 애굽에서 나왔다(출 12:40). 그들이 모세의 인도로 애굽에서 나올 때에, 유아 외에 20세 이상의 보행하는 남자들이 60만명 가량이었다. 여자들과 아이들을 합하면 200만명은 넘었을 것이다. 하나님께서는 이스라엘 백성을 하나님의 성소와 영토와 같이 특별한 소유로 삼으셨고 그들과 함께하셨고 그들을 보호하셨고 인도하셨고 그들의 필요를 공급하셨고 능력의 손으로 그들을 도우셨고 그들을 위로하셨다(출 15:13, 16-17).

〔3-7절〕 바다는 이를 보고 도망하며 요단은 물러갔으며 산들은 수양[숫양]**같이 뛰놀며 작은 산들은 어린양같이** 뛰었**도다. 바다야, 네가 도망함은 어찜이며 요단아, 네가 물러감은 어찜인고. 너희 산들아, 수양**[숫양]**같이 뛰놀며 작은 산들아, 어린양같이** 뛰놂은 어찜**인고. 땅이여, 너는 주 앞 곧 야곱의 하나님 앞에서 떨지어다.**

이스라엘 백성의 출애굽 때에 홍해는 그들의 행진에 처음 만난 큰 장애물이었다. 애굽 왕 바로와 그 신하들은 특별 병거 600승과 모든 병거를 이끌고 이스라엘 백성을 뒤쫓았다. 바로의 병거들이 가까워 올 때 이스라엘 자손은 심히 두려워 하나님께 부르짖었다. 그때 여호와께서는 모세에게 이스라엘 백성을 명하여 앞으로 나가게 하시고 그 지팡이를 들고 손을 바다 위로 내밀어 그것으로 갈라지게 하셨다. 하나님께서는 큰 동풍으로 밤새도록 바닷물을 물러가게 하셨고 물은 갈라져 바다가 마른 땅이 되었다. 그들은 바다 가운데 육지로 행하고 물은 그들의 좌우에 벽이 되었다. 바로의 말들과 병거들은 그들을 뒤쫓아 바다 가운데로 들어왔으나 하나님의 사자가 옮겨 그 뒤로 행하며 구름 기둥도 앞에서 그 뒤로 옮겨졌다. 애굽 진에는 구름과 흑암이 있었고 이스라엘 진에는 밤이 밝아 밤새도록 저편이 이편에 가까이 못했다. 여호와께서는 애굽 군대를 어지럽게 하시며 그 병거 바퀴를 벗겨서 달리기에 극히 어렵게 하셨고 모세가 곧 손을 바다 위로 내밀자 바다가 그 세력을 회복하였고 바로의 군대를 다 덮고 하나도 남기지 않고 죽게 했다. 그러나 이스라엘 자손은 바다 가운데를 육지처럼 행하였다(출 14:5-29). 하나님께서는 그의 능력으로 홍해라는 장애물을 이렇게 극복케 하셨다.

이스라엘 백성이 광야에서 40년간 하나님의 징벌을 받고 하나님의 은혜로 요단강 동쪽의 땅을 점령한 후, 마지막으로 도착한 곳은 요단강이었다. 그들이 하나님께서 약속하신 가나안 땅을 정복하기 위해서는 그 강을 건너야 했다. 그때 하나님께서는 제사장들이 언약궤를 메고 백성 앞에서 요단강 안으로 들어가게 하셨다. 언약궤를 멘 제사장들의 발이 요단강 물가에 잠기자, 위에서부터 흘러내리던 물은 그쳐서 심히 먼 곳에서 일어나 쌓이고 흘러가는 물은 온전히 끊어졌고 온 이스라엘 백성은 마른 땅으로 행하여 요단을 건넜다(수 3:14-17). 이처럼 요단강이라는 장애물도 하나님의 능력으로 극복되었다.

또 여호와께서 시내산에 강림하셨을 때 산들은 어린양처럼 그 앞에서 크게 진동하며 떨었었다. 우뢰와 번개와 빽빽한 구름이 산 위에 있었고 나팔 소리가 심히 컸고 시내산에 연기가 자욱하였고 여호와께서 불 가운데서 거기 강림하셨었다. 그 연기는 옹기점 연기같이 떠오르고 온 산은 크게 진동하였으며 나팔 소리가 점점 커질 때에 모세가 말한즉 하나님께서 음성으로 대답하셨었다(출 19:16-20).

〔8절〕 저가 반석을 변하여 못이 되게 하시며 차돌로 샘물이 되게 하셨도다.

이스라엘 회중이 르비딤에서 마실 물이 없어 모세에게 불평할 때에 여호와께서는 모세에게 지팡이를 잡고 호렙산 반석을 치게 하셨다. 그 반석에서 물이 나서 이스라엘 백성이 마셨다(출 17:1-7). 또 그들이 가데스에서도 물이 없어 모세와 아론을 공박했을 때, 여호와께서는 모세에게 지팡이를 가지고 백성의 목전에서 반석에게 명하여 물을 내라고 하셨으나, 모세는 회중을 향해 노하여 그 지팡이로 반석을 두 번 쳤다. 물이 많이 솟아나와 온 회중과 그들의 짐승이 다 마셨으나, 모세는 하나님의 명대로 하지 않아 그 일이 죄가 되었고 그 일 때문에 그는 그리던 가나안 땅에 들어가지 못하였다(민 20:2-11).

시편 114편의 교훈을 정리해보자. 첫째로, 하나님께서는 이스라엘을 그의 성소와 영토, 즉 그의 특별한 소유로 삼으셨다. 예수 그리스도를 믿는 우리는 하나님의 자녀의 특권을 얻었고(요 1:12) 하나님의 가족이 되었다(엡 2:19). 우리는 하나님의 택하신 족속이며 왕 같은 제사장들이며 거룩한 나라요 하나님의 소유된 백성이 되었다(벧전 2:9). 우리는 이 사실이 세상에서 가장 큰복임을 알고 하나님께 감사해야 한다.

둘째로, 하나님께서는 이스라엘 백성 앞에 놓인 홍해와 요단강이라는 장애물들을 극복케 하셨다. 그는 우리 앞에 놓인 장애물들도 제거해 주시고 능력으로 이기게 하신다. 그는 우리가 감당치 못할 시험을 허락지 않으시고 시험 당할 즈음에 또한 피할 길을 주신다(고전 10:13). 자기의 아들을 아끼지 않으시고 우리 모든 사람을 위해 내어주신 하나님께서는 그 아들 안에서 모든 것을 우리에게 은사로 주실 것이다(롬 8:32).

셋째로, 하나님께서는 이스라엘 자손들에게 마실 물을 주셨다. 그는 반석에서 물이 나오게 하셨다. 그는 이스라엘 백성에게 율법과 규례들을 주셨고 광야에서 만나와 메추라기를 주셨고 반석에서 나오는 물을 주셨다. 그는 우리에게도 영의 양식인 성경말씀과 육의 양식인 먹을 것과 입을 것을 공급해 주시고 거처할 곳을 주실 것이다(마 6:33; 빌 4:19).

115편: 우리를 도우시는 하나님을 의지함

〔1절〕 여호와여, 영광을 우리에게 돌리지 마옵소서. 우리에게 돌리지 마옵소서. 오직 주의 인자하심과 진실하심을 인하여 주의 이름에 돌리소서.

우리는 먹든지 마시든지, 살든지 죽든지 하나님의 영광을 위해야 한다(고전 10:31; 롬 14:7-8). 하나님께서 영광을 받으셔야 할 이유는 특히 그의 인자하심과 신실하심 때문이다. 그는 그의 은혜로 택하신 백성을 결코 버리지 않으시고 그의 언약을 끝까지 지키신다.

〔2-3절〕 어찌하여 열방으로 저희 하나님이 이제 어디 있느냐 말하게 하리이까? 오직 우리 하나님은 하늘에 계셔서 원하시는 모든 것을 행하셨나이다.

시편 저자는 하나님의 살아계심을 부정하는 이방인들의 말을 참을 수 없었다. 유다 왕 히스기야는 살아계신 하나님을 훼방한 앗수르 왕으로 인해 성전에 나아가 부르짖었던 믿음이 있었다(사 37:17). 하나님께서는 원하시는 모든 것들을 행하신 살아계신 주권적 섭리자이시다. 시편 135:6도, "여호와께서 무릇 기뻐하시는 일을 천지와 바다와 모든 깊은 데서 다 행하셨도다"라고 말하였다.

〔4-8절〕 저희 우상은 은과 금이요 사람의 수공물이라. 입이 있어도 말하지 못하며 눈이 있어도 보지 못하며 귀가 있어도 듣지 못하며 코가 있어도 맡지 못하며 손이 있어도 만지지 못하며 발이 있어도 걷지 못하며 목구멍으로 소리도 못하느니라. 우상을 만드는 자와 그것을 의지하는 자가 다 그와 같으리로다.

이방인의 우상은 금이나 은, 나무나 돌이며 다 사람이 손으로 만든 것이며 신이 아니다. 그것은 생명이 없어 말하지 못하며 보지 못하며 듣지 못하며 냄새를 맡지 못하며 손으로 만지지 못하며 발로 걷지 못하며 목구멍으로 소리를 내지도 못한다. 또 그것은 아무 힘이 없다. 그것은 사람을 도울 수 없고 그의 삶 속에 무슨 일을 행할 수 없다.

물론, 악한 영들이 있고 마술사나 무당이 그들과 교통하며 신비한 일을 행하기도 한다. 애굽 왕 바로의 술객들도 그 술법으로 약간의 기적을 행했었다. 그러나 그들의 능력은 제한적이었고 그들은 도덕성이 없었다. 악한 천사들은 악하고 거짓되고 불결하다. 하나님께서는 살아계시며 역사하시는 영이시다(렘 10:10; 요 4:24). 그는 모든 것을 판단하시고 말씀하시고 능력으로 활동하신다. 그는 우리를 도우실 수 있다. 하나님 외에 참 신이 없고 참으로 우리를 도울 자가 없다. 우상을 만드는 자와 그것을 의지하는 자는 그 우상에게서 아무 도움을 얻지 못한다. 그것은 생명 없는 물체에 불과하기 때문이다.

〔9-11절〕 이스라엘아, 여호와를 의지하라. 그는 너희 도움이시요 너희 방패시로다. 아론의 집이여, 여호와를 의지하라. 그는 너희 도움이시요 너희 방패시로다. 여호와를 경외하는 너희는 여호와를 의지하라. 그는 너희 도움이시요 너희 방패시로다.

이스라엘 백성은 야곱의 자손들이다. 또 하나님을 경외하는 자들은 모든 성도를 가리킨다. 여호와께서는 참 하나님이시다. 그는 은과 금과 나무와 돌로 만든, 생명 없고 사람에게 아무 도움을 줄 수 없는 우상들과 다르다. 여호와는 '스스로 계신 자'이시다. 그는 살아계신 하나님이시며 모든 생명의 원천이시며 그에게 영생이 있다.

특히 그는 살아 역사하시는 하나님이시며 우리의 도움과 방패가 되신다(세 번 반복해 강조함). 그는 우리에게 일용할 양식과 건강, 죄 사함과 의, 평안과 힘과 위로를 주신다. 또 그는 우리를 우리의 원수들인 마귀와 악한 자들과 세상의 죄악된 풍조로부터 지켜주신다.

시편 저자는 이제 하나님을 경외하는 모든 성도들에게 "여호와를 의지하라"고 세 번 반복해 강조한다. 믿음은 하나님을 믿는 것, 즉 그의 긍휼과 능력을 믿는 것이다. 물론, 믿음은 마음의 순종이다. 참으로 믿는 자는 하나님의 계명대로 의와 선을 행할 것이다(갈 5:6).

〔12-15절〕 여호와께서 우리를 생각하사 복을 주시되 이스라엘 집에도 복

을 주시고 아론의 집에도 복을 주시며 대소 무론하고 여호와를 경외하는 자에게 복을 주시리로다. 여호와께서 너희 곧 너희와 또 너희 자손을 더욱 번창케 하시기를 원하노라. 너희는 천지를 지으신 여호와께 복을 받는 자로다.

'천지를 지으신 여호와'께서는 전능하신 하나님이시며 만복의 근원이시다. 인생에게 복을 주실 수 있는 분은 오직 하나님뿐이시다. 여호와께서는 우리를 기억하시며 생각하신다. 그는 노아와 방주에 있는 자들을 생각하셔서 바람으로 땅 위에 불게 하셔서 물이 감하게 하셨고(창 8:1), 라헬을 생각하셔서 잉태하게 하셨다(창 30:22). 그는 모든 성도에게 복을 주신다. 그는 남녀노소의 모든 신자들에게 복을 주신다. 여호와께서는 성도들과 그 자손들을 번창케 하신다. 그는 성도들에게 믿음의 성장, 인격의 성화와 성숙, 육신의 건강, 물질적 여유를 주신다. 자녀의 수의 증가도 하나님의 복이다. 그는 아브라함과 이삭을 영육으로 복 주시고 번창케 하셨다(창 22:17; 26:12-14).

〔16절〕 하늘은 여호와의 하늘이라도 땅은 인생에게 주셨도다.

하늘은 여호와의 하늘이다. 하늘은 별들이 있는 우주 공간 전체를 가리킨다. 아홉 개의 행성들이 해를 중심으로 돌고 있다. 지구도 그 중의 하나이다. 이것을 태양계라고 하는데 이 태양계는 거대한 우주 공간이다. 1000억개 이상의 별들이 모여 한 무리를 이루는데 이것을 은하수라고 부른다. 그 직경은 약 10만 광년이라고 한다. 1광년은 빛이 1년 동안 가는 거리를 말하는데 약 9조 킬로미터이다. 그러면 10만 광년은 얼마나 먼 거리인가? 그런데 우주에는 이런 은하수가 약 1000억개가 있다고 한다. 우주는 참으로 거대하다. 사람은 수천 년을 지나면서 겨우 달이나, 화성과 목성 같은 행성에 우주 탐사 로켓을 쏘아 올렸다. 하늘은 여전히 하나님께 속한 신비의 세계이다.

그러나 땅은 인생에게 주셨다. 사람은 땅을 관리할 권한을 하나님께 받았다. 사람은 논과 밭을 가꾸어 곡식과 채소와 과일을 수확한다. 사람은 바다에서 물고기를 잡고 산에서는 금은동철을 캐낸다. 땅은 사람들이 집을 짓고 일하며 사는 터전이다. 하나님께서는 사람들로 땅에서 복을 누리게 하셨다. 우리의 복은 천국이지만, 우리는 땅에서도 하나님의 복 없이 살 수 없고 하나님의 복을 구하며 받으며 산다. 하나님께서는 이스라엘 백성이 그의 명령을 행하면 그가 주신 땅에서 복을 누릴 것을 거듭 말씀하셨다(신 5:32-33; 11:8-9; 28:8-12).

〔17-18절〕 죽은 자가 여호와를 찬양하지 못하나니 적막한 데 내려가는 아무도 못하리로다. 우리는 이제부터 영원까지 여호와를 송축하리로다. 할렐루야.

죽은 자는 하나님을 찬양하지 못한다. 공동묘지는 조용하다. 거기에서는 하나님을 찬양하는 소리를 들을 수 없다. 영적으로 죽은 자들, 즉 거듭나지 못한 자들도 참된 찬양을 하나님께 올리지 못한다. 거듭난 자들만 하나님께 참된 찬양을 올릴 수 있고 영원히 하나님을 찬양할 것이다. 우리는 천국에서도 영원토록 하나님을 찬양할 것이다.

시편 115편의 교훈을 정리해보자. 첫째로, 우리는 무슨 일에서든지 우리 자신이 영광과 칭찬을 받지 말고, 특히 하나님의 인자하심과 신실하심 때문에 오직 하나님께만 영광과 찬송을 돌려야 한다.

둘째로, 여호와께서만 살아계신 참 하나님이시며 주권적 섭리자이시다(렘 10:10). 이방인들의 신들은 사람의 수공물이며 생명이 없는 헛된 것들이지만, 여호와 하나님께서는 천지만물을 창조하신 자이시며 지금도 살아계시며 하늘에 계셔서 원하시는 모든 것을 행하시는 자이시다.

셋째로, 우리는 하나님만 경외하고 의지해야 한다. 그러면 하나님께서는 환난 많은 세상에서 우리의 도움이 되시고 우리를 해치려는 악한 원수들의 공격으로부터 우리를 지키시는 방패가 되실 것이다(9-11절).

넷째로, 하나님을 경외하고 의지하는 자는 복을 얻을 것이다(12-15절). 하나님께서는 만복의 근원이시다. 그러므로 그를 경외하고 의지하며 그의 뜻대로 사는 사람들은 그가 주신 땅에서 복을 받을 것이다.

116편: 기도를 들으시는 하나님을 사랑함

[1-2절] 여호와께서 내 음성과 내 간구를 들으시므로 내가 저를 사랑하는도다. 그 귀를 내게 기울이셨으므로 내가 평생에 기도하리로다.

시편 저자는 하나님께서 살아계셔서 고난 중에 그의 음성과 간구를 들으셨기 때문에 하나님을 사랑한다고 고백한다. 하나님께서 우리의 기도를 들어주지 않으신다 해도 우리는 그를 경외하고 사랑하며 섬겨야 할 것이다. 왜냐하면 하나님께서는 천지만물을 창조하셨고 섭리하시는 자이시기 때문이다. 그러나 그가 우리의 기도를 들어주시니 우리는 하나님을 더욱 사랑하며 평생 기도할 것이다.

[3-4절] 사망의 줄[혹은 '고통'(KJV)]**이 나를 두르고 음부의 고통이 내게 미치므로 내가 환난과 슬픔을 만났을 때에 내가 여호와의 이름으로 기도하기를 여호와여, 주께 구하오니 내 영혼을 건지소서 하였도다.**

시편 저자는 환난과 슬픔을 만났을 때, 사망의 고통이 닥쳤을 때 하나님께 구원을 간구했고 하나님의 응답을 받았다. 하나님께서는 그의 기도를 들어주셨다. 기도는 하나님을 믿는 자의 당연한 행위이다. 하나님을 믿는 자는 어려운 일을 만날 때 그에게 기도할 것이지만, 하나님을 모르거나 믿지 않는 자는 그에게 기도하지 않을 것이다. 실상, 기도는 성도의 특권이다. 성도는 이 세상 사는 동안 어려운 일을 만날 때마다 기도로 하나님의 도움을 받는다. 성도는 기도로 하나님과 동행하며 그의 도우심 속에서 이 세상을 사는 자이다.

[5절] 여호와는 은혜로우시며 의로우시며 우리 하나님은 자비하시도다.

하나님께서는 인격적이시고 도덕적이시다. 그는 죄를 미워하시고 노하시지만, 회개하는 자를 긍휼히 여기시고 그의 죄를 용서하시며 자비를 베푸신다. 하나님께서 우리의 기도를 들으시는 것은 바로 그의 이런 성품, 특히 그의 은혜로우시고 자비하심에 근거한 것이다.

〔6절〕 여호와께서는 어리석은 자를 보존하시나니 내가 낮게 될 때에 나를 구원하셨도다.

'어리석은 자'라는 원어(페사임 פְּתָאִים)는 일차적으로 '단순한 자, 순진한 자'라는 뜻이다(KJV, NASB, NIV). 단순한 자는 악의 유혹에도 쉽게 빠지며 그래서 어리석은 자가 되기도 한다. 그러나 하나님께서는 이런 단순하고 순진한 자를 지키신다. 시편 저자는 자신이 고난 중에서 비천해졌을 때 하나님께서 그를 구원하셨다고 말한다.

〔7-8절〕 내 영혼아, 네 평안함에 돌아갈지어다. 여호와께서 너를 후대하심이로다. 주께서 내 영혼을 사망에서, 내 눈을 눈물에서, 내 발을 넘어짐에서 건지셨나이다.

시편 저자는 고난 중에 평안을 잠시 잃었지만, 다시 평안을 회복했다. 하나님께서 그를 후대하시고 그 영혼을 사망에서, 그 눈을 눈물에서, 그 발을 넘어짐에서 건지셨다. 평안은 하나님께서 구원 얻은 성도들에게 주시는 복이다. 예수께서는 제자들에게 평안하라고 말씀하셨다(요 14:27; 20:21). 사도들은 서신들에서 구원 얻은 성도들에게 항상 평안을 기원하였다(롬 1:7; 고전 1:2; 벧전 1:2; 벧후 1:2).

〔9-11절〕 내가 생존 세계[산 자들의 땅]**에서 여호와 앞에 행하리로다. 내가 믿는**[믿음] **고로 말하리라. 내가 큰 곤란을 당하였도다. 내가 경겁 중에**[놀란 중에] **이르기를 모든 사람은 거짓말장이**[거짓말쟁이]**라 하였도다.**

시편 저자는 죽음의 고비를 넘긴 후 이제 살아 있는 동안 하나님 앞에서 살아가겠다고 결심한다. 하나님 앞에서 행하는 것이 곧 경건이다. 그것이 말씀과 기도의 생활이며 회개와 순종의 생활이다. 그는 하나님의 크신 은혜와 구원을 체험했으므로 이런 결심을 한 것이다. 그는 하나님을 믿었고 믿고 있기 때문에 하나님의 은혜를 증거한다. 그가 큰 곤란을 당했고 놀란 중에 모든 사람이 거짓말쟁이라고 말했었으나, 하나님께서는 그를 그 고난에서 건져주셨다.

〔12-14절〕 여호와께서 내게 주신 모든 은혜를 무엇으로 보답할꼬? 내

가 구원의 잔을 들고 여호와의 이름을 부르며 여호와의 모든 백성 앞에서 나의 서원을 여호와께 갚으리로다.

인생이 하나님의 은혜에 보답한다고 하여도 그것이 하나님의 은혜에 비교할 만한 일이 될 수 없지만, 우리는 하나님의 은혜에 억만 분의 일이라도 보답하는 자가 되어야 한다. 시편 저자는 그가 체험한 구원의 보답으로 하나님의 이름을 부르며 감사하고 찬송하며 영광을 돌린다. 또 그는 하나님의 백성 앞에서 그의 서원을 하나님께 갚겠다고 말한다. 그 서원은 환난 날에 그가 한 약속과 결심이었다.

〔15절〕 성도의 죽는 것을 여호와께서 귀중히 보시는도다[성도들의 죽음은 여호와 앞에서 귀하도다].

시편 저자는 죽음의 위기에서 구원을 얻었었다. 그는 지금 죽음의 의미와 가치를 깨달았고 죽음을 겁내지 않고 있다. 성도들의 죽음은 짐승의 죽음과 다르다. 성도 한 사람, 한 사람의 죽음은 하나님 앞에서 귀하다. 그것은 결코 슬프거나 허무한 사건이 아니다. 죽음은 사람의 생의 완성이며 결산이며 열매이다. 성도들은 믿음의 선한 싸움을 싸우고 자신의 달려갈 길을 다 간 후에 죽음을 맞는다(딤후 4:7). 이 세상 사는 동안 그들이 행한 선행은 좋은 상을 받을 것이다(계 14:13). 뿐만 아니라, 성도들의 죽음은 특히 그들의 영혼이 천국으로 이동하는 사건이다. 죽음의 순간이 고통스러울지라도 조금 참으면, 그들은 천국에서 깰 것이며, 천사들은 그들의 입성(入城)을 환영할 것이다.

〔16절〕 여호와여, 나는 진실로 주의 종이요 주의 여종의 아들 곧 주의 종이라. 주께서 나의 결박을 푸셨나이다.

시편 저자는 자신이 참으로 하나님의 종이며 그의 모친도 하나님의 종이었고 그의 아들인 자신도 그러하다고 고백한다. 그것은 그가 하나님께 순종할 것을 공언한 것이다. 그것은 하나님께서 그의 결박을 푸셨기 때문이었다. 하나님께서는 우리의 죄의 결박, 불행의 결박, 사망의 결박을 풀어주셨고 우리에게 죄사함과 의, 평안과 기쁨, 영생을 주셨다. 그것이 하나님께서 죄인들에게 주신 구원이다. 우리는 이 큰 구원을 얻었기 때문에(히 2:3) 이제는 죄에게 지지 말고 살아계시고 참되신 하나님, 창조주, 섭리자 하나님께 순종해야 한다.

〔17-19절〕 내가 주께 감사제를 드리고 여호와의 이름을 부르리이다. 내가 여호와의 모든 백성 앞에서 나의 서원을 여호와께 갚을지라. 예루살렘아, 네 가운데서, 여호와의 전 정(庭)[뜰]에서 내가 갚으리로다. 할렐루야.

시편 저자는 또 하나님께 감사의 제사를 드리고 여호와의 이름을 부르겠다고 말한다. 또 그는 여호와의 모든 백성 앞에서, 예루살렘의 성전 뜰에서 그의 서원을 하나님께 갚겠다고 말한다. 하나님의 구원의 은혜를 받은 자들마다 하나님 앞에서 또 하나님의 백성 가운데서 하나님께 감사하며 그에게 한 서원을 갚아야 할 것이다.

시편 116편의 교훈을 정리해보자. 첫째로, 우리는 환난 많은 세상에서 하나님의 은혜만 의지하고 사모하며 기도해야 한다. 세상에는 사망의 고통이 있고 환난과 슬픔이 있다. 또 성도들은 순진해서 세상 사는 동안 실수하고 실족하기 쉽다. 그러나 우리가 하나님을 경외하고 믿음으로 하나님께 기도하면 하나님께서는 우리를 지켜주시고 건져주실 것이다. 그러므로 우리는 고난 중에도 하나님만 의지하며 기도해야 한다.

둘째로, 하나님의 구원을 체험한 자마다 하나님을 사랑하고 평생에 기도하며 하나님께 감사하고 찬송하며 또 하나님께 서원한 바를 갚아야 한다. 우리는 하나님의 은혜에 보답하는 자답게 하나님 앞에서 말씀과 기도로 경건하게 살고 하나님을 사랑해야 하고 그의 계명과 법도를 순종하여 바르게만 살아야 하고 죽기까지 하나님 앞에 충성해야 한다.

셋째로, 성도들의 죽음은 하나님 앞에서 귀하고 복되다. 하나님께서 우리에게 약속하신 가장 큰복은 영생과 천국이다. 이 세상은 고난이 많고 죽음은 그 고난의 절정처럼 보이지만, 그러나 죽음 너머에 천국이 예비되어 있다. 성도는 죽는 즉시 하나님의 품에 안기며 천국에서 깬다.

117편: 모든 나라들아, 하나님을 찬양하라

〔1절〕 너희 모든 나라들아, 여호와를 찬양하며 너희 모든 백성들아, 저를 칭송할지어다.

하나님을 찬송하는 것은 하나님께서 사람을 창조하신 목적이다. 하나님께서는 이사야를 통해 "이 백성은 내가 나를 위하여 지었나니 나의 찬송을 부르게 하려 함이니라"고 말씀하셨다(사 43:21). 사람이 창조주 하나님을 찬송하지 않고 피조물인 사람이나 헛된 세상 것들을 자랑하거나 칭송하는 것은 하나님께서 사람을 창조하신 목적에 반대되며 하나님을 불쾌하시게 하고 노여우시게 하는 것이다.

하나님께서 우리를 구원하신 목적도 하나님을 찬송하게 하시기 위함이다. 사람이 하나님의 뜻을 거역하여 죄 가운데 떨어졌고 하나님께 합당한 영광을 돌리지 않고 도리어 악을 행하므로, 하나님께서는 죄악된 세상을 심판하실 수밖에 없었으나, 그는 긍휼과 은혜로 인류 전체 중 얼마를 구원하시기로 택하시고 작정하셨고 아들 예수 그리스도의 십자가 대속(代贖) 사역으로 그들을 구원하여 영생에 이르게 하셨다. 그들은 하나님께서 만세 전에 예정하셨고 구주 예수 그리스도의 죽으심으로 대속하셨고 성령께서 중생(重生)시키시고 그들 안에 거하신 자들이다. 삼위일체 되신 하나님께서는 그가 구원하신 자들을 통해 영광과 찬송을 받으시기를 원하신다(엡 1:6, 12, 14).

예수 그리스도의 피로 구속(救贖)받은 성도들은 하나님을 찬송해야 한다. 그러므로 사도 바울은 "시와 찬미와 신령한 노래들로 서로 화답하며 너희의 마음으로 주께 노래하며 찬송하라"고 교훈하였고(엡 5:19), 또 "그리스도의 말씀이 너희 속에 풍성히 거하여 모든 지혜로 피차 가르치며 권면하고 시와 찬미와 신령한 노래를 부르며 마음에 감사함으로 하나님을 찬양하라"고 하였다(골 3:16). 또 히브리서

13:15는 "이러므로 우리가 예수로 말미암아 항상 찬미의 제사를 하나님께 드리자. 이는 그 이름을 증거하는 입술의 열매니라"고 말했다.

본문은 모든 나라들과 모든 백성들이 하나님을 찬양하라고 말한다. 모든 나라들과 모든 백성들은 이스라엘 국가와 민족의 경계를 넘어서 온 세계를 가리키는 말이다. 이 말씀은 세계복음화의 전망을 보여준다. 구약성경의 여러 구절들도 세계복음화에 대한 하나님의 뜻을 계시한다. 시편 67:2-3, 7, "주의 도를 땅 위에, 주의 구원을 만방 중에 알리소서. 하나님이여, 민족들로 주를 찬송케 하시며 모든 민족으로 주를 찬송케 하소서," "하나님이 우리에게 복을 주시리니 땅의 모든 끝이 하나님을 경외하리로다." 이사야 11:9, "이는 물이 바다를 덮음같이 여호와를 아는 지식이 세상에 충만할 것임이니라." 이사야 45:22, "땅끝의 모든 백성아, 나를 앙망하라. 그리하면 구원을 얻으리라. 나는 하나님이라. 다른 이가 없음이니라." 하박국 2:14, "물이 바다를 덮음같이 여호와의 영광을 인정하는 것이 세상에 가득하리라."

이 하나님의 뜻은 신약시대에 예수 그리스도로 말미암아 이루어졌다. 예수 그리스도께서는 "너희는 가서 모든 족속으로 제자를 삼아 아버지와 아들과 성령의 이름으로 세례를 주라"(마 28:19), "너희는 온 천하에 다니며 만민에게 복음을 전파하라"(막 16:15), "그의 이름으로 죄사함을 얻게 하는 회개가 예루살렘으로부터 시작하여 모든 족속에게 전파될 것이 기록되었다"(눅 24:47)고 말씀하셨고, 또 "성령이 너희에게 임하시면 너희가 권능을 받고 예루살렘과 온 유대와 사마리아와 땅끝까지 이르러 내 증인이 되리라"(행 1:8)고 말씀하셨다. 사도 요한은 각 나라와 족속과 백성과 방언에서 아무라도 능히 셀 수 없는 큰 무리가 흰옷을 입고 손에 종려 가지를 들고 보좌 앞과 어린양 앞에 서서 큰 소리로 "구원하심이 보좌에 앉으신 우리 하나님과 어린양에게 있도다"라고 찬송하는 광경을 보았다(계 7:9-10).

〔2절〕 [이는] **우리에게 향하신 여호와의 인자하심이 크고 진실하심**[신실하심]**이 영원함이로다. 할렐루야.**

우리가 하나님을 찬송해야 할 이유는 우리에게 향하신 그의 인자하심이 크고 신실하심이 영원하기 때문이다. 하나님의 인자하심이란 우리의 죄를 용서하시고 사망과 불행과 지옥 형벌에서 건져주심을 말한다. 죄의 형벌은 죽음이지만, 하나님께서는 에덴 동산에서부터 짐승의 피를 흘려 가죽옷을 지어 입히시므로 중보자의 피의 속죄를 암시하셨다. 창세 이후로 죽임을 당한 어린양의 피로 구속(救贖)받은 자들은 죄사함과 의롭다 하심의 구원을 얻었다. 그것은 중보자 예수 그리스도의 십자가 대속 사역으로 말미암은 것이다.

또 하나님의 신실하심이란 그의 인자하심이 변함 없음을 가리킨다. 하나님께서는 자기 백성을 결코 버리지 아니하신다. 하나님의 은사와 부르심에는 후회하심이 없으시다(롬 11:29). 디모데후서 2:13, "우리는 미쁨이 없을지라도 주는 일향 미쁘시니 자기를 부인하실 수 없으시리라." 예수 그리스도께서는 어제나 오늘이나 영원토록 동일하시다(히 13:8). 그의 사랑은 진실하시고 신실하시고 영원하시다.

시편 117편의 교훈을 정리해보자. 첫째로, 우리는 창조자와 구원자이신 하나님을 찬송해야 한다. 온 세상과 인류를 창조하신 하나님과 우리를 죄와 사망과 지옥 형벌로부터 구원해주신 하나님과 그의 아들 예수 그리스도께서는 우리에게 찬송과 영광을 받으시기에 합당하시다.

둘째로, 하나님께서 우리를 구원하심은 그의 전적인 긍휼과 은혜와 그의 아들 예수 그리스도의 십자가 대속 사역으로 이루어졌다. 하나님께서는 창세 전에 인류 중 얼마를 구원하실 계획을 가지셨다. 그것은 아들 예수 그리스도의 십자가에 죽으심과 부활하심으로 이루어졌다. 그 은혜는 시대가 지나도 변함이 없다. 그것은 우리가 영원히 잊지 못할 은혜, 잊어서는 안 될 은혜이다. 우리는 그 은혜를 찬송해야 한다.

118편: 하나님의 인자하심을 감사함

[1-5절] 여호와께 감사하라. 저는 선하시며 그 인자하심이 영원함이로다. 이제 이스라엘은 말하기를 그 인자하심이 영원하다 할지로다. 이제 아론의 집은 말하기를 그 인자하심이 영원하다 할지로다. 이제 여호와를 경외하는 자는 말하기를 그 인자하심이 영원하다 할지로다. 내가 고통 중에 여호와께 부르짖었더니 여호와께서 응답하시고 나를 광활한 곳에 세우셨**도다.**

시편 저자는 하나님의 택하신 언약 백성 이스라엘, 하나님을 섬기는 아론의 집 제사장들, 하나님을 경외하는 모든 자들에게 하나님께 감사하라고 말한다. 그들이 하나님께 감사할 이유는 그의 선하심과 인자하심이 영원하시기 때문이다. 시편 저자는 특히 고통 중에 여호와께 부르짖었을 때 그가 응답하시고 그를 광활한 곳에 세우셨음을 말한다. 성도는 세상에서 원수들로 인한 마음의 고통도 있고 육체적인 질병에도 떨어지며 경제적 궁핍도 경험한다. 하나님께서 사랑하시는 자들은 여러 가지 고난의 훈련을 받는다. 그러나 성도는 이런 때 하나님께 부르짖어 구조를 요청하며 하나님께서는 그의 기도를 들으셔서 그를 그 고통에서 건지시고 평안한 곳에 세우신다.

[6-9절] 여호와는 내 편이시라. 내게 두려움이 없나니 사람이 내게 어찌할꼬. 여호와께서 내 편이 되사 나를 돕는 자 중에 계시니 그러므로 나를 미워하는 자에게 보응하시는 것을 **내가 보리로다. 여호와께 피함이 사람을 신뢰함보다 나으며 여호와께 피함이 방백들을 신뢰함보다 낫도다.**

시편 저자는 하나님께서 자기편이심을 확신한다. '내 편'이라는 말은 '나를 위하시고 도우신다'는 뜻이다. 이런 확신은 하나님을 의지하고 하나님의 뜻에 순종하여 의를 행할 때 생기는 확신이다. 사람이 죄를 범하면 이런 확신을 잃어버리고 하나님께서 그의 대적이 되심을 느낄 것이다. 시편 저자는 이런 확신 속에서 사람을 두려워하지 않게 되었고 그를 미워하는 자에게 보응을 내리실 것도 알았다.

그러므로 그는 여호와께 피함이 사람을 신뢰함보다 나으며 여호와께 피함이 방백들을 신뢰함보다 낫다고 말한다. 하나님께 피한다는 표현은 그를 의지한다는 뜻이며, 하나님께 피하는 사람은 어려운 일을 당할 때 하나님께 그 일을 고하고 그의 구원을 호소할 것이다. 그가 하나님을 신뢰함이 사람을 신뢰함보다 낫다고 한 것은, 사람의 힘은 유한하나 하나님의 힘은 무한하시며, 또 사람의 마음은 변할 수 있으나 하나님의 마음은 변하지 않으시기 때문이다.

〔10-14절〕 열방이 나를 에워쌌으니[에워쌌으나] **내가 여호와의 이름으로 저희를 끊으리로다. 저희가 나를 에워싸고 에워쌌으니**[에워쌌으나] **내가 여호와의 이름으로 저희를 끊으리로다. 저희가 벌과 같이 나를 에워쌌으나 가시덤불의 불같이 소멸되었나니 내가 여호와의 이름으로** [정녕] **저희를 끊으리로다. 네가 나를 밀쳐 넘어뜨리려 하였으나 여호와께서 나를 도우셨도다. 여호와는 나의 능력과 찬송이시요 또 나의 구원이 되셨도다.**

시편 저자는 이스라엘을 대신하여 말한다. 이스라엘 나라는 때때로 주위의 이방나라 연합군의 침략을 받았다. 그러나 그들은 여호와의 이름으로(세 번 반복해 말함) 즉 하나님을 의지함으로, 하나님께서 개입하시고 도우시고 역사하심으로 원수들을 이길 것이다. 원수들이 요란한 소리를 내며 에워싸 독침을 쏘려 하는 무서운 벌떼같이 그를 에워싸지만, 가시덤불의 불이 요란하게 타나 오래가지 못하고 곧 꺼지듯이, 그들의 공격도 그러할 것이다. 그들이 그를 말로, 폭력으로 넘어뜨리려 했지만, 하나님께서는 그를 도우셨고 원수들을 물리쳐 주셨다. 그러므로 시편 저자는 "여호와는 나의 능력과 찬송이시요 또 나의 구원이 되셨도다"라고 말하며 하나님을 찬송한다.

〔15-18절〕 의인의 장막에 기쁜 소리, 구원의 소리가 있음이여, 여호와의 오른손이 권능을 베푸시며 여호와의 오른손이 높이 들렸으며 여호와의 오른손이 권능을 베푸시는도다. 내가 죽지 않고 살아서 여호와의 행사를 선포하리로다. 여호와께서 나를 심히 경책하셨어도 죽음에는 붙이지 아니하셨도다.

하나님을 경외하는 자는 비록 완전한 의인은 아니지만, 하나님의 긍휼로 그를 믿음으로 의롭다 하심을 받은 자이다. 의인의 장막에 기쁜 소리, 구원의 소리가 있다. 그것은 하나님께서 베푸신 구원의 기쁨의 소리이다. 원수들의 비난과 핍박과 위협 속에서 하나님의 구원을 받았으므로 그의 슬픔과 그의 두려움은 변해 기쁨과 즐거움이 되었다. 시편 저자는 그의 구원이 하나님의 권능의 오른손으로 말미암은 것임을 고백한다(세 번 반복해 말함). 하나님께서는 전능자이시며 그의 오른손은 권능의 손이다. 그는 오른손을 높이 드시고 권능을 베푸셔서 의인을 해치는 자들을 벌하시고 그를 구원하셨다. 시편 저자는 자신의 부족 때문에 하나님의 징책을 받아 거의 죽을 지경에 떨어졌다고 느꼈다. 그러나 그는 고통 중에 부르짖었고(5절) 하나님께서 그를 긍휼히 여기셔서 그를 구원하여 주셨고 그는 기쁨을 얻었던 것이다. 이제 그는 "[내가] 여호와의 행사를 선포하리로다"라고 말한다.

〔19-21절〕 내게 의의 문을 열지어다. 내가 들어가서 여호와께 감사하리로다. 이는 여호와의 문이라. 의인이 그리로 들어가리로다. 주께서 내게 응답하시고 나의 구원이 되셨으니 내가 주께 감사하리이다.

'의의 문'은 예루살렘 성전 문을 가리킬 것이다. 죄인이 그 문으로 들어가 하나님 앞에 제사를 드림으로 죄씻음과 의롭다 하심을 받는다. 구약의 짐승 제사는 예수 그리스도의 십자가 속죄 사역을 상징했고 구약성도는 신약성도와 똑같이 그것을 믿음으로 의롭다 하심을 얻었다고 본다. 시편 저자는 "의인이 그리로 들어가리로다"라고 말한다. 사람이 의롭다 하심을 얻는 것은 하나님의 은혜로 주 예수 그리스도를 믿음으로이다(갈 2:16). 시편 저자가 하나님께 감사하는 이유는 하나님께서 그의 기도를 응답하셨기 때문이며 심한 고통 중에서, 죽을 것 같은 곤경에서 그를 구원해주셨기 때문이다.

〔22-23절〕 건축자의 버린 돌이 집 **모퉁이의 머릿돌**[모퉁잇돌, 기초석]**이 되었나니 이는 여호와의 행하신 것이요 우리 눈에 기이한 바로다.**

이 구절은 예수 그리스도께서 백성의 지도자들에게 버림받으실 것을 예언한 말씀이다(마 21:42; 막 12:10-12; 행 4:11; 벧전 2:4). 대제사장들과 장로들은 예수 그리스도를 시기하고 미워했고 그를 정죄하여 죽였다. 그러나 건축자의 버린 돌 같은 예수 그리스도께서는 집 모퉁이의 머릿돌이 되셨다. 머릿돌은 건물에 요긴한 기초석이다. 하나님께서는 죄인들이 십자가에 죽인 예수 그리스도를 부활시켜 주와 그리스도가 되게 하셨다(행 2:36). 그는 실패처럼 보이는 일이 승리의 일이 되게 하셨고 사람들의 심히 죄악된 사건이 죄인들을 구원하시는 방법이 되게 하셨다. 하나님께서는 신기한 일을 행하셨다.

〔24-26절〕 이 날은 여호와의 정하신 것이라. 이 날에 우리가 즐거워하고 기뻐하리로다. 여호와여, 구하옵나니 이제 구원하소서. 여호와여, 우리가 구하옵나니 이제 형통케 하소서. 여호와의 이름으로 오는 자가 복이 있음이여. 우리가 여호와의 집에서 너희를 축복하였도다.

이 날은 건축자의 버린 돌이 집 모퉁이의 머릿돌이 된 날, 곧 메시아께서 부활하신 날이다. 그것은 하나님께서 정하신 날이다. 그것이 주일(主日)이다. 모든 그리스도인들은 이 날 구주 예수 그리스도의 은혜를 기뻐하고 즐거워한다. '이제 구원하소서'라는 말이 '호산나'라는 말이다. 성경에서 구원은 가난이나 질병이나 원수들의 핍박으로부터의 구원일 뿐 아니라, 죄로부터와 죄의 형벌인 죽음과 지옥으로부터의 구원이다. 또 그 구원의 결과는 형통이다. 그것은 평안, 건강, 물질적 유여를 포함하며, 영생과 영광의 천국에서 완전히 이루어질 것이다. '여호와의 이름으로 오는 자'는 메시아를 가리킨다. 그것은 그의 초림(初臨)과 재림(再臨)을 다 포함한다고 본다(마 21:9; 23:39). 메시아께서는 여호와의 이름으로 오시는 자이시며 하나님의 명령을 받고 그의 일과 영광을 위해 천국에서 세상으로 내려오실 것이다.

〔27-29절〕 여호와는 하나님이시라[하나님께서는 여호와시라](KJV). **우리에게 비취셨으니**[비추셨으니] **줄로 희생을 제단 뿔에 맬지어다. 주는 나**

의 하나님이시라. 내가 주께 감사하리이다. 주는 나의 하나님이시라. 내가 주를 높이리이다. 여호와께 감사하라. 그는 선하시며 그 인자하심이 영원함이로다.

'여호와'는 영원자존자, 주권자, 언약 이행자, 은혜를 베푸는 자라는 의미를 담고 있는 것 같다. 여호와께서는 은혜의 얼굴빛을 비추셨다. 그 빛은 죄사함과 구원, 평안과 건강과 영생을 주시는 빛이시다. 번제단은 속죄의 제사가 드려지고 제물의 피가 뿌려지는 곳이다. 번제단의 뿔은, 하나님께 드려지는 제사가 그에게 상달되며 하나님께 제사드리는 자에게 구원의 능력이 됨을 상징하는 것 같다. 시편 저자는 하나님을 '나의 하나님'으로 두 번 부르며 하나님과의 친밀한 관계를 고백한다. 그것은 우리가 그리스도의 속죄사역을 믿음으로 죄사함과 의롭다 하심을 얻고 하나님의 계명을 순종함으로써만 가능한 관계이다. 또 시편 저자는 하나님의 선하심과 인자하심을 체험했음을 암시한다. 그것은 그의 도우심과 구원과 능력의 체험을 말한다.

시편 118편의 교훈을 정리해보자. 첫째로, 시편 저자는 환난의 날에 하나님께 피하고 하나님만 의지했다. 세상에는 우리를 에워싸며 대적하는 원수들이 많으나, 하나님을 아는 자들은 하나님만 의지할 것이다. 우리는 하나님을 알고 그를 경외하고 언제나 그를 믿고 의지해야 하며, 특히 어려운 일이 있을 때 하나님께 피하고 하나님만 의지해야 한다.

둘째로, 그때 시편 저자는 하나님의 도우심을 체험하였다. 오늘날에도 우리가 환난 날에 하나님께 피하고 하나님만 의지할 때에 여호와의 오른손이 우리를 도우실 것이다. 그는 우리의 원수들을 끊으실 것이다.

셋째로, 건축자의 버린 돌이 집 모퉁이의 머릿돌이 되었다. 그것은 메시아의 죽으심과 부활로 그가 우리의 구주와 주가 되심을 예언한 것이다. 우리는 그를 믿음으로 죄사함과 의롭다 하심의 구원을 받았고 그 결과로 영생을 얻었고, 또 그 안에서 참된 평안과 형통을 누린다.

119편: 하나님의 말씀을 사랑함[19)]

1-24절, 행위 완전함, 범죄치 않음, 말씀 사모함

〔1-2절〕 행위 완전하여 여호와의 법에 행하는 자가 복이 있음이여, 여호와의 증거를 지키고(나차르 נָצַר) **전심으로 여호와를 구하는 자가 복이 있도다.**

하나님의 법을 온전히 행하는 자가 복되다. 하나님께서는 우리에게 도덕적 온전함을 원하신다. 우리는 행위 완전하여 여호와의 법에 행하는 자가 되어야 하고 여호와의 증거를 지키고 전심으로 여호와를 구하는 자가 되어야 한다. 그런 자가 복이 있다.

〔3-8절〕 실로 저희는 불의를 행치 아니하고 주의 도를 행하는도다. 주께서 주의 법도로 명하사 우리로 근실히[부지런히] **지키게**(솨마르 שָׁמַר) **하셨나이다. 내 길을 굳이 정하사 주의 율례를 지키게**(솨마르 שָׁמַר) **하소서. 내가 주의 모든 계명에 주의할 때에는 부끄럽지 아니하리이다. 내가 주의 의로운 판단을 배울 때에는 정직한 마음으로 주께 감사하리이다. 내가 주의 율례를 지키오리니**(솨마르 שָׁמַר) **나를 아주 버리지 마옵소서.**

우리는 우리의 길을 굳게 정하고 그의 모든 계명에 주의해야 하고 그의 의로운 판단을 배우며 불의를 행하지 말고 주의 도를 행하며 그것을 부지런히 지켜야 한다. 그것이 성도들의 신앙생활의 목표이며 온전한 성도의 모습이다. 그런 자가 복이 있다.

우리가 주의 모든 계명에 주의할 때에는 부끄럽지 아니할 것이다. 또 우리가 주의 율례를 지킬 때 주께서는 이 고난이 많은 세상에서 우리를 버리지 않으실 것이다. 주 예수 그리스도를 믿는 자들도 이 세상 사는 동안 성경을 힘써 읽고 지킴으로써 그런 복을 누려야 한다.

---

19) 원문성경 시편 119편은 8절씩 단위로 된 22개의 문단으로 되었고, 각 문단 8절들의 첫 글자는 히브리어 알파벳 22글자의 순서대로 동일하다.

[9-16절] 청년이 무엇으로 그 행실을 깨끗케 하리이까? 주의 말씀을 따라 삼갈 것이니이다. 내가 전심으로 주를 찾았사오니 주의 계명에서 떠나지 말게 하소서. 내가 주께 범죄치 아니하려 하여 주의 말씀을 내 마음에 두었나이다. 찬송을 받으실 여호와여, 주의 율례를 내게 가르치소서. 주의 입의 모든 규례를 나의 입술로 선포하였으며 내가 모든 재물을 즐거워함같이 주의 증거의 도를 즐거워하였나이다. 내가 주의 법도를 묵상하며 주의 도에 주의하며 주의 율례를 즐거워하며 주의 말씀을 잊지 아니하리이다.

성도는 젊을 때부터 행실을 깨끗케 해야 한다. 사람은 젊을 때에 실수와 연약이 더 많을 수 있다. 그가 젊을 때 행실을 깨끗케 하면 나이가 들 때 인격적으로나 도덕적으로 더욱 성숙한 모습을 가질 것이다. 죄짓지 않고 거룩하게 사는 것이 성도의 삶의 일차적 목표이다. 하나님의 뜻은 우리가 죄로부터 구원을 받아 우리의 행실이 실제적으로도 깨끗해지는 것 곧 우리의 거룩함이다(살전 4:3). 청년이 행실을 깨끗케 할 수 있는 방법은 하나님의 말씀을 따라 삼가는 것이다. 우리는 전심으로 하나님을 찾아야 한다. 우리가 전심으로 하나님을 찾으면 그의 계명에 거하게 될 것이다. 성도가 죄를 짓지 않으려면 하나님의 말씀을 자기 마음에 두어야 한다.

우리는 하나님의 율례를 배우기를 힘써야 하며 또 하나님의 규례를 다른 이들에게 전해야 한다. 가르치는 것은 배운 내용을 확실하게 하는 좋은 방법이다. 우리는 재물을 즐거워함같이 하나님의 증거의 말씀을 즐거워해야 하고 또 그의 법도를 묵상하고 그의 길에 주의하고 그의 율례를 즐거워하고 그의 말씀을 잊지 않기를 결심해야 한다.

[17-24절] 주의 종을 후대하여 살게 하소서. 그리하시면 주의 말씀을 지키리이다. 내 눈을 열어서 주의 법의 기이한 것을 보게 하소서. 나는 땅에서 객이 되었사오니 주의 계명을 내게 숨기지 마소서. 주의 규례를 항상 사모함으로 내 마음이 상하나이다. 교만하여 저주를 받으며 주의 계명에서 떠나는 자를 주께서 꾸짖으셨나이다. 내가 주의 증거를 지켰사오니 훼방과 멸시를 내게서 떠나게 하소서. 방백들도 앉아 나를 훼방하였사오나 주의 종은 주의

율례를 묵상하였나이다. 주의 증거는 나의 즐거움이요 나의 모사니이다.

시편 저자는 고난의 현실에 처해 있었다. 그는 "주의 종을 후대하여 살게 하소서"라고 말했는데, 그것은 그가 지금 죽음의 위험 속에 있음을 암시한다. 또 그는 "나는 땅에서 객이 되었다"고 말한다. 그는 사람들과 방백들에게 따돌림과 비난과 멸시를 당하였다.

그러나 그는 이런 고난 속에서 하나님의 말씀을 사모하였다. 그는 하나님께서 그를 살게 하시면 그의 말씀을 지키겠다고 고백한다. 또 그는 "내 눈을 열어 하나님의 법의 기이한 것을 보게 하소서," "주의 계명을 내게 숨기지 마소서"라고 말한다. 그는 하나님의 규례를 항상 사모함으로 마음이 상했다. 그는 방백들이 앉아 그를 비난했을 때도 하나님의 율례를 묵상했다. 그는 하나님의 말씀을 그의 즐거움과 조언자로 삼았다. 고난 중에 승리하는 길은 하나님의 말씀을 지키는 것이다. 교만하여 주의 계명에서 떠난 자를 주께서는 꾸짖으시며 주의 증거를 지키는 자에게서는 사람들의 비난과 멸시를 떠나게 하신다.

본문의 교훈을 정리해보자. 첫째로, 행위 완전한 자가 복되다. 하나님을 전심으로 구하며 그 모든 말씀을 지키는 자가 그런 자이다. 하나님께서는 그런 자를 버리지 않으시고 그로 부끄럽지 않게 하실 것이다.

둘째로, 하나님의 말씀을 마음에 두는 자는 범죄치 않는다. 성도의 삶의 일차적 목표는 범죄치 않고 행실을 깨끗하게 하는 것인데, 성도가 범죄치 않고 깨끗이 사는 길은 하나님의 말씀, 곧 성경말씀을 따라서 조심하는 길뿐이다. 성경말씀을 주야로 묵상하는 성도는 거룩한 삶, 즉 성화를 조금이라도 이룰 것이다. 성경은 성화의 중요한 도구이다.

셋째로, 그러므로 우리는 항상 하나님의 말씀을 사모하며 즐거워하며 묵상해야 한다. 우리는 극심한 고난 중에도, 사람들의 훼방과 멸시 중에도 하나님의 말씀을 사모하며 그 교훈을 묵상하며 지키기를 힘써야 하고 그때 하나님의 지혜를 얻고 기쁨을 잃지 않고 승리할 것이다.

25-48절, 고난 중에도 말씀을 붙듦

〔25-27절〕 내 영혼이 진토[흙먼지]**에 붙었사오니 주의 말씀대로 나를 소성케 하소서. 내가 나의 행위**[길들]**를 고하매 주께서 내게 응답하셨으니 주의 율례를 내게 가르치소서. 나로 주의 법도의 길을 깨닫게 하소서. 그리하시면 내가 주의 기사(奇事)를 묵상하리이다.**

시편 저자는 고난의 형편에 처해 있었다. 그는 "내 영혼이 흙먼지에 붙었다"고 표현했다. 또 그가 자기의 길들을 고한다는 말은 자신의 부족한 행위들과 고난의 현실을 암시하는 것 같다. 그러나 그는 이런 형편에서 하나님의 말씀을 사모하며 하나님의 길을 구했다. 그는 사람의 길과 하나님의 길을 대조하며 바른 길을 강조한다. 그는 "주의 말씀대로 나를 소성케 하소서," "주의 율례를 내게 가르치소서," "나로 주의 법도의 길을 깨닫게 하소서"라고 말한다. '소성한다'는 말은 심신의 힘과 회복을 얻는다는 뜻이다.

〔28-32절〕 나의 영혼이 눌림을 인하여 녹사오니[나의 영혼이 슬픔 때문에 흐느끼오니](NASB) **주의 말씀대로 나를 세우소서. 거짓 행위**[길]**를 내게서 떠나게 하시고 주의 법을 내게 은혜로이 베푸소서. 내가 성실한**[신실한] **길을 택하고 주의 규례를** 내 앞에 **두었나이다. 내가 주의 증거에 밀접하였사오니**[꼭 붙들었사오니] **여호와여, 나로 수치를 당케 마소서. 주께서 내 마음을 넓히시오면 내가 주의 계명의 길로 달려가리이다.**

시편 저자는 원수들의 비난 때문에 마음의 슬픔과 고통이 컸던 것 같다(22-23절). 그는 거짓된 행동을 할 위험이 있었고 수치를 당할 위험도 있었다. 그러나 그는 "주의 말씀대로 나를 세우소서," "거짓된 행동을 내게서 떠나게 하시고 주의 법을 내게 은혜로이 베푸소서. 내가 신실한 길을 택하고 주의 규례를 내 앞에 두었나이다"라고 말하며 "내가 주의 증거를 꼭 붙들었사오니," "주께서 내 마음을 넓히시오면 내가 주의 계명의 길로 달려가리이다"라고 고백한다.

〔33-35절〕 여호와여, 주의 율례의 도를 내게 가르치소서. 내가 끝까지

지키리이다. 나로 깨닫게 하소서. 내가 주의 법을 준행하며 전심으로 지키리이다. 나로 주의 계명의 첩경[길]**으로 행케 하소서. 내가 이를 즐거워함이니이다.**

시편 저자는 "여호와여, 주의 율례의 도를 내게 가르치소서," "나로 깨닫게 하소서," "내 마음을 주의 증거로 향하게 하소서"라고 말하고, 또 "내가 이를 즐거워함이니이다," "내가 주의 법도를 사모하였나이다"(40절)라고 말한다. 하나님께서는 우리의 가장 좋은 선생님이시다. 또 우리는 그의 말씀을 즐거워하고 사모해야 한다.

시편 저자가 하나님께 이렇게 기도한 목적은 그가 하나님의 말씀을 힘써 지키기 위함이었다. 그래서 그는 "내가 끝까지 지키리이다," "내가 주의 법을 준행하며 전심으로 지키리이다," "나로 주의 계명의 길로 행케 하소서"라고 말한다. 우리는 하나님의 말씀을 끝까지 지켜야 하고 전심으로 지켜야 한다.

〔36-40절〕 내 마음을 주의 증거로 향하게 하시고 탐욕으로 향치 **말게 하소서. 내 눈을 돌이켜 허탄한 것을 보지 말게 하시고 주의 도(道)에**[길 안에서] **나를 소성케 하소서. 주를 경외케 하는 주의 말씀을 주의 종에게 세우소서**[견고케 하소서]**. 나의 두려워하는 훼방**[비난]**을 내게서 떠나게 하소서. 주의 규례**[판단들]**는 선하심이니이다. 내가 주의 법도를 사모하였사오니 주의 의에**[의 안에서] **나를 소성케 하소서.**

시편 저자는 탐욕과 허탄한 것을 멀리하기를 원한다. 그는 "탐욕으로 향치 말게 하소서," "내 눈을 돌이켜 허탄한 것을 보지 말게 하소서"라고 말한다. 탐욕과 허탄한 것은 신앙생활에 방해거리이다. 또 그는 "주를 경외케 하는 주의 말씀을 주의 종에게 견고케 하소서"라고 말한다. 주의 말씀이 그의 삶 속에 견고케 되기를 구한 것이다. 또 그는 "주의 도 안에서 나를 소성케 하소서," "주의 의로 말미암아 나를 소성케 하소서"라고 말한다. 그는 하나님의 말씀 안에서 또 하나님의 의로 말미암아 새 힘을 얻기를 원한 것이다.

〔41-48절〕 여호와여, 주의 말씀대로 주의 인자하심과 주의 구원을 내게 임하게 하소서. 그리하시면 내가 나를 훼방[비난]하는 자에게 대답할 말이 있사오리니 내가 주의 말씀을 의뢰함이니이다. 진리의 말씀이 내 입에서 조금도[완전히] 떠나지 말게 하소서. 내가 주의 규례를 바랐음이니이다. 내가 주의 율법을 항상 영영히 끝없이 지키리이다. 내가 주의 법도를 구하였사오니 자유롭게 행보할 것이오며 또 열왕 앞에 주의 증거를 말할 때에 수치를 당치 아니하겠사오며 나의 사랑하는 바 주의 계명을 스스로 즐거워하며 또 나의 사랑하는 바 주의 계명에 내 손을 들고 주의 율례를 묵상하리이다.

시편 저자는 원수들의 심한 비난 때문에 마음의 큰 고통을 당하고 자유롭게 생활하지 못하고 사람들 앞에서 수치를 당할지도 모르는 처지에 있지만, 하나님께서 인자하심으로 그의 기도를 들으시고 건져 주시면 자유롭게 행하며 수치를 당치 않게 될 것이라고 기대한다. 그러므로 그는 하나님의 말씀을 더욱 의지하고 붙들고 앙망하며 그것을 영영히, 끝없이 지키기를 결심하였고 또 그 말씀을 사랑하고 즐거워했다. 그는 "진리의 말씀이 내 입에서 완전히 떠나지 말게 하소서. 내가 주의 규례를 바랐음이니이다. 내가 주의 율법을 항상 영영히 끝없이 지키리이다," "나의 사랑하는 바 주의 계명을 스스로 즐거워하며 또 나의 사랑하는 바 주의 계명에 내 손을 들고 주의 율례를 묵상하리이다"라고 말한다.

본문의 교훈을 정리해보자. 첫째로, 우리는 고난 중에서도 하나님의 말씀을 사모하며 즐거워하고 우리 자신의 부족을 고치고 하나님 말씀을 잘 배우고 그 말씀을 붙들고 항상 끝까지 전심으로 지켜야 한다.

둘째로, 우리는 탐욕과 허탄한 것을 멀리해야 한다. 탐욕과 허탄한 것은 하나님의 말씀에 반대되고 신앙생활에 방해거리이다. 탐심은 돈 사랑, 세상 사랑이며 우상숭배이다. 우리는 그런 것을 멀리해야 한다.

셋째로, 우리가 고난 중에도 하나님의 말씀을 붙들고 지킬 때 우리는 심신의 힘과 회복을 얻고 하나님의 도우심과 구원을 체험할 것이다.

49-72절, 위로, 계명 지킴, 고난

〔49-50절〕 주의 종에게 하신 말씀을 기억하소서. 주께서 나로 소망이 있게 하셨나이다. 이 말씀은 나의 곤란 중에 위로라. 주의 말씀이 나를 살리셨음이니이다.

하나님의 말씀은 내세의 영생뿐 아니라 현세에서도 하나님의 보호와 공급을 약속하는 소망의 말씀이다. 또 그 말씀은 곤란 중에 위로가 되고 우리를 죽음의 위기에서 살리는 말씀 곧 생명의 말씀이다.

〔51-54절〕 교만한 자가 나를 심히 조롱하였어도 나는 주의 법을 떠나지 아니하였나이다. 여호와여, 주의 옛 규례를 내가 기억하고 스스로 위로하였나이다. 주의 율법을 버린 악인들을 인하여 내가 맹렬한 노에 잡혔나이다. 나의 나그네된 집에서 주의 율례가 나의 노래가 되었나이다.

시편 저자는 교만한 자가 심히 조롱하는 상황에서도 하나님의 법을 떠나지 않고 기억하였다. 그것은 승리의 비결이며 그의 위로이었다. 그는 하나님의 율법을 버린 악인들과 그들의 악행들 때문에 맹렬한 분노에 잡히기도 했으나, 나그넷길 같은 삶에서 하나님의 말씀이 그에게 기쁨과 위로와 힘이 되었고 그의 노래가 되었다.

〔55-57절〕 여호와여, 내가 밤에 주의 이름을 기억하고 주의 법을 지켰나이다. 내 소유는 이것이니 곧 주의 법도를 지킨 것이니이다. 여호와는 나의 분깃이시니 나는 주의 말씀을 지키리라 하였나이다.

시편 저자는, 사람이 해이해지거나 두려움을 가질 밤에도 하나님의 이름을 기억하고 그의 법을 지켰다고 말하며 주의 법도를 지킨 것이 그의 소유라고 고백한다. 우리가 하나님의 말씀을 지킨 것은 불타 없어질 세상 것들보다 값지다. 또 시편 저자는 하나님을 그의 분깃, 즉 기업이라고 고백하며 주의 말씀을 지킬 것이라고 말했다.

〔58-60절〕 내가 전심으로 주의 은혜를 구하였사오니 주의 말씀대로 나를 긍휼히 여기소서. 내가 내 행위를 생각하고 주의 증거로 내 발을 돌이켰사오며 주의 계명을 지키기에 신속히 하고 지체치 아니하였나이다.

시편 저자는 하나님의 은혜를 전심으로 구했다. 사람이 평안과 복을 얻는 것은 하나님의 은혜와 긍휼밖에 없다. 또 시편 저자는 자신의 과거의 잘못된 행위를 고치고 하나님의 교훈으로 돌아왔다. 하나님께서는 우리에게 참된 회개를 원하신다. 참된 회개는 계명 순종의 삶이다. 성도가 하나님의 계명을 지키는 것은 지체할 수 없는 일이다.

〔61-63절〕 악인의 줄이 내게 두루 얽혔을지라도[악한 자들의 무리가 나를 둘러쌌으나](KJV) **나는 주의 법을 잊지 아니하였나이다. 내가 주의 의로운 규례를 인하여 밤중에 일어나 주께 감사하리이다. 나는 주를 경외하는 모든 자와 주의 법도를 지키는 자의 동무라.**

성도가 고난 중에라도 하나님의 말씀을 붙든다면 승리할 것이다. 세상이 무법천지가 아니고 공의의 하나님께서 계신 것은 의인들에게는 큰 위로이다. 참된 우정은 하나님을 경외하는 믿음에서 가능하다.

〔64-66절〕 여호와여, 주의 인자하심이 땅에 충만하였사오니 주의 율례로 나를 가르치소서. 여호와여, 주의 말씀대로 주의 종을 선대하셨나이다. 내가 주의 계명을 믿었사오니 명철(투브 타암 טוּב טַעַם)[선한 판단력, 분별력]**과 지식을 내게 가르치소서.**

시편 저자는 하나님의 인자하심이 땅에 충만하심을 말하며 그의 말씀을 배우기를 원한다. 또 그는 하나님께서 그를 선대하셨음을 말한다. 그것은 그의 긍휼로 그를 도우시고 구원하셨음을 말한다. 또 그는 하나님께 선한 분별력과 지식을 가르쳐 주시기를 구한다.

〔67-69절〕 고난 당하기 전에는 내가 그릇 행하였더니 이제는 주의 말씀을 지키나이다. 주는 선하사 선을 행하시오니 주의 율례로 나를 가르치소서. 교만한 자가 거짓을 지어 나를 치려 하였사오나 나는 전심으로 주의 법도를 지키리이다.

고난은 시편 저자에게 유익하였다. 그는 고난을 겪으면서 하나님께 회개하고 말씀을 어겼던 과거를 반성하고 계명을 지키게 되었다. 그는 선하신 주의 말씀을 더욱 배우기를 원한다. 또 그는 교만한 자가 거짓말을 지어 그를 치려 하였지만 거기에 대응하지 않고 전심으로 하나님의 법도를 지키겠다고 결심한다.

[70-72절] 저희 마음은 살쪄 지방 같으나 나는 주의 법을 즐거워하나이다. 고난 당한 것이 내게 유익이라. 이로 인하여 내가 주의 율례를 배우게 되었나이다. 주의 입의 법이 내게는 천천 금은보다 승하니이다.

악인들의 마음은 살쪄 지방 같고 하나님의 교훈을 겸손히 받아들이지 않고 믿지도 순종하지도 않지만, 시편 저자는 오직 하나님의 법을 즐거워하였다. 사람의 참 가치는 경건과 도덕성에 있다.

성도에게 고난은 유익이다. 성도는 고난을 통해 하나님의 말씀을 배우게 된다. 질병이나 궁핍, 대적자의 비난이나 전쟁 등의 고난은 그 자체로는 힘든 일이지만, 그것은 결국 우리로 하여금 하나님의 말씀을 깨닫게 하고 배우게 하고 그 말씀대로 행하게 한다.

시편 저자는 이 모든 일들을 깨닫고 하나님의 말씀이 그에게 천천 금은보다 낫다고 고백한다. 하나님의 말씀의 가치를 깨달은 것이다. 정말 그렇다. 이 세상에서 하나님의 말씀보다 귀중한 것은 없다. 그것은 우리에게 하나님을 알게 하고 하나님의 뜻을 알게 하고 하나님께서 주시는 죄사함과 의롭다 하심과 영생의 구원을 얻게 한다.

본문의 교훈을 정리해보자. 첫째로, 하나님의 말씀은 우리의 곤란 중에 소망과 위로와 기쁨과 힘이 된다. 우리는 이 세상 사는 동안 많은 어려운 문제들을 직면하지만, 하나님의 말씀이 우리에게 위로와 기쁨과 힘을 주며 그 말씀을 붙듦으로 늘 위로와 힘을 얻고 승리할 수 있다.

둘째로, 고난은 성도에게 큰 유익이 된다. 성도는 고난 당하기 전에 그릇 행했지만 고난을 통해 하나님의 법을 배우며 그 법을 지키게 된다(67, 71절). 고난은 성도의 성화, 즉 거룩하고 선한 삶에 큰 유익이 된다.

셋째로, 하나님의 말씀을 지키는 것은 천천 금은보다 더 큰 복이다. 하나님의 말씀을 지키는 것이 의이며 하나님의 뜻이다. 그것은 세상에서 성도의 바른 삶일 뿐 아니라, 평안과 영생의 복된 삶이다.

73-96절, 고난과 핍박 중에 말씀을 붙듦

〔73-74절〕 주의 손이 나를 만들고 세우셨사오니[형성하셨사오니] **나로 깨닫게 하사 주의 계명을 배우게 하소서. 주를 경외하는 자가 나를 보고 기뻐할 것은 내가 주의 말씀을 바라는 연고니이다.**

하나님께서는 우리를 만드셨고 그의 계명을 주셔서 우리로 배우며 행케 하신다. 또 하나님을 경외하는 자들은 하나님의 말씀을 바라는 진실한 형제들을 볼 때 기쁨을 얻을 것이다.

〔75-77절〕 여호와여, 내가 알거니와 주의 판단은 의로우시고 주께서 나를 괴롭게 하심은 성실하심[신실하심]**으로 말미암음이니이다. 구하오니 주의 종에게 하신 말씀대로 주의 인자하심이 나의 위안이 되게 하시며 주의 긍휼히 여기심이 내게 임하사 나로 살게 하소서. 주의 법은 나의 즐거움이니이다.**

우리의 고난은 하나님의 계명대로 된 것이며 하나님의 공의로우심과 신실하심에 의한 것이다. 그러나 하나님의 계명 안에는 그의 인자하심도 있다. 하나님의 인자하심이 우리의 위안이 되고 그의 긍휼하심으로 우리가 살기 때문에 우리는 고난 중에도 낙심치 않고 하나님의 법을 즐거워하며 우리의 부족을 고치기를 원해야 한다.

〔78-80절〕 교만한 자가 무고히 나를 엎드러뜨렸으니[걸고 넘어뜨렸사오니] **저희로 수치를 당케 하소서.** [그러나] **나는 주의 법도를 묵상하리이다. 주를 경외하는 자로 내게 돌아오게 하소서.** 그리하시면 **저희가 주의 증거를 알리이다**[주를 경외하는 자들과 주의 증거를 아는 자들로 내게 돌아오게 하소서](KJV, NASB). **내 마음으로 주의 율례에 완전케 하사 나로 수치를 당치 않게 하소서.**

시편 저자는 교만한 자들이 무고히 그를 걸고 넘어뜨렸으니 그들로 수치를 당케 하시기를 구하며 그러나 그런 상황에서도 하나님의 법도를 묵상했다. 또 그는 하나님을 경외하는 성도들이 돌아와 자기와 교제케 하시며 자신을 말씀 안에서 완전케 하시기를 구하였다.

〔81-82절〕 나의 영혼이 주의 구원을 사모하기에 **피곤하오나 나는 오히려 주의 말씀을 바라나이다. 나의 말이 주께서 언제나 나를 안위하시겠나이까 하면서 내 눈이 주의 말씀을** 바라**기에 피곤하니이다.**

시편 저자는 고난 중에도 하나님의 구원과 위로를 사모하며 기다렸고 또 하나님의 말씀을 간절히 바라며 참고 기다렸다.

〔83-84절〕 내가 연기 중의 가죽병같이 되었으나 오히려 주의 율례를 잊지 아니하나이다. 주의 종의 날이 얼마나 되나이까? 나를 핍박하는 자를 주께서 언제나 국문[심판]**하시리이까?**

시편 저자는 연기 중에 검게 그을린 가죽병같이 심신으로 슬픔과 고통 가운데 있었으나 오히려 하나님의 율례를 잊지 않았고 자기를 핍박하는 자들을 하나님께서 언제 심판하실지 기다렸다.

〔85-88절〕 주의 법을 좇지 **아니하는 교만한 자가 나를 해하려고 웅덩이를 팠나이다. 주의 모든 계명은 신실하니이다. 저희가 무고히 나를 핍박하오니**[핍박하였사오니] **나를 도우소서. 저희가 나를 세상에서 거의 멸하였으나 나는 주의 법도를 버리지 아니하였사오니 주의 인자하심을 따라 나로 소성케 하소서. 그리하시면 주의 입의 증거를 내가 지키리이다.**

하나님의 법을 좇지 않는 교만한 자들이 그를 해하려고 웅덩이를 팠고 무고히 그를 핍박했고 그를 거의 멸했으나, 이런 상황에서도 그는 하나님의 모든 계명이 신실함을 인정하고 그의 법도를 버리지 않았고 하나님의 도움과 심신을 회복케 하시는 그의 은혜를 간구했다.

〔89-91절〕 여호와여, 주의 말씀이 영원히 하늘에 굳게 섰사오며 주의 성실하심[신실하심]**은 대대에 이르나이다. 주께서 땅을 세우셨으므로 땅이 항상 있사오니** 천지가 **주의 규례**[판단들]**대로 오늘까지 있음은 만물이 주의 종이 된 연고니이다.**

하나님의 말씀이 영원히 하늘에 굳게 섰다는 말은 천체의 제도와 천체의 규칙적 운행을 두고 한 말인 것 같다. 또 하나님의 신실하심도 영원하다고 말한다. 또 하나님께서 땅을 세우셨으므로 땅도 항상 있다. 지구가 안정된 땅이므로 우리는 땅 위에 집을 짓고 살고 있고 어지러움과 위험을 느끼지 않는다. 이처럼 만물, 곧 하늘과 땅 전체가 하나님의 종이므로 그의 규례대로 오늘날까지 변함 없이 존재한다.

〔92-93절〕 **주의 법이 나의 즐거움이 되지 아니하였더면 내가 내 고난 중에 멸망하였으리이다. 내가 주의 법도를 영원히**[결코] **잊지 아니하오니 주께서 이것들로 나를 살게 하심이니이다.**

하나님의 법이 시편 저자에게 즐거움이 되지 않았다면 그는 고난 중에 멸망하였을 것이다. 그러나 하나님께서 그를 살게 하셨기 때문에 그는 하나님의 법도를 결코 잊지 않고 지키겠다고 말한다. 사람이 영육으로 사는 길은 하나님의 말씀을 믿고 행하는 것이다.

〔94-96절〕 **나는 주의 것이오니 나를 구원하소서. 내가 주의 법도를 찾았나이다**[연구하였나이다]. **악인이 나를 멸하려고 엿보오내**[엿보았으나] **나는 주의 증거를 생각하겠나이다. 내가 보니 모든 완전한 것이 다 끝이 있어도 주의 계명은 심히 넓으니이다.**

하나님의 백성된 표는 하나님의 말씀을 귀하게 여기고 사랑하고 읽고 연구하는 것이요 하나님께서는 그런 자들을 구원하실 것이다. 시편 저자는 악인들의 위협 속에서도 하나님의 말씀을 연구하였고 생각하며 또 하나님의 말씀이 심히 넓고 깊고 풍부하다고 고백한다.

본문의 교훈을 정리해보자. 첫째로, 우리는 고난이 공의롭고 신실하신 하나님께서 주신 것이며 그가 그의 인자와 긍휼로 우리를 구원하실 수 있음을 알고 고난 중에도 그의 말씀을 지켜 온전케 되어야 한다.

둘째로, 우리는 때때로 고난 중에 심히 피곤할지라도 하나님을 믿고 그의 구원을 참고 기다리며 그의 말씀을 잊지 말고 붙들고 끝까지 지켜야 한다. 하나님께서는 우리를 핍박하고 해치려는 교만한 자들을 징벌하시며 그의 인자하심 속에서 우리에게 심신의 회복을 주실 것이다.

셋째로, 우리는 하나님의 말씀의 진리성과 가치를 알고 그의 말씀을 즐거워하고 결코 잊지 말고 그 말씀을 연구하고 생각하고 붙들어야 한다. 하나님과 그의 말씀은 이 세상에서 가장 귀한 보화이시다.

97-120절, 종일 묵상, 내 발에 등, 말씀 사랑

〔97-100절〕 내가 주의 법을 어찌 그리 사랑하는지요. 내가 그것을 종일 묵상하나이다. 주의 계명이 항상 나와 함께하므로 그것이 나로 원수보다 지혜롭게 하나이다. 내가 주의 증거를 묵상하므로 나의 명철함이 나의 모든 스승보다 승하며 주의 법도를 지키므로 나의 명철함이 노인보다 승하니이다.

시편 저자는 하나님의 법을 사랑하므로 그것을 종일 묵상하였고 하나님의 계명이 항상 그와 함께하므로 그것이 그로 하여금 원수들보다 지혜롭게 하며 그의 스승들과 노인들보다 명철하게 했다. 하나님의 말씀은 그 어떤 인간적 지혜보다 낫고 그의 어떤 선생의 가르침보다 낫다. 이 세상 어디에도 하나님의 지혜보다 나은 지혜는 없다.

〔101-102절〕 내가 주의 말씀을 지키려고 발을 금하여 모든 악한 길로 가지 아니하였사오며 주께서 나를 가르치셨으므로 내가 주의 규례에서 떠나지 아니하였나이다.

시편 저자는 하나님의 말씀을 지키기 위해 그의 발을 금하여 계명을 어기는 모든 악한 길로 가지 않았고 하나님께서 그를 가르치셨으므로 그가 그의 규례에서 떠나지 않았다고 말한다. 성도는 악을 멀리하도록 그의 발걸음을 항상 조심해야 한다.

〔103-104절〕 주의 말씀의 맛이 내게 어찌 그리 단지요. 내 입에 꿀보다 더하니이다. **주의 법도로 인하여 내가 명철케 되었으므로 모든 거짓 행위를 미워하나이다.**

시편 저자는 하나님의 말씀의 맛이 꿀보다 더 달다고 말한다. 그것은 영적으로 건강한 표이다. 우리는 성경말씀의 단 맛을 알아야 한다. 영적으로 건강하지 않은 자는 성경말씀의 맛을 알지 못한다. 또 시편 저자는 하나님의 법도로 인해 자신이 명철케 되었으므로 모든 거짓 행위, 모든 불의하고 악한 행위를 미워하겠다고 말한다.

〔105-106절〕 주의 말씀은 내 발에 등이요 내 길에 빛이니이다. [나는] **주의 의로운 규례를 지키기로 맹세하고 굳게 정하였나이다.**

하나님의 말씀은 우리의 발에 등이요 우리의 길에 빛이다. 인생의 여정에 죄악된 유혹, 의심, 슬픔, 낙심, 고난 등의 어두운 일들이 있다. 그때 하나님의 말씀은 의와 선을 지시하시고 믿음과 확신을 주시고 위로와 기쁨과 힘도 주신다. 또 시편 저자는 하나님의 의로운 규례를 지키기로 맹세하고 굳게 정했다. 하나님의 말씀은 우리의 환경 처지와 관계없이 반드시 지키기로 결심해야 할 말씀이다.

〔107-110절〕 나의 고난이 막심하오니 여호와여, 주의 말씀대로 나를 소성케 하소서. 여호와여, 구하오니 내 입의 낙헌제를 받으시고 주의 규례로 나를 가르치소서. 나의 생명이 항상 위경에 있사오나 주의 법은 잊지 아니하나이다. 악인이 나를 해하려고 올무를 놓았사오나 나는 주의 법도에서 떠나지 아니하였나이다.

시편 저자는 극심한 고난 가운데 있지만, 하나님의 말씀대로 심신의 회복과 구원 얻기를 기도한다. 하나님의 말씀은 심한 고난 중에도 우리의 심신의 회복을 주신다. 시편 저자는 또 하나님께서 그의 입술로 자원하며 드리는 제사를 받으시고 그의 규례를 그에게 가르쳐주시기를 기도한다. 또 그는 그의 생명이 항상 원수들의 위협에 드러나 있지만 하나님의 법을 잊지 않았다. 악인들은 그를 해치려고 올무를 놓았으나 그는 하나님의 법도에서 떠나지 않았다. 죽음보다 더 무서운 것은 죄 짓는 것과 그로 인해 징계와 멸망에 이르는 것이다.

〔111-112절〕 주의 증거로 내가 영원히 기업을 삼았사오니 이는 내 마음의 즐거움이 됨이니이다. 내가 주의 율례를 길이 끝까지 행하려고 내 마음을 기울였나이다.

시편 저자는 하나님의 말씀을 즐거워하며 영원한 기업으로 삼았다. 이것이 참 믿음이요 경건이다. 또 그는 하나님의 말씀을 끝까지 행하려고 그의 마음을 그 말씀에 기울였다. 사람은 마음을 어디 두느냐에 따라 그 행동이 달라진다.

〔113-120절〕 내가 두 마음 품는 자를 미워하고 주의 법을 사랑하나이

다. 주는 나의 은신처요 방패시라. 내가 주의 말씀을 바라나이다. 너희 행악자여, 나를 떠날지어다. 나는 내 하나님의 계명을 지키리로다. 주의 말씀대로 나를 붙들어 살게 하시고 내 소망이 부끄럽지 말게 하소서. 나를 붙드소서. 그리하시면 내가 구원을 얻고 주의 율례에 항상 주의하리이다. 주의 율례에서 떠나는 자는 주께서 다 멸시하셨으니 저희 궤사는 허무함이니이다. 주께서 세상의 모든 악인을 찌끼같이 버리시니[버리셨나니](NASB) **그러므로 내가 주의 증거를 사랑하나이다. 내 육체가 주를 두려워함으로 떨며 내가 또 주의 판단을 두려워하나이다.**

시편 저자는 두 마음 품는 자, 곧 의와 진리에 대한 확신이 없이 두 사이에서 머뭇거리는 자를 미워했고 하나님의 법을 사랑했다. 또 그는 환난 많은 세상에서 하나님을 은신처와 방패로 삼았다. 또 그는 행악자를 멀리했다. 행악자는 교제의 대상이 아니다. 또 시편 저자는 하나님의 계명을 지키기를 원하며 또 그의 율례에 항상 주의하기를 원한다. 하나님께서는 자신의 율례를 떠난 자들을 멸시하셨고 세상의 모든 악인들을 찌끼같이 버리셨고 마지막 날에도 그러할 것이다.

시편 저자의 몸은 하나님을 두려워하며 떨었고 또 그는 하나님의 판단을 두려워하였다. 이것이 바른 성도의 모습이다. 여호와를 경외함이 지식과 지혜의 시작이며 핵심적 요소이다.

본문의 교훈을 정리해보자. 첫째로, 우리는 하나님의 법을 사랑하고 종일 묵상하고, 그럼으로써 원수보다, 스승보다, 노인보다 지혜로운 자가 되고, 또 꿀보다 더 단 하나님의 말씀의 맛을 체험해야 한다.

둘째로, 우리는 하나님의 말씀이 우리 발에 등이며 우리 길에 빛이 됨을 알고 그 말씀의 지도를 받아야 한다. 우리는 우리의 생명이 항상 위경에 있을지라도 하나님의 말씀을 즐거이 붙들면 승리할 것이다.

셋째로, 하나님께서는 두 마음을 품는 자를 미워하시고 모든 악인을 찌끼같이 버리신다. 악인은 가치가 없다. 우리는 하나님의 말씀을 사랑하고 하나님을 우리의 은신처와 방패로 삼고 행악자를 멀리해야 한다.

121-144절, 주의 말씀을 정금보다 더 사랑함

[121-123절] 내가 공(公)과 의를 행하였사오니 나를 압박자에게 붙이지 마옵소서. 주의 종을 보증하사 복을 얻게 **하시고 교만한 자가 나를 압박하지 못하게 하소서. 내 눈이 주의 구원과 주의 의로운 말씀을** 사모하기에 **피곤하니이다.**

시편 저자는 교만한 자들의 압박을 받고 있었으나 그는 평소 의롭게 살았고 하나님의 선한 섭리를 믿었고 그의 보호와 복을 기도한다. 시편 저자는 하나님의 구원을 간절히 사모했고 그의 의로운 말씀을 사모하기에 눈이 피곤했다. 하나님의 구원은 때때로 더딘 것 같다.

[124-128절] 주의 인자하신 대로 주의 종에게 행하사 주의 율례로 내게 가르치소서. 나는 주의 종이오니 깨닫게 하사 주의 증거를 알게 하소서. 저희가 주의 법을 폐하였사오니 지금은 여호와의 일하실 때니이다. 그러므로 내가 주의 계명을 금 곧 정금보다 더 사랑하나이다. 그러므로 내가 범사에 주의 **법도를 바르게 여기고 모든 거짓 행위를 미워하나이다.**

시편 저자는 하나님의 말씀에 대한 바른 지식을 가지기를 원했다. 악인들은 하나님의 법을 폐하였으나 하나님께서는 그들을 징벌하시고 의인을 구원하실 것이다. 시편 저자는 하나님의 말씀을 정금보다 더 귀하게 여기며 사랑했고 그 말씀을 붙들고 거짓 행위를 미워했다.

[129-131절] 주의 증거가 기이하므로 내 영혼이 이를 지키나이다. 주의 말씀을 열므로 우둔한 자에게 비취어 깨닫게 하나이다. 내가 주의 계명을 사모하므로 입을 열고 헐떡였나이다.

시편 저자는 하나님의 말씀들이 놀라운 내용임을 증거하며 그것을 지킨다고 말한다. 하나님의 나타나심과 말씀하심, 그 기적들, 예언과 성취 등은 다 놀라운 일들이다. 우리는 그 말씀을 믿고 행해야 한다. 시편 저자는 하나님의 말씀을 풀어 우둔한 자로 하여금 깨닫게 해주시기를 원한다. 그는 주의 계명을 사모하며 그 말씀을 받기를 원하였다. 하나님의 말씀의 복됨을 아는 자들은 그럴 것이다.

〔132-134절〕 주의 이름을 사랑하는 자에게 베푸시던 대로 내게 돌이키사 나를 긍휼히 여기소서. 나의 행보를 주의 말씀에 굳게 세우시고 아무 죄악이 나를 주장치 못하게 하소서. 사람의 압박에서 나를 구속(救贖)하소서. 그리하시면 내가 주의 법도를 지키리이다.

시편 저자는 하나님께서 그의 이름을 사랑하는 자들에게 베푸시던 대로, 즉 그의 도우심과 구원으로 그를 긍휼히 여기시기를 기도한다. 또 그는 성경말씀대로만 바르게 굳게 믿고 지키고, 그것을 떠나거나 그것에 반대되는 모든 죄악된 일을 버리기를 원한다.

〔135-136절〕 주의 얼굴로 주의 종에게 비취시고 주의 율례로 나를 가르치소서. 저희가 주의 법을 지키지 아니하므로 내 눈물이 시냇물같이 흐르나이다.

시편 저자는 하나님의 은혜로 하나님의 말씀을 배우기를 원한다. 하나님의 말씀의 바른 지식은 참된 경건의 시작이다. 그러나 하나님의 법을 지키지 않는 자들 때문에 그의 눈에는 시냇물 같은 눈물이 흘렀다. 그 눈물은 의분의 눈물인 동시에 긍휼의 눈물이었을 것이다.

〔137-141절〕 여호와여, 주는 의로우시고 주의 판단은 정직하시니이다. 주의 명하신 증거는 의롭고 지극히 성실[신실]**하도소이다. 내 대적이 주의 말씀을 잊어버렸으므로 내 열성이 나를 소멸하였나이다. 주의 말씀이 심히 정미(精美)하므로**(체루파 צְרוּפָה)[깨끗하므로] **주의 종이 이를 사랑하나이다. 내가 미천하여 멸시를 당하나 주의 법도를 잊지 아니하였나이다.**

시편 저자는 하나님께서 의로우시고 그의 판단들과 그의 명하신 증거가 정직하시고 의로우시고 지극히 신실하시다고 말한다. 그의 대적들은 하나님의 말씀을 잊어버렸으나, 그는 오히려 하나님의 말씀을 변호하려는 열심이 심히 컸다. 하나님의 말씀이 지극히 깨끗하므로 그는 그 말씀을 사랑한다. 그는 사람들의 멸시를 당하고 미천해졌으나 그를 멸시하는 자들에 대해 감정적으로 대응하지 않고 하나님의 말씀을 잊지 않고 묵상하며 사랑하고 그 교훈대로 행하였다.

〔142-144절〕 주의 의는 영원한 의요 주의 법은 진리로소이다. 환난과 우환이 내게 미쳤으나 주의 계명은 나의 즐거움이니이다. 주의 증거는 영원히 의로우시니 나로 깨닫게 하사 살게 하소서

하나님의 의로우심도 영원하시며 예수 그리스도를 믿음으로 얻은 의도 그러하다. 또 하나님의 법은 진리이시다. 그러므로 시편 저자는 환난과 우환이 그에게 미쳤으나 하나님의 계명이 그의 즐거움이라고 말한다. 또 그는 하나님의 증거들이 영원히 의로우시므로 그로 깨닫게 하셔서 생명을 얻게 하시기를 기도한다.

본문의 교훈을 정리해보자. 첫째로, 시편 저자는 교만한 자들의 압박을 받았다. 121-122절, "나를 압박자에게 붙이지 마옵소서. . . . 교만한 자가 나를 압박하지 못하게 하소서." 교만한 자들은 하나님의 법을 폐하였고 지키지 않았고 시편 저자는 그들에게 멸시를 당하였다.

둘째로, 시편 저자는 고난 중에도 하나님의 말씀을 붙들고 행하였다. 그는 하나님의 계명대로 공의를 행했고 하나님의 말씀을 정금보다 더 사랑하며 사모했고 그 말씀대로 살기를 소원했고 그 말씀을 잊지 않았고 즐거워했다. 우리는 고난 중에 하나님의 말씀을 붙들고 그것을 정금보다 더 사랑하고 그 말씀을 주야로 읽고 묵상하고 배우고 지키고 보수(保守)하고 잊지 말고 즐거워하며 실천해야 한다. 이것이 큰복이다.

셋째로, 하나님의 말씀은 의롭고 진실하고 심히 깨끗하다. 123절, "주의 의로운 말씀." 138절, "주의 명하신 증거는 의롭고 지극히 신실하도소이다." 140절, "주의 말씀이 심히 정미(精美)하므로[깨끗하므로]." 142절, "주의 법은 진리로소이다." 시편 19:7-8, "여호와의 율법은 완전하여 영혼을 소성케 하고 여호와의 증거는 확실하여 우둔한 자로 지혜롭게 하며 여호와의 교훈은 정직하여 마음을 기쁘게 하고 여호와의 계명은 순결하여 눈을 밝게 하도다." 요한복음 17:17, "아버지의 말씀은 진리니이다." 우리는 성경이 그 하나님의 말씀임을 알고 귀히 여겨야 한다.

145-176절, 주야로 묵상, 말씀 사랑, 큰 평안

〔145-148절〕 여호와여, 내가 전심으로 부르짖었사오니 내게 응답하소서. 내가 주의 율례를 지키리이다. 내가 주께 부르짖었사오니 나를 구원하소서. 내가 주의 증거를 지키리이다. 내가 새벽 전에 부르짖으며 주의 말씀을 바랐사오며 주의 말씀을 묵상하려고 내 눈이 야경이 깊기 **전에** 깨었**나이다.**

기도는 믿음의 표현이며 전심 기도는 큰 믿음의 표현이다. 하나님께서는 죄인의 기도를 듣지 않으시지만 회개하며 하나님의 율례와 증거를 지키겠다고 결심하는 자의 기도를 들으실 것이다. 특히 새벽 기도는 정성과 자기 부정과 간절함의 표현이다. 또 밤이 깊기 전에 성경을 읽고 생각하고 묵상하는 것도 유익과 복이 크다.

〔149-152절〕 주의 인자하심을 따라 내 소리를 들으소서. 여호와여, 주의 규례를 따라 나를 살리소서. 악을 좇는 자가 가까이 왔사오니 저희는 주의 법에서 머니이다. 여호와여, 주께서 가까이 계시오니 주의 모든 계명은 진리니이다. 내가 전부터 주의 증거를 궁구하므로 주께서 영원히 세우신 것인 줄을 알았나이다.

우리가 감히 기도 응답과 생명 구원을 하나님께 구할 수 있는 것은 오직 하나님의 인자하심과 그 약속의 말씀 때문이다. 하나님의 법에서 먼 악인들이 시편 저자에게 가까이 왔지만, 그는 두려워하지 않고 하나님께서 그와 가까이 계심과 그의 계명들이 다 진리임을 믿었다. 하나님께서는 그의 백성을 지키시고 도우실 것이다. 우리는 성경이 하나님께서 영원히 세우신 말씀임을 알아야 한다.

〔153-155절〕 나의 고난을 보시고 나를 건지소서. 내가 주의 법을 잊지 아니함이니이다. 주는 나의 원한(리브 רִיב)[송사]**을 펴시고**[풀어주시고] **나를 구속(救贖)하사 주의 말씀대로 나를 소성케 하소서. 구원이 악인에게서 멀어짐은 저희가 주의 율례를 구하지 아니함이니이다.**

시편 저자는 고난 중에 말씀을 붙들고 하나님께 구원을 요청한다. 그는 "나를 소성케 하소서"라고 하나님께 아뢴다. 소성케 한다는 말은 심신을 회복시키고 새 힘을 준다는 뜻이다. 시편 저자는 하나님께 그의 억울함을 호소하고 건강과 힘과 위로를 구한 것이다. 그러나 주의 율례를 구하지 않는 자는 구원을 얻지 못할 것이다.

〔156-160절〕 여호와여, 주의 긍휼이 크오니 주의 규례를 따라 나를 소성케 하소서. 나를 핍박하는 자와 나의 대적이 많으나 나는 주의 증거에서 떠나지 아니하였나이다. 주의 말씀을 지키지 아니하는 궤사(詭詐)한 자(보그딤 בֹּגְדִים)[배신자들]**를 내가 보고 슬퍼하였나이다**[몹시 싫어하였나이다]**. 내가 주의 법도 사랑함을 보옵소서. 여호와여, 주의 인자하신 대로 나를 소성케 하소서. 주의 말씀의 강령**[주의 모든 말씀]**은 진리오니 주의 의로운 모든 규례가 영원하리이다.**

시편 저자는 그를 핍박하고 대적하는 자들이 많았으나 고난 중에 하나님의 말씀을 붙들고 그의 법을 잊지 않고 그의 증거에서 떠나지 않았고 그의 법을 사랑했다. 그 말씀은 진리이며 의롭고 영원하시다.

〔161-164절〕 방백들이 무고히 나를 핍박하오나 나의 마음은 주의 말씀만 경외하나이다. 사람이 많은 탈취물을 얻은 것처럼 나는 주의 말씀을 즐거워하나이다. 내가 거짓을 미워하며 싫어하고 주의 법을 사랑하나이다. 주의 의로운 규례를 인하여 내가 하루 일곱 번씩 주를 찬양하나이다.

시편 저자는 방백들에게 무고히 핍박을 받았으나 그는 하나님의 말씀을 경외하고 크게 즐거워하고 지극히 사랑하고 하루 일곱 번씩 찬양한다고 고백하며 하나님의 계명을 행하고 힘써 지켰다.

〔165-168절〕 주의 법을 사랑하는 자에게는 큰 평안이 있으니 저희에게 장애물이 없으리이다. 여호와여, 내가 주의 구원을 바라며 주의 계명을 행하였나이다. 내 심령이 주의 증거를 지켰사오며 내가 이를 지극히 사랑하나이다. 내가 주의 법도와 증거를 지켰사오니 나의 모든 행위가 주의 앞에 있음이니이다.

주의 법을 사랑하는 자에게는 큰 평안이 있고 저희에게 장애물이 없을 것이다. 평안(샬롬 שָׁלוֹם)은 마음의 평안, 육체적 건강, 물질적 안정과 여유, 환경적 평안 등을 다 포함한다. 이것은 확실히 이 세상에서 경건한 성도에게 주시는 하나님의 복된 약속이다.

〔169-172절〕 여호와여, 나의 부르짖음이 주의 앞에 이르게 하시고 주의 말씀대로 나를 깨닫게 하소서. 나의 간구가 주의 앞에 달하게 하시고 주의 말씀대로 나를 건지소서. 주께서 율례를 내게 가르치시므로 내 입술이 찬송을 발할지니이다. 주의 모든 계명이 의로우므로 내 혀가 주의 말씀을 노래할지니이다.

시편 저자는 고난 중에 하나님께 부르짖으며 그의 도우심과 구원을 간구한다. 또 그는 하나님의 의로운 말씀을 노래하겠다고 말한다.

〔173-176절〕 내가 주의 법도를 택하였사오니 주의 손이 항상 나의 도움이 되게 하소서. 여호와여, 내가 주의 구원을 사모하였사오며 주의 법을 즐거워하나이다. 내 혼을 살게 하소서. 그리하시면 주를 찬송하리이다. 주의 규례가 나를 돕게 하소서. 잃은 양같이 내가 유리하오니 주의 종을 찾으소서. 내가 주의 계명을 잊지 아니함이니이다.

시편 저자는 하나님의 말씀을 택하고 즐거워했고 그의 도우심과 구원을 사모했고, 또 하나님의 도우심으로 그 영혼이 살게 되고 안정을 얻으면 하나님을 찬송하며 그의 계명을 잊지 않겠다고 말한다.

본문의 교훈을 정리해보자. 첫째로, 우리는 고난 중에 하나님께 전심으로 부르짖고 또 새벽에 부르짖어 기도하며 하나님의 구원과 도우심을 간구해야 한다. 물론 죄가 있을 때 회개하며 간구해야 한다. 그러면 하나님께서는 우리를 건지시고 심신에 회복과 새 힘을 주실 것이다.

둘째로, 우리는 고난 중에서도 하나님의 말씀을 주야로 묵상하고 그 말씀을 사랑하고 잊지 말고 즐거워하고 지키고 실행해야 한다. 그것이 고난 중에 승리하는 길이며 하나님의 도우심과 응답을 받는 길이다.

셋째로, 하나님의 말씀을 사랑하는 자들에게는 큰 평안이 있으며 그들의 앞에 장애물이 없을 것이다(165절). 악인에게는 평안이 없으나(사 48:22) 하나님을 경외하고 그의 말씀을 사랑하고 그의 뜻대로 사는 자는 큰 평안을 누릴 것이다. 우리는 오직 말씀과 기도로 살아야 한다.

120편: 거짓과 불화로부터 건지소서

성전에 올라가는 노래.

〔1-7절〕 내가 환난 중에 여호와께 부르짖었더니 내게 응답하셨도다. 여호와여, 거짓된 입술과 궤사한[속이는] 혀에서 내 생명을 건지소서. 너 궤사한[속이는] 혀여, 무엇으로 네게 주며 무엇으로 네게 더할꼬. 장사(壯士)의 날카로운 살과 로뎀나무 숯불이리로다. 메섹에 유하며 게달의 장막 중에 거하는 것이 내게 화로다. 내가 화평을 미워하는 자와 함께 오래 거하였도다. 나는 화평을 원할지라도 내가 말할 때에 저희는 싸우려 하는도다.

시편 저자는 환난 중에 있다. 그는 사람들의 비난을 받고 있다. 그는 그를 비난하는 거짓된 입술과 속이는 혀에 대해 말한다. 잠언은 하나님께서 마음에 미워하시는 것들 몇 가지를 꼽으면서 교만한 눈, 거짓된 혀, . . . 거짓을 말하는 망령된 증인, 형제 사이를 이간하는 자 등을 말했다(잠 6:16-19). 세상 사람들은 거짓말로 남을 비난한다. 그것은 악한 일이다. 그것은 성도들이 해서는 안 될 일이다. 하나님의 자녀들은 언제나 서로 진실한 말을 해야 한다.

또 시편 저자는 화평을 미워하는 자들과 오래 거했다고 말한다. 그는 메섹에 유하며 게달의 장막 중에 거했다고 말한다. 메섹은 오늘날 터어키 중부이고 게달은 사우디아라비아 북서부이다. 그는 유대 땅을 떠나 이방 세계에 거하고 있었던 것 같다. 그는 화평을 원할지라도 그가 말할 때 그의 주위의 이웃 사람들은 그와 싸우려 하였다.

주께서는 우리에게 서로 사랑하라는 새 계명을 주셨다(요 13:34). 사도 바울은 교훈하기를, "사랑엔 거짓이 없나니 악을 미워하고 선에 속하라. 형제를 사랑하여 서로 우애하고 존경하기를 서로 먼저 하라"고 했고(롬 12:9-10), 또 "아무에게도 악으로 악을 갚지 말고 모든 사람 앞에서 선한 일을 도모하라. 할 수 있거든 너희로서는 모든 사람으로 더불어 평화하라"고 했다(롬 12:17-18). 또 그는 에베소서에서

"너희는 모든 악독과 노함과 분냄과 떠드는 것과 훼방하는 것을 모든 악의와 함께 버리고 서로 인자하게 하며 불쌍히 여기며 서로 용서하기를 하나님이 그리스도 안에서 너희를 용서하심과 같이 하라"고 말했다(엡 4:31-32). 야고보는 야고보서 3:13-18에서 교훈하기를, "너희 중에 지혜와 총명이 있는 자가 누구뇨? 그는 선행으로 말미암아 지혜의 온유함으로 그 행함을 보일지니라. 그러나 너희 마음 속에 독한 시기와 다툼이 있으면 자랑하지 말라. 진리를 거스려[거슬러] 거짓하지 말라. 이러한 지혜는 위로부터 내려온 것이 아니요 세상적이요 정욕적이요 마귀적이니 시기와 다툼이 있는 곳에는 요란과 모든 악한 일이 있음이니라. 오직 위로부터 난 지혜는 첫째 성결하고 다음에 화평하고 관용하고 양순하며 긍휼과 선한 열매가 가득하고 편벽과 거짓이 없나니 화평케 하는 자들은 화평으로 심어 의의 열매를 거두느니라"고 하였다. 그러나 하나님을 알지 못하는 세상 사람들은 서로 미워하고 다툰다. 그들은 화평을 미워하는 자들이다.

시편 저자는 환난 중에 하나님께 부르짖어 기도하였다. 하나님을 믿는 자는 어려운 일을 당할 때 하나님께 기도해야 한다. 환난 날에 하나님께 부르짖어 기도하는 자는 어려운 문제의 해결을 얻는다. 시편 3:4, "내가 나의 목소리로 여호와께 부르짖으니 그 성산에서 응답하시는도다." 시편 50:15는 "환난 날에 나를 부르라. 내가 너를 건지리니 네가 나를 영화롭게 하리로다"고 약속했고, 예레미야 29:12-13은 "너희는 내게 부르짖으며 와서 내게 기도하면 내가 너희를 들을 것이요 너희가 전심으로 나를 찾고 찾으면 나를 만나리라"고 했다.

주께서도 "구하라 그러면 너희에게 주실 것이요, 찾으라 그러면 찾을 것이요, 문을 두드리라 그러면 너희에게 열릴 것이니, 구하는 이마다 얻을 것이요 찾는 이가 찾을 것이요 두드리는 이에게 열릴 것이니라. 너희 중에 누가 아들이 떡을 달라 하면 돌을 주며 생선을 달라

하면 뱀을 줄 사람이 있겠느냐? 너희가 악한 자라도 좋은 것으로 자식에게 줄 줄 알거든 하물며 하늘에 계신 너희 아버지께서 구하는 자에게 좋은 것으로 주시지 않겠느냐?"고 말씀하셨고(마 7:7-11) 또 그는 "너희가 내 이름으로 무엇을 구하든지 내가 시행하리니 이는 아버지로 하여금 아들을 인하여 영광을 얻으시게 하려 함이라. 내 이름으로 무엇이든지 내게 구하면 내가 시행하리라"고 하셨다(요 14:13-14). 기도는 성도의 특권이며 특히 환난 날에 바른 대책이다.

시편 저자는 하나님의 기도 응답을 체험하였다. 그는 1절에서 "내가 환난 중에 여호와께 부르짖었더니 내게 응답하셨도다"라고 말한다. 그는 하나님께 거짓된 입술과 속이는 혀에서 그의 생명을 건지시기를 간구하였는데, 하나님께서 응답하셨다. 그는 그를 비난하는 자들로부터 구원을 얻었다. 또 하나님께서는 그를 비난한 악한 자들을 징벌하셨다. 그는 그들에게 용사의 날카로운 화살을 보내주셨고 로뎀 나무의 숯불을 부어주셨다. 그것은 악인들에게 큰 화가 되었을 것이다. 그들은 치명적 재앙을 당하였다고 보인다. 다윗은 시편 65:2에서, "기도를 들으시는 주여, 모든 육체가 주께 나아오리이다"라고 말했다. 하나님께서는 살아계셔서 우리의 기도를 들어주시기 때문에 우리는 어떤 문제가 있을 때마다 하나님께 나아가 기도한다.

시편 120편의 교훈을 정리해보자. 첫째로, 우리는 환난 중에 부르짖어 기도하며 모든 문제를 하나님께 의탁해야 한다. 1절, "내가 환난 중에 여호와께 부르짖었더니 내게 응답하셨도다." 기도는 성도의 특권이며 복이다. 기도하는 성도는 어려운 문제의 해결을 얻을 것이다.

둘째로, 우리는 모든 거짓을 버리고 진실한 말을 하고 서로 사랑하고 화목해야 한다. 주께서는 우리에게 "서로 사랑하라"는 새 계명을 주셨다. 사도 바울도 "형제를 사랑하여 서로 우애하고" "할 수 있거든 너희로서는 모든 사람으로 더불어 평화[화목]하라"고 교훈했다(롬 12:10, 18).

121편: 하나님께서 지키시리라

성전에 올라가는 노래.

[1-2절] 내가 산(헤하림 הֶהָרִים)[그 산들]**을 향하여 눈을 들리라. 나의 도움이 어디서 올꼬. 나의 도움이 천지를 지으신 여호와에게서로다.**

시편 저자는 예루살렘 성 주위의 산들을 바라보며 그의 도움이 이 세상의 그 어떤 것으로부터가 아니고 천지를 지으신 하나님께로부터 온다고 고백했다고 보인다. 우리의 참된 도움은 유능한 부모님, 성공한 자녀, 세상의 권력가, 돈 많은 부자에게서 오는 것이 아니다. 그런 도움은 다 제한적이며 변할 수 있다. 우리는 세상의 것들을 자랑하거나 의지하지 말아야 한다. 우리는 우리의 건강이나 돈이나 지식이나 지혜나 세상 권력을 의지해서는 안 된다. 우리의 참된 도움은 천지를 지으신 여호와께로부터 온다. 여호와께서는 태초에 무(無)로부터 오직 말씀으로 천지만물을 창조하셨고 천지만물을 홀로 다스리신다. 전능하신 그 하나님만 우리의 참 도움이 되신다. 천지만물을 창조하신 전능하신 하나님께서는 이스라엘 백성을 사랑하셨고 자기 백성으로 택하셨고 그의 임재의 영광을 시온산과 그 성전에 두셨다.

[3-4절] 여호와께서 너로 실족지 않게 하시며 너를 지키시는 자가 졸지 아니하시리로다. 이스라엘을 지키시는 자는 졸지도 아니하고 주무시지도 아니하시리로다.

여호와 하나님께서는 우리로 실족지 않게 지키신다. 실족한다는 말은 일상 생활에서 실수하고 실패하는 것을 뜻할 수도 있고 하나님의 계명을 어겨 범죄하는 것을 뜻할 수도 있다. 물론 우리는 때때로 실수하고 실패하며 범죄한다. 그러나 하나님께서 택하시고 구원하신 자들은 그때마다 다시 일어나 하나님을 의지하며 그에게 나아오며 결과적으로 승리하는 자가 될 것이다. 그는 마침내 하나님의 계명을 순종하는 자가 되고 장차 영생의 나라에 들어갈 뿐 아니라, 세상에서도 복을 누릴 것이다. 하나님께서는 특히 우리가 바른 길을 벗어나거나 마귀의 시험과 올무에 걸려 범죄하지 않도록 우리를 지켜주신다. 그는 피곤하여 졸거나 주무심이 없이 늘 깨어 우리를 지켜주신다.

하나님께서는 그가 택하시고 독생자 예수 그리스도의 피로 구속(救贖)하신 자들을 결코 버리지 않으실 것이다. 구원 얻은 성도는 그 은혜 안에서 끝까지 견딜 것이다. 예수께서는 "내가 저희에게 영생을 주노니 영원히 멸망치 아니할 터이요 또 저희를 내 손에서 빼앗을 자가 없느니라. 저희를 주신 내 아버지는 만유보다 크시매 아무도 아버지 손에서 빼앗을 수 없느니라"고 말씀하셨다(요 10:28-29). 또 사도 바울은 빌립보서 1:6에서 "너희 속에 착한 일을 시작하신 이가 그리스도 예수의 날까지 이루실 줄을 우리가 확신하노라"고 말하였다.

우리가 사는 이 세상은 마귀와 악령들의 활동이 있고 죄악된 일들이 많은 위험한 세상이다. 그러나 우리는 하나님께서 우리를 지켜주실 것을 믿고 두려워하지 않는다. 이사야 41:10, 14, "두려워 말라. 내가 너와 함께함이니라. 놀라지 말라. 나는 네 하나님이 됨이니라. 내가 너를 굳세게 하리라. 참으로 너를 도와 주리라. 참으로 나의 의로운 오른손으로 너를 붙들리라," "지렁이 같은 너 야곱아, 너희 이스라엘 사람들아, 두려워 말라. 나 여호와가 말하노니 내가 너를 도울 것이라. 네 구속자(救贖者)는 이스라엘의 거룩한 자니라." 주 예수께서는 그를 믿고 따르는 제자들에게 "볼지어다, 내가 세상 끝날까지 너희와 항상 함께 있으리라"고 말씀하셨다(마 28:20).

〔5-8절〕 여호와는 너를 지키시는 자라. 여호와께서 네 우편에서 네 그늘이 되시나니 낮의 해가 너를 상치 아니하며 밤의 달도 너를 해치 아니하리로다. 여호와께서 너를 지켜 모든 환난을 면케 하시며 또 네 영혼을 지키시리로다. 여호와께서 너의 출입을 지금부터 영원까지 지키시리로다.

하나님께서 우리를 지켜주시면 혹독한 더위도 혹독한 추위도 우리를 해치지 못할 것이다. 하나님께서는 우리를 지키셔서 우리로 모든 환난을 면케 하시며 또 우리의 영혼을 지키실 것이다. 다윗은 시편 18:1-2에서 "나의 힘이 되신 여호와여, 내가 주를 사랑하나이다. 여호와는 나의 반석이시요 나의 요새시요 나를 건지시는 자시요 나의 하나님이시요 나의 피할 바위시요 나의 방패시요 나의 구원의 뿔이시요 나의 산성이시로다"라고 말했다. 또 시편 91:1-4, 7은, "지존자의 은밀한 곳에 거하는 자는 전능하신 자의 그늘 아래 거하리로다. 내가 여호와를 가리켜 말하기를 저는 나의 피난처요 나의 요새요 나의 의뢰하는 하나님이라 하리니 이는 저가 너를 새 사냥꾼의 올무에서와 극한 염병에서 건지실 것임이로다. 저가 너를 그 깃으로 덮으시리니 네가 그 날개 아래 피하리로다," "천인이 네 곁에서, 만인이 네 우편에서 엎드러지나 이 재앙이 네게 가까이 못하리로다"라고 말했다.

시편 121편의 교훈을 정리해보자. 첫째로, 우리의 참 도움은 하나님뿐이시다. 그는 온 세상을 창조하신 자이시며 섭리하시는 자이시다. 그는 전능자이시다. 그는 우리를 사랑하시고 택하셔서 구원하셨다. 그는 우리를 위하신다. 그러므로 우리는 세상을 의지하지 말고 자신을 의지하지 말고 자신의 건강이나 돈을 의지하지 말고 돈 있는 사람이나 세상 권세를 가진 사람을 의지하지 말고 오직 하나님을 의지해야 한다. 또 우리는 우리나라의 안보에 관해서도, 비록 미국을 통해 자유민주주의를 알게 되었고 북한 공산주의자들의 침략과 남한의 공산화를 막을 수 있었을지라도, 미국을 의지하지 말고 오직 하나님만 의지해야 한다.

둘째로, 하나님께서는 우리를 세상 끝날까지 지켜주시고 모든 환난에서 건져주실 것이다. 세상에는 마귀와 악령들의 시험과 죄악된 일들이 많으나 우리가 낙심하거나 두려워하지 않는 것은 하나님께서 우리를 끝까지 지키시고 보호하실 것을 믿기 때문이다. 그러나 우리는 늘 깨어 기도해야 하고 성경말씀을 힘써 읽고 듣고 믿고 행해야 한다.

122편: 예루살렘을 사랑하며 축복함

다윗의 시 곧 성전에 올라가는 노래.

〔1절〕 사람[사람들]**이 내게 말하기를 여호와의 집에 올라가자 할 때에 내가 기뻐하였도다.**

다윗 시대에는 법궤와 거기에 친 장막이 성막을 대신해 '주의 계신 집'(시 26:8), '여호와의 집'(시 27:4)이라 불리었다고 보인다. 다윗은 혼자 여호와의 집에 올라갈 뿐 아니라, 서로 권면하여 올라가는 일을 기뻐했다. 하나님의 백성이 하나님의 집으로 올라가는 것은 하나님께 예배드리고 찬송하고 기도하고 그의 말씀을 듣기 위해서이다.

구약시대의 성막과 성전은 일차적으로 예수 그리스도를 상징했고 또한 신약 교회를 상징했다(요 2:21; 고전 3:16). 우리는 시시때때로 교회로 모여 하나님께 예배드리며 찬송하며 기도하고 성경을 읽고 해석하며 듣는다. 우리는 모이기를 폐하지 말고 서로 권면하여 예수 그리스도의 재림의 날이 가까움을 볼수록 모이기를 힘써야 한다. 히브리서 10:25, "모이기를 폐하는 어떤 사람들의 습관과 같이 하지 말고 오직 권하여 그 날이 가까움을 볼수록 더욱 그리하자."

구주 예수 그리스도의 피로 죄씻음 받은 하나님의 참된 백성들은 창조자와 섭리자이신 하나님을 기뻐하며 또 하나님의 말씀 듣기를 좋아하며 또 성령을 따라 행함으로 기쁨의 열매를 맺는다. 그런 자들은 하나님께 예배드리기 위해 다른 교우들과 함께 예배당에 올라갈 때에 기뻐할 것이다. 사람이 하나님을 섬기는 일은 기쁜 일이다.

〔2-5절〕 예루살렘아, 우리 발이 네 성문 안에 섰도다. 예루살렘아, 너는 조밀한 성읍과 같이 건설되었도다. 지파들 곧 여호와의 지파들이 여호와의 이름에 감사하려고 이스라엘의 전례[규례]**대로 그리로 올라가는도다.** [이는] **거기 판단의 보좌를 두셨으니**[두셨음이니] **곧 다윗 집의 보좌로다.**

법궤가 있는 예루살렘 성은 복된 성이다. 성도들의 발은 그 성문 안에 선다. 다윗은 예루살렘 성이 조밀한 성읍, 즉 집들이 밀집해 있는 성같이 건설되었다고 말한다. 예루살렘 성은 본래 여부스 사람들이 살던 곳인데, 다윗이 그곳을 점령하여 다윗 성으로 만들었다. 그 성은 본래 남북의 길이가 약 400미터 정도밖에 안 되는 작은 성이었고 확장된 후에도 동서나 남북의 길이가 1킬로미터 정도의 작은 성에 불과하다. 하나님의 언약 백성인 이스라엘의 열두 지파들은 그들의 규례대로 그리로 올라간다. 거기에 다윗의 왕궁이 있고 백성을 판단하는 보좌도 있다. 예루살렘 성은 종교적, 정치적, 행정적 중심지이었다. 이스라엘 백성은 예루살렘 성 중심으로 살아야 하였다.

〔6-8절〕 예루살렘을 위하여 평안을 구하라. 예루살렘을 사랑하는 자는 형통하리로다. 네 성 안에는 평강이 있고 네 궁중에는 형통이 있을지어다. 내가 내 형제와 붕우[친구들]**를 위하여 이제 말하리니 네 가운데 평강이 있을지어다.**

다윗은 "예루살렘을 위하여 평안을 구하라"고 말한다. 예루살렘 성은 하나님의 집이 있는 곳이며, 거기에는 하나님의 법궤가 있고 하나님께 드리는 제사가 있고 제사장들과 레위인들의 찬양과 기도가 있는 곳이다. 또 예루살렘 성은 이스라엘 왕 다윗의 보좌가 있는 곳이다. 그러므로 예루살렘의 평안을 간구하는 것은 하나님의 집의 평안과 다윗 왕가의 평안을 간구하는 것이며, 그것은 온 이스라엘 백성의 평안이 될 것이다.

다윗은 또 "예루살렘을 사랑하는 자는 형통하리로다"라고 말한다. 예루살렘 성을 사랑하는 자는 하나님을 사랑하는 자이며 하나님의 집을 사랑하고 하나님의 언약의 법궤를 사랑하는 자이다. 복의 근원이신 하나님께서는 그를 경외하고 사랑하며 그가 명한 법도와 규례를 지키고자 하는 자들에게 형통의 복을 주실 것이다.

다윗은 또다시 "네 성 안에는 평강이 있고 네 궁중에는 형통이 있을지어다"라고 말한다. 예루살렘 성 안에 평안이 있어야 하고 그의 왕궁에 형통이 있어야 할 것이다. 다윗은 또 "내가 내 형제와 친구들을 위하여 이제 말하리니 네 가운데 평강이 있을지어다"라고 말한다. 예루살렘 성이 평안해야 다윗의 왕가와 신하들의 삶과 온 이스라엘 백성의 심령과 삶이 평안할 것이다.

이것은 오늘날 하나님을 경외하고 주 예수 그리스도를 믿어 구원얻은 모든 백성에게 어떤 뜻이 되겠는가? 이것은 그들이 속한 교회의 평안과 형통에 적용될 것이다. 우리의 교회가 평안하며 형통할 때 우리는 평안하고 형통할 것이다. 그것은 우리가 교회의 공적 예배일인 주일마다 예배당에 올라와 하나님을 섬기며 하나님께 찬송하며 기도하며 또 성경을 읽고 성경의 교훈을 사모하며 듣고 받기 때문이다.

[9절] 여호와 우리 하나님의 집을 위하여 내가 네 복을 구하리로다.

'여호와 우리 하나님의 집을 위하여'라는 말은 '여호와 우리 하나님의 집 때문에'라는 뜻이다. 예루살렘 성이 평안하여야 하나님의 집도 평안하고 하나님을 섬기는 예배와 찬송과 기도도 잘 행할 수 있을 것이다. 교회가 평안해야 교인들의 심령과 삶도 평안할 것이다. 그들은 시시때때로 예배당에 모여 하나님을 섬기며 찬송하고 기도하며 성경의 교훈을 받을 것이다.

시편 122편의 교훈을 정리해보자. 첫째로, 구약시대의 성막과 성전은 신약시대에 주 예수 그리스도를 상징한다. 우리는 주 예수 그리스도를 기뻐하고 사랑하며 찬송하며 존귀와 감사와 영광을 항상 돌려야 한다.

둘째로, 구약시대의 예루살렘 성은 신약시대에 교회를 상징한다. 우리는 우리의 교회와 교우들을 축복해야 한다. 우리가 교회와 성도들을 축복해야 할 이유는 그들에게 주 예수님의 이름이 있기 때문이다.

셋째로, 우리는 교회 때문에 우리나라와 도시들도 축복해야 한다. 우리는 교회의 평안 때문에 우리나라와 도시들의 평안도 기도해야 한다.

123편: 멸시 중에 하나님의 긍휼을 구함

성전에 올라가는 노래.

〔1절〕 하늘에 계신 주여, 내가 눈을 들어 주께 향하나이다.

하나님께서는 하늘에 계신다. 에녹과 엘리야는 하늘로 올리웠다(창 5:24; 왕하 2:11). 모세는 하나님께서 그의 거룩한 처소 하늘에서 내려보시고 그의 백성 이스라엘에게 복 주시기를 기도하라고 말했다(신 26:15). 솔로몬은 성전을 짓고 봉헌하며 기도할 때 하늘을 향하여 손을 폈고 하나님께서 이스라엘 백성의 기도를 그의 계신 곳 하늘에서 들으시기를 여덟 번 반복해 말했다(왕상 8장). 이사야는 "주여, 하늘에서 굽어살피시며 주의 거룩하고 영화로운 처소에서 보옵소서"라고 말했다(사 63:15). 다니엘서나 느헤미야서에도 '하늘에 계신 하나님'과 '하늘의 하나님'이라는 말이 여러 번 나온다(단 2:18, 19, 28, 37, 44; 느 1:4, 5; 2:4). 주께서는 제자들에게 기도를 가르치실 때 하나님을 "하늘에 계신 우리 아버지여"라고 부르라고 말씀하셨고(마 6:9), 떡 기적을 일으키시기 전에 하늘을 우러러 감사의 기도를 올리셨다(마 14:19). 우리는 하늘에 계신 하나님을 믿고 그에게 기도해야 한다.

〔2-4절〕 종의 눈이 그 상전의 손을, 여종의 눈이 그 주모의 손을 바람같이 우리 눈이 여호와 우리 하나님을 바라며 우리를 긍휼히 여기시기를 기다리나이다. 여호와여, 우리를 긍휼히 여기시고 긍휼히 여기소서. 심한 멸시가 우리에게 넘치나이다. 평안한 자(핫솨아난님 הַשַּׁאֲנַנִּים)[안이한 자들, 거만한 자들](BDB)**의 조소와 교만한 자의 멸시가 우리 심령에 넘치나이다.**

시편 저자는, 거만한 자들의 많은 조소와 교만한 자들의 멸시 속에서 하나님께 우리를 긍휼히 여기시기를 반복하여 기도한다. 하나님의 공의 앞에 설 자는 아무도 없다. 우리가 하나님의 자녀가 된 것은 만세 전에 하나님의 긍휼의 선택 때문이었다. 우리가 죄사함을 받았고 의롭다 하심을 얻었고 영원한 생명을 얻은 것도 그의 긍휼 때문이었고, 이 세상 사는 동안 우리가 우리의 원수들을 이기고 환난에서 건짐 받는 것도 그의 긍휼 때문이다. 하나님께서 우리의 기도를 들어주시는 것도 하나님의 긍휼 때문이다. 그러므로 우리는 늘 구주 예수 그리스도의 이름으로 기도한다. 우리가 이 세상에서 당하는 고난은 우리의 부족한 행위를 생각하면 큰 것이 아니다. 우리는 그의 긍휼 때문에 구원을 얻었고 항상 보호하심과 돌보심을 얻는다.

하나님의 뜻은 우리가 서로 사랑하는 것이며 사랑은 선하고 진실한 것이다. 로마서 12:9-10, "사랑엔 거짓이 없나니 악을 미워하고 선에 속하라. 형제를 사랑하여 서로 우애하고 존경하기를 서로 먼저 하며." 죄는 이기심과 욕심으로 나타나며 그것은 싸움과 분쟁을 일으킨다. 갈라디아서 5장에서, 사도 바울은 몸의 죄성에서 나오는 17가지 일들(전통사본)을 열거하는 중 음란에 관한 것 4개, 우상숭배에 관한 것 2개, 원수 맺음에 관한 것 9개, 술취함에 관한 것 2개를 열거하였다(갈 5:19-21). 그러나 이런 것들과 대조하여 성령의 열매는 사랑과 화평과 오래 참음과 자비와 선함과 온유 등이다. 바울은 빌립보서에서 성도들에게 자기들보다 남을 낫게 여기라고 교훈하였다(빌 2:3). 또 야고보도 위로부터 난 지혜는 첫째 성결하고 그 다음에 화평하고 관용[온유]하고 양순하고 긍휼과 선함이 많다고 말하였다(약 3:17).

시편 123편의 교훈을 정리해보자. 첫째로, 우리는 하늘에 계신 하나님, 영원하시고 살아계신 참 하나님을 믿고 그를 의지하며 바라야 한다.

둘째로, 우리는 조소와 멸시를 당하는 고난 중에도 하나님의 긍휼만 의지하며 구원을 간구해야 한다. 우리의 의는 예수 그리스도밖에 없다.

셋째로, 우리는 하나님의 크신 은혜와 긍휼로 죄사함과 의롭다 하심의 구원을 얻은 자답게 다른 사람을 멸시하지 말고 모든 사람을 사랑하고 원수까지라도 사랑하고 긍휼히 여기는 선한 인격자가 되어야 한다.

124편: 우리편에서 우리를 도우심

다윗의 시 곧 성전에 올라가는 노래.

〔1-8절〕 이스라엘은 이제 말하기를 여호와께서 우리편에 계시지 아니하시고 사람들이 우리를 치러 일어날 때에 여호와께서 우리편에 계시지 아니하셨더면 그때에 저희의 노가 우리를 대하여 맹렬하여 우리를 산 채로 삼켰을 것이며 그때에 물이 우리를 엄몰하며 시내가 우리 영혼을 잠갔을 것이며 그때에 넘치는 물이 우리 영혼을 잠갔을 것이라 할 것이로다. 우리를 저희 이에 주어 씹히지 않게 하신 여호와를 찬송할지로다. 우리 혼이 새가 사냥꾼의 올무에서 벗어남같이 되었나니 올무가 끊어지므로 우리가 벗어났도다. 우리의 도움은 천지를 지으신 여호와의 이름에 있도다.

다윗은 사람들이 우리를 치러 일어났고, 사람들의 노가 마치 강물의 삼킴같이 우리를 향해 맹렬하였고, 사람들이 사냥꾼처럼 우리를 잡으려 했다고 말한다. 이 세상에는 우리를 삼키려는 원수들이 많다. 그 원수들의 우두머리는 타락한 천사인 사탄이다. 그를 돕는 타락한 천사들 곧 악령들도 다 우리의 원수들이며, 또 그의 도구들로 말하고 행동하는 악한 자들도 그러하다. 이 세상과 이 세상의 죄악된 문화는 마귀의 세력 아래 있어서 악하고 저항적이고 폭력적이고 음란하고 거짓되다. 또 세상에는 그것을 퍼뜨리는 자들이 많이 있다.

그리스도인의 세상 생활은 원수들과의 싸움의 생활이다. 이 싸움은 우리 속에도, 밖에도 있다. 구원 얻은 성도들에게도 죄성이 남아 있어서 우리는 그 남은 죄성과 항상 싸운다. 그 죄성은 세상의 죄악된 풍조와 다를 바 없는 죄악된 요소들, 즉 교만하고 부당하게 이웃을 미워하고 음란하고 속이는 성질이다. 마귀는 어떻게 하든지 우리를 범죄케 하려 한다. 우리는 항상 우리 속의 죄악된 성질과 싸운다.

사도 바울은 에베소서 6장에서 "너희가 주 안에서와 그 힘의 능력으로 강건하여지고 마귀의 궤계를 능히 대적하기 위하여 하나님의 전신갑주를 입으라. 우리의 씨름은 혈과 육에 대한 것이 아니요 정사와 권세와 이 어두움의 세상 주관자들과 하늘에 있는 악의 영들에게 대함이라"고 말했다(엡 6:10-12). 또 사도 베드로도 베드로전서 5장에서 "근신하라. 깨어라. 너희 대적 마귀가 우는 사자같이 두루 다니며 삼킬 자를 찾나니 너희는 믿음을 굳게 하여 저를 대적하라"고 말했다(벧전 5:8-9). 우리는 세상에서 영적 전쟁 중에 산다.

교회 역사상, 신약교회는 유대인들과 로마 황제들의 핍박, 천주교회와 이슬람 제국의 핍박을 경험했다. 로마 황제들의 심한 핍박 때문에 초대교회의 성도들은 카타콤이라는 지하 묘지 동굴에서 생활했었고 많은 순교자들이 생겼고, 또 천주교의 핍박 때문에 많은 신실한 성도들이 고문과 죽임을 당하였고 산속으로 도피하여 생활한 자들도 있었다. 천주교회는 1,200년 동안 약 5,000만명을 죽게 했다고 알려진다. 그것은 1년에 평균 4만명의 사람들이 죽임을 당했다는 것을 뜻한다. 미국을 건립한 초기 건립자들 중에는 천주교회의 핍박을 피하여 신앙의 자유를 누리려고 갔던 믿는 성도들이 많았고 그래서 오늘날까지도 미국 대통령은 성경에 손을 얹고 취임 선서를 한다.

우리나라의 교회들과 성도들은 과거에 일본 군국주의자들과 북한의 공산주의자들의 많은 핍박과 순교를 경험했다. 일본 제국은 한국인들에게 신사참배를 강요하였다. 거기에 반대하던 많은 성도들이 옥에 갇혔고 죽임을 당하기도 하였다. 그런 성도들을 중심으로 이루어진 교단이 예장 고신 교단이다. 또 북한 공산주의자들에 의해서도 많은 사람들이 핍박과 순교를 당했다. 지금도 북한에는 신앙의 자유가 없다. 거기에서는 성경책을 소유할 수도 없고 드러나게 읽을 수도 없고 구입할 수도 없고 자유로이 예배를 드릴 수도 없고 또 찬송가를 부를 수도 없다. 한국의 예루살렘이라고 불렸던 평양은 지금 공산당의 본거지가 되었고 한두 개의 전시용 예배당만 남았고 예배당들은 다 폐쇄되었다. 1917년 이후, 공산주의는 세계에서 약 1억명을 죽게 했는데, 그 중에는 많은 성도들이 포함되었다.

다윗은 하나님께서 우리편에 계시지 않았더라면, 원수들의 노가 우리를 산 채로 삼켰을 것이며, 그들의 이(齒)에 우리가 씹혔을 것이며, 우리는 올무에 걸려 사냥꾼 같은 그들의 밥이 되었을 것이지만, 하나님께서 우리를 그들의 이에 씹히지 않게 하셨고 그들의 올무를 끊어주셔서 그 올무에서 벗어나게 하셨다고 말한다.

다윗은 자신들을 도우시고 구원하신 창조자 하나님을 찬송한다. 특별한 경우, 순교하는 일도 있지만, 일반적으로 하나님을 경외하며 의롭게 사는 성도들은 세상에서 하나님의 도움과 구원을 체험한다.

시편 124편의 교훈을 정리해보자. 첫째로, 세상에는 우리를 삼키려는 원수들, 즉 사탄과 악령들과 악한 자들이 많다. 세상은 영적 전쟁터이다. 이 영적 싸움은 하나님의 자녀들의 안과 밖에서 일어나고 있다.

둘째로, 그러나 천지를 지으신 하나님께서는 그를 경외하고 의지하며 그의 뜻대로 살고자 하는 자들의 편에 계시고 그들을 도우시고 구원하신다. 신명기 3:22, "너희 하나님 여호와 그가 너희를 위하여 싸우시리라." 시편 35:1, "여호와여, 나와 다투는 자와 다투시고 나와 싸우는 자와 싸우소서." 하나님께서는 우리와 싸우는 자와 싸우신다.

셋째로, 하나님께서는 모든 일이 합력하여 선을 이루게 하시고 우리로 항상 승리케 하신다. 사도 바울은 로마서 8장에서 우리가 비록 죄성을 가진 연약한 존재이지만, 하나님께서 모든 일을 합력하여 선(특히 성화)을 이루시며(28절) 하나님께서 우리를 위하시므로 우리를 대적할 자는 없고(31절) 환난이나 곤고나 핍박이나 기근이나 헐벗음이나 위험이나 칼이 우리를 그리스도의 사랑에서 끊을 수 없으며(35절) 우리가 이 모든 일에서 그리스도로 말미암아 넉넉히 이기며(37절) 또 세상의 그 무엇도 우리를 하나님의 사랑에서 끊을 수 없다고 말했다(38-39절).

125편: 하나님을 믿는 자는 요동치 않음

성전에 올라가는 노래.

〔1절〕 여호와를 의뢰하는 자는 시온산이 요동치 아니하고 영원히 있음 같도다.

바다는 때때로 요동하지만 산은 언제나 변함 없이 서 있듯이, 하나님을 의지하는 자는 영원히 요동치 않을 것이다. 세상 사람들은 돈을 의지한다. 그러나 돈은 어느 날 독수리처럼 날개를 달고 날아갈 수 있는 허무한 것이다. 잠언 23:5, "네가 어찌 허무한 것에 주목하겠느냐? 정녕히 재물은 날개를 내어 하늘에 나는 독수리처럼 날아가리라." 화재나 건물붕괴사고나 중병으로 인한 수술과 치료 등은 짧은 기간에 많은 금액의 돈을 소모시킨다. 더욱이, 하나님의 진노의 날에 돈은 소용이 없게 된다. 에스겔 7:19, "그들이 그 은을 거리에 던지며 그 금을 오예물같이 여기리니 이는 여호와 내가 진노를 베푸는 날에 그 은과 금이 능히 그들을 건지지 못하며 능히 그 심령을 족하게 하거나 그 창자를 채우지 못하고 오직 죄악에 빠치는 것이 됨이로다."

사람들은 군대의 힘이나 정치 권력을 의지한다. 그러나 군대의 힘이나 세상 권력도 무너질 날이 있다. 그러므로 시편 146:3-6은, "방백들을 의지하지 말며 도울 힘이 없는 인생도 의지하지 말지니 그 호흡이 끊어지면 흙으로 돌아가서 당일에 그 도모가 소멸하리로다. 야곱의 하나님으로 자기 도움을 삼으며 여호와 자기 하나님에게 그 소망을 두는 자는 복이 있도다. 여호와는 천지와 바다와 그 중의 만물을 지으시며 영원히 진실함을 지키시며 압박 당하는 자를 위하여 공의로 판단하시며 주린 자에게 식물을 주시는 자시로다"라고 말했다.

우리가 돈이나 세상 권력을 의지하지 않고 하나님만 의지하는 것은 하나님께서 살아계신 전능자이시며 요동함이 없으시고 영원하시고 불변하시기 때문이다(시 102:26-28; 말 3:6).

〔2절〕 산들이 예루살렘을 두름과 같이 여호와께서 그 백성을 지금부터 영원까지 두르시리로다.

하나님의 백성은 영원히 하나님의 보호하심을 받는다. 그들에게는 영원한 생명이 있고 영원한 천국이 있다. 주 예수께서는 유일하신 참 하나님과 그의 보내신 예수 그리스도를 아는 것이 영생이라고 말씀하셨다(요 17:3). 영원하신 하나님 안에 영원한 생명이 있다. 죽지 않는 영원한 생명은 하나님께만 있다. 또 그가 주시는 천국은 요동치 않는 영원한 나라이다. 히브리서 12:28은, "그러므로 우리가 진동치 못할 나라를 받았은즉 은혜를 받자"고 권면하였다.

〔3-5절〕 악인의 권세가 의인의 업[땅](NASB, NIV)**에 미치지 못하리니 이는 의인으로 죄악에 손을 대지**[죄악을 행치] **않게 함이로다. 여호와여, 선인(善人)에게와 마음이 정직한 자에게 선을 행하소서.** [그러나] **자기의 굽은 길로 치우치는 자를 여호와께서 죄악을 짓는 자와 함께 다니게 하시리로다. 이스라엘에게는 평강이 있을지어다.**

악인이 아무리 권력이 있다 할지라도 의인의 땅, 곧 의인에게 주신 기업에 미치지 못할 것이다. 왜냐하면 하나님께서 의인을 지키시고 의인이 범죄하지 않도록 지키시기 때문이다. 하나님께서는 악인의 권세가 의인의 땅에 미치지 못하게 섭리하실 것이다. 그는 선한 자들과 마음이 정직한 자들 곧 진실한 성도들에게 좋은 것을 주실 것이다. 그러나 반면에 악한 자들이나 자기의 굽은 길로 치우치는 자들은 한 가지 목적지에 이를 것인데 그것은 영원한 멸망의 처소이다. 시편 1:6은, "대저 의인의 길은 여호와께서 인정하시나 악인의 길은 망하리로다"라고 말한다. 그것은 악인들에게 내리시는 하나님의 공의의 형벌이다. 그러나 하나님을 참으로 경외하며 의지하며 그의 계명에 순종하는 참된 이스라엘 백성에게는 평안이 있을 것이다. 악인들에게는 평안이 없지만, 의인들에게는 평안이 넘칠 것이다. 하나님을 경외하고 의지하고 그의 계명대로 사는 자들에게는 평안이 넘칠 것이다.

시편 125편의 교훈을 정리해보자. 첫째로, 하나님을 의지하는 사람은 요동치 않을 것이다. 세상을 창조하신 전능하신 하나님, 지금도 살아계신 하나님, 영원불변하신 하나님을 의지하는 자는 이 세상에서 요동치 않을 것이다. 하나님께서는 그를 지켜주실 것이다. 그는 악인의 권세가 의인의 기업에 미치지 못하게 하실 것이다. 우리는 이 세상에서 사망의 음침한 골짜기를 통과할 때 그의 지팡이와 막대기로 보호하심과 인도하심을 얻을 것이다. 그러므로 우리는 영원불변하신 하나님만 의지해야 한다. 그러면 우리는 이 불확실하고 요동하는 바다 같은 세상에서도 요동치 않을 것이며 하나님의 돌보심과 도우심을 경험할 것이다.

둘째로, 그러나 돈을 의지하거나 세상 권력을 의지하는 자는 허망한 실패를 경험할 것이다. 돈과 세상 권력은 세상 사는 동안 일시적으로는 유익을 줄 수 있으나 영원한 유익을 주지는 못한다. 세상의 것들은 어느 날 갑자기 하나님께서 재앙을 내리실 때 사라질 수 있다. 하나님께서 지켜주시면 그것들이 계속 유익이 될 수도 있으나, 하나님께서 사라지게 하시면 그것들은 사라져 버릴 것이다. 그러므로 돈이나 세상 권력 같은 세상의 것들을 의지하는 것은 헛된 일이다. 우리는 전도서의 교훈대로 이 세상 것들이 다 헛되다는 것을 분명히 알아야 한다.

셋째로, 하나님의 백성은 이 세상에서뿐 아니라, 영원토록 하나님의 보호하심을 받을 것이다. 하나님께서는 그를 경외하며 의지하고 그의 계명대로 살려고 하는 자들이 천국에서 영원하고 복된 생명을 누리게 하실 것이다. 세상의 죄악된 일들을 버리고 예수 그리스도를 믿고 하나님의 계명과 교훈대로 사는 자들은 누구나 영원한 천국에 넉넉히 들어가게 될 것이다(요일 5:13; 벧후 1:10-11). 죄인들과 악인들은 하나님의 공의의 심판을 받아 영원한 멸망에 이를 것이지만, 하나님을 경외하고 그를 믿고 순종하는 자들은 평안과 영생을 누릴 것이다. 그러므로 우리는 세상의 헛된 것들을 버리고 하나님만 믿고 순종해야 한다.

126편: 사로잡힘을 돌이키심

성전에 올라가는 노래.

〔1-3절〕 여호와께서 시온의 포로를 돌리실[돌아오게 하셨을] **때에 우리가 꿈꾸는 것 같았도다. 그때에 우리 입에는 웃음이 가득하고 우리 혀에는 찬양이 찼었도다. 열방 중에서 말하기를 여호와께서 저희를 위하여 대사(大事)**[큰 일]**를 행하셨다 하였도다. 여호와께서 우리를 위하여 대사(大事)**[큰 일]**를 행하셨으니 우리는 기쁘도다.**

시편 저자는 "여호와께서 시온의 포로를 돌아오게 하셨을 때 우리가 꿈꾸는 것 같았도다"라고 말한다. 이 말은 이스라엘 백성의 바벨론 포로 귀환 사건을 가리킨 것 같다. 이스라엘 나라의 역사는 멸망으로 끝났었다. 바벨론 군대는 예루살렘을 세 차례나 침공했고 세 번째는 성전과 왕궁과 많은 집들을 불태웠고 성벽을 헐어버렸고 많은 사람을 죽였고 또 포로로 잡아갔었다. 하나님의 율법에서 경고한 대로, 이스라엘 백성은 우상숭배와 온갖 죄악의 형벌로 멸망했고 앗수르와 바벨론의 여러 도시들에 포로로 잡혀갔고 온 세계에 흩어졌다.

그러나 하나님의 크신 긍휼과 기이한 역사로 바벨론 나라가 멸망하고 파사 나라가 들어섰을 때 처음 왕 고레스는 하나님을 경외했고 고국으로 돌아가기를 원하는 유대인들은 돌아가라고 그들에게 자유를 선포했다. 그래서 총독 스룹바벨과 대제사장 예수아의 지도 아래 남자들의 수만 4만 2천여명의 사람들이 고국으로 돌아왔던 것이다(스 1장). 그 일은 하나님께서 하신 일이었고 이스라엘 백성에게는 꿈꾸는 것 같은 일이었다. 그때 그들의 입에는 웃음이 가득했고 그들의 혀에는 찬양이 찼었다. 그들은 열방 중에서 여호와 하나님께서 이스라엘 백성을 위해 큰 일을 행하셨다고 증거하였다.

온 세계에 흩어졌던 이스라엘 백성의 고국으로의 귀환은 신약시대의 세계복음화의 일을 예표하였다. 죄로 인해 멸망 길에서 방황하였던 온 세계 각 민족의 수많은 영혼들이 하나님의 은혜로 구원을 얻어 하나님께로 돌아오고 하나님을 섬기며 하나님의 뜻과 교훈대로 사는 자들이 되었고 그것이 신약교회이다. 구원 얻은 성도들에게는 이제 구원의 기쁨과 찬송이 넘친다(갈 5:22; 롬 14:17).

[4-6절] 여호와여, 우리의 포로를 남방 시내들같이 돌리소서. 눈물을 흘리며 씨를 뿌리는 자는 기쁨으로 거두리로다. 울며 씨를 뿌리러 나가는 자는 정녕 기쁨으로 그 단을 가지고 돌아오리로다.

시편 저자는 "우리의 포로를 남방 시내들같이 돌리소서"라고 말한다. 그것은 남은 포로들의 귀환을 위하여 하나님께 기도한 것이라고 보인다. 스룹바벨과 예수아와 함께 돌아온 자들은 흩어진 이스라엘 백성의 전부가 아니었다. 아직도 많은 사람들이 돌아오지 못한 상태에 있었다. 비가 많이 내리는 우기(雨期) 때에 골짜기들이 변화하여 시내들이 되듯이, 그래서 메마른 땅을 윤택하게 만들듯이, 시편 저자는 하나님께서 은혜의 단비를 내리셔서 이스라엘 백성의 포로들을 고국으로 돌아오게 해주시기를 기도하는 것이라고 보인다.

시편 저자는 또 "눈물을 흘리며 씨를 뿌리는 자는 기쁨으로 거두리로다. 울며 씨를 뿌리러 나가는 자는 정녕 기쁨으로 그 단을 가지고 돌아오리로다"라고 말한다. 농부가 메마른 땅에 씨를 뿌릴 때 이 씨가 과연 싹을 내고 자라서 곡식이 될 수 있을까 염려하면서 눈물을 흘리며 씨를 뿌린다 할지라도, 하나님께서 적당한 때에 비를 내려주심으로써 씨가 잘 자라 곡식이 되고 잘 익어 추수 때에 많은 수확을 거둘 것이다. 농부는 참으로 기쁨으로 그 단을 가지고 돌아올 것이다. 이와 같이 지금은 그들이 눈물을 흘리며 마음을 조리며 기도하지만, 하나님께서 그들에게 은혜를 주시면 그 남은 많은 포로들도 하나님의 기이한 도우심을 입어 고국으로 돌아올 것이다.

이스라엘 백성의 회복 즉 포로 귀환은 영적으로 신약시대에 세계복음화의 일을 예표한다. 눈물로 씨를 뿌리는 일은 온 세상에 복음을 널리 전파하는 일을 예표한다. 전도는 하나님의 명령이지만, 한 명의 영혼을 회개시키고 하나님께로 돌아오게 하는 것은 쉬운 일이 아니다. 그러나 하나님께서 은혜를 주시고 역사하시면 영혼들이 회개하고 돌아올 것이며 전도의 열매가 맺힐 것이며 참된 교회들이 곳곳에 세워질 것이다. 오늘날에도 우리는 영혼들의 구원과 참 교회의 건립을 위해 눈물로 하나님의 은혜를 구하며 전도하며 수고해야 한다.

시편 126편의 교훈을 정리해보자. 첫째로, 사람들은 다 죄인이며 죄에 포로가 되어 있다. 사람들은 십계명에 비추어 볼 때 다 불경건하고 우상숭배적이며 부도덕하다. 그들은 천지만물을 지으신 하나님을 알지 못하고 헛된 것들에 가치를 두고 살고 있고 악하며 불결하고 거짓되다. 사람들은 죄의 포로가 되어 돈을 최고의 가치로 여기며 사랑하고 자신을 사랑하고 육신의 쾌락을 사랑하고 세상을 사랑한다. 이것이 하나님의 심판 아래 있는 이 세상의 허무하고 불쌍하고 죄악된 현실이다.

둘째로, 이스라엘의 포로 귀환은 하나님께서 하신 큰 일이었다. 하나님 외에 누가 그런 큰 일을 이룰 수 있겠는가? 세상의 창조는 하나님 외에 아무도 할 수 없는 일이었고, 사람들의 구원도 하나님 외에 아무도 할 수 없는 일이다. 하나님께서 만세 전에 은혜로 택하시고 예수님의 피로 대속(代贖)하시고 그의 능력으로 불러 회개시키고 믿게 하신 자들이 구원을 얻는다. 그들은 온 세계에서 하나님께로 돌아올 것이다. 그들은 죄사함과 의롭다 하심을 얻고 장차 부활하여 천국에서 기쁨과 영생을 누릴 것이다. 우리는 하나님의 긍휼의 구원을 사모해야 한다.

셋째로, 우리는 온 세계에 흩어져 있는 하나님의 택한 영혼들의 구원을 위해 눈물로 기도하고 전도하며 수고해야 한다. 우리는 눈물로 씨를 뿌려야 하며 그러면 하나님의 때 하나님의 긍휼과 능력으로 구원 얻은 영혼들과 참 교회를 보고 기뻐하며 하나님께 찬송을 올릴 것이다.

127편: 하나님께서 집을 세우심

솔로몬의 시 곧 성전에 올라가는 노래.

〔1절〕 여호와께서 집을 세우지 아니하시면 세우는 자의 수고가 헛되며 여호와께서 성을 지키지 아니하시면 파수꾼의 경성(警醒)함이 허사로다.

본 시편은 가정의 건립에 대하여 교훈한다. 사람의 삶에 있어서 결혼은 매우 중요한 일이며 가정의 행복은 사람에게 매우 기본적인 복이다. 남자와 여자가 부부가 되어 서로 사랑하며 또 자녀들을 출산해 키우는 것은 인간의 삶에 있어서 매우 행복한 요소이다. 그런데 본 시편은 가정의 행복이 단지 사람의 수고와 노력으로 이루어지는 것이 아니고 하나님께서 주셔야 되며 그가 주시지 않으면 사람의 모든 수고와 노력이 헛되다고 말한다.

이 진리는 우리의 삶의 지나간 세월 속에서도 보고 느끼는 일이다. 부모들이 여러 해 동안 경제적 안정을 위해 수고하고 노력하여 안정은 어느 정도 얻었으나 자녀들을 잘 교육하지 못한 가정들이 있다. 그들은 자녀들의 행복을 위해 수고하고 돈을 벌었지만, 결과는 자녀를 잃어버린 것과 같다. 가정적으로는 실패와 같아 보인다. 또 어떤 이들은 물질적 부요는 얻었지만, 무서운 질병의 진단을 받는 경우도 있고, 또 배우자가 외도하는 경우도 있다. 그것도 가정적 행복이 되지 못하는 경우이다. 가정의 행복도 그러하고 국가의 평안도 그러하다.

하나님께서는 온 세상의 창조자이실 뿐 아니라, 홀로 다스리시는 섭리자이시며, 또한 만복의 근원이시다. 그러므로 하나님을 알고 그를 경외하는 것이 지혜의 근본이며 하나님을 알지 못하고 그를 두려워하지 않는 것이 어리석음이다. 사람이 모든 것을 다 잘하는 것 같아도 그의 삶 속에서 하나님을 섬기는 것이 빠지면 그의 삶의 행복은 결국 헛되게 될 것이다. 하나님 없는 삶은 평안과 행복이 없다.

〔2절〕 너희가 일찍이 일어나고 늦게 누우며 수고의 떡을 먹음이 헛되도다. 그러므로 여호와께서 그 사랑하시는 자에게는 잠을 주시는도다.

하나님 없는 삶, 즉 하나님을 알지 못하고 경외함이 없고 섬김이 없고 그의 계명을 알지 못하고 순종함이 없는 삶은 헛수고의 삶이다. 비록 그가 날마다 일찍 일어나고 늦게 누우며 수고로이 일하며 돈을 벌어 음식을 먹는다고 할지라도, 그것은 그에게 성공이나 행복이 되지 못한다. 왜냐하면 복의 근원 되신 하나님께서 그에게 복을 주시지 않기 때문이다. 하나님을 알지 못하고 그를 섬기지 않는 것 자체가 근본적 죄악이다. 그러므로 하나님께서는 불경건하고 무신론적인 삶을 결코 기뻐하시지 않는다. 또 그런 사람은 하나님을 경외함이 없기 때문에 그의 명하시는 도덕적인 삶도 살 수 없다. 그는 결정적 순간에 자기 이익을 위해 양심을 저버리고 도덕성을 저버린다.

모든 사람이 열심히 노력하기만 하면 다 행복한 삶을 산다면, 많은 사람들이 행복할 것이지만, 세상의 현실은 그렇지 않다. 많은 질병들과 자연적인 늙음과 죽음 말고라도 세상에는 미움, 싸움, 살인, 속임, 배신, 이혼, 가난, 고독 등 불행한 일들이 많다. 이런 수고로운 세상의 삶 속에서, 하나님께서는 그의 사랑하시는 자에게 잠을 주신다. 잠은 육신의 건강과 행복에 필수적 요소이다. 보약과 같은 단잠은 수고로운 이 세상의 삶의 여정에서 하나님께서 주시는 큰 은혜이다.

〔3절〕 자식은 여호와의 주신 **기업이요 태의 열매는** 그의 **상급이로다.**

이 세상에 나그네의 삶에서 결혼과 자녀 출산은 하나님의 복이다. 자녀들은 하나님께서 이 세상에서 주신 기업이며 상급이다. 이 말씀은 자녀의 기원과 소유권과 의미와 양육의 원리를 잘 보인다. 자녀는 부부의 관계 속에서 우연히 생겨진 생명이 아니다. 자녀들은 하나님께로부터 온 생명이다. 모든 사람은 하나님의 피조물이다. 또 그렇기 때문에 모든 사람의 소유권은 하나님께 있다. 하나님을 모르는 무신론자는 이런 사실을 알지 못하지만, 그의 생명도 하나님의 소유이다. 자녀들도, 부모도 다 하나님의 소유물이다. 거기에 사람의 참 의미와 가치가 있다. 사람은 이 세상에 우연히 의미 없고 목적 없이 태어난 존재가 아니다. 사람은 하나님의 뜻 가운데 이 세상에 태어나는 존재이다. 또 거기에 자녀들의 양육 원리도 나타나 있다. 자녀는 부모가 자기 마음대로 키워도 되는 존재가 아니고 하나님의 진리와 교훈으로 키워야 하는 존재이다. 기업을 운영하는 바른 방법이 있듯이, 하나님의 기업인 자녀를 키우는 바른 방법이 있다. 부모는 자녀 양육의 방법을 잘 모를 수 있다. 그러나 그 바른 방법이 성경책에 기록되어 있다. 그러므로 부모들은 자기 자녀들을 성경의 교훈과 책망과 바르게 함과 의의 훈련으로 경건하고 도덕적이게 양육해야 한다.

〔4-5절〕 젊은 자의 자식은 장사(壯士)의 수중(手中)의 화살 같으니 이것이 그 전통(箭筒)[화살통]**에 가득한 자는 복되도다. 저희가 성문에서 그 원수와 말할 때에 수치를 당치 아니하리로다.**

본문은 자녀들이 용사의 화살통의 화살같이 많아야 복되다고 말한다. 다산(多産)은 하나님의 복이다. 앞절에서도 자녀가 하나님께서 주신 기업이요 그의 상급이라고 하였는데, 그 사실을 안다면 부모는 자녀들을 많이 가지기를 소원할 것이다. 기업이 확장되고 상을 많이 받는 것을 싫어할 사람이 없을 것이다. 이것은 오늘날 결혼을 기피하고 출산을 기피하고 산아제한을 말하는 사람들의 생각과는 다르다. 교인들 중에도 하나님의 뜻을 이해하지 못하고 순전히 인간적 생각으로 자녀가 하나 둘이면 충분하고 셋 이상을 낳는 것은 지나치다고 생각하는 자들이 있다. 그러나 성경에 계시된 하나님의 생각은 다르다. 하나님께서는 다산(多産)을 명하셨고 권하셨다. 다산(多産)은 복이며 하나님의 뜻과 명령이다.

하나님께서 처음에 사람을 창조하셨을 때 그들에게 복을 주시며 "생육하고 번성하여 땅에 충만하라, 땅을 정복하라, 바다의 고기와 공중의 새와 땅에 움직이는 모든 생물을 다스리라"고 말씀하셨다(창 1:28). 또 그는 노아 시대에 홍수 심판 후에도 노아와 그 세 아들들에게 복을 주시며 "생육하고 번성하여 땅에 충만하라"고 말씀하셨다(창 9:1). 또 하나님께서는 후에 아브라함을 택하시고 그에게 "내가 너로 큰 민족을 이루고 네게 복을 주어 네 이름을 창대케 하리니 너는 복의 근원이 될지라"고 말씀하셨고(창 12:2), "내가 네게 큰복을 주고 네 씨로 크게 성하여 하늘의 별과 같고 바닷가의 모래와 같게 하리니 네 씨가 그 대적의 문을 얻으리라"고 말씀하셨다(창 22:17). 다산(多産)이 복이라는 하나님의 뜻은 변함이 없으시다.

물론 여러 명의 자녀들을 먹이고 입히고 교육시키는 것이 부모에게 짐이 되는 것이 현실이지만, 부모들이 근면하게 일하며 자녀들을 하나님을 경외함 가운데 바르게 양육한다면 그 자녀들은 잘 자라서 부모에게 큰 기쁨과 위로와 자랑이 될 것이다. 또 그들이 하나님의 영광과 그의 교회와 그의 선한 일들 위해서 유익할 것은 두말할 나위가 없다. 확실히 다산(多産)은 하나님의 뜻이며 명령이며 복이다.

시편 127편의 교훈은 무엇인가? 첫째로, 가정의 행복과 불행은 하나님께 달려 있다. 하나님께서 우리의 가정을 세워주시지 않으면 우리의 수고와 노력은 헛될 것이다. 그러므로 하나님 없이 사는 삶, 그를 경외함이 없고 섬김이 없는 삶은 헛되다. 그러나 하나님께서는 이 수고로운 세상에서도 그를 사랑하는 자들에게 단잠을 주신다. 그러므로 우리는 하나님을 경외하고 의지하고 그의 계명들을 순종함으로써(신 10:12-13) 헛되지 않는, 복된 가정을 세우기를 사모하고 또 힘써야 한다.

둘째로, 자식은 하나님의 기업과 상급이다. 자녀는 단지 부모가 낳는 것이 아니다. 자녀는 부모가 낳지만, 하나님께서 은혜로 주시는 복이다. 자녀는 하나님의 기업과 상급이다. 그러므로 자녀들이 많은 것 즉 다산(多産)은 하나님의 뜻이며 하나님의 명령이며 하나님의 복이다.

128편: 하나님을 경외하는 자의 복

성전에 올라가는 노래.

〔1절〕 여호와를 경외하며 그 도(道)[길]**에 행하는 자마다 복이 있도다.**

'그 길에 행한다'는 말씀은 '그의 교훈대로 산다'는 뜻이다. 하나님을 경외하는 자는 그의 교훈대로 살려 한다. 사람의 행복은 하나님을 경외하고 그의 말씀을 순종하는 길에 있다. 시편 1편은 우리가 악을 멀리하고 하나님의 말씀 곧 성경말씀을 주야로 묵상하며 살 때 복되고 형통하다고 말했다. 시편 1:1-3, "복 있는 사람은 악인의 꾀를 좇지 아니하며 죄인의 길에 서지 아니하며 오만한 자의 자리에 앉지 아니하고 오직 여호와의 율법을 즐거워하여 그 율법을 주야로 묵상하는 자로다. 저는 시냇가에 심은 나무가 시절을 좇아 과실을 맺으며 그 잎사귀가 마르지 아니함 같으니 그 행사가 다 형통하리로다." 또 시편 119편의 저자도 1절에서 "행위 완전하여 여호와의 법에 행하는 자가 복이 있음이여"라고 말하였다. 하나님을 경외하고 그의 계명을 지키는 것이 사람의 본분이며(전 12:13) 그렇게 사는 자는 복되다.

〔2절〕 네가 네 손이 수고한 대로 먹을 것이라. 네가 복되고 형통하리로다.

본문은 물질의 복, 즉 물질적 안정과 여유와 형통을 말한다. 물질의 복은 게으름에서 오지 않고 부지런한 수고와 함께 온다. 사람이 수고한 대로 먹는 것 곧 수고의 대가를 얻는 것이 복이다. 잠언 10:4, "손을 게으르게 놀리는 자는 가난하게 되고 손이 부지런한 자는 부하게 되느니라." 잠언 21:5, "부지런한 자의 경영은 풍부함에 이를 것이나 조급한 자는 궁핍함에 이를 따름이니라." 하나님을 경외하는 자는 이 세상의 일들도--공부나 직업이나 직장이나 사업이나 무슨 일이든지--부지런하게 해야 한다. 게으름은 죄악이다. 전도서는 인생의 허무에 대해 증거하면서도 이 허무한 세상에서 우리가 수고하면서 물질적 복을 누리는 것에 대해 말했다. 전도서 5:18-19, "사람이 하나님의 주신 바 그 일평생에 먹고 마시며 해 아래서 수고하는 모든 수고 중에서 낙을 누리는 것이 선하고 아름다움을 내가 보았나니 이것이 그의 분복이로다. 어떤 사람에게든지 하나님이 재물과 부요를 주사 능히 누리게 하시며 분복을 받아 수고함으로 즐거워하게 하신 것은 하나님의 선물이라." 우리는 나그넷길 같은 인생의 여정에서 수고하고 물질적 소득을 얻어 즐겁게 사는 것이 복이다.

〔3-4절〕 네 집 내실에 있는 네 아내는 결실한 포도나무 같으며 네 상에 둘린 자식은 어린 감람나무 같으리로다. 여호와를 경외하는 자는 이같이 복을 얻으리로다.

본문은 가정적 복을 말한다. 본문은 아내를 '네 집 내실(內室)에 있는 네 아내'라고 표현한다. 그것은 바깥일을 하지 않고 집안일을 하는 아내의 모습이다. 또 본문은 아내를 '결실한 포도나무 같다'고 표현한다. 그것은 많은 자녀들을 출산하여 기르는 어머니의 모습이다. 포도나무에 많은 포도 열매들이 달리듯이, 한 어머니에게 많은 자녀들이 달린 모습을 묘사한 것이다. 시편 127편에서도 자식은 하나님께서 주신 기업이며 태의 열매는 그의 상급이라고 말했고(3절), 또 젊은 자의 자식은 용사의 손에 화살과 같으며 그것이 그의 화살통에 가득한 자가 복되다고 했다(4-5절). 다산(多産)은 복이다. 본 시편 6절에서도 하나님을 경외하며 그의 교훈대로 행하는 자는 자식의 자식을 볼 것이라고 말했다. 자녀들의 복은 이 땅 위에서 가정의 행복의 요소이다. 하나님을 경외하며 순종하는 자들은 천국에서도 복을 누릴 것이다.

하나님께서는 십계명에서 이렇게 말씀하셨다. "너를 위하여 새긴 우상을 만들지 말고 또 위로 하늘에 있는 것이나 아래로 땅에 있는 것이나 땅 아래 물속에 있는 것의 아무 형상이든지 만들지 말며 그것들에게 절하지 말며 그것들을 섬기지 말라. 나 여호와 너의 하나님은 질투하는 하나님인즉 나를 미워하는 자의 죄를 갚되 아비로부터 아들에게로 삼사 대까지 이르게 하거니와 나를 사랑하고 내 계명을 지키는 자에게는 천 대까지 은혜를 베푸느니라"(출 20:4-6). 또 모세는 신명기 4장에서 교훈하기를, "그런즉 너는 오늘날 상천 하지에 오직 여호와는 하나님이시요 다른 신이 없는 줄을 알아 명심하고 오늘 내가 네게 명하는 여호와의 규례와 명령을 지키라. 너와 네 후손이 복을 받아 네 하나님 여호와께서 네게 주시는 땅에서 한없이 오래 살리라"고 하였다(신 4:39-40). 전도서 9:9도 가정적 복을 말하였다. "네 헛된 평생의 모든 날 곧 하나님이 해 아래서 네게 주신 모든 헛된 날에 사랑하는 아내와 함께 즐겁게 살지어다. 이는 네가 일평생에 해 아래서 수고하고 얻은 분복이니라."

〔5-6절〕 여호와께서 시온에서(믿치욘 מִצִּיּוֹן)[시온으로부터](NASB, NIV) **네게 복을 주실지어다. 너는 평생에 예루살렘의 복을 보며 네 자식의 자식을 볼지어다. 이스라엘에게 평강**[평안]**이 있을지로다.**

본문은 교회적 복을 말한다. 시온은 예루살렘 성을 말한다. 그곳에는 성전이 있고 거기에는 속죄의 제사의 피가 있다. 구약의 성전은 예수 그리스도를 상징하고 예표하였다. 성경의 핵심은 예수 그리스도의 속죄이다. 예수 그리스도의 피로 구속(救贖)받은 자들의 모임이 교회이다. 그러므로 시온에서 얻는 복, 예루살렘의 복은 오늘날의 말로 하면 예수 그리스도 안에서 얻는 복이며 우리가 속죄 신앙을 가지고 얻는 복이며 성경말씀 안에서 얻는 복이며 참 교회를 통해 얻는 복이다. 그리고 이 복은 장차 영광의 천국의 복으로 이어질 것이다. 로마서 8:18, "생각건대 현재의 고난은 장차 우리에게 나타날 영광과 족히 비교할 수 없도다." 요한계시록 21:1-2, 9-11, "또 내가 새 하늘과 새 땅을 보니 처음 하늘과 처음 땅이 없어졌고 바다도 다시 있지 않더라. 또 내가 보매 거룩한 성 새 예루살렘이 하나님께로부터 하늘에서 내려오니 그 예비한 것이 신부가 남편을 위하여 단장한 것 같더라," "일곱 대접을 가지고 마지막 일곱 재앙을 담은 일곱 천사 중 하나가 나아와서 내게 말하여 가로되 이리 오라. 내가 신부 곧 어린양의 아내를 네게 보이리라 하고 성령으로 나를 데리고 크고 높은 산으로 올라가 하나님께로부터 하늘에서 내려오는 거룩한 성 예루살렘을 보이니 하나님의 영광이 있으매 그 성의 빛이 지극히 귀한 보석 같고 벽옥과 수정같이 맑더라."

본 시편은 끝으로 하나님을 경외하고 그의 교훈대로 행하는 자의 복을 '평안'의 복이라고 표현한다(6절). 성경에서 '평안'이라는 말은 포괄적인 복이다. 그것은 마음의 평안을 뜻한다. 그것은 근심과 슬픔이 없고 불안과 두려움이 없는 것을 의미한다. 그것은 또 몸의 건강도 뜻한다. 그것은 몸에 연약이나 질병이 없는 것을 의미한다. 그것은 또 물질적인 안정을 뜻한다. 그것은 가난하거나 궁핍하지 않는 것을 의미한다. 그것은 또 사회적 안정도 뜻한다. 그것은 홍수, 지진 등의 천재지변이나, 폭력과 테러, 혁명, 암살, 전쟁 등의 사회적 혼란이 없는 것을 의미한다. 참된 평안은 하나님께서만 주실 수 있다.

시편 128편의 교훈을 정리해보자. 첫째로, 하나님을 경외하고 그의 교훈대로 행하는 자는 물질의 복을 얻을 것이다. 그것은 그가 세상에서 수고하며 땀을 흘려 일하는 그의 수고의 대가를 누리는 일이다.

둘째로, 하나님을 경외하고 그의 교훈대로 행하는 자는 가정적 복을 얻을 것이다. 하나님께서는 그에게 가정적 복 즉 현숙한 아내와 복된 자녀들을 주실 것이며 가정이 그에게 행복이 되게 하실 것이다.

셋째로, 하나님을 경외하고 그의 교훈대로 행하는 자는 교회적 복을 얻을 것이다. 이 세상 사는 동안 바른 교회, 좋은 교회를 통해 하나님의 말씀의 교훈을 항상 얻는 것은 구원 얻은 성도들에게 큰복이다.

넷째로, 하나님을 경외하고 그의 교훈대로 행하는 자는 평안의 복을 얻을 것이다. 악인에게는 평안이 없지만(사 48:22), 하나님을 경외하고 의롭게 사는 성도들에게는 강 같은 평안이 있을 것이다(사 48:18).

129편: 시온을 미워하는 자

성전에 올라가는 노래.

〔1-3절〕 이스라엘은 이제 말하기를 저희가 나의 소시(少時)부터 여러 번 나를 괴롭게 하였도다. 저희가 나의 소시(少時)부터 여러 번 나를 괴롭게 하였으나 나를 이기지 못하였도다. 밭 가는 자가 내 등에 갈아 그 고랑을 길게 지었도다.

시편 저자는, "저희가 나의 소시부터 여러 번 나를 괴롭게 하였다"고 두 번 반복해 말한다. 또 그는 "밭 가는 자가 내 등에 갈아 그 고랑을 길게 지었도다"라고 표현한다. 이스라엘 백성은 가나안 땅에 정착한 시초로부터 사사 시대와 열왕 시대에 걸쳐 이웃 나라들, 즉 서남쪽에 블레셋 사람들과, 동쪽에 암몬 자손들과 모압 자손들과, 동남쪽에 에돔 자손들과, 북쪽에 아람 사람들과, 남쪽에 애굽 사람들의 침략과 핍박을 여러 번 받았었다. 이스라엘 나라의 역사는 하나님 앞에서 많은 징계와 고난의 역사이었다. 남북 분단 후, 마침내 북쪽 이스라엘은 앗수르 나라에 의해, 남쪽 유다는 바벨론 나라에 의해 멸망했다.

이와 같이, 성도들의 이 세상의 삶은 고난의 여정이다. 이 세상은 수고롭고 고난이 많은 세상이다. 시편 34:19는 "의인은 고난이 많다"고 말했다. 하나님을 섬기는 성도들에게는 자신의 부족 때문에 하나님께서 내리시는 징계의 고난들도 있고, 특정한 죄의 징계가 아니라도 하나님께서 주시는 훈련이나 마귀가 주는 시험의 고난들도 있다. 예수께서는 그의 제자들에게 "세상에서는 너희가 환난을 당한다"고 말씀하셨다(요 16:33). 사도 바울도 "우리가 하나님 나라에 들어가려면 많은 환난을 겪어야 할 것이라"고 말하였다(행 14:22). 우리는 이 세상에서 많은 고난과 환난을 경험할 것을 각오해야 한다. 사도 바울은 또 "무릇 그리스도 예수 안에서 경건하게 살고자 하는 자는 핍박을 받으리라"고 말했다(딤후 3:12). 우리는 핍박도 각오해야 한다.

그러나 이스라엘 백성의 원수들은 그들을 이기지 못하였다. "나를 이기지 못하였도다." 이스라엘 백성은 고난 중에서 승리하였다. 시편 34:19는 "의인은 고난이 많으나 여호와께서 그 모든 고난에서 건지시는도다"라고 말한다. 하나님께서는 성도에게 고난을 허락하기는 하시지만, 그 고난에서 건져주신다. 그 고난은 그를 멸망시키는 고난이 아니고 오히려 믿음과 인격을 단련시키는 유익한 고난이다.

예수께서도 세상에 계실 때 친히 많은 고난을 당하셨다. 그러나 그는 끝까지 인내하시며 아버지께 순종하심으로 승리하셨다. 그러므로 그는 제자들에게 "세상에서는 너희가 환난을 당하나 담대하라. 내가 세상을 이기었노라"고 말씀하셨다(요 16:33). 예수 그리스도를 믿는 성도들도 이 세상에서 고난을 당하지만 이길 것이다. 우리는 믿음과 인내로 승리할 것이다. 사도 바울은 "누가 우리를 그리스도의 사랑에서 끊으리요. 환난이나 곤고나 핍박이나 기근이나 적신[헐벗음]이나 위험이나 칼이랴. 기록된 바 우리가 종일 주를 위하여 죽임을 당케 되며 도살할 양같이 여김을 받았나이다 함과 같으니라. 그러나 이 모든 일에 우리를 사랑하시는 이로 말미암아 우리가 넉넉히 이기느니라"고 말하였다(롬 8:35-37). 요한계시록은 이기는 자가 천국의 복을 누릴 것을 말했는데(계 2:7, 11, 17, 26; 3:5, 12, 21), 그것은 예수 그리스도의 피로 구속(救贖)받은 성도들이 이길 것을 암시한다.

〔4절〕 여호와께서는 의로우사 악인의 줄을 끊으셨도다.

이스라엘 백성이 고난 중에 망하지 않고 구원을 얻고 승리한 것은 하나님의 의로우신 통치로 인한 것이었다. 하나님께서는 살아계셔서 악인들을 공의로 징벌하신다. 세상에는 공의로 세상을 다스리시는 하나님께서 계시다. 그 하나님께서 이스라엘 백성의 원수들을 물리쳐 주셨다. 이스라엘 백성의 원수들의 핍박의 줄을 끊을 수 있는 분은 하나님뿐이시다. 그러므로 시편 7편은, "하나님은 의로우신 재판장이심이여, 매일 분노하시는 하나님이시로다. 사람이 회개치 아니하면 저가 그 칼을 갈으심이여, 그 활을 이미 당기어 예비하셨도다"라고 말한다(시 7:11-12). 또 시편 58편은 "의인은 악인의 보복 당함을 보고 기뻐함이여, 그 발을 악인의 피에 씻으리로다. 때에 사람의 말이 진실로 의인에게 갚음이 있고 진실로 땅에서 판단하시는 하나님이 계시다 하리로다"라고 말한다(시 58:10-11). 마지막 심판의 날에 온 인류는 하나님의 공의의 심판과 형벌을 보게 될 것이다.

〔5-8절〕 무릇 시온을 미워하는 자는 수치를 당하여 물러갈지어다. 저희는 지붕의 풀과 같을지어다. 그것은 자라기 전에 마르는 것이라. 이런 것은 베는 자의 줌과 묶는 자의 품에 차지 아니하나니 지나가는 자도 여호와의 복이 너희에게 있을지어다 하거나 우리가 여호와의 이름으로 너희에게 축복한다 하지 아니하느니라.

시온을 미워하는 자는 이스라엘 백성을 핍박하는 주위의 이방인들을 가리킬 것이다. 시온을 미워하는 모든 사람은 수치를 당하여 물러갈 것이며 지붕의 풀같이 마를 것이다. 지붕의 풀은 뜨거운 햇볕을 견디지 못하고 말라버린다. 그런 것은 베는 자의 줌과 묶는 자의 품(혹은 뭇)에 차지 않는다. 그들은 다 멸망할 것이다. 지나가는 자들도 하나님의 이름으로 그들에게 복을 빌지 않을 것이다.

시편 129편의 교훈을 정리해보자. <u>첫째로, 성도들은 세상 사는 동안 고난을 각오해야 한다.</u> 마귀의 시험이 많은 악한 세상에서 성도는 경건하게 살고자 할지라도 많은 고난과 심지어 핍박을 경험할 것이다.

<u>둘째로, 우리는 하나님의 공의의 통치를 믿고 또 고난 중에서 승리할 것도 믿어야 한다.</u> 하나님께서는 살아계시며 공의의 통치자이시며 그를 경외하는 자기 백성을 결코 버리지 않으시고 도와주실 것이다.

<u>셋째로, 우리는 오직 창조자 섭리자 하나님과 우리 주 예수 그리스도와 그의 말씀 곧 성경말씀과 그의 교회와 그의 일들을 사랑해야 한다.</u>

130편: 긍휼의 구원을 기다림

성전에 올라가는 노래.

[1-2절] 여호와여, 내가 깊은 데서 주께 부르짖었나이다. 주여, 내 소리를 들으시며 나의 간구하는 소리에 귀를 기울이소서.

세상에 비 오는 날, 가뭄의 날, 폭풍과 폭우과 폭설의 날이 있듯이, 인생의 삶에는 질병, 물질적 궁핍, 원수들의 위협, 지진, 화재나 건물 붕괴 등의 사고, 혁명이나 전쟁 같은 사회적 혼란 등 고난과 환난이 많다. 그런 고난과 환난은 성도에게도 있다. 그러나 세상의 모든 일은 다 창조자 하나님의 주권적 섭리 가운데 일어나며 이루어진다. 그것은 하나님의 지혜로우시고 공의로우시고 선하신 섭리이다.

시편 저자는, "여호와여, 내가 깊은 데서 주께 부르짖었나이다"라고 말한다. 하나님을 아는 성도는 큰 환난과 고난 중에서 하나님을 잊지 아니하고 그에게 부르짖어 기도한다. 성도가 살아계신 전능자 하나님께 기도할 수 있다는 것은 분명히 큰 은혜이며 특권이다. 시편 107편의 저자도 사람이 고난 가운데서 근심 중에 하나님께 부르짖는다고 고백했다. 13절, "이에 저희가 그 근심 중에 여호와께 부르짖으매." 19절, "이에 저희가 그 근심 중에서 여호와께 부르짖으매." 28절, "이에 저희가 그 근심 중에서 여호와께 부르짖으매." 사람이 고난 중에 하나님께 부르짖어 기도할 수 있다는 것은 그가 창조자-섭리자 하나님을 알기 때문이다. 하나님을 모르는 자는 고난 중에 하나님을 찾지 않고 자포자기하거나 심지어 허랑방탕하기도 할 것이다.

오늘 본문에서 시편 저자는 또한 "주여, 내 소리를 들으시며 나의 간구하는 소리에 귀를 기울이소서"라고 말한다. 기도하는 자는 하나님의 응답을 얻을 것이다. 하나님께서는 우리의 간구를 들어주시며 우리의 기도 소리에 귀를 기울이시는 살아계신 하나님이시다.

〔3절〕 여호와여, 주께서 죄악을 감찰하실진대 주여, 누가 서리이까?

사람은 고난 중에 자신의 부족과 죄를 깨닫는다. 많은 경우에 고난이 우리의 부족과 죄에 대한 하나님의 징계라는 것을 대부분의 성도들은 양심적으로 안다. 시편 119편의 저자는 "고난 당하기 전에는 내가 그릇 행하였더니 이제는 주의 말씀을 지키나이다" "고난 당한 것이 내게 유익이라. 이로 인하여 내가 주의 율례를 배우게 되었나이다"라고 고백하였다(시 119:67, 71). 하나님께서 사람의 죄악을 감찰하시면 그의 감찰과 심판과 징벌을 피할 사람은 아무도 없다.

하나님께서는 율법에서 하나님의 명령과 규례와 법도를 멸시하고 싫어하고 행치 않고 배반하는 죄에 대한 징벌로 여러 가지의 고난의 일을 경고하셨다. 레위기 26장에 보면, 그는 "내가 너희에게 놀라운 재앙을 내려 폐병과 열병으로 눈이 어둡고 생명이 쇠약하게 할 것이요 너희의 파종은 헛되리니 너희의 대적이 그것을 먹을 것임이며 내가 너희를 치리니 너희가 너희 대적에게 패할 것이요 너희를 미워하는 자가 너희를 다스릴 것이며 너희는 쫓는 자가 없어도 도망하리라"고 말씀하셨다(16-17절). 또 그 외에도 가뭄과 들짐승의 공격과 전염병과 양식의 궁핍과 마침내 국가의 멸망과 온 세계에 흩어짐 등의 일들을 경고하셨다. 이스라엘 백성은 그들의 왕국 역사에서 이 경고를 그대로 경험하였다. 그들은 마침내 멸망했고 온 세계에 흩어졌었다.

〔4-8절〕 그러나 사유(赦宥)[용서]**하심이 주께 있음은 주를 경외케 하심이니이다. 나 곧 내 영혼이 여호와를 기다리며 내가 그 말씀을 바라는도다. 파수꾼이 아침을** 기다림**보다 내 영혼이 주를 더 기다리나니 참으로 파수꾼의 아침을** 기다림보다 더하도다. **이스라엘아, 여호와를 바랄지어다. 여호와께서는 인자하심과 풍성한 구속(救贖)이 있음이라. 저가 이스라엘을 그 모든 죄악에서 구속(救贖)하시리로다.**

하나님께서는 공의의 하나님이시지만, 또한 긍휼의 하나님이시다. 하나님께는 죄의 용서하심이 있고 거기에 죄인들의 피할 길이 있고 죄의 징벌로 받는 고난 중에도 구원의 소망이 있다. 우리가 하나님의 공의의 심판과 긍휼의 용서를 체험할 때 우리는 하나님을 더욱 경외하며 의지하며 섬기는 자가 될 것이다. 성도는 고난 중에 하나님을 기다리며 바란다. 그는 하나님의 용서와 구원 약속의 말씀을 붙든다. 그는 파수꾼이 아침을 기다림보다 하나님을 더 기다린다. 왜냐하면 하나님께는 인자하심과 풍성한 구속(救贖)이 있고 그는 자기 백성을 그 모든 죄악에서 구속(救贖)하실 것이기 때문이다.

시편 107편은 성도들이 큰 고난 중에 근심 가운데서 하나님께 부르짖었을 때 하나님께서 그 인자하심으로 그들을 도우셨음을 반복해서 말했었다(6-9, 13-15, 19-21, 28-31절). 선지자 예레미야는 하나님의 징벌로 유다 나라가 망하고 예루살렘 성이 완전하게 파괴되고 불타버렸을 때에도 "내 고초와 재난 곧 쑥과 담즙을 기억하소서. 내 심령이 그것을 기억하고 낙심이 되오나 중심에 회상한즉 오히려 소망이 있사옴은 여호와의 자비와 긍휼이 무궁하시므로 우리가 진멸(殄滅)되지[완전히 멸망하지] 아니함이니이다"라고 고백했다(애 3:19-22).

시편 130편의 교훈을 정리해보자. 첫째로, 우리는 큰 환난 중에 낙심치 말고 모든 일을 섭리하시는 살아계신 하나님께 맡기며 그의 구원을 간구해야 한다. 1-2절, "여호와여, 내가 깊은 데서 주께 부르짖었나이다. 주여, 내 소리를 들으시며 나의 간구하는 소리에 귀를 기울이소서." 성도에게 고난은 있지만, 기도를 들어주시는 구주 하나님께서 계시다.

둘째로, 우리는 고난 중에 자신을 살피고 죄를 깨달으면 즉시 회개해야 한다. 3절, "여호와여, 주께서 죄악을 감찰하실진대 주여, 누가 서리이까?" 악인에게는 평안이 없다. 죄를 버리는 것은 평안의 첫걸음이다.

셋째로, 우리는 하나님의 자비하심만 의지하고 우리의 죄의 용서와, 고난으로부터의 구원을 간구해야 한다. 7절, "이스라엘아, 여호와를 바랄지어다. 여호와께서는 인자하심과 풍성한 구속(救贖)이 있음이라."

131편: 큰일을 힘쓰지 않음

다윗의 시 곧 성전에 올라가는 노래.

〔1절〕 여호와여, 내 마음이 교만치 아니하고 내 눈이 높지 아니하오며 내가 큰일과 미치지 못할 기이한 일을 힘쓰지 아니하나이다.

다윗은 하나님 앞에서 자신의 마음이 교만하지 않고 자신의 눈이 높지 않다고 고백한다. 하나님께서는 우리에게 교만하지 말고 항상 겸손할 것을 교훈하신다. 사람은 누구나 자신을 크게 평가하는 경향이 있는 것 같다. 사람이 자신을 너무 낮게 평가하여 열등감에 사로잡히는 것도 좋지 않지만, 자신을 크게 평가하는 것은 교만한 마음이다. 사람이 열등감을 갖는 것도 힘든 세상을 살아가는 데 힘과 용기를 상실하여 좋지 않지만, 그래도 그것은 죄는 아니다. 그러나 교만은 큰 죄악이다. 마귀의 죄는 교만의 죄이다. 디모데전서 3:6은 교만을 마귀를 정죄하는 죄라고 말한다. 마귀와 악령들 즉 귀신들은 범죄하고 타락한 천사들이다. 그들의 죄는 교만한 죄이었다고 생각된다. 이와 같이 교만은 죄들 중에 근본적인 죄이다. 잠언 6:16-19는 하나님께서 미워하시는 죄 6, 7가지 중 첫 번째로 교만한 눈을 꼽았다. 사람의 마음은 눈으로 나타나므로 교만한 눈을 말한 것이라고 본다. 잠언 8:13도 "여호와를 경외하는 것은 악을 미워하는 것이라. 나는 교만과 거만과 악한 행실과 패역한 입을 미워하느니라"고 말하였다.

선지자 이사야는 유다 백성의 죄악을 지적하면서 하나님께서 그들의 교만을 징벌하실 것을 말하였다. 이사야 2:11-12, 17, "그 날에 눈이 높은 자가 낮아지며 교만한 자가 굴복되고 여호와께서 홀로 높임을 받으시리라. 대저 만군의 여호와의 한 날이 모든 교만자와 거만자와 자고한 자에게 임하여 그들로 낮아지게 하고," "그 날에 자고한 자는 굴복되며 교만한 자는 낮아지고 여호와께서 홀로 높임을 받으실 것이요." 또 선지자 예레미야는 모압의 죄와 심판에 대하여 "우리가 모압의 교만을 들었나니 심한 교만 곧 그 자고와 오만과 자긍과 그 마음의 거만이로다," "모압이 여호와를 거스려 자만하였으므로 멸망하고 다시 나라를 이루지 못하리로다"라고 말했다(렘 48:29, 42).

그러므로 사도 베드로는 "젊은 자들아, 이와 같이 장로들에게 순복하고 다 서로 겸손으로 허리를 동이라. 하나님께서 교만한 자를 대적하시되 겸손한 자들에게는 은혜를 주시느니라"고 말했고(벧전 5:5), 야고보도 "일렀으되 하나님께서 교만한 자를 물리치시고 겸손한 자에게 은혜를 주신다 하였느니라"고 말하였다(약 4:6).

시편 저자는 본문에서 또 자신이 큰일과 미치지 못할 기이한 일을 힘쓰지 아니한다고 말한다. 큰일과 미치지 못할 기이한 일을 힘쓰는 것은 교만한 마음에서 나온다고 보인다. 자신의 부족을 아는 자는 그런 일을 도모하지 않을 것이다. 하나님께서는 선지자 예레미야의 수종자 바룩에게 "네가 너를 위하여 대사(大事)를 경영하느냐? 그것을 경영하지 말라"고 말씀하셨다(렘 45:5). 야고보는, 사람이 어떤 도시에 가서 일년을 유하며 장사하여 이익을 보려는 계획에 대해 그것은 허탄한 자랑이며 악한 것이라고 말하며 "주의 뜻이면 우리가 살기도 하고 이것저것을 하리라"고 말해야 한다고 말했다(약 4:13-16).

〔2-3절〕 실로 내가 내 심령으로 고요하고 평온케 하기를 젖뗀 아이가 그 어미 품에 **있음 같게 하였나니 내 중심이 젖뗀 아이와 같도다. 이스라엘아, 지금부터 영원까지 여호와를 바랄지어다.**

시편 저자는 자신이 젖뗀 아이가 어미 품에 있음같이 그의 심령을 고요하고 평온하게 하며 하나님을 의지하고 소망하였다고 말한다. 그것이 하나님을 믿는 성도의 바른 마음가짐이다. 모든 일은 엄마가 다 하며 어린 아기는 엄마의 품에 있기만 하면 되듯이, 우리는 모든 일을 전능하신 주권적 섭리자 하나님께 맡기며 하나님을 항상 의지하고 지금부터 영원까지 소망하여야 한다. 또 우리는 하나님의 모든 교훈들을 다 믿고 힘써 행해야 한다.

다윗은 시편 62편에서도 "나의 영혼이 잠잠히 하나님만 바람이여 나의 구원이 그에게서 나는도다," "진실로 천한 자도 헛되고 높은 자도 거짓되니 저울에 달면 들려 입김보다 경하리로다. 포학을 의지하지 말며 탈취한 것으로 허망하여지지 말며 재물이 늘어도 거기 마음을 두지 말지어다"라고 말하였다(시 62:1, 9-10).

솔로몬은 전도서에서 이렇게 말했다. "내 마음에 궁구하기를 내가 어떻게 하여야 내 마음에 지혜로 다스림을 받으면서 . . . 어떤 것이 쾌락인지 알까 하여 나의 사업을 크게 하였노라. 내가 나를 위하여 집들을 지으며 포도원을 심으며 여러 동산과 과원을 만들고 그 가운데 각종 과목을 심었으며 수목을 기르는 삼림에 물 주기 위하여 못을 팠으며 노비는 사기도 하였고 집에서 나게도 하였으며 나보다 먼저 예루살렘에 있던 모든 자보다도 소와 양떼의 소유를 많게 하였으며 은금과 왕들의 보배와 여러 도의 보배를 쌓고 또 노래하는 남녀와 인생들의 기뻐하는 처와 첩들을 많이 두었노라. . . . 그 후에 본즉 내 손으로 한 모든 일과 수고한 모든 수고가 다 헛되어 바람을 잡으려는 것이며 해 아래서 무익한 것이로다," "일의 결국을 다 들었으니 하나님을 경외하고 그 명령을 지킬지어다. 이것이 사람의 본분이니라"(전 2:3-8, 11; 12:13).

시편 131편의 교훈을 정리해보자. 첫째로, 우리는 교만하고 높은 마음을 버려야 한다. 1절, "여호와여, 내 마음이 교만치 아니하고 내 눈이 높지 아니하오며." 우리는 교만을 버리고 겸손한 마음을 가져야 한다.

둘째로 우리는 큰일과 미치지 못할 기이한 일을 힘쓰지 말아야 한다(1절). 우리는 내게 맡겨진 작은 일에 충성하는 자가 되어야 한다.

셋째로, 우리는 고요히 섭리자 하나님만 소망하며 그의 계명에 순종해야 한다. 그것은 세상에서 행복과 영생에 이르게 하는 좋은 길이다.

132편: 하나님의 성막을 사모함

성전에 올라가는 노래.

〔1-5절〕 여호와여, 다윗을 위하여[다윗과](KJV, NIV) **그의 모든 근심한 것을 기억하소서. 저가 여호와께 맹세하며 야곱의 전능자에게 서원하기를 내가 실로 나의 거하는 장막에 들어가지 아니하며 내 침상에 오르지 아니하며 내 눈으로 잠들게 아니하며 내 눈꺼풀로 졸게 아니하기를 여호와의 처소 곧 야곱의 전능자의 성막**[거하시는 곳]**을 발견하기까지 하리라 하였나이다.**

시편 저자는 "여호와여, 다윗과 그의 모든 근심한 것을 기억하소서"라고 말한다. 젊은 다윗은 사울 왕의 총애 속에 공직을 시작했으나 10여년간 그의 칼날을 피해 피신생활을 해야 했고 사울이 전사(戰死)한 후에도 이스라엘의 왕이 되기까지 힘든 과정을 지내야 하였으나, 왕위에 오른 후에도 먼저 하나님의 법궤를 시온 성에 모셔오기를 소원하며(삼하 6:2) 그 일을 위해 근심하였다, 그는 '여호와의 처소 곧 야곱의 전능자의 거하시는 곳'을 발견하기까지 그의 거하는 장막에 들어가지 않고 그의 침상에 오르지 않고 그의 눈으로 잠들게 하지 않고 그의 눈꺼풀로 졸게 하지 않겠다고 하나님께 맹세했다. 그는 하나님의 거하시는 곳 곧 하나님의 법궤를 간절히 찾았다. 법궤는 사울 시대에 방치되었던 것 같다. 사울도 한번 하나님의 뜻을 묻는 용도로 법궤를 사용했으나(삼상 14:18), 역대상 13:3을 보면, 그는 법궤 앞에서 항상 묻지 않았다. 법궤는 예루살렘에서 약 13km 서쪽 기랏 여아림(나무 밭 혹은 삼림의 성이라는 뜻)에 오랫동안 방치되었던 것 같다(삼상 7:2). 그러나 온 이스라엘의 왕이 된 다윗은 하나님의 법궤와 제사를 매우 중요하게 여겼다. 그는 하나님의 법궤 앞에서 하나님께 예배드리며 찬송과 기도를 올리며 하나님을 섬기기를 원하였다.

〔6-9절〕 우리가 그것이 에브라다에 있다 함을 들었더니 나무 밭에서 찾았도다. 우리가 그의 성막[거하시는 곳]**에 들어가서 그 발등상 앞에서 경배**

하리로다. 여호와여, 일어나사 주의 권능의 궤와 함께 평안한 곳으로 들어가소서. 주의 제사장들은 의를 입고 주의 성도들은 즐거이 외칠지어다.

다윗은 드디어 하나님의 법궤를 찾았다. 그는 에브라다에서 그것에 대해 들었고 그곳의 나무 밭에서[삼림의 땅에서](KJV) 혹은 야알의 땅에서(NASB, NIV) 그것을 발견했다. 다윗은 법궤를 찾았고 유다에 속한 기럇 여아림[삼림의 성]으로부터 다윗 성으로 그것을 옮겨왔다(삼하 6:2; 대상 13:6). 그러나 다윗은 황폐해진 실로에 있었을(수 18:1; 삿 18:31; 삼상 1:3; 2:32; 4:3) 모세의 성막 자체를 옮겨오지는 않았다. 역대하 1:3-5는 다윗의 아들 솔로몬의 시대에 모세의 성막과 번제단은 기브온 산당에 있었다고 증거한다. 기브온은 예루살렘에서 약 10킬로미터 북쪽에 있었다고 생각된다. 다윗은 하나님께서 "일어나셔서 그의 권능의 궤와 함께 평안한 곳으로 들어가소서"라고 말했고 또 "주의 제사장들이 의(義)를 입고 주의 성도들이 즐거이 외칠지어다"라고 말했다. 제사장들의 제사는 죄사함과 의를 상징한다. 제사는 의의 제사이다. 또 거기에 성도들의 즐거움도 있다.

〔10-12절〕 주의 종 다윗을 위하여[혹은 '다윗 때문에'] **주의 기름 받은 자의 얼굴을 물리치지 마옵소서. 여호와께서 다윗에게 성실히**[진실히] **맹세하셨으니 변치 아니하실지라.** 이르시기를 **네 몸의 소생을 네 위(位)에 둘지라. 네 자손이 내 언약과 저희에게 교훈하는 내 증거를 지킬진대 저희 후손도 영원히 네 위(位)에 앉으리라 하셨도다.**

시편 저자는 하나님께서 다윗에게 그의 아들을 그의 위(位)에 두며 그의 후손도 영원히 그의 위(位)에 앉게 하리라 맹세하신 것을 지키시기를 간구한다. 물론 그 언약과 맹세는 그 자손들이 하나님의 언약과 그의 교훈하신 바를 지킨다는 조건 아래서 맺어진 것이었다. 어느 시대에나 하나님의 말씀을 믿고 지키는 것은 하나님의 백성의 기본적 의무이다. 오늘날에 우리도 마찬가지다.

〔13-15절〕 여호와께서 시온을 택하시고 자기 거처를 삼고자 하여 이르

시기를 이는 나의 영원히 쉴 곳이라. 내가 여기 거할 것은 이를 원하였음이로다. 내가 이 성의 식료품에 풍족히 복을 주고 양식으로 그 빈민을 만족케 하리로다.

다윗이 법궤를 시온 성에 옮겨 왔을 때, 하나님께서는 시온을 택하시고 자기 거처를 삼고자 하셨다. 그는 시온을 '나의 영원히 쉴 곳'이라고 말씀하셨다. 또 하나님께서는 그 성에 식료품의 풍족한 복, 즉 물질적 유여의 복을 주기를 원하셨다. 그는 사람의 삶의 기본적 요소인 육신의 양식을 풍족하게 주실 수 있는 분이시다.

〔16-18절〕 내가 그 제사장들에게 구원으로 입히리니 그 성도들은 즐거움으로 외치리로다. 내가 거기서 다윗에게 뿔이 나게 할 것이라. 내가 내 기름 부은 자를 위하여 등을 예비하였도다. 내가 저의 원수에게는 수치로 입히고 저에게는 면류관이 빛나게 하리라 하셨도다.

하나님께서는 제사장들에게 구원으로 입히시고 그 성도들이 즐거움으로 그를 찬송하게 하실 것이다. 그것은 영적인 복, 곧 구원과 그 기쁨을 가리킨다. 또 하나님께서는 다윗에게서 뿔이 나게 하시고 등을 예비하실 것이다. 뿔은 힘을 가리키는 말로 능력의 구주이신 메시아를 가리킨 것 같고, 등은 지식과 의, 기쁨과 행복을 가리킬 것이다. 다윗의 자손으로 오신 주 예수 그리스도께서는 우리의 능력의 구주이시며 우리의 의와 기쁨이시다. 원수들은 수치를 입을 것이나 메시아와 그의 백성에게는 승리와 영광이 있을 것이다.

시편 132편의 교훈을 정리해보자. 첫째로, 우리는 고난 많은 세상의 여정에서 법궤 중심의 삶을 살아야 한다. 구약 시대의 법궤는 하나님의 계명과 예수 그리스도의 속죄의 은혜를 상징한다. 우리는 예수 그리스도의 속죄의 은혜를 굳게 믿고 성경말씀 중심으로 살아야 한다.

둘째로, 그때 하나님께서는 신약 성도들에게 이 땅에서 구원과 지식과 의, 기쁨과 행복을 주시고 천국에 넉넉히 들어가게 하실 것이다. 우리는 이미 그 구원과 의를 받았고 그 기쁨과 행복을 누리고 있다.

133편: 형제가 동거함이 아름다움

다윗의 시 곧 성전에 올라가는 노래.

〔1절〕 형제가 연합하여 동거함이 어찌 그리 선하고 아름다운고.

형제는 한 부모에게서 난 자녀들을 말한다. 예수님 믿고 구원 얻은 성도들은 하나님으로 말미암아 중생한 자들, 곧 영적인 형제들이다(고전 5:11). 우리는 하나님의 자녀들이며 하나님의 가족들이다.

형제가 연합하여 동거하는 것이 좋으나, 사람들은 서로 미워하고 시기하고 질투하고 분쟁하고 나뉜다. 그러나 예수 그리스도를 믿고 구원 얻은 자들 곧 주 안에서 형제된 성도들이 서로 미워하는 것은 살인죄가 된다. 요한일서 3:14-15, "우리가 형제를 사랑함으로 사망에서 옮겨 생명으로 들어간 줄을 알거니와 사랑치 아니하는 자는 사망에 거하느니라. 그 형제를 미워하는 자마다 살인하는 자니 살인하는 자마다 영생이 그 속에 거하지 아니하는 것을 너희가 아는 바라."

형제들이 연합하여 동거하려면 세 가지가 필요하다. 첫째, 생각의 일치가 필요하다. 아모스 3:3, "두 사람이 의합지 못하고야 어찌 동행하겠으며." 뜻이 서로 합하지 못하면 동거하기 힘들다. 둘째, 겸손과 온유의 덕이 필요하다. 교만은 분열의 원인이다(빌 2:2-3). 셋째, 사랑과 용서가 필요하다. 예수께서는 제자들에게 서로 사랑하라고 교훈하시기 전 제자들의 발을 씻어 주시는 본을 보이셨는데, 그것은 서로 상대의 부족과 잘못을 용서해야 한다는 뜻을 담고 있다. 우리가 상대의 부족과 잘못을 용서함이 없이는 서로 사랑할 수 없다.

형제가 연합하여 동거함은 선하고 아름답다. '아름답다'는 원어(나임 נָעִים)는 '기쁘다, 사랑스럽다'는 뜻이다. 상대를 미워하고 다투고 나뉘는 것은 보기 흉하고 마음 상하는 일이지만, 서로 이해하고 연합하는 것은 기쁘고 사랑스런 일이다. 사람에게는 의리와 정과 사랑이 있다. 사람이 이 세상을 사는 동안 가족 간에나 친구나 이웃 간에 서로 이해하고 돕고 위하는 것은 참으로 선하고 아름다운 모습이다.

〔2-3절〕 머리에 있는 보배로운 기름이 수염 곧 아론의 수염에 흘러서 그 옷깃까지 내림 같고 헐몬의 이슬이 시온의 산들에 내림 같도다. 거기서 여호와께서 복을 명하셨나니 곧 영생이로다.

다윗은 형제들이 연합하여 동거하는 것이 대제사장 아론의 임직식 때에 머리에 붓는 보배로운 관유가 흘러 수염을 적시고 그 옷깃까지 내리는 것과 같다고 표현했다. 그 관유는 지극히 향기로운 기름이다. 출애굽기 29장에 보면, 모세는 아론을 대제사장으로 세울 때에 회막 문으로 그를 데려다가 물로 씻기고 속옷, 에봇[조끼] 받침 겉옷, 에봇[조끼]을 입히고, 흉패를 붙이고 머리에 관을 씌우고 관유를 그 머리에 부으며 발라야 하였다(출 29:1-9). 레위기 8:12는 모세가 관유로 아론의 머리에 부어 발라 거룩케 했다고 기록한다. 대제사장의 임직식에 사용되는 거룩한 관유는, 출애굽기 30장에 보면, 품질 좋은 액체 몰약과 향기로운 육계와 향기로운 창포와 계피를 감람 기름에 섞어 만들었다. 지극히 거룩한 기름인 관유는 사람이 자기 몸에 사용하려고 만들어서는 안 되었다(출 30:22-33). 대제사장의 임직식 때 사람들은 관유의 향기로운 냄새를 맡게 될 것이다. 형제가 연합하여 동거하는 것이 이와 같이 아름답고 향기로운 일이라는 것이다.

다윗은 또 형제들이 연합하여 동거함이 헐몬의 이슬이 시온의 산들에 내림 같다고 표현한다. 헐몬은 이스라엘 땅의 북쪽 끝에 있는 높은 산들의 지역이다. 높은 산들은 새벽마다 이슬들이 많이 내릴 것이다. 그 이슬들은 초목들에게는 수분을 공급하는 복이 된다. 이와 같이 형제들이 연합하여 동거하는 것은 이 광야 같은 세상, 나그넷길을 걷는 동안 서로에게 큰 위로와 격려와 도움이 될 것이다.

다윗은 특히 성도들이 교제하는 시온에는 하나님의 영생의 복이 있다고 말한다. 사람들은 복을 말할 때 오래 사는 것을 말하며 불노

장생(不老長生)을 갈망하고 만수무강(萬壽無疆)을 기원한다. 그러나 이 세상에는 만수무강이나 불노장생이 없다. 영생은 오직 하나님께서만 주실 수 있고 구약시대에 약속하셨고 구주 예수 그리스도 안에서 주신 복이다. 사도 바울은 디도서 1:2에서 영생은 거짓이 없으신 하나님께서 영원한 때 전부터 약속하신 것이라고 증거했다. 하나님께서는 본래 사람을 죽는 자로 창조하지 않으셨다. 죽음은 사람의 죄 때문에 왔다. 하나님께서는 예수 그리스도 안에서 우리에게 영생을 주셨다. 요한복음 3:16, "하나님이 세상을 이처럼 사랑하사 독생자를 주셨으니 이는 저를 믿는 자마다 멸망치 않고 영생을 얻게 하려 하심이니라." 요한복음 5:24, "내가 진실로 진실로 너희에게 이르노니 내 말을 듣고 또 나 보내신 이를 믿는 자는 영생을 얻었고 심판에 이르지 아니하나니 사망에서 생명으로 옮겼느니라." 로마서 6:23, "죄의 삯은 사망이요 하나님의 은사[은혜의 선물]는 그리스도 예수 우리 주 안에 있는 영생이니라."

천국은 영생의 나라이다. 거기에선 결혼관계가 없을 것이다. 거기에선 우정과 사랑이 넘치는 친구 관계만 있을 것이다. 이 사랑은 영원하다. 이 세상에서 최고의 덕은 사랑이며(롬 13:10; 고전 13:13) 천국에서도 우리는 서로 사랑할 것이다. 우리는 영원히 서로 사랑할 것이다.

시편 133편의 교훈을 정리해보자. 우리가 하나님의 자녀들이며 백성이라면, 우리는 서로 미워하고 시기 질투하고 분쟁하지 말고 사랑으로 연합하고 교제하는 자들이 되어야 한다. 1절, "형제가 연합하여 동거함이 어찌 그리 선하고 아름다운고." 성도들의 사랑의 교제는 광야 같은 이 세상의 나그넷길을 걷는 동안 서로에게 많은 위로와 격려가 될 것이다. 서로 사랑하는 교회는 이 세상의 피곤한 삶의 여정에서 영혼들의 쉼터가 될 것이다. 우리는 천국에서도 서로 사랑하며 살 것이다.

134편: 밤에 성소에서 하나님을 송축함

성전에 올라가는 노래.

〔1절〕 밤에 여호와의 집에 섰는 여호와의 모든 종들아, 여호와를 송축하라.

밤에 여호와의 집에 섰는 여호와의 모든 종들은 성전에서 하나님을 섬기는 제사장들을 가리킨다. 밤은 보통 일반 사람들에게는 몸에 휴식을 취하는 시간이지만, 성전에서 하나님을 섬기는 제사장들에게는 순번으로 성전에서 하나님을 섬기는 시간이다. 출애굽기 27장에 보면, 하나님께서는 모세에게 다음과 같이 말씀하셨다. "너는 또 이스라엘 자손에게 명하여 감람으로 찧어낸 순결한 기름을 등불을 위하여 네게로 가져오게 하고 끊이지 말고 등불을 켜되 아론과 그 아들들로 회막 안 증거궤 앞 휘장 밖에서 저녁부터 아침까지 항상 여호와 앞에 그 등불을 간검하게 하라. 이는 이스라엘 자손의 대대로 영원한 규례니라"(출 27:20-21). '간검한다'는 원어(야라크 עָרַךְ)는 '정돈한다, 준비한다'는 뜻이다. 제사장들은 성소 안에서 밤새도록 그 등불을 정돈하고 지켜야 했다. 그때 그들은 거기서 하나님을 송축해야 한다. '송축한다'는 말은 찬송하고 높이며 영광 돌린다는 뜻이다.

구약시대의 성전은 예수 그리스도와 그의 몸된 교회를 상징하였다. 또 신약성도는 거룩한 제사장들이다(벧전 2:9). 그러므로 사도 바울은 에베소서 5:19-20에서 "시와 찬미와 신령한 노래들로 서로 화답하며 너희의 마음으로 주께 노래하며 찬송하며 범사에 우리 주 예수 그리스도의 이름으로 항상 아버지 하나님께 감사하라"고 교훈하였고, 또 히브리서 13:15는 "이러므로 우리가 예수로 말미암아 항상 찬미의 제사를 하나님께 드리자. 이는 그 이름을 증거하는 입술의 열매니라" 고 교훈하였다. 우리는 시시때때로 개인적으로, 가정적으로, 또 교회적으로 예수 그리스도의 이름과 그의 속죄사역을 의지하고 하나님께 감사와 찬송을 올려야 한다.

〔2절〕 성소를 향하여 너희 손을 들고 여호와를 송축하라.

'성소를 향하여'라는 원어(코데쉬 קֹדֶשׁ)는 '거룩함'이라는 뜻이다. 이 구절은 '성소에서'(KJV, NIV)나 '성소를 향하여'(LXX, Vg, NASB)라는 번역보다 '거룩함으로'(Targum)라는 번역이 더 좋다고 생각된다. 본문은 "거룩함으로 너희의 손을 들고 여호와를 송축하라"는 뜻일 것이다. 손을 드는 것은 간절함과 진심을 나타낸다. 사도 바울은 디모데전서에서 남자들이 거룩한 손을 들어 기도하라고 가르쳤다. 디모데전서 2:8, "그러므로 각처에서 남자들이 분노와 다툼이 없이 거룩한 손을 들어 기도하기를 원하노라." 사람은 손으로 죄를 많이 짓는다. 그러므로 야고보는 "죄인들아, 손을 깨끗이 하라. 두 마음을 품은 자들아, 마음을 깨끗이 하라"고 말한다(4:8). 우리는 더러운 손을 씻고 회개하고 하나님께 진심으로 간절히 기도하며 찬송해야 한다.

〔3절〕 천지를 지으신 여호와께서 시온에서 네게 복을 주실지어다.

하나님께서는 천지만물을 창조하신 자이시다. 창세기 1:1, "태초에 하나님이 천지를 창조하시니라." 하나님께서 천지만물을 창조하심으로 온 우주와 세상, 곧 존재하는 모든 세계와 만물들이 시작되었다. 창조자 하나님만이 참 하나님이시다. 시편 96:5, "만방의 모든 신은 헛것이요 여호와께서는 하늘을 지으셨음이로다." 예레미야 10:10-16, "오직 여호와는 참 하나님이시요 사시는 하나님이시요 영원한 왕이시라. 그 진노하심에 땅이 진동하며 그 분노하심을 열방이 능히 당치 못하느니라. 너희는 이같이 그들에게 이르기를 천지를 짓지 아니한 신들은 땅 위에서, 이 하늘 아래서 망하리라 하라. 여호와께서 그 권능으로 땅을 지으셨고 그 지혜로 세계를 세우셨고 그 명철로 하늘들을 펴셨으며 그가 목소리를 발하신즉 하늘에 많은 물이 생기나니 그는 땅끝에서 구름이 오르게 하시며 비를 위하여 번개하게 하시며 그 곳간에서 바람을 내시거늘 사람마다 우준하고 무식하도다. 금 장색마다 자기의 조각한 신상으로 인하여 수치를 당하나니 이는 그 부어 만든 우상은 거짓 것이요 그 속에 생기(生氣)가 없음이라. 그것들은 헛것이요 망령되이 만든 것인즉 징벌하실 때에 멸망할 것이나 야곱의 분깃은 이같지 아니하시니 그는 만물의 조성자요 이스라엘은 그 산업의 지파라. 그 이름은 만군의 여호와시니라."

창조자 하나님만이 살아계신 참 하나님이시며 사람에게 복을 주실 수 있는 하나님이시다. 그는 복의 근원이시다. 시편 저자는 "천지를 지으신 여호와께서 시온에서 네게 복을 주실지어다"라고 말한다. 시온 산은 성전이 있는 곳, 곧 하나님의 언약과 속죄가 있는 곳이다. 그것은 예수 그리스도를 예표했다. 우리가 받을 모든 복은 예수 그리스도의 십자가 대속 사역과 하나님의 은혜 언약으로부터 온다. 하나님께서는 자기 백성들에게 예수 그리스도의 대속(代贖)을 통해 죄사함과 의롭다 하심과 영생을 주셨다. 민수기 6:23-27에 보면, 아론과 그 아들들은 이스라엘 자손을 위해 다음과 같이 축복해야 했다. "여호와는 네게 복을 주시고 너를 지키시기를 원하며 여호와는 그 얼굴로 네게 비취사 은혜 베푸시기를 원하며 여호와는 그 얼굴을 네게로 향하여 드사 평강 주시기를 원하노라." 하나님께서는 그를 경외하고 주 예수님 믿고 순종하는 자들에게 은혜와 평안의 복을 주신다.

시편 134편의 교훈을 정리해보자. 첫째로, 모든 신약 성도는 제사장으로 낮에도 밤에도 구주 예수 그리스도의 이름으로 하나님을 찬송하며, 거룩한 손을 들고 간절한 마음으로 그를 찬송하며 기도해야 한다.

둘째로, 창조주 하나님께서는 구주 예수 그리스도 안에서 우리에게 죄사함과 의롭다 하심과 자녀 됨과 영생의 은혜를 주셨고 성화의 은혜를 주시고 또 평안과 기쁨과 영육의 필요한 것들을 항상 주신다.

135편: 살아계신 주권자 하나님을 찬송함

〔1-4절〕 **할렐루야, 여호와의 이름을 찬송하라. 여호와의 종들아, 찬송하라. 여호와의 집 우리 하나님의 전정(殿庭)**[전 뜰]**에 섰는 너희여, 여호와를 찬송하라.** [이는] **여호와는 선하시며 그 이름이 아름다우니**[아름다우심이니] **그 이름을 찬양하라.** [이는] **여호와께서 자기를 위하여 야곱 곧 이스라엘을 자기의 특별한 소유로 택하셨음이로다.**

'할렐루야'라는 히브리어는 '너희는 여호와를 찬양하라'는 뜻이다. 시편 저자는 여호와의 종들과 여호와의 집 우리 하나님의 전 뜰에 섰는 자들, 즉 하나님을 섬기는 제사장들과 레위인들은 물론, 하나님을 섬기려 성전 뜰에 모인 모든 백성들이 하나님을 찬송하라고 말한다. 왜냐하면 그가 선하시며 그 이름이 아름답고 사랑스럽기 때문이다. '아름답다'는 원어(나임 נָעִים)는 '기쁘다, 사랑스럽다'는 뜻이다. 죄로 인해 죽을 영혼들을 향하신 여호와 하나님의 긍휼과 사랑과 은혜는 참으로 기쁘고 사랑스러운 일이다.

시편 저자는 또 "[이는] 여호와께서 자기를 위해 야곱 곧 이스라엘을 자기의 특별한 소유로 택하셨음이로다"라고 말하였다. 이스라엘 백성이 하나님을 찬송해야 할 이유는 하나님께서 이스라엘 백성을 자기의 특별한 소유로 택하셨기 때문이다. '특별한 소유'라는 원어(세굴라 סְגֻלָּה)는 '특별한 보화'라는 뜻이다. 하나님께서 세상을 창조하신 목적과 구약시대에 이스라엘 백성과 신약시대에 예수님 믿는 자들을 특별한 소유, 특별한 보화로 선택하신 목적은 하나님의 영광을 위하고 하나님을 찬송케 하시기 위함이다. 하나님께서는 그들을 위해 자기의 사랑하는 독생자를 속죄제물로 희생하셨다.

〔5-14절〕 [이는] **내가 알거니와 여호와께서는 광대**[위대]**하시며 우리 주는 모든 신보다 높으시도다**[높으심이로다]. **여호와께서 무릇 기뻐하시는 일을 천지와 바다와 모든 깊은 데서 다 행하셨도다. 안개를 땅끝에서 일으키**

시며 비를 위하여 번개를 만드시며 바람을 그 곳간에서 내시는도다. 저가 애굽의 처음 난 자를 사람부터 짐승까지 치셨도다. 애굽이여, 여호와께서 너의 중에 징조와 기사를 보내사 바로와 그 모든 신복에게 임하게 하셨도다. 저가 많은 나라를 치시고 강한 왕들을 죽이셨나니 곧 아모리인의 왕 시혼과 바산 왕 옥과 가나안의 모든 국왕**이로다. 저희의 땅을 기업으로 주시되 자기 백성 이스라엘에게 기업으로** 주셨도다. **여호와여, 주의 이름이 영원하시니이다. 여호와여, 주의 기념이 대대에 이르리이다.** [이는] **여호와께서 자기 백성을 판단하시며 그 종들을 긍휼히 여기시리로다**[여기심이로다].

시편 저자는 또 하나님께서 위대하시며 세상의 모든 신보다 크심을 알기 때문에 찬송하라고 말한다. 하나님의 존재와 지혜와 능력과 사랑의 풍성함을 무엇에다 비교할 수 있으랴! 하나님께서는 무한하신 신이시다. 하나님께서는 이 광활하고 넓은 세계와 우주를 창조하셨고 그것을 다스리신다. 또 여호와께서는 기뻐하시는 모든 일들을 천지와 바다와 모든 깊은 데서 행하셨다. 그는 살아계셔서 그의 기뻐하시는 모든 일들을 행하셨고 지금도 행하신다. 그의 섭리에서 제외된 일은 없다. 그는 살아계신 하나님이시요 주권적 섭리자이시다.

주권적 섭리자 하나님께서는 안개를 땅끝에서 일으키시며 비를 위하여 번개를 만드시며 바람을 그 곳간에서 내신다. 그는 안개와 비와 바람, 즉 자연 세계를 주장하신다. 그는 그의 기쁘신 뜻 가운데 그것들을 일으키기도 하시고 또 그것들을 물리치기도 하신다.

하나님께서는 특히 인간 세계를 주관하신다. 그는 이전에 애굽의 처음 난 자를 사람부터 짐승까지 치셨었다. 여호와께서는 애굽 땅에 징조와 기사를 보내셔서 바로와 그 모든 신복들에게 임하게 하셨었다. 애굽 왕 바로가 강퍅하고 완고한 마음으로 하나님의 명령을 거절하고 대항할 때, 하나님께서는 모세를 통해 애굽 땅에 열 가지 재앙을 내리셨고 마지막 재앙으로 모든 사람들의 장자들과 모든 짐승들의 첫 새끼들, 특히 애굽 왕 바로의 장자까지 다 죽이셨었다.

또 하나님께서는 이스라엘 나라뿐 아니라, 또한 모든 이방 나라들도 다스리신다. 그는 많은 나라를 치시고 강한 왕들을 죽이셨다. 그는 아모리인들의 왕 시혼과 바산 왕 옥과 가나안의 모든 국왕들을 죽이셨고 그들의 땅을 자기 백성 이스라엘에게 기업으로 주셨다. 이스라엘 백성으로 가나안 땅을 정복케 하시고 그들에게 기업으로 주신 것은 하나님께서 온 세계 열국을 다스리시는 한 증거이었다. 그는 온 세상과 인류의 역사를 다스리시는 주권적 섭리자이시다.

여호와의 이름은 영원하시다. 또 여호와께서는 자기 백성을 특별히 다스리신다. 하나님께서는 자기 백성의 죄와 허물을 공의로 판단하시고 징벌하시지만, 또한 그들을 긍휼로 용서하시고 회복시키시는 자이시다. 그러므로 이스라엘 백성은 여호와를 찬송해야 한다.

〔15-18절〕 열방의 우상은 은금이요 사람의 수공물이라. 입이 있어도 말하지 못하며 눈이 있어도 보지 못하며 귀가 있어도 듣지 못하며 그 입에는 아무 기식(氣息)[호흡]도 없나니 그것을 만든 자와 그것을 의지하는 자가 다 그것과 같으리로다.

시편 저자는 열방의 우상이 헛됨을 증거한다. 열방의 우상은 은금이요 사람의 수공물들이다. 그것은 사람이 나무나 돌로 깎거나 다듬어 만든 다음 금이나 은을 입힌 것들이다. 그것은 입이 있어도 말하지 못하며 눈이 있어도 보지 못하며 귀가 있어도 듣지 못하며 그 입에는 아무 호흡의 기운도 없다. 그것들은 생명이 없다. 그러므로 그것들을 만든 자들과 그것들을 의지하는 자들은 다 그와 같이 허무하게 될 것이다. 시편 115편도 우상은 코가 있어도 냄새를 맡지 못하고 손이 있어도 만지지 못하며 발이 있어도 걷지 못하고 목구멍이 있어도 소리내지 못한다고 말하였다(시 115:6-7). 우상은 하나님이 아니다. 그것들은 허무하다. 그것들은 실상 속임수에 불과하다.

〔19-21절〕 이스라엘 족속아, 여호와를 송축하라. 아론의 족속아, 여호와를 송축하라. 레위 족속아, 여호와를 송축하라. 여호와를 경외하는 너희

들아, 여호와를 송축하라. 예루살렘에 거하신 여호와는 시온에서 찬송을 받으실지어다. 할렐루야.

여호와 하나님께서는 영원 전부터 스스로 계신 하나님, 영원자존자(永遠自存者)이시다. 여호와 하나님께서는 살아계셔서 역사하시는 하나님이시며 지식과 감정과 의지를 가지신 인격적 하나님이시다. 우리는 영원자존하신 참 하나님을 찬송해야 한다. 그는 생명의 근원이 되신다. 그는 생명 없는 우상들과 다르시다.

그러므로 시편 저자는 "이스라엘 족속아," "아론의 족속아," "레위 족속아," "여호와를 경외하는 너희들아, 여호와를 송축하라"고 말하였다. '송축하라'(bless)(KJV, NASB)는 원어(바라쿠 בָּרְכוּ)는 '무릎을 꿇고 송축하라'는 뜻을 가지고 있다고 한다(BDB). 하나님을 아는 모든 사람, 하나님의 구원을 얻은 사람들은 다 하나님을 찬송해야 한다. 시편 저자는 특히 "예루살렘에 거하신 여호와는 시온에서 찬송을 받으실지어다"라고 말한다. 시온은 하나님의 성전이 있는 곳이다. 그것은 예수 그리스도와 그를 믿는 자들을 예표했다(요 2:21; 고전 3:16). 신약교회는 예수 그리스도 안에서 하나님을 찬송해야 한다.

시편 135편의 교훈을 정리해보자. 첫째로, 하나님께서 선하시며 그의 이름이 아름다우시고 기쁘고 사랑스러우시기 때문에, 우리는 하나님을 찬송해야 한다. 왜냐하면 하나님께서 죄인들인 우리를 택하셨고 독생자의 희생으로 구원하셨고 그의 특별한 보화로 삼으셨기 때문이다.

둘째로, 하나님께서 주권적 섭리자이시기 때문에, 우리는 그를 찬송해야 한다. 하나님께서는 자연만물을 다스리고 개인의 생사화복(生死禍福)과 국가의 흥망성쇠(興亡盛衰)와 세계의 역사를 주관하신다.

셋째로, 세상 사람들이 섬기는 모든 우상들은 다 헛되다. 현대인의 우상인 돈도 육신의 쾌락도 권력도 다 헛되다. 우리는 살아계신 창조자, 섭리자 참 하나님을 더욱 알고 섬기며 송축하고 믿고 순종해야 한다.

136편: 하나님의 인자하심을 감사함

[1-3절] 여호와께 감사하라. 그는 선하시며 그 인자하심이 영원함이로다. 모든 신에 뛰어나신 하나님께 감사하라. 그 인자하심이 영원함이로다. 모든 주에 뛰어나신 주께 감사하라. 그 인자하심이 영원함이로다.

'감사하라'는 원어(호두 הוֹדוּ)는 '찬송하라'는 의미도 있다. 우리는 여호와 하나님께 감사하며 찬송해야 한다. 여호와께서는 영원자존(自存)하신 하나님이시다. 그는 "모든 신에 뛰어나신 하나님"이시며 "모든 주에 뛰어나신 주"이시다. 그는 참된 신이시며 실상 유일한 신이시고 온 우주의 주인이시며 주관자이시다.

우리가 하나님께 감사해야 할 이유는 그는 선하시며 그 인자하심이 영원하시기 때문이다. 시편 저자는 본 시편 전체에서 그 사실을 반복해서 강조한다. 여호와께서는 천지만물을 창조하시고 섭리하시는 그의 모든 행위에서 그의 선하심과 인자하심을 나타내셨다. 그러므로 그 사실을 깨닫는 성도들은 그에게 감사를 드려야 한다.

[4-9절] 홀로 큰 기사를 행하시는 이에게 감사하라. **그 인자하심이 영원함이로다. 지혜로 하늘을 지으신 이에게** 감사하라. **그 인자하심이 영원함이로다. 땅을 물 위에 펴신 이에게** 감사하라. **그 인자하심이 영원함이로다. 큰 빛들을 지으신 이에게** 감사하라. **그 인자하심이 영원함이로다. 해로 낮을 주관케 하신 이에게** 감사하라. **그 인자하심이 영원함이로다. 달과 별들로 밤을 주관케 하신 이에게** 감사하라. **그 인자하심이 영원함이로다.**

여호와께서는 "홀로 큰 기사를 행하시는 이"이시다. 성경은 하나님을 "기이한 일(기사 奇事)을 행하시는 자"라고 표현한다(출 15:11; 욥 5:9; 시 72:14; 77:14; 86:10). 그의 창조 사역이 그 사실을 증거하며 그의 섭리 사역, 특히 이스라엘을 향하신 그의 사역이 그것을 증거한다. 우리는 우리의 삶의 여정에서도 그의 기이한 손길들을 체험한다.

하나님께서는 태초에 지혜로 하늘을 지으셨다. 지구가 속해 있는 은하계는 1000억개 이상의 별들이 모여 있고 그 직경은 약 10만 광년의 거리라고 한다. 그것은 약 9조 킬로미터의 10만배이다. 우주에는 이런 은하계들이 1000억개 이상이 있다고 한다. 하나님께서는 그의 지혜로 이 광대하고 놀랍고 아름다운 하늘을 만드셨다.

또 하나님께서는 땅을 물 위에 펴셨다. 지구는 큰 공과 같고, 바다가 약 70퍼센트이며 육지가 약 30퍼센트라고 한다. 땅은 물 위에 떠 있는 것과 같다. 지구에서 가장 높은 산은 네팔이라는 나라에 있는 에베레스트 산인데 높이가 8,848미터이며 가장 깊은 바다는 태평양의 괌 남서쪽 마리아나 해구인데 깊이가 약 11,000미터이다. 하나님께서는 이 거대한 바다들과 대륙들을 다 만드셨다.

하나님께서는 또 지구에 사는 자들을 위해 하늘에 큰 빛들을 지으셨고 해로 낮을 주관하게 하셨고 달과 별들로 밤을 주관하게 하셨다. 태양은 지구보다 약 109배 크며 가스가 불타는 불덩이라고 한다. 그 표면 온도는 약 5,500도이며 그 중심 온도는 약 1,500만도로 추정된다고 한다. 태양은 지구로부터 약 1억 5,000만 킬로미터가 떨어져 있어도 지구를 밝고 따뜻하게 만든다. 달은 지구의 4분의 1정도의 크기로서 태양 빛을 반사하여 밤에 지구를 은은하게 비친다. 별들은 주로 가스 뭉치이며 우주에는 약 2억조 개 이상의 별들이 있다고 한다.

〔10-15절〕 애굽의 장자를 치신 이에게 감사하라. **그 인자하심이 영원함이로다. 이스라엘을 저희 중에서 인도하여 내신 이에게** 감사하라. **그 인자하심이 영원함이로다. 강한 손과 펴신 팔로** 인도하여 내신 이에게 감사하라. **그 인자하심이 영원함이로다. 홍해를 가르신 이에게** 감사하라. **그 인자하심이 영원함이로다. 이스라엘로 그 가운데로 통과케 하신 이에게** 감사하라. **그 인자하심이 영원함이로다. 바로와 그 군대를 홍해에 엎드러뜨리신 이에게** 감사하라. **그 인자하심이 영원함이로다.**

하나님께서는 옛날에 애굽을 치시고 이스라엘 백성을 심한 고역과 학대로부터 건져내셨다. 그는 그들의 부르짖음을 들으셨고 애굽에 열 가지 재앙을 내리셨고, 열 번째 재앙, 즉 애굽 왕의 장자를 비롯해 모든 사람들의 장자와 모든 가축들의 첫 새끼까지 죽는 재앙을 통해 애굽 왕 바로는 비로소 하나님께 굴복했고 이스라엘 백성을 내보내 주었다. 이와 같이, 하나님께서는 그의 강한 손과 펴신 팔로 이스라엘 백성을 애굽에서 친히 인도하여 내셨던 것이다.

또 하나님께서는 홍해를 가르셨고 이스라엘 백성들로 그 가운데로 통과케 하셨고 바로와 그 군대는 홍해에 엎드러지게 하셨다. 그것은, 하나님께서 살아계시고 그가 자기 백성을 특별히 사랑하시고 그들을 구원하시고 또 그들을 구원하신 후에도 그들을 보호하시고 인도하심을 생생하게 나타내신 사건이었다. 만일 애굽 군대가 홍해에서 죽지 않았다면 그들은 이스라엘 백성을 좇아와 그들을 죽였을 것이다.

이와 같이, 이스라엘 백성이 애굽에서 나온 것과 홍해를 건넌 것은 하나님의 놀라운 은혜이었다. 그것은 하나님께서 그 조상 아브라함과 이삭과 야곱과 맺은 언약을 기억하시고 그들을 돌아보신 일이었고 그들의 간절한 기도를 응답하신 것이었다. 그들에게는 여러 가지 고난이 있었으나 하나님께서는 그의 긍휼과 능력으로 그들을 구원하셨고 인도하셨고 모든 난관들을 잘 이기게 하셨다.

〔16-22절〕 그 백성을 인도하여 광야로 통과케 하신 이에게 감사하라. **그 인자하심이 영원함이로다. 큰 왕들을 치신 이에게** 감사하라. **그 인자하심이 영원함이로다. 유명한 왕들을 죽이신 이에게** 감사하라. **그 인자하심이 영원함이로다. 아모리인의 왕 시혼을** 죽이신 이에게 감사하라. **그 인자하심이 영원함이로다. 바산 왕 옥을** 죽이신 이에게 감사하라. **그 인자하심이 영원함이로다. 저희의 땅을 기업으로 주신 이에게** 감사하라. **그 인자하심이 영원함이로다. 곧 그 종 이스라엘에게 기업으로 주신 이에게** 감사하라. **그 인자하심이 영원함이로다.**

하나님께서는 이스라엘 백성을 인도하여 광야를 통과하게 하셨다. 광야는 물이 없고 사람들과 가축들이 살기 어렵고 여러 가지 위험이 있는 곳이었다. 그러나 하나님께서는 그들로 자신들의 부족을 깨닫게 하시고 마음을 낮추게 하시기 위해 그들을 광야로 인도하셨고 그들로 광야를 잘 통과하게 하셨다.

또 하나님께서는 이스라엘 백성을 위해 큰 왕들을 치셨고 유명한 왕들을 죽이셨다. 그는 특히 아모리인의 왕 시혼을 죽이셨고 바산 왕 옥을 죽이셨다. 바산 왕 옥은 거인 족속의 남은 자로서 그의 철 침상은 길이가 약 4미터나 되었다(신 3:11). 그러나 이스라엘 백성은 하나님의 은혜와 능력의 도우심으로 그 두 왕들을 이겼다.

하나님께서는 그 왕들의 땅을 이스라엘 백성에게 기업으로 주셨다. 땅의 참 소유자는 여호와 하나님이시다(레 25:23). 땅의 참 주인이신 그가 그 땅 원주민들의 우상숭배와 음란 때문에 그 땅을 빼앗아 하나님의 종인 이스라엘 백성에게 주셨던 것이다.

〔23-26절〕 우리를 비천한 데서 기념하신[기억하신] **이에게** 감사하라. **그 인자하심이 영원함이로다. 우리를 우리 대적에게서 건지신 이에게** 감사하라. **그 인자하심이 영원함이로다. 모든 육체에게 식물을 주신 이에게** 감사하라. **그 인자하심이 영원함이로다. 하늘의 하나님께** 감사하라. **그 인자하심이 영원함이로다.**

하나님께서는 이스라엘 백성을 비천한 데서 기억하셨다. 또 그는 그들을 그들의 대적에게서 건지셨다. 그는 이스라엘 백성이 비천한 데 처해 있었을 때, 즉 애굽에서 종살이를 했을 때나 하나님의 징벌로 이웃 나라에게 학대를 당했을 때, 그들을 기억하셨고 그들을 그 대적에게서 건져주셨다. 하나님께서는 그들이 원수들의 지배와 학대로부터 빠져나올 힘이 없었을 때 그들을 도우셨고 그들을 구원하셨다. 그것이 구약성경이 증거하는 이스라엘의 역사이었다.

하나님께서는 또 모든 육체에게 먹을 것들을 주신다. 예수께서는 공중의 새를 기르시며 들의 꽃을 입히시는 하나님 아버지께서 자기 백성에게 먹을 것과 입을 것을 주신다고 말씀하셨다(마 6:26-32). 욥기 38:41은 까마귀 새끼가 하나님을 향해 부르짖으며 먹을 것이 없어 오락가락할 때 하나님께서는 그것을 위해 먹을 것을 예비하신다고 표현했다. 시편 104편은 하나님께서 들짐승이나 물고기 등 모든 생물들에게 먹을 것을 주신다고 말했다(시 104:27-28).

하나님께서는 하늘의 하나님이시다. 사람은 땅 위에서 살고 있지만, 하나님께서는 하늘에 계신 분이시다. 그는 지극히 높으신 하나님이시다. 그는 이 세상을 초월해 계신 분이시다. 그는 하늘 보좌에서 그의 기쁘신 뜻대로 땅의 모든 일들을 행하시는 하나님이시다.

시편 136편의 교훈을 정리해보자. 본 시편은 우리가 여호와 하나님과 그의 하신 일들을 바로 알고 그의 선하심과 그의 인자하심에 대해 감사해야 한다고 말한다. 세상에 신들과 우상들이 많이 있지만, 여호와 하나님, 영원 자존하신 하나님께서는 한 분이시며 오직 그 분만이 살아계신 참 하나님이시다. 그는 온 세상을 창조하신 자이시며 참 소유자이시며 주인이시다. 또 그는 온 세상을 다스리시는 통치자이시다. 하나님께서는 그의 창조와 그의 섭리의 일들에서 놀라운 일들을 행하신 자이시다. 하늘과 땅과 해와 달과 별들을 창조하신 그의 일들은 놀랍고 신기하다. 그는 그가 택하신 아브라함의 자손 이스라엘 백성을 그 학대받던 애굽으로부터 그의 크신 능력으로 구원해내셨다. 그는 그들로 홍해를 통과케 하셨고 뒤따르던 애굽 군대를 죽이셨고 광야를 통과케 하셨고 요단강 동편의 땅과 가나안 땅의 왕들을 다 멸하셨다. 그는 그들이 가나안 땅에 정착한 후 범죄하여 징벌을 받아 어려움을 당해 회개할 때마다 그 대적들로부터 구원해주셨다. 그는 그들에게 먹을 것을 공급해주셨다.

오늘날 우리도 하나님의 아들 예수 그리스도께서 십자가에 못박혀 죽으심으로 이루신 대속 사역으로 우리를 죄와 지옥 형벌에서 구원하신 하나님의 선하심과 인자하심을 감사하며 찬송해야 한다. 또 우리는 창조자와 섭리자와 구주이신 하나님만 믿고 바르게만 살아야 한다.

137편: 시온을 가장 사랑함

〔1-4절〕 우리가 바벨론의 여러 강변 거기 앉아서 시온을 기억하며 울었도다. 그 중의 버드나무에 우리가 우리의 수금을 걸었나니 이는 우리를 사로잡은 자가 거기서 우리에게 노래를 청하며 우리를 황폐케 한 자가 기쁨을 청하고 자기들을 위하여 시온 노래 중 하나를 노래하라 함이로다. 우리가 이방(異邦)에 있어서 어찌 여호와의 노래를 부를꼬.

시온 곧 예루살렘 성은 하나님의 성전이 있고 하나님의 임재하심과 하나님께 대한 예배와 찬양과 기도가 있는 곳이었다. 유다 백성은 하나님 앞에서 많은 우상들을 섬기며 서로 미워하고 의인들의 피를 흘리고 서로 속이는 등 많은 죄를 범함으로써 하나님의 벌을 받았고 바벨론의 침략을 받아 왕이 포로로 잡혀가고 두 눈이 뽑히고 죽임을 당하고 결국 나라가 망하여 백성들이 온 세계에 흩어지게 되었고 그래서 바벨론의 강변들에 앉아 시온을 기억하며 우는 자들이 되었다.

신약교회와 성도들도 하나님 앞에서 바르게 살지 않고 돈을 사랑하고 서로 미워하고 음란하고 죄만 짓는다면, 하나님께서는 그들을 버리실 것이며 촛대를 옮기실 것이다(계 2:5). 그들은 하나님을 섬기며 찬송하며 기도하며 성경말씀을 듣는 일을 더 이상 자유로이 하지 못할지도 모른다. 그들은 옛날을 기억하며 울지도 모른다. 아모스 8:11에 보면, 하나님께서는 "보라, 날이 이를지라. 내가 기근을 땅에 보내리니 양식이 없어 주림이 아니며 물이 없어 갈함이 아니요 여호와의 말씀을 듣지 못한 기갈이라"고 하셨다.

포로로 잡혀간 유다 백성은 버드나무에 그들의 수금을 걸었는데, 그 까닭은 그들을 사로잡은 자가 거기서 그들에게 노래를 청하며 그들을 황폐케 한 자가 기쁨을 청하고 자기들을 위하여 시온 노래 중 하나를 노래하라고 요청하였기 때문이었다. 그들은 '여호와의 노래'

즉 여호와 하나님을 찬송하는 노래를 이방인들의 기쁨과 즐거움을 만족시키기 위해 부를 수 없었다. 하나님께 영광을 돌리는 찬송은 언제나 부를 수 있으나, 사람을 즐겁게 하는 노래로 그것을 부를 수는 없었다. 왜냐하면 하나님께서 그것을 기뻐하지 않으실 것이기 때문이다. 주 예수님을 믿는 성도들의 찬송과 노래도 사람의 기쁨과 만족을 위해 하지 말고 오직 하나님을 위해, 하나님의 기쁘심과 만족을 위해 해야 한다. 오직 하나님과 우리 주 예수 그리스도께서만 찬송과 영광을 받으시기에 합당하시기 때문이다(계 4:11; 5:12-13).

〔5-6절〕 예루살렘아, 내가 너를 잊을진대 내 오른손이 그 재주**를 잊을지로다. 내가 예루살렘을 기억지 아니하거나 내가 너를 나의 제일 즐거워하는 것보다 지나치게 아니할진대 내 혀가 내 입천장에 붙을지로다.**

시편 저자는 예루살렘 성을 잊지 않고 기억할 뿐만 아니라 이 세상에서 가장 즐거워하는 것보다 더 즐거워한다고 고백하고 있다. 그는 그의 오른손의 재주, 즉 그의 음악적 재능과 기술, 그의 악기 연주의 재주도, 그리고 그의 노래의 목소리도 천지만물을 창조하시고 섭리하시는 영원히 스스로 계신 여호와 하나님을 찬송하고 영화롭게 하는 일에만 드려지기를 원했다. 만일 그가 예루살렘 성을 잊어버리거나 예루살렘 성과 하나님의 성전을 자기의 제일 즐거워하는 것보다 더 즐거워하고 사랑하지 않는다면, 그의 혀가 그의 입천장에 붙을지로다라고 그는 말했다. 이것은 그의 참된 경건을 잘 증거한다.

오늘날 우리는 하나님을 얼마나 사랑하고 있으며 하나님의 교회와 교회에서의 예배와 찬송과 기도, 또 성경말씀과 성경 강해의 가치와 소중함을 얼마나 인식하고 사모하고 있는가? 우리는 과연 우리의 삶의 가치를 어디에 두고 살고 있는가? 과연 주 예수님보다 귀한 것은 없는가? 과연 하나님과 성경말씀보다 더 중요한 것은 없는가? 과연 하나님의 일과 교회의 일들이 참으로 귀하고 사랑스러운가?

〔7-9절〕 여호와여, 예루살렘이 해 받던 **날을 기억하시고 에돔 자손을 치**

소서. 저희 말이 훼파하라, 훼파하라, 그 기초까지 훼파**하라 하였나이다. 여자** 같은 **멸망할 바벨론아**[멸망할 바벨론의 딸아], **네가 우리에게 행한 대로 네게 갚는 자가 유복(有福)하리로다. 네 어린것들을 반석에 메어치는 자는 유복(有福)하리로다.**

유다 나라는 주전 605년경 여호야김 왕의 때, 주전 597년경 여호야긴 왕의 때, 주전 586년경 시드기야 왕의 때, 이렇게 세 차례 바벨론에게 굴복하였고 마침내 완전히 멸망케 되었다. 그것은 유다 백성의 많은 죄 때문에 하나님께서 내리신 징벌이었다. 그때 이스라엘 자손들과 친척 관계인 에돔 자손들은 유다를 긍휼히 여기지 않고 무정하게 저주했다. 또 그때 바벨론 사람들은 유다 백성의 어린것들을 바위돌 위에 메어쳤다. 그들은 거칠고 인정이 없었다. 어린것들은 죽기도 하고 불구가 되기도 했을 것이다. 그러므로 시편 저자는 하나님께서 그 날을 기억하시고 판단하시고 공의로 보응하실 것을 호소한다.

하나님께서는 마지막 심판 날에 사람의 행한 대로 그에게 갚으실 것이다. 그것이 하나님의 공의이다. 전도서 12:14는 "하나님께서는 모든 행위와 모든 은밀한 일을 선악간에 심판하시리라"고 말하였고, 로마서 2:6-8에서, 사도 바울은, "하나님께서 각 사람에게 그 행한 대로 보응하시되 참고 선을 행하여 영광과 존귀와 썩지 아니함을 구하는 자에게는 영생으로 하시고 당을 지어 진리를 좇지 아니하고 불의를 좇는 자에게는 노와 분으로 하시리라"고 말하였다.

시편 137편의 교훈을 정리해보자. 첫째로, 우리는 하나님께 범죄치 말아야 한다. 구약교회가 범죄했다가 망한 것같이, 신약교회도 범죄하면 망할 것이지만, 참으로 중생한 자는 계속 범죄치 않을 것이다.

둘째로, 우리는 예루살렘 성 즉 예수 그리스도의 몸된 교회를 잊지 말고 항상 기억하며 그것을 이 세상에서 가장 즐거워해야 한다. 하나님의 사랑과 관심의 대상은 구원 얻은 성도들의 모임인 교회뿐이다.

138편: 간구하는 날에 응답하심

〔1절〕 내가 전심으로 주께 감사하며 신들 앞에서 주께 찬양하리이다.

다윗의 시. 다윗은 "내가 전심으로 주께 감사하겠다"고 말한다. 그는 형식적으로나 반심(半心)으로 적당히 하나님께 감사하는 것이 아니고 전심(全心)으로, 마음을 다하여 감사하겠다고 고백하는 것이다. 그것이 참된 경건이다. 그는 또 "신들 앞에서 주께 찬양하리이다"라고 말한다. '신들'이라는 말은 천사들(LXX, Vg, 칼빈)이나 왕들(Targ, Syr, 델리취)을 뜻할 수 있으나, 그보다 이방 나라들의 신들을 뜻하는 것 같다(KJV, NASB, 헹스텐버그, JFB). 여호와 하나님께서는 이방인들의 모든 신들보다 크신 하나님이시며 유일하신 참 하나님이시다.

〔2절〕 내가 주의 성전을 향하여 경배하며 주의 인자하심과 성실하심[신실하심]**을 인하여 주의 이름에 감사하오리니 이는 주께서 주의 말씀을 주의 모든 이름 위에 높게 하셨음이라.**

다윗은 또 "내가 주의 성전을 향하여 경배한다"고 말한다. 성전은 성막 혹은 법궤를 모신 곳을 가리킬 것이다. 거기에는 언약의 돌판과 제사의 피가 있고 하나님께서 함께하시는 표가 있었다. 성도는 하나님을 경외하며 가장 높이고 사랑하며 그러므로 무엇보다 하나님의 법궤와 성막을 중요하게 여기며 법궤와 성막 중심의 생활을 힘쓴다.

다윗은 "주의 인자하심과 신실하심을 인하여 주의 이름에 감사하오리라"고 말한다. 그것은 그의 감사의 이유를 말한다. 그는 하나님의 인자하심과 신실하심에 대해 좀더 말한다. 주께서는 그의 말씀을 그의 모든 이름 위에(KJV) 혹은 그의 모든 이름대로(NASB) 높게 하셨다. 하나님의 이름들은 그의 능력을 나타낸다. 하나님께서는 성경 역사에서 그의 인자하심과 신실하심과 그의 말씀을 밝히 증거하셨다. 우리도 우리의 삶 속에서도 그것을 체험케 하셨다.

〔3절〕 내가 간구하는 날에 주께서 응답하시고 내 영혼을 장려하여 강하게 하셨나이다.

다윗은 특히 고난 중에서 하나님께 간구했을 때 그가 응답하시고 그 영혼을 격려하시고 강하게 하신 일들을 체험하였다. 우리는 우리의 삶의 현실에서도 고난 중에 심신이 연약할 때에 하나님께 간구하여 응답받음으로써 심신에 힘을 얻게 된다.

〔4-5절〕 여호와여, 땅의 열왕[모든 왕들]**이 주께 감사할 것은 저희가 주의 입의 말씀을 들음이오며 저희가 여호와의 도를 노래할 것은 여호와의 영광이 크심이니이다.**

다윗은 땅의 모든 왕들이 하나님께 감사할 것이라고 말한다. 그는 그들이 하나님의 입의 말씀을 들을 것이기 때문에 혹은 그 말씀을 들을 때 그렇게 할 것이라고 말한다. 왕들은 보통 백성에게서 감사와 칭송을 받는 자들이다. 그러나 하나님께서 주신 구원과 영생의 복음은 온 세상에 전파될 것이며 일반 사람들뿐 아니라, 모든 왕들도 그 복음을 들을 때 하나님께 감사와 찬송을 올릴 것이다.

다윗은 또 "저희가 여호와의 도를 노래할 것은 여호와의 영광이 크심이니이다"라고 말한다. 하나님께서는 예수 그리스도 안에서 그의 크신 영광을 나타내셨다. 하나님의 아들이신 예수 그리스도께서는 이 세상에 사람으로 오셔서 기적들을 행하셨고 십자가에 달려 죽으셨으나 삼일 만에 부활하셨다. 예수 그리스도의 신적인 영광의 광채가 복음 안에 비친다(고후 4:4). 사도 바울은, "어두운 데서 빛이 비취리라 하시던 그 하나님께서 예수 그리스도의 얼굴에 있는 하나님의 영광을 아는 빛을 우리 마음에 비치셨느니라"고 말하였다(고후 4:6).

〔6절〕 여호와께서 높이 계셔도 낮은 자를 하감하시며 멀리서도 교만한 자를 아시나이다.

하나님께서는 하늘에 가장 높이, 가장 멀리 떠 있는 별들보다 더 높이, 더 멀리 계신다. 그러나 그는 이렇게 낮은 세상에 사는 사람들,

특히 죄로 인해 환난과 고통을 당하는 비천한 인생들을 돌아보시며 도우시고 구원하시고 위로하신다. 그러나 그는 또한 교만한 자들, 하나님을 무시하고 이웃 사람을 무시하는 자들도 아신다. 그는 악한 자들의 교만한 마음과 악한 말들과 행실들을 보시고 들으시고 판단하시고 그것들을 미워하시고 공의로 보응하실 것이다.

〔7절〕 내가 환난 중에 다닐지라도 주께서 나를 소성케 하시고 주의 손을 펴사 내 원수들의 노를 막으시며 주의 오른손이 나를 구원하시리이다.

다윗은 “내가 환난 중에 다닐지라도 주께서 나를 소성케 하신다”고 말한다. ‘소성케 한다’는 원어는 ‘소성케 한다’는 뜻도 있고 ‘계속 살게 한다, 생명을 보존한다’는 뜻도 있다(BDB, NIV). 성도는 환난 중에 낙망하기도 하지만 하나님께서 그를 위로 격려하시며 새 힘을 주시고, 또 때로는 죽음의 위기도 있지만 하나님께서 그를 끝까지 지키시고 그 생명을 보존하시며 계속 살게 하신다.

다윗은 또 “주의 손을 펴사 내 원수들의 노를 막으시며 주의 오른손이 나를 구원하시리이다”라고 말한다. 하나님의 손은 능력의 손이다. 하나님께서는 비상한 때에 성도들의 삶에 개입하시고 도우신다. 그는 그 손으로 성도의 원수들의 노를 막으시고 그들이 성도를 위협하거나 비방하거나 악을 행하지 못하게 하실 것이다. 또 그는 그의 능력의 오른손으로 그를 그 환난과 위기에서 구원하실 것이다.

〔8절〕 여호와께서 내게 관계된 것을 완전케 하실지라. 여호와여, 주의 인자하심이 영원하오니 주의 손으로 지으신 것을 버리지 마옵소서.

다윗은 또 “여호와께서 내게 관계된 것을 완전케 하실지라”고 말한다. ‘내게 관계된 것’이라는 원어(바아디 בַּעֲדִי)는 ‘나를 위하여’라는 뜻으로 ‘나를 위하신 그의 뜻’(NIV)이라는 뜻일 것이다. 하나님께서는 우리에게 관계된 일, 우리를 위해 작정하신 바, 우리를 위한 그의 선하신 뜻을 다 이루실 것이다. 우리에게 관계된 모든 일은 합력해 선을 이룰 것이다. 하나님의 선하신 뜻이 다 이루어질 것이다.

다윗은 또 "여호와여, 주의 인자하심이 영원하오니 주의 손으로 지으신 것을 버리지 마옵소서"라고 말한다. 우리는 죄가 있고 흠과 점이 있는 부족한 인생들이지만, 하나님께서는 그의 긍휼과 인자로 우리를 용서하시고 용납하셨고 우리의 기도를 들어주시고 우리를 돌아보시고 우리를 구원하셨고 우리에게 모든 좋은 것들을 공급하시고 이 세상 사는 동안 우리를 인도하시고 또 죽은 후에도 영원히 그러하실 것이다. 하나님께서는 만세 전에 택하시고 그 아들 예수 그리스도의 피로 구속(救贖)하신 자들을 결코 버리지 않으시고 끝까지 사랑하시고 지키시고 구원하시고 천국으로 인도하실 것이다.

시편 138편의 교훈을 정리해보자. 첫째로, 하나님께서는 우리가 환난 중에 간구할 때 응답하시는 하나님이시다. 우리가 삶의 여정에서 만나는 환난은 하나님께서 우리를 부르시는 신호이다. 그것은 하나님을 더 체험할 수 있는 기회이다. 그때 하나님을 부르는 자는 그를 만날 것이다. 하나님께서는 살아계시고 그를 찾는 자를 만나주신다. 혹시 우리가 어떤 부족 때문에 당하는 고난이라 할지라도 우리가 그 부족을 회개하며 하나님께 나아가 도우심을 구할 때 그는 우리의 간구에 응답하신다.

둘째로, 하나님께서는 사람에게 말씀을 주셔서 구원하신다. 하나님의 말씀은 구원의 능력의 말씀이다. 거기에 구원의 약속과 구원의 방법이 제시되어 있고 구원의 능력이 있다. 예수 그리스도의 복음은 모든 믿는 자에게 죄사함과 영생의 구원을 주시는 하나님의 능력이다. 그러므로 우리는 늘 성경을 읽고 그 말씀을 믿고 그 말씀을 붙들어야 한다.

셋째로, 우리는 환난 중에 받은 하나님의 구원의 말씀과 기도의 응답을 통해 하나님의 인자하심과 신실하심을 체험하며 하나님께 감사하고 찬송한다. 우리는 주일마다, 또 시시때때로 교회에 모여 이 세상의 모든 신들보다 뛰어나신 살아계시고 유일하신 참 하나님, 인자하시고 신실하신 여호와 하나님을 더욱 감사하며 찬송하고 섬기며 순종해야 한다.

139편: 하나님의 전지하심

다윗의 시. 영장(伶長)[찬양대장 혹은 지휘자]으로 한 노래.

〔1-2절〕 여호와여, 주께서 나를 감찰하시고 아셨나이다. 주께서 나의 앉고 일어섬을 아시며 멀리서도 나의 생각을 통촉하시오며.

'감찰'은 자세히 살피는 것이다. 하나님께서는 우리를 자세히 살피신다. '앉고 일어섬'은 육신의 활동을, '생각'은 영혼의 활동을 가리킨다고 할 수 있다. 하나님께서는 우리의 육신의 활동을 다 아실 뿐 아니라, 우리의 영혼의 활동 즉 우리의 생각이나 감정이나 의향 등 우리의 내면의 활동도 다 아신다. 그는 전지(全知)하신 하나님이시다. 히브리서 4:12-13은 "하나님의 말씀은 살았고 운동력이 있어 좌우에 날선 어떤 검보다도 예리하여 혼과 영과 및 관절과 골수를 찔러 쪼개기까지 하며 또 마음의 생각과 뜻을 감찰하나니 지으신 것이 하나라도 그 앞에 나타나지 않음이 없고 오직 만물이 우리를 상관하시는 자의 눈앞에 벌거벗은 것같이 드러나느니라"고 말했다.

〔3-4절〕 나의 길과 눕는 것을 감찰하시며 나의 모든 행위를 익히 아시오니 여호와여. 내 혀의 말을 알지 못하시는 것이 하나도 없으시니이다[내 혀에 말이 없을 때(말이 있기 전에) 주께서 그것을 다 아시나이다](KJV, NASB).

하나님께서는 우리의 길과 눕는 것, 곧 우리의 활동들과 쉬는 것까지도 감찰하신다. 3절에 '감찰한다'는 원어(자라 זָרָה)는 '체질한다'는 뜻이다. 그는 우리의 행위 하나하나를, 우리의 쉬는 시간까지도, 마치 체질하듯이 자세히 살피신다. 그는 우리가 무엇을 말하기 전에도 우리의 생각을 다 아신다. 사람은 전지하신 하나님 앞에 산다.

〔5-6절〕 주께서 나의 전후를 두르시며 내게 안수하셨나이다. 이 **지식이 내게 너무 기이하니 높아서 내가 능히 미치지 못하나이다.**

하나님께서는 우리 가까이 계셔서 우리를 감싸 안으시고 우리를 도우시고 돌보신다. 하나님의 전지하심의 이 지식은 얼마나 놀라운 지식인가. 누가 하나님의 전지하심을 다 이해할 수 있겠는가.

〔7절〕 내가 주의 신을 떠나 어디로 가며 주의 앞에서 어디로 피하리이까?

하나님께서는 과연 무소부재(無所不在)하시다. 즉 그는 계시지 않은 곳이 없으시다. 그러므로 그는 선지자 예레미야를 통해 예레미야 23:24에 말씀하셨다. "나 여호와가 말하노라. 사람이 내게 보이지 아니하려고 누가 자기를 은밀한 곳에 숨길 수 있겠느냐? 나 여호와가 말하노라. 나는 천지에 충만하지 아니하냐?" 하나님께서는 어디에나 계신다. 그는 지금도 우리와 함께 또 우리 안에 계신다.

〔8절〕 내가 하늘에 올라갈지라도 거기 계시며 음부에 내 자리를 **펼지라도 거기 계시니이다.**

우리가 아무리 높은 하늘에 올라갈지라도 하나님께서는 거기도 계신다. 그는 오바댜 선지자를 통해 오바댜 1:4에서, "네가 독수리처럼 높이 오르며 별 사이에 깃들일지라도 내가 거기서 너를 끌어내리리라. 나 여호와가 말하였느니라"고 말씀하셨다. 또한 우리가 아무리 깊은 바다 속에 던지웠다 할지라도 하나님께서는 거기에도 계신다. 선지자 요나는 요나서 2:2에서, "내가 스올[음부]의 뱃속에서 부르짖었삽더니 주께서 나의 음성을 들으셨나이다"라고 고백하였다.

〔9-10절〕 내가 새벽 날개를 치며 바다 끝에 가서 **거할지라도 곧 거기서도 주의 손이 나를 인도하시며 주의 오른손이 나를 붙드시리이다.**

'새벽 날개'는 새가 날아오듯이 빠르게 오는 새벽빛을 표현한 것일 것이다. 우리가 바다 끝으로 날아갈지라도 하나님께서는 거기에도 계신다. 하나님께서는 거기서도 그의 손으로 우리를 인도하시고 그의 오른손으로 우리를 붙드실 것이다. 우리는 지구의 어디에서도, 아니 우주의 어디에서도 하나님의 섭리의 손 밖에 있지 않다.

〔11-12절〕 내가 혹시 말하기를 흑암이 정녕 나를 덮고 나를 두른 빛은

밤이 되리라 할지라도 주에게서는 흑암이 숨기지 못하며 밤이 낮과 같이 비취나니 주에게는 **흑암과 빛이 일반이니이다.**

하나님께서는 은밀한 일을 나타내시고 어두운 데 있는 것들을 다 아시는 자이시다(단 2:22). 사람은 어두운 곳에 숨어 있으면 찾을 수 없지만, 하나님께는 어두움과 빛이 일반이다. 세상에서 사람이 악을 행하고 하나님을 피해 숨을 곳은 없다. 그러므로 욥기 34:22는 "악을 행한 자는 숨을 만한 흑암이나 어두운 그늘이 없느니라"고 말했다. 전도서 12:14는 "하나님은 모든 행위와 모든 은밀한 일을 선악간에 심판하시리라"고 말했고, 사도 바울도 로마서 2:16에서 "내 복음에 이른 바와 같이 하나님이 예수 그리스도로 말미암아 사람들의 은밀한 것을 심판하시는 그 날이라"고 말하였다.

〔13-14절〕 주께서 내 장부(臟腑)를 지으시며 나의 모태에서 나를 조직하셨나이다. 내가 주께 감사하옴은 나를 지으심이 신묘막측하심이라. 주의 행사가 기이함을 내 영혼이 잘 아나이다.

사람의 몸은 수조 개의 세포로 구성되어 있고 매일 약 2백만개의 세포가 낡아지고 교체된다고 한다. 사람은 200개 이상의 뼈들과 600개 이상의 근육들로 구성되어 있고, 뇌, 심장, 폐, 위, 간, 창자, 쓸개, 신장 등의 기관들이 있다. 뇌는 80억개 이상의 세포로 구성되었다고 하며 심장은 매일 쉬지 않고 약 10만 번의 수축운동을 한다고 한다. 하나님께서 만드신 사람의 몸은 참으로 신비한 조직체이다.

〔15-16절〕 내가 은밀한 데서 지음을 받고 땅의 깊은 곳에서 기이하게 지음을 받은 때에 나의 형체가 주의 앞에 숨기우지 못하였나이다. 내 형질이 이루기 전에 주의 눈이 보셨으며 나를 위하여 **정한 날이 하나도 되기 전에 주의 책에 다 기록이 되었나이다.**

하나님께서는 모태에서의 우리의 존재의 시작부터 다 아신다. '나의 형질이 이루기 전에'라는 원어(골미 גָּלְמִי)는 '나의 태아'라는 뜻이다. 그는 우리의 태아를 다 보셨고 우리가 태어나기 전에 우리의 삶을 다 책에 기록하시듯이 작정하셨다. 그는 창세 전에 우리의 날들을 다 작정하셨고 다 아셨다(단 5:23; 롬 11:36; 잠 16:1, 9).

〔17-18절〕 하나님이여, 주의 생각이 내게 어찌 그리 보배로우신지요. 그 수가 어찌 그리 많은지요. 내가 세려고 할지라도 그 수가 모래보다 많도소이다. 내가 깰 때에도 오히려 주와 함께 있나이다.

하나님께서는 우리의 출생과 성장, 구원과 봉사의 모든 부분을 다 작정하셨고 섭리하신다. 우리는 그 일들을 다 셀 수 없고 그 지식은 우리에게 참으로 보배롭다. 특히 이 세상의 수많은 사람들 가운데서 우리가 만세 전에 그리스도 안에서 택함을 입었다는 사실은 보배로운 사실이다. 우리는 이 세상에 사는 동안, 또 죽음을 맞을 때에도, 또 죽은 후에도, 그리고 부활 때에도 하나님과 함께 살 것이다.

〔19-20절〕 하나님이여, 주께서 정녕히 악인을 죽이시리이다. 피 흘리기를 즐기는 자들아, 나를 떠날지어다. 저희가 주를 대하여 악하게 말하며 주의 원수들이 헛되이 주의 이름을 **칭하나이다.**

악인은 '피 흘리기를 즐기는 자,' '하나님께 대해 악하게 말하는 자,' '그를 미워하는 자,' '그를 치러 일어나는 자'로 묘사된다. 하나님께서는 공의롭고 엄위하신 심판자이시다. 그는 악인들의 악행을 벌하시고 그들을 죽이실 것이다. 이것이 하나님의 공의이다. 시편 1:6, "대저 의인의 길은 여호와께서 인정하시나 악인의 길은 망하리로다." 로마서 2:6-8, "하나님께서 각 사람에게 그 행한 대로 보응하시되 참고 선을 행하여 영광과 존귀와 썩지 아니함을 구하는 자에게는 영생으로 하시고 오직 당을 지어 진리를 좇지 아니하고 불의를 좇는 자에게는 노와 분으로 하시리라." 요한계시록 20:11-12, "또 내가 크고 흰 보좌와 그 위에 앉으신 자를 보니 땅과 하늘이 그 앞에서 피하여 간데 없더라. 또 내가 보니 죽은 자들이 무론 대소하고 그 보좌 앞에 섰는데 책들이 펴 있고 또 다른 책이 펴졌으니 곧 생명책이라. 죽은 자들이 자기 행위를 따라 책들에 기록된 대로 심판을 받으니."

〔21-22절〕 여호와여, 내가 주를 미워하는 자를 미워하지 아니하오며 주를 치러 일어나는 자를 한(恨)하지[싫어하지] **아니하나이까? 내가 저희를 심히 미워하니 저희는 나의 원수니이다.**

다윗은 악인들을 미워하고 그들을 싫어한다. 악인들은 그의 원수들이다. 성도는 악인들의 영혼을 불쌍히 여기고 그들의 구원을 위해 그들에게 전도하고 선을 베풀 수 있으나, 그들의 악을 인정하고 용납하거나 그들과 친근히 교제할 수는 없다. 그들은 하나님의 원수들이다. 그들은 죄를 회개하고 구원 얻어야 할 자들이다.

〔23-24절〕 하나님이여, 나를 살피사 내 마음을 아시며 나를 시험하사 내 뜻[생각들](KJV, NASB, NIV)**을 아옵소서. 내게 무슨 악한 행위가 있나 보시고 나를 영원한 길로 인도하소서.**

이것은 다윗의 담대한 고백이며 기도이다. 하나님께서는 사람의 마음과 생각들을 살피신다. 평소에 하나님의 뜻에 순종하며 바르게 살고자 한 성도는 하나님 앞에서 담대한 마음을 가질 것이다. 그러나 그렇지 못한 자는 하나님 앞에서 항상 두려움을 가질 것이다. 평소에 바로 산 자가 아니고서는 하나님 앞에서 이렇게 담대히 기도할 수 없을 것이다. 24절의 '영원한 길'은 '영생의 길'을 가리킨다고 본다. 성도는 진실한 믿음과 순종 속에서 구원과 영생을 확신할 수 있다.

시편 139편의 교훈을 정리해보자. 첫째로, 하나님께서는 우리의 모든 생각과 말과 행위를 아신다. 그는 전지(全知)하시다. 그러므로 사람은 하나님을 피해 숨을 수 없고 무엇이든지 하나님 앞에 숨길 수 없다.

둘째로, 하나님께서는 우리의 영육을 창조하셨고 우리의 모든 날들을 다 작정하셨다(13-16절). 우리의 삶은 하나님 앞에 다 작정되어 있다.

셋째로, 하나님께서는 모든 사람들을 공의로 심판하실 것이다. 그는 우리의 마음과 생각들까지도 살피시고 심판하실 것이다. 그러므로 우리는 하나님 앞에서 마음과 생각들과 모든 행실들을 바르게 해야 한다.

140편: 악인에게서 건지소서

다윗의 시. 영장(伶長)[찬양대장 혹은 지휘자]으로 한 노래.

〔1-5절〕 여호와여, 악인에게서 나를 건지시며 강포한 자에게서 나를 보전하소서. 저희가 중심에 해하기를 꾀하고 싸우기 위하여 매일 모이오며 뱀같이 그 혀를 날카롭게 하니 그 입술 아래는 독사의 독이 있나이다(셀라). 여호와여, 나를 지키사 악인의 손에 빠지지 않게 하시며 **나를 보전하사 강포한 자에게서 벗어나게 하소서. 저희는 나의 걸음을 밀치려 하나이다. 교만한 자가 나를 해하려고 올무와 줄을 놓으며 길 곁에 그물을 치며 함정을 두었나이다(셀라).**

다윗은 악인들에게서 자기를 건져주시기를 하나님께 호소한다. 그들은 강포하며 말과 행동이 거칠었다. 그들은 남에게 해를 끼치려고 마음으로 계획하였고 싸우기 위해 매일 모였다. 그들은 뱀같이 그 혀를 날카롭게 하며 그 입술 아래는 독사의 독이 있었다. 그들은 교만하며 하나님과 사람들을 무시하고 자신만 높였다. 또 그들은 성도의 걸음을 밀치려 하며 그를 해하려고 올무와 줄을 놓았고 길 곁에 그물을 치며 함정을 두었다. 남 앞에 올무와 함정을 놓는 것은 매우 악한 일이다. 다윗은 이런 어려운 상황에서 자신을 건져주시기를 하나님께 기도한 것이다. 하나님께서는 그의 기도를 들으실 것이다. 그는 그 위험한 상황에서 그를 도우시고 건져주시고 지켜주실 것이다.

〔6-8절〕 내가 여호와께 말하기를 주는 나의 하나님이시니 여호와여, 나의 간구하는 소리에 귀를 기울이소서 하였나이다. 내 구원의 능력이신 주 여호와여, 전쟁의 날에 주께서 내 머리를 가리우셨나이다. 여호와여, 악인의 소원을 허락지 마시며 그 악한 꾀를 이루지 못하게 하소서. 저희가 자고(自高)할까 하나이다(셀라).

다윗은 하나님을 '나의 하나님'이라고 불렀다. 그것은 하나님과 그의 친밀한 관계를 나타낸다. 그는 하나님을 경외하며 섬겼다. 그는 하나님께 찬송하며 기도하였고 하나님의 말씀을 주야로 묵상하였고 그의 모든 계명을 순종하려 하였다. 그것이 참된 경건이며 믿음이다. 선지자 엘리야도 아합 왕에게 하나님을 "나의 섬기는 이스라엘 하나님 여호와"라고 표현하였다(왕상 17:1). 다리오 왕은 다니엘의 하나님을 "너의 항상 섬기는 네 하나님"(단 6:16, 20)이라고 불렀다. 사도 바울도 하나님을 "나의 섬기는 하나님"이라고 불렀다(행 27:23). 엘리야나 다니엘이나 바울은 다 하나님을 늘 섬기는 경건한 자들이었다.

다윗은 자신의 과거의 체험을 말한다. 그는 "내 구원의 능력이신 주 여호와여, 전쟁의 날에 주께서 내 머리를 가리우셨나이다"라고 말한다. 그것은 다윗이 블레셋, 모압, 아람, 에돔 등과의 전쟁에서 체험한 바이었다(삼하 8장). 하나님께서는 죽음의 위험에서 그의 목숨을 지켜주셨다. 그는 능력으로 그를 지켜주셨다. 다윗의 과거의 체험은 그의 현재와 미래의 안전과 보호를 보증한다.

다윗은 하나님께 그의 소원을 아뢰었다. "여호와여, 나의 간구하는 소리에 귀를 기울이소서," "여호와여, 악인의 소원을 허락지 마시며 그 악한 꾀를 이루지 못하게 하소서. 저희가 자고(自高)할까 하나이다." 악인들의 소원과 악한 꾀는 성도를 미워하고 시기하고 해치고 죽이려는 것이며 그 소원과 그 꾀가 이루어지면 그들은 더욱 더 자신들을 높일 것이다. 다윗은 자신이 처한 상황을 하나님께 아룀으로써 대처하였다. 어려운 현실에서 기도는 성도의 최선의 대처 방법이다.

〔9-11절〕 나를 에우는 자가 그 머리를 들 때에 저희 입술의 해(害)가 저희를 덮게 하소서. 뜨거운 숯불이 저희에게 떨어지게 하시며 불 가운데와 깊은 웅덩이에 저희로 빠져 다시 일어나지 못하게 하소서. 악담하는 자는 세상에서 굳게 서지 못하며 강포한 자에게는 재앙이 따라서 패망케 하리이다.

악인들은 입술의 해(害), 즉 남에 대한 비난과 저주와 악담을 일삼는다. 악인들과 의인들은 말부터 다르다. 바울은 성도들에게 "무릇 더러운 말은 너희 입밖에도 내지 말고 오직 덕을 세우는 데 소용되는 대로 선한 말을 하여 듣는 자들에게 은혜를 끼치게 하라"고 교훈했다(엡 4:29). 악인들의 악한 말은 자기에게 해가 된다. 잠언 18:7, "미련한 자의 입은 그의 멸망이 되고 그 입술은 그의 영혼의 그물이 되느니라." 시편 7:16, "[악인들의] 그 잔해(殘害)는 자기 머리로 돌아오고 그 포학은 자기 정수리에 내리리로다."

악인들에게 불의 징벌이 있다는 것은 성경 진리이다. 시편 11:6은 불과 유황과 태우는 바람이 악인들의 잔의 소득이 되리라고 말했다. 최종적으로 악인들, 즉 "흉악한 자들과 살인자들과 행음자들과 술객들과 우상숭배자들과 모든 거짓말 하는 자들은 불과 유황으로 타는 못에 참여할 것"이라고 요한계시록은 증거한다(계 21:8).

또 이웃에게 악담하는 강포한 악인들에게 하나님의 재앙이 임하여 결국 멸망케 된다는 것도 성경의 진리이다. 악인은 바람에 나는 겨와 같을 것이며 악인의 길은 망할 것이다(시 1:4, 6). 잠언 12:21은, "의인에게는 아무 재앙도 임하지 아니하려니와 악인에게는 앙화가 가득하리라"고 말하였고, 잠언 13:21은, "재앙은 죄인을 따르고 선한 보응은 의인에게 이르느니라"고 말했다.

〔12-13절〕 내가 알거니와 여호와는 고난 당하는 자를 신원(伸寃)하시며[억울함을 풀어주시며] **궁핍한 자에게 공의를 베푸시리이다. 진실로 의인이 주의 이름에 감사하며 정직한 자가 주의 앞에 거하리이다.**

성도는 세상에서 때때로 악인들에게 미움을 받으며 비난과 따돌림, 부당한 대우와 핍박을 당하며 또 경제적 어려움도 당한다. 사도 바울은 주리고 목마르며 헐벗고 매 맞으며 정처가 없고 욕과 핍박과 비방을 당하였고 세상의 더러운 것과 만물의 찌끼같이 되었다고 말했다(고전 4:11-13). 히브리서는 증거하기를, 어떤 이들은 돌로 치는 것과 톱으로 켜는 것과 칼에 죽는 것을 당하고 양과 염소의 가죽을 입고 유리하여 궁핍과 환난과 학대를 받았다고 말했다(히 11:37).

그러나 하나님께서는 모든 일을 공의로 처리하실 것이다. 여호와께서는 고난 당하는 자의 억울함을 풀어주시고 궁핍한 자에게 공의를 베푸실 것이다. 그는 무조건 가난하고 약한 자들의 편을 들어주시는 것이 아니고 공의로 처리하실 것이다. 사도 바울은 성도에게 환난을 주는 자들에게는 환난으로 갚으시고 환난 받는 자들에게 안식으로 갚으시는 것이 하나님의 공의이며 주 예수 그리스도의 재림 때에 악인들은 영원한 멸망의 형벌을 받을 것이라고 말했다(살후 1:6-9).

마침내 성도가 하나님의 이름에 감사하는 것은 그의 기도에 대한 하나님의 응답 때문이다. 성도는 고난을 통과하여 하나님 앞에 거할 것이다. 의인과 악인은 마지막이 다를 것이다. 잠언 10:25, "회리바람이 지나가면 악인은 없어져도 의인은 영원한 기초 같으니라." 잠언 24:16, "대저 의인은 일곱 번 넘어질지라도 다시 일어나려니와 악인은 재앙으로 인하여 엎드러지느니라." 시편 125:1, "여호와를 의뢰하는 자는 시온산이 요동치 아니하고 영원히 있음 같도다."

시편 140편의 교훈을 정리해보자. 첫째로, 세상에는 악인들이 많고 악인들의 악한 계획, 올무, 함정도 많으나, 우리는 하나님께 기도하며 응답받음으로 그의 보호하심과 구원하심을 경험한다. 기도는 성도가 이 험한 세상을 승리하며 사는 비결이다. 하나님께서는 우리를 해치려는 악인들의 악한 꾀를 폐하시며 우리를 지켜주시고 건져주신다.

둘째로, 하나님께서는 악인에 대해 공의로 보응하신다. 하나님께서는 공의로 세상을 통치하시는 하나님이시다. 그는 악인들의 악에 대해 엄하게 다스리시며 벌하실 것이다. 그것은 두렵고 무서운 벌이며 재앙이다. 마지막 벌은 주께서 밝히 증거하신 영원한 지옥 불못이다.

셋째로, 우리는 오직 하나님을 경외하고 믿고 섬기며 그의 계명대로 의롭고 선하고 진실하게 살아야 한다. 악인은 창조자, 섭리자 하나님을 알지 못하고 교만하고 악하고 강포하며 이웃 사람을 해치지만, 성도는 하나님을 두려워하며 온유하고 겸손하며 화평하고 선하게 산다.

141편: 악인의 올무에서 벗어나게 하소서

〔1-2절〕 여호와여, 내가 주를 불렀사오니 속히 내게 임하소서. 내가 주께 부르짖을 때에 내 음성에 귀를 기울이소서. 나의 기도가 주의 앞에 분향함과 같이 되며 나의 손 드는 것이 저녁 제사같이 되게 하소서.

다윗의 시. 다윗은 여호와 하나님의 이름을 부르며 그가 그의 기도의 음성을 들으시고 속히 그에게 오시기를 구하였다. 기도는 성도에게 짐이 아니고 특권이다. 기도는 특히 성도가 환난과 궁핍과 위험을 당할 때 살아계신 섭리자 하나님께 긴급 구조를 요청하는 것이다.

다윗은 그의 기도가 하나님 앞에 분향함과 같이 되며 그의 손 드는 것이 저녁 제사같이 되게 하시기를 구하였다. 성도의 기도들은 하나님 앞에 향기로운 향을 피움과 같다. 성도의 찬송과 감사, 죄의 고백, 선한 소원의 간구는 하나님께서 기뻐 받으실 내용들이다. 또 성도의 기도는 저녁 제사와 같다. 이스라엘 백성은 매일 아침과 저녁에 어린 양을 번제로 드리되 소제와 전제와 함께 드렸다(출 29:38-42). 그것은 항상 하나님께 감사하며 헌신하고 순종하는 것을 상징한다.

〔3-4절〕 여호와여, 내 입 앞에 파숫군[파수꾼]**을 세우시고 내 입술의 문을 지키소서. 내 마음이 악한 일에 기울어 죄악을 행하는 자와 함께 악을 행치 말게 하시며 저희 진수(珍羞)를 먹지 말게 하소서.**

다윗은 선한 말만 하도록 그 입 앞에 파수꾼을 세워 지켜 주시기를 기도하며 또 악한 자들과 함께 좋은 음식을 먹고 악한 일을 함께하지 않게 하시기를 기도한다. 나쁜 마음에서 나쁜 말과 나쁜 행동이 나온다. 또 악한 자와의 교제는 사람의 마음을 부패시킨다. 우리는 나쁜 말과 나쁜 행실을 버리고 나쁜 교제도 피해야 한다.

〔5절〕 의인이 나를 칠지라도 은혜로 여기며 **책망할지라도 머리의**[아주 좋은] **기름**같이 여겨서 **내 머리가 이를 거절치 아니할지라. 저희의 재난 중에라도 내가 항상 기도하리로다.**

다윗은 의인이 그를 치거나 책망한다면 그것을 은혜로 여기며 그것을 아주 좋은 기름같이 여겨 거절치 않겠다고 말한다. 교만한 자는 다른 사람의 충고와 책망을 들으려 하지 않지만, 겸손하고 지혜로운 자는 남의 충고와 책망을 달게 듣는다. 잠언 25:12는, "슬기로운 자의 책망은 청종하는 귀에 금고리와 정금 장식이니라"고 말한다. 우리는 경건하고 의로운 자의 책망을 감사하게 받는 것이 좋다.

다윗은 또 재난 중에 있는 자들을 위해 기도한다. '저희'가 의인들인지 악인들인지 불분명하지만, 여하튼 성도는 재난 중에 있는 다른 성도들을 위해 기도하며 원수까지라도 위하여 기도해야 한다.

〔6-7절〕 저희의 관장들이 바위 곁에 내려 던지웠도다. 내 말이 달므로 무리가 들으리로다. 사람이 밭 갈아 흙을 부스러뜨림같이 우리의 해골이 음부[무덤] **문에 흩어졌도다.**

악인들은 지금 형통한 것 같으나 장차 하나님께서 그들을 재난에 던지시고 그 지도자들이 죽임을 당하게 하실 것이다. 그러나 악인들이 하나님의 징벌을 받을 때, 그들은 늦게나마 깨닫고 다윗의 말을 달게 들을 것이다. 다윗은 자신들의 극심한 고난을 표현하기를, 흙을 부서뜨림같이 우리의 해골이 무덤 문에 흩어졌다고 하였다. 그들은 죽은 자들과 같았고 다시 살기 어려워 보였다. 그러나 에스겔의 환상 중에 본 골짜기의 많은 마른 뼈들이 살아남같이(겔 37:1-10), 하나님께서 하시면 어떤 어려운 상황에서도 다시 살아날 것이다.

〔8-10절〕 주 여호와여, 내 눈이 주께 향하며 내가 주께 피하오니 내 영혼을 빈궁한 대로 버려두지 마옵소서. 나를 지키사 저희가 나를 잡으려고 놓은 올무와 행악자의 함정에서 벗어나게 하옵소서. 악인은 자기 그물에 걸리게 하시고 나는 온전히 면하게 하소서.

다윗은 절망 중에도 하나님을 바라며 그에게 피한다. 하나님 안에는 구원과 보호와 영생이 있기 때문이다. 하나님께서는 그에게 피하는 영혼을 빈궁한 대로 낭패하거나 죽도록 버려두지 않으실 것이다.

악인들은 다윗 앞에 은밀한 올무와 함정을 설치하여 그로 큰 낭패를 당하게 하려 하지만, 다윗은 하나님께서 그를 지켜주시기를 간구한다. 하나님께서는 그를 악인의 올무와 함정으로부터 지켜주실 것이다. 성도는 하나님께 기도하며 그의 인도하심을 체험한다. 하나님 없이 살거나 하나님보다 앞서 가는 것은 믿음이 아니요 실패하는 길이지만, 우리가 하나님과 동행하며 그를 따라가면 승리할 것이다.

다윗은 또 악인이 자기 그물에 걸리게 하시고 자기는 온전히 면하게 하시기를 간구한다. 악인은 자기가 쳐 놓은 그물에 자신이 걸릴 것이다. 시편 7:15, "저가 웅덩이를 파 만듦이여, 제가 만든 함정에 빠졌도다." 시편 57:6, "저희가 내 앞에 웅덩이를 팠으나 스스로 그 중에 빠졌도다." 성경에는 그런 예들이 있다. 에스더서에 보면, 파사 왕의 신임을 받던 악한 신하 하만은 모르드개를 죽이려 설치한 높은 장대에 자신이 달려 죽임을 당하였다(에 7:10). 또 다니엘서에 보면, 다니엘의 동료 총리들과 방백들은 다니엘을 던져 넣어 죽이려 했던 사자굴에 자신들과 자신의 처자들이 던지워 죽임을 당했다(단 6:24).

시편 141편의 교훈을 정리해보자. 첫째로, 우리는 늘 기도하며 범죄치 말아야 한다. 우리는 우리의 입에 파수꾼을 세워 말이나 먹는 것을 조심해야 하고, 선한 말을 하고 선한 교제만 하고 선한 일만 해야 한다.

둘째로, 우리는 의인의 충고와 책망을 달게 듣고 피차 권면하는 자들이 되어야 한다. 골로새서 3:16, "그리스도의 말씀이 너희 속에 풍성히 거하여 모든 지혜로 피차 가르치며 권면하고." 데살로니가전서 5:11, "피차 권면하고 피차 덕을 세우기를 너희가 하는 것같이 하라."

셋째로, 우리는 하나님께서 우리를 악인들의 올무로부터 지켜주시기를 구해야 한다. 우리는 고난 중에도 하나님만 바라며 기도해야 한다. 하나님 안에 보호와 구원과 영생이 있기 때문에, 우리에게 절망은 없다. 우리는 어떤 환경여건에서도 낙심치 말고 하나님만 믿고 구해야 한다.

142편: 핍박하는 자에게서 건지소서

다윗이 굴에 있을 때에 지은 마스길[명상시, 교훈시] 곧 기도.

〔1절〕 내가 소리내어 여호와께 부르짖으며 소리내어 여호와께 간구하는도다.

기도는 믿음의 표현이요 믿음의 증거이다. 하나님께서는 우리가 기도하는 것을 기뻐하신다. 기도는 성도의 특권이다. 그것은 성도가 하나님의 자녀로서 가지는 특권이다. 주께서는 "구하라, 그러면 너희에게 주실 것이요"라고 말씀하셨다(마 7:7). 다윗은 하나님께 기도하되, 소리내어 부르짖어 간절히 기도했다. 때때로 우리의 심정은 묵상기도로 만족지 않고 소리내어 부르짖어 간구하게 된다.

〔2-4절〕 내가 내 원통함을 그 앞에 토하며 내 우환을 그 앞에 진술하는도다. 내 심령이 속에서 상할[연약할] **때에도 주께서 내 길을 아셨나이다. 나의 행하는 길에 저희가 나를 잡으려고 올무를 숨겼나이다. 내 우편을 살펴보소서. 나를 아는 자도 없고 피난처도 없고 내 영혼을 돌아보는 자도 없나이다.**

우리는 특히 어렵고 답답한 일을 당할 때 하나님께 부르짖어 기도한다. 다윗은 그의 원통함을 하나님 앞에 토하며 그의 우환을 그 앞에 진술하였다. 그는 심령이 연약할 때 하나님께 부르짖어 기도했다. 그의 원수들은 그의 길에 올무를 숨겼고, 그에게는 그를 아는 자도, 그의 피난처도, 그의 영혼을 돌아보는 자, 즉 그를 도울 자도 없었다. 그러나 그는 "주께서 내 길을 아셨나이다"라고 말한다. 그것은 그가 하나님만 의지하였음을 뜻한다. 그 믿음이 그로 기도하게 만들었다. 하나님을 확신하는 자는 하나님께 힘있는 기도를 올릴 것이다.

〔5절〕 여호와여, 내가 주께 부르짖어 말하기를 주는 나의 피난처시요 생존 세계에서 나의 분깃이시라 하였나이다.

다윗은 하나님을 그의 피난처라고 고백하였다. 사람이 환난 중에 하나님을 피난처로 삼는 것은 참된 믿음에서 가능한 일이다. 그것은 하나님께서 살아계시고 모든 일을 섭리하심을 믿는 자만 할 수 있는 일이다. 과연 하나님께서는 우리의 피난처가 되신다. 시편 18:2, "여호와는 나의 반석이시요 나의 요새시요 나를 건지시는 자시요 나의 하나님이시요 나의 피할 바위시요 나의 방패시요 나의 구원의 뿔이시요 나의 산성이시로다." 시편 46:1, "하나님은 우리의 피난처시요 힘이시니 환난 중에 만날 큰 도움이시라."

다윗은 또 하나님을 그의 분깃이시라고 고백하였다. '분깃'은 '기업, 몫'이라는 뜻이다. 또 그것은 '만족, 행복'이라는 뜻도 내포한다. 아론 자손들인 제사장들과 레위 지파는 하나님께서 이스라엘 백성에게 주신 가나안 땅에서 기업과 분깃을 얻지 못했다. 왜냐하면 그들은 이스라엘 백성이 하나님께 드리는 소득의 십일조와 각종 제물들을 받기 때문이었다. 하나님께서는 그들의 기업이 되시고 분깃이 되셨다(민 18:20; 수 13:33). 그러나 레위 지파와 제사장들 뿐만 아니라, 경건한 성도들은 이 세상의 것들을 기업과 분깃으로 여기지 않고 하나님을 기업과 분깃으로 삼았다. 하나님께서는 그들의 보화이시며 그들의 행복과 만족이셨다. 시편 73:26, "내 육체와 마음은 쇠잔하나 하나님은 내 마음의 반석이시요 영원한 분깃이시라." 시편 119:57, "여호와는 나의 분깃이시니 나는 주의 말씀을 지키리라."

〔6-7절〕 나의 부르짖음을 들으소서. 나는 심히 비천하니이다. 나를 핍박하는 자에게서 건지소서. 저희는 나보다 강하니이다. 내 영혼을 옥에서 이끌어 내사 주의 이름을 감사케 하소서. 주께서 나를 후대하시리니 의인이 나를 두르리이다.

다윗은 자신이 심히 비천하다고 말한다. 그것은 그가 피난 생활로 인해 육신적으로, 환경적으로 심히 낮아져 있었음을 말하는 것 같다. 아무리 존귀한 존재라도 중한 병이 들었거나 물질적 궁핍 속에 여러 날 처하면 매우 비천해질 것이다. 다윗은 자신을 핍박하는 자를 자기보다 강한 자라고 표현한다. 그를 죽이려 하였던 사울 왕은 그보다 강한 자이었다. 다윗은 또 자신의 영혼이 옥에 갇혀 있다고 표현한다. 그것은 그가 지금 심히 부자유스럽게 살고 있다는 뜻일 것이다.

다윗은 하나님께 부르짖으며 그의 기도를 들으시고 그를 핍박하는 자에게서 건져주시기를 간구한다. 또 그는 하나님께서 그의 기도를 응답하실 것도 확신한다. 그는 "주께서 나를 후대하시리니 의인이 나를 두르리이다"라고 말한다. 하나님께서는 그를 너그러이 대하실 것이며 의인들이 그를 두르며 그와 함께 기뻐하게 하실 것이다.

시편 142편의 교훈을 정리해보자. 첫째로, 다윗은 원통한 현실에 처했고 그에게는 근심과 걱정이 있었다. 원수들은 그에게 올무를 놓아 그를 넘어뜨리려 했고 그에게는 피할 곳이 없었고 그를 도울 자도 없었다. 그는 심히 비천해졌다. 핍박자는 그를 핍박했다. 그는 옥에 갇힌 것과 같았다. 우리에게도 때때로 이런 어렵고 힘든 현실이 올 수 있다.

둘째로, 다윗은 하나님을 그의 피난처와 분깃으로 여겼다. 하나님께서는 모든 성도들의 피난처이시며 또 모든 성도들에게 기업과 분깃이 되신다. 구약시대에 제사장들과 레위 지파뿐 아니라, 시편 73편의 저자 같은 경건한 성도들은 다 그러했다. 신약시대의 모든 성도는 땅의 헛된 것들을 사랑하거나 의지하지 말고 오직 하나님만 의지하고 사랑해야 한다. 하나님께서는 우리의 피난처이시며 우리의 영원한 분깃이시다. 그는 우리에게 이 세상에서 평안과 건강과 돈과 기쁨과 행복을 주실 수 있고 또 내세에서 천국과 충만한 평안과 영생을 주실 것이다.

셋째로, 우리는 어려운 일을 당할 때 하나님께 기도해야 한다. 그것은 성도의 특권이다. 우리는 평소에 하나님께 인격적인 대화의 기도를 하지만, 어려운 일을 당할 때에는 때때로 소리내어 부르짖어 간구한다. 그러면 하나님께서는 우리를 그 어려운 현실에서 건져주시고 우리에게 좋은 것을 주시고 우리로 하나님께 감사하며 찬송케 하실 것이다.

143편: 원수의 극심한 핍박에서 건지소서

〔1-2절〕 여호와여, 내 기도를 들으시며 내 간구에 귀를 기울이시고 주의 진실[신실하심]**과 의로 내게 응답하소서. 주의 종에게 심판을 행치 마소서.** [이는] **주의 목전에는 의로운 인생이 하나도 없나이다**[없음이니이다].

다윗의 시. 다윗은 하나님께서 그의 기도를 들으시며 그의 간구에 귀를 기울이시기를 호소한다. 하나님을 아는 자, 그가 인격적 신이심을 아는 자는 하나님께 기도할 것이다. 다윗은 시편 65:2에서 "기도를 들으시는 주여, 모든 육체가 주께 나아오리이다"라고 말했다.

다윗은 하나님의 신실하심과 의에 호소하며 기도한다. 그는 하나님께서 신실하시고 의로우시며 그의 공의대로 행하는 자이심을 인정한다. 그의 기도는 평소에 하나님의 계명대로 살고자 힘쓴 성도가 아니고서는 감히 할 수 없는 기도이다. 하나님께서는 거짓과 불의에 대하여 공의로 벌하실 것이다. 그러나 다윗은 자신이 하나님의 엄격한 공의의 심판에 호소하는 것이 아님을 덧붙여 말한다. 그것은 하나님의 엄격한 공의 앞에 설 자가 아무도 없기 때문이다.

〔3-6절〕 원수가 내 영혼을 핍박하며 내 생명을 땅에 엎어서 나로 죽은 지 오랜 자같이 흑암한 곳에 거하게 하였나이다. 그러므로 내 심령이 속에서 상하며 내 마음이 속에서 참담하니이다. 내가 옛날을 기억하고 주의 모든 행하신 것을 묵상하며 주의 손의 행사를 생각하고 주를 향하여 손을 펴고 내 영혼이 마른 땅같이 주를 사모하나이다(셀라).

다윗은 지금 원수의 핍박을 받고 있다. 다윗의 원수는 그의 영혼을 핍박하며 그의 생명을 땅에 엎어 그로 죽은 지 오랜 자같이 어두운 곳에 거하게 했다. 다윗은 심령의 상함과 참담함을 경험하고 있다. 그는 이와 같이 마음의 고통 속에 있고 육신적으로도 죽음의 위험 속에 있다. 그러나 그는 옛날을 기억하며 하나님을 사모한다. 그는 과거에 하나님께서 그를 위해 어떻게 역사하셨는지를 기억하며 오늘도 그를 위해 역사하실 것을 사모하며 기대한다. 그는 하나님을 향하여 손을 펴고 그 영혼이 마른 땅같이 하나님을 사모한다.

〔7-8절〕 여호와여, 속히 내게 응답하소서. 내 영혼이 피곤하니이다. 주의 얼굴을 내게서 숨기지 마소서. 내가 무덤에 내려가는 자 같을까 두려워하나이다. 아침에 나로 주의 인자한 말씀**을 듣게 하소서. 내가 주를 의뢰함이니이다. 나의 다닐 길을 알게 하소서. 내가 내 영혼을 주께 받듦이니이다.**

다윗은 이런 고난 중에 하나님의 신속한 응답을 사모하며 기도한다. 그의 영혼은 피곤하고 그는 무덤에 내려가는 자 같은 지경에 있다. 그러나 그는 하나님을 의지하며 하나님께 기도하고 있고 하나님께서 그의 은혜의 얼굴을 그에게서 숨기지 마시기를 간구한다. 그는 아침에 하나님의 인자하신 응답의 말씀을 듣기를 원한다. 그는 하나님께서 그의 다닐 길을 알게 하시기를 원한다. 그는 오직 하나님을 의지하며 그의 영혼을 하나님께 맡긴다. 하나님의 섭리를 믿는 자는 환난 중에도 낙심하지 않고 기도한다. 다윗은 시편 50편에서 성령의 감동 가운데서 "환난 날에 나를 부르라. 내가 너를 건지리니 네가 나를 영화롭게 하리로다"라는 하나님의 말씀을 전하였다(시 50:15).

〔9-10절〕 여호와여, 나를 내 원수들에게서 건지소서. 내가 주께 피하여 **숨었나이다. 주는 나의 하나님이시니 나를 가르쳐 주의 뜻을 행케 하소서. 주의 신이 선하시니 나를 공평한**[안전한] **땅에 인도하소서.**

다윗은 지금 원수들의 공격을 받고 있으나 그 원수들로부터 그를 건져주시기를 하나님께 간구한다. 그는 원수들의 공격 속에서 하나님께 피하여 숨어 있다. 그것은 그가 고난 중에도 하나님을 의지하고 있음을 증거한다. 그는 하나님을 '나의 하나님'이라고 고백하며 하나님께서 자신을 가르쳐 그의 뜻을 행하게 하시기를 구한다.

사람의 본분은 하나님을 의지하고 그의 뜻을 행하는 것이다. 모든 사람은 하나님을 경외하며 그의 계명대로 의와 선을 행하여야 한다. 모세는 말하기를, "이스라엘아, 네 하나님 여호와께서 네게 요구하시는 것이 무엇이냐? 곧 네 하나님 여호와를 경외하여 그 모든 도를 행하고 그를 사랑하며 마음을 다하고 성품을 다하여 네 하나님 여호와를 섬기고 내가 오늘날 네 행복을 위하여 네게 명하는 여호와의 명령과 규례를 지킬 것이 아니냐?"라고 했다(신 10:12-13). 미가 선지자는, "사람아, 주께서 선한 것이 무엇임을 네게 보이셨나니 여호와께서 네게 구하시는 것이 오직 공의를 행하며 인자(仁慈)를 사랑하며 겸손히 네 하나님과 함께 행하는 것이 아니냐?"라고 말했다(미 6:8).

다윗은 또 하나님의 선하심을 확신하며 그가 그를 경외하고 의지하며 기도하는 자들에게 좋은 것으로 응답하실 것을 확신한다. 하나님께서는 그들을 공평한 땅, '의의 땅'(KJV), '평평한 땅'(NASB, NIV), 혹은 '안전한 땅'(BDB)으로 인도하실 것이다.

〔11-12절〕 여호와여, 주의 이름을 인하여 나를 살리시고 주의 의로 내 영혼을 환난에서 끌어내소서. 주의 인자하심으로 나의 원수들을 끊으시고 내 영혼을 괴롭게 하는 자를 다 멸하소서. 나는 주의 종이니이다.

다윗은 하나님의 이름 때문에 그를 살리시고 하나님의 의로 그의 영혼을 환난에서 끌어내시고 하나님의 인자하심으로 그의 원수들을 멸하시기를 호소한다. 그는 하나님의 종이기 때문이다. 우리의 원수들은 사탄과 악령들이며 하나님께서는 그들을 장차 우리의 발 아래 두시고(롬 16:20) 영원한 지옥 불못에 던져 넣으실 것이다(계 20:10).

시편 143편의 교훈을 정리해보자. 첫째로, 우리가 평소에 하나님을 경외하고 의지하며 그의 계명대로 의롭고 선하게 살면 우리는 환난 날에 담대히 하나님께 기도하며 호소할 수 있을 것이다. 하나님의 뜻은 우리가 평소에 경건하고 바르고 선하고 진실하게 사는 것이다.

둘째로, 우리가 환난 중에도 하나님을 의지하고 그의 계명대로 살면 하나님께서는 우리의 기도를 들으시고 원수들에게서 건지시며 원수들을 멸하실 것이다. 그는 우리에게 구원과 참된 평안을 주실 것이다.

144편: 하나님을 의지하는 백성은 복됨

〔1절〕 나의 반석 여호와를 찬송하리로다. 저가 내 손을 가르쳐 싸우게 하시며 손가락을 가르쳐 치게 하시도다.

다윗의 시. 하나님께서는 우리의 반석이시다. '반석'은 사람이 의지하고 피할 곳이라는 뜻이다. 성도의 삶은 영적 전투의 삶이며 하나님께서는 그 전투에서 우리가 의지하며 피할 곳이 되신다. 또 하나님께서는 우리에게 전투하는 방법도 가르쳐 주신다. 성도는 사탄과 악령들과 악한 자들과 싸우기 위하여 하나님의 전신갑주를 입어야 하며 믿음의 방패와 성령의 검을 쓰는 방법을 배워야 한다(엡 6:11, 16-17).

〔2절〕 여호와는 나의 인자(仁慈)시요 나의 요새시요 나의 산성(山城)이시요 나를 건지는 자시요 나의 방패시요 나의 피난처시요 내 백성을 내게 복종케 하시는 자시로다.

다윗은 "여호와는 나의 인자(仁慈)시요"라고 말한다. '나의 인자(仁慈)'라는 말은 '나를 긍휼히 여기신다'는 뜻일 것이다. 우리는 하나님의 은혜와 자비 때문에 만세 전에 택함을 얻었고 또 때가 되어 예수 그리스도께서 속죄사역을 이루셨고 또 우리가 그를 믿음으로 구원을 얻었고 하나님의 은혜와 자비로 조금씩 성화(聖化)를 이루어간다.

다윗은 또 전쟁터 같은 이 세상의 삶의 현장에서 하나님께서 그의 요새, 그의 산성, 그의 구원자, 그의 방패, 그의 피난처시라고 고백한다. 그는 시편 18:2에서도 "여호와는 나의 반석이시요 나의 요새시요 나를 건지시는 자시요 나의 하나님이시요 나의 피할 바위시요 나의 방패시요 나의 구원의 뿔이시요 나의 산성이시로다"라고 고백하였다. 성도는 환난 때에 하나님 안에 피하며 그를 의지하며 그에게서 우리의 목숨의 안전과 미래의 보장을 얻는다.

다윗은 또 하나님을 자기의 백성을 자기에게 복종케 하시는 자라고 고백한다. 백성이 나라의 치리자인 왕에게 복종하는 것은 당연한 의무이지만, 항상 기대할 수 있는 일은 아니다. 그러나 반항적인 사람들의 마음을 복종케 하실 수 있는 분은 오직 하나님뿐이시다. 이런 일은 그가 왕으로서 나라를 다스리면서 직접 체험한 것이었다.

〔3-4절〕 여호와여, 사람이 무엇이관대 주께서 저를 알아주시며 인생이 무엇이관대 저를 생각하시나이까? 사람은 헛것 같고 그의 날은 지나가는 그림자 같으니이다.

다윗은 인생이 헛것 같고 인생의 날이 지나가는 그림자와 같은데, 하나님께서 왜 이런 허무한 인생을 선대하시는지 묻는다. 우리는 그 이유가 우리 자신 안에 있는 어떤 좋은 조건 때문이 아니었고 오직 하나님의 사랑 때문이었음을 알고 있다. 사도 바울은 디모데후서 1:9에서 "하나님이 우리를 구원하사 거룩하신 부르심으로 부르심은 우리의 행위대로 하심이 아니요 오직 자기 뜻과 영원한 때 전부터 그리스도 예수 안에서 우리에게 주신 은혜대로 하심이라"고 말하였다.

〔5-8절〕 여호와여, 주의 하늘을 드리우고 강림하시며 산들에 접촉하사 연기가 발하게 하소서. 번개를 번득이사 대적**을 흩으시며 주의 살을 발하사 저희를 파하소서. 위에서부터 주의 손을 펴사 나를 큰 물과 이방인의 손에서 구하여 건지소서. 저희 입은 궤사**[거짓]**를 말하며 그 오른손은 거짓의 오른손이니이다.**

다윗은 원수들과 싸우고 있다. 그는 그 싸움을 '큰 물'에 비유한다. 그것은 큰 어려움의 환난이다. 원수들의 입은 거짓을 말하며 그들의 오른손은 거짓을 행한다. 다윗은 8절과 11절에서 "저희 입은 궤사[거짓]를 말하며 그 오른손은 거짓의 오른손이니이다"라고 거듭 말하며 또 10절에서 그가 그를 해치려는 칼에 직면해 있다고 말한다.

다윗은 이런 상황에서 하나님의 직접적 개입을 구한다. 그는 특히 하나님께서 자연 현상들을 사용하셔서 원수들을 징벌하시기를 호소한다. 옛날부터 하나님께서는 천둥과 벼락, 우박 등의 자연 현상들을 사용하셨다(수 10:11; 삼상 7:10; 사 29:6). 다윗은 하나님께서 자신을 원수들의 해치려는 위험에서 건져주시기를 기도한다. 그는 "위에서부터 주의 손을 펴사 나를 큰 물과 이방인의 손에서 구하여 건지소서"(7절) "이방인의 손에서 나를 구하여 건지소서"(11절)라고 기도한다. 하나님께서는 보이지 않는 손을 펴셔서 성도들을 도우실 수 있다.

〔9-11절〕 하나님이여, 내가 주께 새 노래로 노래하며 열 줄 비파로 주를 찬양하리이다. 주는 왕들에게 구원을 베푸시는 자시요 종 다윗을 그 해하는 칼에서 구하시는 자시니이다. 이방인의 손에서 나를 구하여 건지소서. 저희 입은 궤사[거짓]**를 말하며 그 오른손은 거짓의 오른손이니이다.**

다윗은 "내가 주께 새 노래로 노래하며 열 줄 비파로 주를 찬양하리이다"라고 말한다. 그것은 하나님의 구원을 확신함에서 나온 고백이다. 그래서 그는 "주는 왕들에게 구원을 베푸시는 자시요 종 다윗을 그 해하는 칼에서 구하시는 자시니이다"라고 말한다. '새 노래'는 바로 구원의 체험에서 나온 감사와 감격의 노래이다. 다윗은 열 줄 비파의 악기까지 사용하여 하나님께 찬양하겠다고 말한다. 구원의 체험을 하는 자들마다 새 노래로 하나님께 감사하며 찬양할 것이다.

〔12-15절〕 [그리하면] **우리 아들들은 어리다가 장성한 나무 같으며 우리 딸들은 궁전의 식양대로 아름답게 다듬은 모퉁이 돌과 같으며 우리의 곳간에는 백곡이 가득하며 우리의 양은 들에서 천천과 만만으로 번성하며 우리 수소는 무겁게 실었으며 또 우리를 침노하는 일이나 우리가 나아가** 막는 일이 **없으며 우리 거리에는 슬피 부르짖음이 없을진대**[없을 것이오며] **이러한 백성은 복이 있나니 여호와를 자기 하나님으로 삼는 백성은 복이 있도다.**

원문에는 12절 초두에 '그리하면'이라는 말(아쉐르 אֲשֶׁר)이 있다. 그것은 "하나님께서 원수들을 막으시고 파하시며 다윗을 구원하시고 보호하시면"이라는 뜻이다. 다윗은 하나님의 구원과 보호의 결과로 그의 백성이 복된 자들이 될 것을 증거한다.

다윗은 이스라엘 백성의 아들들이 장성한 나무같이 자라고 딸들이 궁전의 아름답게 다듬은 모퉁이 돌같이 아름답게 자란다고 표현한다. 또 그는 곡식 창고에 온갖 곡식이 가득하고 들에 양들이 많고 수소들이 무겁게 짐을 신는다고 표현한다. 이것은 이스라엘 나라가 경제적으로 풍요로워진 모습이다. 또 그는 이스라엘 나라가 침략을 당하거나 방어하기 위한 전쟁이 없다고 말한다. 사회적 안정이 있다는 것이다. 또 거리에 백성의 슬피 부르짖는 소리가 없을 것이다. 그 나라에는 경제적으로, 사회적으로, 도덕적으로 탄식함이 없을 것이다. 다시 말해, 사회적 안정과 평안이 있게 된다는 것이다.

다윗은 “이러한 백성은 복이 있나니 여호와를 자기 하나님으로 삼는 백성은 복이 있도다”라고 말한다. 하나님을 섬기는 자들은 복을 얻을 것이다. 인생의 삶에 있어서 평안의 원인은 하나님이시다. 하나님께서는 율법에서 그의 계명을 순종하는 정직하고 선한 삶은 평안하고 복될 것을 약속하셨고, 그의 계명을 거역하는 죄악된 삶은 슬픔과 근심과 불행이 많을 것을 경고하셨다(레 26장; 신 28장).

시편 144편의 교훈을 정리해보자. 첫째로, 하나님께서는 우리의 인자(仁慈)이시며 우리의 요새와 산성과 방패와 피난처이시다(2절). 우리는 그의 은혜와 자비로 구원을 얻었고 성화(聖化)를 이루며 그의 도우심을 얻는다. 그는 우리의 모든 일에서 우리를 도우시며 특히 우리를 위해 우리의 대적들을 치신다. 그러므로 우리는 하나님만 의지해야 한다.

둘째로, 사람은 헛것 같고 그의 날은 지나가는 그림자 같으나, 하나님께서는 그런 사람을 구원하시고 하나님을 찬송케 하신다(3-9절). 우리는 죄와 환난과 원수들이 많은 이 세상에서 허무하고 무가치한 인생을 돌보시고 도우시고 구원하신 하나님께 감사와 찬송을 올려야 한다.

셋째로, 여호와를 자기 하나님으로 삼는 백성은 복이 있다(15절). 그런 백성은 그들의 가정들과 자녀들이 복되며 그들의 산업과 물질 생활이 복되며 그들의 나라와 사회에 평안이 있고 전쟁이 없을 것이다.

145편: 하나님께서는 위대하시고 은혜로우심

〔1-6절〕 왕이신 나의 하나님이여, 내가 주를 높이고 영원히 주의 이름을 송축하리이다. 내가 날마다 주를 송축하며 영영히 주의 이름을 송축하리이다. 여호와는 광대하시니[여호와께서는 위대하시니] **크게 찬양할 것이라. 그의 광대하심**[위대하심]**을 측량치 못하리로다. 대대로 주의 행사를 크게 칭송하며 주의 능한 일을 선포하리로다. 주의 존귀하고 영광스러운 위엄과 주의 기사(奇事)를 나는 묵상하리이다. 사람들은 주의 두려운 일의 세력을 말할 것이요 나도 주의 광대하심**[위대하심]**을 선포하리이다.**

다윗의 찬송시. 다윗은 하나님을 "왕이신 나의 하나님"이라고 부른다. 천지만물을 만드신 하나님께서는 우리의 왕이시다. 그는 온 세상 만물의 섭리자 곧 통치자이시다. 다윗은 또 하나님께서 광대하시다고 말한다. '광대하시다'는 말은 '크시다, 위대하시다'는 뜻이다. 하나님께서는 크시고 위대하시다. 그는 그의 능력과 존귀하심과 영광스러운 위엄에 있어서 크시고 위대하시다. 사람은 그의 크심과 위대하심을 다 측량하지 못하며 조금 이해하고 느낄 뿐이다.

다윗은 왕이신 하나님의 크심과 위대하심을 고백하며 그를 높이며 날마다 그를 송축하며 영원히 그의 이름을 송축하겠다고 말한다. 우리는 위대한 사람을 보면 그를 높이고 칭송한다. 온 천지만물을 창조하시고 홀로 통치하시는 하나님께서는 참으로 위대하시다. 또 다윗은 하나님의 능하신 일들을 묵상하며 선포하겠다고 말한다. 하나님께서 창조하시고 섭리하시는 세상 속에서 하나님을 아는 모든 성도들은 그의 크심과 위대하심을 묵상하며 그를 송축하고 전파할 것이다. 사람들은 세상에서 귀한 것을 연구하기를 좋아하고 또 귀한 것을 다른 이들에게 알리고 함께 나누기를 원한다. 하나님께서는 이 세상에서 우리가 연구하고 전해야 할 가장 귀한 보배이시다. 시편 111:2, "여호와의 행사가 크시니 이를 즐거워하는 자가 다 연구하는도다."

〔7-9절〕 저희가 주의 크신 은혜를 기념하여 말하며 주의 의를 노래하리이다. 여호와는 은혜로우시며 자비하시며 노하기를 더디하시며 인자하심이 크시도다. 여호와께서는 만유를 선대(善待)하시며 그 지으신 모든 것에 긍휼을 베푸시는도다.

하나님께서는 그 외의 그의 속성들에 있어서도 크시고 위대하시다. 특히 그는 의로우심에 있어서 크시고 위대하시며 또 그의 은혜로우심에 있어서도 크시고 위대하시다. 하나님께서는 선하시고 은혜로우시고 자비하시다. 그는 죄인들을 향해 오래 참으시고 노하기를 더디하신다. 그는 모든 사람에게 그러하시지만, 특히 회개하는 자들에게 그러하시다. 하나님께서는 또 모든 피조물들을 선대(善待)하시며 그 지으신 모든 것에 긍휼을 베푸신다. 그는 사람들뿐 아니라, 산과 들의 짐승들과 하늘의 새들과 바다의 물고기들도 선대(善待)하신다.

〔10-13절〕 여호와여, 주의 지으신 모든 것이 주께 감사하며 주의 성도가 주를 송축하리이다. 저희가 주의 나라의 영광을 말하며 주의 능을 일러서 주의 능하신 일과 주의 나라의 위엄의 영광을 인생에게 알게 하리이다. 주의 나라는 영원한 나라이니 주의 통치는 대대에 이르리이다.

하나님께서 만드신 모든 피조물들, 즉 들짐승들과 새들과 물고기들은 하나님의 선하심과 선대하심을 본능적으로 느끼며 그에게 감사할 것이다. 특히 하나님의 백성된 자들은 하나님께서 그들에게 베풀어주신 은혜와 자비를 인해 그에게 감사하며 그를 송축하며 찬송할 것이다. 하나님께 감사하며 찬송하는 것은 하나님을 느끼며 의식하는 모든 피조물과 그를 아는 모든 사람들이 마땅히 해야 할 일이다.

하나님의 의로우심과 선하심은 하나님의 나라와 그의 통치에서 잘 나타난다. 하나님의 나라는 하나님의 공의의 영광이 있고 하나님의 위엄과 능력의 크심이 나타나는 나라이다. 또 하나님의 나라는 그의 은혜와 긍휼의 영광이 나타나는 나라이다. 하나님의 나라는 영원하며 하나님의 통치하심도 영원하다. 그는 온 세상에 영원하신 왕이시다. 하나님의 나라는 주 예수 그리스도와 사도 바울의 전도의 중요한 주제이었고(마 4:17; 행 28:31) 하나님의 구원 섭리의 역사는 하나님의 나라가 시작되고 확장되고 완전하게 이루어지는 역사이다.

〔14-16절〕 여호와께서는 모든 넘어지는 자를 붙드시며 비굴한 자를 일으키시는도다. 중생(衆生)의 눈이 주를 앙망하오니 주는 때를 따라 저희에게 식물을 주시며 손을 펴사 모든 생물의 소원을 만족케 하시나이다.

'비굴하다'는 말은 '엎어지다'는 말로서 낙심하고 비천해짐을 말한다. 사람은 시험에 넘어져 범죄하거나 환경적 어려움 때문에 낙심하거나 비천해진다. 사람은 악한 세상 환경과 마귀의 시험 때문에 그렇기도 하지만, 보통 자신의 부족 때문에, 즉 생각과 감정이 부족하고 믿음이 부족하고 교만이나 자존심이나 욕심 때문에 넘어진다. 그러나 하나님께서는 죄와 마귀의 시험이 많은 세상에서 모든 넘어지는 자들을 붙드시며 낙심하고 비천해진 자들을 일으키신다. 시편 37:24, "저는 넘어지나 아주 엎드러지지 아니함은 여호와께서 손으로 붙드심이로다." 잠언 24:16, "대저 의인은 일곱 번 넘어질지라도 다시 일어나려니와 악인은 재앙으로 인하여 엎드러지느니라."

다윗은 또 "중생(重生)의 눈이 주를 앙망한다"고 말한다. 중생(衆生)은 '모든 것'이라는 말로 모든 짐승들을 포함하는 뜻이다. 성경은 짐승도 하나님을 앙망한다고 말한다. 시편 104:27, "이것들이 다 주께서 때를 따라 식물 주시기를 바라나이다." 영혼과 육체의 필요를 가진 사람은 두말할 나위가 없다. 사람은 조물주 하나님을 앙망한다.

다윗은 "주는 때를 따라 저희에게 식물을 주시며 손을 펴사 모든 생물의 소원을 만족케 하시나이다"라고 말한다. 시편 104:28은, 주께서 먹을 것을 주신즉 그들이 취하며 주께서 손을 펴시니 그들이 좋은 것으로 만족한다고 말하며, 시편 147:9는 하나님께서 들짐승과 우는 까마귀 새끼에게 먹을 것을 주신다고 말하였다. 하나님께서는 모든 사람에게 육신의 양식을 주실 뿐 아니라, 심령의 소원도 만족케 하시며 평안을 주신다. 그는 특히 그의 자녀들이 낙심하거나 환난을 당할 때 그들에게 심리적 위로와 힘도 주시며 그들을 구원하신다.

〔17-19절〕 여호와께서는 그 모든 행위에 의로우시며 그 모든 행사에 은혜로우시도다. 여호와께서는 자기에게 간구하는 모든 자 곧 진실하게 간구하는 모든 자에게 가까이하시는도다. 저는 자기를 경외하는 자의 소원을 이루시며 또 저희 부르짖음을 들으사 구원하시리로다.

하나님께서는 그 모든 행위에 의로우시며 그 모든 행사에 은혜로우시다. '의'는 도덕적 기준에 맞는 것을 말한다. 하나님께서는 의롭게 행하신다. 그는 모든 행위에 의로우시다. 그는 또한 모든 행사에 은혜로우시다. 그는 죄인들을 오래 참으시고 비록 그들의 죄가 클지라도 그들이 회개할 때 그 모든 죄를 용서하신다.

하나님께서는 특히 자기에게 간구하는 모든 자 곧 진실하게 간구하는 모든 자들에게 가까이하신다. 하나님의 이름을 진실히 부르고 기도하는 것은 하나님을 알고 그를 찾는 증거이다. 하나님께서는 그런 자에게 가까이하신다. 모세는 신명기 4:7에서, "우리 하나님 여호와께서 우리가 그에게 기도할 때마다 우리에게 가까이하심과 같이 그 신의 가까이함을 얻은 나라가 어디 있느냐?"고 말했다. 또 하나님께서는 그를 경외하는 자의 소원을 들어주시며 그들의 부르짖음을 들으시고 위험에서 건지신다. 시편 34:9-10에서 다윗은, "너희 성도들아, 여호와를 경외하라. 저를 경외하는 자에게는 부족함이 없도다. 젊은 사자는 궁핍하여 주릴지라도 여호와를 찾는 자는 모든 좋은 것에 부족함이 없으리로다"고 말하였다.

〔20-21절〕 여호와께서 자기를 사랑하는 자는 다 보호하시고 악인은 다 멸하시리로다. 내 입이 여호와의 영예를 말하며 모든 육체가 그의 성호를 영영히 송축할지로다.

세상에는 두 부류의 사람이 있다. 하나는 하나님을 사랑하는 자들이다. 그들은 하나님을 아는 자들이며 하나님을 경외하고 그의 계명들을 지키는 자들이다. 하나님께서는 그런 자들을 보호하실 것이며 그들은 하나님의 도우심과 보호와 구원을 체험하고 하나님의 영광과 그 거룩한 이름을 송축할 것이다. 그러나 세상에는 악인들도 있다. 그들은 하나님을 알지 못하고 경외치 않고 그의 계명을 무시하고 죄를 짓고 악을 행하다가 결국 멸망을 당하는 자들이다.

시편 145편의 교훈을 정리해보자. 첫째로, 하나님께서는 우리의 왕이시며 온 우주의 왕이시며 크시고 위대하시다. 그는 온 세상의 창조자이시며 통치자이시다. 그의 나라는 영원하다. 그는 그 능력에 있어서 크시다. 그는 인류의 역사 속에서 기이한 능력의 일들을 많이 행하셨다. 그는 그의 의와 선하심에 있어서도 크시다(8-9, 15-17절). 그는 공의로 이 세상을 통치하시며 악인들에 대해 보응하신다. 그는 그를 경외하며 그에게 간구하는 자기 백성에게 크신 은혜를 베푸시며 오래 참으시고 노하기를 더디하시며 그들의 기도를 응답하시며 그들을 보호하시며 공급하신다. 우리는 세상의 창조자와 섭리자이신 그 하나님을 알아야 한다.

둘째로, 우리는 온 세상과 교회를 다스리시는 왕이시며 그 능력과 의와 선하심이 크신 하나님께 감사와 찬송과 영광을 세세토록 돌려야 한다(1-2, 4, 10절). 하나님을 아는 자마다 하나님을 찬송하고, 그 능력과 은혜를 체험한 자마다 그에게 합당한 감사와 찬송을 올려야 한다.

셋째로, 하나님께서는 자기에게 진실히 간구하는 모든 자에게 가까이하신다(18절). 살아계시고 참되신 하나님을 아는 자들마다 하나님께 기도할 것이다. 우리는 시시때때로 하나님께 나아와 그에게 기도하고 그에게 감사와 찬송, 죄의 고백과 결심, 간구의 내용을 아뢰어야 한다.

넷째로, 하나님께서는 자기를 사랑하는 자들을 다 보호하시고 악인들은 멸하실 것이다(20절). 신명기 6:5, "너는 마음을 다하고 성품을 다하고 힘을 다하여 네 하나님 여호와를 사랑하라." 이것은 사람의 첫째 의무이다. 우리는 하나님을 사랑하고 그의 모든 계명을 순종해야 한다.

146편: 하나님께만 소망을 두는 자가 복됨

〔1-2절〕 할렐루야. 내 영혼아, 여호와를 찬양하라. 나의 생전에 여호와를 찬양하며 나의 평생에 내 하나님을 찬송하리로다.

시편 146편부터 150편까지는 '할렐루야'로 시작하여 '할렐루야'로 마친다. '할렐루야'는 '여호와를 찬양하라'는 뜻으로 1절은 이 말을 두 번 반복한 셈이다. 시편 저자는 "내 영혼아, 여호와를 찬양하라. 나의 생전에 여호와를 찬양하며 나의 평생에 내 하나님을 찬송하리로다"라고 말한다. 그는 영혼으로 즉 진심으로 하나님을 찬양하고, '그의 생전에' '그의 평생에' 하나님을 찬송하기를 결심한다. 평생 하나님을 찬송하는 것은 하나님을 아는 성도들이 마땅히 해야 할 결심이다.

〔3-4절〕 방백들을 의지하지 말며 도울 힘이 없는 인생도 의지하지 **말지니 그 호흡이 끊어지면 흙으로 돌아가서 당일에 그 도모가 소멸하리로다.**

시편 저자는 방백들이나 사람을 의지함이 헛됨을 말한다. 그들은 우리에게 참된 도움이 되지 못한다. 왜냐하면 사람의 도움은 제한적일 뿐 아니라, 그의 호흡이 끊어지는 날에 그의 모든 계획들이 소멸하기 때문이다. 이사야 2:22도 "너희는 인생을 의지하지 말라. 그의 호흡은 코에 있나니 수에 칠 가치가 어디 있느뇨?"라고 말했다.

〔5절〕 야곱의 하나님으로 자기 도움을 삼으며 여호와 자기 하나님에게 그 소망을 두는 자는 복이 있도다.

'야곱의 하나님'이라는 말은 하나님의 복 주심을 간절히 사모했으나 아버지를 속여 축복을 받은 야곱을 용서하시고 많은 고난 중에도 그를 돌보시고 도우시고 그 자손들을 언약 백성으로 삼으신 하나님을 가리킨다. 야곱의 생애는 세상에서의 성도의 성화의 과정과 같다. 야곱의 하나님으로 자기 도움을 삼으며 여호와 자기 하나님에게 그 소망을 두는 자는 복이 있다. 우리는 하나님만 우리의 도움이 되시는 줄 바르게 알고 하나님께만 우리의 소망을 두는 자가 되어야 한다. 하나님께서는 자기 백성을 가장 좋은 길로 인도하신다. 이 세상의 삶은 허망하지만, 하나님께서는 우리의 영원한 생명과 소망이 되신다. 시편 39:7, "주여, 내가 무엇을 바라리요? 나의 소망은 주께 있나이다." 로마서 8:28, "우리가 알거니와 하나님을 사랑하는 자 곧 그 뜻대로 부르심을 입은 자들에게는 모든 것이 합력하여 선을 이루느니라."

〔6절〕 여호와는 천지와 바다와 그 중의 만물을 지으시며 영원히 진실함(KJV)[신실함](NIV)**을 지키시며.**

우리가 의지하고 소망을 두어야 할 여호와 하나님께서는 천지와 바다와 그 중의 만물을 지으신 창조자이시다. 맨 처음에 천지만물을 창조하신 하나님께서는 창조 이전부터 계신, 즉 시간 세계를 초월해 계신 영원하신 하나님이시며 전지 전능하신 하나님이시다. 창조자 하나님께서만 참 하나님이시며 모든 사람에게 참 도움이 되신다.

또 그 하나님께서는 영원히 진실하시다. 세상의 모든 사람은 거짓되고 믿을 만하지 못하나 하나님께서는 진실하시고 믿을 만하시다. 그는 변함이 없으시다. 그는 특히 그의 약속하신 말씀에 있어서 진실하시다. 그는 약속하신 바를 반드시 이루시는 하나님이시다.

〔7-10절〕 압박 당하는 자를 위하여 공의로 판단하시며 주린 자에게 식물을 주시는 자시로다. 여호와께서 갇힌 자를 해방하시며 여호와께서 소경의 눈을 여시며 여호와께서 비굴한[엎드러진] **자를 일으키시며 여호와께서 의인을 사랑하시며 여호와께서 객을 보호하시며 고아와 과부를 붙드시고 악인의 길은 굽게 하시는도다**[둘러엎으시는도다](KJV)**. 시온아, 여호와 네 하나님은 영원히 대대에 통치하시리로다. 할렐루야.**

천지만물을 창조하신 하나님, 진실하신 하나님께서는 그가 만드신 천지만물과 인간 세상을 섭리하시는 하나님이시다. '섭리'라는 말은 보존과 통치의 개념이다. 하나님께서는 그가 창조하신 세상을 보존하시고 다스리신다. 그는 압박 당하는 자를 위하여 공의로 판단하시며 주린 자에게 식물을 주시는 자이시다. 사람이 자기 잘못 때문에 당하는 고난은 당연한 것이지만, 부당한 압박을 당할 때 하나님께서는 공의로 판단하시고 그를 구원하신다. 또 사람이 하나님의 징벌로 기근을 당할 수도 있지만, 일반적 기근 때에 하나님께서는 그 기근 중에도 그에게 먹을 것을 공급해 주신다. 그는 억울하게 감옥에 들어간 자를 건져내어 자유케 하시고 소경의 눈을 여시고 엎드러진 자를 일으키신다. 그는 죄짓지 않고 의롭게 사는 사람을 더욱 사랑하시고 또 객이나 고아나 과부를 보호하시고 붙드시고 도우신다. 그는 악인들의 행위는 미워하시고 그것을 막으시고 좌절시키신다. 이와 같이, 우리 하나님께서는 모든 사람을 영원히 대대에 통치하신다.

시편 146편의 교훈을 정리해보자. 첫째로, 우리는 사람을 의지하지 말아야 한다. 우리는 세상의 권력자도 돈 있는 자도 의지하지 말아야 한다. 왜냐하면 그들은 다 허무하기 때문이다. 사람이 죽으면 그와 그의 모든 일들이 다 허무하게 된다. 그러므로 이사야 2:22, "너희는 인생을 의지하지 말라. 그의 호흡은 코에 있나니 수에 칠 가치가 어디 있느뇨?"

둘째로, 우리는 하나님만 의지해야 한다. 시편 39:7, "주여, 내가 무엇을 바라리요? 나의 소망은 주께 있나이다." 시편 118:8-9, "여호와께 피함이 사람을 신뢰함보다 나으며 여호와께 피함이 방백들을 신뢰함보다 낫도다." 세상 것들은 다 허무하지만 하나님께서는 영원하시다. 우리는 하나님만 의지하고 소망하며 하나님께만 찬송과 감사를 돌려야 한다.

셋째로, 우리가 하나님만 의지해야 할 이유는 그가 세상의 창조자이시며 통치자이시기 때문이다. 창조자께서는 또한 세상을 다스리시는 자이시다. 그는 압박 당하는 자를 위해 공의로 판단하시고 주린 자에게 먹을 것을 주시고 갇힌 자를 놓으시고 소경의 눈을 여시고 엎드러진 자를 일으키시고 의인을 사랑하시고 객과 고아와 과부를 돌보시고 악인은 멸하신다. 통치자 하나님을 의지하고 소망하는 자들은 복되다.

147편: 이스라엘을 복주신 하나님을 찬양함

〔1절〕 할렐루야. [이는] **우리 하나님께 찬양함이 선함이여, 찬송함이 아름답고 마땅하도다**[마땅함이로다].

시편 저자가 하나님을 찬양하는 이유는 세 가지이다. 첫째로, 그것은 선하기 때문이다. 하나님을 찬양치 않거나 하나님 외에 다른 것을 높이는 것은 나쁘지만, 하나님을 찬양하는 것은 선한 일이다. 둘째로, 그것은 아름답기 때문이다. 하나님께서는 세상에서 가장 아름다운 분이시며 그를 찬양하는 것은 가장 아름다운 일이다. 셋째로, 그것은 마땅하기 때문이다. 인생이, 창조주와 섭리자 하나님, 생명과 만복의 근원 하나님을 찬송하는 것은 마땅한 일이다.

〔2-4절〕 여호와께서 예루살렘을 세우시며 이스라엘의 흩어진 자를 모으시며 상심한 자를 고치시며 저희 상처를 싸매시는도다. 저가 별의 수효를 계수하시고 저희를 다 이름대로 부르시는도다.

하나님께서는 이스라엘 백성의 죄로 인해 허물어진 예루살렘 성을 다시 세우시며 흩어진 자들을 모으시고 상심한 자들을 고치시고 그들의 상처를 싸매주신다. 그는 별들의 수효를 세시고 그 이름들을 하나씩 부르시듯이, 그 백성들의 수효를 세시고 그들의 이름을 하나씩 부르신다. 그는 자기 백성을 영육으로 구원하신다.

〔5-6절〕 우리 주는 광대하시며 능력이 많으시며 그 지혜가 무궁하시도다. 여호와께서 겸손한 자는 붙드시고 악인은 땅에 엎드러뜨리시는도다.

하나님께서는 크시고 위대하신 하나님이시다. 광대한 우주는 그의 손 안에 있다. 그는 무한하시고 영원하신 자, 곧 영원히 스스로 계신 자이시다. 그는 태초에 천지만물을 창조하셨다. 그는 지혜와 능력에 있어서도 무한하시다. 그는 전지 전능하신 하나님이시다. 그것은 그가 창조하신 이 놀라운 우주에 잘 나타나 있다. 그는 또 지극히 공의로우시고 선하신 하나님이시다. 그는 공의로 세상을 통치하시고 겸손한 자를 붙드시고 악인은 땅에 엎드러뜨리신다.

〔7절〕 감사함으로 여호와께 노래하며 수금으로 하나님께 찬양할지어다.

우리는 감사함으로 하나님께 노래해야 한다. 감사는 찬송의 동기요 찬송의 내용이다. 우리는 하나님께서 천지만물과 인생을 창조하심과 우리를 구원하여 하나님을 알게 하시고 지키시고 인도하심을 감사해야 한다. 또 우리는 악기를 사용하여 하나님께 찬양해야 한다. 악기는 사람의 목소리와 함께 하나님을 찬송하는 도구로 사용된다.

〔8-9절〕 저가 구름으로 하늘을 덮으시며 땅을 위하여 비를 예비하시며 산에 풀이 자라게 하시며 들짐승과 우는 까마귀 새끼에게 먹을 것을 주시는도다.

하나님께서는 자연세계를 다스리신다. 그는 구름을 주관하시고 비를 예비하시며 산에 풀이 자라게 하신다. 그는 날씨까지 주관하시고 식물세계도 돌보신다. 또, 그는 들짐승들에게 먹을 것을 주시고 우는 까마귀 새끼에게 먹을 것을 주신다. 창조주 하나님께서는 그가 만드신 만물을 먹이시고 기르시는 하나님이시다. 그렇다면 그는 자신이 가장 존귀하게 만든 사람들을 향해서 얼마나 더 그러하실까?

〔10-11절〕 여호와는 말의 힘을 즐거워 아니하시며 사람의 다리도 기뻐 아니하시고 자기를 경외하는 자와 그 인자하심을 바라는 자들을 기뻐하시는도다.

옛 시대에 말은 전쟁의 필수품이었다. '말의 힘'은 군사력을 가리키며 '사람의 다리'는 군인들을 가리킨다고 본다. 그것은 오늘날 세상적, 인간적 의지물들, 예컨대 우리의 건강, 돈과 재산, 자녀들 등을 가리킬 수 있다. 하나님께서는 그런 외적인 것들 의지함을 기뻐하지 않으시고, 그를 경외하고 그의 인자하심을 바라는 자들, 즉 하나님만 바라고 의지하는 사람들을 기뻐하신다. 물론, 우리는 바리새인들이 안식일을 지키고 십일조를 내고도 왜 주 예수 그리스도께 책망과 저주를 받았는지(마 23:13-36)와, 사도 시대에 아나니아와 삽비라가 땅값의 일부를 헌금으로 바치고도 왜 죽었는지(행 5:1-10)를 기억해야 한다. 하나님께서는 외식을 미워하신다. 그는 우리가 진심으로 그를 경외하고 그의 인자하심을 바라며 그를 섬기기를 원하신다.

〔12절〕 예루살렘아, 여호와를 찬송할지어다. 시온아, 네 하나님을 찬양할지어다.

예루살렘 성과 시온산은 온 세상에서 하나님의 사랑을 입은 곳이다. 그 곳은 하나님의 성전이 있고 하나님께 경배함과 찬양함과 기도함이 있는 곳이다. 그것은 신약시대에 교회와 같다. 우리는 개인적으로, 가정적으로, 교회적으로 하나님을 찬송하며 섬겨야 한다. 하나님을 섬기는 모든 백성은 진심으로 그를 찬송해야 한다.

〔13-14절〕 [이는] **저가 네 문빗장을 견고히 하시고 너의 가운데 자녀에게 복을 주셨으며 네 경내를 평안케 하시고 아름다운 밀로 너를 배불리시며** [배불리심이로다].

시편 저자는 찬송의 이유로 하나님의 보호하심과 복주심을 말한다. 국가의 안보는 단지 군대와 군사력에 있지 않고 하나님께 있다. 하나님께서 나라의 문빗장을 견고히 해주셔야 나라가 안전하다. 또 자녀들의 형통, 사회적 평안, 경제적 유여함도 하나님께서 주시는 복들이다. 그것들은 분명히 우리가 하나님을 찬송할 이유들이다.

〔15-18절〕 그 명을 땅에 보내시니 그 말씀이 속히 달리는도다. 눈을 양털같이 내리시며 서리를 재같이 흩으시며 우박을 떡 **부스러기같이 뿌리시나니 누가 능히 그 추위를 감당하리요. 그 말씀을 보내사 그것들을 녹이시고 바람을 불게 하신즉 물이 흐르는도다.**

시편 저자는 또 하나님께서 말씀으로 일하심을 증거한다. 하나님께서는 그 말씀으로 자연만물과 인간 세상을 섭리하신다. 하나님의 생각은 말씀으로 표현되고 그의 말씀은 신속하게 시행된다. 그는 눈을 양털같이 내리시며 서리를 재같이 흩으시며 우박을 떡 부스러기

같이 뿌리신다. 그는 눈과 서리와 우박을 주관하신다. 그는 사람들이 감당하기 어려운 혹독한 추위를 보내신다. 그러나 그는 또 그 말씀을 보내어 그것들을 녹이시고 바람을 불게 하셔서 물이 흐르게 하신다. 추위를 물리치고 봄을 주시는 이도 하나님이시다.

〔19-20절〕 저가 그 말씀을 야곱에게 보이시며 그 율례와 규례를 이스라엘에게 보이시는도다. **아무 나라에게도 이같이 행치 아니하셨나니 저희는 그 규례를 알지 못하였도다. 할렐루야.**

하나님께서는 특히 이스라엘 백성에게 말씀으로 교훈하셨다. 그는 그의 말씀을 야곱에게 보이셨고 그의 율례와 규례를 이스라엘 백성에게 보이셨다. 아무 나라에게도 이같이 행치 않으셨고 그의 규례를 안 자들도 없었다. 이스라엘 백성에게 주신 율법은 의의 규범이며 그들의 죄를 깨닫게 하며 그들을 구주 앞으로 인도하는 말씀이었다.

시편 147편의 교훈을 정리해보자. 첫째로, 우리는 하나님의 위대하심, 무한하시고 영원하심, 그의 지혜와 능력의 크심, 그가 천지만물과 사람을 친히 창조하시고 다스리심을 알고 그에게 합당한 진심의 감사와 찬송을 올려야 한다. 우리는 하나님을 알고 하나님을 찬송해야 한다.

둘째로, 우리가 부족과 실수가 많고 이 세상에는 어려운 일들이 많지만, 하나님께서는 선하시고 인자하심이 풍성하시며 우리를 구원하시고 용서하시며 우리의 연약하고 부족한 성품을 고치시는 하나님이시다. 그는 우리에게 죄의 용서를 주시고 죄씻음에 근거한 참된 평안을 주신다. 우리는 우리의 모든 죄짐과 근심 걱정을 다 하나님께 맡겨야 한다.

셋째로, 우리는 오직 하나님을 경외하며 겸손히 하나님을 섬기며 그의 인자하심을 바라며 그와 동행하며 그의 계명들에 순종해야 한다. 그것이 하나님의 뜻이며 그를 경외하는 자들의 마땅한 삶이다. 그러면 그는 우리의 문빗장을 견고케 하시고 우리와 우리의 자녀들에게 풍성한 평안과 복을 주시고 현세와 내세에 영육의 필요를 공급해주실 것이다.

148편: 모든 피조물들아, 하나님을 찬양하라

〔1-2절〕 할렐루야, 하늘에서 여호와를 찬양하며 높은 데서 찬양할지어다. 그의 모든 사자여, 찬양하며 모든 군대여, 찬양할지어다.

시편 저자는 하늘에서 여호와를 찬양하라고 말한다. 하나님께서 만드신 광활하고 높은 저 하늘에는 천사들이 살고 있다. 그들의 수는 셀 수 없이 많다. 그들은 하늘에 있는 큰 군대와 같다. 그들은 하나님께서 지으신 피조물이다. 사도 바울은 골로새서 1:16에서 "만물이 그에게[그에 의해] 창조되되 하늘과 땅에서 보이는 것들과 보이지 않는 것들과 혹은 보좌들이나 주관들이나 정사들이나 권세들이나 만물이 다 그로 말미암고 그를 위하여 창조되었고"라고 말하였다. 주 예수 그리스도께서는 만물을 만드신 자이신데, 그가 만드신 만물 안에는 보이는 것들과 보이지 않는 것들이 다 포함된다. 보이지 않는 것들 속에는 천사들도 포함된다. 천사들은 육체가 없는 영들이다. 시편 103:20-22, "능력이 있어 여호와의 말씀을 이루며 그 말씀의 소리를 듣는 너희 천사여, 여호와를 송축하라. 여호와를 봉사하여 그 뜻을 행하는 너희 모든 천군이여, 여호와를 송축하라. 여호와의 지으심을 받고 그 다스리시는 모든 곳에 있는 너희여, 여호와를 송축하라."

〔3-6절〕 해와 달아, 찬양하며 광명한 별들아, 찬양할지어다. 하늘의 하늘도 찬양하며 하늘 위에 있는 물들도 찬양할지어다. 그것들이 여호와의 이름을 찬양할 것은 저가 명하시매 지음을 받았음이로다. 저가 또 그것들을 영영히 세우시고 폐치 못할 명을 정하셨도다.

시편 저자는 하늘에 있는 해와 달과 별들, 하늘의 하늘과, 하늘 위에 있는 물들이 다 하나님을 찬양하라고 말한다. 그것들은 다 하나님께서 명하시므로 지음을 받았기 때문이다. 하나님께서는 그것들을 영영히 세우시고 폐하지 못할 명을 정하셨다. 그 '폐하지 못할 명'은 자연법칙을 가리킬 것이다. 천체는 하나님께서 정하신 법칙대로 매우 규칙적이게 운행되고 있다. 지구는 약간 기울어진 팽이처럼 스스로 돌고 있으면서(이것을 자전이라고 하며) 태양을 중심으로 타원형을 그리며 돌고 있다(이것을 공전이라고 한다). 또 태양을 중심으로 지구를 포함해 여덟 개 혹은 아홉 개의 행성들이 이와 같이 규칙적이게 돌고 있다. 또 달은 지구 가까이에서 일정한 거리를 두고 규칙적이게 지구를 돌고 있다. 각 행성은 일정한 중력을 가지고 태양과의 거리를 유지하고 있고, 지구나 달도 일정한 중력을 가지고 서로 간의 거리를 유지하고 있다. 이것들은 다 하나님께서 정해주신 신기하고 오묘한 법칙들이다. 하늘의 자연법칙은 매우 신비하다.

[7-13절] 너희 용들(탄니님 תַּנִּינִים)[큰 바다 짐승들]**과 바다여, 땅에서 여호와를 찬양하라. 불과 우박과 눈과 안개와 그 말씀을 좇는**[이루는] **광풍이며 산들과 모든 작은 산과 과목과 모든 백향목이며 짐승과 모든 가축과 기는 것과 나는 새며 세상의 왕들과 모든 백성과 방백과 땅의 모든 사사**[재판관들]**며 청년 남자와 처녀와 노인과 아이들아, 다 여호와의 이름을 찬양할지어다.** [이는] **그 이름이 홀로 높으시며 그 영광이 천지에 뛰어나심이로다.**

시편 저자는 또 큰 바다 짐승들과 바다가 하나님을 찬양하며 불과 우박, 눈, 안개, 광풍이 하나님을 찬양하고, 또 산들과 모든 작은 산과 열매 맺는 나무들과 모든 백향목이 하나님을 찬양하며 짐승과 모든 가축과 기는 것과 새들이 하나님을 찬양하라고 말한다. 시편 저자는 또 세상의 왕들과 모든 백성과 방백들과 땅의 모든 재판관들과 청년 남자들과 처녀들과 노인들과 아이들이 다 여호와의 이름을 찬양하라고 말한다. 그 이유는 "그 이름이 홀로 높으시며 그 영광이 천지에 뛰어나시기" 때문이다. 하나님의 이름은 온 세상에 홀로 높으시다. 온 세상을 창조하시고 다스리시는 하나님보다 더 높으신 자가 세상에 누구인가? 또 하나님의 영광은 온 천지에 뛰어나신다. 그가 창조하신 광대하고 신비한 온 우주와 세상은 사람의 말로 다 표현할 수 없는 그의 영광을 나타내고 있다.

[14절] 저가 그 백성의 뿔을 높이셨으니 저는 모든 성도 곧 저를 친근히 하는 이스라엘 자손의 찬양거리로다. 할렐루야.

시편 저자는 특히 하나님을 경외하는 자들, 즉 경건한 자들이 하나님을 찬양한다고 말한다. '뿔'은 힘과 행복을 상징한다. 하나님께서는 자기 백성에게 힘과 행복을 주신다. 하나님을 가까이 하는 모든 성도들은 다 하나님을 항상 찬송할 것이다.

시편 148편의 교훈을 정리해보자. 첫째로, 우리는 모든 피조물들과 함께 하나님을 찬송해야 한다. 우리는 하늘과 땅, 하늘의 천사들과 하늘과 땅의 모든 자연만물들, 짐승들과 새들, 그리고 모든 남녀노소의 사람들과 함께 하나님을 찬송해야 한다. 왜냐하면 하나님께서는 우주와 온 세상의 자연만물과 사람들을 창조하시고 그것들을 통치하시는 자이시기 때문이다. 우리는 창조자, 섭리자 하나님을 찬송해야 한다.

둘째로, 하나님께서는 자기 백성의 뿔을 높이시고 힘과 행복을 주신다. 우리가 이 세상에서 힘과 행복을 잃어버릴 때 하나님께서는 우리에게 힘과 행복을 주신다. 이사야 40:28-31, "영원하신 하나님 여호와, 땅끝까지 창조하신 자는 피곤치 아니하시며 곤비치 아니하시며 명철이 한이 없으시며 피곤한 자에게는 능력을 주시며 무능한 자에게는 힘을 더하시나니 소년이라도 피곤하며 곤비하며 장정이라도 넘어지며 자빠지되 오직 여호와를 앙망하는 자는 새 힘을 얻으리니 독수리의 날개치며 올라감 같을 것이요 달음박질하여도 곤비치 아니하겠고 걸어가도 피곤치 아니하리로다." 우리는 하나님을 의지하고 힘을 얻어야 한다.

셋째로, 성도는 하나님을 친근히 해야 한다. 신명기 10:20, "네 하나님 여호와를 경외하여 그를 섬기며 그에게 친근히 하고[꼭 붙들고] 그 이름으로 맹세하라." 신명기 13:4, "너희는 너희 하나님 여호와를 순종하며 그를 경외하며 그 명령을 지키며 그 목소리를 청종하며 그를 섬기며 그에게 부종(附從)하고[꼭 붙들고]." 우리는 하나님을 친근히 해야 한다.

149편: 하나님의 백성들아, 하나님을 찬양하라

〔1절〕 할렐루야, 새 노래로 여호와께 노래하며 성도의 회중에서 찬양할지어다.

시편 저자는 "여호와를 찬양하라"고 말한다. 우리는 영원자존하신 여호와 하나님을 높이며 찬송해야 한다. 시편 저자는 또 "새 노래로 여호와께 노래하라"고 말한다. 새 노래는 하나님을 알고 믿고 섬기는 자들이 하나님을 몰랐던 지난날들에 즉 구원 얻기 전에 불렀던 옛날 노래들, 민요나 명곡이나 유행가 같은 노래들과 대조된다. 새 노래는 하나님을 알고 하나님의 구원을 아는 자들이 부르는 노래이다. 옛날 노래들에 비하여 노래의 가사와 내용이 새롭고, 노래하는 방식이나 노래하는 자의 마음가짐이 새로운 노래들이다.

시편 저자는 또 "성도의 회중에서 찬양할지어다"라고 말한다. 성도의 회중은 교회를 가리킨다. 우리는 성도들의 모임인 교회에서 하나님을 찬송한다. 하나님께서 사람을 창조하신 첫 번째 목적은 하나님을 찬송하게 하려 하심이었다(사 43:21). 구원 얻은 성도들의 모임인 교회의 첫 번째 임무는 하나님을 찬송하는 것이다. 우리가 하나님을 잘 몰랐을 때는 그러지 못하였을지라도 지금은 그렇게 해야 한다.

〔2절〕 이스라엘은 자기를 지으신 자로 인하여 즐거워하며 시온의 자민(子民)[아들들]**은 저희의 왕으로 인하여 즐거워할지어다.**

시편 저자는 "이스라엘은 자기를 지으신 자로 인하여 즐거워하라"고 말한다. 모든 피조물들은 마땅히 창조자를 찬송해야 한다. 그것은 마땅한 의무가 아닌가? 그러므로 시편 100:1-3은 "온 땅이여, 여호와께 즐거이 부를지어다. 기쁨으로 여호와를 섬기며 노래하면서 그 앞에 나아갈지어다. 여호와가 우리 하나님이신 줄 너희는 알지어다. 그는 우리를 지으신 자시요 우리는 그의 것이니 그의 백성이요 그의 기르시는 양이로다"라고 말했다. 요한계시록 4장에 보면, 사도 요한은 24장로들이 보좌에 앉으신 하나님 앞에 엎드려 세세토록 사시는 그에게 경배하고 자기의 면류관을 보좌 앞에 던지며 "우리 주 하나님이여, 영광과 존귀와 능력을 받으시는 것이 합당하오니 주께서 만물을 지으신지라. 만물이 주의 뜻대로 있었고 또 지으심을 받았나이다"라고 찬송하는 광경을 보았다(계 4:10-11). 우리는 온 천지만물과 사람들을 창조하신 하나님을 늘 찬송해야 한다.

시편 저자는 또 "시온의 아들들은 저희의 왕으로 인하여 즐거워할지어다"라고 말한다. '왕'은 통치자를 가리킨다. 하나님께서는 세상을 창조하신 자요 그 세상을 보존하시고 통치하시는 자이시다. 그는 온 세상과 인간 사회의 통치자이시다. 시편 93:1-2는 "여호와께서 통치하시니 스스로 권위를 입으셨도다. 여호와께서 능력을 입으시며 띠셨으므로 세계도 견고히 서서 요동치 아니하도다. 주의 보좌는 예로부터 견고히 섰으며 주는 영원부터 계셨나이다"라고 말했다. 우리는 온 세상을 통치하시는 왕이신 하나님을 늘 찬송해야 한다.

[3절] 춤추며 그의 이름을 찬양하며 소고와 수금으로 그를 찬양할지어다.

춤은 사람의 기쁨을 표현한다. 사람은 마음이 상할 때 몸도 움츠려지고 마음이 기쁠 때 몸도 활기차진다. 사람은 너무 기쁠 때 저절로 몸을 움직여 춤을 춘다. 우리가 하나님께서 누구이신지 그가 우리를 위해 어떤 놀라운 일을 하셨는지 알게 되면 우리는 기쁨의 춤을 추며 하나님을 찬양할 것이며 또 악기를 연주하며 하나님을 찬양할 것이다. 우리는 우리가 할 수 있는 가장 기쁘고 좋은 방식으로, 그러나 하나님을 두려워함으로, 그를 높이며 찬송해야 한다.

[4절] [이는] **여호와께서는 자기 백성을 기뻐하시며 겸손한 자를 구원으로 아름답게 하심이로다.**

성도들이 하나님을 찬송하는 이유는 구원 때문이다. 우리의 구원은 하나님의 기뻐하심에 기인했다. 사도 바울은 갈라디아서 1:4에서 "그리스도께서 하나님 곧 우리 아버지의 뜻을 따라 이 악한 세대에서 우리를 건지시려고 우리 죄를 위하여 자기 몸을 드리셨다"고 말했다. 또 그는 에베소서 1:4-5에서 "곧 창세 전에 그리스도 안에서 우리를 택하사 우리로 사랑 안에서 그 앞에 거룩하고 흠이 없게 하시려고 그 기쁘신 뜻대로 우리를 예정하사 예수 그리스도로 말미암아 자기의 아들들이 되게 하셨으니"라고 말했다.

시편 저자는 성도를 '겸손한 자'로 표현한다. 교만한 자는 하나님을 믿지 않고 복종치 않는다. 그러나 겸손한 자는 자신의 죄를 버리고 하나님을 믿는다. 구원의 결과는 아름다움이라고 표현되었다. 죄는 사람을 추하게 만드나 구원은 사람을 아름답게 만든다. 바울은 예수 그리스도께서 우리를 말씀으로 깨끗하고 거룩하게 하시고 자기 앞에 영광스러운 교회로 세우셔서 거룩하고 흠이 없게 하려 하셨다고 말했다(엡 5:26-27). 구원 얻은 자는 하나님을 찬양할 것이다.

〔5절〕 성도들은 영광 중에 즐거워하며 저희 침상에서 기쁨으로 노래할지어다.

시편 저자는 "성도들은 영광 중에 즐거워한다"고 말한다. 우리는 이전에 죄로 인해 고통과 슬픔이 많았고 부끄러운 삶을 살았었다. 그것은 하나님 없이 사는 자들의 현재의 모습이다. 그러나 주 예수님을 믿고 구원 얻은 후에는 변화가 생겼다. 우리는 죄사함과 의롭다 하심을 얻었고 하나님 자녀의 특권과 천국 기업을 얻었고 하나님의 영광에 참여하는 자가 되었다. 그러므로 우리는 주 안에서 항상 기뻐할 수 있으며 천국의 영광을 소망하며 즐거워할 수 있다.

시편 저자는 또 "저희 침상에서 기쁨으로 노래할지어다"라고 말한다. 우리는 이전에 밤에도 평안이 없었다. 모든 사람은 수고하고 무거운 짐 진 자들이다. 죄인들은 휴식의 밤에도 참된 휴식이 없다. 그러나 성도들은 이제 평안을 누린다. 성도는 침상에서 참된 휴식을 누리며 하나님을 찬송하고 기뻐할 수 있게 된 것이다.

〔6-9절〕 **그 입에는 하나님의 존영이요 그 수중에는 두 날 가진 칼이로다.** 이것으로 **열방에 보수(報讎)하며 민족들을 벌하며 저희 왕들은 사슬로, 저희 귀인은 철고랑으로 결박하고 기록한 판단대로 저희에게 시행할지로다. 이런 영광은 그 모든 성도에게 있도다. 할렐루야.**

시편 저자는 성도가 심판의 영광을 누림을 증거한다. 본문은 성도가 증거하는 복음의 효력을 가리키는 동시에 장차 성도가 하나님의 심판의 수종자가 됨을 뜻하는 것 같다. 복음의 말씀은 좌우에 날선 검보다 예리하여 사람의 죄성을 드러내고 죄인들을 굴복시키며 회개시킨다. 또 성도는 장차 세상을 심판하는 자가 될 것이다(고전 6:2). 하나님께서는 이런 영광을 모든 성도들에게 주실 것이다.

시편 149편의 교훈을 정리해보자. 첫째로, 우리는 새 노래로 하나님을 찬송해야 한다. 1절, "할렐루야, 새 노래로 여호와께 노래하며 성도의 회중에서 찬양할지어다." 우리는 창조자와 섭리자 하나님을 찬송하고 특히 구원 얻은 성도들은 교회 안에서 하나님을 찬송해야 한다.

둘째로, 우리는 겸손히 하나님을 믿고 그의 법을 지키며 그를 찬송해야 한다. 4절, "여호와께서는 자기 백성을 기뻐하시며 겸손한 자를 구원으로 아름답게 하심이로다." 교만한 자들은 하나님을 믿지 않고 복종치 않으나 겸손한 자들은 그를 믿고 구원을 얻으며 그의 법을 지킨다. 우리는 겸손히 하나님을 믿고 의와 선을 행하며 하나님을 찬송해야 한다.

셋째로, 우리는 기쁨과 즐거움으로 하나님을 섬기며 찬송해야 한다. 2절, "이스라엘은 자기를 지으신 자로 인하여 즐거워하며 시온의 아들들은 저희의 왕으로 인하여 즐거워할지어다." 3절, "춤추며 그의 이름을 찬양하며 소고와 수금으로 그를 찬양할지어다." 5절, "성도들은 영광 중에 즐거워하며 저희 침상에서 기쁨으로 노래할지어다." 죄 가운데 사는 자들에게는 슬픔과 근심이 많지만, 죄사함의 구원을 얻은 자들에게는 하나님 안에서 항상 기뻐함과 늘 평안함이 있다(살전 5:16; 살후 3:16).

150편: 각종 악기로 하나님을 찬양하라

〔1절〕 할렐루야, 그 성소에서 하나님을 찬양하며 그 권능의 궁창에서 그를 찬양할지어다.

'그[그의] 성소'는 일차적으로는 하나님께서 그의 영광을 나타내시는 높은 하늘, 곧 천국을 가리키며, 이차적으로는 지상에 있는 성전을 가리킬 것이다. 하나님께서는 하늘에 계신다. 솔로몬은 성전을 봉헌하며 하나님께 기도 드리면서 "주의 계신 곳 하늘에서 들으시고"(왕상 8:30), "주는 하늘에서 들으시고"(왕상 8:32, 34, 36, 45), 혹은 "주는 계신 곳 하늘에서 들으시고"(왕상 8:39, 43, 49)라고 반복해 표현하였다. 주 예수께서는 제자들에게 기도를 가르치실 때 "하늘에 계신 우리 아버지여"라고 말하라고 가르치셨다(마 6:9). 천국에서는 천사들과 완전케 된 의인의 영들(히 12:23)이 하나님을 늘 찬양할 것이다.

물론, 땅 위에 있는 그의 성막과 성전도 그의 성소이다. 출애굽기 25:8, "내가 그들 중에 거할 성소를 그들을 시켜 나를 위하여 짓되." 열왕기상 8:13, "내가 참으로 주를 위하여 계실 전을 건축하였사오니 주께서 영원히 거하실 처소로소이다." 오늘날에는 성도 개인이 성령께서 거하시는 성전이며 성도들의 모임인 교회가 성전이다. 고린도전서 3:16 "너희가 하나님의 성전인 것과 하나님의 성령이 너희 안에 거하시는 것을 알지 못하느뇨?" 고린도전서 6:19, "너희 몸은 . . . 너희 가운데 계신 성령의 전인 줄을 알지 못하느냐?" 이전에 이스라엘 백성은 성전에서, 오늘 우리는 교회에서 하나님을 찬양한다.

〔2절〕 그의 능하신 행동을 인하여 찬양하며 그의 지극히 광대하심[위대하심]**을 좇아 찬양할지어다.**

우리는 하나님의 창조 사역과 섭리 사역과 그의 위대하심을 찬양해야 한다. 이 광대하고 아름다운 세상을 만드신 하나님께서는 얼마나 위대하신 분이신지! 또 그가 만드신 세상을 홀로 다스리시며 인류의 역사를 주관하시는 하나님께서는 얼마나 지혜로우시고 또 능력이 많으신지! 또 범죄한 인류를 향하신 하나님의 구원의 작정과 섭리는 얼마나 측량할 수 없이 높으신지! 우리는 하나님의 지혜와 능력, 하나님의 공의와 선하심과 긍휼의 크심을 찬양해야 한다.

〔3-5절〕 나팔 소리로 찬양하며 비파와 수금으로 찬양할지어다. 소고(小鼓)[작은 북]치**며 춤추어 찬양하며 현악과 퉁소로 찬양할지어다. 큰 소리 나는 제금**[심벌즈]**으로 찬양하며 높은 소리 나는**(테루아 תְּרוּעָה)[울리는 소리 나는] **제금**[심벌즈]**으로 찬양할지어다.**

시편 저자는 우리가 모든 악기를 총동원하여 하나님을 찬송하라고 말한다. 우리는 나팔이나 퉁소 같은 관악기나 비파와 수금 같은 현악기나 작은 북과 큰 소리 나는 심벌즈와 울리는 소리 나는 심벌즈 같은 타악기를 사용하여 하나님을 찬양할 수 있을 것이다. 우리는 관현악단의 아름다운 연주로 하나님을 찬양할 수 있고 피아노와 오르간을 사용해 하나님을 찬양할 수 있을 것이다. 거기에 사람들의 아름다운 목소리들이 함께 어우러지면 좋을 것이다. 여성들의 소프라노와 앨토, 남성들의 테너와 베이스의 어우러진 목소리들은 훌륭한 악기들과 같다. 우리는 우리의 모든 악기들을 사용해 하나님의 크시고 위대하심을 찬양할 수 있고 찬양해야 할 것이다.

〔6절〕 호흡이 있는 자마다 여호와[20]를 찬양할지어다. 할렐루야.

시편 저자는 "호흡이 있는 자마다 여호와를 찬양할지어다"라고 말한다. 이것은 찬송의 주체를 보인다. 창조주 하나님께서 생명의 호흡을 주신 자마다, 즉 이 세상의 모든 생물들과 모든 사람들이 창조주 하나님을 찬양해야 한다. 우리가 숨 쉬고 있는 동안, 또 우리의 숨이

---

20) '여호와'라는 원어(야 יָהּ)는 일반적인 '여호와'(예호와 יְהֹוָה)라는 말의 줄인 말로 보이며 시편에서 43회, 다른 곳(출 15:2; 17:16; 사 12:2; 26:4; 38:11; 아 8:6)에서 6회 사용되었다(BDB).

끊어질 때까지 우리는 하나님을 찬송해야 한다. 찬송은 하나님께서 사람을 창조하신 목적이다. 이사야 43:21, "이 백성은 내가 나를 위하여 지었나니 나의 찬송을 부르게 하려 함이니라." 하늘과 땅의 모든 생물들과 모든 분야의, 모든 연령의 사람들이 하나님의 이름을 찬송해야 한다. 호흡이 있는 자마다 하나님을 찬양해야 한다.

시편 150편의 교훈을 정리해보자. 첫째로, 우리는 성소에서 하나님을 찬양해야 한다. 천국에 올라간 의인들은 천사들과 함께 하나님을 찬양해야 한다. 또 주 예수 그리스도를 믿고 구원 얻은 성도는 성령을 모신 성전이며 또 성도들의 모임인 교회도 성전이다. 그러므로 우리는 개인적으로, 교회적으로 하나님께 찬송하며 그를 섬겨야 하며 주 예수 그리스도로 말미암아 항상 찬미의 제사를 그에게 드려야 한다(히 13:15).

둘째로, 우리는 하나님의 창조와 섭리의 사역을 찬송해야 한다. 우리는 하나님의 위대하신 창조 사역과 세상을 보존하시고 인류의 역사를 다스리시는 놀라우신 섭리 사역을 생각하며 늘 찬송과 영광을 하나님께 돌려야 한다. 그는 우리의 구주와 목자이시며 기쁨과 소망이시다.

셋째로, 우리는 모든 악기들을 사용하여 하나님을 찬송해야 한다. 우리는 우리의 목소리를 가다듬고 각종 악기를 연습하여 우리 하나님을 찬송해야 한다. 우리는 단지 사람들을 기쁘게 하는 노래나 악기 연주를 하지 말고 첫째로 창조자와 섭리자 하나님을 찬송하는 일을 해야 한다. 시간의 여유를 가진 자들은 악기를 연습하여 하나님을 찬송해야 한다.

넷째로, 호흡이 있는 자마다 하나님을 찬송해야 한다. 호흡이 있는 모든 생명체는 창조주 하나님을 찬송해야 하고, 그들은 호흡이 끝날 때까지 하나님을 찬송해야 한다. 특히 하나님의 형상으로 지음 받은 사람은 하나님을 찬송해야 한다. 하나님을 찬송하는 것은 하나님께서 사람을 만드신 목적이다. 시편은 찬송의 교훈으로 끝난다. 찬송은 구원 얻은 성도들이 세상에서 또 천국에서도 할 수 있는 가장 아름다운 일이다.

저자 소개

연세대학교 문과대학 철학과 졸업 (B.A.).
총신대학 신학연구원[신학대학원] 졸업 (M.Div. equiv.).
미국, Faith Theological Seminary 졸업 (Th.M. in N.T.).
미국, Bob Jones University 대학원 졸업 (Ph.D. in Theology).
계약신학대학원 교수 역임, 합정동교회 담임목사.
〔**역서**〕 J. 그레셤 메이천, 신약개론, 신앙이란 무엇인가? 등 다수.
〔**저서**〕 구약성경강해 1, 2, 신약성경강해, 조직신학, 기독교교리개요, 기독교 윤리, 현대교회문제, 자유주의 신학의 이단성, 에큐메니칼운동 비평, 복음주의 비평, 현대교회문제자료집, 천주교회비평 등.

시편 강해

2008년 10월 11일 1판
2018년 10월 9일 2판
2022년 3월 30일 3판

저 자 **김 효 성**

발행처 **옛신앙 출판사**
Old-time Faith Press
www.oldfaith.net

서울 마포구 독막로 26
합정동교회 내
02-334-8291, 9874
oldfaith@hjdc.net

등록번호: 제10-1225호

ISBN 978-89-98821-70-8 03230

♣ '**옛신앙**'이란, 옛부터 하나님의 선지자들과 주 예수 그리스도의 사도들이 가졌던 신앙, 오직 정확 무오(正確無誤)한 하나님 말씀인 신구약성경에만 근거한 신앙, 오늘날 배교(背敎)와 타협의 풍조에 물들지 않는 신앙을 의미합니다.

"여호와께서 이같이 말씀하시되 '너희는 길에 서서 보며 **옛적 길** 곧 **선한 길**이 어디인지 알아보고 그리로 행하라. 너희 심령이 평강을 얻으리라' 하나, 그들의 대답이 '우리는 그리로 행치 않겠노라' 하였으며"(렘 6:16).

옛신앙 출판사 서적 안내

1. 김효성, **현대교회문제**. [6판]. 204쪽. 4,000원.
2. 김효성, **자유주의 신학의 이단성**. [2판]. 170쪽. 6,000원.
3. 김효성, **에큐메니칼운동 비평**. 158쪽. 6,000원.
4. 김효성, **복음주의 비평**. 193쪽. 6,000원.
5. 김효성, **천주교회 비평**. [2판]. 97쪽. 3,000원.
6. 김효성, **이단종파들**. [6판]. 70쪽. 700원.
7. 김효성, **공산주의 비평**. [6판]. 44쪽. 2,000원.
8. 김효성, **조직신학**. [2판]. 627쪽. 6,000원.
9. 김효성, **기독교 교리개요**. [10판]. 96쪽. 2,500원.
10. 김효성, **기독교 윤리**. [6판]. 240쪽. 4,500원.
11. 김효성, **신약성경 전통본문 옹호**. 166쪽. 4,000원.
12. 김효성, **기독교 신앙입문**. [10판]. 34쪽. 600원.
13. 김효성 역, **웨스트민스터 신앙고백서**. [6판]. 108쪽. 3,000원.
14. 김효성, **창세기 강해**. [3판]. 359쪽. 6,000원.
15. 김효성, **출애굽기 강해**. [2판]. 204쪽. 4,000원.
16. 김효성, **레위기 강해**. [3판]. 164쪽. 4,000원.
17. 김효성, **민수기 강해**. [2판]. 182쪽. 4,000원.
18. 김효성, **신명기 강해**. [2판]. 184쪽. 4,000원.
19. 김효성, **여호수아 사사기 룻기 강해**. [3판]. 216쪽. 4,000원.
20. 김효성, **사무엘서 강해**. [2판]. 233쪽. 4,000원.
21. 김효성, **열왕기 강해**. [2판]. 217쪽. 4,000원.
22. 김효성, **역대기 강해**. [2판]. 256쪽. 5,000원.
23. 김효성, **에스라 느헤미야 에스더 강해**. [2판]. 129쪽. 3,000원.
24. 김효성, **욥기 강해**. [2판]. 195쪽. 4,000원.
25. 김효성, **시편 강해**. [3판]. 703쪽. 10,000원.
26. 김효성, **잠언 강해**. [2판]. 624쪽. 8,000원.
27. 김효성, **전도서 강해**. [3판]. 84쪽. 3,000원.
28. 김효성, **아가서 강해**. [3판]. 88쪽. 3,000원.
29. 김효성, **이사야 강해**. [2판]. 398쪽. 6,000원.
30. 김효성, **예레미야 및 애가 강해**. [2판]. 359쪽. 6,000원.
31. 김효성, **에스겔 다니엘 강해**. [2판]. 293쪽. 6,000원.
32. 김효성, **소선지서 강해**. [2판]. 318쪽. 6,000원.
33. 김효성, **마태복음 강해**. [2판]. 340쪽. 6,000원.
34. 김효성, **마가복음 강해**. [3판]. 223쪽. 5,000원.
35. 김효성, **누가복음 강해**. [2판]. 373쪽. 6,000원.
36. 김효성, **요한복음 강해**. [3판]. 281쪽. 5,000원.
37. 김효성, **사도행전 강해**. [3판]. 236쪽. 4,000원.
38. 김효성, **로마서 강해**. [3판]. 145쪽. 4,000원.
39. 김효성, **고린도전서 강해**. [2판]. 122쪽. 3,000원.
40. 김효성, **고린도후서 강해**. [2판]. 100쪽. 3,000원.
41. 김효성, **갈라디아서 에베소서 강해**. [2판]. 169쪽. 4,000원.
42. 김효성, **빌립보서 골로새서 강해**. [2판]. 143쪽. 4,000원.
43. 김효성, **디모데전후서 디도서 강해**. [2판]. 164쪽. 4,000원.
44. 김효성, **히브리서 강해**. [3판]. 109쪽. 3,000원.
45. 김효성, **야고보서 베드로전후서 강해**. [2판]. 145쪽. 4,000원.
46. 김효성, **요한1,2,3서 유다서 강해**. [2판]. 104쪽. 3,000원.
47. 김효성, **요한계시록 강해**. [2판]. 173쪽. 4,000원.

☆ **주문: oldfaith.net/07books.htm 전화: 02-334-8291**
☆ **계좌: 우리은행 1005-604-140217 합정동교회**